SUSANNE ROESSLER

MADAGASKAR

INSEL-REISEFÜHRER

von *Dagmar Striegler* *3/2008*

Ausführliche und fundierte Routenbeschreibungen
Hintergrund-Informationen • Historie • Geographie
Kultur • Die Welt der Ahnen • Fauna und Flora
Nationalparks • Strände • Wanderungen • Stadtrundgänge
Alternative Unterkünfte • Hotels • Restaurants

IWANOWSKI'S  REISEBUCHVERLAG

1. Auflage 1999/2000

© Vertrieb und Service, Reisebuchverlag, Reisevermittlung,
Im- und Export Iwanowski GmbH
Büchnerstraße 11 · 41540 Dormagen
Telefon 0 21 33/2 60 30 · Fax 0 21 33/26 03 33
e-mail: iwanowski@afrika.de
Internet: http://www.afrika.de
USA-Büro: POB 542, Inverness, Fl 34450, Telefon/Fax 352 637 4852

Titelfoto: IFA-Bilderteam
Alle anderen Farb- und Schwarzweiß-Fotos:
Ralph Braun, FTM, Lindenmuseum Stuttgart, Daddy Marotiana, Bernhard Meier,
Misereor/H. Heine, Hermann Petignat, Toussaint Raharison, Susanne Roessler,
Jean-Luc Serph-Dumagnou, Konrad Wothe, Helmut Zimmermann
Redaktionelles Copyright, Konzeption und dessen ständige Überarbeitung:
Michael Iwanowski
Karten: Palsa-Graphik, Lohmar
Titelgestaltung sowie Layout-Konzeption: Studio Schübel, München

Gesamtherstellung: B.o.s.s Druck und Medien, Kleve
Printed in Germany

ISBN 3-933041-04-X

Inhaltsverzeichnis

Außerdem weiterführende Informationen zu folgenden Themen:

Verzeichnis der Karten und Abbildungen:

Legende

beschrieb. Route/Asphaltstraße	ℹ️ Information
beschrieb. Route/Piste	🅿️ Parkplatz
- - - beschrieb. Route/schlechte Piste	🚆 Bahnhof
.... Fußweg/Trekk	🚌 Busbahnhof
Asphaltstraße	✉️ Post
Piste	✚ Krankenhaus
- - - - schlechte Piste	wichtige Gebäude
Eisenbahn	Kirche
Flüsse	† Friedhof/Gräber
Korallenriff	Moschee
Mangroven	🅷 Hotel
Strand	🆁 Restaurant
Sumpf	Markt
Überschwemmungsgebiet	Kunsthandwerk
Wald	Industriegebiet
Nationalparks (NP) + Reservate	Tankstelle
● Ortschaften	🅂 Bank
★ Sehenswürdigkeiten	◆ Edelsteine
▲ Berge	Schwimmbad
Aussichtspunkt	Campingplatz
✈️ Flughafen	Schiffswrack
Landepiste	∩ Höhle/Grotte
⚓ Hafen	Palmenplantagen
Fähre	Reisfelder

der

auspiel ganz anderer Art und dennoch genauso ursprünglich: die verblie-
n Trockenwälder und seltsame Dornenwälder im Süden und Südwesten,
auch im Norden. Sie sind das Reich exotischer Sukkulenten wie Fla-
Didieraceen, Aloen, Baobabs, Pachypodien und besonderer Lemurenar-
änglich sind

alanes

wanken: über 400, unter 600 Kilometer lang ist dieser angeblich
rliche Süßwasser-Kanal der Welt. Eine Pirogenfahrt ein Stück den
rt zu den Höhepunkten einer Madagaskar-Reise (S. 570).

d Ureinwohner Madagaskars. Sie treffen unterschiedliche Arten
Reservaten an. Besonders eindrucksvoll sind folgende Gebiete:
(bei Taolanaro) – v.a. Kattas und Sifakas (S. 453)
otra und Mantadia (bei Andasibe) – v.a. Indris, Büschelohrma-

---

"Die Franzosen des alten Indochina nannten es 'Peut-être le mal jaune', 'das gelbe Fieber'. Es ist keine Virusinfektion, sondern eine Erkrankung der Seele; ein tiefes Sehnen nach jenen fernen Ländern der Welt, die niemals Heimat werden können. Nicht Andersartigkeit macht ihre Exotik aus, sondern Widersprüchlichkeit: Je näher man sie kennenlernt, desto fremder werden sie; je weiter man sich von ihnen entfernt, desto vertrauter scheinen sie."

I. Vorwort

Madagaskar ist einzigartig. In keinem Land der Welt trifft man auf kleinem Raum auf so viele verschiedene Regionen und spektakuläre Landschaften. Sie reichen von dichten Regen- und Nebelwäldern im Osten, Reisterrassen und bizarren Gebirgszügen im Hochland, prähistorisch anmutenden Dornenwäldern im Süden, Baobab-Alleen im Westen bis hin zu traumhaften Sandstränden an den Küsten – mit vorgelagerten Inselparadiesen und Korallenriffen im türkisblauen Indischen Ozean, eine für Taucher und Schnorchler grandiose Unterwasserwelt.

Dank geographischer Besonderheiten ist Madagaskar heute ein Naturdenkmal. 80 % aller Pflanzen sind endemisch, das heißt sie kommen nur auf Madagaskar vor. Das gleiche gilt für die Tiere, allen voran die Lemuren. Die possierlichen Halbaffen mit dem langen Schwanz und dem dichten goldbraunen, weißen oder schwarzen Fell gehören längst zu den Lieblingen aller Touristen.

Reisen in Madagaskar ist immer noch etwas für Abenteurer. Die meisten Straßen sind schlecht, die Hotels entsprechen oft nicht dem europäischen Standard. Und man braucht Zeit. Der Vorteil: Es gibt noch keinen Massentourismus; Reisen hat noch etwas mit Reise-Kultur und nicht mit Tour-Kult zu tun. Unterwegs trifft man Gleichgesinnte, die in der Regel wirklich an dem Land interessiert sind und nicht nur an Sonne und Sand.

Belohnt wird man von der sprichwörtlichen Freundlichkeit der Madagassen. Die Leute sind überaus gastfreundlich, trotz aller Armut und trotz aller Willkür der Europäer während der französischen Kolonialherrschaft.

Madagaskar steht auf der Liste der zehn ärmsten Länder der Welt. In der Hauptstadt Antananarivo begegnet einem das Elend auf Schritt und Tritt.

Aber auf dem Land findet man oft noch intakte soziale Strukturen und kann, wenn man sich Zeit nimmt und auf das Fremde einläßt, Einblicke in eine geheimnisvolle Welt gewinnen, die von den Geistern der Ahnen, Tromba (einer Art Trance) und unzähligen Fadys bzw. Tabus bestimmt wird, auf die man auch als Tourist Rücksicht nehmen muß.

Franzosen haben Madagaskar aufgrund ihrer kolonialen Vergangenheit, viele Südafrikaner aufgrund ihrer räumlichen Nähe schon seit langem als Urlaubsland entdeckt. Auch bei uns kommt die Insel langsam "in Mode". Der Ausbau des Tourismus ist wie immer janusköpfig. Viele fürchten die Zerstörung der einzigartigen Kultur. In Madagaskar könnte er aber durch die entstehenden Nationalparks zur Rettung der natürlichen Wälder beitragen, die bisher in atemberaubendem Tempo der Brandrodung zum Opfer fallen.

Noch führt das Land, wo nicht nur der Pfeffer wächst, neben seinen Schwestern Mauritius und La Réunion ein touristisches Schattendasein. Dorthin reisten 1995 423.000 bzw. 250.000 Urlauber, nach Madagaskar nur etwa 75.000, davon 15.400 Deutsche.

"Mora mora – immer mit der Ruhe", sagen die Einheimischen, wenn etwas nicht auf Anhieb klappt. Das gilt für unberechenbare Zugverbindungen, unvorhersehbare Abfahrtszeiten, widersprüchliche Auskünfte, plötzlich unpassierbare Straßen, tropfende Wasserhähne und ähnliche Widrigkeiten des "Schicksals". In Madagaskar ändern sich nicht nur die politischen Verhältnisse in für uns schwer nachvollziehbarer Weise, sondern auch Preise, Verkehrsverbindungen, Öffnungszeiten schneller als die Tarife der Deutschen Telekom.

Deshalb nehmen Sie bitte diesen Reiseführer nicht als eine Art Bundesbahnfahrplan, sondern als Auswahl von besonderen Tips und als Hilfe bei Ihrer Entscheidung für Routen und Reiseziele. Wir hoffen, daß wir etwas zum Verständnis der madagassischen Lebensweise beitragen können, und möchten Sie dabei unterstützen, die Schönheit dieser viertgrößten Insel der Welt für sich zu entdecken.

Noch ein Hinweis zum Lesen des Reiseführers
Lassen Sie sich nicht durch die unterschiedlichen Städtebezeichnungen verwirren! Die Hauptstadt Antananarivo (madagassisch) wird auch Tananarive (französisch) oder kurz Tana genannt. Viele andere große Städte wurden nach der Unabhängigkeit umbenannt und erhielten statt der unbeliebten französischen Namen madagassische Bezeichnungen. Die französischen Namen halten sich allerdings hartnäckig im allgemeinen Sprachgebrauch, so daß wir in diesem Reiseführer beide Namen verwenden.

Iwanowski

Highlights

Die Städte

· **Antananarivo**: Blick in der Abendsonne der Hauptstadt (S. 285)
· **Antsirabe**: Stadt der Edelsteine und der
· **Antsiranana** alias Diego-Suarez: verbli Buchten der Welt (S. 489)

Die Landschaften

· Das Hochland (S. 307)
  RN 1 nach Tsiroanomandidy (S. 311)
  RN 7 über Antsirabe Richtung Süder
· Die Reisterrassen um Fianarantso fahren asiatischer Einwanderer, was
· Gebirge: ob Andringitra, Ankaratr (S. 409, 458, 419)
· Die Route du Sud – eine 1000-K nent (S. 370)
· Fahrt durch das Land der Dorn
· UNESCO-Weltkulturerbe: d Morondava (S. 362). Nicht auf d minder geheimnisvoll: die Tsi Tsingy de Namoroka bei Ma

· Regenwälder
  Noch gibt es sie, im Osten un und Bergnebelwälder mit zu leichtesten zu erreichen: Indri-Reservat **Analamaza** **Mantadia** (beide bei Andasi Nationalpark **Ranomafana** Nationalpark **Montagne d**

  Wem das nicht abenteuer erklärten Gebiete besuch eher theoretisch, da bei nur zu Fuß zu durchquer

Nationalpar
Nationalpar
Nationalpar
Reservat **Za**
(teilweise **A**
Dauphin, S.

· Trockenwäl
  Ein Naturscha benen primär teilweise aber schenbäume, ten. Leicht zug **Montagne de Forêt de Kiri** Nationalparks Nationalpark **Is**

· Die abgelegenen **Tsimanampet Beza Mahafaly Cap Sainte Ma** der neue Nation d.h. ohne jegliche

· Canal des Pang Die Angaben sch längste (fast) natu Kanal entlang geho

· Inseln Die Trauminseln, di Die Inseln im "Sma Nosy Be (im Norde Nosy Tanikely (S. 48 Nosy Komba (S. 48 Nosy Iranja (S. 483) Nosy Mitsio (S. 484) Nosy Boraha (im O Nosy Ve (im Süden b

Lemuren

Die eigentlichen Stars u in allen Nationalparks un
· **Berenty** und **Kaleta** Reservat **Analamaza** kis u.a. (S. 562)

"Die Franzosen des alten Indochina nannten es 'Peut-être le mal jaune', 'das gelbe Fieber'. Es ist keine Virusinfektion, sondern eine Erkrankung der Seele; ein tiefes Sehnen nach jenen fernen Ländern der Welt, die niemals Heimat werden können. Nicht Andersartigkeit macht ihre Exotik aus, sondern Widersprüchlichkeit: Je näher man sie kennenlernt, desto fremder werden sie; je weiter man sich von ihnen entfernt, desto vertrauter scheinen sie."

I.   Vorwort

Madagaskar ist einzigartig. In keinem Land der Welt trifft man auf kleinem Raum auf so viele verschiedene Regionen und spektakuläre Landschaften. Sie reichen von dichten Regen- und Nebelwäldern im Osten, Reisterrassen und bizarren Gebirgszügen im Hochland, prähistorisch anmutenden Dornenwäldern im Süden, Baobab-Alleen im Westen bis hin zu traumhaften Sandstränden an den Küsten – mit vorgelagerten Inselparadiesen und Korallenriffen im türkisblauen Indischen Ozean, eine für Taucher und Schnorchler grandiose Unterwasserwelt.

Dank geographischer Besonderheiten ist Madagaskar heute ein Naturdenkmal. 80 % aller Pflanzen sind endemisch, das heißt sie kommen nur auf Madagaskar vor. Das gleiche gilt für die Tiere, allen voran die Lemuren. Die possierlichen Halbaffen mit dem langen Schwanz und dem dichten goldbraunen, weißen oder schwarzen Fell gehören längst zu den Lieblingen aller Touristen.

Reisen in Madagaskar ist immer noch etwas für Abenteurer. Die meisten Straßen sind schlecht, die Hotels entsprechen oft nicht dem europäischen Standard. Und man braucht Zeit. Der Vorteil: Es gibt noch keinen Massentourismus; Reisen hat noch etwas mit Reise-Kultur und nicht mit Tour-Kult zu tun. Unterwegs trifft man Gleichgesinnte, die in der Regel wirklich an dem Land interessiert sind und nicht nur an Sonne und Sand.

Belohnt wird man von der sprichwörtlichen Freundlichkeit der Madagassen. Die Leute sind überaus gastfreundlich, trotz aller Armut und trotz aller Willkür der Europäer während der französischen Kolonialherrschaft.

Madagaskar steht auf der Liste der zehn ärmsten Länder der Welt. In der Hauptstadt Antananarivo begegnet einem das Elend auf Schritt und Tritt.

Aber auf dem Land findet man oft noch intakte soziale Strukturen und kann, wenn man sich Zeit nimmt und auf das Fremde einläßt, Einblicke in eine geheimnisvolle Welt gewinnen, die von den Geistern der Ahnen, Tromba (einer Art Trance) und unzähligen Fadys bzw. Tabus bestimmt wird, auf die man auch als Tourist Rücksicht nehmen muß.

Franzosen haben Madagaskar aufgrund ihrer kolonialen Vergangenheit, viele Südafrikaner aufgrund ihrer räumlichen Nähe schon seit langem als Urlaubsland entdeckt. Auch bei uns kommt die Insel langsam "in Mode". Der Ausbau des Tourismus ist wie immer janusköpfig. Viele fürchten die Zerstörung der einzigartigen Kultur. In Madagaskar könnte er aber durch die entstehenden Nationalparks zur Rettung der natürlichen Wälder beitragen, die bisher in atemberaubendem Tempo der Brandrodung zum Opfer fallen.

Noch führt das Land, wo nicht nur der Pfeffer wächst, neben seinen Schwestern Mauritius und La Réunion ein touristisches Schattendasein. Dorthin reisten 1995 423.000 bzw. 250.000 Urlauber, nach Madagaskar nur etwa 75.000, davon 15.400 Deutsche.

"Mora mora – immer mit der Ruhe", sagen die Einheimischen, wenn etwas nicht auf Anhieb klappt. Das gilt für unberechenbare Zugverbindungen, unvorhersehbare Abfahrtszeiten, widersprüchliche Auskünfte, plötzlich unpassierbare Straßen, tropfende Wasserhähne und ähnliche Widrigkeiten des "Schicksals". In Madagaskar ändern sich nicht nur die politischen Verhältnisse in für uns schwer nachvollziehbarer Weise, sondern auch Preise, Verkehrsverbindungen, Öffnungszeiten schneller als die Tarife der Deutschen Telekom.

Deshalb nehmen Sie bitte diesen Reiseführer nicht als eine Art Bundesbahnfahrplan, sondern als Auswahl von besonderen Tips und als Hilfe bei Ihrer Entscheidung für Routen und Reiseziele. Wir hoffen, daß wir etwas zum Verständnis der madagassischen Lebensweise beitragen können, und möchten Sie dabei unterstützen, die Schönheit dieser viertgrößten Insel der Welt für sich zu entdecken.

Noch ein Hinweis zum Lesen des Reiseführers
Lassen Sie sich nicht durch die unterschiedlichen Städtebezeichnungen verwirren! Die Hauptstadt Antananarivo (madagassisch) wird auch Tananarive (französisch) oder kurz Tana genannt. Viele andere große Städte wurden nach der Unabhängigkeit umbenannt und erhielten statt der unbeliebten französischen Namen madagassische Bezeichnungen. Die französischen Namen halten sich allerdings hartnäckig im allgemeinen Sprachgebrauch, so daß wir in diesem Reiseführer beide Namen verwenden.

Iwanowski's

Highlights
Supertips
Warnungen

Highlights

Die Städte

- **Antananarivo**: Blick in der Abendsonne vom Königinnenpalast Rova auf die Dächer der Hauptstadt (S. 285)
- **Antsirabe**: Stadt der Edelsteine und der Pousse-pousses (S. 327)
- **Antsiranana** alias Diego-Suarez: verblichenes koloniales Flair an einer der größten Buchten der Welt (S. 489)

Die Landschaften

- Das **Hochland** (S. 307)
  RN 1 nach Tsiroanomandidy (S. 311)
  RN 7 über Antsirabe Richtung Süden (S. 370)
- Die **Reisterrassen** um Fianarantsoa: im Herzen des Betsileo-Landes zeigen die Nachfahren asiatischer Einwanderer, was sie als Landschaftsarchitekten gelernt haben (S. 381)
- **Gebirge**: ob Andringitra, Ankaratra, Isalo – eine bizarrere Szenerie finden Sie nirgends (S. 409, 458, 419)
- Die **Route du Sud** – eine 1000-Kilometer-Reise auf der RN 7 durch einen Minikontinent (S. 370)
- Fahrt durch das **Land der Dornenmenschen** – von Toliara nach Taolanaro (S. 440)
- **UNESCO-Weltkulturerbe**: die Kalksteingebirge der **Tsingy du Bemaraha** bei Morondava (S. 362). Nicht auf der UNESCO-Liste und schwer zugänglich, aber nicht minder geheimnisvoll: die **Tsingy d'Ankarana** bei Diego-Suarez (S. 513) und die **Tsingy de Namoroka** bei Mahajanga (S. 550).

- Regenwälder
  Noch gibt es sie, im Osten und Nordosten – die dichten, fast unzugänglichen Regen- und Bergnebelwälder mit zuvor nie gesehenen Bäumen, Orchideen und Tieren. Am leichtesten zu erreichen:
  Indri-Reservat **Analamazaotra** und der neue Nationalpark
  Mantadia (beide bei Andasibe, S. 562)
  Nationalpark **Ranomafana** (bei Fianarantsoa, S. 404)
  Nationalpark **Montagne d'Ambre** (bei Diego-Suarez, S. 506)

  Wem das nicht abenteuerlich genug ist, der kann die erst kürzlich zum Nationalpark erklärten Gebiete besuchen (oder die „zukünftigen" Parks – die Unterscheidung ist eher theoretisch, da bei beiden jegliche Infrastruktur fehlt). Touristisches Neuland und nur zu Fuß zu durchqueren sind z.B. die fast unberührten Naturschutzgebiete

Nationalpark **Masoala** (S. 534, 589)
Nationalpark **Mananara-Nord** (S. 585)
Nationalpark **Marojezy** (bei Andapa, S. 530)
Reservat **Zahamena** (beim Lac Alaotra, S. 561)
(teilweise **Andohahela**, wo auch Trockenwälder beheimatet sind (bei Taolanaro/Fort Dauphin, S. 452).

· **Trockenwälder**
Ein Naturschauspiel ganz anderer Art und dennoch genauso ursprünglich: die verbliebenen primären Trockenwälder und seltsame Dornenwälder im Süden und Südwesten, teilweise aber auch im Norden. Sie sind das Reich exotischer Sukkulenten wie Flaschenbäume, Didieraceen, Aloen, Baobabs, Pachypodien und besonderer Lemurenarten. Leicht zugänglich sind
Montagne des Français (bei Diego-Suarez, S. 500)
Forêt de Kirindy (bei Morondava, S. 358)
Nationalparks **Zombitse** und **Vohibasia** (bei Sakaraha, S. 424)
Nationalpark **Isalo** (bei Ranohira, S. 419)

Die abgelegeneren Reservate:
Tsimanampetsotsa (S. 439)
Beza Mahafaly (S. 439)
Cap Sainte Marie (S. 442)
der neue Nationalpark **Kirindy-Mitea** (der aber nur auf dem Papier Nationalpark ist, d.h. ohne jegliche Infrastruktur, S. 359).

· **Canal des Pangalanes**
Die Angaben schwanken: über 400, unter 600 Kilometer lang ist dieser angeblich längste (fast) natürliche Süßwasser-Kanal der Welt. Eine Pirogenfahrt ein Stück den Kanal entlang gehört zu den Höhepunkten einer Madagaskar-Reise (S. 570).

· **Inseln**
Die Trauminseln, die La Grande Île umgeben:
Die Inseln im „Smaragdmeer" (bei Diego-Suarez, S. 502)
Nosy Be (im Norden, S. 463)
Nosy Tanikely (S. 482)
Nosy Komba (S. 482)
Nosy Iranja (S. 483)
Nosy Mitsio (S. 484)
Nosy Boraha (im Osten, S. 591)
Nosy Ve (im Süden bei Toliara, S. 439)

Lemuren

Die eigentlichen Stars und Ureinwohner Madagaskars. Sie treffen unterschiedliche Arten in allen Nationalparks und Reservaten an. Besonders eindrucksvoll sind folgende Gebiete:
· **Berenty** und **Kaleta** (bei Taolanaro) – v.a. Kattas und Sifakas (S. 453)
· Reservat **Analamazaotra** und **Mantadia** (bei Andasibe) – v.a. Indris, Büschelohrmakis u.a. (S. 562)

· Nationalpark **Ranomafana** (bei Fianarantsoa) – die Attraktion: der Goldene Bambuslemur (S. 404)
· **Nosy Mangabe** und **Aye-Aye-Insel** (bei Mananara bzw. Maroantsetra) – Heimat der Aye-Aye (S. 588 bzw. 586)
· **Canyon des Singes** im Isalo-Nationalpark – Kattas u.a.(S. 421)
· **Nosy Komba** und **Lokobe** auf Nosy Be – Heimat der Mohrenmakis (S. 482 bzw. 481).

Gräber

Was für Asien die Tempel, sind für Madagaskar die Gräber: Ausdruck für kulturelle Identität und die Verehrung der Ahnen. Beispiele berühmter Grabstätten:
· die Gräber der **Mahafaly** (S. 424, 429, 442)
· erotische Grabskulpturen der **Sakalava** (S. 353)
· die Grabhäuser und **Leichenwendfeiern** im Hochland (S. 326 und 110)

Die schönsten Strände

Nosy Be: Ambatoloaka, Andilana, Tanikeli (Norden, S. 472)
Ramena (bei Antsiranana/Diego Suarez, Norden, S. 501)
Katsepy (bei Mahajanga: Nordwesten, S. 547)
Belo-sur-Mer (bei Morondava, Westküste, S. 364)
Iharana, Sambava, Antalaha, Maroatsetra (Nordostküste, S. 519)
Mahavelona/Mahambo (bei Toamasina, Ostküste, S. 581)
Antsirakaraiky (Nosy Boraha/St. Marie, Osten, S. 591)
Bucht von Ste. Luce und Manafialy (Taolanaro/Fort Dauphin, Südwesten, S. 446)
Ifaty, Anakao (Toliara/Tuléar, Südwesten, S. 435, 439)

Taucherparadiese

Nosy Be (Norden, S. 463)
Nosy Sakatia (Norden)
Nosy Mitsio (Norden, S. 484)
Anakao (Süden, bei Toliara, S. 439)
Ifaty (Süden, bei Toliara, S. 435)
Belo-sur-Mer (Westen, bei Morondava, S. 364)
Mahavelona (Osten, bei Toamasina, S. 581)
Nosy Boraha (Sainte Marie, Osten, S. 591)

Historische Orte

Der Rova in Antananarivo (S. 298)
Königsstadt und Rova in Ambohimanga (S. 307)
Das portugiesische Fort in Taolanaro (S. 451)

Arabische Altstadt und Moscheen in Mahajanga (S. 539)
Kolonialbauten in Tana, Toamasina, Toliara, Taolanaro, Antsiranana, Mahajanga...
Indische Ruinen auf Nosy Be (S. 479)
Piratenfriedhof auf Nosy Boraha (Ste. Marie, S. 598)
Schiffswracks aus den Seeschlachten des 2. Weltkriegs in der Bucht von Diego-Suarez (S. 490)

Supertips

· Allee der Baobabs (bei Morondava, S. 355)
· Flußfahrt auf dem Tsiribihina (S. 345)
· Flußfahrt auf dem Betsiboka (S. 546)
· Trekking im Isalo-Gebirge (S. 419)
· Masoala-Trekk (S. 534, 589)
· Walbeobachtung in der Bucht von Antongil (Juli-September, S. 588, 599)
· Bahnfahrt von Antananarivo nach Toamasina
· Bahnfahrt von Fianarantsoa nach Manakara (S. 393)
· Bootsfahrt auf dem Canal des Pangalanes (S. 570, 579)
· Besuch bei den Königen der Antaimoro (S. 398)
· Die verschiedenen Königsfeste (s. Stichworte *Fitampona, Sambatra, Tsangantsainy*)
· Eine Taxi Brousse-Fahrt mit madagassischer Musik (s. Stichwort *Taxi Brousse*)

Warnungen, Hinweise und Tabus

· Beachten Sie die **Fadys** der Einheimischen und nähern Sie sich Gräbern und heiligen Orten immer mit größtem Respekt.

· **„Azafady** – Entschuldigung" – mit diesem Wort beginnen viele Gespräche und Begrüßungen, es ist ein Zeichen von Höflichkeit. Werden Sie nie laut, auch nicht, wenn Sie sich ärgern. Äußern Sie Kritik nie direkt, bleiben Sie freundlich. Alles andere gilt als unverzeihlicher Gesichtsverlust. Gewöhnen Sie sich lieber an die madagassische Mora-Mora-Mentalität, vor allem beim Stichwort „en panne". Wenn Sie sich so friedfertig geben wie die Madagassen, wird man Ihnen hilfsbereit und gastfreundlich begegnen.

· **Kriminalität** und Sicherheit
In der Hauptstadt, vor allem nachts, ein Problem. Taschendiebstahl kommt aufgrund der immensen Armut häufig vor. Unterwegs ist man in der Regel sicher. Vorsicht vor sogenannten Taxifahrern, die einem schon am Flughafen von Tana für angeblich wenig Geld „Inselrundfahrten" anbieten. Neuerdings ist es auch vorgekommen, daß Touristen unterwegs übers Ohr gehauen wurden. Die aufkommenden Schattenseiten des zunehmenden Tourismus...

Madagaskar auf einen Blick

Flagge

Flagge: weiß-rot-grün; weiß als Balken am Flaggstock, oben rot, unten grün

Lage: im Indischen Ozean, auf der Höhe von Mosambik durch den "Kanal von Mosambik" von

weiß-rot-grün, weiß als Balken am Flaggstock

Afrika getrennt, ca. 400 km entfernt vom afrikanischen Festland; südlich des Äquators gelegen zwischen 12 u. 25° südlicher Breite und 43 u. 50° östlicher Länge. Viertgrößte Insel der Welt nach Grönland, Neuguinea und Borneo. Gesamtfläche: 587.041 km², die 1½ fache Fläche von Deutschland. Länge von Nord nach Süd 1580 km, Breite 450-580 km. Höchster Berg: Maromokotro (2876 m) im nördlichen Tsaratanana-Massiv. Zu Madagaskar gehören die größeren, touristisch erschlossenen Inseln Nosy Be im Norden (325 km²) und St. Marie (Nosy Boraha) im Osten mit 200 km² sowie zahlreiche kleinere vorgelagerte Inseln. Entfernung von Paris: etwa 9000 km Luftlinie.

Staatswappen

Staatsname: Republik Madagaskar – "Repoblikan´i Madagasikara" – République de Madagascar

Staats- und Regierungsform: Präsidiale Republik (wieder seit 1998)

Präsident: Didier Ratsiraka, seit 1997; zuvor von 1975-1992

Einwohnerzahl: 16,3 Millionen (Schätzung 1998); 1990 noch 12 Mio.; Bevölkerungswachstum 1995-98 ca. 3,1 % pro Jahr, 1998 ca. 2,8 %. Städtische Bevölkerung: ca. 30 % (1998) mit steigender Tendenz. 60 % der Bevölkerung sind unter 20 Jahre alt, Lebenserwartung: 52 Jahre; (*Quelle: u.a. Weltbankbericht*). Alphabetisierungsquote: 80 % (geschätzt 1990, heute geschätzt auf 53-67 %, Tendenz abnehmend); Arbeitslosigkeit: keine Angaben

Bevölkerung: 99 % Madagassen (Malagasy) malaiisch-indonesischen, afrikanischen und arabischen Ursprungs, darunter 27 % *Merina*, 15 % *Betsimisaraka*, 12 % *Betsileo* (insgesamt 18 Bevölkerungsgruppen); 1 % Ausländer ("*Vazaha*"), v.a. Inder, Chinesen, Franzosen, Komorer

Religionen: etwa 50 % Christen (davon 21 % Katholiken und 22 % Protestanten sowie Anhänger unabhängiger Kirchen); 40-50 % Anhänger von sog. "Naturreligionen". Auch viele der getauften Christen glauben weiterhin an die Macht der

Madagaskars Provinzen

Afrika

Madagaskar

Kanal von Mosambik

Antsiranana
(Diego Suarez)

Nosy Be

Antalaha

Mahajanga
(Majunga)

Ambatondrazaka

Toamasina
(Tamatave)

Antananarivo

Antsirabe

Morondava

Mananjary

Fianarantsoa

Manakara

Indischer

Ozean

Toliara
(Tuléar)

Taolanaro
(Fort Dauphin)

N

0   300km

Eisenbahn

© graphic

Ahnen. Außerdem 7 % Muslime; einige Hindus und chinesische Anhänger des Buddhismus und Taoismus

Staatssprache: Malagasy und Französisch sind Amtssprachen; die Merina-Sprache "Howa" wichtige Verkehrssprache, daneben zahlreiche Dialekte.

Währung: Franc Malgache (FMG) zu 100 Centimes. Offizieller Kurs (1998): 1 DM = etwa 3000 FMG (sehr stark schwankend)

Hauptstadt: Antananarivo (mit Betonung auf Ántananarívo, französisch "Tananarive", kurz "Tana"). Einwohner: 1,7 Mio., man schätzt die inoffizielle Einwohnerzahl 1999 schon auf etwa 2 Millionen

Weitere größere Städte: Fianarantsoa (Hochland), 380.000 Einw., Toamasina (Ostküste) 285.000, Antsiranana (Norden) 275.000; Mahajanga (Nordwestküste) 255.000; Toliara (Südwestküste). (Schätzungen 1995)

Provinzen: 6 *Faritany* (Provinzen) mit den gleichnamigen Verwaltungsstädten Tana, Antsiranana, Mahajanga, Fianarantsoa, Morondava, Toliara. 10 Distrikte. Die Einteilung in 6 Provinzen soll möglicherweise geändert werden.

Klima: tropisch immerfeuchtes Regenwaldklima im Osten, wintertrockenes Savannenklima im Westen, gemäßigt im Inland, arid im Süden. Südlich der

Hafenstadt Toliara verläuft der Wendekreis des Steinbocks quer durch Madagaskar, die Insel liegt also größtenteils noch im Tropengürtel. Auf der südlichen Erdhalbkugel gelegen sind die Jahreszeiten den unsrigen entgegengesetzt. Der Südwinter dauert von April bis Oktober, der Südsommer von November bis Mai. Im Südsommer Zyklone, manchmal auch Erdbeben. Die klimatischen Bedingungen, Niederschläge und Temperaturen hängen aber vor allem von den regionalen Gegebenheiten, Gebirgszügen, Höhenlagen und Passatwinden ab.

Küste: ca. 5000 km Küstenlinie

Umwelt: Madagaskars unvergleichlicher Naturschatz ist durch Brandrodung der verbleibenden Regen- und Trockenwälder, Überweidung und Bodenerosion extrem gefährdet. Zahlreiche Umweltschutzorganisationen bemühen sich verzweifelt, den Wettlauf mit der Zeit zu gewinnen.

Nationalfeiertag: 26. Juni (Tag der Unabhängigkeit von französischer Kolonialherrschaft im Jahre 1960)

Internationale Mitgliedschaften: UNO und UN-Sonderorganisationen, Weltbank und Internationaler Währungsfonds, EU-assoziiert, OAU, COMESA, IOC (Indian Ocean Commission), Indian Ocean Rim Association for Regional Cooperation (IORARC)

Wirtschaft: Madagaskar ist reich an Ressourcen, gehört aber zu den zehn ärmsten Staaten der Welt. *Pro-Kopf-Einkommen*: 240 US$ (1995) – gegenüber 650 US$ in den 70er Jahren! – 311 US$ (1996). Jährliches Wachstum (1985-94): minus 1,7 %, Tendenz steigend.
Inflationsrate: (1984-94) 15,8 %; 1995: 49,1 %, 1996: 19,8 %, 1997: 7 %; jetzt weiter mit abnehmender Tendenz.
Heimische Industrie: Fleisch, Seife, Zigaretten, Bierbrauerei, Dosenfabrikation, Zucker, Textilien, Glaswaren, Zement, Automontage, Papier, Petroleum, Tourismus.
Landwirtschaftliche Produkte: Kaffee, Vanille, Zuckerrohr, Nelken, Pfeffer, Kakao, Reis, Maniok, Süßkartoffeln, Mais, Bohnen, Bananen, Kokosnüsse, Erdnüsse; Rindfleischprodukte; Baumwolle, Sisal
Importe: 663 Mio. US$; *Exporte*: 527 US$ (Schätzungen 1997). *Importprodukte*: Brennstoffe/Energie zu 83 %, Kapital- u. Konsumgüter, Nahrungsmittel. *Exportprodukte*: Fischereiprodukte, v.a. Garnelen, Vanille, Nelken, Kaffee, Zucker. *Auslandsschulden*: 4,5 Mrd. US$ (1997) (*Quelle: Munzinger Länderbericht 1998*).

Bodenschätze: Graphit, Chrom, Eisenerz, Nickel, Glimmer, Phospat, Kohle, Titaneisen, Uran; Quarz, Edel- und Halbedelsteine, Gold. In größerem Umfang werden nur Chrom und Graphit abgebaut. Ölvorkommen off-shore geschätzt auf 200 Mio. Barrel

Handelspartner (1995): *Hauptausfuhrländer* Frankreich ca. 60 %, USA und Deutschland ca. je 15 %, Italien ca. 9 %; *Haupteinfuhrländer* Frankreich mit ca 50 %, Japan und Deutschland ca. je 7 %, USA ca. 5 %, Iran (Erdöl!), Singapur (*Quelle: World Economic Factbook 1997/98*).

2. Land und Leute

2.1 Geschichte

▬▬ Die Ursprünge der Besiedlung

So außergewöhnlich wie das Land ist auch seine Geschichte, die schon vielen Historikern Kopfzerbrechen bereitet hat. Fest steht: Madagaskar ist ein Überbleibsel des versunkenen Kontinents "**Gondwana**", des legendären Südkontinentes, der Südamerika, Afrika, Australien, Indien und die Antarktis zusammenhielt und vor etwa 250 Millionen Jahren auseinanderzubrechen begann. Nach der modernen Theorie der Plattentektonik – basierend auf der in den 20er Jahren noch ungläubig bestaunten "Kontinentalverschiebungs-Theorie" des deutschen Geophysikers Alfred Wegener – wanderten Afrika und Indien nach Norden, Australien nach Osten, die Antarktis nach Süden und Südamerika nach Westen (s.S. 53).

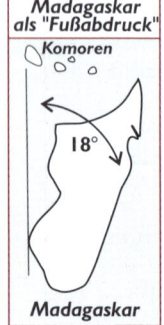

Madagaskar als "Fußabdruck"

Komoren

18°

Madagaskar

Madagaskar, das zunächst noch an Afrika "kleben" blieb, schwamm vor rund 160 Millionen Jahren davon und blieb dann 400 Kilometer von Mosambik entfernt liegen – in Form eines gigantischen Fußabdruckes. Den "großen Zeh" bildet – je nach Blickwinkel – die heutige Hafenstadt Antsiranana oder die Inselgruppe der Komoren.

Die Bezeichnung "Große afrikanische Insel" verdankt Madagaskar der Nähe zum afrikanischen Kontinent. Ihre Bewohner haben mit Afrika aber wenig zu tun. Wann und wie die ersten Menschen dort Fuß faßten, war lange umstritten. Die Madagassen selbst verfügten bis vor etwa 200 Jahren kaum über schriftliche Aufzeichnungen. In ihren jahrhundertealten, mündlichen Überlieferungen ist vom geheimnisvollen Volk der **Vazimba** die Rede, den angeblichen Ureinwohnern des Landes. Die eigentliche Besiedlung des Landes erfolgte aber wohl erst vor etwa 1000 Jahren. Archäologische Funde bestätigten, was Anthropologen und Ethnologen lange Zeit vermutet hatten: Die madagassischen Vorfahren kamen etwa um 500-900 n.Chr. in mehreren Einwanderungswellen aus dem **indonesisch-malaiischen** Raum. Die Vazimba, deren Herkunft noch heute ein Rätsel ist, wurden entweder von den Einwanderern vernichtet oder vermischten sich mit ihnen.

Viele Gebräuche, wie der Reisanbau im Hochland, die *Famadihana* – die Umbettung der Toten (s. S. 110) –, besondere Techniken des Schiffbaus und die auf Pfählen errichteten Wohnhäuser in einigen Teilen des Landes ähneln

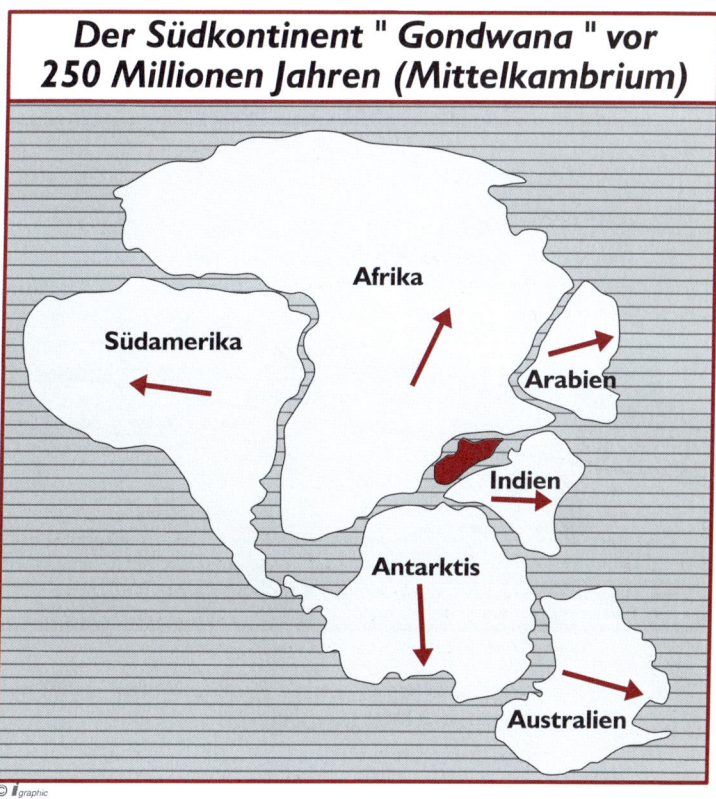

Der Südkontinent " Gondwana " vor 250 Millionen Jahren (Mittelkambrium)

Afrika

Südamerika

Arabien

Indien

Antarktis

Australien

© *i graphic*

denen in Südostasien. Auch die madagassische Sprache, das *Malagasy*, ist den Sprachen verwandt, die im heutigen Indonesien gesprochen werden, vor allem im Südosten Borneos. In mehreren Einwanderungswellen kamen die neuen Siedler entweder über den Landweg oder per Schiff entlang den Küsten von Kambodscha, Sri Lanka, den arabischen Ländern und Ostafrika. Die meisten jedoch gelangten wohl über den direkten Seeweg nach Madagaskar. Malaiische Seefahrer nutzten Passatwinde und den Südäquatorialstrom, um in Auslegerbooten die 6000 Kilometer zwischen Indonesien und Madagaskar zu überbrücken.

In einem kleinen Museum auf Nosy Be ist die sog. *Sarimanok-Expedition* dargestellt, mit der neuseeländische Forscher 1985 dieselbe Route in origi-

Besiedlung Madagaskars / Einwanderungswege

Map labels: Arabien, Indien, Andamanen (Inselgruppe), Philippinen, Bantus, Malediven, Nicobaren, Malaysia, Äquator, Borneo, Célèbes, Seychellen, Sumatra, Indonesien, Molukken, Comoren, Amiranten Chagos, Java, Cocos, Mauritius Reunion, Cap Corrientes, Australien

→ Mögliche Wanderwege der Malayo-Polinesier
-- → Wanderwege der Araber und Afrikaner

© i graphic

nalgetreu nachgebauten Booten innerhalb von sieben Wochen von Bali nach Madagaskar zurückgelegt haben (s. S. 479).

Natürlich kamen auch andere Einwanderer afrikanischer und arabischer Herkunft auf die "Große Insel". **Afrikanische Einflüsse** zeigen sich, außer in sprachlichen Ausdrücken, an äußeren und kulturellen Ähnlichkeiten bei verschiedenen Volksgruppen – besonders im Süden und bei den Küstenbewohnern. Die *Vezo*-Fischer an der Südwestküste sollen den Bantu auf dem afrikanischen Festland ähnlich sein. Viele Küstenbewohner bauen kaum Reis an. Sie halten Rinder, Ziegen und Hühner. Die große Bedeutung der Zebus entspricht den Sitten vieler Völker Ostafrikas.

Arabische Seefahrer gelangten zwischen dem 10. und 15. Jh. über die Komoren an die madagassische Küste. Sie kamen vor allem als Sklavenhändler und brachten dadurch Bantus in großer Zahl nach Madagaskar. Die ersten, die in Madagaskar die Schrift einführten, waren arabische Astrologen, wenn auch hauptsächlich zu religiösen Zwecken. Aus der arabischen Schriftsprache bildete sich das geheimnisvolle **Sorabe** heraus, eine Mischform aus arabischen Schriftzeichen und madagassischer Sprache, die bis heute vor allem die Heiler und Astrologen des Volkes der *Antaimoro* anwenden (s. S. 399).

Noch heute bekennen sich vor allem einige Ethnien im Südosten zu einer Mischung aus islamischem und animistischem Glauben. Einwanderer von der nahegelegenen Inselgruppe der Komoren bilden auf Madagaskar eine große Gemeinde. Und viele Kalender-, Tages- und Monatsbezeichnungen in der madagassischen Sprache stammen aus dem Arabischen.

INFO **Der Name "Madagaskar"**

Madagaskar soll in den Berichten der Seefahrer zum erstenmal von *Marco Polo* im Jahre 1298 erwähnt worden sein. Später nahm der Nürnberger Kartenmacher Martin Behaim eine "*Madagascar Insula*" in seinen Erdglobus von 1492 auf. Die Insel trug mehrere Namen wie Phebol, St. Lorenz, Manuli, Kmor, Matecassi, Sarandil, Ile Dauphin. "*Madagascar*", so vermuten andere, sei möglicherweise eine von Arabern geprägte Umformung des Namens "Mogadischu", der heutigen Hauptstadt Somalias. Möglicherweise geht die Namenskonfusion auf Marco Polo zurück, der *Madeigascar* und *Mogelasio* schrieb, als er Mogadischu meinte. Die Bezeichnungen wurde dann für eine Insel benutzt, die angeblich nördlich von Sansibar liegen sollte. Seit dem 17. Jahrhundert hat sich der Name allmählich auch bei den Inselbewohnern durchgesetzt.

Diesem Konglomerat aus asiatischen, afrikanischen und arabischen Einflüssen verdankt Madagaskar seine einzigartige ethnische Vielfalt. Eines von vielen Geheimnissen Madagaskars, das die Wissenschaftler bis heute nicht klären konnten, bleibt die Herausbildung einer **einheitlichen Sprache**.

Wie schafften es die Einwanderer aus allen Himmelsrichtungen, keinen Turmbau zu Babel zu bauen, sondern sich mit einer einzigen Sprache zu verständigen? Eine gemeinsame Schriftsprache gab es dagegen erst viel später. Dies erschwerte natürlich auch eine Geschichtsschreibung aus madagassischer Sicht. Wie bei so vielen Ländern Afrikas blieb die schriftlich fixierte Historie Madagaskars lange Zeit eine entsprechend einseitige Geschichtsschreibung der weißen Europäer.

INFO   Die Vazimba

Man glaubt auf Madagaskar, daß es früher ein Volk gab, das *Vazimba* hieß – "die, die immer schon da waren" – und von kleinem Wuchs war mit großen Köpfen. Früher nahm man an, die Vazimba seien aus Afrika gekommen. Heute geht man davon aus, daß auch sie aus Asien stammen. Allerdings müssen sie sich lange vor den großen Einwanderungswellen vor allem im Hochland von Madagaskar niedergelassen haben. Wann und warum, weiß man nicht. Nur wenig weiß man trotz zahlreicher mündlicher Überlieferungen über ihre ausdifferenzierte Gesellschaftsordnung – von einfachen Bauern, Zauberern und Königen. Von den mächtigeren expansionshungrigen Völkern wie den *Merina* müssen sie später verdrängt worden sein.

Lebendig sind sie heute noch in vielen Legenden und Mythen. Es macht den besonderen Reiz des Geheimnisses der Vazimba aus, daß möglicherweise immer noch Angehörige dieses Volkes auf Madagaskar leben. Bewohner des Dorfes Betafo westlich von Antsirabe nennen sich selbst Vazimba, Bewohner des Dorfes Bekopaka südlich der Tsingy de Bemaraha "Tsingy-Vazimba". Sie bestreiten, zur Volksgruppe der *Sakalava* in ihrem Siedlungsgebiet zu gehören. Einige ihrer Zauberer sprechen bei religiösen Zeremonien eine völlig unbekannte Sprache. Volksgruppen nahe dem Lac Itasy und einige Dorfbewohner der *Sakalava* bezeichnen sich als ihre direkte Nachfahren.

Die Gräber der Vazimba sind heute Pilgerorte, für Fremde tabu. Ihre Ahnen, nach madagassischem Glauben traditionelle Hüter des Erdbodens, sollen nachts an bestimmten Quellen und Felsen erscheinen.

Die Gründung der Königreiche

Es gibt sie heute noch auf Madagaskar: Könige und Königinnen, die über kleine Volksgruppen herrschen, wie im Märchen von 1001 Nacht. Die Zeit der großen Königreiche ist allerdings vorbei – wenn auch noch nicht lange. Die Einwanderer vor allem der zweiten großen Einwanderungswelle landeten in der Bucht von Antongil im Nordosten und drangen von dort ins Landesinnere vor. Zahllose Gruppen schlossen sich allmählich in größeren Verbänden zusammen. Die Dörfer führten andauernde Kleinkriege untereinander; es entstanden und vergingen kleinflächige Königreiche unter Monarchen mit unaussprechlichen Namen wie *Andrianalimbe* oder *Andrianiveniarivo*.

Die Geschichte der regionalen Königreiche muß erst noch geschrieben werden. Sie ist jedoch nach mündlichen Überlieferungen noch heute überall lebendig. Reliquien und Grabstätten der einstigen Regenten werden als Heiligtümer verehrt, und ihnen zu Ehren feiern in regelmäßigen Abständen ganze Volksgruppen riesige Feste.

Im *Süden* entstand im 16. Jh. ein großes Reich der *Mahafaly.* Zwei Dynastien der *Anosy* gründeten im 17. Jh. das Reich **Masikoro,** das seinen Einfluß vom heutigen Taolanaro (Fort Dauphin) bis Toliara (Tuléar) ausdehnte.

Im *Osten* südlich von Manakara spürt man noch heute den Einfluß des ehemals mächtigen, der Legende nach von Sultan **Ramakarano** aus Mekka gegründeten arabischen Königreiches der *Antaimoro.* Seine Strukturen blieben bis ins 19. Jh. erhalten. Weiter nördlich versuchten im Laufe des 18. Jhs. die Könige **Ramananao**, **Ramahasarika** und **Ratsimilao** (Sohn eines englischen Piraten und einer Madagassin), das Volk der *Betsimisaraka* (= "die vielen, die sich nicht trennen lassen") zu vereinen. In seiner Blütezeit umfaßte das Reich im östlichen Regenwald das Gebiet von der Bucht von Antongil bis Mananjary – günstig gelegen an der Küste des Indischen Ozeans mit ihren Umschlagplätzen für Sklaven und Handelsgüter aus Afrika, Indien und Europa.

Schon seit dem 15. Jh. rangen im *Westen* und *Norden* die großen *Sakalava*-Königreiche im **Menabe** (bei Morondava) und **Boina** (um Mahajanga) um die Vereinigung ihrer Reiche, teils mit-, teils gegeneinander. Die Sakalava-Staaten waren schon früh außergewöhnlich gut organisiert durch Berater des Königs (sog. Ranitr´ampanjaka), Außen-, Innen- und Kriegsminister, mit Prinzen, Prinzessinnen, Vasallen, arabischen Schriftgelehrten, Wahrsagern und Medizinmännern am Hofe. Zeitweise reichte ihr Einflußgebiet nach Feldzügen gegen die *Betsimisaraka* bis an die Ostküste.

Vier Königtümer der *Betsileo* entstanden Anfang des 17. Jh. im *Hochland* im Gebiet um das heutige Fianarantsoa: **Arindrano**, **Lalangina**, **Isandra** und **Manandriana**. Aufgrund der optimalen klimatischen Bedingungen und Fruchtbarkeit ihres Landes gehörten sie jedoch zu den ersten, die von den expansionsfreudigen *Merina* vereinnahmt wurden.

Auch die *Merina* waren aus Asien eingewandert und bis ins Hochland vorgedrungen. Sie wurden seßhaft, legten nach dem Vorbild ihrer südostasiatischen Vorväter Reisfelder an, hatten durch die gute Versorgungslage das größte Bevölkerungswachstum und wurden nach und nach zum einflußreichsten Volk auf der ganzen Insel.

Heute trifft man vor allem auf Spuren des legendären Königs **Andrianam-poinimerina** (angeblich die "abgekürzte" Fassung von Andrianampoinimeri-nandriantsimitoviaminandriampanjaka). Er gilt als der eigentliche Begründer der später mächtigen Merina-Dynastie. Während in Europa Napoleon seine Macht ausweitete, vereinigte der madagassische Herrscher Anfang des 19. Jh. das Reich *Imerina*, das zuvor durch Erbfolgeteilung zerfallen war. Die Stadt Analamanga eroberte er als zweiten Königssitz und nannte sie "**Antanana-rivo**", die "Stadt der Tausend". Die eigentliche Königsstadt **"Ambohiman-ga"** auf einem heiligen Hügel 20 Kilometer von der heutigen Hauptstadt Tana entfernt kann man noch heute besichtigen – ein Besuch lohnt sich! (s. S. 307).

Andrianampoinimerina war der erste König, der die Macht über die ganze Insel anstrebte. "Erst das Meer" solle die Grenze seiner Reisfelder sein. Er begann eine aggressive Expansionspolitik mit Eroberungsfeldzügen, die sein ebenso berühmter Sohn **Radama I.** fortsetzte und die über 100 Jahre andauerten. Neue Reisanbaumethoden, die Einfuhr europäischer Waf-fen und die Einführung von Geld brachten den Merina große Überlegenheit. Noch heute sind die Vorbehalte zu spüren, die viele Küstenbewohner – allen voran die *Sakalava* – den Merina entgegenbringen.

Madagaskars Könige und die Europäer

"Der Kampf gegen die Ketten, das ist für uns immer noch der wesentliche Teil unserer Geschichtserfahrung, der in uns lebendig ist."
(Jean-Luc Raharimanana, madagassischer Schriftsteller)

Zur selben Zeit, als die madagassischen Völker untereinander um die Vor-herrschaft kämpften, segelten die Europäer auf der Suche nach neuen Macht-bereichen um die Welt. Eher unfreiwillig "entdeckte" zunächst der **Portu-giese Diego Diaz** um 1500 Madagaskar, weil sein Schiff aus der Flotte Cabrals auf dem Weg nach Indien an die Nordküste getrieben wurde. 1506 sichtete **Fernando Suarez** die Bucht des heutigen Antsiranana, das immer noch als "Diego Suarez" die Namen der beiden Seefahrer trägt. Nach dieser Entdeckung landeten die ersten **Portugiesen** auf der Insel, gaben aber 100 Jahre später nach schweren Niederlagen an der Süd- und Ostküste auf.

Bis zum Beginn des 19. Jahrhunderts scheiterten auch alle Versuche der Niederländer, Briten und Franzosen, Madagaskar in Besitz zu nehmen. Er-folgreich waren lediglich die **Seeräuber.** Sie machten sich die unübersichtli-che Küste Madagaskars zunutze, um aus sicheren Schlupfwinkeln heraus

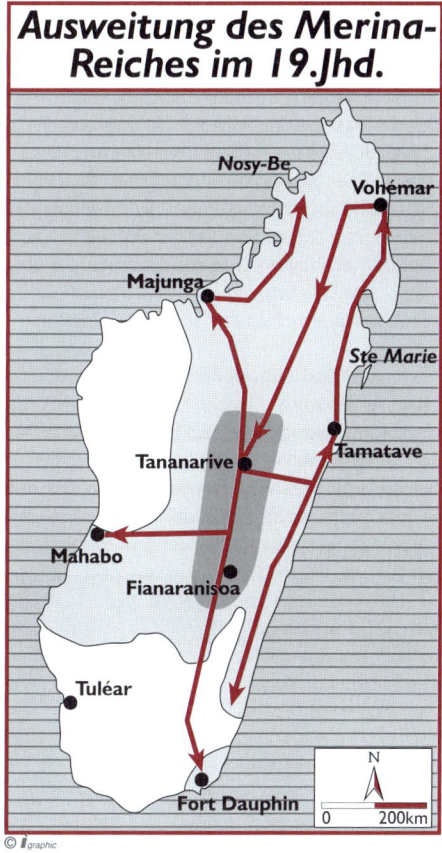

Ausweitung des Merina-Reiches im 19.Jhd.

Nosy-Be

Vohémar

Majunga

Ste Marie

Tananarive

Tamatave

Mahabo

Fianaranisoa

Tuléar

Fort Dauphin

N

0   200km

© *i* graphic

europäische Handelsschiffe zu überfallen (s. Kap. *Piraten*). Die Kolonialmächte, ihrerseits bemüht, zur Sicherung der Handelsroute um die Südspitze Afrikas herum nach Indien befestigte Stützpunkte an Madagaskars Ostküste zu errichten, stießen auf den erbitterten Widerstand der Bevölkerung, oft in größerem Ausmaß als in anderen Kolonien. Außerdem machten ihnen die berüchtigten Sumpf- und Tropenkrankheiten zu schaffen. Nicht umsonst hieß Madagaskar "das Grab des weißen Mannes".

Nur in **"Fort Dauphin"**, dem heutigen Taolanaro an der Südostküste, glückte den Franzosen 1642 für kurze Zeit die Errichtung eines Stützpunktes. Später verbündeten sie sich mit den *Merina*, die so ihr Einflußgebiet ausdehnen konnten, dadurch aber noch mehr den Haß der Küstenbewohner auf sich zogen.

In der Folgezeit verstanden es dann vor allem die Merina-Herrscher meisterhaft, die Europäer – vor allem Briten und Franzosen – gegeneinander auszuspielen.

Radama I., Sohn und Nachfolger von König Andrianampoinimerina, unterwarf in brutalen Eroberungsfeldzügen andere auf Madagaskar ansässige Völker, eröffnete so dem Merina-Reich einen Zugang zum Meer und holte zur Unterstützung im Kampf gegen madagassische Rivalen immer mehr Europäer ins Land. Er tauschte Sklaven gegen Gewehre. Von den auf Mauritius stationierten Briten ließ sich Radama I. 1817 durch einen Vertrag als König von Madagaskar anerkennen. Die "Radama-Inseln" vor Nosy Be zeigen, wie weit sein Expansionsdrang damals reichte. Unter seiner Herrschaft (1810-28) wanderten christliche Missionare, Militärberater und europäische Handwerker ein und brachten die erste Schrift mit lateinischem Alphabet mit. Die ersten Schulen gründete die **London Missionary Society** – durch den Einfluß der Briten wurden die Franzosen zunächst von der Insel abgedrängt.

Anfang des 19. Jh. gelang Radama I. die Unterwerfung fast der gesamten Insel; Madagaskar – so wollte es der ehrgeizige König – sollte ein Staat nach europäischem Vorbild werden. Doch es kam anders. Sein bei der Bevölkerung noch hoch angesehener Vater war mit der Europäisierung überhaupt nicht einverstanden und verfügte, daß nach seinem Tode seine Schwiegertochter den Thron besteigen solle.

Nach dem plötzlichen Tod von Radama I. 1828 (man munkelte über Alkoholismus, Malaria oder Selbstmord) kam seine Frau **Ranavalona I.** an die Macht – die erste von vier Merina-Monarchinnen. Von dieser Zeit an liest sich die Geschichte Madagaskars wie ein Kriminalroman. Die neue Königin war nicht nur nationalstaatlich gesinnt, sondern wurde im Laufe ihrer Amtszeit immer fremdenfeindlicher und versetzte in den näch-

Radama I.

sten 33 Jahren das Land so sehr in Angst und Schrecken, daß sie den Beinamen "die grausame Königin" erhielt und später die Vorlage für diverse französische Romane abgab.

Über 100.000 Untertanen sollen auf ihre Veranlassung dem *tangena,* dem rituellen Gottesurteil durch den Giftbecher, zum Opfer gefallen und weitere 100.000 hingerichtet worden sein. Zahllose Kämpfer kamen bei den Feldzügen gegen die Küstenbewohner um. 200.000 dieser *côtiers* wurden als Sklaven ins Hochland verschleppt. Der vorsichtigen Öffnung Madagaskars nach außen setzte sie abrupt ein Ende. Missionare wurden erstmals 1835, weitere Aus-

Ranavalona I. ("die Schreckliche")

länder 1057 wenn sie Glück hatten – des Landes verwiesen; die Mehrzahl fiel jedoch einer brutalen Christenverfolgung zum Opfer. Unter ihnen war eine zum christlichen Glauben konvertierte Frau namens **Rasalama.** In einer kleinen Kirche nahe des "Rova", des Königspalastes in Antananarivo, gedenken die Christen noch heute ihrer ersten Märtyrerin.

INFO Jean Laborde, Günstling der Königin

Nur ein junger Franzose stand lange in der Gunst der Königin – **Jean-Baptiste Laborde**. Der Draufgänger und geniale Geschäftsmann wie Erfinder war 1832 mit 27 Jahren als Schiffbrüchiger an Land gespült worden. Er war von seinem Handelshaus in Indien auf Schatzsuche in Mozambique unterwegs und vor Madagaskar gestrandet. Da er Waffen und Schießpulver herstellen konnte, nahm ihn die Königin für 2 Jahre in ihren Dienst.

Er sollte bald einer ihrer vertrautesten Berater werden. Beim heutigen *Lac Mantasoa* nicht weit von Antananarivo errichtete er Mitte des 19. Jh. mit 20.000 Zwangsarbeitern die erste riesige Industriestadt Madagaskars, in der Glas, Seife, Papier, aber vor allem Kanonen, Gewehre und Schwerter hergestellt wurden. Außerdem baute er 1838 als Nachfolger des schottischen Universalgenies und Missionsarchitekten **James Cameron** auf dem Königshügel von Tana den damals größten Bau Madagaskars – einen 39 Meter hohen fünfstöckigen Holzpalast – Grundstock des späteren *Rova*, in dem die Gebeine des Herrschergeschlechtes der Merina-Könige und -Königinnen bei-

gesetzt wurden. Laborde entwickelte Wasserleitungen, Blitzableiter, Grabstelen. Auch die heute noch gebräuchlichen Ochsenkarren – die "charrettes" mit ihren wuchtigen Holzrädern – sollen seine Idee gewesen sein.

Im Gegensatz zu dem ähnlich genialen Erfinder Cameron, der keine Waffen herstellen wollte und deshalb vorübergehend ausreiste, bereicherte sich Laborde ohne Skrupel. Nach einem Vierteljahrhundert mußte er nach einem fehlgeschlagenen Komplott gegen die Königin 1857 fluchtartig das Land verlassen. Mantasoa wurde von den Zwangsarbeitern sofort zerstört. Erst nach dem Tod der Königin konnte er als französischer Konsul 1863 zurückkehren und starb als schwerreicher Mann. Seine Erbschaft sollte später den ersten französisch-madagassischen Krieg auslösen.

 Lesetip

Wolf Angebauer: Die Grenze meines Reisefeldes ist das Meer. Verlag Books on African Studies, Heidelberg 1998. Historischer Roman, der die Intrigen des Hofes zur Zeit Jean Labordes beschreibt.

In diese Zeit fiel auch die Reise der österreichischen Kaufmannsgattin **Ida Pfeiffer**. Sie hatte schon mehrere Weltreisen hinter sich, 1846 nach Südamerika, Asien und Rußland, und 1851 sogar die Kopfjäger auf Borneo überlebt. Aber diese Reise nach Madagaskar im Jahre 1856 sollte ihre letzte sein. Als auch sie unfreiwillig in das Komplott gegen Königin Ranavalona I. verwickelt wurde, mußte sie wie viele andere überstürzt das Land verlassen, vorher aber, schwerkrank und in Sänften getragen, den mühevollen Weg von Antananarivo bis Tamatave durch die Regenwälder auf sich nehmen. Eine Reise, bei der sie am berüchtigten madagassischen Sumpffieber, d.h. Malaria, erkrankte. Wenige Wochen nach der Schiffspassage zurück nach Europa starb sie.

Ihre Reiseaufzeichnungen sind stark eurozentrisch geprägt. Sie vermitteln aber eindrucksvoll eine Vorstellung von den Intrigen am Königshaus und von den gesellschaftlichen Verhältnissen dieser Zeit.

Ida Pfeiffer 1856, ein Jahr vor ihrer Madagaskarreise

Lesetip
Ida Pfeiffer. Verschwörung im Regenwald. Basel 1991

Diese Entwicklung bot Frankreich und Großbritannien, die sich sonst um jede noch nicht eroberte Kolonie stritten, einen willkommenen Anlaß, erneut und diesmal gemeinsam 1845 Madagaskar anzugreifen – unter dem Vorwand, ihren verfolgten Landsleuten beizustehen. Schon **1841** hatte Frankreich die Insel **Nosy Be** besetzt und kam damit der dort regierenden Königin der *Sakalava* zu Hilfe, die sich lieber den Europäern als den Königen der Merina unterwarf.

Aber auch diesmal hatten die Franzosen keinen dauerhaften Erfolg. Was Ranavalona I. letztlich aber zwang aufzugeben, war die Unzufriedenheit in der Bevölkerung, die sie mit Zwangsabgaben und Verfolgungen zu sehr unter Druck gesetzt hatte. 1861 mußte sie die Macht an ihren Sohn abtreten. Der friedliebende **Radama II.** war den Franzosen wiederum freundlich gesonnen und gilt als König der madagassischen Aufklärung. Kurzfristig schaffte er die Todesstrafe, alle Zölle und die Armee ab.

Nach zwei Jahren heftiger Intrigen am Hofe wurde er 1863 in Gegenwart seiner Gattin erdrosselt. (Allerdings gibt es hübsche Legenden und sogar eine französische Doktorarbeit über das angebliche Überleben des Königs und sein Untertauchen beim Volk der *Sakalava*). Danach begann der allmähliche Machtverlust der Monarchie. Politisch aufgewertet wurde die Position des Premierministers, der sicherlich beim Komplott gegen den König eine entscheidende Rolle gespielt hatte.

Der letzte vor der Unabhängigkeit amtierende Premier heiratete nacheinander die letzten drei residierenden Königinnen **Rasoherina**, **Ranavalona II**. und

Der "Rova" in Antananarivo – historischer Stich

Ranavolona III. – eine einfallsreiche Methode, um selbst an der Macht zu bleiben.

Tip
*Bis vor kurzem konnte man sich im **Rova** von Antananarivo, dem heiligen Herrschersitz der Merina-Dynastie, einen bleibenden Eindruck der madagassischen Geschichte verschaffen. 1995 wurde jedoch der historische Palast durch Brandstiftung völlig zerstört (s. S. 298). Legenden von Radama und seiner Geliebten Rasalimo und viele andere Königsgeschichten sind aber in der Bevölkerung sehr lebendig, und bei allen Reisen stößt man auf Gräber, Herrschersitze und andere Spuren der alten Königsdynastien.*

INFO ### Merina-Könige und -Königinnen

	*	✝	
König Andrianampoinimerina	1745	1810	
König Radama I.	1792	1828	(regiert von 1810-28)
Königin Ranavalona I.	1780	1861	(regiert von 1828-61)
König Radama II.	1829	1863	(regiert von 1861-63)
Königin Rasoherina	1818	1868	(regiert von 1863-68)
Königin Ranavalona II.	1829	1883	(regiert von 1868-83)
Königin Ranavalona III	1846	1917	(regiert von 1883-97)

Lesetip
Andreas Osterhaus: Madagaskar, Länderkunde Beck Vlg., München 1997. Sehr ausführliche und gut verständliche Darstellung der komplizierten geschichtlichen Zusammenhänge und Hintergründe.

Unter französischer Kolonialherrschaft

Nachdem die "grausame Königin" abgedankt hatte, war es den Franzosen gelungen, durch katholische Missionare ihren Einfluß gegenüber den protestantischen Briten zu verstärken. Aus Angst, die potentielle Kolonie an die Briten zu verlieren, beschossen französische Kriegsschiffe die Küstenstädte Madagaskars und erklärten die Insel 1885 schlichtweg zum Protektorat. Mit dem Vorwand, die großen angeblich persönlichen Reichtümer von Jean-Baptiste Laborde zu sichern, hatte Frankreich **1883** den ersten, zwei Jahre dauernden Krieg mit Madagaskar begonnen und kämpfte jeden Widerstand brutal nieder. Dem folgten 10 Jahre erbitterten Widerstandes durch die madagassische Bevölkerung, bis endgültig das Zeitalter kolonialer Ausbeutung begann.

1896 wurde Madagaskar von Frankreich erst mittels Invasion und dann per Gesetz annektiert, ein Jahr später die Monarchie abgeschafft und die letzte madagassische Königin, **Ranavalona III.**, ins algerische Exil verbannt. Im britisch-französischen Vertrag hatten die beiden europäischen Kolonialmächte auch die letzten weißen Flecken der Erde unter sich aufgeteilt: England bekam Sansibar, Frankreich Madagaskar.

Vor allem die Völker im Süden und Westen lehnten sich noch lange gegen die neuen Machthaber aus der fremden Welt auf, doch gegen den von Frankreich eingesetzten Gouverneur **Galliéni** hatten sie keine Chance. Den damaligen madagassischen Innenminister und den Kronprinzen ließ er hinrichten, "Widerstandskämpfer" wurden gnadenlos verfolgt und ganze Dörfer niedergebrannt. Während dieser "Befriedungsphase" sollen mehr Madagassen ums Leben gekommen sein als während der gesamten Schreckensherrschaft unter Königin Ranavalona I. (Nach Joseph-Simon Galliéni sind allerdings z.B. in Hell Ville auf Nosy Be noch heute Straßen benannt, vielleicht deshalb, weil er – ganz im Sinne der dort lebenden *Sakalava* – die Macht der Merina-Aristokratie brechen wollte. In Wirklichkeit gelang es ihm, die madagassischen Völker geschickt gegeneinander auszuspielen).

Erste Kolonisierungsversuche – Fort Dauphin 1652:
Franzosen unterwerfen die Antanosy

Es gab aber auch positive Seiten der Kolonialherrschaft: Schon der erste

Generalgouverneur **Laroche** hob die bis dahin praktizierte *Sklaverei* auf. Nach unterschiedlichen Schätzungen erlangte etwa die Hälfte der Bevölkerung plötzlich die Freiheit (bis 1897 waren 2/3 der Bevölkerung des Merina-Reiches Sklaven; den Europäern war es bis dahin nur gelungen, den "Export" von Sklaven abzuschaffen). Außerdem entstanden "blühende Landschaften": Die Franzosen legten große Monokulturen für Kaffee, Vanille, Pfeffer und Gewürznelken an, bauten Krankenhäuser, Schulen und Straßen, um ihre "Kolonialwaren" schneller nach Europa zu bringen.

Für den Bau der ersten Eisenbahnstrecke von Tana nach Toamasina (Tamatave) mußten jedoch Chinesen angeheuert werden, die noch heute auf Madagaskar eine große und einflußreiche Gemeinde bilden. 1911 war die Bahnlinie fertig. Madagassen boykottierten die Arbeit und leisteten auf diese Weise passiven Widerstand gegen die gewaltsame *Europäisierung*. Das Schulsystem zum Beispiel war vollständig auf Frankreich ausgerichtet. So kam es zu so absurden Situationen, daß die madagassischen Kinder aus französischen Schulbüchern von ihren angeblichen "Vorfahren, den Galliern", erfuhren. Hinweise auf die Französische Revolution, die die Bevölkerung vielleicht "auf dumme Gedanken" gebracht hätte, wurden aus den Schulbüchern gestrichen. Madagassen hatten keinerlei politische Rechte und kaum Zugang zu beruflich interessanten Posten in Politik und Verwaltung. Wie sehr sie darunter litten, hat Madagaskars berühmtester Dichter **Jean-Josef Rabearivelo** in vielen seiner Werke eindrucksvoll beschrieben.

1905, 1915 und 1929 kam es zu Aufständen, die weitgehend wirkungslos blieben. Wie alle Kolonien hatten die Einwohner Madagaskars auch unter dem **1. und 2. Weltkrieg** zu leiden und mußten bei Kriegen mitmachen, die nicht die ihren waren. Im ersten Weltkrieg waren 46.000 Madagassen auf seiten der alliierten Streitkräfte rekrutiert; 2000 von ihnen fielen. Unzählige Schiffswracks in der nördlichen Bucht von Antsiranana (Diego Suarez) sind Zeugen des sinnlosen Krieges zwischen Engländern, Japanern und Franzosen im 2. Weltkrieg auf "madagassischem" Territorium. Auch bei diesen Schlachten kamen Tausende von Madagassen und Afrikanern um – die einen kämpften auf französischer, die anderen auf britischer Seite. Noch heute kann man die Kriegsfriedhöfe u.a. in Antsiranana besichtigen (s. S. 489).

Erst die französische Niederlage 1940 (in Europa) und der Sturz der vichytreuen Verwaltung 1942 durch britische Truppen (in Madagaskar) schwächten das französische Prestige erheblich und weckten neue nationalistische Hoffnungen. 1943 übergaben die Briten die Insel – nach einjähriger "Besetzung" – dem jetzt freien Frankreich unter General de Gaulle.

INFO **Der Madagaskar-Plan der Nationalsozialisten**

Obwohl keine Kolonie der Deutschen, spielt Madagaskar auch in der deutschen Geschichte ein düsteres Kapitel, das bei uns erstaunlich wenig bekannt ist.

Der "Madagaskar-Plan" – die Umsiedlung europäischer Juden auf die ferne südostafrikanische Insel – war eine Art psychologischer Vorläufer der sogenannten "Endlösung". Schon 1885 forderte der deutsche Orientalist, Theologe und Antisemit Paul de Lagarde (eigentl. Paul Anton Bötticher), für deutsche Siedler Land östlich des Deutschen Reiches zu erwerben. Dabei sollten große Teile der jüdischen Bevölkerung Europas "nach Palästina oder noch lieber nach Madagaskar abgeschafft" werden.

So grotesk diese Vorstellung von einer "territorialen Endlösung" klingt – sie fand Anhänger in vielen Ländern Europas, auch bei britischen und niederländischen Antisemiten. 1937 erhielt eine polnische Kommission von Frankreich die Genehmigung, in Madagaskar Ansiedlungsmöglichkeiten für polnische Juden zu erkunden. Sie hielten das Hochland für geeig-

net. Im 2. Weltkrieg schienen die antisemitischen Wunschträume Wirklichkeit zu werden. Hitlers Regime plante nach dem Sieg über Frankreich, die Insel in ein jüdisches Groß-Ghetto unter SS-Aufsicht zu verwandeln. Verschiedene NS-Führer befürworteten den Plan, darunter Streicher, Göring, Rosenberg und Ribbentrop. 1940 wurden sogar die Ghettoisierung und die Umsiedlung der Juden aus Lodz gestoppt; man plante nun, 4-5 Mio. Juden nach dem Sieg über Großbritannien auf dem Seeweg nach Madagaskar zu deportieren. Mit der deutschen Niederlage gegen England im Sept. 1940 kam das Vorhaben schlagartig zum Erliegen.

Der Madagaskar-Plan ist, weil er scheinbar folgenlos blieb, von Historikern oft als Bagatelle oder bewußte Irreführung abgetan worden. Doch er zeigte bereits die wahren Ziele der Nationalsozialisten, die bald darauf durch die "Endlösung" in die Tat umgesetzt wurden.

Buchtip
Magnus Brechtken: Madagaskar für die Juden, 1997.

Erst **nach Ende des Zweiten Weltkrieges** konstituierte sich in Madagaskar 1945 eine nennenswerte Widerstandsgruppe, die sich *Mouvement Démocratique de Rénovation Malgache* **(Demokratische Bewegung zur Erneuerung Madagaskars, MDRM)** nannte und für Madagaskar Autonomie forderte. Bis zur Unabhängigkeit sollte es aber noch 15 Jahre dauern. Die im Rahmen der französischen Union 1946 gewährte Autonomie enttäuschte und verbitterte die Madagassen. Unter Leitung des MDRM kam es zum **großen Aufstand von 1947**. Er wurde von Frankreich mit Waffengewalt erstickt; Zigtausende kamen ums Leben, die Mitglieder des MDRM zum Tode verurteilt.

INFO **Der Aufstand von 1947**

"Man sagte 'Vogel'. Wenn der andere 'Feuer' antwortete, war er ein Freund. Wenn er etwas anderes sagte, war er ein Feind, und man brachte ihn um", erzählt Monja Joana, einer der Anführer des Aufstands. An diesem 29. März 1947, in der Nacht von Samstag auf Sonntag, wird ein Gendarmeriestützpunkt an der Bahnlinie zwischen Antananarivo und Tamatave plötzlich angegriffen. Überfallen werden auch die französischen Niederlassungen am Fluß und die Stadt Mahajanga.

Pater *Jaques Tronchon*, der koordinierende Sekretär der Bischofskonferenz, ist Autor des Buches *"L´Insurrection malgache de 1947"* (*Der madagassische Aufstand von 1947*), das noch immer als Standardwerk gilt. Er erinnert sich, daß der Aufstand zur Regenzeit begann, in der Nacht zum Palmsonntag. Die beiden wichtigsten Geheimgesellschaften *Panama* (Nationalistische Patrioten Madagaskars) und *Jiny* (benannt nach einem roten Vogel) standen unter dem Eindruck der Verherrlichung der antikolonialen Widerstandsbewegungen und wollten die Unabhängigkeit mit Gewalt erkämpfen. Monja Joana, Gründer von *Jiny* im Süden, ist einer der wenigen nationalisti-

schen Führer, die sich dazu bekennen, was die Siedler 'Rebellion' und die Madagassen später 'die Ereignisse' nannten. "Meine Vorfahren sind unter der französischen Besatzung umgekommen, sie wurden von Senegalesen erschossen. Ich mußte kämpfen, um meinen Vater zu rächen. Ich war wütend, sagte mir: Wir sind nach Frankreich gegangen und haben gegen die Deutschen gekämpft, wir haben das Land der Franzosen verteidigt. Warum verteidigen wir nicht unsere Heimat? Erheben wir uns!..."

In den großen, dichten Bergwäldern des Ostens entstanden zwei von der Guerilla kontrollierte Zonen, die sich rasch ausdehnten. Eigene "Generäle" und "Kriegsminister" – ausgemusterte Militärs – bildeten die Rebellen und zahlreiche *mpanjaka* (traditionelle Führer) aus – es entstanden mehrere "Armeen".

Im April landete ein französisches Expeditionskorps von 18.000 Mann, das später auf 30.000 Mann anwuchs. Erst nach einem Jahr war der nationalistische Aufstand niedergeschlagen. 21 Monate nach Beginn des Aufstands kamen die letzten überlebenden Rebellen aus den Wäldern –

ausgehungert, ohne Waffen, ohne Führer. *Jaques Tronchon* bestätigt: "Zuerst haben die Franzosen alle umgebracht und dann, als sich nichts mehr regte, von Befriedung gesprochen." Nach Angaben des Generalstabs wurden bei der "Befriedung" 90.000 bis 100.000 Menschen ermordet, durch Folter, Massenhinrichtungen, Zwangsumsiedlungen und Niederbrennen von Dörfern.

Für die französische Armee hatte die Niederschlagung noch weitere Folgen. Denn sie konnte neue Techniken des Kolonialkrieges testen, insbesondere der psychologischen

Kriegsführung. Schon bei der Eroberung Madagaskars 1895 hatten die Franzosen einen Teil ihres Waffenarsenals getestet – 20 Jahre vor dem ersten Weltkrieg, und schon damals waren die Generäle Galliéni, Joffre und Lyautey dabei, die späteren "Helden in der Schlacht an der Marne".

(von Philippe Leymarie – Le Monde, abgedruckt im Informationsheft Madagaskar, Weltgebetstag 1998)

 Tip
Noch heute feiert man am 29. März den Jahrestag dieses Aufstandes.

Der Aufstand endete zwar in einem Desaster. Viele Madagassen wurden von senegalesischen Soldaten erschossen, die sich der französischen Fremdenlegion angeschlossen hatten.

Doch der **Kampf für die Unabhängigkeit** war nicht mehr aufzuhalten. Nach dem 2. Weltkrieg war das von Deutschland geschlagene Frankreich nicht mehr unbesiegbar; das wußten auch die Madagassen. In den 50er Jahren änderte auch Frankreich unter General de Gaulle seine Politik und stand unter dem Druck des Krieges in Indochina und Algerien den Autonomiebestrebungen der kleinen Kolonien offener gegenüber. In seiner berühmten Rede im kongolesischen Brazzaville versprach de Gaulle den Völkern in Übersee eine "Union Française" und damit den Zugang zur französischen Staatsbürgerschaft. Madagassische Abgeordnete wurden in die französische Nationalversammlung entsandt. 1957 erhielt das Land beschränkte innere Autonomie, 1958 wurde die selbständige Republik Madagaskar innerhalb der Französischen Gemeinschaft ausgerufen. **1960**, nach 64 Jahren Kolonialherrschaft, wurde Madagaskar ein **souveräner Staat**.

Wie in so vielen ehemaligen Kolonialländern kam mit der neuen Freiheit auch in Madagaskar nicht sofort die erhoffte Besserung. Die Bevölkerung war politisch entmündigt gewesen, der Willkür der französischen Machthaber unterlegen und hatte sich jahrzehntelang einer kulturellen Indoktrination zu beugen, die nichts mit der madagassischen Lebensweise zutun hatte.

Wirtschaftlich ging es allerdings den meisten Madagassen während der Kolonialzeit besser als in den nächsten 35 Jahren, die auf die Unabhängigkeit folgten.

Tip

Wer sich für die Kolonialzeit interessiert, wird dafür genügend geschichtsträchtige Orte finden: in Tana, in alten Kolonialhotels wie dem Hotel Colbert (s. S. 296), im Stadtbild von Toamasina und der Bucht von Antsiranana zum Beispiel. Viele der in Madagaskar gebliebenen Fremdenlegionäre erzählen immer wieder gerne ihre Sicht der Ereignisse...

Nach der Unabhängigkeit

Am **26. Juni 1960** – der 26. Juni ist heutiger Nationalfeiertag – erhielt Madagaskar mit der Unabhängigkeit auch einen neuen Präsidenten. Die Politik in der **ersten Republik** unter **Philibert Tsiranana**, Sozialdemokrat und erklärter Antikommunist, war noch stark an Frankreich orientiert. Da die früheren Widerstandsgruppen nach der Unabhängigkeit keine Einigung erzielen konnten, wurde Tsiranana 1965 noch im Amt bestätigt.

Allmählich verlor er jedoch durch Vetternwirtschaft und Korruption das Vertrauen der Bevölkerung – Unruhen, die **1971** im Süden ausbrachen, ließ er mit der von den Kolonialherren nur allzu bekannten Waffengewalt niederschlagen. Auch einer Studenten- und Arbeiterrevolte **1972** in der Hauptstadt, bei der u.a. das Rathaus in Flammen aufging, machte er mit Hilfe von Polizeigewalt ein Ende. Bis Mai 1972 beherrschte die Sozialdemokratische Partei PSD unter Tsiranana das politische Geschehen. Als die Unruhen sich immer weiter ausbreiteten, verhängte **General Ramanantsoa** das Kriegsrecht über die Insel, hob die Verfassung auf und setzte das Amt des Staatspräsidenten wie auch die Nationalversammlung außer Kraft. Doch nach jahrelanger politischer Krise trat auch er **1975** zurück. Sein Nachfolger, **Innenminister Richard Ratsimandrava**, wurde wenige Tage nach seinem Amtsantritt ermordet. Wie bei der Ermordung von König Radama II. gaben auch diesmal Intrigen innerhalb der Machtelite den Ausschlag.

Lesetip

Gaspard Dünkelsbühler: Madagassische Schattenspiele, 1986. Der Autor beschreibt in diesem aufschlußreichen wie amüsanten Roman seine Erlebnisse als Entwicklungshelfer Anfang der 70er Jahre, das nicht nur Licht auf die madagassischen Politiker dieser Zeit wirft, sondern auch auf Sinn und Unsinn deutscher Entwicklungshilfe.

Nach einer kurzen Übergangszeit, in der ein Revolutionsrat aus hohen Militärs die Geschicke des Landes bestimmte, wurde der bisherige Außenminister und Marineadmiral **Didier Ratsiraka** zum neuen Präsidenten des Obersten Revolutionsrates bestimmt. Im Dezember **1975** bestätigte das Volk mittels eines Referendums mit 95 % der Stimmen Ratsiraka als neuen Staatspräsidenten und für die **zweite Republik** eine neue Verfassung, die als **"Sozialistisch-revolutionäre Charta"** auf Gedanken Mao-Tsetungs und des nordkoreanischen Staatspräsidenten Kim Il-Sung basierte. Die meisten Betriebe wurden verstaatlicht. Ratsiraka verwies französische Berater und Unternehmer des Landes, Madagaskar trat aus der französischen Währungsunion aus. Ähnlich wie das Experiment des Ujamaa-Sozialismus des tansanischen Präsidenten Julius Nyerere förderte Ratsiraka aber auch madagassische Traditionen und versuchte, gemeinwirtschaftliche Elemente auf der Ebene der Dorfgemeinschaften mit sozialistischen Ideen zu verbinden. Entscheidend für das politische Leben sind noch heute die 1973 eingerichteten rund 11.000 "*Fokonolona*", traditionelle lokale ländliche Selbstverwaltungseinheiten mit jeweils einem Dorfvorsteher, dem Chef des *Fokotany*.

Das Bildungswesen blieb auch unter Ratsiraka weitgehend Domäne der Kirchen. Als Amtssprache löste jedoch Malagasy das Französische ab und wurde in den Schulen Hauptunterrichtssprache. Später, als Madagaskar dann den Anschluß an die übrige Welt zu verpassen drohte, wurde auch Französisch wieder zugelassen.

In dieser Zeit erlebte Madagaskar einen wirtschaftlichen Niedergang, der jedoch nicht nur auf den strikten Kurs des Staatssozialismus zurückzuführen war. Sinkende Weltmarktpreise für Madagaskars Exportprodukte bei gleichzeitig steigenden Ölpreisen, hohes Bevölkerungswachstum und die immer wiederkehrenden verheerenden Zyklone und Dürrekatastrophen machten dem Land zu schaffen. Allerdings wird der Machtelite um Ratsiraka bis heute nachgesagt, sich schamlos auf Kosten des Volkes bereichert zu haben, während das Land gleichzeitig immer mehr verarmte. Die Menschen hungerten, die Analphabetenquote nahm zu, ein staatliches Gesundheitssystem gab es nur noch auf dem Papier. Sowohl die Bischofskonferenz, die großen christlichen Kirchen als auch Amnesty International kritisierten das Regime, das mit Pressezensur und Druck auf politische Gegner diktatorische Züge angenommen hatte. 1981 kam es erneut zu schweren Unruhen in der Hauptstadt, die so eskalierten, daß die französische Armee Soldaten "zur Bekämpfung krimineller Banden" schickte. 1982 war Madagaskar bankrott. Die dem Präsidenten nahestehende Partei **AREMA (Avantgarde de la Révolution Malagasy)** gewann bei den ersten Wahlen 1977 und 1982 noch eine klare Mehrheit, bei den Wahlen von 1989 allerdings nur noch knapp; die erstarkten Kräfte der Opposition bezichtigten Ratsiraka sogar der Wahlfälschung.

Allmählich merkte offenbar auch der Präsident, daß die Revolution keine Früchte trug und es so nicht weitergehen konnte. Er akzeptierte Auflagen seiner bisherigen Gegner, IWF und Weltbank, begann mit der zaghaften Liberalisierung der Wirtschaft und öffnete das Land allmählich wieder für Geschäftsleute und Berater aus dem Ausland.

Doch ausgerechnet in dieser Zeit, die manche Zyniker als Ratsirakas Wandlung vom Saulus zum Paulus bezeichnen, hatte die Bevölkerung genug. **1986/ 87** kommt es zu Ausschreitungen und Plünderungen gegen Inder und Pakistani – Hintergrund sind u.a. die hohen Preise für Nahrungsmittel und die Entlassung von Hafenarbeitern – Auflagen des Internationalen Währungsfonds. **Anfang der 90er Jahre** brechen erneut Unruhen zwischen Studenten und Militär aus. Die oppositionellen Kräfte schließen sich zum "**Comité des Forces Vives**" zusammen. **1991** wird Madagaskar Schauplatz einer der spektakulärsten Demokratiebewegungen der Welt, als monatelang jeden Tag Hunderttausende von Demonstranten durch die Hauptstadt Antananarivo ziehen und Demokratie fordern. Einzigartig in der Geschichte des politischen Widerstandes: Die gewaltige Umwälzung der Politik geht auf völlig friedlichem Wege vonstatten. Deshalb hat die Weltpresse für diese einmalige Leistung eines Volkes auch nur eine kleine Notiz am Rande übrig. Ein fast acht Monate andauernder friedlicher **Generalstreik** legt 1991 die gesamte

Didier Ratsiraka – der neue alte Präsident

Wirtschaft und Verwaltung des Landes lahm. Auch die großen Kirchen, die während des Papstbesuches 1989 noch zu Ruhe und Ordnung aufgerufen hatten, unterstützen diesmal massiv den Kandidaten der Opposition.

Als die Präsidialgarde in eine Gruppe unbewaffneter Demonstranten schießt und vor dem Präsidentenpalast *Iavoloa* ein Blutbad anrichtet, ist Ratsirakas Zeit abgelaufen. Sogar die staatliche Fluggesellschaft *Air Madagascar* und die Flugsicherheit versagen dem Präsidenten die Treue, nachdem ein Hubschrauber dazu mißbraucht wird, Handgranaten auf die friedlichen Demonstranten abzuwerfen. Dieser 10. August 1991 besiegelt das Ende der Sozialistischen Republik. Zwar bleibt Ratsiraka noch für eine Übergangszeit für fast zwei Jahre im Amt, seine Machtbefugnisse werden jedoch drastisch eingeschränkt.

Anfang der 90er Jahre herrschte Aufbruchstimmung. Nach einer kurzen Übergangsregierung der "Forces Vives" unter Führung des 64jährigen angesehenen Herzchirurgen **Albert Zafy** aus dem Norden Madagaskars wählte das Volk **1993** eine neue Verfassung für die **dritte Republik** und mit 67 % Albert Zafy zum neuen Präsidenten.

Danach war es schon fast tragisch zu sehen, welche Hoffnung die Bevölkerung Albert Zafy entgegenbrachte und wie schnell sie enttäuscht wurde. Es zeigte sich, daß die neue Machtelite nicht nur politisch völlig unerfahren, sondern auch vor Korruption und Amtsmißbrauch nicht gefeit war. Das Land versank in noch größerer Armut und Chaos. **1996** sprach schließlich das Parlament Albert Zafy das Mißtrauen aus und setzte Neuwahlen an.

Beide großen christlichen Kirchen geben inzwischen zu, zuvor mit Albert Zafy aufs falsche Pferd gesetzt zu haben, und reden wieder politischer Neutralität das Wort. Die Bevölkerung auf dem Land ist weitgehend von politischen Informationen abgeschnitten, so daß neue Kandidaten kaum im Land bekannt wurden. Zudem hatte sich verständlicherweise längst eine große Politikmüdigkeit breitgemacht, die bis heute anhält.

Das Ergebnis: Bei den Neuwahlen traten als Hauptkandidaten wieder Albert Zafy und der aus dem französischen Exil zurückgekehrte Didier Ratsiraka an. In einer Stichwahl im **Dezember 1996** stimmte die Bevölkerung erneut für den Präsidenten, der 22 Jahre zuvor nach einem Putsch an die Macht gekommen war und den sie 5 Jahre vorher mit großer Anstrengung davongejagt hatte. Allerdings lag zum einen die Wahlbeteiligung mit unter 50 % extrem niedrig – viele blieben bei dieser "Wahl zwischen Pest und Cholera" den Wahllokalen fern. Zum anderen ist es Ratsiraka aber in den vergangenen Jahren offenbar gelungen, andere Wähler von seinem geänderten Konzept zu überzeugen.

Bestätigt wurde er nach heftigen innerparlamentarischen Querelen bei den wegen eines angeblichen Staatsnotstandes um 10 Monate verschobenen Neuwahlen vom 17. Mai 1998. Hatte Ratsiraka in den 70er Jahren den damals zeitgemäßen Sozialismus ausgerufen, verkündete er jetzt, er werde aus Madagaskar eine "**humanistische und ökologische Republik**" machen – "die erste der Welt".

Tip
Mehr zum Thema Geschichte finden Sie unter den jeweiligen Reiserouten.

Madagaskar heute

Während politische Instabilität und wirtschaftliche Regression die Bevölkerung mürbe gemacht hat, brachten die **Demokratisierung** der letzten Jahre und die neue, liberale **Verfassung** von 1992 unter Zafy immerhin einige vorher nicht gekannte Freiheiten. Viele Madagassen engagieren sich in Gewerkschaften (die allerdings untereinander zerstritten sind) und neu gegründeten Parteien (bis 1997 waren es 149!). Es sitzen keine politischen Gefangenen mehr in Haft. Amnesty International beklagt keine offenen Menschenrechtsverletzungen der madagassischen Regierung. Auch duldet die Regierung seit 1990 Redefreiheit und eine **freie Presse** – Zensur findet nicht mehr statt (s. gelbe Seiten Stichwort *Medien*). Ein Tribunal über das Massaker an Demonstranten im August 1991 und die Rolle, die der ehemalige und neue Präsident dabei spielte, hat allerdings nie stattgefunden.

Unterstützt von den internationalen Finanzinstitutionen und dem westlichen Ausland, nahm der große Taktiker Ratsiraka als eine seiner ersten Amtshandlungen eine Modifizierung der neuen Verfassung vor. Opposition und Kirchen hatten dagegen vergeblich protestiert. Aus der parlamentarischen wurde wieder eine **präsidiale Republik**, die Macht des Präsidenten gestärkt. Madagaskar wird eine **föderale** Republik. Bis Ende des Jahres 2000 sollen weitgehend **autonome Verwaltungen** aller sechs Provinzen aufgebaut werden, daneben wird das Parlament um eine zweite Kammer (Senat) aus Vertretern der Regionen erweitert. Das neue Ministerkabinett, die 8. Regierung seit Beginn der 3. Republik im Jahr 1993 unter dem 5. Premierminister, ist ein Spiegelbild der ethnischen, regionalen und religiösen Vielfalt des Landes, auch mehrere Frauen gehören ihm an. Wenn die neue Verfassung Wirklichkeit werden soll, ist ein Umbau fast der gesamten staatliche Strukturen notwendig. Optimisten erhoffen sich einen längst fälligen Wandel; Pessimisten befürchten, dies sei nur eine weitere Gelegenheit für die herrschende bürgerliche Mittelschicht, sich neuer politischer Pfründe zu bedienen.

Schon unter Präsident Zafy wurde die Unabhängigkeit der **Justiz**, die lange als Farce galt, in die neue Verfassung aufgenommen. Das Rechtswesen ist eine Mischung aus französischem und traditionellem madagassischen Recht. Hoher Verfassungsgerichtshof, Oberster Gerichtshof und Appellationsgerichtshof haben ihren Sitz in Tana, in allen größeren Städten existieren einfache Strafgerichte und Spezialgerichte für Wirtschafts- und Bandenkriminalität.

Madagaskars landesweit verteilte **Gefängnisse** sind kein Spaß. Die Gefangenen leiden oft an Unterernährung, Malaria, Tuberkulose und anderen Krankheiten. Für die Essensversorgung sind ihre Angehörigen zuständig – anderenfalls müssen die Gefangenen tagelang ohne Nahrung auskommen. Weibliche Gefangene werden nicht selten zur Prostitution gezwungen (s.S. 578).

Nationale Gendarmerie (7500 Mann) und örtliche *Polizeikräfte* (3000), angesiedelt beim Verteidigungs- und Innenministerium, sind bemüht, ihr angeschlagenes Image zu verbessern, nachdem sie wegen ihrer Rolle bei den Studentenunruhen Ende der 80er Jahre in Verruf geraten waren. Das gleiche gilt für *Geheimdienst* und *Sicherheitskräfte*, die mangels Bedrohung von außen vor allem innenpolitische Funktion haben.
(s. auch Kapitel *Bevölkerung)*

Zeittafel

um 500	beginnende Einwanderungswellen aus **Indonesien**
um 1000	Einwanderer dringen von der **Bucht von Antongil** aus ins Hochland vor und verdrängen die Vazimba
um 1200	erste arabische Siedlungen und Moscheen
1500/1506	die Portugiesen **Diego Diaz** und **Fernando Suarez** "entdecken" unfreiwillig Madagaskar
ab 1500	erste Überlieferungen über Herrscher der **Merina-Dynastie** im Hochland
1642/48	Franzosen gründen Stützpunkt in **Fort Dauphin** (mit Etienne de Flacourt als Beauftragtem der "Companie des Indes Orientales")
1650	Herausbildung der **Sakalava-Königreiche**
Anfang 17. Jh.	Ost-Madagaskar wird zunehmend Stützpunkt der **Piraten**
1780	**Andrianampoinimerina** wird König in Ambohimanga
1795	Andrainampoinimerina macht Antananarivo zu seinem Hauptsitz
1810-28	Regierungszeit von **Radama I.**
1818/20	erste Missionsschulen in Tana/ Tamatave
1828-61	Regierungszeit von **Ranavalona I.**
1835	Veröffentlichung der Bibel bei gleichzeitigem Verbot der christlichen Lehre
1836	christliche Missionare verlassen die Insel
1861-63	Regierungszeit von **Radama II.**, christliche Missionare kehren zurück
1863-68	Regierungszeit von Königin **Rasoherina** nach dem Mord an Radama II.
1868-83	Regierungszeit von Königin **Ranavalona III.**

1883-1885	1. französisch-madagassischer Krieg (Anlaß: Streit um das Erbe Jean Labordes)
1894-1895	2. französisch-madagassischer Krieg
1895	Madagaskar kommt unter französisches "Protektorat"
1896	**Madagaskar wird Kolonie**
1897	Verbannung der letzten Königin nach Réunion, später Algier; Abschaffung der Merina-Monarchie
1917	Ranavalona III. stirbt im algerischen Exil
1942	britische Truppen besetzen Madagaskar
1947	**"der große Aufstand"** gegen Frankreich; fast 10 Jahre Ausnahmezustand
1958	Madagaskar wird "autonome Republik"
1960	**Madagaskar wird unabhängig;** Aufnahme in die UNO
1960-1975	"**1. Republik**" unter Präsident Tsiranana
1960-1970	Annäherung an osteuropäische Staaten, um einseitige Abhängigkeit von Frankreich u. westlichen Industrieländern zu verringern
1971	Revolte im Süden wird mit Waffengewalt niedergeschlagen
1972	Unruhen in Tana, Rathaus wird niedergebrannt. General Ramanantsoa übernimmt alle Vollmachten von Präsident Tsiranana. Verstaatlichung von Unternehmen
1973	Austritt Madagaskars aus der **Franc-Zone**, Abzug französischer Truppen aus Diego und Tana
1975	Revolutionsrat übernimmt vorübergehend die Macht, Oberst Ratsimandrava wird Präsident, nach wenigen Tagen ermordet
1975-1993	"**2. Republik**" unter **Präsident Ratsiraka**
1981	schwere Unruhen in Tana
1984	Abwertung der Währung, um Kredite des IWF zu erhalten
1986/7	Ausschreitungen gegen Pakistani und Inder. Hintergrund: v.a. hohe Brotpreise
1988	Malaria-Epidemie fordert 90.000 Todesopfer
März 1898	bei Präsidentschaftswahlen wird Ratsiraka für 7 Jahre wiedergewählt. Wegen Vorwürfen der Wahlfälschung schwere Unruhen
1990	Gründung des oppositionellen Komitees der "Forces Vives" und Bildung einer illegalen Gegenregierung
1991	8-monatiger **Generalstreik**. Blutbad bei friedlichen Demonstrationen vor dem Präsidentenpalast, Ratsiraka stimmt am 31. Oktober einer Gewaltenteilung mit der Opposition zu
1993-1996	"**3. Republik**" unter **Präsident Zafy Albert** (70 % der Stimmen)

1994	durch einen Wirbelsturm wird die zweitgrößte Stadt Tamatave fast völlig zerstört, ½ Mio. Menschen werden obdachlos
1995	6. November: Der **Rova** in Tana wird durch Brandstiftung völlig zerstört
1996	Amtsenthebung von Präsident Zafy Albert durch den Verfassungsgerichtshof und Ausrufung des "Staatsnotstandes"
Dez. 1996	**Ratsiraka** kehrt aus französischem Exil zurück und gewinnt sehr knapp, bei 50 % Wahlenthaltung, die Präsidentschaftswahlen. Amtsantritt Febr. 1997
15. März 1998	Referendum über modifizierte Verfassung (nach gescheitertem Mißtrauensvotum gegen die Regierung)
17. Mai 1998	Neuwahlen: Ratsiraka wird im Amt bestätigt

2.2   Geographie

"Die Insel ist langgestreckt gleich einem massigen Seetier, das seinen spitzen, mit dem Rhinozeroshorn des Berges Amber am Nordkap gepanzerten Kopf dem Äquator zurichtet. Der breite Leib hat sich, nach der afrikanischen Seite, in den Kanal von Mosambik hineingewälzt, nach der australischen in die Gewässer des Indischen Ozeans. Das Hinterleibsende, von der gedachten Linie des Steinbock-Wendekreises überschnitten, plätschert mit seinem Südkap St. Marie in den zur südafrikanischen Küste ziehenden Meeresströmungen. Das Innere, nahezu ein Rechteck von Granit- und Gneismassen, wurde von erdbauenden Gewalten hingepreßt zu einem schweren, felsigen Wogengang, zu einer roten, hunderttausendhügeligen, lehmbepackten Prozession von Bergen."

(Friedrich Schnack: Auf ferner Insel. Glückliche Zeit in Madagaskar. Berlin 1931.)

2.2.1   Landschaften

Lage, Ozeane und Inseln

Madagaskar – "La Grande Île" – wirkt auf der Landkarte neben dem großen Nachbarn Afrika winzig. Aber: Es ist die **viertgrößte Insel der Welt**, nach Grönland, Neuguinea und Borneo, und mit fast 590.000 Quadratkilometern Fläche etwa 1 ½ mal so groß wie die Bundesrepublik. Der "Minikontinent" im Indischen Ozean **südlich des Äquators** ist eingerahmt von einer Kette von Archipelen: den Komoren, Maskarenen (Mauritius und La Réunion) und

© graphic

den Seychellen. Kleinere Perlen liegen genau vor seinen 5000 Kilometern
Küste: über zwei Dutzend vorgelagerte Korallen-Atolle und Inselchen, darunter die bekanntesten Nosy Be und Nosy Boraha (St. Marie), aber auch
"Trauminseln" wie Nosy Radama und Nosy Mitsio, Nosy Lava, Nosy Komba
und Nosy Kely ...

Madagaskar selbst erstreckt sich zwischen seinem nördlichsten Punkt, dem
Cap d'Ambre, und dem südlichsten, Cap St. Marie, über etwa 1580 km
Länge und, an seiner breitesten Stelle, über bis zu 580 km Breite. Die
höchsten Berggipfel im Norden erreichen eine Höhe von fast 3000 Metern.
Südlich von Toliara (Tuléar) durchschneidet der **Wendekreis des Stein-
bocks** die Insel, der größte Teil Madagaskars liegt also im Tropengürtel

zwischen den beiden Wendekreisen. Und nicht nur dort kann man wunderbar den atemberaubenden südlichen Sternenhimmel beobachten (s. S. 422, 438).

Gesteine, Gebirge und Vulkane

Der geologisch-morphologische Aufbau umfaßt alle Epochen der Erdgeschichte. Der Kern der Insel besteht aus einem kristallinen, teilweise bis zu zwei Milliarden Jahre alten Grundgebirge mit Gneisen, Quarziten, Glimmerschiefern und mächtigen Granit- und Graphiteinschlüssen. Nach frühen Gebirgsumbildungen hob sich dieser Sockel, stellte sich schräg und formte schließlich wie ein leck geschlagenes Schiff den für Madagaskar typischen, "schiefen" Inselquerschnitt – steil aufgerichtet im Osten, flach abfallend Richtung Westen, aber nahezu wie ein Rückgrat verlaufend von Nord nach Süd.

Vereinfacht kann man Madagaskar in drei parallele Nord-Süd-Achsen aufteilen:
• das 800-1600 Meter hohe gebirgige *Hochland* in der Mitte, das etwa 2/3 der Inselfläche einnimmt und einerseits von tiefen Tälern durchzogen, andererseits von vulkanischen Massiven überragt wird
• die niedrigen Ebenen im *Westen*, in die das Hochlandgebirge allmählich zur Küste hin abfällt; die Küstenebene wird durch zahlreichen Buchten, Flußdeltas und Inseln gegliedert
• und den schmalen fruchtbaren Küstenstreifen im *Osten* mit einer fast linearen, lagunenreichen Küstenlinie und stufenförmigem Steilanstieg zum Hochland

Im Hochland entstanden durch Verwitterung die endlosen, flachen Plateaus auf unterschiedlicher Höhenlage. Besonders harte Gesteinsschichten bilden aber noch heute die drei größten Gebirgsmassive, die als eine Art "madagassische Kordilleren" Madagaskars Mitte durchziehen und alle eine Höhe von über 2500 Meter erreichen: *Tsaratanana* im Nordwesten mit Madagaskars höchstem Berg, dem 2876 Meter hohen **Maromokotro**, *Ankaratra* im zentralen Hochland südlich von Tana (bis 2642 m mit dem **Tsiafajavona**) und *Andringitra* südlich von Fianarantsoa (bis 2658 m mit dem **Pic Boby**). Aktive Vulkane findet man heute nicht mehr; vulkanischen Ursprungs sind jedoch das Tsaratanana-Massiv, *Montagne d'Ambre* im Norden, das Ankaratra-Bergland und zahlreiche erdgeschichtlich jüngere Vulkankegel mit Kraterseen und Geysiren wie rund um den *Lac Itasy*, bei *Betafo* und auf *Nosy Be*. Auf Geysire und heiße Quellen stößt man noch heute, zum Beispiel in *Antsirabe*, *Miandrivazo* oder *Ranomafana*. Zu den spektakulärsten Landschaften der Welt gehö-

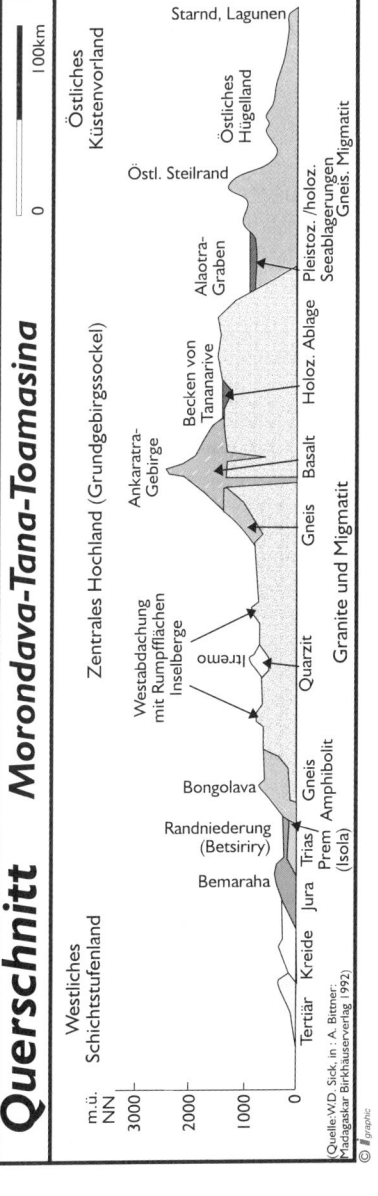

Querschnitt Morondava-Tana-Toamasina

Westliches Schichtstufenland — Zentrales Hochland (Grundgebirgssockel) — Östliches Küstenvorland

Starnd, Lagunen

Östliches Hügelland

Östl. Steilrand

Östl. Steilrand

Alaotra-Graben

Becken von Tananarive

Ankaratra-Gebirge

Westabdachung mit Rumpfflächen Inselberge

Bongolava

Randniederung (Betsiriry)

Bemaraha

Tertiär Kreide Jura Trias Prem (Isola)

Gneis Amphibolit

Quarzit

Granite und Migmatit

Gneis Basalt Holoz. Ablage Pleistoz. /holoz. Seeablagerungen Gneis. Migmatit

Itremo

m.ü. NN 3000 2000 1000 0

0   100km

Quelle:W.D. Sick, in: A. Bittner: Madagaskar Birkhäuserverlag 1992)

© graphic

ren die durch Erosion entstandenen bizarren Gebirge aus teilweise 30 Meter hohen Kalksteinspitzen, die **Tsingys**. Man findet sie im *Ankarana*-Massiv, südlichwestlich des *Lac Kinkony* bei Soalala und, als Weltkulturerbe der UNESCO, im *Bemaraha* bei Morondava.

Madagaskars Erde ist kostbar. Sie beherbergt immense Reserven an Mineralien, Kristallen und Edelsteinen: Titan, Graphit, Chrom, Quarze, Glimmer, Nickel, Bauxit Eisen und Steinkohle – und vor allem im Hochland auch Smaragde, Saphire, Rubine, Turmaline, Citrine, Rosenquarz, Gold ... (s. Kapitel *Edelsteine* S. 334). Leider reichen die Vorkommen nicht, um aus ihnen wirklich Kapital zu schlagen.

Fruchtbar ist die Erde dagegen in den wenigsten Regionen und nur dort, wo es vulkanischen Boden und viel Niederschlag gibt. Die Bodenbeschaffenheit reicht von mächtigen tropischen Rotlehmdecken über gelblich-ockerfarbene Kalksand-Substrate bis hin zu grauen steinigen Rohböden der Inselberge und Gebirge, mit einer ganz eigenen endemischen Vegetation. Charakteristisch für Madagaskar ist aber der blutrote **Laterit**. Seine Färbung verdankt er dem hohen Anteil an bei Verwitterung gebildetem Hämatit, zu deutsch "Blutstein". Bis zu 80 Meter dick ist diese Bodenschicht, die die Gesteinsformationen der Insel zum Teil überlagert und ihr den Namen – "*L'Ile Rouge*" – gegeben hat. Zusammen mit dem Grün der Regenwälder steht das Rot der Erde für die

Farben der madagassischen Flagge. Rot sind auch die Narben der Erosion – verursacht durch Jahrhunderte währenden Raubbau an der Natur und Abholzung der Wälder. Riesige krakenartige Löcher – *lavaka* – sind schon in die Landschaft gerissen und hinterlassen eine für immer unfruchtbare, tote Erde.

Lavaka und rote Narben der Erosion

Flüsse und Gewässer

Den ausgewaschenen Boden tragen Madagaskars **Flüsse** mit sich. Vom Flugzeug aus sieht man, wie sie sich als leuchtend rote Bänder durch das Land ziehen bis zu den riesigen Mündungsdeltas, wo sie noch bis weit hinaus im rot gefärbten Ozean erkennbar sind. Die Insel ist fast flächendeckend von über 50 Flüssen durchzogen, die den Gebirgen entspringen und in alle Himmelsrichtungen ins Meer fließen. Die längsten von ihnen sind der **Mangoky** mit 821 km und der **Ikopa** mit 664 km. Trotzdem stellt die Versorgung mit frischem Wasser, v.a. Trinkwasser, ein Problem dar: Die meisten Flußbetten, vor allem im Süden, sind ausgetrocknet – nicht nur zur Trockenzeit. Einige Flüsse verwandeln sich während der Regenzeit dagegen zu reißenden Strömen, treten über die Ufer und überschwemmen weite Teile des Landes. Noch sind aber weder Wasserkraft noch ihr touristisches Potential erschlossen. Eine Flußfahrt wie auf dem **Tsiribihina** im Westen (s. S. 345) oder den **Betsiboka** hinunter (bei Mahajanga) gehört sicher zu den aufregendsten Erlebnissen einer Madagaskarreise.

Zu den spektakulärsten Landschaftsformationen zählen die unterirdischen Höhlen- und Flußsysteme im Kalkgebirge von **Ankarana** im Norden, sind jedoch schwer zugänglich. Aber auch die Vielzahl der Seen hat ihren Reiz, genauso wie eine Fahrt über den **Canal des Pangalanes**. Er ist mit fast 600 km Länge einer der längsten natürlichen Süßwasserkanäle der Welt, verläuft beinahe schnurgerade entlang der Ostküste von Toamasina (Tamatave) bis Manakara bzw. Farafangana und wird von den Einheimischen mit ihren Pirogen als Transportweg extensiv genutzt.

Ein Flug über die Insel vermittelt einen ersten Eindruck von den völlig unterschiedlichen Landschaftstypen. Da das Flugzeug mangels guter Straßen-

verbindungen auf Madagaskar Verkehrsmittel Nr. I ist, hat man oft Gelegenheit zu einem solchen "Überblick". Dabei erkennt man sofort die landschaftliche Vielfalt, aber auch die entsetzlichen Auswirkungen von Brandrodung
und Erosion, dem derzeitig größten Problem, das das baldige Ende dieses
Naturparadieses bedeuten könnte (s. S. 53).

2.2.2   Klima

Niederschläge und Zyklone

Es herrscht tropisches Klima auf Madagaskar – mit einer **Trockenzeit** im
Südwinter (April-Oktober) und einer **Regenzeit** im **Südsommer** *(November-
März)*. Das sind allerdings nur grobe Anhaltspunkte. Erstens läßt die Regenzeit in den letzten Jahren immer länger auf sich warten, manchmal beginnt
sie erst um Weihnachten herum. Zweitens fällt das Klima – je nach Höhenlage und Lage zu Passat und Monsun – extrem unterschiedlich aus.

An der **Ostküste** regnet es fast das ganze Jahr (ca. 3500 mm Niederschlag).
"Schuld" daran ist der mit Feuchtigkeit beladene **Südostpassat**, der während des ganzen Jahres weht und auf die steilen östlichen Ausläufer des
Hochlandsockels trifft. Im kühleren *Südwinter*, d.h. zur "Trockenzeit", regnet
er als Steigungsregen über den Osthängen ab, bringt dann dem Hochplateau
als trockener Fallwind – oft als eine Art Föhn – nur noch einige Gewitter,
während der Westen und Süden des Landes leer ausgehen. Zur Regenzeit
im viel heißeren *Südsommer* (November – März/April) dagegen kühlt sich
der aufsteigende Passat nicht so stark ab, es bleibt genügend Feuchtigkeit auf
seinem weiteren Weg über das Hochland und Teile des Westens und Südens.
Auch der von der afrikanischen Küste abgelenkte **Nordwestmonsun** bringt
in diesen Monaten vor allem im Norden und Westen ergiebige Niederschläge und oft auch heftige Stürme.

Die Bucht von Antsiranana (Diego-Suarez) und der *nördliche Teil* der Insel
liegen aufgrund des bis zu 3000 m hohen *Tsaratanana*-Gebirges auch während der "Regenzeit" im Regenschatten und bleiben trocken. Einige Gebiete
im **Süden** bleiben oft das ganze Jahr über ohne Niederschläge. Die Pflanzen
müssen dort mit feuchten Nachtnebeln auskommen. Für die Bevölkerung
wird das Überleben immer schwieriger; immer wieder kommt es zu großen
Dürrekatastrophen.

Besonders die Bewohner an der Ostküste haben mit den berüchtigten,
regelmäßig wiederkehrenden **Zyklonen** zu kämpfen. Fast jährlich vernich-

Klimazonen

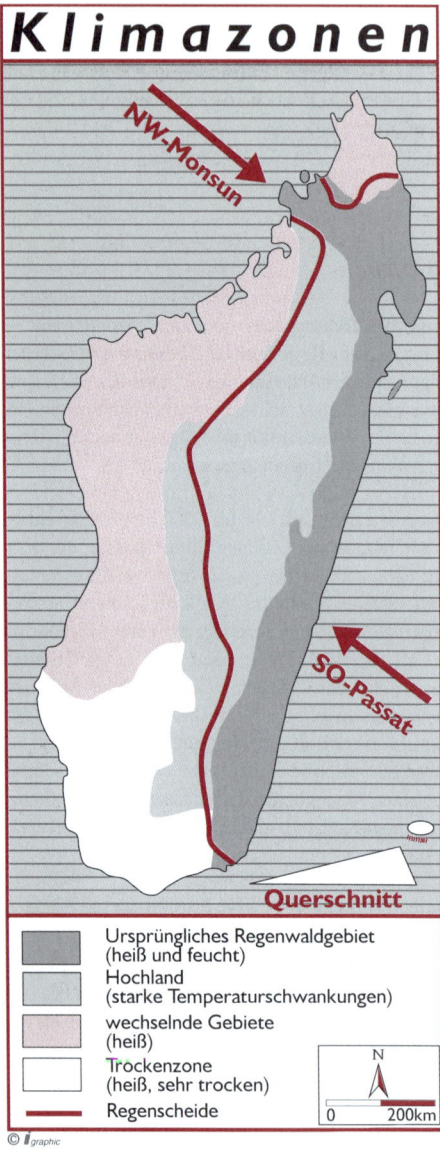

NW-Monsun

SO-Passat

Querschnitt

Ursprüngliches Regenwaldgebiet (heiß und feucht)	
Hochland (starke Temperaturschwankungen)	
wechselnde Gebiete (heiß)	
Trockenzone (heiß, sehr trocken)	
———	Regenscheide

N

0   200km

© *i graphic*

ten diese ungeheuren Naturgewalten Hafenanlagen und Schiffe, Straßen und Häuser und die letzten Reste ehemaliger Kolonialbauten. Vom wunderschönen Tamatave ist nicht viel übrig, vor allem, seit im Februar 1994 Zyklon "Geralda" gewütet hat: Er forderte Hunderte von Todesopfern. Januar 1997 tobte "Gredelle" mit 200 Stundenkilometern über Farafangana in Südostmadagaskar. Bilanz: 60.000 Obdachlose, zerstörte Ernten, 900.000 Menschen, die in den nächsten Monaten um ihr Überleben kämpfen mußten.

Die **Temperaturen** variieren so stark wie die Landschaftszonen. An den Küsten ist es entweder heiß und trocken oder heiß und feucht. Im Hochland, im Gebirge und für "kühle" Südwinterabende sollte man immer Jacke und Wollpullover dabei haben. Im Juli kann das Thermometer selbst in Tana, wo man tagsüber im T-Shirt durch die Sonne spaziert, nachts auf den Gefrierpunkt fallen (Frostgefahr im Norden ab 1.800 m, im Süden ab 800 m Höhe)! Schneefall bleibt allerdings ein Jahrhundertereignis.

Baden ist im Indischen Ozean bei ca. 24 °C das ganze Jahr über möglich.

Reisezeit

Die Trockenzeit von Mai bis Oktober, also der Südwinter, ist sicher die beste Reisezeit. Im Oktober und November wird es Frühling in Madagaskar und oft schon sehr heiß. Aber: Es blühen dann nicht nur die Jakaranda-Bäume in Tana, sondern die Märkte sind auch voll von frischen Mangos, Lychees und Ananas. Sogar die Regenzeit hat ihren Reiz. Tropische Wolkenbrüche dauern in der Regel nicht lange und sind oft sehr eindrucksvoll. Außerdem kann man in die Gebiete reisen, in denen es so gut wie nie regnet. Man sollte sich jedoch genau erkundigen, denn viele Straßen vor allem im Norden und Osten sind zwischen November und April unpassierbar und Ausflüge in die Regenwälder, einige Nationalparks und Flußfahrten oft ganz unmöglich. Im Januar, Februar und März regnet es am meisten. Dies ist die Zeit der Zyklone – außer für Abenteurer und forschende Wetterkundler äußerst ungemütlich! (S. Allg. Reisetips, Stichwort Klima.)

K l i m a t a b e l l e

Ort	Monat	Temperaturen		Wasser	Sonne
		Tagesmittel	Höchstwerte	Temperaturen	Dauer/Std.
Nosy-Bé	Aug./Feb.	**24°/27°**	**28°/34°**	**26°/27°**	**9,0/6,0**
Nosy Boraha / Sainte Marie	Aug./Feb.	**22°/27°**	**24°/29°**	**23°/27°**	**6,2/5,0**
Antananarivo	Aug./Feb.	**14°/20°**	**20°/25°**		**7,5/6,0**
Morondava	Aug./Feb.	**22°/28°**	**28°/34°**	**26°/27°**	**9,1/8,0**
Toliara / Tuléar	Aug./Feb.	**21°/28°**	**28°/33°**	**26°/27°**	**9,7/8,0**

Temperaturen - Niederschläge

Antananarivo	J	F	M	A	M	J	J	A	S	O	N	D
Höchsttemperaturen	25	26	25	24	22	21	20	20	25	25	26	25
Minimaltemperaturen	16	16	16	15	12	10	10	10	11	12	15	16
Sonne Std./Tag	7	7	6	8	7	7	7	8	8	9	7	7
Niederschlage mm /	285	220	230	35	13	9	10	10	15	45	145	255
Zahl der Tage	18	15	14	5	3	2	2	2	2	4	10	17

Toliara	J	F	M	A	M	J	J	A	S	O	N	D
Höchsttemperaturen	32	32	32	31	29	27	27	27	29	29	30	25
Minimaltemperaturen	23	23	20	20	17	15	14	15	16	18	18	16
Sonne Std./Tag	10	10	10	10	10	9	9	10	10	10	10	10
Niederschlage mm /	70	70	40	7	18	11	4	3	10	14	35	55
Zahl der Tage	5	5	3	1	2	1	1	1	1	1	2	4

Meerestemperaturen	J	F	M	A	M	J	J	A	S	O	N	D
Toliara	27	27	27	26	25	24	23	22	23	24	25	26
Nosy-Bé	28	28	28	27	27	25	24	24	25	25	26	27

2.2.3   Vegetations- und Klimazonen

Je nach klimatischem Mikrokosmos bewegt man sich – oft schon nach wenigen Kilometern Fahrt – in vollkommen unterschiedlichen Vegetationszonen und kann gar nicht glauben, was eine einzige Insel zu bieten hat.

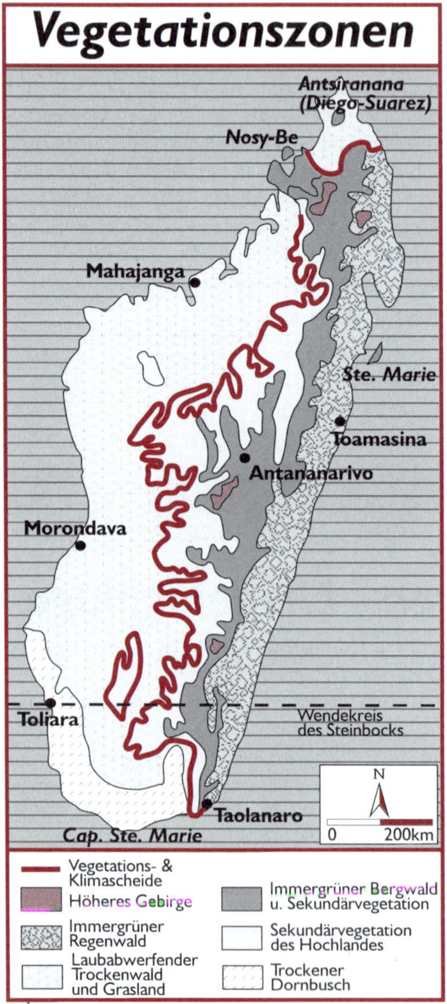

Die meisten Geographen teilen Madagaskar in fünf große Landschaftszonen: das *zentrale Hochland* mit Gebirgen und Tälern, alpinen Plateaus, weiten Ebenen und asiatisch anmutenden Reisterrassen, den *Norden* und *Osten* mit großen immergrünen Regen- und Nebelwaldgebieten, die *westliche Region* mit ihren Savannen und laubabwerfenden Trockenwäldern und den *Süden* mit halbwüstenartigen Gebieten und seinen charakteristischen Dornenwäldern. Die Gegenden um Mahajanga und Nosy Be werden dabei unterschiedlich entweder dem Westen oder dem Norden zugerechnet.

❶   Im **zentralen Hochland** (franz.: "Hautes Terres") trifft man auf erloschene Vulkane, Berggipfel, Hügel, tiefe Täler, Flüsse und Seen – darunter der **Lac Alaotra** nordöstlich, der Stausee **Lac Mantasoa** südöstlich und **Lac Itasy** westlich von Tana. Fährt man von der Hauptstadt an die Ostküste, durchquert man den mächtigen **Alaotra-Graben**, an dessen Ende der bis zu 57.000

Map labels

Vegetationszonen

Antsíranana (Diego-Suarez)
Nosy-Be
Mahajanga
Ste. Marie
Toamasina
Antananarivo
Morondava
Toliara
Wendekreis des Steinbocks
Taolanaro
Cap. Ste. Marie

N
0   200km

© *i* graphic

Legend:
- Vegetations- & Klimascheide
- Höheres Gebirge
- Immergrüner Regenwald
- Laubabwerfender Trockenwald und Grasland
- Immergrüner Bergwald u. Sekundärvegetation
- Sekundärvegetation des Hochlandes
- Trockener Dornbusch

Hektar große Lac Alaotra liegt. In Nord-Süd-Richtung verlaufen mehrere hohe Gebirgszüge wie das **Tsaratanana**- und das **Ankaratra**-Massiv. Begrenzt wird das Hochland im Süden durch das **Andringitra**-Gebirge und das **Isalo**-Massiv.

Südlich von Tana beginnen die sanften Hügellandschaften mit ihren sattgrünen Reisterrassen, die an Indonesien, Vietnam und die Philippinen erinnern. Die Gegend ist fruchtbar und gilt als "Gemüsekammer" Madagaskars. Auf vulkanischem Boden wachsen außer Reis – Madagaskars Grundnahrungsmittel Nr. 1 – auch Karotten, Kartoffeln, andere Gemüsesorten und alle Arten von Früchten, sogar Äpfel. Reisterrassen wechseln sich mit Bergregionen ab, die den Pyrenäen und manchmal auch den Alpen ähneln – mit Kiefernwäldern und vielen kühlen Flüssen und Bächen.

Hochland

Die Temperaturen liegen – für Europäer sehr angenehm – bis zu 10 °C niedriger als an den Küsten. In der Region zwischen Antananarivo und Fianarantsoa wird es tagsüber oft sehr warm, nachts aber extrem kühl (kälteste in Antsirabe gemessene Temperatur im Juni: -8 °C)!

Ø-Temperatur: Vorsicht: große Temperaturschwankungen! 10-20 °C im trockenen Südwinter; 15-25 °C im regenreichen Südsommer.

Nördlich der Hauptstadt ziehen sich endlose Weiden hin; hier sind die Temperaturunterschiede mit Mittelwerten zwischen 20-25 °C gering.

❷ Der dünn besiedelte **Westen** ist von Tana aus gesehen zuerst bergig und wird dann zur Küste hin bis zum Kanal von Mosambik immer flacher. Hier wachsen die urtümlichen **Baobabs**, die sonst nur noch vereinzelt im Süden vorkommen, aber auch die feuerresistenten **Satrana-Palmen**, große Savannen mit hohem Graswuchs und Reste des ursprünglichen *laubabwerfenden Trockenwaldes*. Landschaftliche Höhepunkte: außer den Baobab-Alleen und endlosen Stränden die sogenannten "**Tsingys du Bemaraha**", UNESCO-Weltkulturerbe, aus bis zu 30 Meter hohen Nadelspitzen mit zahlreichen Kalksteinhöhlen (s. S. 362).

Ø-Temperaturen: Von Morondava bis Mahajanga ist es mit 25-30 °C heiß und trocken. Es regnet, wenn überhaupt, nur im Südsommer.

Nördlich von Mahajanga entlang der Nordwestküste bis zur vorgelagerten Insel Nosy Be wird die Vegetation dank häufiger tropischer Regenfälle fruchtbarer und üppiger. Die gesamte Küstenlandschaft ist wild zerklüftet und von unzähligen Buchten und riesigen Deltas der großen Flüsse wie *Mangoky,*

Morondava, Tsiribihina, Mahavavy, Betsiboka, Mahajamba zerschnitten.
Bei Morondava gibt es fantastische Korallenriffe und Lagunen!

Naturschutzgebiete:
Tsingy du Bemaraha, Trockenwald von ***Kirindy*** (Lemuren!)
– (beide bei Morondava), **Ankarafantsika**-Reservat (süd-

Im Westen (vor Miandrivazo)

östlich von Mahajanga) und zahlreiche kleinere Spezialreservate.

❸ Große Gebirgsbereiche und felsige bis sandige Küstenstreifen unterteilen den **Norden**. Im vulkanischen ***Massiv Tsaratanana*** mit seinem 2876 m
hohen Maromokotro entspringen die großen Flüsse *Mahavavy* und *Sambirano*, die das Land und die Felder bis zur Küste bewässern. In den großen,
bewaldeten Gebieten gibt es unzählige Kraterseen, Wasserfälle, eine herrliche Vegetation, Lemuren und stille Vogelparadiese. Einen unvergleichlichen,

natürlichen Hafen bildet die fast kreisrun-
de ***Bucht von Antsiranana***. Die Insel **Nosy
Be** weist noch ein geschütztes Regenwaldgebiet auf, daneben Zuckerrohr- und Ylang-
Ylang-Plantagen zur Gewinnung von Parfum. Die Tauchgebiete um die vorgelagerten Inseln bei Nosy Be gehören zu den
schönsten ganz Madagaskars.
Ø-Temperaturen: Im Norden bei Antsiranana (Diego-Suarez) ist es mit 25-30 °C ähnlich heiß wie im Westen, im *Tsaratanana*-

Im Norden (Blick von Nosy Komba auf Nosy Be-Lokobe)

Gebirge allerdings bedeutend kälter, nachts
um den Gefrierpunkt! Nur im Südsommer Regen – vor allem in den höheren und bewaldeten Gebieten und Nosy Be; seltener bei Diego.

Wichtigste Naturschutzgebiete:
Nationalpark *"Montagne d´Ambre"*, die **Tsingys d´Ankarana**, das **Tsaratanana**-Naturreservat (südwestlich von Antsiranana/Diego-Suarez), sowie die
schwerer zugänglichen Gebiete **Analamera** und **Marojezy** (südöstlich von
Diego);
"**Lokobe**" auf Nosy Be; Lemurenschutzgebiet auf Nosy Komba, Meeresschutzgebiet und fantastische Korallenriffe u.a. bei Nosy Tanikely

❹ Der **Osten** reicht vom bergigen Hochland bis zur flachen Küstenregion. Außer an Teilen der Nordwestküste findet man hier noch die Reste des *immerfeuchten tropischen Regenwaldes,* der ursprünglich den größten Teil der Insel bedeckte. Er zieht sich von Sambava nördlich der Halbinsel Masoala bis in den Süden Richtung Taolanaro (Fort Dauphin). Auch in Richtung Hochland bei Ranomafana (östlich von Fianarantsoa) existieren noch große Primärwaldgebiete – Heimat wilder Orchideen, Farne und unzähliger einzigartiger Pflanzen. Einige Bereiche, vor allem auf Masoala sind noch immer weiße Flecken auf der Landkarte – unzugänglich und bis heute weitgehend unerforscht!

Zwischen Hochland und Küste schließt sich landeinwärts ein etwa 20-50 km breiter, sehr fruchtbarer flacher Küstenstreifen an. Hier wachsen auf großen Plantagen Vanille, Kaffee, Kakao, Nelken, Kokospalmen und auf kleineren Flächen in der Nähe der Dörfer auch Reis.

Die *Ostküste* verläuft mit Ausnahme der *Bucht von Antongil* wie mit dem Lineal gezogen. Ihre traumhaften weißen Sandstrände verführen zum Baden – aber nur dort, wo Korallenriffe Schutz bieten, sind Schwimmer vor den aggressiven Haien und der tosenden Brandung des Indischen Ozeans sicher. Zahllose Lagunen und Flußmündungen sind in Nord-Süd-Richtung durch den *Canal des Pangalanes* verbunden. Zur Kolonialzeit wurde dieser weitgehend natürliche Kanal durch zusätzliche künstliche Verbindungen für kleine Boote und Pirogen schiffbar gemacht (s. S. 570).

Im Osten (Regenwald bei Ranomafana)

Der Ostküste vorgelagert ist die früher von Piraten und heute von Touristen geschätzte Insel **Nosy Boraha** (St. Marie). Ein kleines Paradies, 60 km lang, 5 km breit, mit kleinen Binnenseen, an seiner Ostküste und im Süden durch Korallenriffe geschützt, allerdings nicht vor den heftigen Zyklonen, die auch Nosy Boraha zu schaffen machen. Kokospalmen, eine exotische Blütenpracht und das ruhige Leben in den Dörfern ziehen in den letzten Jahren immer mehr Besucher an (s. S. 591).

Ø-Temperaturen: mit 25-35 °C zwischen Sambava über Toamasina (Tamatave) bis Taolanaro (Fort Dauphin) tropisch heiß und feucht. Fast durchgehend schwül! Es regnet extrem häufig, aber selten lange, mal weniger als eine Stunde am Tag, ganz selten auch tagelang, in heftigen Gewittern oder feinem Nieselregen. Die Belohnung: üppige Blüten, dichte Wälder und eine reiche Tierwelt. Mai und September sind in der Regel die trockensten Monate.

Wichtigste Naturschutzgebiete:
Zentral und Richtung Norden: Nationalpark *Mantadia* bei Andasibe (Périnet) mit berühmten Orchideen und der Lemurenart Indri; unweit davon das Spezialreservat *Analamazaotra*; Reservat *Zahamena* beim Lac Alaotra. Nationalpark *Mananara-Nord* an der Bucht von Antongil und Insel *Nosy Mangabe*. Der wohl noch ursprünglichste Primärwald sowie Meeresschutzgebiete um die Halbinsel und Nationalpark *Masoala*. Südlicher: Nationalpark *Ranomafana* bei *Fianarantsoa*.

❺ Eine einmalige *Trockensavanne* mit *Dornbusch* und *Halbwüste* im **Süden** bildet eine einzigartige Vegetation mit kakteenähnlichen Gewächsen von riesigen Ausmaßen. Landeinwärts bis Fianarantsoa wechseln sich endlose *steppenhafte Ebenen* mit bewaldeten Gebirgshängen ab. Südlich von Ihosy bei Ranohira erhebt sich das zerklüftete *Isalo-Gebirge*. In Teilen dieses zum Nationalpark erklärten Gebiets kann man während der Trockenzeit zu Fuß die völlig bizarren Sandsteinformationen, natürliche Badebecken und die faszinierende eigene Flora und Fauna erkunden (s. S. 419).

Die Küsten des Südens sind überwiegend felsig; die Südwestküste von Toliara (Tuléar) Richtung Norden und die Südostküste um Taolanaro bieten allerdings auch herrliche Sandstrände. Auf Taucher wartet eine grandiose Unterwasserwelt rund um ein etwa 300 km langes Riff vor der Küste bei Tuléar – einem der größten der Welt.

Im Süden (bei Ambovombe)

Ø-Werte: tropisches, heißes Klima. Die Hitze erreicht 25-35 °C.
Im Juli und August kühlere, angenehmere Temperaturen. Im Südwesten mit Zentrum Toliara (Tuléar) fällt monate-, oft sogar jahrelang überhaupt kein Regen. Allerdings ist das hier unberechenbar. Touristen erzählten, daß sie bei ihrem Besuch im Juli offenbar das Quantum für die nächsten Jahre abbekommen hatten. Wenn es einmal regnet, wird es auch hier extrem schwül.

Wichtigste Naturschutzgebiete:
Andringitra, Isalo, Vohibasia, Zombitse Nationalparks; *Midongy du Sud*, *Andohahela* (südlich v. Taolanaro); *Tsimanampetsotsa*-Reservat (bei Toliara); Privatreservate *Berenty* und *Kaleta* (bei Taolanaro) und privates *Arboretum* bei Toliara.

2.3 SOS: Naturschutz!

Naturwunder Madagaskar

Es gibt viele Gründe, nach Madagaskar zu reisen. Die auf der Welt einmalige Tier- und Pflanzenwelt ist sicher einer der wichtigsten. Besucht man einen der Nationalparks und Reservate, die Regenwälder im Osten, Trockenwälder im Westen oder Dornenwälder im Süden, trifft man unter Garantie auf Forscher aus allen Erdteilen. Für sie ist die Insel eine Art Heiligtum, ein "Laboratorium der Natur", ein Museum botanischer Raritäten, wo die Evolution auf der isolierten Insel eine andere Richtung nahm als anderswo auf dem Globus.

Lange vor der Entstehung des Großwilds und der Menschenaffen trennte sich Madagaskar vom Urkontinent **Gondwana**. Dieses Phänomen der Kontinentaldrift erklärt auch, warum manche Tier- und Pflanzenarten eher in Asien und Lateinamerika als im benachbarten Afrika zu finden sind (ein Beispiel ist die Boa Constrictor). Andererseits gibt es auf Madagaskar weder Affen, Löwen noch anderes Großwild, Elefanten, Antilopen und überhaupt keine Säugetierart, die anderswo existiert, mit Ausnahme von Fledermäusen und einigen Arten, die die Menschen seit etwa 2000 Jahren eingeführt haben!

Zoologen und Biologen beschreiben die Insel nur in Superlativen. Sie ist das Land mit der höchsten Rate an **endemischer Flora und Fauna**, das heißt solcher, die *ausschließlich hier* vorkommt. 64 % aller Vogelarten, 81 % seiner Blütenpflanzen, 98 % seiner Palmen, 95-99 % seiner Reptilien und fast 100 % seiner Froscharten gibt es *nur* auf Madagaskar! Auch 2900 der 3000 (!) madagassischen Schmetterlingsarten!

Außerdem gehört dieses Naturwunder zu einem der **artenreichsten** der Welt. Madagaskar, schreibt der Zoologe Dr. Fritz Jantschke, nimmt nur ein Fünfzigstel der Landoberfläche Afrikas ein, beherbergt aber mit 10.000 bis 12.000 Blütenpflanzen fast ein Viertel der Artenvielfalt des gesamten afrikanischen Kontinents. Hier kommen mehr Orchideen vor als in ganz Afrika zusammen. Fast täglich entdecken Wissenschaftler neue, noch nie klassifizierte Arten, und niemand weiß, wie viele noch dazukommen werden. 1987 entdeckte der deutsche Forscher Bernhard Meier den "Goldenen Bambuslemur", eine bis dahin noch völlig unbekannte Art (s. Kapitel *Lemuren* S. 64).

Tiere und Pflanzen haben sich auf Madagaskar in einer einzigartigen Weise an ihre Lebensräume angepaßt und sich spezialisiert. Berühmteste Beispiele: das Aye-Aye (Fingertier), das mit seinen langen Fingern die Rolle von Spech-

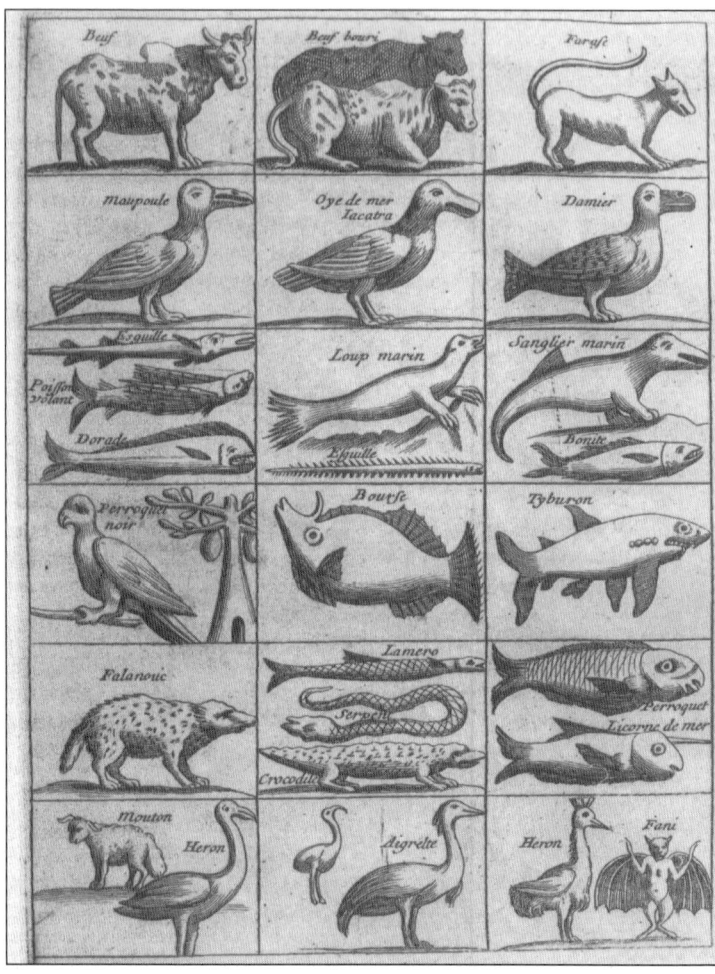

Originelle Tiere (aus: Etienne de Flacourt "Histoire de la grande isle" von 1661)

ten wahrnimmt, oder der Schmetterling "der Vorhergesagte", der als einziges Insekt mit seinem extrem langen aufrollbaren Rüssel bestimmte Blütenkelche anzapfen kann. Madagaskar wird von der "International Union for Conservation of Nature" (IUCN) als "megadiversity area" zusammen mit den atlantischen Regenwäldern Ostbrasiliens in die höchste Schutzkategorie gestellt.

Wissenschaftler und Naturschützer wissen: Sie arbeiten im Wettlauf mit einer tickenden Zeitbombe – der offenbar unaufhaltsamen Zerstörung dieses unermeßlichen Schatzes. Ein Teil der ursprünglichen Tierwelt ist bereits **ausgerottet,** darunter der legendäre ***Elephantenfußstrauß*** *(aepyornis),* ein ***Zwergflußpferd*** *(Hippopotomus madagascariensis)* und **15 Lemurenarten.** Jagd und illegaler Schmuggel seltener Tiere spielen auch heute eine Rolle. Das größte Problem ist jedoch die systematische **Vernichtung ihres Lebensraumes.** Während der Kolonialzeit entdeckten die Franzosen den Wert von ***Edelhölzern*** wie Palisander für den Export. Mit Straßen und Wasserwegen schufen sie die nötige Infrastruktur, die auch heute noch – oft illegal – für den Abtransport nach der Rodung genutzt wird. Große Monokulturen von Sisal, Kaffee, Bananen-, Vanille- und Gewürznelkenplantagen oder Reis verdrängten die einheimischen Pflanzen. Außerdem leben weite Teile einer verarmten Bevölkerung vom Verkauf von ***Holzkohle.*** 80 % des Energiebedarfs der Haushalte werden durch Holz gedeckt. Auch in den Städten! Entlang den Straßen bieten Köhler säckeweise das einzige Brennmaterial an, das sich die Madagassen leisten können. Erst allmählich versuchen Projekte im Süden, Kuhdung als Holzkohle-Ersatz populär zu machen.

Der entscheidende Faktor für die Zerstörung des Naturwaldes bleibt aber bis heute die jahrhundertealte madagassische Tradition, neue Ackerflächen durch ***Brandrodung*** *(tavy)* zu kultivieren. Madagaskar brennt. Fliegt man über

Brandrodung (Tavy)

die Insel, sieht man Rauch und die lodernden Feuer, so weit das Auge reicht.

Vor weniger als 1000 Jahren war Madagaskar von dichtem Primärwald bedeckt. Heute sind 90 % der ursprünglichen Landfläche Steppe und Wüste. Seit 1950 wurde laut einer Studie des Wissenschaftsmagazins "Science" mehr als die Hälfte des kostbaren Primärwaldes im Osten der Insel abgefackelt. Jährlich werden 200.000 Hektar (bzw. 2000 km²)

Naturwald vernichtet – das entspricht einer Fläche fast des gesamten Saarlandes. Übrig bleiben artenarme Gebiete mit Sekundärvegetation *(**Savoka**),* zweifelhaften Aufforstungsprojekten, z.B. mit Eukalyptusbäumen, oder, schlimmer noch, riesige, erodierte Landflächen. Auf der Stockholmer Umweltkonferenz 1972 machte Madagaskar Schlagzeilen als "Raum einer der größten ökologischen Katastrophen aller Zeiten". Nach einer Prognose der Weltbank wird, wenn sich nicht drastisch etwas ändert, in 30 Jahren der gesamte restliche Wald verschwunden sein – Wissenschaftler prophezeien Madagaskar einen ähnlichen Untergang wie den der Osterinseln. Mit dem Wald sterben die Lemuren und unzählige Tier- und Pflanzenarten, oft noch bevor sie "entdeckt" worden sind. Regen und wolkenbruchartige Niederschläge infolge von tropischen Wirbelstürmen spülen den fruchtbaren Boden fort. Wie in Brasilien und Afrika wird sich das ganze Ökosystem verändern, und Dürrekatastrophen werden zunehmen. Man braucht nicht viel Phantasie, um sich auszumalen, welche Auswirkungen die Vernichtung dieses Lebensraumes auch auf die Menschen haben wird.

INFO   Katastrophe Brandrodung

Natürlich steht die systematische Vernichtung der Natur, wie in anderen Ländern auch, in engem Zusammenhang mit der großen *Armut* der madagassischen Landbevölkerung. Aber sie hat auch *traditionelle Ursachen*. Schon die indonesischen Einwanderer brachten die Methode der Brandrodung *(tavy)* mit, durch die sie ihre (Reis-) Felder im sog. "*Wanderfeldbau*" urbar machten. Alle zwei Jahre werden neue Waldstücke gerodet, nicht weil die alten Felder unfruchtbar geworden wären, sondern von Unkraut übersät sind.

Mindestens genauso katastrophal wirken sich die Traditionen der **Viehzüchter** aus, die mit ihren riesigen Rinderherden umherziehen. Durch das *Abbrennen riesiger Weideflächen* sorgen sie bei Einsetzen des ersten Regens zwar für frisches, saftig nachwachsendes Gras. Die großen Buschfeuer vernichten aber nicht nur das alte Weideland, sondern greifen auf alle Wälder der Umgebung über und hinterlassen im wahrsten Sinne des Wortes "verbrannte Erde". Sogar in Nationalparks dringen Viehzüchter samt ihren Herden ein, die die letzten Pflanzen fressen, die sie finden können.

Hinzu kommen die auf Madagaskar ungeheuer mächtigen Ge- und Verbote der Ahnen. In einigen Regionen existiert ein "*Fady*" (Tabu), das dem Landwirt verbietet, die Erde mit einem Spaten aus Metall zu verletzen, und schreibt statt dessen vor, sie durch Feuer zu roden und mit Holz zu bearbeiten.

Das **Feuer** selbst spielt eine große Rolle. Im madagassischen Glauben wird es – wegen seiner roten Farbe, glühenden Hitze und zerstörerischen Kraft – als Träger der Macht des Schöpfergottes *Zanahary* angesehen. Je größer ein Feuer, desto mehr Kraft. Sie überträgt sich auch auf denjenigen, der sich in der Nähe aufhält. Nicht umsonst hat Brandstiftung eine rituelle Bedeutung. Auch bei politischen Konflikten gingen wichtige Gebäude, wie das Rathaus und der Palast der Königin in Tana, in Flammen auf.

Ein weiteres Motiv für die katastrophale Brandrodung ist der Glaube an die Existenz von bösen *Geistern*. In vielen Regionen halten die Dorfbewohner Wälder, Büsche und Bäume für die bevorzugten Wohnstätten unglückbringender Geister (*"lolo"*, *"angatra"*), die deshalb angezündet werden müssen.

Andererseits gelten bei vielen Bevölkerungsgruppen Bäume als heilig und werden verehrt. Bei ihnen gelten sie als Mittler zwischen Himmel und Erde. Vor allem durch Migration, z.B. der viehzüchtenden Antandroy, Bara oder Tanala in waldreiche Gebiete im Westen, kommt es aber zu Problemen mit der ortsansässigen Bevölkerung, die eher bereit ist, ihre Wälder zu schützen.

Lesetip
Andri Mahefa: Ethnologische Ursachen der Naturzerstörung
(s. Literaturliste)

Gibt es noch einen Ausweg? Angesichts der drohenden Katastrophe wird jetzt endlich mehr für den Schutz der Wälder getan. 1987 vereinbarte die madagassische Regierung zusammen mit dem WWF einen **Aktionsplan zur Rettung der Regenwälder**. 1989 konstituierte sich in Tana das "Centre National des Recherches sur l´Environnement" *CNRE*, das sich um Einrichtung und Schutz von Reservaten, Aufforstung und, vor allem, um die Mitarbeit der ortsansässigen Bevölkerung kümmern sollte. Das Jahr 1998 erklärte die Regierung zum Jahr des Waldes, die Zusammenarbeit mit dem WWF wurde verstärkt. Seit langem bestehende Gesetze werden neuerdings zunehmend überwacht. Umweltsündern drohen drakonische Strafen. Im vergangenen Jahr wanderten zum Beispiel Bauern, die neue Felder im Naturschutzgebiet "*Lokobe*" auf Nosy Be anlegten, ins Gefängnis.

Namhafte einheimische Sänger wie **Rossy** oder **Dama** machen die Zerstörung des Waldes zum Thema. Internationale Umweltorganisationen wie die UNO, die Weltbank, viele Regierungs- und Nichtregierungsorganisationen sowie Universitäten aus Amerika, Japan, Frankreich, Deutschland geben Geld für Naturreservate und helfen bei Wiederaufforstungsprojekten, darunter auch die deutsche Gesellschaft für Technische Zusammenarbeit, *GTZ*. Der Staat selbst mit Präsident Ratsiraka an der Spitze hat sich zum obersten Umweltschützer erklärt. Mit großem Nachdruck propagiert er **ökologischen Tourismus** und eine ökologische Republik. Wir waren erstaunt zu sehen, daß sogar die großen Kokosplantagen bei Sambava seit einem Jahr ohne Pestizide und Kunstdünger auskommen – auf Anweisung des Präsidenten! Ob dieser Einsatz früh genug kommt, mit dem nötigen Ernst betrieben wird, bei dem hohen Bevölkerungswachstum noch eine Chance hat und ob keine Spendengelder mehr versickern, wird sich zeigen. Vor allem kann Naturschutz nicht, wie häufig geschehen, gegen die Interessen der einheimischen Bevölkerung durchgesetzt werden, sondern nur mit ihr. Gelingt es, den Bauern klar zu machen, daß auch der Wald für sie lukrativ sein kann? Daß Besucher von Nationalparks Geld und vielleicht Arbeitsplätze bringen, von denen auch sie etwas haben und nicht nur ausländische Organisationen und Tourismus-Veranstalter? Dazu sind Alternativen notwendig, für die Landwirtschaft, für neues Brennmaterial, gegen die Armut (vgl. das Aufforstungsprojekt in Kirindy S. 361).

Nationalparks und Reservate

Naturschutz hat in Madagaskar Tradition – auf dem Papier. Schon 1927 wurde in Madagaskar als einem der ersten Länder der Welt ein nationales System zum Aufbau von Naturreservaten errichtet. Aber erst nach einer internationalen Umweltkonferenz 1970 stieß der Natur-Schatz Madagaskars auf das Interesse der Weltöffentlichkeit. Ende der 70er Jahre eröffnete der

World Wide Fund for Nature **WWF** seine erste Niederlassung. Madagaskar ist für den WWF ein Schwerpunktland; seit 1963 hat er hier über 60 Projekte durchgeführt.

Mitte der 90er Jahre gab es fünf staatliche *Nationalparks* ("Parcs Nationals") – 1998 waren es nach Auskunft des WWF bereits 13! Daneben gibt es über 20 *spezielle Reservate* ("Réserves Spéciales"), mehr als 10 sogenannte *umfassende Reservate* ("Réserves Naturelles Intégrales"), über 30 *forstwissenschaftliche Stationen* und gesonderte *Meeresschutzgebiete*. Die französische Pflanzerfamilie de Heaulme betreibt, nach anfänglichem Landschaftsraubbau durch die Anpflanzung von Sisalplantagen, heute *Privatreservate* in Berenty und bei Morondava. Ein weiteres nahe Taolanaro soll bald der Öffentlichkeit zugänglich gemacht werden. Geschützt sind kleinere und größere im ganzen Land verteilte Gebiete; dazu gehören auch die drei höchsten Gebirge *Tsaratanana, Anakaratra* und *Andringitra*.

Die *Nationalparks* stehen theoretisch unter dem Schutz der *"Internationalen Konvention von London zum Schutz der Fauna und Flora in Afrika"*, die 1933 in Kraft trat. Zwei Parks sind schon seit der Kolonialzeit geschützt, die meisten anderen erst seit Mitte der 90er Jahre. Zugang haben Touristen in Begleitung von gut ausgebildeten Führern (Guides), die in entsprechenden Büros am jeweiligen Parkeingang vermittelt werden. Die Verwaltung sorgt dafür, daß nur bestimmte Wege und Teile der Schutzgebiete für die Besucher zugäng-

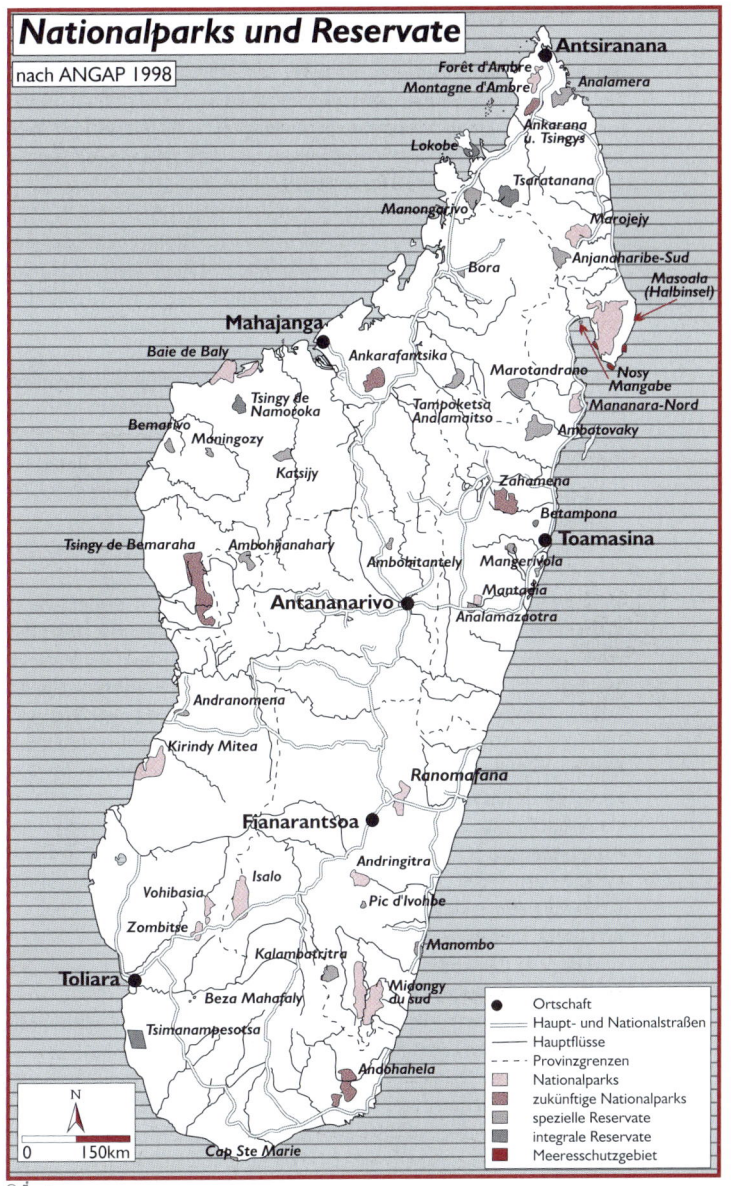

Nationalparks und Reservate

nach ANGAP 1998

Antsiranana

Forêt d'Ambre
Montagne d'Ambre
Analamera
Ankarana u. Tsingys
Lokobe
Tsaratanana
Manongarivo
Marojejy
Anjanaharibe-Sud
Bora
Masoala (Halbinsel)
Mahajanga
Baie de Baly
Ankarafantsika
Marotandrano
Nosy Mangabe
Tsingy de Namoroka
Tampoketsa Analamaitso
Mananara-Nord
Bemarivo
Moaingozy
Ambatovaky
Katsijy
Zahamena
Betampona
Tsingy de Bemaraha
Ambohijanahary
Toamasina
Ambohitantely
Mangerivola
Antananarivo
Mantadia
Analamazaotra
Andranomena
Kirindy Mitea
Ranomafana
Fianarantsoa
Andringitra
Isalo
Vohibasia
Pic d'Ivohbe
Zombitse
Manombo
Kalambatritra
Midongy du sud
Toliara
Beza Mahafaly
Tsimanampesotsa
Andohahela
Cap Ste Marie

●	Ortschaft
	Haupt- und Nationalstraßen
	Hauptflüsse
	Provinzgrenzen
	Nationalparks
	zukünftige Nationalparks
	spezielle Reservate
	integrale Reservate
	Meeresschutzgebiet

N

0   150km

© *i*graphic

lich sind – alle weiteren Eingriffe in die Natur sind verboten. 1998 waren u.a. folgende Gebiete zu Nationalparks deklariert: **Montagne d´Ambre** im Norden, **Baie de Baly** bei Mahajanga, **Marojezy, Masoala** und **Mananara-Nord** im Nordosten, **Mantadia** zwischen Tana und Toamasina, **Kirindy-Mitea** bei Morondava, **Ranomafana** bei Fianarantsoa, **Andringitra** bei Ambalavao, **Isalo**, **Vohibasia** und **Zombitse** zwischen Fianarantsoa und Toliara, **Midongy du Sud** und demnächst auch **Andohahela** bei Taolanaro.

Weitere Nationalparks sollen geschaffen werden, darunter auch das jetzt schon zugängliche Réserve Spécial d´**Ankarana** und **Analamera** im Norden sowie die **Tsingy du Benaraha** und **Zahamena** (s. regionale Reisetips und Beschreibungen der Routen).

In den **speziellen Reservaten** (Fläche: ca. 380.000 Hektar) werden besonders gefährdete Pflanzen- und Tierarten geschützt. Für die (unterschiedlich gehandhabten) Zugangsberechtigungen sind dort die Verwaltungen der einzelnen Reservate zuständig. Wie in den Nationalparks stehen den Besuchern nur ganz bestimmte Wege offen. Zu den meistbesuchten Reservaten zählen:
* **Ankarana** (mit Tsingys) im Norden
* **Cap St. Marie** an der Südspitze Madagaskars.

Umfassende Reservate sind besonders streng geschützt. Gesamtfläche ca. 570.000 Hektar; eingerichtet seit 1966. Zugang hatten bisher fast ausschließlich Wissenschaftler – Genehmigungen werden in Tana erteilt. Sondergenehmigungen gibt es, wie bei den speziellen Reservaten, für einheimische Anwohner. Mit Voranmeldung kann man sich an den Grenzen einiger Reservate aufhalten und so einen guten Einblick gewinnen. Alle sind besonders eindrucksvoll. Zu den strikt geschützten *Réserves Intégrales* gehören:
* **Tsingy de Namoroka** bei Mahajanga
* **Ankarafantsika** bei Mahajanga
* **Tsaratanana** bei Ambanja
* **Zahamena** beim Lac Alaotra
* **Betampona** bei Toamasina (Tamatave)
* **Lokobe** auf Nosy Be
* **Tsingy de Bemahara** bei Morondava
* **Tsimanampetsotsa** südlich von Toliara
* in **Andohahela** bei Taolanaro will man in Zukunft eine Möglichkeit für sanften Ökotourismus am Rande des Schutzgebietes schaffen.

Alle staatlichen Naturreservate unterstehen dem **"Ministère des Eaux et Forets"** MEF (Landwirtschaftsministerium) in Antananarivo. Die Verwaltung der einzelnen Schutzgebiete hat das Ministerium zum Teil nichtstaatlichen

Umwelt-Organisationen übertragen, vor allem der madagassischen Organisation **ANGAP** (*"Association Nationale pour la Gestion des Aires Protégées"*) und dem *"World Wild Fund for Nature"*, **WWF**.

Wundern Sie sich nicht, wenn Sie überall die unterschiedlichsten Informationen über die Zahl der Nationalparks lesen. Das liegt u.a. daran, daß für diese Parks neuerdings ANGAP die Verwaltung übernommen hat und den Touristen mehr Gebiete zugänglich machen will, die früher der WWF strenger geschützt hat. Manchmal verfolgen beide Organisationen verschiedene Ansätze, und das Verhältnis war nicht immer von guter Zusammenarbeit geprägt. Wir haben in vielen Büros auch unterschiedlich motivierte Mitarbeiter getroffen. Die meisten Umweltschützer bei ANGAP sind unglaublich engagiert, obwohl ihnen kaum Geld für ihre Arbeit zur Verfügung steht und viele von ihnen ehrenamtlich tätig sind. Sogar für Fotokopien oder Infobroschüren für Touristen fehlen oft die finanziellen Mittel.

1997 schlossen sich Touristikveranstalter und Hotelbesitzer zusammen und protestierten gegen ANGAP. Die Eintrittsgelder für Parks seien zum Teil so drastisch gestiegen, daß ihrer Meinung nach viele Touristen auf einen Besuch der Parks verzichteten oder vom Preis-Leistungs-Verhältnis enttäuscht seien. ANGAP argumentiert, den Preis für den Schutz der Natur könne man gar nicht hoch genug veranschlagen. Ein Teil der Einnahmen fließt auch an die ortsansässige Bevölkerung in den umliegenden Dörfern, um so deren Akzeptanz der Naturschutzgebiete zu erhöhen (s. Allg. Reisetips, Stichwort *Naturschutzgebiete*).

2.4 Flora und Fauna

2.4.1 Einzigartige Tierwelt

Lemuren

Madagaskar steht seinem afrikanischen Nachbarn in Sachen "Safari" in nichts nach – auch wenn man anstelle von Löwen Lemuren entdeckt und anstelle von Kamelen Chamäleons.

Zu den Lieblingen aller Touristen gehören die **Lemuren**. Wer sie einmal beobachtet hat, den Tanz der Larven-Sifakas, die sonnenanbetenden Kattas (sie setzen sich morgens in die ersten Sonnenstrahlen und breiten die Arme aus), die Varis mit ihrem schwarz-weißen Plüschfell, wird sie nicht mehr

Lemuren-Plakat aus dem Zoo Tsimbazaza in Antananarivo

vergessen. "Babakoto" nennen die Madagassen eine besondere Art – "die Väter von Koto". Denn sie sollen von den gleichen Vorfahren abstammen wie die Menschen. Das klingt schöner als unser Wort "Lemuren" in Anspielung auf die unheilstiftenden Totengeister, die nach altrömischer Sage nachts aus ihren Gräbern krochen, um Angst und Schrecken zu verbreiten. Höchstens nachts, wenn man sie schreien hört, fühlt man sich daran erinnert.

Ursprünglich waren Lemuren bis zur nördlichen Erdhalbkugel, sogar im heutigen Nordfrankreich, weit verbreitet. Doch hier wie auch später in Afrika wurden sie mit Ausnahme kleiner nachtaktiver Halbäffchen offenbar von anderen Affen und Konkurrenten verdrängt. Nach Madagaskar gelangten sie wohl auf kleinen schwimmenden Inseln als unfreiwillige Seefahrer. Nur dort – und auf den Komoren – konnten sie sich, bis der Mensch kam, ohne natürliche Feinde frei entfalten und in allen Variationen und Größen weiterentwickeln. Über 30 Lemuren-Arten leben auf Madagaskar. Drei Arten wurden in den letzten Jahren "wiederentdeckt", zwei davon von dem deutschen Biologen Bernhard Meier. Fast alle sind vom Aussterben bedroht. Ihr Lebensraum schwindet in katastrophalem Tempo. Außerdem werden sie trotz vieler Tabus von den Madagassen oft als Leckerbissen oder, wie das kleine Aye-Aye, als Verkörperung böser Geister gejagt.

Noch wird man aber in den zugänglichen Regenwald- und Naturschutzgebieten (*Ranomafana, Andasibe, Forststation Ampijoroa, Nosy Komba, Lokobe auf Nosy Be* u.a.) mit Hilfe einheimischer Führer und etwas Geduld ganze Familien zu Gesicht bekommen. In privaten Parks wie "*Berenty*" im Süden (s. S. 453) sind sie so zahm und frech, daß sie einem sogar zum Frühstück Gesellschaft leisten.

Lemuren kommen in fünf Familien vor:
1. **Cheirogaleidae** mit den Gattungen *Microcebus, Cheiroaleus, Allocebus, Phaner,* darunter der bekannte Mausmaki.
2. **Lemuridae** mit den Gattungen *Lemur, Hapalemur* und *Varecia.* Zur ersten Gattung gehören u.a. der Katta (L. catta), Mohrenmaki (L. macaco), Brauner Maki (L. fulvus), Kronenmaki (L. coronatus), Rotbauchmaki (L. rubriventer); zur zweiten der Goldene, der Graue und der Große Bambuslemur; zur dritten der Vari (Varecia variegata).
3. **Lepilemuridae** mit 7 nachtaktiven Arten
4. **Indriidae** mit drei Gattungen, darunter der Indri (Indri indri), Larvensifaka (Propithecus verreauxi), Diademsifaka (P. diadema) und der nachtaktive Wollmaki (Avahi laniger).
5. das nachtaktive **Aye aye**.

INFO **Die Naturgeschichte der Lemuren**
von Bernhard Meier *(vgl. Fotos im Farbteil)*

Der Madagaskar-Reisende findet sich in einer fremden Natur wieder. Ähnlich wie auf Galapagos, Australien oder Neuseeland erschließt sie sich dem Verständnis nur in ihrer erdgeschichtlichen Entwicklung. Überhaupt ergibt ja in der Welt der Biologie e i g e n t l i c h nichts einen Sinn, außer man betrachtet es im Licht der Evolution.

Die madagassischen Lemuren haben eine so eigentümliche Evolutionsgeschichte, daß sie Lehrbuchbeispiele werden könnten für das Wirken von Anpassungsvorgängen in der Natur. Sie sind ja wie alle Lebewesen Produkte ihres Lebensraumes. Alle Lemuren sind näher miteinander verwandt als mit irgendeiner anderen Säugetierart. Alle Lemurenarten sind also auf Madagaskar entstanden. Man muß sich vor Augen halten, daß die 31 bekannten Arten in 5 Familien und 13 Gattungen nur den Rest einer der eigen-

willigsten Formengruppen darstellt, die die Erde hervorgebracht hat. Wir kennen nämlich weitere 14 Arten nur noch subfossil. Dieser *Megaladapis edwardsii* war so groß wie ein kleiner Esel. Er hat vor weniger als 1000 Jahren noch gelebt.

So etwa hat er vielleicht ausgesehen. Er wurde nach der Entdeckung Madagaskars durch den Menschen zusammen mit Riesen-Indris, Riesen-Fingertieren, ja mit der ganzen M e g a f a u n a der Insel ausgerottet. Madagaskar hat also wohl die größten Primaten überhaupt hervorgebracht. Dabei muß man bedenken, daß wir es ja nicht mit geologischen Zeiträumen zu tun haben, sondern mit historischen: Die romanischen Kirchen in Europa standen schon, als es diese Tiere noch gab. Diese Formen waren wohl wenig scheu. Es existierten für sie ja keine Raubfeinde.

Riesenlemur (Megaladapis edwardsii)
© Helga Schulze

Mausmaki *(Microcebus rufus)*

Man muß den kleinsten Lemuren Madagaskars, den kaum mehr als mausgroßen Mausmaki dagegen halten, um sich vorzustellen, welche gewaltige Artaufspaltung durch Anpassung an bestimmte Überlebensweisen auf Madagaskar stattgefunden hat. Mausmakis kommen über ganz Madagaskar verbreitet vor. Sie sind die kleinsten Primaten der Welt und mit etwa 50 Gramm ein Federgewicht. Zur geeigneten Jahreszeit kann man sie gut in *Ranomafana* oder in *Périnet* (Andasibe) beobachten, wo ihre Siedlungsdichte auf etwa 100 Tiere pro qkm geschätzt wird. Man kann sie mit Bananenstückchen anfüttern, die man in Büschen aufspießt. Sie sind vergleichsweise leicht

Mausmaki (Microcebus rufus)

zu finden, wenn man nachts mit einer Taschenlampe die Waldränder nach ihren gelborangen Augen absucht, die wie Rückstrahler leuchten.

Aye Aye *(Daubentonia madagascariensis)*

Das nachtaktive Aye-Aye lebt unter anderem von Insektenlarven im Holz. Auf Madagaskar gibt es keine Spechte. Diese Nische, seinen Lebensunterhalt im Holz von Bäumen zu suchen, wird in Madagaskar erstaunlicherweise von einem Halbaffen statt von einem Vogel genutzt. Dazu hat das Aye-Aye seine vorderen Schneidezähne in gewaltige Nagezähne umgewandelt. Natürlich sind es keine richtigen Nagezähne wie bei einer Ratte oder einem Biber, wenn man den inneren Bau betrachtet, sondern immer noch ins Gigantische verstärkte Primatenschneidezähne. Damit öffnet es Bohrgänge von daumendicken Käferlarven, die es mit seinen großen Tütenohren akustisch geortet hat. Man muß sich das so vorstellen, daß das Aye-Aye zunächst geradezu Kopfstand auf von Larven bewohnten Stämmen und Ästen macht und auf Knabbergeräusche im Holz horcht. Übrigens orten bei uns die Spechte ihre Nahrung ja auch akustisch. Den Aye-Ayes fehlt nun aber die lange, klebrige Harpunenzunge der Spechte, mit der diese die Larven aus den Bohrgängen angeln. Dazu benützt diese Lemurenart ihren ins Groteske verlängerten Mittelfinger. Im Deutschen sind deshalb die Aye-Ayes auch unter dem Na-

Aye aye (Daubentonia madagascariensis)

men „Fingertier" bekannt. Indem sie aber auch hartschalige Baumfrüchte aufnagen, besetzen sie darüber hinaus einen Teil der Hörnchennische.

Durch sein unheimliches Aussehen flößt das nächtlich umherstreifende Tier mit den grotesken Krallenfingern, übergroßen Fledermausohren und vampirartigen Nagezähnen den traditionell denkenden Einheimischen in abgelegenen Dörfern Schrecken ein. Sie dichten ihm alles Unheil, Krankheit und Tod an, verfolgen und erschlagen es deshalb oder spießen es auf Äste, um das Unheil vom Dorf wegtragen zu können. Über 100 Jahre gab es auch den Wissenschaftlern Rätsel auf, welcher Tierfamilie dieses harmlose Ungeheuer zuzurechnen sei.

Im Tsimbazaza-Zoo kann man sich überzeugen, daß dieses Tier nicht gerade zu den Beauties unter den Lemuren zählt – aber zum schützenswerten Raritätenkabinett.

Um Aye-Ayes zu finden, sollte man von *Maroantsetra* zur Insel *Nosy Mangabe* fahren, aber es gibt sie auch in *Mananara*-Nord, in *Périnet* oder in *Ranomafana*. Im Tsimbazaza-Zoo kann man sich dieses faszinierende Tier ausgestopft ansehen (s.S. 586).

Rotbauchmaki *(Eulemur rubriventer)*

Ein weiteres Beispiel für ökologische "Einnischung" bietet der Rotbauchmaki (*Eulemur rubriventer*): Er ist ein Früchtefresser, der erstaunlicherweise sowohl tag- als auch nachtaktiv ist. Diese Tiere streifen in kleinen Gruppen umher und sind auf den Verzehr von unreifen Früchten spezialisiert. Weil diese vergleichsweise wenig Energie enthalten, sind sie Tag und Nacht unterwegs auf Futtersuche. Die Rotbauchmakis kann man am besten in *Ranomafana* beobachten, wo sie seit 1986 an Menschen gewöhnt wurden. Ich selbst habe damals 8 ½ Monate ihre Ökologie und ihr Verhalten untersucht.

Brauner Maki *(Eulemur fulvus rufus)*

Von den reifen Früchten wurden die von mir beobachteten Rotbauchmakigruppen oft vom Braunen Maki verdrängt, der in sehr viel stärkeren Gruppen in denselben Waldgebieten lebt, z.B. in *Ranomafana*. Trotzdem kann der braune Maki den Rotbauchmaki nicht verdrängen, weil dieser die Früchte bereits frißt, noch bevor sie für die Braunen Makis nutzbar sind. Trotz Konkurrenz ist das Zusammenleben dieser beiden Arten stabil.

Mohrenmaki (*Eulemur macaco*)

Mohrenmakis kommen nur im Nordwesten Madagaskars vor. Die Weibchen sind fuchsbraunrot mit weißem Bartkragen, die Männchen sind einfarbig schwarz, was ihnen den deutschen Namen gegeben hat. Man kann sie auf den wunderschönen Inseln *Nosy Be* und *Nosy Komba* sehr gut fotografieren, denn dort brauchen sie vor den Menschen keine Angst zu haben, weil sie fady sind. Eigentlich sind es scheue Bewohner der immergrünen Regenwälder der sogenannten *Sambirano*-Region, die sich dort, wo sie gejagt werden, oft sogar auf eine nächtliche Lebensweise umgestellt haben. Sie fressen Früchte und Blätter und manchmal bestimmte Rinden und Blüten, von denen die Einheimischen – vielleicht nicht zu unrecht – glauben, daß sie Heilkräfte besitzen.

Katta (*Lemur catta*)

Das Verbreitungsgebiet der Kattas mit ihren schön schwarz-weiß gestreiften langen Schwänzen ist auf Galeriewälder entlang von trockenfallenden Flüssen, auf Trockenwälder und Buschländer im Süden und Südwesten beschränkt, wo sie nur noch in vielen kleinen und oft voneinander isolierten Flecken vorkommen. Man staunt manchmal, in welch trockenen Felswüsten diese Tiere ein Auskommen finden, wenn nur ein paar Bäume und Büsche vorhanden sind. Manche Autoren glauben, daß sie nicht trinken müssen, wenn sie genügend Früchte und Blätter finden. Sie laufen öfter über den Boden als jede andere Lemurenart.

Die Kattas und ihr interessantes Familienleben, bei denen die Frauen das Sagen haben, sollte man in *Berenty*, einem privaten Kleinreservat in der Nähe von Taolanaro (Fort Dauphin), beobachten. Dort gibt es eine große Ansammlung von alten Exemplaren des Lieblingsbaumes der Kattas, der Tamarinden (s.S. 454).

Wieselmaki (*Lepilemur*)

Von den Wieselmakis gibt es 7 verschiedene Arten, die sich über die Insel so verteilen, daß jeweils nur

Kronenmaki (Eulemur coronatus)

eine Art in einem Gebiet vorkommt. Sie sind streng nachtaktiv und verbringen den Tag schlafend in Baumhöhlen. Sie leben fast ausschließlich von den Blättern bestimmter Baumarten, und mir erscheinen sie immer als eine Art "Baumkaninchen": Wegen ihrer vergleichsweise geringen Nahrungssorgen können sie nämlich oft erstaunliche Siedlungsdichten von manchmal erheblich über 150 Tieren

Wieselmaki (Lepilemur septentrionalis)

pro qkm erreichen. Man kann sie finden, wenn man mit einem Stück Holz an einem Baumstamm kratzt, der ein Loch hat. Ist der Wieselmaki zu Hause, schaut er aus dem Loch heraus, um zu sehen, ob es sich etwa um eine der baumkletternden Schleichkatzenarten handelt, die seine Todfeinde sind.

Wollmaki (*Avahi laniger*)

Der Wollmaki ist ebenfalls ein Blattfresser und ebenfalls nachtaktiv. Er verschläft den Tag aber nicht in Höhlen, sondern in Astgabeln nur wenige Meter über dem Boden, und zwar zusammen mit seinen Familienmitgliedern in einem dicken Klumpen. Ich habe bisher fast nur zwei oder drei Tiere zusammengesehen, und zwar Männchen und Weibchen, wobei letzteres oft ein Kind bei sich hatte. Man erkennt sie leicht an ihren langen Sprungbeinen, welche an der Unterseite der Oberschenkel einen auffälligen weißen Streifen haben.

Larvensifaka (*Propithecus verreauxii*)

Auf Madagaskar haben sich aber unter den Lemuren auch hochspezialisierte Blattfresser entwickelt. Der Larvensifaka ist an bestimmte Hartlaubblätter aus Galeriewäldern des südlichen Dornenwaldes angepaßt. Man muß selber sehen, wie diese Tiere mit dem weißen Fell durch den südlichen Dornenwald springen, um es zu glauben: Obwohl die Äste der Didieraceen dichter mit zentimeterlangen, nadelscharfen Dornen gespickt sind als das berühmte Nagelbrett der Fakire, verletzen sie sich nicht (s.S. 454).

Diademsifaka (*Propithecus diadema*)

Der Edwards-Diademsifaka ist an Blattnahrung im östlichen tropischen Bergregenwald angepaßt. Wie sich mehr und mehr herausstellt, schützen sich auch die Regenwaldpflanzen in erstaunlichem Umfang durch Fraßgifte, eine Hürde, die dieser Sifaka offenbar weitgehend genommen hat.

Indri (*Indri indri*) (= madag. "Babakoto")

Auch der größte noch lebende Lemur, der Indri, ist ein Blattfresser. Die Ökologie dieser Lemurenart kann man am besten mit der von Gibbons vergleichen. Man kann ihn zuverlässig in *Périnet* (Andasibe) beobachten, wo der englische Forscher John Pollock zu Beginn der 80er Jahre

Indri auf Briefmarke ("Babakoto")

mehrere Gruppen studiert und die Tiere an den menschlichen Beobachter gewöhnt hat. Es ist ungemein eindrucksvoll, wenn diese großen Kerle ihren gemeinschaftlich erzeugten, ohrenbetäubend lauten und trotzdem melodischen Territorialgesang vortragen (s.S. 564).

Büschelohrmaki (*Allocebus trichotis*)

Mit Insekten-, Frucht- und Blattfressern ist die Palette der Anpassungstypen madagassischer Primaten noch nicht erschöpft. Vom Büschelohrmaki glauben wir, daß er auch auf die Insektenjagd spezialisiert ist, aber er hat zusätzlich eine gewaltig lange Zunge, mit der er offenbar Nektar aus Blüten leckt.

Bis 1991 wußte man von der Existenz des Büschelohrmakis nur durch 5 Museumsexemplare. Nie waren lebendige Tiere in ihrem Lebensraum gesehen oder auch nur von Wissenschaftlern in Gefangenschaft gehalten worden. Der Büschelohrmaki wurde aber schon 1875 von Albert Günther in einer Sendung toter Tiere aus Madagaskar an das Britische Naturhistorische Museum entdeckt, transportiert in einem Schnapsfaß, und blieb dann für 112 Jahre die zuletzt entdeckte Primatenart Madagaskars.

Er gehört zu den kleinsten Primaten der Welt, mit nur 80 g Gewicht und 14 cm Körperlänge, wozu man noch 17 cm Schwanzlänge hinzuzählen muß. Wahrscheinlich sind nur noch die Mausmakis kleiner. Auf der Suche nach dem Fingertier hatte mir im März 1989 in einem abgelegenen Dorf südlich von *Mananara*-Nord ein alter Holzfäller und Honigsammler erzählt, daß es zwei Arten von "Tzitzi-his", also Mauslemuren, gäbe. So war die Spur zu ihrer Wiederentdeckung gelegt (s.S. 568).

Großer Katzenmaki (*Cheirogaleus major*)

Er lebt neben Insekten und Früchten vor allem von Blüten, wobei er es neben dem Nektar besonders auf Pollen abgesehen hat. Wenn in der Trockenzeit die Nahrung knapp wird, können die Katzenmakis auf ihre Fettreserven im Schwanz zurückgreifen und, fast wie im Winterschlaf, ihre Körpertemperatur bis auf 20 °C absenken!

Gabelstreifenmaki (*Phaner fucifer*)

Noch spezialisierter ist der Gabelstreifenmaki, der bezüglich seiner Zähne, seiner Zunge, seiner Nägel und vor allem seines Verdauungstraktes an das Fressen von Baumharz und von – lachen Sie nicht – Käferkot angepaßt ist.

Varis (*Varecia variegata*)

Wenn im November der Regenwald stellenweise gelb wird von den zwei Meter langen Blütenständen der riesigen Vahimberana-Liane, fressen auch andere Lemuren wie die Rotbauchmakis oder der Vari den ganzen Tag Blüten.

Primatenarten sind wie andere Tiere Anpassungsprodukte ihres Lebensraumes. Der vom Lebensraum ausgeübte Selektionsdruck hat sie erschaffen. Nur in ihrem Lebensraum und in ihrer Evolutionsgeschichte kann man sie verstehen. Schützen kann man sie langfristig nur in ihrem Lebensraum.

Ein besonders faszinierendes Beispiel für eine solche Spezialanpassung liefern die Bambuslemuren. *Hapalemuren*, wie die Bambuslemuren wissenschaftlich heißen, sind die einzigen Primaten, die ausschließlich auf Bambusnahrung spezialisiert sind. Dabei kommen sich auch die drei existierenden Arten nicht in die Quere! Die "Panda-Nische", d.h. Bambus zu fressen, stellte sich als beinahe ebenso bizarr heraus wie die vom Aye-Aye besetzte "Spechtnische".

Larvensifaka (Propitheus verreauxii) auf Telefonkarte

Grauer Bambuslemur (*Hapalemur griseus*)

Er kommt in drei Rassen über weite Teile im noch heute bewaldeten Madagaskar vor. Man erkennt ihn als Hapalemur an der kurzen Schnauze, dem runden Kopf mit den kurzen dicht behaarten Ohren, die kaum aus dem Fell herausschauen, und an dem für seine Größe starken Gebiß mit der enorm kräftigen Kaumuskulatur. Damit zerbeißt er unter anderem junge Seitentriebe von verschiedenen Bambusarten. Ansonsten lebt er von jungen Blättern und Blattsprossen von Bambus und von Gräsern.

Großer Bambuslemur (*Hapalemur simus*)

Daneben gibt es den mehr als zweimal so großen *Hapalemur simus*, den sog. Großen Bambuslemuren. Wie der Graue Bambuslemur hat auch er die typische kurze Schnauze der Hapalemuren, aber sein Gebiß ist noch viel kräftiger. Der Unterkieferwinkel ist bei *H. simus* zu einer 3 cm langen Platte nach unten ausgezogen, an der die Kaumuskulatur ansetzt. Das ermöglicht diesem nur 2 ½ kg schweren Lemuren, 10 cm dicke Bambusstämme zu zerbeißen. Er zieht die grüne Rinde ab und frißt die holzige weiße Halmwand, die etwas süß schmeckt.

Goldener Bambuslemur (*Hapalemur aureus*)

Hapalemur aureus, erst 1987 erstmalig beschrieben, ist ein typischer Hapalemur, aber sehr auffällig gefärbt. Er unterscheidet sich von den anderen beiden Arten durch seine Körpergröße, seine Färbung, sein Sozialverhalten, seine Rufe, durch die Größe und Lage seiner Drüsen und seines Markierverhaltens, durch seine Chromosomenzahl und vor allem eben auch durch seine Einnischung: Die neu entdeckte Art ist nämlich in bezug auf die Nahrungsansprüche unglaublich spezialisiert:

Obwohl in *Ranomafana* alle drei Arten in demselben Wald nebeneinander vorkommen und sich als gute Arten natürlich auch nicht vermischen, fressen sie an denselben Bambusarten (ja unter Umständen an der identischen Bambuspflanze!). Trotzdem machen sie sich kaum Konkurrenz: *H. griseus* frißt die Blätter, und *H. simus* zerreißt die 10 cm dicken Bambusstämme. Nie aber habe ich die beiden Arten an den eiweißreichen Schößlingen fressen sehen, von denen der *aureus* lebt. Inzwischen wissen wir auch warum: Das Pfund Schößlinge, welches *aureus* täglich verdaut, enthält nämlich genug Zyanid, um einen Menschen umzubringen, und zwar 15 mg/100 g Frischgewicht!

Ich habe die *aureus* täglich mehrfach Erde fressen sehen. Jetzt kommt die Überraschung: Diese Erde enthält zweiwertige Eisenionen. Der Goldene Bambuslemur kann damit das hochgiftige Zyanid in völlig ungiftiges Hexacyanoferrat (II) komplex (das gelbe Blutlaugensalz) umwandeln. Das ist wohl der Grund, war-

Goldener Bambuslemur (Hapalemur aureus)

um *H. aureus* so lange nicht entdeckt wurde: Er kann offenbar nur dort existieren, wo sowohl der Bambus als auch die Eisen-II-haltige Erde vorkommt (s.S. 405).

Aus der Tatsache, daß auf Madagaskar die Panda-Nische dreigeteilt ist, kann man auf die großen Zeiträume ökologischer Stabilität schließen, die die Evolution gebraucht haben muß, um so ein Wunder hervorzubringen. Die faszinierende Tierwelt Madagaskars demonstriert exemplarisch die Vielfalt der Lebensformen unseres blauen Planeten. Es ist übrigens der einzige, den wir kennen, der Leben trägt. Noch lebt die Oberfläche dieses Planeten. Noch ist es nicht zu spät, sich zu engagieren. Die ökologische Katastrophe ist eine Katastrophe der Einsicht. Noch stehen die Regenwälder, noch gibt es die Fische im Meer. Die Vertreibung aus dem Paradies steht uns erst noch bevor. Die zentrale Bedrohung unserer öko-

logischen Existenz aber ist, daß die Erde an Fähigkeit einbüßt, Leben zu tragen. Es ist die lebendige Oberfläche dieses Planeten, die wir billigend oder in voller Absicht quadratkilometer- oder auch nur quadratmeterweise zerstören.

Bernhard Meier hat als Biologe bei seinen zahlreichen Madagaskar-Expeditionen u.a. den "Goldenen Bambuslemur" in Ranomafana entdeckt. Es war seit über 100 Jahren die erste Neuentdeckung einer Primatenart auf Madagaskar. Außerdem entdeckte er 1989 nahe Mananara den als ausgestorben geltenden Büschelohrmaki "Allocebus trichotis" wieder, eine Lemurenart, von der im 20. Jh. nur ein einziges Exemplar bekannt geworden ist. Bernhard Meier arbeitete u.a. für die UNESCO und z.Zt. in Zusammenarbeit mit der Uni Straßburg an einem Nationalparkprojekt im Nordwesten Madagaskars zum Schutz von Seeadlern.

Lesetip
Mittermeier, Russel u.a.: Lemurs of Madagascar. Washington 1995.

Zur Vorbereitung
Der Kölner Zoo verfügt über ein großes Lemurenhaus, in dem sich u.a. die Lemurenexpertin Dr. Ute Hick-Ruempler für das Überleben dieser Spezies einsetzt.

Andere Säugetiere

Wenn man von den Lemuren und den Meeressäugetieren (wie Robben und Walen) einmal absieht, gibt es auf Madagaskar nur noch vier weitere Landsäugerordnungen.

• Erstens: Die **Insektenfresser**, und zwar 32 Arten *Tanreks*, die den Spitzmäusen und Igeln nahestehen. Der *Streifentanrek (Hemicentetes semispinosus)* ist so lang wie ein kleiner Finger. Chromosoale und biochemische Untersuchungen zeigen, daß es sich bei den Tanreks um eine monophyletische Gruppe handelt, mit anderen Worten, sie stammen von einem einzigen Besiedlungsvorgang ab. Die größten von ihnen stehen auf den Speisezetteln der Hochlandbewohner.

Ringelschwanzmungo (Galidea elegans)

• Der Ordnung der **Raubtiere** (Carnivora) gehören 10 sehr altertümliche Arten der sog. Schleichkatzen *(Viveridae)* an. Der **Ringelschwanzmungo** (Galidea elegans) ist ein ausschließlich tagaktiver, iltisgroßer, gut kletternder Jäger von Reptilien, Vögeln und Kleinsäugern aus dem östlichen Regenwald. Der *Fossa* ist das größte Raubtier Madagaskars. Dieser "Minipuma" ist groß und scheu wie ein Fuchs, greift aber Menschen an, wenn er sich bedroht fühlt.

• Madagaskarratten vertreten die Ordnung der **Nagetiere**, eine eigene Unterfamilie *(Nesomyinae)* mit nur 11 Arten. Die größte Art ist das **Votsotsa** (Vozoza). Es erreicht mit 1200 g Kaninchengröße mit buschigem Schwanz und lebt auch in einem ähnlichen Bau, mit komfortablen 45 cm Röhrendurchmesser! Und damit nicht jeder hereinkommt, macht sich diese rein nachtaktive Springratte die Mühe, nach jedem Herauskommen und jedem Hineingehen die Röhre wieder zuzukratzen.

• Zu den **Fledertieren** gehören die zum Teil riesigen *Flugfüchse* mit Flügelspannweiten bis zu einem Meter! Im Berenty-Naturreservat leben mehrere tausend Flugfüchse in einer Kolonie, eine kleinere von etwa 100

Exemplaren hängt tagsüber auf der kleinen Insel Tanikeli vor Nosy Be in den Bäumen und macht furchtbares Geschrei. In der Abenddämmerung fliegen die Schwärme zu kilometerweit entfernten Futterstellen, fressen Früchte und Blüten und kehren erst in am frühen Morgen zurück. Flugfüchse tragen ihre Jungen in den ersten Monaten wie Känguruhs in kleinen Hautbeuteln, später krallen sich die Jungtiere ins Fell vor der Brust der Mutter. Ihre natürlichen Feinde sind Raubvögel, aber auch bei den Einheimischen landen sie oft im Kochtopf.

Madagassische Vogelwelt

Die Entwicklung, die vielen anderen madagassischen Tierarten bevorstehen könnte, zeigt das Schicksal des legendären **"Vogel Rock"**. Die schwersten Vögel der Welt waren nicht die neuseeländischen Moas, sondern der riesige **Elefantenfußstrauß** *Aepyornis* auf Madagaskar. Es gab davon mindestens 6 Arten! Nach heftigen Regenfällen findet man heute noch unzerbrochene Eier, 35 cm lang und 8mal so schwer wie ein Straußenei. Der Vogel selbst wird auf etwa 500 kg geschätzt, also etwa 3-4mal so schwer wie ein afrikanischer Strauß. Arabische Seefahrer können diesen Vögeln begegnet sein oder haben ihre Eier verspeist, denn man kennt Überreste dieser gigantischen Urvögel, die kaum älter sind als 500 Jahre. Viele Legenden ranken sich um ihn. Sindbads "Vogel Rock" in Scheherezades Geschichten von 1001 Nacht war flugunfähig und lebte auf Madagaskar.

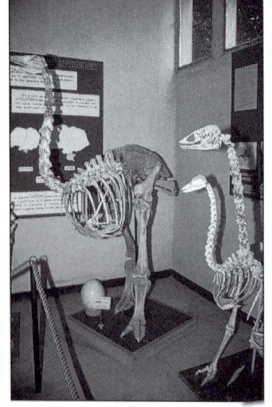

Im Tsimbazaza-Zoo in Antananarivo kann man sich heute noch solch einen Brocken ansehen. Vergleichen Sie die Beinknochen des Aepyornis mit denen eines afrikanischen Straußes! Marco Polo, der auf der Rückreise von China den Seeweg über Persien nahm, berichtet 1300 nach Christus vom sog. *Gryphon*-Vogel <u>*auf Madagascar*</u>! Er sei so groß, daß er Elefanten in die Luft heben könnte. Es ist nicht unwahrscheinlich, daß es zu Marco Polos Zeiten noch Aepyornis-Herden auf Madagaskar gab. Ausgerottet wurden sie vermutlich auch damals schon durch Jagd und die Vernichtung ihres Lebensraumes.

Aepyornis im Tsimbazaza-Zoo

Viele der Vogelarten, die heute auf Madagaskar leben, haben offenbar irgendwann den Flug vom oder zum Festland geschafft; deshalb sind "nur" 64 % von ihnen endemisch. Insgesamt kommen nur etwa 250 Arten vor – im gleich großen Sambia dagegen über 600. Zu den schönsten Vogelarten zählen die **Stelzenrallen** (*Mesitornithiformes*), **Erd-**

Paradiesschnäpper (Terpsiphone mutata)

racken (*Brachypteraciidae*), **Kurole** (*Leptoso-midae*), **Jalas** (*Philepittidae*); **Vangawürger** (*Vangidae*), der **Tulu-Kuckuck** (*Toloho* oder Centropus toulou) und die **Couas** (*Couinae*). Am vertrautesten klingt der Ruf des **Coucal**, des madagassischen Kuckucks, der einen durch ganz Madagaskar begleitet. Seine Flügel sind dunkelrot, sonst ist er schwarz.

Besonders schön sind die sonst spatzenbraunen madagassischen **Webervögel** zur Paarungszeit, wenn die Männchen ein rotes Gefieder, im Süden sogar mit gelbem Kopf- und Brustansatz, annehmen.

Paradiesschnäpper begegnen einem häufig; man erkennt die Weibchen an ihrem purpurroten Gefieder, die Männchen an der blauen Färbung, ihrer weißen Brust und langen weißen Schwanzfedern.

INFO   Der Drongo

Vögel spielen in der madagassischen Mythologie eine große Rolle. Vor allem die Trauer- oder *Gabelschwanzdrongos (Dicrurus adsimilis)*, auffallend schwarz mit langen geschwungenen Kopf- und Flügelfedern, kommen als Stimmkünstler in veränderten Geschichten in vielen Gegenden Madagaskars vor:

"Ein kleines Mädchen spielte weit entfernt von seinem Dorf im Wald. Weil es so schön sang, wurden Soldaten vom hellen Klang seiner Stimme angelockt und beschlossen, es zu entführen. Doch noch bevor sie das Kind fanden, ahnte es die Gefahr und suchte sich ein Versteck. Die Soldaten gaben nicht auf. Fast hätten sie die Kleine gefunden, als oben in einem Baum ein Drongo, der alles mitangesehen hatte, zu singen anfing, so hell und so schön wie das Mädchen. Ach so, sagten die Soldaten, das war ja nur ein Vogel, und gingen enttäuscht ihrer Wege. Das Kind aber war in Sicherheit und konnte schnell zum Dorf zurücklaufen."

Deshalb ist es in vielen Orten *fady*, einen Drongo zu töten.

Schmetterlinge

Die meisten auf Madagaskar herumfliegenden 3000 Schmetterlingsarten gibt es nirgendwo sonst auf der Welt. Fast 100 % sind endemisch. Im botanischen Museum des *Tsimbazaza*-Zoos in Tana kann man sich einen ersten Überblick über die Vielfalt der traumhaft bunten Schmetterlinge verschaffen – zumin-

dest von dem, was von ihrer einstigen Pracht aufge-spießt noch übrig ist. Ein besonderes Kuriosum schildert der Zoologe Dr. F. Jantschke, Mitarbeiter bei der Zeitschrift "Das Tier": *"Als in den Wäldern Madagaskars eine Orchidee mit 35 cm langen Blüten entdeckt wurde, wagte der berühmte englische Naturkundler Alfred Russell Wallace die Vorhersage, es müsse ein Schmetterling mit einem entsprechend langen Rüssel existieren. Zu diesem Zeitpunkt lachten die Insektenkundler über so eine verrückte Idee. 40 Jahre später wurde das Insekt tatsächlich entdeckt (deshalb so spät, weil es seinen Rüssel eingerollt trägt) und erhielt den wissenschaftlichen Artennamen praedicta – die Vorhergesagte!"* (s. Literaturliste)

Kometenschweif

Der einmalig schöne und größte Schmetterling, der **Comète** oder **Kometenschweif**, ein riesengroßer Nacht-falter mit einer Flügelspannweite bis 30 cm, konnte nur deshalb überleben, weil sich einige Züchter seiner angenommen haben. Er ist trotz seiner nächtlichen Ausflüge von leuchtendem Orangegelb mit rotbraunen Punkten und Rändern auf den Flügeln mit 10 mm langen Fühlern, die ihm als nächtliche Antennen dienen (s. Farbfotos). Zu den Raritäten gehören auch der farbenprächtige **Urania** (*Chrysiridia croesus*) und der **Dexithea** mit seinen gezackten Flügelspitzen.

Amphibien und Reptilien – die eigentlichen Ureinwohner

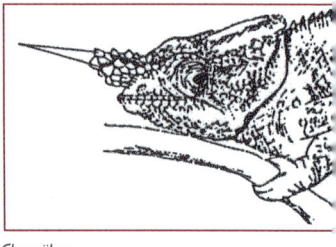

Chamäleon

Anders als die Säugetiere und Vögel sind die "altertümlichen" Reptilien und Amphibien auf der Insel offenbar Überbleibsel aus frühester Zeit und besonders artenreich. Faszinierend ist die Vielfalt der über 50 bisher bekannten **Chamäleon**-Arten (Chamäleon = griech. wörtlich "Erd-Löwe"), mal mit kantigem Kopf, oft mit helmartigen Auswüchsen, Nasenlappen oder ein bis vier (!) Hörnern auf der Nase. Man begegnet diesen langsamen

Spezies mit der schnellen Zunge und den sich unabhängig voneinander bewegenden Augen in Wäldern, an Flüssen oder wenn sie versuchen, die Straße zu überqueren – wenn man sie erkennt! Ihre Tarnung ist oft perfekt. Manche Arten verfärben sich nach emotionaler Verfassung. Beim sog. **Pantherchamäleon** *(Furcifer pardalis)* verwandelt sich das Männchen beim Anblick eines Weibchens in leuchtende Schock-Farben, dazu beginnt es, heftig zu nicken und mit dem Körper zu wackeln.

Im evolutionären Laboratorium Madagaskar hat sich über die Hälfte aller bekannten Chamäleonarten herausgebildet und sowohl Zwergwuchs als auch Gigantismus hervorgebracht: das weltweit kleinste Zwergchamäleon **brooke-**

1cm

Brookesia tuberculata

sia minima mit 2-4 Zentimetern Länge, und das größte **chamaeleo oustaleti**, das bis zu I Meter groß wird! Aussehen und Gehabe dieser seltsamsten Vertreter der Schuppenkriechtiere beeindrucken viele Einwohner Afrikas und Madagaskars so, daß sie sich weigern, so ein Tier anzufassen oder zu fangen. Verhext seien sie und könnten mit

einem Auge in die Vergangenheit blicken, mit dem anderen in die Zukunft. Ein Biß gilt sogar als tödlich, obwohl das nicht stimmt. Traditionelle Heiler benutzen für rituelle Handlungen gerne getrocknete Chamäleons zur Vertreibung böser Geister.

Die **Echsen**-Fauna Madagaskars, zu der auch die Chamäleons zählen, umfaßt über 180 bekannte Arten. Den größten Anteil bestreiten mit über 60 Arten die **Geckos.** Die Haftzellen an Fingern und Zehen ermöglichen ihnen, sich an der Zimmerdecke oder Blattunterseite festzuhalten und dort stundenlang auf Beute zu lauern. Vor einigen Arten hatten die Einheimischen lange Zeit große Angst, und auch heute mögen sie sie nicht besonders.

Berühmt wegen seines überdimensionalen Kopfes und wie plattgeklopften Schwanzes, den er bei Gefahr abwerfen kann, ist der **Plattschwanzgecko** *(Uroplatus)*. Einer der ersten französischen Kommandanten, de Flacourt, beschrieb 1658 den sog. "**Flachkopf-Gecko**" *(Uroplatus fimbriatus)* so: *"An Baumrinden wurde er gesehen, sperrte sein großes Maul auf, um Insekten zu fangen. Er haftete mit seinen kleinen Füßen so fest an den Ästen, als wäre er angeklebt. Sein Name ist Famokantatra, der 'Brustspringer', weil er jedem an die Brust springt, der sich ihm nähert. Dort haftet er so fest, daß man ein Rasiermesser braucht, um sich durch Abschneiden der Zehenhaut von ihm zu lösen. Deshalb fürchtet man ihn sehr."*

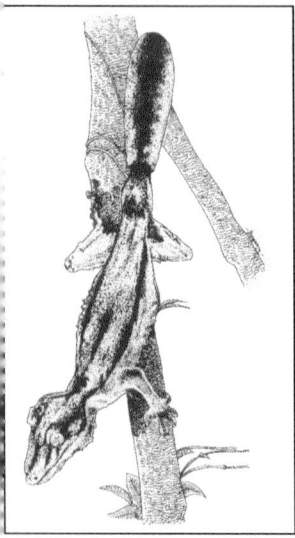

Plattschwanzgecko (Uroplatus alluaudi)

Tatsächlich können diese Geckos ihre Feinde "anspringen", lassen sich dann aber fallen und fliehen, indem sie den Überraschungseffekt ausnutzen. Es gibt die unterschiedlichsten Gecko-Arten: Sie leben in den Feuchtwäldern Ost- und Nordmadagaskars, andere in den Savannen im Süden, manche auf Bäumen, andere auf dem Boden, sind tag- oder nachtaktiv. Das farbliche Spektrum reicht von unauffällig braun bis zur Gattung **Phelsuma**, den farbenprächtigsten Geckos des madagassischen Regenwaldes – leuchtend grün, mit türkisblauem Schwanz bei Sonnenbestrahlung, blutroten Flecken an Kopf und Rücken und einer schwarzen Linie an beiden Körperseiten.

Auch die verschiedenen Arten von **Leguanen** gehören zu den madagassische Besonderheiten. Ihre Verwandten, wie die der Boas, leben nicht in Afrika, sondern in Mittel- und Südamerika.

Schlangen werden von vielen Einheimischen gefürchtet, obwohl es *keine* Giftschlangen auf Madagaskar gibt! Nur eine Art verfügt über Giftzähne, mit denen sie aber nicht zubeißen, sondern nur verdauen kann. 62 Schlangenarten sind bekannt. Die meisten davon gehören zur Familie der **Blindschlangen** (die Augen liegen verdeckt) und der **Nattern**. Auf Nosy Be lebt die mit 10 cm kleinste Art der endemischen Gattung **Typhlops**, *Reuters Blindschlange*, in unterirdischen Schlupflöchern, die sie nur nachts und bei Regen verläßt. Sie frißt Ameisen- und Termitenlarven und ist abso-

lut ungefährlich! Nattern kommen vor allem in Reisfeldern vor und ernähren sich von Fröschen, Fischen und Echsen.

Imposanter sind die drei **Boa**-Arten. Sie gehören zur Familie der Boidae, der Würgeschlangen, und machen von der Größe schon etwas her. Die Arten der **Dumerils-Boa** (Acrantopis dumerili) und der **Madagaskar-Boa** (Acrantopis madagascariensis) werden über drei Meter lang und leben meist auf dem Boden; der **madagassische Hundskopfschlinger** (Sanzinia madagascariensis) lebt vorwiegend auf Bäumen und ist mit zwei Metern Länge wesentlich kleiner, schneller und bissiger. Alle drei Arten fressen Vögel und kleine Säugetiere; allerdings ist auch ihr Fleisch als Delikatesse bekannt, ihre Haut wird gerne zu Leder verarbeitet, so daß die drei Boa-Arten inzwischen wegen ihrer Gefährdung in das Washingtoner Schutzabkommen aufgenommen wurden.

Krokodile sind die größten Tiere auf Madagaskar. In Urzeiten (subfossile Funde zeigen das) wurden sie 10 Meter lang; das heute noch auf Madagaskar heimische **Nilkrokodil** *(Crocodylus niloticus madagascariensis)* "nur noch" 6 m. Obwohl diese riesigen Panzerechsen bei den meisten Madagassen als heilig gelten, sind sie wegen ihrer wertvollen Haut, aber auch wegen ihrer Gefährlichkeit fast ausgerottet und leben nur noch in einigen heiligen Seen wie dem *Lac Sacré* zwischen Antsiranana und Ambilobe. An ihren Ufern werden ihnen wie vor ewigen Zeiten noch Rinderopfer dargebracht. Es soll auch noch Krokodile in den heiligen Seen unterhalb des *Mont Passot* auf Nosy Be geben, erzählen die Legenden. Letzte Rückzugsgebiete sind die kaum zugänglichen Grotten unterirdischer Flußläufe im *Ankarana*-Massiv.

In der madagassischen Mythologie spielt das Krokodil eine bedeutende Rolle als Bote der Ahnen.

Auch alle **Schildkröten** – fünf Arten Land-, drei Süßwasser- und vier Meereswasserschildkröten – sind bedroht. Ihr Fleisch wird gerne verzehrt, nicht zuletzt von den touristischen "Feinschmeckern", die die Küsten frequentieren. Der *World Wide Fund for Nature WWF* hat deshalb für die am stärksten bedrohte Art der **Strahlenschildkröte** *(geochelone radiata)* in Ampijoroa ein Rettungsprojekt gestartet.

Frösche hatten uns bisher nur in lauen Mittelmeernächten durch ihr schönes romantisches Gequake interessiert. Bis wir eines Abends im madagassischen Regenwald den Lockruf des 55 cm großen *Boophis luteus* vernahmen, der an das Sirenengeheul eines New Yorker Polizeiautos erinnert, und dort auch auf begeisterte Wissenschaftler trafen. Sie erzählten uns von der aufsehenerregenden Entdeckung eines Franzosen in den 30er Jahren, der in 200 Millionen Jahre alten Gesteinsschichten den ältesten geologisch nachgewiesenen Frosch der Welt **Protobatrachus Massinoti** mit noch mehreren kleinen Schwanzwirbeln fand. In der Fachwelt muß das zu großem Aufsehen geführt haben. Heute leben auf Madagaskar fast 150 Arten (in Europa nicht mal 20!), davon fast alle endemisch. Ständig werden neue entdeckt: darunter der wohl berühmteste knallrote **Tomatenfrosch** *(Dyscophus antongil)* im Nordosten Madagaskars und der erst vor kurzem entdeckte, nicht einmal zwei Zentimeter große *Mantella crocea*. Die Gattung der farbenprächtigen **Mantella**

weisen ähnliche Hautstoffe wie die berühmt-berüchtigten Färber- und Pfeil-giftfrösche Südamerikas auf. Bisher ist noch wenig über sie bekannt. Das *Goldfröschchen (Mantella aurantiaca)* gilt wegen seiner rotgoldenen Farbe als Star unter den Mantellas und lebt ausschließlich in den dichten tropischen Feuchtwäldern *Andasibes* (s.S. 566).

Zusammen mit zahlreichen andere bedrohten Tierarten ist die Existenz des Goldfröschchens nicht nur durch die Abholzung der Wälder um Andasibe gefährdet, sondern auch durch verantwortungslose Sammler und mangelnde Schutzbestimmungen. Das Mitnehmen eines Tieres ist verboten – nicht aber der offizielle Export Tausender von *Mantella aurantiaca* für den Handel und medizinisch-pharmazeutische Zwecke.

Lesetip
Glaw, Frank & Miguel Vences, Amphibians and Reptiles of Madagascar. Vences & Glaw Vlg., Bonn 1994. **Das** *Standardwerk für alle Amphibienliebhaber!*

Fische und Meerestiere

Bei den **Fischen** sieht es noch schlimmer aus. Es gibt auf Madagaskar erstaunlich wenige **Süßwasser-Fischarten**, etwa 60 davon sind endemisch, viele aber noch gar nicht wissenschaftlich erfaßt. Die östliche und nordwest-liche Region weisen bis jetzt noch die artenreichste einheimische Fischfauna auf. Ihr einzigartiger Wert für das Verständnis der Biodiversität und Bio-geographie der Insel ist erst in jüngster Zeit erkannt worden. Diese Orga-nismen sind die am stärksten bedrohten Wirbeltiere der Insel – nach dem gegenwärtigen Trend werden die meisten Arten in den nächsten 10-20 Jahren aussterben, wenn nicht sofort Schutzmaßnahmen ergriffen werden. Auch der Lebensraum der **Meeresfische** ist bedroht, vor allem die Korallen-riffe. Man kann nur hoffen, daß die eingerichteten Schutzgebiete in Zukunft ausreichend bewacht werden.

Es ist fantastisch, in welchen Schwärmen von unterschiedlichsten Paradies- und Korallenfischen in Neonblau, Zitrusgelb, Grellrot und anderen Pracht-farben Taucher und Schnorchler herumschwimmen können. Vor Nosy Be treffen Taucher auf **Delphine**, **Rochen** und sogar **Walhaie**. Delphine schwim-men oft 20 Meter an der Küste entlang. Oft werden am Strand sehr dekora-tive Muscheln, Korallen und Seepferdchen angeboten. Kaufen Sie keine sol-chen Andenken, meistens ist der Export (und der Kauf!) verboten.

Vor der Bucht von Antongil und vor St. Marie halten sich zwischen Mitte Juli und Mitte September große **Buckelwale** auf, die zur Paarung und zur

Geburt ihrer Jungen aus der kalten Antarktis bis hierher schwimmen. In den letzten Jahren bieten zunehmend Hotels und Reiseveranstalter "whale-watching"-Exkursionen an, auf denen Touristen diese faszinierenden, bis zu 20 Meter langen und 40 Tonnen schweren und trotzdem grazilen Ozeanriesen bewundern können. Seit Anfang der 80er Jahre werden diese bei den

Madagassen als fady verehrten Tiere zum Glück auch nicht mehr von den großen internationalen Walfangflotten gejagt. Allerdings ist seit den großen Massakern vor allem zu Beginn des 20. Jh. ihre Population stark dezimiert.

Gefischt werden u.a. Makrelen, Sardinen, Thunfische und auch Haie. Zum wirtschaftlich bedeutenden Faktor hat sich vor allem die Zucht von **Garnelen** und **Langusten** entwickelt. Furore machte

Wale in der Bucht von Antongil

Ende der 80er Jahre ein besonderer anderer Meeresfisch: Vor der Küste Südmadagaskars ging Fischern ein lebender **Quastenflossler** ins Netz, der längst als ausgestorben galt. Das Alter dieses archaischen Urlebewesens wird nach gefundenen Versteinerungen auf 50 Millionen Jahre geschätzt! Das meeresbiologische Museum von Toliara (Tuléar) erinnert an die sensationelle Entdeckung.

Insekten und andere unangenehme Zeitgenossen

An manche Tierchen im madagassischen Tierparadies wird man sich als Tourist erst gewöhnen müssen. Auf Kakerlaken trifft man aber in madagassischen Hotels seltener als z. B. in New York, außerdem sind sie harmlos. Die meisten Hotels – auch die kleineren – sind zu sauber für Wanzen, Flöhe

*Käfer auf Briefmarke
(Necrophorus tomentosus)*

und Läuse – bei langen Fahrten in Bussen und Taxi-Brousses hilft ein Kopftuch. Gegen Blutegel bei Wanderungen durch Regenwälder – vor allem bei Regen! – müssen Sie versuchen, sich durch dichtes Schuhwerk und entsprechende Kleidung zu schützen. **Spinnen** sind ungefährlich, auch die große Seidenspinne *Nephila madagascariensis*, die in ihren Netzen mit bis zu zwei Metern Durchmesser sogar kleine Geckos fängt. Libellen tragen oft ein wunderschönes farbiges Flügelkleid. Käfer kommen in allen Variationen, Farben, gepunktet, gestreift, metallicfarben vor.

Großes Unglück für die Ernten und die Bauern bringen jedes Jahr die gefürchteten Schwärme gefräßiger **Heuschrecken** (s. S. 418).

In acht nehmen sollte man sich, wie überall in den Tropen, vor **Skorpionen** (Schuhe ausschütteln!), den mit Warnfarben und säurehaltigem Hautsekret ausgestatteten bis 18 cm langen Schnurfüßern (*Rhapidostreptus virgator*) und vor allem vor den unangenehmen, 10-20 cm langen **Hundertfüßlern** (*franz.: "Scolopendre" – Scolopendra sp.*). Sie halten sich gerne in feuchten Waschbekken und Duschen auf und sind sehr aggressiv – ihre Bißwunden verursachen starke Schmerzen, sind aber meist nicht lebensbedrohend.

INFO   Haustiere

Natürlich gibt es in Madagaskar die üblichen Haustiere, auch Katzen und Hunde, die man ja nicht extra erwähnen müßte, gäbe es da nicht so schöne Märchen. Das Tiermärchen "Warum der Hund der Freund des Menschen wurde" erzählen die *Merina* gerne. Der Hund rettet den Menschen vor einem gefräßigen Krokodil und wird sein bester Freund. Außer einer Zuchtrasse im Süden, einer Art weißem Terrier, werden Hunde meist als Wächter, Viehhirten und Jäger genutzt. Sonst begegnet man eher räudigen und abgemagerten Kreaturen; Tierliebe als Selbstzweck, schreibt der Herausgeber der madagassischen Märchen, wird nicht groß geschrieben.

Auf dem Hochland leben die Bauern zum Teil mit ihren Tieren unter einem Dach. Unten die Schweine und Ziegen, damit es im oberen Stockwerk schön warm ist. Das Zebu wird verehrt und nimmt eine ganz besondere Platz in der madagassischen Gesellschaft ein (s. S. 414). Esel sind tabu. Pferde haben wir vereinzelt gesehen, auch zum Reiten für Touristen, die Tiere sahen aber so aus, daß wir ihnen einen Ritt nicht zumuten wollten.

Die Beziehung des Menschen zu den Tieren beginnt meistens mit Freundschaft und endet leider mit Feindschaft, sagt ein anderes madagassisches Märchen vom "Menschen und der Mücke". Beim Thema Mücken kann man das verstehen. ...

Lesetip
Moks Nasoloarisoa Razafindramiandra (Hrsg.): Märchen aus Madagaskar. Diederichs Verlag 1988. Zur Zeit leider vergriffen, aber in Bibliotheken auszuleihen.

2.4.2 Die Flora – ein tropischer Garten Eden

Farbträume und Blütenmeere

Auch wenn Sie kein Botaniker sind: Die Blütenpracht und exotischen Gewächse werden Sie begeistern, wohin Sie auch fahren. In Tana verwandeln im Oktober und November violettblau blühende *Jakaranda*-Bäume die ganze Stadt in ein Blütenmeer. Auf Nosy Be liegt je nach Jahreszeit *Ylang-Ylang*-Duft über der ganzen Insel. Die *Frangipanier*-Bäume verströmen von weitem ihren jasminartigen Duft aus weißen, in der Mitte golden gefärbten fünfblättrigen Blüten. Erkennen werden Sie auch Hibiskus, Bougainville, Weihnachtssterne und die vielen Schnittblumen, die Bauern auf den Blumenmärkten zu Spottpreisen anbieten; vielleicht auch noch die *Flamboyants*, die berühmten *Flammenbäume*, von denen im Hochland und nahe von Toliara ganze Alleen die Straßen im November und Dezember in ein rotes Blütenmeer verwandeln.

Originelle Pflanzen (aus Flacourts "Histoire de la grande isle" v. 1661)

Zu den eingeführten Nutzpflanzen gehören die *Eukalyptus*-Bäume im Hochland und die aus Australien stammenden Nadelbaum-*Filaos* an den Stränden entlang der Südwest- und Ostküste. Auch die als heilig verehrten *Tamarinden* mit ihren sehr Vitamin C-haltigen Fruchtschoten und die eindrucksvollen, wie in Indien verehrten *Banyan*-Bäume sind importiert.

Aber schon bald stößt man an die Grenzen seines biologischen Schulbuchwissens. Von den weltweit bestimmten Pflanzenarten wächst ein großer Teil ausschließlich auf Madagaskar. Schätzungen variieren von 8.000 bis 12.000 Pflanzenarten (in Deutschland: 2.500). Genaue

Frangipanier

INFO Traumland der Orchideen

Orchideen zählen zu den schönsten und herausragendsten Pflanzengruppen. Auf der Insel gibt es die Rekordzahl von mehr als 1200 Arten, die teils endemisch, teils eingeführt sind.

Spektakuläre 60 cm lange Blütenstände schmücken die Orchidee *Aeranthus*. Ihre herabhängenden Sprossen

Argraecum eburneum Orchidaceae

erinnern fast an große Spinnen. Besonders schön blüht die Kometenorchidee (*Comète* oder *Angraecum sesquipedale*) mit bis zu 15 cm langen schneeweißen bis beigefarbenen Blütenblättern. Sie ist die größte Orchidee Madagaskars. Die "*Schwarze Orchidee*" (*Cymbidiella humblotti*) findet man nur sehr selten in den Küstengebieten von Tamatave, Mananara und Maroantsetra. Eine andere Art

weist 15 bis 25 rote Blüten mit je 8 - 9 cm Durchmesser auf.

In den Regenwäldern im Nordosten bei Sambava und auf Nosy Be wächst die berühmte, aus Mexiko importierte *Vanilla planifolia*, Lieferantin der hocharomatischen Vanilleschoten. In der Region um Sambava und Antalaha werden die einzelnen Blüten per Hand bestäubt und 80 % des Weltbedarfs an Vanille produziert, u.a. auch als Aromastoff für Cola-Getränke (s. Nordroute S. 525).

Die meisten Orchideen leben als Epiphyten (Aufsitzer) auf den Stämmen anderer Wirtspflanzen, ohne sie zu beschädigen. Ihre von schwammartigem Gewebe umgebenen Wurzeln wirken dick und fleischig. Andere Arten wie *Phaius francois II.* wachsen direkt in der Erde.

Von den Insekten oder Vögeln, die die Orchideen bestäuben, sind viele so spezialisiert, daß nur eine einzige Tierart diese Bestäubung vornehmen kann. Dazu gehört auch der Schmetterling "*praedicta*". Das Verbreitungsgebiet der Orchideen sind die feuchten Regenwälder, die Grüngürtel im feuchtwarmen östlichen Küstenstreifen und die vorgelagerten Inseln, vor allem St. Marie. Wenige Arten leben als Epiphyten auf einer Palmenart auch in Trockengebieten. In der Blütezeit von Oktober-Dezember, zu Beginn der Regenzeit, präsentieren sie ihre ganze Pracht in allen Regenbogenfarben und Formen.

Angaben gibt es nicht, weil so viele Arten noch nicht klassifiziert wurden. 90 % sind endemisch. Auch der Flamboyant wuchs ursprünglich nur auf Madagaskar, wird jetzt aber wegen seiner Schönheit in die ganze Welt exportiert.

Bizarre Exoten

Neben den zarten und filigranen Orchideen wirken die **Baobabs**, ein nicht weniger eindrucksvolles Naturwunder, wie Abgesandte von einem fremden Stern: als riesenhafte, knorrige, uralte Zeugen aus vergangener Zeit. Sie sind die berühmtesten Bäume Afrikas. Als Antoine de Saint-Exupéry die ***Affenbrotbäume*** in seinem bekannten Märchen vom Kleinen Prinzen erwähnte, dachte er wohl an die einzige Art, die auf dem afrikanischen Kontinent zu Hause ist.

Auf Madagaskar existieren aber insgesamt *sieben Arten, sechs davon endemisch*! Die einzelnen Exemplare sind zum Teil über 500 Jahre alt, manche vielleicht sogar 1000-5000 Jahre!, und bis zu 40 Meter hoch. Für die Madagassen sind sie heilig. Eine große Baobab-Allee existiert noch an der Westküste in der Nähe von Morondava (s. Info *Baobabs* S. 356). Einzelne Exemplare wachsen vor allem im trockenen Süden und Südwesten; der größte Baum steht im Norden in *Mahajanga*.

Baobab

Wie Miniaturausgaben der Baobabs, die aber verwandtschaftlich nichts mit ihnen zu tun haben, sehen einige Arten eines anderen typischen Madagaskar-Gewächses aus: die **Pachypodien** oder **Dickfußpflanzen**. Aufgrund ihres bizarren Wuchses mit klobigem dicken, bei jungen Pflanzen stacheligen Stamm, silbergrauer Rinde und oft gelben oder roten Blüten wird eine der Zwergformen oft illegal aus Madagaskar exportiert und in unseren Gewächshäusern als **Zwerg-Madagaskarpalme** für viel Geld verkauft – Madagassen erhalten dafür ein paar Pfennige.

Pachypodium

Didieraceen

Da Baobabs und Pachypodien in ihren Stämmen Wasser speichern und oft über Jahre ohne Regen auskommen können, zählen sie zu den **Sukkulenten**. Dazu gehören auch die berühmten madagassischen Arten der **Euphorbien** (*Wolfsmilchgewächse*), die teils als Büsche, teils als bis zu 30 Meter hohe Bäume wachsen – der bei uns bekannteste ist der "Christusdorn". Ihr Milchsaft kann auf Haut und Augen Entzündungen hervorrufen. Auch andere exotische Pflanzen wie die **Kalanchoe** (*Dickblatt-Gewächse*), **Aloen und Didiereaceen** findet man im Trockenwald im Süden (s. S. 433).

Ausgerechnet die "Nationalpflanze" Madagaskars, der aus Mexiko und Jamaica importierte **Weihnachtsstern** *Poinsettia,* ist nicht endemisch. Er blüht rot, rosa oder weiß vor vielen Häusern, oft als riesige Busch- oder Baumhecke.

Als "Unikum" im östlichen Regenwald Madagaskars lebt die leuchtend gelb blühende, fleischfressende *Kannenpflanze* **Nepenthes madagascariensis**, eine Verwandte der malaiischen Nepenthes. Ihre mit klebriger Flüssigkeit gefüllten 10 cm langen Blattkelche warten darauf, daß sich Insekten unter den vor Regenwasser schützenden Deckel in die duftende Höhle begeben. Eine zweite Art (*N. masoalensis*) ist erst vor wenigen Jahren auf der Halbinsel Masoala entdeckt worden.

Nepenthes

Von den unzähligen einmaligen, skurrilen Beispielen aus Madagaskars Flora seien hier noch die seltenen **Palmenarten** erwähnt, zum Beispiel die in sandigen Küstenwäldern vorkommende endemische **Schraubenpalme** (*Pandanus sp.*), die bemerkenswerte **Farnpalme** (*Cycas thouarsii*) und die im Südosten beheimatete **Dreikantpalme** (*Neodypsis decaryi*). Im Osten wachsen dagegen die nicht endemischen **Kokospalmen** auf großen, oft in Hand von Chinesen befindlichen Plantagen. Wie in anderen tropischen Län-

INFO   Der Baum der Reisenden

Die zweite Symbolpflanze Madagaskars ist der endemische **Ravenala** (Quellenbaum). Mit seinem breiten Fächer erinnert er an Palmen, gehört aber zu den Bananengewächsen, dessen nächste Verwandte in Südameri-

Ravenala, der "Baum der Reisenden"

ka vorkommen. In den Blattachseln sammelt sich literweise Wasser, das durstige Reisende auf der Wanderschaft abzapfen können (wenn sie sich nichts aus Mückenlarven und anderen Insekten machen!). Der Baum der Reisenden wächst in allen Formen und Variationen vor allem im Osten, einige Exemplare noch zwi-

schen Tana und Tamatave, ganze wilde "Plantagen" entlang der Bahnlinie von Fianarantsoa nach Manakara. Dort hat er sich im ehemaligen Regenwaldgebiet und jetziger Mischvegetation aus Regenwald und sekundärer Vegetation rasch verbreitet und streckt majestätisch seine pfauenschwanzartigen Fächer gegen den Himmel.

Die Silhouette der Fächerform ist so unverwechselbar, daß die heimische

Logo von Air Madagascar

Fluggesellschaft Air Madagaskar sie zu ihrem Logo gemacht hat und in sattem Grün auf jedes Flugzeug malt.

dern dient ihre Milch als vitaminreiche (und sehr erfrischende) Flüssigkeit, ihr Fruchtfleisch als Zutat für viele Kochgerichte oder scharfe *Rougailles*, ihre Blätter als Baumaterial für Dächer und Hütten oder als Flechtmaterial für Matten, Hüte und Körbe. Sehr beliebt, da hochprozentig, ist auch der frisch gegorene *Palmwein*. (Lesetip: Dr. F. Jantschke: Fauna und Flora. In: Dt. Weltgebetstagskomitee: Madagaskar. Stein 1998)

Andere Palmenarten werden zur Gewinnung von Industrie- und Pflanzenöl angebaut. Riesige Ölpalmen-Plantagen wachsen rund um Manakara und Sambava.

INFO Vegetationstypen

Je nach Reiseziel werden Sie durch die unterschiedlichsten Vegetationstypen kommen und entsprechende, nur dort wachsende Pflanzen antreffen. Hier die wichtigsten Vegetationstypen in Stichworten:

Östliche Region:

• **Immergrüner Regenwald:** Höhe: unter 800 m. Niederschläge: 2000-3500 mm. Dies ist der eigentliche "Dschungel" oder "Urwald", der bis vor kurzem noch große Teile der Insel bedeckt hat. Unterschiede zu anderen Urwäldern in Afrika, Asien und Lateinamerika: niedrigeres Hauptblätterdach, kaum große hervorstehende Bäume (wie im Amazonasgebiet), größere Artenvielfalt, dreimal so dichter Baumbestand. Verschiedene Vegetationsarten sind in mehreren Blätterdächern übereinandergeschichtet. Unterholz fehlt mangels Licht. Pflanzen: Bäume mit Stütz- oder Luftwurzeln, *Epiphyten, Orchideen, Farne*; bis zu den "oberen Etagen" wachsende *Euphorbien, Sapindaceae (Seifenbaumgewächse), Rubiaceae (Krappgewächse,* darunter wilder Kaffee) und die *Ebenaceae,* die wertvollen Ebenholzgewächse mit 97 verschiedenen Arten.
Tip: Für Touristen zugänglich sind die Wälder um *Maroantsetra, Ranomafana, Nosy Mangabe, Lokobe* auf Nosy Be u.a.

• **Mischwald aus Regenwald und sekundärer Grasvegetation** wächst dort, wo der Regenwald z.T. vernichtet ist, z.B. zwischen Fianarantsoa und Manakara. Pflanzenwuchs: *Pandanus* (Schraubenpalmen), *Ravenala* (Baum der Reisenden), *Typhonodorum* (Aaronstabgewächs) u.v.a.

• **Bergnebelwald:** Höhe: 800 - 1300 m oder höher. Das Blätterdach ist fünf Meter niedriger als im Regenwald im Tiefland, dichteres Unterholz, widerstandsfähigere Pflanzen mit wachsschichtbedeckten, wasserspeichernden Blättern. Farne, Moose, *Lamiaceae* (Lippenblütler), *Impatiens* (Springkraut), Lianen, Bambus, Epiphyten. In niedrigen Lagen wachsen Palmen und Baumfarne, in höheren *Dalbergia* (Rosenhölzer) und *Weinmannia.*
Tips: **Andasibe**, Nationalpark **Montagne d´Ambre, Marojezy-Massiv.**

• **Bergwald:** Höhe: 1300-2300 m. Moose, Flechten, Farne, Sträucher mit kleinen, kälte- und windunempfindlichen Blättern.
Tips: **Marojezy**-Massiv, botanisches Reservat von **Ambohitanely** (80 km nördl. von Tana).

• **Gebirgsvegetation:** oberhalb von 2000 m. Undurchdringliche Busch- und Strauchschicht aus immergrün hölzernen Pflanzen, darunter *Asteraceae* (Korbblütler).

• **Hochlandvegetation:** weitgehend eintöniger Grasbewuchs, der jetzt den Platz der abgeholzten Regenwälder einnimmt. Eine Art Mikrokosmos bildet dabei die Vegetation der undurchdringlichen *Tapiawälder (Uapaca bojeri)*, d.h. übriggebliebener Haine von feuerbeständigen Bäumen mit dicker und rissiger Borke, die an mediterrane Korkeichenwälder erinnern.
Tip: Teile des *Isalo*-Nationalparks.

Einen anderen Mikrokosmos im Hochland bilden die sogenannten **Inselberge,** d.h. Granitfelsen. Sie beherbergen durch schnelle Austrocknung Sukkulenten wie *Pachypodien, Aloen* und *Euphorbien*.
Tip: Route zwischen Ambalavao und Ihosy.

In der **süd-westlichen Region** herrschen die trockeneren Vegetationstypen vor:

• **Trockener Laubwald:** weniger dicht als im Osten, mit 12-15 Meter hohen Bäumen, dichtem Unterholz, aber ohne Farne, Palmen und Moose. Wachsen auf Lehm-, Sand- oder Kalkböden.

Tips: Forststation von *Ampijoroa, Forêt de Kirindy* (bei Morondava).

• **Dornenwald** (Laubwalddickicht): neben den Regenwäldern Madagaskars berühmteste Vegetationsform. Dichtes, 3-6 Meter hohes, unzugängliches Dickicht mit *Didiereaceae, Euphorbien, Faß- und Flaschenbäumen, Pachypodien* und immergrünen Pflanzen, die wahrscheinlich vom Tau des Meeresnebels bewässert werden!
Tip: Route zwischen *Toliara* und *Taolanaro*; *Arboretum* bei Toliara (s.S. 432)

• **Mangrovensümpfe:** in schlammigen Flußdeltas, Buchten, Lagunen, häufig in Brack- oder Salzwasser. Bäume und Sträucher mit luftatmenden Stelzwurzeln. Kommt in drei Familien mit neuen Arten vor. Das harte Holz wird für Zaunpfähle oder als Feuerholz verwendet, auch die Mangroven sind deshalb bedroht.
Tips: um *Toliara*, vor allem Richtung Ifaty und Bucht St. Augustin, an der *Westküste*, bei *Mahajanga, Antsiranana* und auf *Nosy Be*.

Wo der Pfeffer wächst

Madagaskar – das ist auch die **Insel der Gewürze** und **tropischen Früchte.** Außer *Vanille* werden *Zimt, Gewürznelken, roter, schwarzer* und *grüner Pfeffer, Kakao, Tee* und *Kaffee* produziert (s. S. 525). Alle diese Pflanzen, auch der für den Export bestimmte *Sisal, Tabak* und *Zucker*, stammen aus anderen Tropengebieten der Welt und verdrängen viele der einheimischen

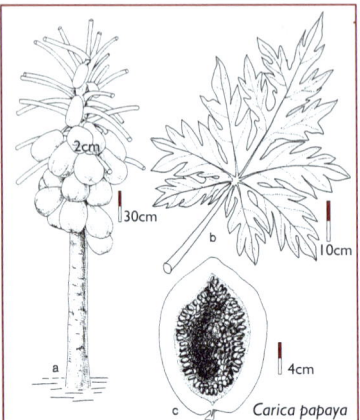

Carica papaya

Papaya-Baum

Pflanzen. Allen voran der **Reis** – morgens, mittags und abends die Basis der madagassischen Küche.

Auf den Märkten, oft aber auch zu kleinen spitz zulaufenden Häufchen geschichtet am Straßenrand, werden Tomaten, Kohlrabi, Karotten, Kartoffeln, Avokados, Rettiche, Rote Bete, Maniok, Mais, Salate angeboten. Daneben auch die unglaublich süßen, saftigen, reifen, leckeren Mangos, Papayas, Lychees, Ananas, Bananen, Orangen, Guaven, Kakifrüchte!!!

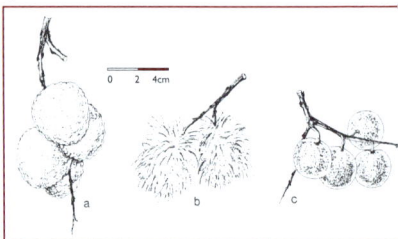

Verschiedene Lychee-Sorten

So wie bei uns die Kinder Schokolade naschen, so lutschen die madagassischen Kleinen (wenn sie nicht in den armen Gebieten leben) je nach Saison genüßlich die süßen Lychees oder andere Früchte – aus ihrer Sicht mangels Alternativen.

INFO   Heilpflanzen und Gifte

Madagaskar ist aber nicht nur die Insel der Gewürze und ein blühendes und duftendes Pflanzenparadies. Sie ist auch die Heimat von unzähligen, größtenteils unerforschten **Heilpflanzen** und dadurch auch den großen internationalen Pharmakonzernen bekannt. Unter anderem ist man auf der Suche nach Wirkstoffen gegen Krebs und Tuberkulose fündig geworden.

Inhaltsstoffe, die man in madagassischen Heilpflanzen gegen Leukämie gefunden hat, werden inzwischen in Europa z.T. synthetisch hergestellt. Im Norden Madagaskars trafen wir auf eine französische Doktorandin, die im Auftrage eines großen Pharmaunternehmens die Arbeit eines einheimischen "Heilers" erforschen sollte. Dieser Heiler, so sagte sie, gebe ihr gegen Bezahlung einige Informationen preis. Die wirklichen Geheimnisse aber seien "fady" (tabu) und vor allem nicht für die europäischen Wissenschaftler bestimmt, die dann aus ihren Entdeckungen Kapital schlagen würden.

Der Gebrauch von Heilpflanzen, aber auch von **Giftpflanzen** hat auf Madagaskar eine lange Tradition. Das "tangena", das sog. "Gottesurteil" durch den Schierlingsbecher, den Königin Ranavalona so gerne anwenden ließ, beförderte Tausende von Gegnern wirkungsvoll ins Jenseits.

Aber auch heute fürchten viele Madagassen, von feindlich gesinnten Mitmenschen vergiftet zu werden – die Liste der Schauergeschichten ist lang und der Nachweis eines Mordes durch Gift extrem schwierig...

Ein Trost: Die "*Ombiasa*", die "Medizinmänner und -frauen, sind verpflichtet, nur die positive Wirkung der Pflanzen anzuwenden.

2.5 Bevölkerung

Alltag – Stadt und Land

Viele Touristen besuchen Madagaskar wegen seiner Natur. Andere kommen wegen der Menschen. Madagassen sind bekannt für ihre Gastfreundschaft und ihre Freundlichkeit. *Dervla Murphy*, eine britische Schriftstellerin und Weltreisende, schildert in ihrem begeisterten Reisebericht "Muddling through in Madagascar": Sie habe während ihrer monatelangen Fahrten alleine als Frau in keinem anderen Land so viel Hilfe und Unterstützung erlebt wie hier. Nie hätte sie ein Gefühl der Bedrohung gespürt. Uns ging es genauso. Natürlich gibt es Ausnahmen. In Tana muß man sich wegen der schrecklichen Armut inzwischen in acht nehmen, nicht nur vor Kriminellen, sondern auch vor Leuten, die einfach gerne Touristen übers Ohr hauen.

INFO Demographische Daten

1960 lebten 6 Millionen Einwohner auf Madagaskar – heute sind es knapp 16 Millionen. Genaue Zahlen liegen nicht vor. Bei der ersten systematischen Volkszählung im Jahre 1900 ermittelte die französische Kolonialmacht nur 2,5 Mio. Einwohner. Mit einer jährlichen Wachstumsrate von rund 3 % gehört Madagaskar zu den afrikanischen Ländern mit dem schnellsten *Bevölkerungswachstum* – und nicht absehbaren Folgen für den Bedarf an Nahrungsmitteln, Energie und die Abholzung der restlichen Wälder. 45 % der Bevölkerung sind jünger als 15 Jahre alt.

Die *Kindersterblichkeit* sank von 177 pro 1000 Kindern 1981 auf 114 von 1000 im Jahre 1991 (Durchschnitt im Sub-Sahara-Afrika: 103/ 1000). Allerdings ist die *Lebenserwartung* im Vergleich zu unserer in Deutschland extrem niedrig: 52 Jahre für Männer, 55 Jahre für Frauen (1966: 37,5 bzw. 38,3 Jahre!).

Bis vor kurzem lebten noch 80 % der Bevölkerung auf dem Land (in Deutschland: 14 %). Aber die Landflucht nimmt zu. Von 1975 bis 1998 hat sich die Stadtbevölkerung von 13 % auf 30 % erhöht – allein 10 % leben in der Hauptstadt Antananarivo.

Entsprechend unterschiedlich fällt die *Bevölkerungsdichte* aus: In Tana und Umgebung und im fruchtbaren Hochland ist sie am höchsten (35 Einwohner pro km²), der Süden und Westen dagegen sind mit teilweise nur 6 Einwohnern pro km² extrem dünn besiedelt.

Immer noch gibt es einen gering ausgebildeten **Mittelstand** – wenn auch mit zunehmender Tendenz. Die Gegensätze zwischen einer kleinen, reichen Elite und der völlig verarmten Bevölkerungsmehrheit sind kraß. 5 % der Bevölkerung besitzen 50 % des nationalen Vermögens. Dagegen wachsen durch zunehmende Landflucht die Elendsviertel rund um die Hauptstadt; Straßenkinder und Müllmenschen gehören zur traurigen "Normalität".

Die Unterschiede zwischen **Stadt und Land** sind gewaltig. Zwar gibt es selbst in Tana kaum Kinos, Theater und Geschäfte, in denen internationale Waren verkauft werden – die madagassische Elite jettet deshalb gerne nach Paris. Trotzdem sieht man dort elegant gekleidete Beamte, die in teuren Wohnungen oder Reihenhäusern mit Fernsehen und Radio leben, Jugendliche, die in Sportwagen zur Uni fahren und ihre Laptops mitnehmen, und viele schicke Geländewagen, in denen häufig Mitarbeiter internationaler Hilfsorganisationen hinterm Steuer sitzen. Reichtum zu zeigen, ist hier niemandem unangenehm, auch wenn Obdachlose auf den Straßen leben, Bettler, Leprakranke, Prostituierte und Tausende von Straßenkindern.

Auf dem Land leben weite Teile der Bevölkerung entweder, wie im Hochland, in einfachen Steinhäusern oder, wie an der Küste, in Pfahlbauten und kleinen Palmhütten – viele ohne Strom, fließendes Wasser, ganz zu schweigen

von Fernsehen oder Zeitungen, und weit ab von jeglicher medizinischer Versorgung. Als einziges Fortbewegungsmittel dienen oft Zebukarren, von Menschen gezogene "*Pousse Pousse*" oder, als öffentliches Verkehrsmittel, die immer überfüllten *Taxi-Brousses*.

"Kino" in Ambalavao

Auch auf dem Land gibt es bittere Armut. In der Stadt, vor allem in Tana, zerfallen jedoch auch die Familienstrukturen – es gibt sogar erste Altersheime, für die sich auch die deutsche Botschaft engagiert. Hier setzt, wie in allen Großstädten, ein Prozeß der Individualisierung und Anonymität ein, bei dem viele auf der Strecke bleiben. Entsprechend hoch ist die Kriminalität; Zehntausend sitzen in nicht gerade vorzeigbaren Gefängnissen, und Straßenkinder verschwinden nicht selten in einem Kindergefängnis am Rande der Stadt.

Auf dem Land bestehen dagegen noch die traditionellen **Familienverbände**. Als alleinreisender Tourist wird man mitleidig angesehen, weil man ohne seine Angehörigen reisen muß, vor allem ohne Kinder. Besonderer Respekt wird den Alten entgegengebracht. Die Gemeinschaft steht über den Einzelinteressen des Individuums, traditionell wird auf gegenseitige Hilfe, Solidarität (*fihavanana*) und kollektive Leistungen Wert gelegt. *Fokonolona* heißt die madagassische Dorfgemeinschaft, Chef des *Fokotany* (Land der Großfamilie) der Dorfvorsteher – seit Jahrhunderten ein bewährtes, ursprünglich demokratisches Prinzip, obwohl dabei letztlich immer die alten Männer das Sagen hatten.

Probleme werden auch heute noch in der sogenannten *kabary* (öffentliche Ansprachen) so lange diskutiert, bis sich alle im Dorf einig sind. Leider wurde das *Fokonolona*-Prinzip von politischen Machthabern oft ausgenutzt –

sowohl die Franzosen mißbrauchten es dazu, um billige Frondienste zu organisieren, als auch die sozialistische Regierung Ende der 70er Jahre, um den Staat zu kontrollieren. Heute bezeichnet der *fokonolona* die unterste Ebene der Verwaltungsstruktur.

Die madagassische Gesellschaft ist hierarchisch ausgerichtet, vor allem bei den Merina im Hochland. Lange unterhielten sie ein eigenes **Kastensystem** mit *andriana* (Adligen), *hova* (Bürgerlichen) und *andevo* (Sklaven). Noch heute werden die Nachkommen der Sklaven gesellschaftlich diskriminiert – das geht sogar so weit, daß sie am Tisch anders bedient werden und Heirat mit ihnen sanktioniert wird. Auch heute noch machen die Merina einen Unterschied zwischen weißer und schwarzer Hautfarbe (*fotsy* und *mainty*).

Auf dem Land geht es, wie oft noch bei uns, patriarchalisch zu. Trotzdem wirken die madagassischen **Frauen** in den meisten Regionen stolz und selbstbewußt. Vor allem im Hochland genießen sie hohes Ansehen. Nicht umsonst haben zahlreiche Königinnen das Land regiert. Trotzdem sind Frauen heute in höheren Positionen benachteiligt – neue Arbeitsplätze finden sie vor allem im Dienstleistungsbereich in den Städten.

Schulkinder in Toliara

Kindererziehung ist Frauensache; sie verfügen über eigenes Eigentum und können wählen, ob sie nach dem Tod im Grab der väterlichen oder mütterlichen Familie bestattet werden. Nach der Scheidung oder wenn ihnen ihr Ehemann nicht mehr gefällt, können sie ohne weiteres zu ihrer Familie zurückkehren.

Auch uneheliche Kinder sind keine Schande, höchstens ein wirtschaftliches Problem, weil der Vater nicht für das Kind sorgen muß. Es wird in der Großfamilie aufgezogen und adoptiert, aber auch bei einer Heirat vom "neuen" Mann akzeptiert. (Viele Märchen handeln allerdings auch von ausgesetzten Kindern). Waisenkinder *(bodo)* gibt es nicht. Sie werden von der Familie des verstorbenen Vaters aufgenommen.

Sexualität in Madagaskar ist – abgesehen von den Bevölkerungsgruppen arabischer Abstammung – relativ freizügig, nicht nur für Männer. Europäische Reisende haben das mit Erstaunen dargestellt, oft auch maßlos übertrieben, und christliche Missionare waren so entsetzt, daß sie sich alle Mühe gaben, auch die freizügige Sprache von pornografischen Ausdrücken zu "reinigen". Eine ganz andere Sache ist heute der blühende Frauenhandel und die zunehmende *Prostitution* in Antananarivo, zu der immer mehr Frauen durch wirtschaftliche Not gezwungen werden. Prostitution nimmt auch in den Touristenzentren zu, wo sich immer jüngere Mädchen durch "Kontakte" zu den Vazaha eine aufregende Zukunft in Europa erhoffen.

Kinder sind nicht nur der Stolz der Frauen, sondern der ganzen Großfamilie, von der sie gehätschelt werden. Von klein auf sitzen sie auf den Knien der Großeltern und hören von ihnen die alten Geschichten – "angano, angano, lang lang ist es her", das Erbe der Ohren. Touristen werden stets von lachenden Kindergesichtern mit einem fröhlichen "Salut vazaha – guten Tag, Fremder" begrüßt. Madagassische Kinder weinen sehr selten, es sei denn, sie sind krank. Sie wachsen so liebevoll auf, daß sie offensichtlich ein unglaubliches Urvertrauen mitbekommen. Um so erschreckender das Schicksal der Straßenkinder in Tana. Sie werden wie Ausgestoßene behandelt.

Auf dem Land gebären die Frauen noch durchschnittlich 6 Kinder; man wünscht einem jungen Paar bei der Heirat auch: "Mögt ihr 7 Jungen und 7 Mädchen zur Welt bringen". Geburten fanden früher im Haus der Mutter statt, heute soll jede schwangere Frau (theoretisch!) eine staatliche Entbindungsstation aufsuchen, sonst wird die Familie mit einer Geldstrafe belegt. *Beschneidungen* von Mädchen, die in Afrika weit verbreitet ist, gibt es in Madagaskar nicht. Beschneidungen von Jungen werden – vermutlich als Erbe arabischer Einwanderer – bei manchen Bevölkerungsgruppen individuell gefeiert, bei anderen, vor allem im Süden, mit aufwendigen kollektiven Festen, die etwa alle 7-8 Jahre abgehalten werden (s. S. 402 u.a.).

Sport und Spiele

Madagassisches Nationalspiel ist das Brettspiel **Fanorona** mit für Außenstehende ziemlich komplizierten Regeln. Wenn man gerade kein Brett auftreiben kann, zeichnet man entsprechende Linien mit Kreide auf den Boden und benutzt Steine als Springer.

Als beliebtes Spiel oder Sport auf dem Land und in Tana werden jeden Sonntagnachmittag **Hahnenkämpfe** ausgetragen. Viel Geld wird dabei verwettet. Wetten sind sowieso in: Auch bei martialisch wirkenden Faustkämpfen **Moraingy** im Süden und an der Westküste setzen die umstehenden Zuschauer auf einen der Kämpfer – meist starke Jungs aus benachbarten Dörfern, die wild aufeinander einprügeln, bis sie vom Schiedsrichter getrennt werden.

Zu allen Gelegenheiten wird **Salegy** getanzt. Es ist ein fröhlicher Tanz, bei dem sich mehrere Tänzer, in Dis-

Fanorona-Spiel

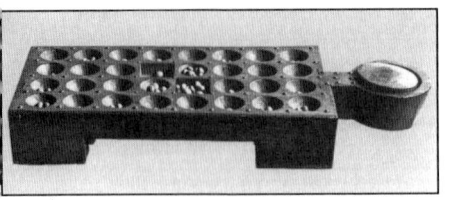

Katra-Spielbrett der Sakalava

cotheken oder bei Volksfesten, hüftenschwingend in eine Reihe stellen, die sich im Kreis drehen muß.

Zum Thema Sport: Madagaskar ist stolz, daß im August 1997 die *"Jeux de la Francophonie"* in Antananarivo stattfanden – eine Art olympischer Spiele der frankophonen Länder hauptsächlich Afrikas. Die Mehrheit der Bevölkerung, sagen Zyniker, braucht keinen Sport – sie arbeitet körperlich hart genug. Die reiche französische und madagassische Elite hat aber schon zur Kolonialzeit Luxussportarten wie Hochseefischen etc. betrieben und wird jetzt von den Touristen abgelöst. Es wirkt schon manchmal bizarr, wenn südafrikanische Motorboote an madagassischen Pirogen vorbeirasen oder italienische Ultraleichtflugzeuge auf Nosy Be die Fischer am Strand verscheuchen.

Nationalsport ist **Fußball**. Während der letzten Fußballweltmeisterschaft im Sommer 1998 waren noch im hintersten Dorf, das über Stromanschluß verfügte, auf dem Marktplatz Fernseher aufgestellt. Die Wettsummen für Brasilien oder Frankreich kletterten immer höher, und viele Madagassen haben sehr viel Geld verloren, weil sie gegen die Franzosen gesetzt hatten ... Inzwischen werden aber auch alle anderen Sportarten praktiziert, wie man bei den sportlichen Wettkämpfen "Jeux de la Francophonie" in Tana sehen konnte. Die Sportfakultät der Universität Münster unterhält sogar ein Austauschprogramm mit der Uni in Tana.

(Das Thema "Kung Fu" hat auf Madagaskar mehr mit Politik als mit Sport zu tun: In den 80er Jahren lieferten sich Tausende von Mitgliedern von Kung-Fu-Organisationen heftige Kämpfe mit privaten Sicherheitskräften des Präsidenten, die erst endeten, als ihr Anführer und 200 seiner Kämpfer getötet wurden).

Bevölkerungsgruppen

Die sozialen und kulturellen Bräuche unterscheiden sich je nach Region und Bevölkerungsgruppen. **18 verschiedene "Ethnien"** erkennt die Regierung offiziell an, dazu kommen die großen Gruppen der Komorer, Indo-Pakistaner, Chinesen und der "Vazaha" – der Weißen, hauptsächlich Franzosen. Geheimnisumwittert bleiben die Völker der *Vazimba* (s. S. 16), die *Mikea*, die noch versteckt in den Dornenwäldern Südmadagaskars leben sollen, als auch die *Omba*, von denen immer wieder Bewohner des Isalo-Massivs berichten (s. S 419). Ob es sie wirklich gibt oder ob sie dem Reich der Legenden entstammen, ist umstritten.

Die 18 Ethnien auf Madagaskar

1 Antaifasy
2 Antaimoro
3 Antaisaka
4 Antankarana
5 Antambahoaka
6 Antandroy
7 Antanosy
8 Bara
9 Betsileo
10 Betsimisaraka
11 Bezanozano
12 Mahafaly
13 Merina
14 Sakalava
15 Sihanaka
16 Tanala
17 Tsimihety
18 Vezo

Quelle: R. Jaovelo-Dzao: Mythes, rites et transes à madagaskar. Tana 1996

© *i* graphic

Die meisten Madagassen fühlen sich in erster Linie als Sakalava, Merina, Bara etc. und erst in zweiter Linie als "Madagassen". Trotzdem ist der Zusammenhalt größer als in anderen afrikanischen Ländern, in denen die kolonialen Grenzen willkürlich verschiedene Völker zusammengewürfelt haben. Madagaskars Bevölkerung weist trotz aller Unterschiede aufgrund eines gemeinsamen Verwandtschaftssystems, einer gemeinsamen Sprache und des Glaubens an die Macht der Ahnen eine erstaunliche Homogenität auf.

Die "Ethnien" unterscheiden sich weniger durch Abstammung als durch Lebensgewohnheiten und Überlieferungen, die sich auch aus den natürlichen regionalen Bedingungen ergeben haben. Natürlich waren die Merina im begünstigten fruchtbaren Hochland

INFO   ## Hochland- und Küstenbewohner – geschürte Gegensätze

Die Einteilung in 18 Ethnien täuscht eine Homogenität der Gruppen vor, die es eigentlich nicht gibt. Schon immer haben es die politischen Machthaber verstanden, künstlich geschaffene Gruppen gegeneinander auszuspielen.

Christliche Missionare der *"London Missionary School"* schürten im 19. Jh. den angeblichen Gegensatz zwischen den christianisierten und damit "fortschrittlicheren" *Hochlandbewohnern*, die dem Königshaus der *Merina* unterstanden, und den "heidnischen", "rückständigeren" *Küstenbewohnern*. Sie legitimierten damit den Anspruch der Merina, als das "auserwählte Volk" andere Völker zu unterwerfen und zu "zivilisieren".

Die französischen Kolonialherren griffen die Gegnerschaft von Merina und Küstenbewohnern mit umgekehrten Vorzeichen auf: Die mit den Briten verbündeten Merina wurden jetzt die "Bösen", die von den Franzosen "zu rettenden" Küstenbewohner zu den "Guten". Von den kolonialen Ethnografen wurden die Gegensätze dann als einheimische dargestellt und mit wissenschaftlichen Etiketten versehen: Die Merina seien asiatischer, die Küstenbewohner afrikanischer Abstammung – ein Mythos, denn die Bevölkerungsstruktur ist in Wirklichkeit viel komplexer – es gibt keine präzisen Grenzen zwischen ihnen,

und viele Menschen lassen sich verschiedenen Gruppen zuordnen.

Ende der 20er Jahre teilten die Franzosen Madagaskar in sechs Provinzen auf, deren Grenzen weitgehend auf den von Ethnologen festgelegten Kriterien beruhten. Schon vor der Unabhängigkeit 1960 stritten sich wiederum Vertreter der verschiedenen Volksgruppen um die Aufteilung des französischen Erbes und die Neuordnung des Staates – als Kompromiß zwischen verschiedenen Lösungen wurden die Provinzen beibehalten. In jeder Zeit politischer Umwälzungen wiegelten dann die jeweiligen Machthaber die Ethnien weiter gegeneinander auf, um ihre eigene Macht nicht zu gefährden.

Auch Präsident Ratsiraka wird nachgesagt, er habe durch Versprechungen an die "côtiers" vor den letzten Wahlen, den Einfluß der Hochlandbewohner zurückzudrängen, ihre Stimmen gewonnen.

So wurden die Madagassen immer gedrängt, sich nach bestimmten Ethnien zu definieren – das reichte bis hin zu Formularen, die von Kranken bei der Aufnahme ins Krankenhaus oder von Rekruten bei Beginn des Militärdienstes auszufüllen waren und die alle die obligatorische Frage nach der "Stammeszugehörigkeit" enthielten.

Um so erstaunlicher, daß sich die Madagassen trotz aller Unterschiede als ein Volk betrachten. In allen Teilen der Insel gibt es Sprichwörter, nach denen jedes Individuum acht verschiedene Vorfahren hat und so- mit acht verschiedenen "Stämmen" angehört. Man läßt sich eben nicht so einfach gegeneinander aufwiegeln.

Es gab einige tragische Plünderungen von Merina-Familien in Toamasina (Tamatave) 1973, ein schreckliches Massaker an Komorern in Mahajanga 1978 und die Plünderungen der indo-pakistanischen Kaufleute in Toliara/Tuléar 1987 – aber: Der "Tribalismus" hatte in Madagaskar niemals so verheerende Auswirkungen wie auf dem afrikanischen Kontinent oder derzeit in Teilen Europas; einen Bürgerkrieg aufgrund ethnischer Konflikte gab es in Madagaskar bisher nicht. Nicht zuletzt deshalb genießen die Madagassen den Ruf eines sehr friedliebenden Volkes.

nach: **Solofo Randrianja**, *abgedruckt im Informationsheft Madagaskar des Weltgebetstages von März 1998. Dr. Solofo Randrianja lehrt an der Universität Toamasina und schreibt als freier Journalist u.a. für "Africa Confidential".*

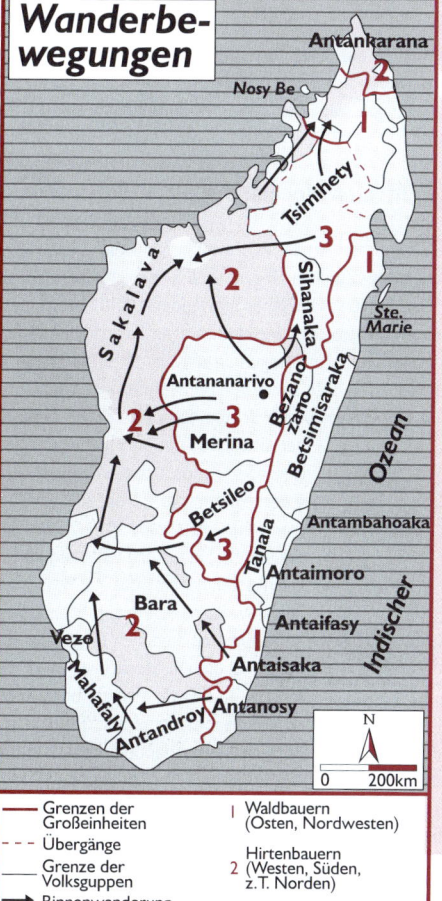

Wanderbewegungen

Antankarana
Nosy Be
Tsimihety
Sakalava
Siharanaka
Ste. Marie
Antananarivo
Bezanozano
Betsimisaraka
Merina
Ozean
Betsileo
Tanala
Antambahoaka
Antaimoro
Bara
Indischer
Vezo
Antaifasy
Mahafaly
Antaisaka
Antandroy
Antanosy

N
0   200km

— Grenzen der Großeinheiten
- - - Übergänge
— Grenze der Volksgruppen
→ Binnenwanderung
▭ Gemischte Bevölkerung

1 Waldbauern (Osten, Nordwesten)
2 Hirtenbauern (Westen, Süden, z.T. Norden)
3 Reisbauern (Hochland, z.T. Norden)

© i graphic

den Bewohnern in den trockenen Gebieten immer wirtschaftlich überlegen. Die größten Animositäten bestehen daher auch zwischen den (eher protestantischen) Bewohnern des zentralen Hochlands und den (mehrheitlich katholischen) sogenannten "côtiers", den Küstenbewohnern. Sie stammen noch aus der Zeit der brutalen Feldzüge der Merina gegen die übrigen Inselbewohner. Nach dem Prinzip "Teile und herrsche" wurden sie aber auch von politischen Machthabern bis heute immer geschickt ausgenutzt und geschürt.

Wenn man sich die Einteilung der Bevölkerungsgruppen ansieht, sollte man nicht vergessen, daß sie weder homogen noch statisch sind, d.h. es finden auch große Wanderbewegungen statt. Die folgenden Einteilungen sind daher nur Anhaltspunkte.

Volksgruppen im zentralen Hochland

Merina (= "die aus dem Land, von wo aus man weit sehen kann").
Im Zentrum des Hochlandes. Zahlenmäßig mit 26 % die größte Gruppe (2,5-3 Mio.). Eindeutig Nachfahren malaiischer Einwanderer. Die Merina werden als die "asiatischsten" Madagassen angesehen, wegen ihrer hellen Hautfarbe und glattem Haar, aber vor allem wegen ihrer Kunst, Reisterrassen zu kultivieren. Vermischten sich angeblich mit den Ureinwohnern, den Vazimba, eroberten im 19. Jh. 2/3 des Landes und brachten schwarze Küstenbewoh-

Geldschein: Rova und Merinafrau, 2500 FMG

ner als Sklaven mit ins Hochland. Während der Kolonialzeit wichtigste Ansprechpartner der Europäer, die sie als Herrscher über ganz Madagaskar anerkannten. Sie unterhielten ein strenges Kastensystem, das teilweise bis heute wirksam ist. Pflegen Endogamie, d.h. sie vermischen sich selten mit anderen Gruppen. Strukturell sind die Merina heute wie damals begünstigt, da die Landeshauptstadt *Tana* in ihrem Siedlungsgebiet im fruchtbaren Hochland liegt. Hauptverkehrsknotenpunkt. Auch heute noch politisch mächtigste Gruppe des Landes. Viele Merina haben sich als Regierungsbeamte und Händler in anderen Landesteilen niedergelassen, vor allem in den größeren Städten.

Betsileo, 12 % der Bev., Gebiet: ca. 40.000 km² südlich des Merina-Landes im Binnenland. Wie die Merina eindeutig Nachfahren malaiisch-indonesischer Einwanderer, äußerlich erkennbar durch glattes Haar und asiatische

Gesichtszüge. Ihre Bräuche, Sitten und Geschichte sind denen der Merina verwandt; ähnlich hoch ist auch ihr Anteil unter Beamten und Angestellten. Die Gesellschaftsordnung unterteilt sie in drei Kasten: Nachfahren von Adligen, Freien und Sklaven. Sie sind hervorragende Reisbauern und gelten als "Landschaftsarchitekten", nebenbei auch als hervorragende Sänger, Kunsthandwerker und Weinbauern. Ihre vier Königreiche wurden im 18. Jh. durch König *Andriamanalimbetany* vereint, dann aber von den Merina "einverleibt". Ihre Hauptstadt **Fianarantsoa**, 1830 von den Merina gegründet, soll eine Kopie von Tana darstellen.

Bara, 3,3 % der Bev., im Süden des Binnenlandes, in den Trockengebieten an den südlichen Ausläufern des Hochlandes mit **Ihosy** als Zentrum.
Über die Herkunft der Bara streiten sich die Ethnologen: Die einen meinen, sie seien Nachfahren von Einwanderern aus Ozeanien, die anderen, ihre Vorfahren stammten aus Afrika, aus der Gegend von Nyassa. Vielleicht haben beide Parteien recht, denn es ist die einzige Ethnie auf Madagaskar, die 5 Clans bzw. 10 Untergruppen hat. Einige dieser Untergruppen befehden sich untereinander. Gelten als das Volk mit großem Anteil an Viehzüchtern und -hirten. Der Lieblingssport der Bara ist der Diebstahl von Rindern, besonders der Antandroy, die ihr Land durchqueren müssen. Fremden gegenüber zeigen sich die A. verschlossen.

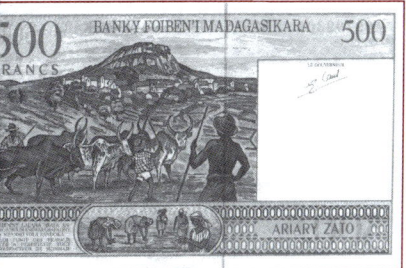

Geldschein: Rinderhirten, 500 FMG

Tsimihety (= "die, die sich nicht die Haare schneiden")
7,3 % der Bev., im nördlichen Binnenland, nördlich des Gebietes der Merina.
Gelten als Nachfahren europäischer Piraten und Sakalava im 17. Jh., die vor den Angriffen anderer Seeräuber in die unbewohnten nördlichen Landesteile im Hochland flüchteten. (Der Name soll angeblich darauf hinweisen, daß sie sich weigerten, eine alte Sitte der Sakalava zu befolgen und sich beim Tod eines Königs die Haare zu schneiden). Nach der Annexion Madagaskars durch die Franzosen schlossen sie sich nicht den Widerstandskämpfen anderer Ethnien an.
Heute leben die etwa 450.000 Tsimihety, die bekannt sind für ihr hohes Bevölkerungswachstum und große Wanderbewegungen, hauptsächlich als Viehzüchter in zahlreichen Clans mit geringer politischer Organisation. Sie gelten als die "Individualisten" des Landes, die möglichst wenig mit der Regierung zu tun haben und ein freies Leben führen möchten.

Volksgruppen an der Westküste

Sakalava (= "Volk des langen Tales")
6,2 % der Bev., Siedlungsgebiet etwa 128.000 km² entlang der Westküste von *Nosy Be* im Norden bis zum *Fluß Onilahy* im Süden.

Als eine der großen Ethnien des Landes haben die Sakalava ihre eigene Geschichte, die durch kriegerische Unternehmungen, v.a. gegen die Merina, geprägt ist. Im 18. Jh. große **Königreiche Menabe** und **Boina**. Sie waren vom 16.-19. Jh. die stärksten Widersacher der Merina-Dynastie, mußten aber dann wegen interner Streitigkeiten und der zu großen Fläche ihres Territoriums nachgeben. So blieb den verschiedenen "Familien" nichts anderes übrig, als die näher gelegenen kleinen Ethnien zu überfallen und zu beherrschen, z.B. die Mahafaly. Als erste tauschten sie mit den Europäern Sklaven und Vieh gegen Feuerwaffen.

Geldschein: Fischer mit Pirogen, 1000 FMG

Die Sklaven holten sie sich bei Beutezügen von den benachbarten Komoren, aber auch aus dem Hochland. Ethnisch sind sie Nachfahren sowohl arabischer und asiatischer Einwanderer als auch von Ostafrikanern.

Zusammen mit der Kultur der Bara gilt die Kultur der Sakalava als die "afrikanischste", einschließlich der Verehrung von heiligen Reliquien, die magische Kräfte enthalten sollen, und der **Tromba**, einer Art "Besessenheitskult", in dem ein Medium die Wünsche der Verstorbenen den Lebenden übermittelt.

Bekannt sind die Sakalava als hervorragende Seefahrer und Fischer. Die im Hinterland lebenden Sakalava halten als Viehzüchter große Rinderherden.

Vezo, an der Südwestküste, südlich des Sakalava-Gebietes um *Toliara* (Tuléar), *Morombe* und *Morondava*.

Sakalava-Frauen mit "Mashjuny"-Maske

Die Vezo sollen ehemals zu den Antanosy an der Südostküste (Taolanaro) gehört haben, bevor sich einige Familien, vermutlich nach Stammesfehden, ins Innere des Landes zurückzogen. Bei ihrer Flucht gelangten einige von ihnen an die Westküste und vermischten sich mit den Sakalava und den Mahafaly. Teilweise werden sie auch als Untergruppe der Sakalava betrachtet. Etwa 10.000 Vezo leben heute noch vorwiegend vom Fischfang, oft auf **Lakana** – Auslegerbooten – als Nomaden und tauschen mit den Mahafaly Fisch gegen Mais und Maniok.

Volksgruppen im Norden

Antankarana, 0,6 % der Bev., im *Tsaratanana-Massiv* im Norden.
Nachfahren arabischer Einwanderer, aber stark vermischt mit dem Blut anderer Ethnien, vor allem der Sakalava. Mag sein, daß Vermischungen mit europäischen Piraten stattgefunden haben, denn ihre Hauptstadt *Antsiranana* (Diego-Suarez) galt lange Zeit als exzellenter Naturhafen und diente den Seeräubern im 18. Jh. als idealer Schlupfwinkel. Einige Antankarana praktizieren heute noch einen Islam, der stark von Ahnen- und Schamanenkult sowie von magischem Denken beeinflußt wird.
Die Topografie ihres Siedlungsgebietes isoliert die Antankarana von anderen Bevölkerungsgruppen. Sie sind sowohl Viehzüchter als auch Gartenbauer und finden Arbeit auf den Nelken- und Vanillepflanzungen im Norden.

Volksgruppen an der Ostküste

Betsimisaraka (sprich: Betsimisáraka), mit fast 15 % (1,5 Mio.) zweitgrößte Bevölkerungsgruppe und größte entlang der Ostküste.
Die Ethnie, deren Angehörige von der größten Anzahl unterschiedlicher Herkunftsländer abstammt. Dies ist nicht verwunderlich, da sich auf ihrem Territorium vom Fluß *Bemarivo* im Norden bis zum *Mananjary* im Süden die Landeplätze der Einwanderer befanden. Aber diese Ethnie entstand erst im

17. Jh. (ihr Name bedeutet: "die vielen, die sich nicht trennen lassen"), als es König Ratsimilao gelang, verschiedene Gruppen unter seiner Herrschaft zu vereinigen. Die zu ihrem Gebiet gehörende Insel *Nosy Boraha* hat Prinzessin Bety ihrem französischen Geliebten, einem Korporal La Bigorne, 1750 geschenkt (s. S. 593). Ansonsten leistete diese Bevölkerungsgruppe mit den heftigsten Widerstand gegen die Franzo-

Geldschein: Mädchen mit Ravenala im Hintergrund, 500 FMG

sen, die sie u.a. zum Bau der Bahnlinie zwangsrekrutiert hatten. Die Betsimisaraka arbeiten traditionell als Händler, Seefahrer und Fischer, aber auch als seßhafte Bauern im tropischen Grüngürtel. Mit den Merina, Sakalava und Betsileo gehören sie zu den größten Ethnien des Landes (1,5 Mio.). Ihr

Gebiet umfaßt als Provinzhauptstadt die wichtige Hafenstadt **Toamasina**, aber auch *Fenoarivo* und *Maroantsetra* an der Bucht von Antongil. Auch Präsident Ratsiraka stammt von hier.

Südlich der Betsimisaraka haben sich nach dem 14. Jh. verschiedene Ethnien der "Antalaotra" (= die Menschen, die vom Meer kommen) angesiedelt, deren Wurzeln auf islamische Seefahrer arabischer, afrikanischer und indo-malaiischer Herkunft zurückgehen. Dazu zählen die folgenden 5 Gruppen:

•   **Antambahoaka** (= "das Volk"): 0,4 % der Bev., an der Ostküste um den Ort **Mananjary**. Die Antambahoaka sind ebenfalls Nachfahren arabischer Einwanderer aus dem 14. Jh., angeblich aus Mekka. In der Nähe ihrer Hauptstadt befindet sich das Standbild eines steinernen weißen Elefanten. Dieses Abbild soll die Herkunft aus Arabien belegen. Auch die alle 7 Jahre abgehaltenen großen Beschneidungszeremonien sollen arabischen Ursprungs sein. Die etwa 25.000 Angehörigen der A. seien, so heißt es, aufgrund ihrer astrologischen Kenntnisse auch in die Herrscherklasse der Merina berufen worden.

Seite aus einem Sorabe-Text der Antaimoro

•   **Antaimoro** (= "die, die an der Küste leben"): 3,4 % der Bev. an der Ostküste um **Vohipeno**. Die Antaimoro sind eine der wenigen Ethnien, deren Vorfahren mit Bestimmtheit aus einem arabischen Land stammen und etwa im 12.-14. Jh. einwanderten. Sie bekennen sich noch heute zum Islam. Sie sollen die ersten Madagassen gewesen sein, die lesen und schreiben konnten, und zwar die madagassische Sprache (Dialekt) in arabischen Schriftzeichen (*sorabe*), die heute noch von einigen älteren Mitgliedern der Ethnie beherrscht werden. Die Antaimoro gelten als gebildete Leute und sind auf ganz Madagaskar berühmt für ihr astrologisches Wissen, ihre Naturheilkunde und ihr selbst hergestelltes Papier (s. S. 412). Schon im 18. Jh. sind einige Antaimoro-Gelehrte zu Beratern des Merina-Königshauses bestellt worden. Auch heute haben sie noch Könige.

•   **Antaifasy** (= "die, die in den Dünen leben"): 1,2 % der Bev., siedeln südlich der Antaimoro überwiegend bei **Farafangana** am südl. Ende des *Canal des Pangalanes*. In drei Clans unterteilt, von denen jeder einen eigenen König hat. Vermutlich Nachfahren von Einwanderern aus Indien, die im 16. Jh. an die Südostküste gelangten. Sie versuchen, sich von den anderen Gruppen so weit wie möglich abzugrenzen, und pflegen sehr traditionsbewußt ihr Kulturgut.

- **Antaisaka** (= "Nachfahren der Sakalava")

5,3 %, südlich der Antaifasy an der Ostküste vor allem im *Flußtal des Man-anara*. Sie gelten als Nachfahren von arabischen Einwanderern, die sich mit den Sakalava aus dem Westen vermischten. Infolge von Stammesfehden flüchteten sie nach Osten und fanden an der Südostküste ein fruchtbares Land; sie sind vor allem Bauern. Die Gesellschaftsordnung ist durch ein tradiertes Kastensystem geprägt: Adlige und Freie. Diese wiederum sind in mehrere "Familien" unterteilt, die einen König haben. *Bei den Antaisaka gilt persönliche Bereicherung, Erben und Geldverdienen als fady!!!* Ihre Toten lassen sie oft lange in versteckten Wäldern austrocknen, bevor sie bestattet werden.

- **Antanosy** (= "die von der Insel")

2,3 % der Bev., im extremen Südosten. Nachfahren arabischer Einwanderer, stark vermischt mit dunkelhäutigen Gruppen afrikanischer oder melanesischer Herkunft. Die Antanosy, wie die anderen arabisch beeinflußten Ethnien auch, beherrschen Astrologie und Naturheilkunde. Sie leben vom Fischfang und der Arbeit auf großen im Besitz von Ausländern befindlichen Sisal-Plantagen. Ihre Hauptstadt *Taolanaro* (Fort Dauphin) wurde erstmals 1648 von Franzosen besetzt.

Sihanaka (= "die Menschen vom See")

2,4 % der Bev., leben im Binnenland zwischen dem Siedlungsgebiet der Betsimisaraka an der Ostküste und der Merina bzw. Tsimihety im Hochland. Vermutlich abtrünnige Merina, die sich mit den Betsimisaraka, Bezanozano und Tsimihety vermischten. Diese Ethnie gehört zu den wenigen, die sich erst spät herausgebildet hat. Die Sihanaka bewohnen die fruchtbarste Region des Landes, um den *Lac Alaotra* gelegen, haben teilweise große Sümpfe trockengelegt und erzielen als Reisbauern die höchsten Erträge, da sie Dünge- und Schädlingsbekämpfungsmittel einsetzen.

Bezanozano (= "die mit den vielen kleinen Zöpfen")

0,8 %, im Binnenlandes westlich der Betsimisaraka. Angeblich abtrünnige Tanala aus dem Südosten, die sich dann mit Abtrünnigen der Betsimisaraka und der Sihanaka mischten. Eine der wenigen Ethnien, die keine "königliche" Geschichte vorweisen kann und mit als erste von den Merina unterworfen wurde. Dienten während der Kolonialzeit oft als Lastenträger für den mühsamen Weg von Toamasina ins Hochland.

Tanala (= "die in den Wäldern wohnen")

3,8 %, im Osten des Binnenlandes zwischen den Antaimoro an der Ostküste und den Betsileo im Hochland. Die Tanala sind Flüchtlinge aus den verschiedenen Ethnien, die sich in den Waldgebieten zusammengefunden haben. Sie

Geldschein: alte Frau, 2500 FMG

versteckten sich vor den Eindringlingen aus dem Osten (Antaimoro, Antaifasy) und aus dem Westen (Betsileo, Bara). Heute leben sie von der Jagd und von gesammeltem Honig, aus dem sie eine Art Likör herstellen. Sie gelten als Kenner der Naturheilkunde.

Die Sihanaka, Bezanozano und Tanala sind als brandrodende Bauern "berüchtigt", sie pflanzen Trockenreis, Mais und Yamswurzeln an. Die Bezanozano und die Tanala konnten sich den Merina-Herrschern und lange auch den französischen Kolonialmächten widersetzen.

Völker im Südwesten

Die größten Bevölkerungsgruppen, die ihr Leben den extremen Umweltbedingungen im trockenen Südwesten angepaßt haben, sind die Mahafaly und Antandroy.

Antandroy (= "die Dornenmenschen"), um *Ampanihy*.
5,4 % der Bev., im äußersten Südosten. Gelten traditionell als die ärmsten Madagassen, weil sie eine Wüstenlandschaft bewohnen, in der fast nur Dorngestrüpp gedeiht. Ihre Herkunft ist noch unklar. Angeblich ist diese Ethnie die Fusion zweier ansässiger Stämme der Urbevölkerung, die im 15. Jh. durch Einwanderer aus Indien beherrscht wurden. Sie sind anerkannte Viehzüchter. Als Halbnomaden ziehen sie oft monatelang mit ihren Viehherden durch das Land. Da ihr Land aber Menschen und Tiere nicht ausreichend ernährt, wandern sie in großer Zahl nach Norden und Westen ab. Bekannt sind die A. in ganz Madagaskar für ihre Zauberkräfte, die es ihnen auch ermöglichen, nächtlichen Geister zu trotzen und als Wächter, Pousse-Pousse-Fahrer u.ä. zu arbeiten. Sie zählen etwa 350.000 Angehörige.

Mahafaly (= "die vom verbotenen Land") etwa 200.000 in der Gegend südöstlich von *Toliara*. Sie sind v.a. für ihre Mohair-Teppiche, Holzschnitzerei und aufwendige Grabmalkunst bekannt, die man auch auf manchen indonesischen Inseln antrifft. Besonders rühmt man die M. für ihre geschnitzten Grabstelen *Aloalo*, aber auch für

Unverheirateter Antandroy mit Kamm

die modernen Grabmalereien. Einige Ethnologen halten die M., die Fremden gegenüber als sehr verschlossen gelten, für eine Untergruppe der Sakalava und die Mikea als Untergruppe der Mahafaly.

Minderheiten

Zu den madagassischen Bevölkerungsgruppen kommen die der späteren Einwanderer, die etwa 1,7 % der Bevölkerung ausmachen. Da Madagaskar französische Kolonie war, sind viele ehemalige Beamte, Militärs und Fremdenlegionäre aus Frankreich hier hängengeblieben. Auch französische Angestellte, Geschäftsleute, Plantagenbesitzer und Farmer haben Madagaskar zu ihrer Heimat gemacht. Die europäischen Ausländer werden von den Madagassen **Vazaha** genannt, eigentlich "Fremder", im Dialekt der Ostküste wörtlich angeblich "Seeräuber". Fast alle Vazaha, besonders Geschäftsleute, wurden in den 60er Jahren vorübergehend ausgewiesen. Heute leben wieder ca. 18.000 Vazaha auf der Insel.

Komorer, mit ca. 30.000 die größte Gruppe eingewanderter Ausländer. Sie sind Moslems, haben sich vorwiegend im Norden (vor allem *Antsiranana*) und Westen niedergelassen, arbeiteten früher in Fabriken oder unteren Verwaltungspositionen, heute häufig auch im gastronomischen Bereich. Während der französischen Kolonialherrschaft waren etwa 50.000-60.000 Komorer in Madagaskar eingewandert. Viele von ihnen wurden Kleinunternehmer oder Wohnungsvermieter und hatten angesichts hoher Arbeitslosigkeit und allgemeinem Elend unter der madagassischen Bevölkerung bald einen besseren Stand als die Madagassen selbst. Am 21. Dezember 1976 entlud sich zuerst in *Mahajanga* der Zorn jugendlicher madagassischer Arbeitsloser – über 1000 Komorer wurden unter den Augen der Sicherheitskräfte getötet, ihre Wohnungen und Habe geplündert. Die Regierung verfügte den Ausnahmezustand – zigtausend Komorer wurden ausgewiesen und mußten zunächst in großen Lagern auf ihren benachbarten Heimatinseln Zuflucht suchen.

Inder und Pakistani (ca. 20.000), leben vorwiegend an der *Nordwestküste* als Handwerker, Schneider oder Händler, vor allem mit Textilien. "Karana" werden die Inder moslemischer Abstammung, "*Banians*" die Hindus genannt. Da sie ihre alte Kastentradition pflegen und sich häufig in eigenen Ghettos von der einheimischen Bevölkerung abschotten, werden sie oft isoliert und wurden mehrfach Opfer von Verfolgung. Sie sind im Laufe der vergangenen Jahrhunderte aus Ostafrika oder direkt aus Asien, vor allem aus Nordindien, Bombay und Gujarat eingewandert; manche Familien leben schon in der 6. oder 7. Generation auf Madagaskar (s. S. 491).

Chinesen (ca. 9000) wurden als billige Arbeitskräfte für den Bau der Eisenbahn schon Anfang des Jh. nach Madagaskar geholt – damals etwa 15.000. Heute arbeiten sie als Händler (oder auch Besitzer) in den großen Ölpalmen-, Vanille- und Pfeffer-Plantagen an der **Ost- und Nordküste**. Viele Chinesen haben sich inzwischen mit der madagassischen Bevölkerung vermischt.

Religion

Die Begegnung mit der madagassischen Glaubenswelt kann eines der faszinierendsten, aber auch unheimlichsten Erlebnisse Ihrer Reise werden. Nur

langsam erschließt sich die madagassische Kultur und ist schwer zu verstehen, weil sie vor Fremden geheimgehalten wird. Tempel und Götterstatuen suchen Sie auf Madagaskar vergeblich. Auf heilige Steine, Bäume und Gräber stoßen Sie jedoch überall. Und wenn Sie weiße Stoff-Fahnen entdecken, die überall auf der Insel an Bäumen wehen, seien Sie besonders vorsichtig. Denn das bedeutet: *Fady!* Tabu.

Als wir das erste Mal auf die Insel Sainte Marie kamen, hörten wir gleich die Geschichte eines dort ansässigen Franzosen, der eine eigene kleine Landepiste für sein Flugzeug bauen wollte – gegen den Willen der Einheimischen. Die Piste befand sich zwar auf seinem Grundstück, aber dort wohnten die Ahnen, und die Erde war heilig. *Fady!* Der Franzose baute trotzdem – ein unverantwortliches Sakrileg –, und es kam, wie es kommen mußte: Kurz darauf starb seine Tochter, sein Sohn wurde beim Baden von einem Hai angefallen, und ein Unglück folgte dem anderen. Wir haben die Geschichte nicht überprüft, aber eines ist sicher: Auch als Tourist tut man gut daran, die religiösen Vorstellungen der Madagassen zu respektieren!

Grabstele Aloalo

INFO   Glaubensrichtungen

80-90 %	Anhänger von "Naturreligionen"
ca. 50 %	Anhänger des Christentums, davon ca. 21 % Katholiken, 22 % Protestanten (verschiedene protestantische Kirchen, Pfingstkirchen, fundamentalistische Gruppen; 30 weitere unabhängige Kirchen; über 100 verschiedene Sekten)
ca. 7 %	Moslems
wenige	Hindus und Buddhisten

Die Macht der Ahnen

50 % der Bevölkerung bekennt sich zum Christentum – davon etwa die Hälfte zum katholischen, die andere Hälfte zum protestantischen Glauben. Doch stärkste religiöse Kraft ist auch bei den Christen der Glaube an die Macht der Ahnen.

Die Madagassen glauben nicht an Wiedergeburt, auch nicht an ein "Jüngstes Gericht" mit Fegefeuer oder Paradies, aber an ein Weiterleben im Jenseits. Die "Toten" leben weiter im **Rázana**, dem Reich der mächtigen Vorfahren – als Mittler zwischen den Lebenden und den Göttern. Ständig wachen sie über den Alltag der Lebenden. Bei jedem Fest, jeder Hochzeit, Geburt, Hausbau, Einweihung werden sie angerufen. Ihnen zu Ehren teilt man sich eine Flasche Rum, schlachtet ein Huhn, eine Ente oder ein Zebu, verbunden mit Tanz, Gesang und Musik. Öffnen Madagassen eine Flasche Wein oder Rum, wird der erste kleine Schluck für die Ahnen auf den Boden gegossen.

Bei allen kulturellen Unterschieden kommt den **Gräbern** überall eine ganz besondere Bedeutung zu. Da die Ahnen für alle Zeiten weiterleben – meist in der Nähe ihrer früheren Wohnungen –, ist ihr Haus oft größer als das der Lebenden. Im Süden ist es Sitte, die Rinder des Toten zu schlachten und sein Grab mit ihren Hörnern zu schmücken. Auf mehreren Gräbern im Süden findet man – als Zeichen unvorstellbaren Reichtums – über einhundert Hörnerpaare. Besonders berühmt für ihre Grabkultur sind die *Mahafaly* und die *Sakalava* (s. S. 428 und 354).

Mahafaly-Grab bei Ampanihy

Den Kontakt zu den Ahnen aufzugeben, ist für Madagassen unvorstellbar und der Gedanke, fern von ihnen zu sterben, unerträglich. Als die Regierung der im Süden lebenden Bevölkerung nach einer verheerenden Dürre Land im fruchtbaren Norden anbot, lehnten die Leute ab. Sie hätten ihre Ahnen verlassen müssen – für viele immer noch undenkbar! Allerdings zwingt auch hier die wirtschaftliche Not zur langsamen Auflösung der Traditionen. Immer mehr Einwohner aus dem Süden *müssen* das Land ihrer Vorfahren verlassen, weil sie dort keine Lebensgrundlage mehr sehen.

Vor diesem Hintergrund ist verständlich, warum die Gebeine der letzten madagassischen Königin *Ranavalona III.*, die im algerischen Exil gestorben war, auch Jahre später in ihre Heimat überführt werden mußten. Wir können uns kaum vorstellen, zu welchem Politikum – und fast zum Bürgerkrieg – es führte, als der Königinnenpalast in Tananarivo – der *Rova*, heilige Grabstätte der großen Merina-Dynastie – einem Brandanschlag zum Opfer fiel (s. S. 298).

Die Toten, die man nicht kennt, nennt man **lolo**. Man spürt sie wie einen Hauch oder Schmetterling. Madagassen fürchten diese Totengeister und gehen nicht in die Nähe von Gräbern oder Stätten, wo jemand zu Tode kam. Grundsätzlich sollte man sich Gräbern nur mit allergrößtem Respekt nähern. Fast alle sind *fady*, da die Seelen der Verstorbenen sich oft noch an diesem Ort aufhalten.

Lesetip
Robert Jaovelo-Dzao: Mythes, rites et transes à Madagascar. Angano, joro et tromba sakalava. (Hrsg.: Missio Aachen). Antananarivo/Paris 1996

 Famadihana

Noch ein Schluck Rum und die letzten Ratschläge des Dorfältesten. Dann zerrt Rakoto mit fünf anderen jungen Männern des Dorfes ein langes, schmales Bündel aus dem Grab. Die Überreste seines Onkels. Vorsichtig, mit bloßen Händen kratzen sie die verklebten Tuchreste von den Knochen. Der Geruch ist unerträglich – da hilft nur der Rum. Als der Onkel vor fünf Jahren starb, trauerte noch die ganze Familie um ihn. Jetzt, wo er aus dem Rázana – dem Reich der mächtigen Ahnen – zurückkehrt, bereiten sie ihm ein rauschendes Fest. Drei Tage und drei Nächte lang feiern sie. Sie waschen den Toten, das heißt das, was von ihm übrig blieb, wickeln ihn in ein neues, kostbares lamba mena, das traditionelle Seidentuch, tragen ihn durch das ganze Dorf und erzählen ihm, was in der Zwischenzeit passiert ist.

Die **Famadihana** (sprich: Famadíana; wörtl. "Leichenwendfeiern") ist eine der eindrucksvollsten Traditionen der Ahnenverehrung. Sie findet nur im Hochland bei den *Merina* und *Betsileo* statt, etwa alle 5-7 Jahre, je nach Region und Familie, und nur im Südwinter zwischen Juli und September. Wann es soweit ist, bestimmt der "Tote" oft selbst: Er erscheint den Lebenden im Traum und sagt zum Beispiel "Mir ist kalt!". (Wenn nicht, hilft ein Astrologe weiter). Dann ist es Zeit für ein neues Tuch, denn das alte ist zerfallen. Aber auch der Geldbeutel der Familie spielt für den Zeitpunkt eine Rolle. Die Leichenwendfeiern kosten ein Vermögen. Eingeladen wird die ganze Großfamilie, das ganze Dorf – oft mehrere hundert Personen, die alle verköstigt werden müssen. Manche Familien haben jahrelang gespart, bis sie bei einem Monatslohn von umgerechnet 40 DM das Zehnfache für die geopferten Zebus und das Fest zusammen haben.

Die französische Kolonialmacht versuchte lange vergeblich, die Famadihana als heidnischen und "ruinösen Kult" zu verbieten. Heute, nach der Unabhängigkeit, verdient der Staat kräftig mit. Auf jeden Toten kommt eine Art Steuer – da hilft manchmal nur, mehrere Ahnen gleichzeitig umzubetten und nur für einen zu bezahlen. Trotzdem: Die Feiern werden seltener. Je ärmer die Familie im zehntärmsten Land der Welt, desto seltener die Famadihana.

Auch die Toten mögen gern Rum, heißt es in Madagaskar. Rakotos Onkel bekommt noch ein Fläschchen mit auf den Weg, bevor er nach drei Tagen wieder in der Familiengruft beigesetzt wird."

(s. Foto im Farbteil)

Der Glaube an die Ahnen verbindet das ganze Volk, den alten Vezo-Fischer im Süden wie den jungen Abgeordneten in Tana. Die international bekannte madagassische Musikgruppe "*Tarika*" hat auf einer ihrer CDs ein Lied den Ahnen gewidmet, allerdings ein trauriges und wütendes Lied. Es handelt von denen, die inzwischen für Geld sogar die Knochen ihrer Ahnen verkaufen, Grabschändung betreiben, das Land verraten. Madagassen haben einen tiefen Sinn für das Übernatürliche und Heilige. Diese Welt flößt ihnen Respekt als auch Furcht ein. So sorgt ein ausgeklügeltes System von Riten und Vorschriften dafür, die dunklen Mächte zu besänftigen.

Einige Menschen haben die Macht, mit ihnen in Kontakt zu treten. Das können Heiler sein, bestimmte Medizinmänner und -frauen mit besonderen Kenntnissen von Heil- und Giftpflanzen und astrologischen Konstellationen. Besonders bei den *Sakalava* gibt es in jeder traditionellen Familie Mitglieder, meist Frauen, die in Trance mit den Seelen der Verstorbenen kommunizieren können. Diese Zeremonien, **Tromba** oder **Bilo** genannt, sind die geheimnisvollsten der religiösen Riten, und nur wenige Fremde haben jemals an ihnen teilgenommen. Kommt jemand mit einem Anliegen, Frage oder Krankheit zu einem "Medium", ist oft zuerst eine größere Menge Rum nötig, bevor das Medium in Trance fällt. In den meisten Fällen spricht das Medium dann in einer archaischen fremden Sprache, in der es sich mit den Ahnen verständigen kann. Nach einer Tromba ist das Medium völlig erschöpft, deswegen darf sie auch nicht zu häufig praktiziert werden (s. S. 474).

INFO   Die Bedeutung der Fadys

Das Wort "*fady*" wird meist mit "tabu" übersetzt. Der ursprünglich aus dem Tonga stammende Begriff "tabu" wird, seit er im 18. Jh. durch den Seefahrer Cook in Europa eingeführt wurde, mit "verboten" gleichgesetzt. Der ursprünglichen Bedeutung kommen aber andere Umschreibungen näher, wie "besonders gekennzeichnet", "mit rituellem Wert" oder "zu meiden".

Zebukopf

Auf Madagaskar gilt eine Handlung als *fady*, die die Lebenskraft eines Menschen oder einer Gruppe schwächt und dadurch sein Schicksal (*vintana*) oder das seiner Gemeinschaft verschlechtert. Da die Menschen aber für das Wohlergehen ihrer Gemeinschaft verantwortlich sind und es ihre religiöse und soziale Pflicht ist, nicht den Groll der Ahnen und Geister zu wecken, kann man *fady* durchaus mit "verboten" übersetzen. Verletzt man ein *Fady*, folgt aber keine Bestrafung durch die Gemeinschaft; es bringt von sich aus Unglück. *Fady* heißt deshalb auch unglückbringend, unheilvoll. Ein Unglück, das durch sorglosen Umgang mit einem *Fady* verursacht wurde,

kann nur durch Opfer und Gebete wieder abgewendet werden.

Nach bestimmten *Fadys* zu fragen, ist heikel und schwierig. Direkte Fragen werden als indiskret betrachtet, da es auch persönliche *Fadys* gibt. Der bloßen Erwähnung des Wortes begegnet man mit Scheu. Manchmal ist es *fady*, über *Fady* zu sprechen. Informationen über bestehende *Fady* erhält man am ehesten durch Beobachtung und Unterhaltungen über Sitten und Gebräuche einer bestimmte Gemeinschaft.

Einheimische vermeiden es, Fremde an Orte zu bringen, an denen besonders viele *Fadys* zu beachten sind – zum Beispiel Friedhöfe, aber auch Gehege der als heilig verehrten Rinder. Übertritt man, auch unwissentlich, bestimmte *Fadys*, kann es einem passieren, daß man ein Zebu kaufen und ein Blutopfer bringen muß – und Zebus kosten auch in Madagaskar viel Geld!

Bei allen Volksgruppen gibt es Geschichten, die von einem Tier oder Vogel berichten, der auf wunderbare

Weise einen Menschen gerettet hat. Meistens ist die Moral dieser Fabeln, daß das entsprechende Tier aus Dankbarkeit für die erwiesene Hilfe fortan als *fady* gilt und nicht gejagt oder getötet werden darf. Oft gelten Lemuren als *fady*, zum Beispiel auf Nosy Komba. Bei den *Betsimisaraka* sind es die Schlangen, Aale in Bekily bei Taolanaro.

Fadys werden auf dem Lande genauso respektiert wie in der Großstadt. Sie haben die Funktion, den Zusammenhalt einer Gemeinschaft, einer Ethnie oder Familie zu fördern. *Fadys* sind nicht überall gleich. Sie können nur für einzelne Personen gelten – die ihr zum Beispiel ein Astrologe auferlegt hat, oder sie sind kollektives Erbe der Vorfahren. Bei den Zafimaniry ist es *fady*, sich gegen den Haupt-

Weiße Tücher im Baum bedeuten: Fady!

stützpfeiler des Hauses zu lehnen – anderenfalls provoziert man, daß der Blitz einschlägt. Die Betsileo setzen sich nicht auf die Stufe der Eingangstür, weil sonst eine Reisknappheit droht.

Die Ursprung der *Fadys* liegt oft in ferner Vergangenheit, aber ihr Sinn wird meist in Geschichten vermittelt, die von Generation zu Generation weitererzählt werden. Sie müssen aber nicht für alle Ewigkeit gelten, wenn der Dorfälteste – oder auch die Toten, die im Traum erscheinen – sie unter bestimmten Umständen aufheben.

Lesetip
Sabine Neubert: Die Stellung des Rindes in der Kultur und Ökonomie der madagassischen Gesellschaft. Omimee-Verlag, Köln 1995

Madagassische Mythologie

Vom Anfang des Todes

"Angano angano ... Lang, lang ist es her", erzählt man in Madagaskar, da hatte Ratany, die Frau Erde, menschliche Figuren aus Holz geschnitzt. Als die Figuren fertig waren, hatte sie Ralanitra, den Herrn-Himmel, gerufen und ihn gebeten, den Figuren Leben zu schenken; so wurden die Figuren lebendig. Später schickte Ralanitra seinen Sohn zu Ratany, um die Menschen zu holen, denn: "Sie sind mein Eigentum!", sagte er.

Aber Ratany war dagegen und antwortete dem Sohn: "Ich habe die Körper gebaut, und wenn Ralanitra es will, dann soll jeder seinen Anteil bekommen: Das Leben für ihn und die Körper für mich." Das war der Anfang des Todes auf Madagaskar.

aus: M.N. Razafindramiandra: Märchen aus Madagaskar.

Christliche Missionare hatten es leicht, die Einheimischen von der Existenz Gottes zu überzeugen, weil auch die Madagassen an einen Schöpfergott **Zanahary** glauben. Doch Zanahary existiert in vielerlei Gestalt – es gibt einen Zanahary des Oben und des Unten, einen weiblichen und einen männlichen und je einen für jede Himmelsrichtung. Der höchste Gott ist in Wirklichkeit nur der in der Hierarchie zuoberst stehende Zanahary.

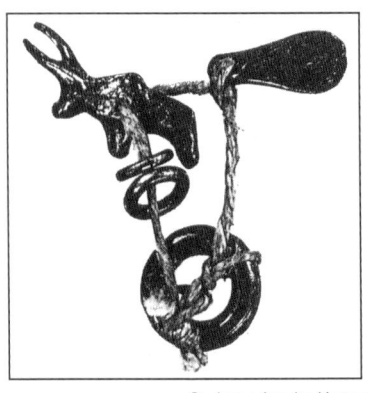

Rinderamulett der Merina

Viele bedeutende Mythen ranken sich um das Paar *Himmel-Erde*. In einigen treten Himmel und Erde als streitende Gatten auf, die sich trennen wollen: *"Ich gleiche der Pfeffernelke, sagt der Himmel, und du den Augen, nun weißt du, daß sich Pfeffernelke und Augen nie berühren dürfen"*, und trotz des Flehens der Erde entschwindet der Himmel in die Höhen. Ähnliche Geschichten gibt es hundertfach.

Unterhalb der Zanahary leben Halbgötter, Geister oder Tote, denen eigene Kulte und Mythen gewidmet sind. Zum Beispiel den *Vazimba* – den Ureinwohnern Madagaskars, die an geweihten Orten verehrt werden. Es heißt, eine Vazimba-Frau habe ihren Reichtum unter ihren beiden Töchtern aufgeteilt: Der kräftigeren *Rasoalao* gab sie die wilden Tiere, der schwächeren *Ravola* die Haustiere. Daher betet man zur ersten vor der Jagd; die zweite steht der Viehzucht vor.

Je nach ethnischer Gruppe und geographischer Region wechseln die Namen der Götter. Auch von der Schöpfung des Menschen gibt es unterschiedliche Vorstellungen. Fast überall ist jedoch die Furcht vor den Göttern nicht so groß wie die vor den *Ahnen* – die Götter sind ja weiter entfernt.

Die madagassische Mythologie kennt unzählige hinreißende Geschichten und Legenden als "**Erbe der Ohren**". Jeder Fluß, fast jeder Berg, auch Bäume und Tiere haben ihre eigenen Legenden. Viele erzählen von Nymphen und Wassertöchtern, die die Fischer ins Wasser ziehen und heiraten. Fragen Sie an

Seen und Flüssen nach solchen Geschichten – man wird sie Ihnen gerne erzählen.

Eine ganz herausragende Bedeutung haben sowohl das *Zebu*, als wichtigstes Arbeitstier und Statussymbol, als auch der *Reis* als wichtigstes Nahrungsmittel in der Mythologie (s. Südroute S. 414 und 383).

Lesetip
Pierre Grimal (Hrsg.): Mythen der Völker; Band III.

Christen und Moslems

Zwischen **Christentum** und **Ahnenverehrung** sehen Madagassen keinen Widerspruch. So kann man dem Umzug einer Famadihana begegnen, der auch an einer Kirche halt macht, bevor er zu den Gräbern weiterzieht. Auch Missionare sind von dem Respekt vor den Toten offenbar so beeindruckt, daß sie die Rolle der Ahnen akzeptieren. Viele Madagassen besuchen sonntags gerne, schick in Schale geworfen, die christlichen Gottesdienste – vor allem, seitdem die traditionelle madagassische Musik in die Gottesdienste integriert wurde. Kirchen sieht man im Hochland wie Sand am Meer. Auch Weihnachten wird von vielen Familien gefeiert, wie in Frankreich am 1. Weihnachtstag, in Anbetracht des Klimas im Dezember mit Tannenbäumen aus Plastik. In Antananarivo sitzen zur Adventszeit große Weihnachtsmänner auf Reklameschildern, und die Plastik-Weihnachtsbäumchen werden auf den Märkten verkauft, auch in Nosy Be, sozusagen unter Palmen am Strand.

Keine andere Organisation war bisher so wie die Kirchen in der Lage, die madagassische Bevölkerung auch in politischen Fragen zu mobilisieren. Ihnen wird es angerechnet, daß während der politischen Unruhen Anfang der 90er Jahre kein Bürgerkrieg ausbrach. Heute stehen die Kirchen unter dem Druck radikaler Sekten, v.a. *fundamentalistischer Pfingstlerkirchen aus den USA,* die die Armut der Bevölkerung geschickt für ihre "Missionierung" ausnutzen.

Die Bevölkerungsgruppen, die sich zu einer speziellen madagassischen Ausprägung des **Islam** bekennen, können Sie an der südlichen Ostküste antreffen. Als Moslems sind sie ebenso wenig dogmatisch wie die meisten Christen: In der Regel ist auch Alkohol (Rum!) erlaubt, spezielle Verbote richten sich eher nach madagassischen Fadys als moslemischen Vorschriften. Vor allem die *Antaimoro* sind bekannt für ihre astrologischen Kenntnisse und magischen Heilkräfte. Noch heute leben sie vom Ruhm ihrer großen Zeit, als sie mit den großen *Sorabe* die erste Schrift in Madagaskar einführten (s. Südroute S. 398).

Sprache

Malagasy (französisch: *Malgache*, was oft mit der abwertenden Bedeutung mal ´gache – schlechter Madagasse gleichgesetzt wurde) wird auf der ganzen Insel gesprochen – die einzige Sprache in Afrika, die zur **malaiisch-polynesischen Sprachfamilie** gehört. Allerdings existieren verschiedene Dialekte. Sprachforscher haben Ähnlichkeiten mit dem *Manyaan* entdeckt, das im Südosten Borneos gesprochen wird, aber auch mit Malaiisch, Javanesisch, Balinesisch und *Minangkabau*, der Sprache Sumatras. Der Name der Ethnie *Antalaotra* (= die, die vom Meer kommen) beinhaltet das malaiische Wort *laut* (= Meer). *Vahiny* heißt auf Malagasy "Fremder" oder "Gast", im Polynesischen "Mädchen" – man nimmt an, daß die ersten einwandernden Seefahrer erst später ihre Frauen nachholten, die dann als "Fremde" kamen. Für uns klingen die Worte unaussprechlich und ellenlang. Die Grammatik ist aber relativ einfach – Worte werden aus dem Stamm und Vor- oder Nachsilben gebildet, und Wortungetüme wie Andrianampoinimerina oder Antananarivo lassen sich viel leichter aussprechen als man denkt, weil viele Silben gar nicht betont werden.

Arabische Einflüsse spiegeln sich vor allem in den kalendarischen Bezeichnungen für Tage, Wochen und Monate. Tiernamen wurden aus **Swahili**-Dialekten aus Ostafrika übernommen, englische und französische Ausdrücke im 19. und 20. Jh. adaptiert.

Die erste **Schriftsprache**, das *Sorabe* der Antaimoro, beherrschten nur ganz wenige Eingeweihte. Bücher gab es nicht, bis 1825 – vor nicht mal 200 Jahren! – Missionare der *London Missionary Society* auf Madagaskar die Schrift einführten: eine phonetische Lautschrift der madagassischen Sprache durch lateinische Buchstaben, wobei die Konsonanten wie im Englischen und die Vokale wie im Französischen ausgesprochen werden (o allerdings wie u – tromba wie trumba, rakoto wie rakutu).

Während der Kolonialzeit verdrängte Französisch als neue **Amtssprache** abrupt das Malagasy und Englisch (Verkehrssprache zeitweise im 19. Jh.). In der 1. Republik waren Französisch und Malagasy gleichberechtigt; später, z.Z. von Präsident Ratsirakas Politik der **Malagachisierung** der Gesellschaft, war nur noch Malagasy als Amtssprache zugelassen, die französische Sprache und Kultur sollten zurückgedrängt werden. Da Madagaskar aber ins internationale Abseits zu geraten drohte und die politische Elite nach wie vor in Frankreich ausgebildet wurde, besann man sich ab 1982 auf die internationale frankophone Gemeinschaft – heute gelten wieder beide Sprachen als offizielle Amtssprachen.

Lesetip
Voahanginirina, Helena Ravoson: Kauderwelsch – Madagassisch für Globetrotter. Peter Rump Vlg., Bielefeld 1989. Kleiner, übersichtlicher Sprachführer für den Anfang!

Bildungssystem

Im traditionellen Madagaskar lernte jeder, wo "sein Platz" in der Hierarchie war und welche Fadys er einhalten mußte. Die erste offizielle Schule, in der "westliche" Bildung gelehrt wurde, gründete ein Missionar der *London Missionary Society* 1820 in Antananarivo für Kinder der königlichen Familie. 1835 konnten schon 35.000 Schüler lesen und schreiben. Die Franzosen führten ein äußerst ungleiches öffentliches Schulsystem ein mit Eliteschulen für französische Kinder und einfacheren für die Madagassen, die ihnen den Zugang zu höheren Positionen nicht ermöglichten. Erst nach der Unabhängigkeit wurden sie so reformiert, daß das heutige Schulsystem fast mit dem in Frankreich identisch ist.

Schule auf Nosy Komba

Schulpflicht besteht für Kinder im Alter von 6-14 Jahren. Die Grundschulausbildung dauert von 6-11 Jahren, die Höhere Schule ist zweigeteilt (von 12-15 Jahren mit einem Junior-Abschluß bzw. einer entsprechenden Berufsschule "collège professionel", und von 16-18 Jahren mit einem Hochschuldiplom bzw. Abiturabschluß). Jungen und Mädchen haben gleiche Zugangschancen. Ein positives Erbe der sozialistischen Regierung war die mit 80 % der Bevölkerung vorübergehend überdurchschnittlich hohe **Alphabetisierungsrate** (1966: 39 %, 1980: 60 % mit sinkender Tendenz!). 36 % der Kinder besuchen sogar weiterführende Schulen. Trotzdem bescheinigte eine UNICEF-Studie 1993 dem Bildungssystem katastrophale Noten: Das Niveau sinke ebenso drastisch wie die staatlichen Ausgaben für den Bildungssektor (ein Englischlehrer verdient z.B. im Monat umgerechnet etwa 40 DM).

Ähnlich sieht es bei der **Hochschulausbildung** aus. Die Universität von Madagaskar wurde 1955 in Tana gegründet. Heute existieren sechs weitere, unabhängige Zweigstellen in Tana, Antsiranana, Fianarantsoa, Toamasina, Toliara und Mahajanga. Der Zustrom ist enorm; 1994 waren 40.000 Studenten eingeschrieben, obwohl die Unis nur auf 26.000 Studierende ausgerichtet waren. Auch sonst liegt einiges im argen: Nur 10 % schließen ihr Studium ab, die Ausbildung ist nicht praxisbezogen, viele junge Madagassen finden nach dem Examen keine Arbeit und sehen in ihrem Land keine Perspektive.

Politischen Zündstoff bildet die *ungleiche Verteilung* der Bildungseinrichtungen in den verschiedenen Regionen. Die historische Überlegenheit der Hochlandbewohner blieb auch dadurch bestehen, daß dort die meisten Schulen gebaut wurden und Merina und Betsileo immer noch in administrativen und anderen begehrten Jobs überrepräsentiert sind. Außerdem konnten sich lange die armen Bevölkerungsgruppen weiterführende Schulen nicht leisten.

Studenten protestierten Anfang der 70er Jahre gegen diese Ungerechtigkeit und stürzten dadurch das Regime Tsiranana. Präsident Ratsiraka verringerte die Standards für das Abitur in den benachteiligten Provinzen – mit den oben genannten Folgen. Das wiederum brachte Studierende der Merina auf die Barrikaden. Heute benachteiligt das Schulsystem vor allem wieder diejenigen, die nicht perfekt die französische Sprache beherrschen; angeblich sprechen 8-9 Millionen Einheimische ausschließlich Malagasy.

Wie zu Kolonialzeiten klafft die Schere immer weiter auseinander zwischen einem immer ärmlicheren, d.h. niveauloseren staatlich subventionierten öffentlichen Schulsystem und einem wachsenden privaten, das sich aber die wenigsten leisten können.

(s. Allgemeine Reisetips, Stichwort Medien)

Gesundheitssystem

Ähnlich wie bei den Bildungseinrichtungen verhält es sich mit den staatlichen Einrichtungen im Gesundheitswesen: Die Städte sind gut versorgt mit hervorragend ausgebildeten Ärzten und Krankenschwestern, zusätzlich gibt es gute private Krankenhäuser. Auf dem Land sieht die Versorgung anders aus. Aber es hat sich viel getan in den letzten Jahren: Bei unserer ersten Reise 1990 fanden wir in Taolanaro gähnend leere Apotheken vor. Auf St. Marie verfügten kleine mobile Krankenstationen noch nicht einmal über Chinin, dem unerläßlichen Wirkstoff gegen Malaria. 1998 hatte sich die Versorgungssituation wesentlich gebessert.

Als Tourist werden Sie kaum Probleme haben, wenn Sie Hilfe brauchen, es sei denn, Sie befinden sich im tiefsten Regenwald. Aber alles ist eine Frage des Geldes. Viele Einheimische sind so arm, daß sie sich die nötigsten, billigen Medikamente nicht leisten können.

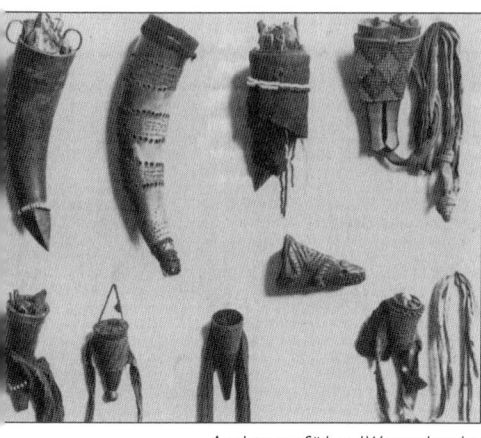

Amulette aus Süd- und Westmadagaskar
(unten Mitte: schützt gegen Krokodile bei Flußüberquerungen)

Immerhin ist die **Lebenserwartung** auf durchschnittlich 54 Jahre gestiegen. Kinder leiden vor allem an Durchfall- und Atemwegserkrankungen oder, in abgelegenen Gebieten, an Mangelernährung. Verbreitet sind Tuberkulose und in den Reisanbaugebieten Bilharziose.

Im Hochland sieht man, wenn man sich abseits der ausgebauten Straßen bewegt, immer noch Lepra- und Pestkranke. Oft kümmern sich kirchliche Organisationen um sie. Verbreitet sind auch Geschlechtskrankheiten; Aids tritt zum Glück noch selten auf. Erste Fälle gab es aber in den touristischen "Prostitutions-Hochburgen" Nosy Be und St. Marie.

Seit Anfang der 80er Jahre hat die Regierung enorme Anstrengungen unternommen, um die Gesundheitsversorgung der Bevölkerung zu verbessern. Jedoch führte der wirtschaftliche Niedergang dazu, daß die Ausgaben von über 9 % des Haushaltes im Jahre 1976 auf unter 2 % im Jahre 1994 sanken.

Laut UNICEF kommt ein **Arzt** auf 17.000 (!) Einwohner (in Deutschland auf etwa 200), in manchen abgelegenen Regionen sogar nur auf 35.000!

Das alles sind aber nur Angaben aus Sicht westlicher Schulmediziner. Ein großer Teil der madagassischen Bevölkerung zieht ohnehin zuerst die **traditionellen Medizinmänner** und -frauen und

Krankentransport aus einem abgelegenen Dorf

Wahrsager (*ombiasy* und *mpisikidy*) oder *renin-jaza* (Hebammen) zu Rate und setzen auf eine Behandlung mit den heimischen Kräutern und Zaubermitteln, bevor man einen Schulmediziner konsultieren würde.

INFO ## Dorfapotheken: Gesundheitsprojekt auf grassroot-level
von Franz Stadelmann

Ein interessantes Projekt startete 1989 die Schweizer Entwicklungszusammenarbeit DEZA in Partnerschaft mit dem madagassischen Gesundheitsministerium. In der als Testregion auserwählten Provinz *Fianarantsoa* wurden die Bewohner aufgefordert, sich auf Dorfebene zu organisieren, um durch die Gründung einer Dorfapotheke PhComm (Pharmacie Communautaire) dem katastrophalen Mangel an Medikamenten entgegenzuwirken. Dabei mußte die Genossenschaft ein Statut haben, die Verantwortlichen mußten demokratisch gewählt und die Funktionen getrennt sein. Die Mitglieder der Dorfgenossenschaft bezahlten jeweils für das kommende Jahr einen von der Genossenschaft selber festgelegten Betrag und erhielten dadurch im Fall einer Krankheit kostenlosen Zugang zu den mit diesem Geld eingekauften Medikamenten. Zur Auswahl standen 39 generische Medikamente und 7 paramedizinische Artikel wie Desinfizierungsmittel, Verbandstoff und Spritzen. Durch dieses System der PhComm standen damals über 1000 madagassische Francs (FMG) pro Person zur Verfügung, was dem Wert einer halben Flasche Bier entsprach. Die Zentralstelle in Antananarivo lieferte die bestellten und vorbezahlten Medikamente bis zum Bezirksort und übergab sie direkt in die Hände der Dorfvertreter. Bereits im zweiten Jahr wurden Dorfapotheken in weiteren Provinzen gegründet. Nach nur zwei Jahren Existenz machten bereits fast 100 Dörfer mit. Damit erreichte die PhComm 160.000 Leute (mehr als 1,3 % der damaligen Gesamtbevölkerung) und ermöglichte ihnen den Zugang zu Grundmedikamenten. Dieses Projekt ließ sogar ein neues Wort entstehen: 'facomm', die madagassische Aussprache für PhComm.

Auch nach dem graduellen Rückzug der Schweizer Entwicklungshilfe bleibt dieses System bestehen. Es wird inzwischen vollkommen von madagassischen Kräften verwaltet und umfaßt nun 333 Dörfer in allen Provinzen des Landes. 600.000 Personen sind dem System angeschlossen. Nun stehen 51 Medikamente auf der Liste. Eine Familie wendet im Durchschnitt 15.000 FMG für diese Art von Gesundheitsfürsorge auf. Damit generieren die landesweit verteilten Dorfapotheken rund 350 Millionen FMG.

Franz Stadelmann, Ethnologe und ehemaliger Entwicklungshelfer, betreibt seit Mitte der 90er Jahre ein Unternehmen in Antananarivo.

(s. Allgemeine Reisetips, Stichworte *Apotheken, Ärzte* und *Gesundheit*)

Kultur

Madagaskars Kultur ist noch weitgehend traditionell ausgerichtet und wesentlich vom ländlichen Leben und religiösen Vorstellungen beeinflußt. Das gilt auch für die **Architektur**, die Ausrichtung der Häuser und Aufteilung der Innenräume (s. Kap. Hochland S. 312).

Relikt der früheren Holzbauweise im Hochland (Königshaus von Ambohimanga)

Besondere Bedeutung kommt – mangels Schrift bis vor 170 Jahren – der Sprache zu. Jahrhundertelang bestand die madagassische "**Literatur**" aus ungeschriebenen *angano* (Märchen), *ohabolona* (Sprichwörtern und Lebensweisheiten), *hain-teny* (Wechselgespräche in Versform), *ankamantatra* (Rätselfragen) und den *kabary* (öffentlichen Reden). Sie überlieferten als *Lovan-Tsofina* ("Erbe der Ohren") das gesellschaftliche Kulturgut. Bei jedem Fest – Geburten, Hochzeiten, Begräbnissen –, bei jeder Dorfversammlung üben sich ausschließlich Männer in der *kabary* in kunstvollen, ausschweifenden, bildreichen Formulierungen. Auch Kritik wird auf diese Weise geübt, indirekt und immer "durch die Blume". Auf Nosy Be hörte 1994 der Präsidentsschaftskandidat Zafy im Stadion von Hell Ville in einer *kabary* von den Sorgen der Bevölkerung.

Moralische Geschichten werden auch beim traditionellen **Theater *Hira Gasy*** (oder ***Mpilalao***) erzählt. Diese Veranstaltungen, bei denen sich zwei Theatergruppen von 6 Männern und Frauen gegenüberstehen und zusammen mit einer Musikergruppe vom Kreis der Zuschauer umringt werden, dauern den ganzen Tag. Man kann sie sonn-

Hira Gasy

tags z.B. im Stadtteil Isotry in Tana besuchen. Auch moderne Theater- und Musikgruppen sind oft von traditionellen Elementen des hira-gasy beeinflußt (s. S. 300).

Sowohl durch die Schrift als auch durch die französische Sprache entwickelte sich eine ganz neue Form von Literatur. Als größter Poet des Landes wird **Jean-Joseph Rabearivelo** (1901-1937) verehrt. Wie er verstand sich auch der bekannte spätere Politiker und Lyriker **Jaques Rabemananjara** (*1913) als Anti-Kolonialist, der für eine freie Gesellschaft auf Grundlage traditioneller Werte im Land der Ahnen kämpfte.

Heute sind vor allem zwei junge madagassische Autoren herausragend: **Jean-Luc Raharimanana** (*1966) schreibt düstere Kurzgeschichten, die mit großer Sprachgewalt von Armut und Leiden seines Volkes erzählen. Gleichzeitig vermitteln sie einen Eindruck davon, wie sehr Realität und Traum, das Leben der Lebenden und der Toten ineinander verwoben sind. Raharimanana schreibt bewußt auf Französisch, weil er die Vorherrschaft des Merina-Dialektes "Howa" ablehnt – sie ist für ihn die Sprache der wahren Unterdrücker. Auch die Erzählungen von **Michèle Rakotoson** (*1948) beschreiben die Besonderheiten Madagaskars als Land zwischen Afrika und Asien. Beide Autoren leben heute in Paris, Rakotoson als Mitarbeiterin von Radio France International (RFI), Raharimanana u.a. als Lehrer. Beide sind mit zahlreichen bedeutenden Literaturpreisen ausgezeichnet worden.

Lesetips

Jean-Luc Raharimanana: Haut der Nacht. Erzählungen. Horlemann-Verlag 1997. Michèle Rakotoson: Dadabe. Lamuv 1998. Erfreulicherweise sind beide Bücher vor kurzem auch auf Deutsch erschienen.

Im Gegensatz zu Asien und einigen afrikanischen Ländern hat sich in Madagaskar kein bedeutendes **Kunsthandwerk** entwickelt, einmal abgesehen von der *Seidenweberei* kostbarer Tücher und der Nationaltracht, den *lambas* (weißen Schulterstolas v.a. bei den Merina und Betsileo), den bunten Baumwoll-*lamba oany* (v.a. bei den Sakalava), bzw. den Totentüchern, *lamba mena* (s. S. 469), den *Mohair*-Teppichen aus Ampanihy, den *Holzschnitzereien* vor allem der Zafimaniry (s. S. 380) und der *Papierherstellung* der Antaimoro (s. S. 412).

Herausragend sind die verschiedenen ***Grabmäler***, u.a. die geschnitzten Grabstelen der Mahafaly und die erotischen Skulpturen der Sakalava (s. S. 353). Kultische Bedeutung haben auch die silbernen *Armreifen*, die man auf Märkten im Süden, aber auch in teuren Juweliergeschäften in Tana kaufen kann.

Geldschein: Webkunst, 2500 FMG

Hinsichtlich der **musikalischen Entwicklung** war Madagaskar offen für Einflüsse aus vier Weltkulturen. Noch heute werden Instrumente gespielt, die Einwanderer vor Jahrhunderten auf die Insel mitbrachten. Gruppen wie **Rossy** stehen ganz oben in der Publikumsgunst. Daneben haben sich einige hervorragende Künstler auf **klassische** (europäische) **Musik** spezialisiert, wie die Pianistin **Mireille Rakotomalala**, **Rija Rokotonirainy** oder die Gitarristin **Josiane Rabemananjara**. Vor allem in der Hauptstadt hat sich eine ganz eigene, moderne Jazzszene entwickelt. In Tana lebt auch Madagaskars berühmtester Flötenspieler, **Rakoto Frah**, dessen Portrait auf einer 1000 FMG-Note abgebildet ist.

INFO

Musik einer Arche
von Birger Gesthuisen

Die ersten Siedler brachten neben ihren Auslegerbooten aus Bambus auch die Bambuszither *Valiha* mit, die heute nur noch in Teilen **Asiens** und auf Madagaskar gespielt wird. Ursprünglich, im 15. Jh. als rituelles Instrument eingesetzt, begann im 19. Jh. ihre weltliche Verbreitung – zuerst an den Königshöfen in Antananarivo, später auch in den niederen Schichten und weiten Teilen des Landes. Doch immer noch soll ihr Klang die Ahnen besänftigen. Vor 150 Jahren klang die Valiha noch völlig anders, da ihre Saiten aus einem Baumstamm herausgekerbt wurden, was einen dumpfen Klang ergab. Wenn jedoch nur eine Saite riß, war das Instrument kaum noch bespielbar. Heute dienen Fahrradzüge als preiswerte Stahlsaiten.

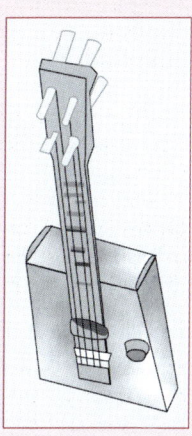

Kabosy (Mandoline)

Die **Araber** führten im 8. Jh. die Bambusflöte *Sodina* ein, die in vielen Teilen des Landes gespielt wird. Aus dem orientalischen Kulturraum stammt auch ein Saiteninstrument, das noch heute die Epensänger Mittelasiens begleitet, die *Kabosy*. Ihr Name stammt aus dem Türkischen (qapuz). In Madagaskar wurde sie zum Arme-Leute-Instrument: Die 3- bis 5-saitige Kabosy wird vor allem von Straßenjungs und Tagelöhnern gespielt. Einige junge Kabosyspieler haben neue Anschlagtechniken entwickelt und durch die Aufnahme von Ele-

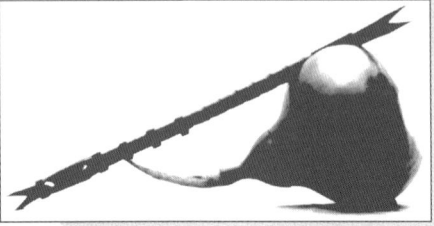

Jejeovoatava (Kürbiszither)

menten der afrikanischen Popmusik ein virtuoses Spiel auf der Kurzhalslaute geschaffen.

Araber brachten die Oboe **Kabiro** in den Norden Madagaskars, der einen regen Kulturaustausch mit den Komoren unterhält. Von dort kam die Kabiro um die Jahrhundertwende und blieb eines der wenigen Instrumente, das nicht harmonisiert erklingt. Sie wird immer seltener und vielleicht schon in einigen Jahren aus dem madagassischen Instrumentarium verschwinden.

Afrikanische Einflüsse findet man vor allem in den Küstenregionen, in den dynamischen Wechselgesängen bei den Straßenjungs in Tana und bei vielen **Antsa-Chören** des Nordens, wo das Handclapping noch nicht die Trommeln als eine späte Form der rhythmischen Begleitung ersetzte. Mit den Sklaven gelangte aus Westafrika auch die Kürbiszither **Jejeo-**

voatava nach Madagaskar. Ihr Hals besteht aus einem kunstvoll eingekerbten Vierkantholz, und als Resonanzkörper dient eine Melone am unteren Ende des Holzstabs. Heute wird sie nur noch in Benin und Ruanda gespielt sowie im südlichen Hochland von Madagaskar – als Instrument der Viehhirten. Die Tage der Jejo Betsileo – wie sie auch nach der dort lebenden Ethnie genannt wird – scheinen gezählt: Es sollen nur noch 12 Kürbiszithern existieren.

Auch die Kultur der etwa 60.000 in verstreuten Siedlungen lebenden Makoa – Nachfahren afrikanischer Sklaven aus dem Kongo – verschwindet. In vielen Dörfern gibt es die **heiligen Trommeln** nicht mehr, in anderen fehlen die Fußrasseln **Masevy**, und alte Sprache wird meist lautmalerisch nachempfunden, ohne daß die Sänger noch einen Sinn verstehen. Afrikanischer Herkunft ist das noch vereinzelt vorkommende Schenkelxylophon, das ausschließlich von Frauen gespielt wird, und eine Vielzahl von Percussioninstrumenten wie die große Trommel **Apongalava** sowie kleine Percussioninstrumente.

Europäische Händler und Diplomaten brachten Lieder und Tänze ihrer Heimat mit, die auf den Adel eine große Faszination ausübten. Polka und Quadrille wurden am Hof getanzt, und bisweilen befahl der König seinem Hoforchester, einen bayrischen Ländler oder die Musik einer Spieldose zu intonieren. Missionare führten zur gleichen Zeit Choräle ein. Heute ist die Musik Madagaskars zu weiten Teilen nach europäischem Vorbild harmonisiert.

Im Hochland wurde die europäische *Geige* zum Vokalinstrument (im Süden setzte sich der birnenförmige ara-

Musiker in Toliara

bische Typ durch) ebenso wie die großen *Militärtrommeln*, die im Volksmusiktheater Hira Gasy eine (ge-)wichtige Rolle spielen. Das *Akkordeon* verbreitete sich schon Ende des letzten Jahrhunderts bis in entlegene Dörfer – kaum 50 Jahre nach seiner Erfindung. Malagassische Namen wie „Die wohltuend Dröhnende" oder „Das Fest" belegen, wie sehr es zu einem malagassischen Instrument wurde.

Kreative Musiker arbeiten an der Verbesserung ihres Instruments, an seinem Klang und seiner Lautstärke. Die legendäre **Mama Sana**, die im April 1997 starb, steckte ihre Valiha in einen Metallkasten, der als Resonanzkörper diente. Manchmal werden

leere Ölfässer mit Zebufell bespannt und so zu Trommeln. Auch der 75-jährige Meisterflötist **Rakoto Frah** vollzieht einen außergewöhnlichen Wandel, indem er sein Instrument (statt aus Bambus) aus Wasserrohren fertigt, die er auf dem Wochenmarkt kauft, um dann die Löcher freihändig einzubrennen. Eines der meistverwendeten Instrumente ist die *Korintsana* – eine Rassel, die fast überall zur rhythmischen Begleitung von Gesang und Melodieinstrumenten erklingt. Leere Konservendosen dienen als Behälter, der mit getrockneten Feldfrüchten gefüllt wird.

Diese Innovationen vollziehen sich auf dem Boden einer angepaßten Technologie, der Verwendung leicht verfügbarer und preiswerter Materialien in einem äußerst armen Land der Dritten Welt. Und genau diese ökonomische Rahmenbedingungen führen zum baldigen Verschwinden einer noch weit verbreiteten Instrumententradition: des Akkordeons. Das frühe High-Tech-Instrument mit einer hochentwickelten Feinmechanik kann sich nach dem Niedergang der malagassischen Wirtschaft kein ländlicher Musiker leisten.

Ich habe bei meinen Reisen kein Akkordeon gesehen, das jünger war als 25 Jahre. Meist mühten sich die Musiker auf alten Erbstücken ab, deren Bälge von Wäscheklammern zusammengehalten werden und an deren Zungen – schon deutlich hörbar – der Zahn der Zeit nagte.

Statt dessen verbreitet sich die Kastenzither **Marovany** – ein schlichter Holzkasten, auf dessen beiden Längsflächen die Saiten gespannt sind. Dieses einzige Instrument, das auf Madagaskar selbst entstand, ist leicht aus heimischen Hölzern zu fertigen.

Akkordeon

Die **ländliche Musik** findet „live" statt. Sie ist im eigenen Land deshalb überhaupt nicht auf Tonträgern erhältlich – mit Ausnahme einiger, abenteuerlich klingender Raubkassetten von ländlichen Ensembles, die in einigen Provinzstädten angeboten werden.

Der **Tonträgermarkt** ist sowohl hinsichtlich des Vertriebs als auch in seinen musikalischen Klangfarben ein städtisches Phänomen. In den 70er Jahren waren es akustische Folk-Bands, inspiriert von anglo-amerikanischer Folklore. Seit Mitte der 80er Jahre dominieren Ethno-Pop und westliche Popmusik vollständig den Markt. Die Bands haben die traditionellen Instrumente mit einem Rock- und Popinstrumentarium vertauscht und bringen die Roots im neuen Gewand. Wie in vielen afrikanischen Ländern vereiteln die "Musikpiraten" den Aufbau einer eigenen Musikin-

dustrie und einer gerechten Bezahlung der Musiker und Komponisten.

Fast ausschließlich im Westen vertrieben werden moderne malagassische Musikgruppen, wie sie etwa von dem Weltklasse-Gitarristen **D'Gary**, dem Kabosy-Virtuosen **Jean Emilien, Régis Gizavo** und den Gruppen „**Sammy**", „**Njava**" und „**Tarika**" repräsentiert werden. Der ungeheuer beliebte Ethno-Pop ist dagegen so gut wie gar nicht in Europa erhältlich.

Birger Gesthuisen hat sich als Musikjournalist auf Weltmusik spezialisiert und vertreibt im eigenen Verlag traditionelle Musik aus Madagaskar, die sonst kaum in Deutschland erhältlich ist. Zahlreiche Preise der dt. Schallplattenkritik (s. Literatur- und CD-Liste).

2.6 Wirtschaft

Es gehört zu den madagassischen Eigenheiten, daß verläßliche wirtschaftliche Zahlen extrem schwer zu beschaffen sind. Zu viele informelle Beschäftigungsverhältnisse, schwarze und graue Märkte, autark lebende Dorfgemeinschaften, die sich jeder Statistik entziehen, sowie Tauschhandel und kaum entwickelte Geldwirtschaft sind einige der Gründe dafür.

Fakt ist: Madagaskar ist mit seinem *großen Potential* an Menschen, Bodenschätzen, Natur, kultureller Vielfalt unglaublich reich. Aber: *Es gehört zu den ärmsten Ländern der Welt*. Das jährliche Pro-Kopf-Einkommen lag 1996 bei 240 US-$, der staatlich festgesetzte Mindestlohn bei etwa 40 DM. Extrem hoch ist das *Gefälle zwischen Stadt und Land*. Schon Kinder arbeiten als Tagelöhner. Landarbeiter erhalten für harte Arbeit einen Tageslohn von umgerechnet 1 DM. Beschäftigungsverhältnisse mit Arbeitsvertrag sind die Ausnahme – das rudimentäre *Sozialsystem* muß von weniger als 500.000 Beschäftigten finanziert werden. 70 % der Bevölkerung leben in Armut, Elend und Verwahrlosung jenseits der funktionierenden Gesundheits- und Ausbildungssysteme. Das Leben auf dem Land wird erschwert durch das Ausbleiben einer längst fälligen Landreform, ein fast archaisches Pachtsystem und ein Erbrecht, durch das die Bauern meist nur winzige, weit voneinander entfernte Parzellen besitzen.

Andererseits wird das *Vermögen* der madagassischen Bevölkerung auf 10 Milliarden Mark geschätzt, d.h. 4000 Mark pro Kopf, die in Immobilien, Viehherden oder Edelsteinen angelegt werden. Ein Großteil dieses Vermögen ist im Besitz einer verschwindend kleinen reichen Oberschicht, für die auch – außer für die Ausländer – die seit wenigen Jahren prall gefüllten Regale in den wenigen teuren Supermärkten in Antananarivo bestimmt sind. Der Großteil der Bevölkerung auf dem Land lebt von *Tauschhandel und Subsistenzwirtschaft* und verfügt fast gar nicht über Geld. In den Städten ist das Leben so teuer geworden, daß selbst die Mittelklasse kaum für die Miete und Lebensmittel wie Fleisch aufkommen kann.

Dem Staat geht viel Geld durch ein unzureichendes *Steuersystem* verloren (Mieteinnahmen z.B. müssen nicht versteuert werden). Darüber, wieviel Geld z.B. durch illegal exportiertes Gold und Edelsteine verloren geht, gibt es naturgemäß keine Angaben, dafür viele Gerüchte. Andererseits kann man auch über die von Insidern "Parallelfinanzierung der Zahlungsbilanz" genannten Finanzen nur spekulieren, die angeblich im Dienste internationaler Geldwäsche aus dubiosen Quellen ins Land geflossen sind – die Rede ist z.B. von

Drogengeldern, die Gerüchten zufolge u.a. in Nosy Be in den Bau großer Hotels fließen sollen.

1975 hatte der neue Präsident Didier Ratsiraka in seinem "Roten Buch" angekündigt, der "Madagasse solle nie wieder auf den Knien" sein. Daß es ganz anders kam, lag sowohl an den ins Bodenlose **fallenden Weltmarktpreisen** für Madagaskars Exportprodukte – vor allem Kaffee – und teuren Einfuhren, u.a. von Erdöl, an klimatischen Katastrophen wie Dürreperioden und Zyklonen, als auch an extremem Mißmanagement durch die neue sozialistische Politik. Als nichts mehr ging, beugte sich Ratsiraka einem von IWF und Weltbank verordneten Liberalisierungskurs, ließ viele staatliche Betriebe privatisieren und schuf durch Freihandelszonen und andere Steuer- und Zollvorteile neue Anreize für in- und ausländische Investoren. Durch den monatelangen Generalstreik von 1991 erlitt Madagaskars Wirtschaft jedoch erneut einen schweren Rückschlag.

Seit einigen Jahren ist eine leichte Besserung zu verzeichnen. 1997 brachte seit langem erstmals ein wirkliches **Wirtschaftswachstum**. Das Wachstum des Pro-Kopf-Einkommens nimmt zu, die Inflationsrate ist auf 7 % (1997) gesunken. Die leichte Erholung droht aber durch das schnelle Bevölkerungswachstum von rund 3 % zunichte gemacht zu werden.

Madagaskar ist ein Agrarland. 80-85 % der Bevölkerung leben von der **Landwirtschaft**, vor allem vom Reisanbau, von der Arbeit in den Plantagen, Rinderhaltung und Fischzucht. Nur 5-8 % der Landfläche sind für Ackerbau geeignet. Mit 153 kg Reis pro Person und Jahr sind die Madagassen Weltmeister im Konsum von **Reis** (noch vor China mit 83 kg!). Angebaut werden die verschiedensten Reissorten, die beste wird exportiert, aber auch hier übersteigt das Bevölkerungswachstum die Reisproduktion, so daß selbst Reis importiert werden muß. Mit 70-90 Pfennig pro Kilo kann sich die Mehrzahl der Madagassen gerade noch Reis leisten, Fleisch oder Gemüse dagegen selten.

Für den Export werden Kaffee, Vanille, Gewürznelken, Pfeffer, in geringem Maße auch Lychees, Zucker, Sisal, Tabak, Erdnüsse, Baumwolle sowie Ylang-Ylang als Parfumrohstoff produziert. Seit dem Zusammenbruch des Quotensystems der Internationalen **Kaffee**-Organisation ICO, bei dem der Kaffeepreis plötzlich halbiert wurde, erzielt Madagaskar die größten Erlöse durch den Verkauf von **Vanille** und Garnelen. Der Vanilleexport leidet allerdings unter dem neuen Angebot von synthetischen Ersatzstoffen auf dem Weltmarkt und dem neuen Billigkonkurrenten Indonesien. Madagaskar, Réunion und die Komoren hatten sich zeitweise zu einem Verkaufskartell zusammengeschlossen, um die Preise hochzuhalten bzw. Überschüsse zu vernichten (s. S. 525). Auch die Preise für **Gewürznelken** purzeln, seitdem sich der frühere Hauptabnehmer Indonesien selbst versorgt und Tonga und Brasilien als neue Anbieter auf den Weltmarkt kamen. Neuerdings setzt Madagaskar auf biologisch-kontrollierten Anbau und erhofft sich dadurch neue Märkte und mehr Devisen.

Ein Ausweg aus dem Dilemma könnte auch in der Förderung der **Rinderzucht** bestehen. Bisher gibt es zwar riesige Viehherden von schätzungsweise 12 Millionen (!) Rindern; Madagaskar ist als eines der ärmsten Länder auch gleichzeitig eines der viehreichsten Länder der Welt. Das Fleisch schmeckt ganz ausgezeichnet und wird zum Teil schon von der EU importiert. Zebus werden jedoch traditionell eher als Statussymbol gehalten und nicht wirtschaftlich genutzt. Probleme ergeben sich außerdem aus den mangelnden Hygienevorschriften in madagassischen Schlachthöfen und der zunehmenden Abholzung für zusätzliche Weiden. Eine Milchwirtschaft existiert wegen der gefürchteten Rinder-Tuberkulose und mangelnder Nachfrage nur in Ansätzen.

Als erfolgversprechend erweist sich die Zucht von **Garnelen** und Langusten. Auch die deutsche Gesellschaft für Entwicklung und Zusammenarbeit GTZ fördert **Fischerei**-Projekte, u.a. auf Nosy Be. Mehr als 400.000 Menschen leben vom Fischfang. Seitdem der Exporthandel liberalisiert wurde, werden immer mehr Fische aus dem Meer (Thunfisch, Krusten- und Weichtiere) und den Binnengewässern (Karpfen, Forellen, Tilapia) exportiert. Die neue Gefahr der Überfischung geht weniger von den Madagassen aus als von internationalen Fangflotten, die sich vor den Küsten bereichern. Ein Desaster drohte der Fischerei 1997 durch ein Importverbot der EU wegen angeblicher Qualitätseinbußen, das jedoch im November 1997 wieder aufgehoben wurde.

Nur 8 % der Bevölkerung arbeiten im **industriellen Sektor**, 16 % im Dienstleistungsbereich. Im **Bergbau** wird in teils abenteuerlichen und weit abgelegenen Minen eine breite Palette von Bodenschätzen abgebaut (Glimmer/ Mica, Quarz, Marmor, Salz, Bauxit, Kobald, Nickel, Titanerz, Uran, Kohle); zunehmend wichtig für den Export (1996: 16 %) sind vor allem Chromerz und Graphit als Rohstoff für die Metall- und Nuklearindustrie. Bei entsprechender Erschließung rechnet man mit Einnahmen von bis zu 900 Mio. US$ jährlich, darunter bis zu 200 Mio. US$ für Edelsteine und 25-50 Mio. US$ für Gold. Für das **Baugewerbe** steht ein veraltetes Zementwerk in Mahajanga und ein neueres in Ibity zur Verfügung; die breite Masse der Bevölkerung kann sich jedoch Zement für den Hausbau nicht leisten. Die **Energiewirt-**

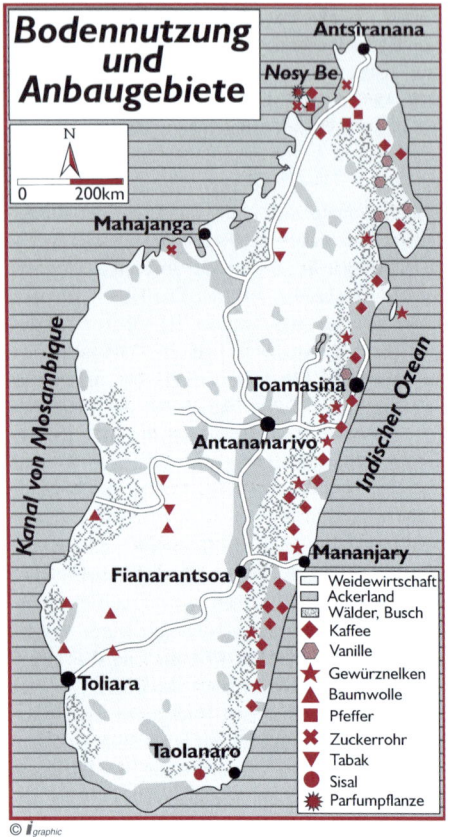

Bodennutzung und Anbaugebiete

N

0   200km

Antsiranana
Nosy Be
Mahajanga
Kanal von Mosambique
Toamasina
Antananarivo
Indischer Ozean
Mananjary
Fianarantsoa
Toliara
Taolanaro

Weidewirtschaft
Ackerland
Wälder, Busch
Kaffee
Vanille
Gewürznelken
Baumwolle
Pfeffer
Zuckerrohr
Tabak
Sisal
Parfumpflanze

© l graphic

schaft gehört zu Madagaskars größten Sorgenkindern. Jährlich wird von der Gesellschaft JIRAMA immer mehr heimischer Strom in Wasser- und Wärmekraftwerken produziert, da er aber zu teuer ist, sinkt der Stromverbrauch. 1992 kam gerade mal ein Stromzähler auf 13.000 Einwohner.

Probebohrungen internationaler Konzerne nach Öl blieben bisher enttäuschend. Eine Raffinerie in Toamasina/Tamatave kann nur teuer importiertes Erdöl weiterverarbeiten, das vom jetzt privatisierten Monopolisten SOLIMA vermarktet wird. An mangelnder Infrastruktur und Investoren scheiterte bisher ein nennenswerter Abbau von Kohle. Trauriges Fazit: 80 % des Energiebedarfs wird durch Feuerholz und Holzkohle gedeckt, mit steigender Tendenz!

Nach Einrichtung von Freihandelszonen Anfang der 90er Jahre hat die Bedeutung der **verarbeitenden Betriebe** zugenommen und ausländische Investoren aus Mauritius, Frankreich, Südafrika und Hongkong angelockt. 1996 arbeiteten dort schon 158 Unternehmen mit 27.000 Beschäftigten. Die Hauptprodukte: Nahrungs- und Genußmittel, Textilien, Stoffe, Schuhe, Plastikwaren, Seife, Möbel, Farben und montierte Autos, Kraftstoffe und Zement.

Heftigen Wirbel haben Planungen ausgelöst, nach denen künftig auch Ausländer in Madagaskar Immobilien und **Grundeigentum** erwerben dürfen (bisher war nach einem Gesetz von 1897 nur eine Pacht für max. 99 Jahre erlaubt). Ob diese Neuregelung wirklich neue Investoren anzieht oder nur einen

Ausverkauf z.B. der schönsten Strände und Grundstücke an Vazaha bedeutet, muß man abwarten.

"Ein Buschtaxi mit Motorschaden in einem Tunnel – und kein Licht und kein Werkzeug!" Mit diesem Bild beschreibt der Volksmund die wirtschaftliche Entwicklung bis in die 90er Jahre. In Zahlen ausgedrückt, heißt das: eine **Auslandsverschuldung** von 4,5 Milliarden US$ (1997) und eine Schuldendienstrate von 9,2 %. Importiert werden müssen nach wie vor 100 % des Erdöls – vor allem aus dem Iran –, Maschinenteile, Transportfahrzeuge, chemische Erzeugnisse und Nahrungsmittel vor allem aus Frankreich, China, Japan und Deutschland.

Aber selbst die Regierung Ratsiraka scheint beschlossen zu haben, das Buschtaxi aus dem Tunnel zu schieben und den Motor zu wechseln. Seitdem sie sich zu dem von IWF und Weltbank geforderten Strukturanpassungsprogramm bereit erklärt hat, sollen staatliche Unternehmen mit Hilfe amerikanischer Wirtschaftsberater konsequent *privatisiert* werden, darunter auch *Air Madagascar*, Banken, die Telefon- und Eisenbahngesellschaft und die Energiegesellschaft *SOLIMA*. Seit 1997 kümmert sich die Kommunikationsgesellschaft *Telecom Malagasy* um den Ausbau des Telefonnetzes, innerhalb weniger Monate verfügten zahlreiche Orte über neu gelegte Anschlüsse und öffentliche Satellitentelefonzellen.

Seit 1996 erhält Madagaskar erstmalig wieder **Entwicklungshilfe** in größerem Umfang, u.a. von der EU, sowie *Kredite* vom Internationalen Währungsfonds IWF, die seit Anfang der 90er Jahre eingefroren waren. 118 Mio. US$ sind jedoch nur ein Tropfen auf den heißen Stein und weitere Umschuldungen deshalb vorgesehen. Auch die deutsche Entwicklungshilfe kam in den 90er Jahren fast völlig zum Erliegen. Zwischen 1950 und 1993 hat die Bundesregierung Madagaskar mit über 500 Millionen Mark unterstützt. Große Bedeutung kommt dabei der Gesellschaft für Technische Zusammenarbeit GTZ zu, die sich v.a. im Umweltschutz, in der Familienplanung und Bekämpfung der Armut engagiert.

Hauptgeberland und Handelspartner ist nach wie vor die Ex-Kolonialmacht Frankreich. Mit Hilfe von Frankreich und Südafrika setzt Madagaskar seit Anfang der 90er Jahre mit großer Anstrengung auf den Ausbau des **Tourismus**. Allein 1995 kamen über 70.000 Touristen, 20.000 mehr als 1993, darunter etwa 23.700 Franzosen, 15.400 Deutsche, zunehmend auch Italiener und Amerikaner. Die Deviseneinkünfte überstiegen mit 60 Mio. US$ die Einnahmen aus dem Vanilleexport. Seit 1996 hat ein wahrer Bauboom an Hotels eingesetzt. Der Service in den Air Madagascar-Büros hat sich extrem verbessert (Anfang der 90er Jahre noch unvorstellbar!), und immer mehr junge Leute versuchen, in der Tourismusbranche einen Job zu bekommen. Bis zum Jahr 2000 soll der Besucherstrom auf 230.000 anwachsen!

Hauptproblem bleiben die **Infrastruktur und der Verkehr**. Von 50.000 *Straßenkilometern* waren 1996 nicht einmal 6.000 asphaltiert, nur wenige Straßen sind das ganze Jahr über passierbar. Hungerkatastrophen im Süden und Westen des Landes sind vor allem auf Verteilungsprobleme zurückzuführen: Nur wenige Orte abseits der wenigen asphaltierten Straßen sind mühelos per Lkw zu erreichen. Entwicklungshilfegelder schaffen zwar Abhilfe; Zyklone, Unwetter und zu tiefe Taschen korrupter Politiker beeinträchtigen das Transportwesen aber immer wieder (es mußte z.B. auch mal eine statt der vorgesehenen mehrfachen Asphaltschichten reichen; das Geld für den Rest soll nicht selten in dunklen Kanälen versickert sein).

Für viele Dörfer stellt die *Eisenbahn* die einzige Verbindung zur Außenwelt dar. 1996 wurden immerhin 320.000 Personen und 242.000 Tonnen Fracht befördert. Die staatliche Gesellschaft *"Réseau National des Chemins de Fer Malagasy (RNCFM)"* ist im verabschiedeten Privatisierungsprogramm enthalten. Angeblich sorgt eine stark zentralisierte, einflußreiche Taxi-Brousse-Lobby dafür, daß per Bahn nicht noch mehr Güter transportiert werden (s. gelbe Seiten Stichwort *Eisenbahn* und Kapitel Bahnfahrt nach Manakara S. 393).

Ein großer Teil der Güter wird per Schiff befördert. Madagaskar verfügt über 18 *Seehäfen*, in denen etwa 2 Millionen Tonnen jährlich umgeschlagen werden. Bedeutendste Hafenstadt ist Toamasina an der Ostküste, durch Zyklone arg gebeutelt, gefolgt von Mahajanga an der Nordwestküste und Antsiranana in der herrlichen, natürlichen gleichnamigen Bucht im Norden (mit Marinebasis und Reparaturwerft). Weitere Häfen und eher kleine Hafenstädte: Vohémar, Antalaha (Verschiffung von Vanille, Kokosprodukten, Nelken), Taolanaro, Toliara, Morondava, Hell Ville (Nosy Be), wo auch europäische Luxusliner anlegen. Binnenschiffahrt wird v.a. auf dem in französischer Kolonialzeit ausgebauten Pangalanes-Kanal betrieben; Pirogen und Auslegerboote (Lakana) verkehren aber auf allen großen und kleinen schiffbaren Flüssen und zwischen den Hafenorten.

Durch den internationalen *Flughafen* Antananarivo-*Ivato* hat Madagaskar Anschluß an das Weltflugnetz. Von den über 100 kleinen Flugplätzen und Pisten, die im Inland angeflogen werden, sind für Düsenjets nur Ivato (Tana), Toamasina, Mahajanga, Nosy Be und demnächst auch Antsiranana geeignet.

Junges Mädchen
bei Morondava:
die Frauen des
Sakalava-Volkes
schmücken sich
gerne mit einer
„Tam-Tam"-Maske
aus frischer
Pflanzenfarbe.

Jakaranda-Blüte in
Antananarivo.
Auf dem
Hügel über dem
Lac Anosy und der
Siegessäule erhebt
sich majestätisch
der **Rova** mit dem
Palast der Königin.

Tropische
Inselparadiese –
Nosy Iranja ist
nur eine der zahl-
reichen vorgelager-
ten Trauminseln
bei Nosy Be vor
Madagaskars
Nordwestküste.

Der **Ravenala** –
der „Baum der
Reisenden" –
gehört zu den
Wahrzeichen des
Landes. Seinen
charakteristischen
Fächer hat die
Fluggesellschaft
Air Madagascar
zu ihrem Logo ge-
macht.

Auch in den abgelegensten Dörfern wie **Ivato-Savana** bei Vohipeno wird Reis angebaut, Madagaskars Grundnahrungsmittel Nummer I.

Reisanbau im Hochland bei Fianarantsoa: die Terrassenfelder der Betsileo erinnern an die Landschaftsarchitektur ihrer asiatischen Vorfahren.

Vanilleschoten werden in **Sambava** zum Trocknen ausgelegt. Madagaskar zählt zu den größten Vanilleproduzenten der Welt.

Feierliche Zeremonie: den Zeitpunkt für das **Beschneidungsfest** „Sambatra" bestimmen Astrologen nach dem Stand der Sterne.

Famadihana – Leichenwendfeiern im Hochland. Alle 3–5 Jahre bestatten die Merina und Betsileo ihre Toten erneut und feiern ein rauschendes Fest.

*Rinder nehmen im Leben der Madagassen eine herausragende Rolle ein. Zebuköpfe und Hörner bedeuten: **Fady**!*

Marktplatz in **Ambalavao***: neben Verkaufsständen mit Lebensmitteln und Gebrauchsgegenständen bieten traditionelle Medizinleute Heilkräuter und Talismane aller Art an.*

Zugfahrt *an die Ostküste von* **Fianarantsoa nach Manakara***. Die 170 Kilometer lange Fahrt kann zwischen 7 und 17 Stunden dauern.*

*Kinder lieben es,
sich für ein Foto
in Pose zu stellen.
Feuerbaumallee in
Miary bei Toliara.*

Algensammlung am Strand von **Nosy Be**.

Die **Salinen** *bei* **Antsiranana** *im Norden versorgen das ganze Land mit Salz.*

„Le Pain du sucre": den markanten Zuckerhut in der **Bucht von Diego Suarez** verehrt das hier ansässige Volk der Antankarana als heilig.

Pirogen auf dem
Canal des
Pangalanes
bei Toamasina

Exotische Baumfrüchte …

… und Blumen

Orchideen an der Ostküste

Flaschenbaum im Süden

Pachypodium geayi

Ylang-Ylang-Blüte

Indri (Indri indri)

Larvensifaka (Propithecus verreauxi)

Katta (Lemur catta)

Kronenmaki (Eulemur coronnatus)

Großer Bambuslemur (Hapalemur simus)

Goldener Bambuslemur (Hapalemur aureus)

Büschelohrmaki (Allocebus trichotis)

Rotstirnmaki (Eulemur fulvus rufus)

Mohrenmaki (Eulemur macaco)

Rotbauchmaki (Eulemur rubriventer)

Sifaka im Flug

Kometenschweif

Tomatenfrosch

Chamäleon parsonii

Chamäleon furcifer verrucosus

Nepenthes

Aloe brevifolia

3. Madagaskar als Reiseland

Benutzerhinweis

*Die gelben Seiten werden regelmäßig aktualisiert, so daß Sie auf dem neuesten Stand sind. In den **allgemeinen Reisetips (Kap. 3.1)** finden Sie – alphabetisch geordnet – reisepraktische Hinweise für die Vorbereitung Ihrer Reise und Ihren Aufenthalt in Madagaskar. Die **regionalen Reisetips (Kap. 3.2, ab S. 205)** geben Auskunft über Unterkunftsmöglichkeiten etc. in den – ebenfalls alphabetisch geordneten – Städten/Regionen.*

3.1 Allgemeine Reisetips von A - Z

Inhalt

☞

Hinweis

Bei den folgenden Adressen sind die örtlichen Telefonnummern angegeben. Seit dem 31. Oktober 1997 gilt: Wenn Sie von Deutschland aus telefonieren, wählen Sie die Landesvorwahl für Madagaskar: 00261, dann 20 für den Zugang zur Telecom Malagasy, danach die zweistellige regionale Vorwahl und dann erst die meist fünfstellige Telefonnummer.

Die Regionalvorwahl müssen Sie auch im Inland mitwählen; z.B. beginnen in Tana alle Telefonnummern mit (22) (s. Post u. Telefon).

A

➪ **Abkürzungen**

Antananarivo, die Hauptstadt, wird auch *Tanana-rive* (französisch) oder kurz *Tana* genannt.

➪ **Adressen**

s. *Botschaften und Konsulate, Fluggesellschaften, Frem-denverkehrsbüros, Information, Kulturinstitute*

➪ **Anreise**

Mit dem Flugzeug

Keine Charterflüge, aber preisgünstige Linienflüge

*Madagaskarkarte
aus der Kolonialzeit*

mit *Air Madagascar: Boeing 747 oder 767-300 ER.
Hinflug 1x wöch. von Paris über München nach Tana (z.Zt. mi. bzw. do. abends; meist mit Zwischenlandung in Rom oder Nairobi oder Nonstop; Flugdauer 11-13 Stunden je nach Stopps, Ankunft am frühen Morgen; Rückflug z.Zt. di. bzw. fr. abends Tana - Nairobi - München - Paris), die Wochentage können sich ändern
• **Preise**: gestaffelt nach Reisedauer ab ca. 1500,- DM (45 Tage gültig), *Specials* im Januar/Februar, zeitweise Sonderangebote: ca. 1600,- DM *incl. zweier Inlandsflüge* nach Nosy Be, St. Marie, Diego Suarez, Tuléar oder Fort Dauphin. Jahresticket

AIR MADAGASCAR

ca. 2700,- DM. Günstige Business-class-Tarife. In der **Hauptsaison** (Juli/Aug./Dez.): teurer und oft früh ausgebucht, genauso wie Air France. *Air Madagascar* bietet guten Service, geräumige Sitze und z.Zt. die bequemste Verbindung von Deutschland aus.

Tip
Mitnahme von Sportgeräten (Fahrrad, Surfbrett, Tauch-Equipment etc.) ko-stenlos im Rahmen der 20 erlaubten kg – rechtzeitig anmelden!

- **Vorteile** der Buchung bei *Air Madagascar*:
  In Verbindung mit dem Langstreckenticket gibt es für alle **Inlandsflüge** (mit Air Madagascar) **30 % Rabatt** in der Neben- und **20 % Rabatt** in der Hauptsaison (Juli/Aug./Dez.). Buchung vorab in Europa empfiehlt sich; bei Buchung in Madagaskar: internationales Flugticket vorweisen. Kümmern Sie sich frühzeitig um die Inlandsflüge. Zwar funktioniert das Buchungssystem bei Air Mad in den letzten Jahren problemlos (überraschend für alle, die noch Anfang der 90er Jahre das damals herrschende Chaos miterlebt haben). Einige Strecken, auf denen nur kleine Twin Otter und Piper-Maschinen verkehren, sind aber oft ausgebucht: z.B. Tana-St. Marie, Diego-Sambava.
- **Nachteil**: Anschlußflüge bzw. Fahrten nach München sind nicht im Preis enthalten. Günstige Anschlußflüge bietet u.a. die Deutsche BA an.

Vorsicht
Auch die defizitäre Air Madagascar soll privatisiert werden, Preise und Abflugzeiten können sich also schnell ändern!

mit Air France: Airbus A 340-300. Z.Z. 3 x wöch. nonstop ab Paris/Charles de Gaulle, Abflug morgens, Ankunft abends. Anschlußflüge von/nach Paris von allen deutschen Flughäfen aus sind i.d.R. im Preis enthalten. Flugdauer ca. 13 Stunden ab Paris. Preise: bisher geringfügig teurer als Air Madagascar (ab ca. 1900,- DM Nebensaison, 2300,- DM Hauptsaison), allerdings attraktive Angebote für Jugendliche unter 26 und Studenten unter 30.

mit Aeroflot: bieten eine günstige Alternative, wenn man länger als drei Monate bleiben möchte. Nicht (rechtzeitig) genutzte Rückflüge werden ggf. erstattet.

andere Möglichkeiten: „Schnäppchen" gibt es auf dieser Strecke selten. Ab und zu günstige Angebote, v.a. wenn man von Nairobi, Südafrika oder den Nachbarinseln Mauritius und Réunion nach Madagaskar weiterfliegen will. In deutschen Reisebüros werden diese Regionalstrecken allerdings teurer verkauft als vor Ort. Da sich diese Angebote ständig ändern, sollte man trotzdem in Reisebüros oder auch bei Anbietern wie **Air Mauritius** oder **Corsair** (Gesellschaft „Nouvelles Frontières" von Paris aus) nachfragen.

Das madagassische Tourismusministerium bemüht sich z.Zt. um 10 weitere Langstreckenflüge pro Woche nach Tana.

Abflughäfen:
- Air Madagascar fliegt seit 1997 ab München, Paris und Rom (nicht mehr ab Zürich).

- *Air France* ab Paris mit Anschlußflügen von allen deutschen Flughäfen aus ohne Aufpreis
- *Aeroflot* ab Moskau.

(s. *Einreise*; Adressen s. *Fluggesellschaften*)

Mit dem Schiff

Schiffspassagen wie in alten Reiseführern beschrieben – Marseille-Dschibouti-Mombasa-Sansibar durch den Indischen Ozean bis zur Hafenstadt Toamasina – gibt es leider nicht mehr. *Kreuzfahrtschiffe* legen häufig in Madagaskar und Nosy Be an, selten länger als 1-2 Tage. Vom Land selbst sieht man so gut wie nichts.
In den großen Häfen kann man sich nach abenteuerlichen *Frachtschiffspassagen* erkundigen. In Madagaskar hat man manchmal Gelegenheit, mit einem Frachter oder Segelschiff zu den Komoren, nach Mauritius, Réunion oder zur afrikanischen Küste mitgenommen zu werden. Diese Passagen sind etwas für Abenteurer, kosten viel Zeit und oft genauso viel Geld wie ein Flug.

⇨ **Apotheken** (franz. = *Pharmacie*)

In Antananarivo und allen größeren Städten ausreichend vorhanden. Madagaskar ist selbst Produzent von Heilmitteln; große europäische Pharmakonzerne unterhalten eigene (Forschungs-) Laboratorien. Trotzdem war die Versorgung mit Medikamenten, v.a. Antibiotika, auf dem heimischen Markt bis vor kurzem katastrophal und bessert sich nur langsam. Mittel für übliche Reisekrankheiten wie Durchfall, Erkältung, Chinin gegen Malaria sind inzwischen *in den Städten* genauso gut und billiger zu haben als bei uns. *Auf dem Land* sieht die Versorgung immer noch kläglich aus. Deshalb: wichtige Medikamente und Verbandszeug von zu Hause mitbringen! (Der Tip, nicht benutzte Medikamente an die Bevölkerung zu verteilen, ist sicher gut gemeint, wegen falscher Anwendung aber eher schädlich. Bieten Sie sie – wenn überhaupt – am Ende der Reise einem Hilfsprojekt, Arzt oder Apotheker an).

s. Stichwort *Gesundheit* und Kapitel „*Gesundheitswesen*" S. 118

⇨ **Ärzte**

In der *Hauptstadt* und größeren Städten gibt es kompetente Ärzte und eine ausreichende medizinische Versorgung in privaten und staatlichen Praxen oder Krankenhäusern. Mit Tropenkrankheiten kennen sie sich oft besser aus als Mediziner in Europa. Die Behandlung ist in staatlichen Krankenhäusern theoretisch kostenlos. Sie verfügen aber über so wenig Geld, daß eine „Spende" von uns reichen Europäern als selbstverständlich gilt. Privatkliniken sind für unsere Maßstäbe billig, für Madagassen oft unerschwinglich. Die zahnärztliche Versorgung soll ähnlich gut sein, obwohl es in ganz Madagaskar 1990 nur etwa 100 Zahnärzte gab!

Tip
Vor jeder Reise Zähne checken lassen.

In ganz abgelegenen *ländlichen Gebieten* kommt laut UNICEF ein Arzt auf über 30.000 Einwohner. Die Zahlen sprechen für sich. In Notfällen helfen manchmal Missionsstationen mit medizinischem Fachpersonal. Wenn es ganz dick kommt, kann man sich von privaten Piloten und Rettungsdiensten nach Tana fliegen lassen (s. *Fluggesellschaften*, private). Sollten Sie wirklich einmal Probleme haben, fragen Sie in den Hotels nach guten Ärzten – in Tana können Sie sich auch an die Botschaft wenden.

Ärztliche Versorgung in
- **Antananarivo** (Auswahl):
- Privatklinik **MM 24x24**, Route de l´Université, Tel. 22-235.55.
1990 eröffnete, optimal ausgestattete Klinik, zum Teil deutschsprachige Ärzte nach Studium in Deutschland.
- **L´hopital militaire d´Antananarivo,** Militärhospital mit internationalem Ruf. Tel. 22-403.41.
- **Institut Pasteur**, Rue Institut Pasteur, Stadtteil Ampasapito. Tel. 22-264.92.
Renommierte Klinik, besonders bei Malaria, aber auch anderen Krankheiten. Vorher öffentliche Sprechzeiten erfragen. In der Regel vormittags 8-12 Uhr.

- *nach Ihrer Rückkehr*:
Sollten Sie nach der Reise Verdacht auf Tropenkrankheiten – v.a. Malaria – haben, wenden Sie sich am besten an das nächste Tropeninstitut in Deutschland, u.a. in:
- Bonn: Tropenambulanz auf dem Venusberg, 53115 Bonn, Tel. 0228-280 2257;
- Hamburg: Bernhard-Nocht-Institut, Bernhard-Nocht-Str. 74, 20359 Hamburg, Tel. 040-31 10 21;
- Tübingen: Tropenmedizinisches Institut der Uni, Wilhelmstr. 27-31, 72074 Tübingen, Tel. 07071-29 23 65.
- Weitere Tropenmedizinische Abteilungen gibt es u.a. in Berlin, Koblenz, Heidelberg, München, Würzburg, in Basel, Zürich, Wien.

s. *Gesundheit* und INFO „Malaria" S. 376

⇨ **Autofahren**

Wenn Sie selbst fahren, benötigen Sie den *internationalen Führerschein.*
Auf Madagaskar herrscht Rechtsverkehr, es gelten weitgehend dieselben
Verkehrsregeln wie in Frankreich. Ansonsten ist alles anders. Das Verkehrs-
chaos ist in Tana, weil die Straßen so eng und dafür viel zu viele Autos
unterwegs sind, noch größer als in Paris, erst recht die Luftverpestung durch
Abgase.

Außerhalb von Tana ist Auto- und Motorradfahren recht entspannt, solange
die *Straßenverhältnisse* es zulassen. Oft kommt man mit einem geländegängigen Motorrad besser zurecht als mit dem Auto. Von den 50.000 Straßenkilometern sind nur 6.000 asphaltiert. Teilweise gut ausgebaut sind die Stern-
straßen von Tana Richtung Westen (RN 1), Richtung Osten nach Toamasina
bzw. Fenerive (RN 2 und RN 5), Richtung Norden (RN 4) nach Mahajanga
nur streckenweise und – mit wenigen Unterbrechungen – weiter nach Antsiranana (RN 6), Richtung Süden (RN 7) nach Toliara (mit unaspaltierten
Teilen vor Ihosy bis Ranohira). Für den Rest gilt die Regel: Was als „Straße"
auf der Landkarte eingezeichnet ist, ist in Wirklichkeit Schotter- oder Sand-

piste, manche davon in der Trockenzeit
gut befahrbar, die meisten zur Regenzeit nicht mehr.

Vorsicht vor abgerutschten, nicht gesi-
cherten Straßen! Schon manches Auto
verschwand im Nichts, nachdem ein Tro-
penregen die Straße einfach weggerissen
sen hatte.

Madagassische Autobesitzer hüten ihren
Wagen wie ihren Augapfel. *Ersatzteile*,

Abgerutschte Straße

selbst Reifen, sind rar und wegen hoher Einfuhrzölle extrem teuer. Wundern
Sie sich also nicht, wenn Ihr Fahrer sich weigert, mit seinem Wagen einen
schlaglochverdächtigen Feldweg entlang zu fahren. *Reparaturwerkstätten* und
Tankstellen gibt es in jeder größeren Stadt – aber auch da besteht das
Ersatzteil-Problem. *Benzin* muß aus der Raffinerie in Tamatave herbeige-
schafft werden – oft bleibt der Nachschub aus. Wann und wo Sie Benzin
bekommen, erfahren Sie am besten beim nächsten Taxifahrer. Ein Liter Benzin oder Diesel kostete 1998 etwa 1,50 DM.

Unfälle sind nicht nur in Tana häufig. Auch auf den Nationalstraßen sieht man
oft wegen Überladung oder erhöhter Geschwindigkeit umgekippte Lastwa-

gen und Busse. Abzuraten ist von Nachtfahrten! „Rettungswagen" haben wir nie gesehen. Bei **Pannen** ist es üblich, anzuhalten und sich gegenseitig zu helfen. Madagassen sind wahre Improvisationskünstler, was unkonventionelle, aber wirkungsvolle Reparaturen betrifft. **Verkehrskontrollen** werden oft durchgeführt, sogar auf kleinen Sträßchen auf Nosy Be, und die Polizisten bessern gern ihr mickeriges Gehalt durch deftige Bußgelder auf.

Tip

Inzwischen sind brauchbare und aktuelle Straßenkarten auch in Deutschland erhältlich, u.a. beim Ravenstein-Verlag.

s. *Autoverleih, Eisenbahn, Fahrradfahren, Fluggesellschaften, Verkehrsmittel*

⇨ Autokauf

Kein Thema, wenn Sie nicht Resident werden wollen. Dann werden Ihnen die Botschaft und andere Residenten behilflich sein. Am „Schwarzen Brett" im Supermarkt am Place de l´Indépendance werden manchmal Autos angeboten.

⇨ Automobilclubs

• Automobilclub de Madagascar, Route des Hydrocarbure
• Touring Club de Madagascar, 15, Lalana Admiral Pierre

Beide haben unregelmäßig geöffnet, manchmal gar nicht. Informationen beim Maison du Tourisme, s. *Informationen*

⇨ Auto- und Motorradverleih

Die wenigsten **Verleihfirmen** geben ihre Autos ohne Fahrer her. Nur sie wissen über die aktuellen Straßenverhältnisse und Treibstoffversorgung Bescheid; nachts schlafen sie im Fahrzeug, damit am Morgen noch alle vier Reifen da sind ...

Preise: Für die Fahrer niedrig, für die Wagen hoch! Pro Tag müssen Sie zwischen 80 und 100 DM rechnen, incl. Fahrer. Erkundigen Sie sich genau nach den Versicherungskonditionen! Rundum versicherte Fahrzeuge kosten oft sogar bis 150 DM pro Tag. Für einen **Geländewagen** (französisch: **4x4**) werden 200-250 DM verlangt, incl. Benzin, Versicherung und Fahrer. Statt eines 4x4 tut es oft auch ein kleiner R4 (der Renault 4 (franz. 4L „quattrelle") wird bei den Madagassen auch „4x4 L" genannt, weil er fast überall

*Göde und Helmut –
Edelsteinhändler (unterwegs) in Antsirabe*

hinkommt). Lassen Sie sich für eine Fahrt von Tana nach Toliara oder nach Morondava keinen 4x4 aufschwatzen, wohl aber z.B. von Antsiranana zum Cap d´Ambre oder ins Innere des Ankarana-Massivs.

Auskünfte: erteilen Hotels, Reisebüros und Verleihfirmen jeweils vor Ort. Von Tana aus können Sie Pauschalpreise vereinbaren. Wenn Sie ein Taxi auf eigene Faust mieten: Vorsicht vor allzu eilfertigen Taxifahrern, die im voraus kassieren möchten! Üblich ist ein (kleiner!) Vorschuß für Benzin. Wir haben Touristen getroffen, die am Flughafen in Tana direkt eine Fahrt in den Süden mit selbsternannten Reiseführern samt Fahrer ausgehandelt haben – gegen Devisen, die Hälfte im voraus zahlten und auf die Nase gefallen sind. Lassen Sie sich nicht auf so etwas ein. Vor allem prüfen Sie erst einmal in Ruhe die Angebote in Tana. Bei kleineren Touren ist es durchaus sinnvoll, mit normalen Taxifahrern zu verhandeln. Üblich ist ein Tagessatz von 50 DM incl. Benzin. Was Zuverlässigkeit und Preise betrifft, müssen Sie sich auf Vergleichsinformationen und Ihre innere Stimme verlassen ...

Motorräder kann man in Tana, größeren Städten und auf Nosy Be mieten. Einige Touristen schwören auf diese Art des Reisens. Fahren Sie langsam in Dörfern und wenn Sie Kinder und Zebu-Charrettes überholen!
• **Madagascar Evasion**, 8, rue Rajohson Emile, Tsaralalana, Tana 101. Tel. 22-328.47, Fax 22-252.70, organisiert begleitete Motorradtouren u.a. in den Süden.

Autovermieter in Tana (Auswahl)**:**
• **Air Route Service**. Route de Mahajanga. Tana 101. Tel. 22-275.14.
• **Aventour**. 55, Route de Mahajanga. Tana 101. Tel. 22-317.61. Soll ein exzellentes Preis-Leistungs-Verhältnis bieten, auch mit Guides.
• **Auto Express**. Route circulaire Ampahibe. Tana 101. Tel. 22-210.60.
• **Avis**. 3, rue Patrice Lumumba, Tana 101. Tel. 22-340.80/204.35, Fax 22-216.57.
• **Eurorent**. 2 bis, rue Rahamefy. Tana 101. Tel. 22-297.66/621.50.
• **Hertz**. Galerie de l´Immeuble Vitasoa Tsaralalana, Tana 101. Tel. 22-308.88, Fax 22-224.66.
• **Locauto**. 52 Av. 26 Juin 1960, Tana 101. Tel. 22-219.81.

s. auch Stichwort *Reiseveranstalter, Verkehrsmittel*!

B

⇨ **Baden**

Im Meer: herrlich! Der Indische Ozean ist warm. Je nach Strand auch blau und klar, an Flußmündungen im weiten Umkreis rotbraun. Aber Vorsicht: nur vor schützenden Korallenriffen! Haie und Strömungen sind oft gefährlich – vor allem an der Ostküste! Warnschilder, rote Flaggen oder Rettungsboote gibt es nicht. Der Gezeitenunterschied sorgt an den flacheren Stränden für große (Bade-) Unterschiede zwischen Ebbe und Flut (s. Stichwort *Strände*). Viele Strände in Dorfnähe werden als öffentliche Toilette benutzt.

In Flüssen und Seen: Grundsätzlich gilt, wie überall in Afrika: Vorsicht bei stehenden Gewässern. Bilharziosegefahr. Außerdem Fadys und Krokodile beachten! Ein Bad in fließenden Gewässern, z.B. den Quellen in den Nationalparks, ist unbedenklich.

Hotels: Wenige verfügen über einen Swimmingpool, den man meistens auch als Nicht-Gast gegen eine Gebühr benutzen kann (z.B. das Hilton in Tana). Denken Sie beim Baden und Duschen an Wassermangel, vor allem im Süden.

⇨ **Banken**

Es gibt vier große Banken mit Hauptsitz in Tana, die mit Filialen in Tana und auch in fast allen Regionen vertreten sind:

• **BNI**/Crédit Lyonnais (Banque Nationale pour le Développement Industriel), 76, Rue du 26 Juin – B.P. 174, Antananarivo 101, Tel. 22-228.00/22-239.51, Fax 22-337.49.

• **BTM** (Banque Nationale pour le Développement Rural), Avenue de l'Indépendance, Tana 101

• **BMOI** (Banque Malgache de l'Océan Indien, Place de l'Indépendance B.P. 25bis, Tana 101, Tel. 22-346.09, Fax 22-346.10 (wechseln selten Devisen).

• **BFV** (Banky Fampandrosoana ny Varotra), Antaninanerina, BP 196, Tana 101, Tel. 22-206.91, Telex 22-222.57 Banaco.

Da die staatlichen Banken (Auflagen von IWF und Weltbank!) zugunsten v.a. französischer Geldinstitute privatisiert werden sollen bzw. seit 1998 schon privatisiert sind, kann sich in Zukunft einiges ändern. Bisher gilt:

Öffnungszeiten: nicht staatlich geregelt, daher sehr unterschiedlich!
• *In Tana:* Hauptbanken montags bis freitags von 8-15 Uhr durchgehend geöffnet.
• *In Filialen und in der Provinz:* von 8-12 Uhr (bzw. 11.30 Uhr), 14-16 Uhr. Samstag und Sonntag geschlossen. Vorsicht: Ist ein Donnerstag ein Feiertag,

werden gerne „Brücken" gebaut – d.h. auch am Freitag sind die Banken geschlossen oder nur bis mittags geöffnet (s. auch S. 218).

Tips

Bei der BNI zahlen Sie keine Kommission und keine Umtauschgebühren! Die anderen Banken nehmen oft mehr als 1 %. Geld wechseln dauert, vor allem außerhalb von Tana, sehr sehr lange. Bringen Sie Geduld mit. In den Nationalparks und den Dörfern gibt es keine Banken! Wechseln Sie rechtzeitig und nehmen Sie genug Geld mit.

Es besteht bei längeren Aufenthalten die Möglichkeit, zu Hause ein Konto bei einer Bank zu eröffnen, die mit Madagaskar zusammenarbeitet (z.B. Crédit Lyonnais). Das erleichtert Geldanweisungen. Natürlich gibt es auch einen Schwarzmarkt, auf dem Sie Geld wechseln könnten. Aber: Das ist erstens verboten, schadet zweitens der Wirtschaft des Landes, und drittens landet man häufig bei Betrügern, die einen mindestens beim Kurs reinlegen. Lohnt sich also nicht.

s. *Geld und Währung*

⇨ **Benzin**
s. *Autofahren*

⇨ **Bettler**

Madagaskar ist arm – Bettler gibt es überall – wenn auch nicht so viele wie in vergleichbaren anderen sogenannten „Dritte-Welt-Ländern". Auf dem Land sieht man Bettler nur vereinzelt, darunter auch Leprakranke. Sie sind auf Unterstützung angewiesen. Oft machen sich unterwegs aber auch Kinder einen Spaß und fragen „Donnez moi d´argent – gib mir Geld!". Sicher haben sie mit Touristen entsprechende Erfahrungen gemacht.

Kindern sollte man auf dem Land kein Geld geben, denn sonst erleben sie, daß sie mit Betteln schnell mehr verdienen können als ihre hart arbeitenden Eltern.

In Tana, wo der Kampf ums Überleben am härtesten ist, haben sich Kinder und alleinerziehende junge Mütter vor allem auf Touristen spezialisiert und warten deshalb vor den Eingängen der Hotels. Meistens sind sie freundlich und nicht aggressiv. Ob es richtig ist, ihnen Geld zu geben, darüber scheiden sich die Geister. Die einen sagen, auf diese Weise seien sie nie mehr zu motivieren, ihr Leben auf der Straße aufzugeben. Andere, auch Mitarbeiter der Straßenkinderprojekte, meinen, die meisten Kinder hätten ohnehin keine Familien mehr und keine Alternative zur Bettelei – außer Prostitution und Diebstahl. Wir haben oft erlebt, wie sehr sich vor allem die Kinder vor der Konditorei des Hotel Colbert über eine kleine Pastete freuen. Und die bekommen sie nicht nur von den Touristen, sondern auch von den Ministern etc., die dort ein und aus gehen.

Auch in den Touristenzentren wie Nosy Be nimmt das Betteln zu – gefragt wird weniger nach Geld als nach T-Shirts, Schuhen, Kosmetika und anderen Dingen, die für die weniger wohlhabenden Madagassen absoluter Luxus sind. Am Strand kann das manchmal recht lästig werden. Gerne werden Dinge auch getauscht – gegen Pfeffer, Vanille, Ylang-Ylang-Öl und -Massagen.

⇨ **Botschaften und Konsulate**

In Deutschland:
• *Botschaft der Republik Madagaskar*, Rolandstraße 48, 53179 Bonn-Bad Godesberg, Tel. 0228-95 35 90, Fax 0228-33 46 28 (auch zuständig für *Österreich*)
• **Generalhonorarkonsulate:**
- Düsseldorf: Dr. H.B. Heil, Wilhelm Busch Str. 5, 40474 Düsseldorf, Tel. 0211-43 26 43
- Berlin: H. Wollenschläger, Preußenallee 14, 14052 Berlin, Tel. 030-305 8211, Fax 030-305 7421
• **Honorarkonsulate:**
- Essen: Ingo Wallner (RWE AG), Opernplatz 1, 45128 Essen, Tel. 0201-1201, Fax 0201-121 5143, und München: c/o Lahmeyer International, Akademiestr. 7, 80799 München, Tel. 089-3888 9617, Fax -3816 0770.
- Freiburg: Honorarkonsulat von Madagaskar, Alte Str. 83, 79249 Freiburg/Breisgau, Tel. 0761-409426
- Hamburg: Eckard Koll, Holstenplatz 18, 22765 Hamburg, Tel. 040-38 10 989, Fax 040-3810 1667
- Völklingen: Dr. Erich Ruffing, Straße des 13. Januar 273, 66333 Völklingen-Luisenthal, Tel. 06898-81 100

In Österreich:
• *Generalhonorarkonsul* Prof. Dr. Robert Krapfenbauer, Pötzleinsdorfer Str. 94-96, A -1184 Wien, Tel. (0043)-1-479 1273, Fax (0043)-1-479 12734.

In der Schweiz:
• *Generalkonsulat* von Madagaskar, Avenue Riant Parc 32, CH-1209 Genf, Tel. (0041)-22-740 2714, Fax: (0041)-22-740 1616.
• *Generalkonsulat Madagaskar*, Kappeler Gasse 14, CH-8022 Zürich; Tel. (0041)-1-212 8566; Fax (0041)-1-211 8018.

Auf Madagaskar:

• *Botschaft der Bundesrepublik Deutschland*, 101 Lalana Pastora Rabeony (Route Circulaire), Ambanidia, BP 516, Antananarivo, Tel. (00261)- 20-22-238.02/3 und 22-216.91, Fax (00261)-20-22-266.27.

• *Botschaft der Schweiz*, Immeuble „Aro", Solombavambahoaka, Frantsay 77, BP 118, Antananarivo, Tel. (00261)-20-22-629.97/8, Fax (00261)-20-22-289.40, e-mail: swiemant@dts.mg

• *Honorarkonsulat der Republik Österreich*, 448 Lalana Rabotova (Route Circulaire), Antananarivo, Tel. (00261)-20-22-424.25/22-235.38.

⇨ **Buchhandlungen**

gibt es in den größeren Städten, oft von kirchlichen Trägern. Sie bieten (teure) Landkarten, Postkarten, Schreibwaren, aber meist keine große Auswahl an französischsprachiger Literatur an. Tana ist eine Ausnahme.
In Tana:
• ***Librairie de Madagascar***, Av. de l'Indépendance
• ***Bibliomad***, Lalana Nice
• ***Librairie Mixte***, Arabe ny 26 Jona

Es lohnt sich, in Tanas Buchhandlungen herumzuschmökern: Dort findet man Romane, Bildbände und Reiseführer über Madagaskars Pflanzen, Lemuren, Rezepte, Architektur, Religion – auf Französisch, Malagasy, Englisch, sogar manchmal auf Deutsch. Außerdem gibt es Landkarten, Schreibwaren, internationale Zeitschriften und Zeitungen, die mit ein bis zwei Tagen Verspätung hier eintreffen und für madagassische Verhältnisse ein Vermögen kosten.

s. *Kartenmaterial, Medien*

⇨ **Busse**
s. *Verkehrsmittel*

C

⇨ **Camping**

Campen ist unproblematisch, eine entsprechende Infrastruktur mit sanitären Anlagen etc. gibt es jedoch nicht. Gute Campingmöglichkeiten bieten einige Nationalparks – Infos beim „Maison du Tourisme". Unterwegs, in Dörfern oder auch nur in der Nähe, bitten Sie den jeweiligen Dorfältesten oder Fokotany-Chef um Erlaubnis!

Campingausrüstung von zu Hause aus mitbringen. Empfehlenswert sind leichter Daunenschlafsack (für Berge oder das Hochland), Spirituskocher und Zubehör, Isomatten, Taschenlampe.

D

⇨ **Devisen**
s. *Geld und Währung*

⇨ **Diplomatische Vertretungen**
s. *Botschaften und Konsulate*

E

⇨ **Edelsteine**

Ungefaßte Edelsteine (roh oder geschliffen) kauft man am besten in Antsirabe und, wesentlich teurer, auf dem Zoma in Tana, wenn man sich mit Preisen und Qualität auskennt. Gefaßte Steine gibt es bei Juwelieren in Tana und anderen Städten. Formular für die Ausreise (Zoll) ausfertigen lassen (s. Nordroute (Saphirdorf, S. 512) und s. Antsirabe INFO „Edelsteine" S. 334).

⇨ **Einkaufen und Souvenirs**

In Tana kann man in einigen großen Supermärkten fast alles kaufen, was man in Europa bekommt, aber teuer! Shampoo, Zahnpasta, Sonnencremes, Parfum, Schreibpapier, Filmmaterial, auch Schokolade und Bonbons sind in Madagaskar absoluter Luxus. Am besten von Europa aus mitbringen. Inzwischen haben in Tana sogar einige Boutiquen und Einrichtungsläden aufgemacht. Auch in den anderen größeren Städten (Antsiranana, Toliara, Toamasina u.a.) gibt es Supermärkte. In anderen Orten können Sie sich oft in indischen oder chinesischen Geschäften mit dem Nötigsten versorgen (s. *Öffnungszeiten*).

Souvenirs: Jede Region hat ihre eigenen typischen Handwerksspezialitäten und Kostbarkeiten. Auf dem Zoma in Antananarivo findet man alles – wenn auch zu höheren Preisen als im Herkunftsort. Zu den beliebtesten „Mitbringseln" gehören Edelsteine – von Smaragden, Saphiren über Turmaline bis zu Rosenquarz in allen Variationen. Außerdem Holzschnitzereien der Zafimaniry (Nähe Ambositra), bestickte Vorhänge und Tischdecken aus Nosy Be und Nosy Komba, das originalgefertigte (Brief-) Papier der Antaimoro (Ambalavao), Hemden und Tücher aus Rohseide oder Baumwolle, Batikmalereien, Basttaschen und Körbe, Hängematten, Blechspielzeug, Lederwaren, Ylang-Ylang-Parfum (Nosy Be), Musikinstrumente (Valiha!), Solitärspiele aus Halbedelsteinen, Gewürze – Nelken, Pfeffer, Muskat, frische Vanille und Zimt –, Rum und vieles andere. Handeln ist selbstverständlich, außer in den wie überall völlig überteuerten Flughafenshops.

Das Papier der Antaimoro kann man, direkt aus Madagaskar importiert, auch in Deutschland beziehen bei: *Schöner Leben Versand, A. Lohmann-Biegert, Vor den Höfen 9, 21493 Grove, Tel. 04151-7887, Fax 04151-82383.*
Blechspielzeug ist zu beziehen bei: *Projekt Mahafaly, c/o Uwe Marschall, Marienburger Str. 21, 10405 Berlin.*

⇨ Ein- und Ausreise

Einreise

Bis vor wenigen Jahren noch ein Debakel, da fast jedes Ministerium – wie es sich in einem sozialistischen Staat gehört – eigene Kontrollschleusen am Flughafen eingerichtet hatte, die man erstmal passieren mußte. Heute ist der Flughafen Ivato in Tana komplett renoviert und die Einreise einfach: **Einreiseformular** ausfüllen, das im Flugzeug ausgehändigt wird. In Tana: einreihen in die Warteschlangen für „Non-Résidents". Eine Extra-Schlange gibt es für „Sans Visa" – man kann also notfalls noch dort ein Visum kaufen, Paßfotos nicht vergessen. Besser vorher in Deutschland beantragen (ca. 50 DM, s. *Visum*). Vor der Paßkontrolle wird am Schalter „**Santé**" geklärt, ob Sie aus Europa kommen und damit keine Impfungen vorweisen müssen, oder aus Afrika (s. *Gesundheit*). Nach **Devisen** wird heute nicht mehr gefragt. Sie können bis zu 17.000 DM (50.000 FF) ein- und ausführen; nicht eingeführt werden dürfen madagassische Francs. Deklarieren sollten Sie teure elektronische Geräte und Goldschmuck über 50 Gramm!

Haben Sie die Polizisten mit dem Emblem „PAF" passiert (Police de l'Air et des Frontières) und den Einreisestempel im Paß, sind Sie schon in der kleinen **Gepäckhalle**. Dort warten einige Gepäckwagen und viele Gepäckträger auf Arbeit, außerdem Freunde, Verwandte, Reiseveranstalter auf die Neulinge aus Deutschland. *Tip:* **Gepäckabschnitt aufbewahren** und vorzeigen, wenn Sie die Ankunftshalle verlassen. Dann heißt es: auf ins Getümmel, Ruhe bewahren, dem Gepäckträger ein Trinkgeld geben, in Ruhe ein Taxi in die Innenstadt oder in die Hotels nahe am Flughafen suchen (Fixpreise!, s. *Verkehrsmittel*).

In der Flughafenhalle gibt es Bank und Post, die nach jeder Landung geöffnet haben, ein Restaurant und verschiedene Geschäfte.
Wenn Sie direkt z.B. nach Nosy Be weiterfliegen: Die kleine nationale Abflughalle liegt wenige 100 m entfernt. Fragen Sie einen Gepäckträger.
Die sonst obligatorische Flughafensteuer entfällt (s. *Inlandsflüge*).

Ausreise

Immer noch ein kleines Abenteuer. Der Abflugschalter öffnet 3 Stunden vor Abflug. Je nach Fülle bilden sich schon vorher Warteschlangen. Die Gepäckwagen (die einem meist ein Gepäckträger besorgt und auf Trinkgeld wartet) kann man bis zur ersten Kontrolle benutzen. Nicht vergessen: vorher am **Arema**-Schalter die internationale **Flughafensteuer** bezahlen (30 DM, 100 FF oder ca. 80.000 FMG – alle Währungen werden akzeptiert). Dann die erste Paßkontrolle passieren und Gepäck zur Durchleuchtung aufs Kontrollband hieven, mit Gepäck zum Abfertigungsschalter und einchecken, bei der nächsten Kontrolle Steuerquittung abgeben und Ausreiseformular abholen, durch den Zoll, dann ausgefülltes Formular mit Paß, Bordkarte und Visum vorzeigen, Handgepäck durchleuchten und Sicherheitskontrolle passieren und nochmal Paß vorzeigen.

In der Abflughalle Duty-Free-Shops, teure Andenkenläden und eine Bar, in der Sie *nur* mit Devisen und nicht mit Ihren restlichen FMG bezahlen können.

Ausfuhrbeschränkungen: Nicht ausführen dürfen Sie *antike Kunstgegenstände, Holzstatuen, Grabstelen* oder *bedrohte Tiere und Pflanzen*, darunter auch *Seepferdchen, Schildkröten, Muscheln, Korallen, Orchideen*. Für die Ausfuhr von *Edelsteinen* (geschliffen oder roh), *Schmuck, Holzschnitzereien, Schmetterlingen* und *Vanille* in größeren Mengen (!) brauchen Sie ein Zertifikat, das Ihnen beim Kauf ausgestellt wird. Für kommerzielle Ausfuhrgenehmigungen ist das Ministère du Commerce, Direction des Exportations (Tana, Ambohidady) zuständig. Für Edelsteine (in Rohform): Service des Mines. Für Flora (Vögel und Schmetterlinge): Direction des Eaux et Forêts (Tana, Antsahavola). Für Pflanzen und medizinische Heilkräuter: Ministère de la Recherche Scientifique. Für Fleisch und Krustentiere: Service de l'Elevage.

⇨   **Eisenbahn**

Die staatliche Gesellschaft „Réseau National des Chemins de Fer Malagasy (RNCFM)" soll privatisiert und alles anders werden ... Bisher gilt: Zugfahren gehört zu den besonderen Reiseerlebnissen, wegen der Landschaften, der alten Waggons und Schienen(!), der prickelnden Erwartung: Fährt ein Zug oder nicht und wann kommt er an?

Das Eisenbahnnetz umfaßt 883 km:
• die Hauptrouten *Tana-Antsirabe* und *Tana-Moramanga-Toamasina* mit Abzweig zu den Chromerzminen in Ambatondrazaka am *Lac Alaotra* und, davon getrennt, weiter südlich
• die 170 km lange Strecke *Fianarantsoa-Manakara* an die Ostküste.

Langfristig soll die fehlende Verbindung Antsirabe-Fianarantsoa ausgebaut werden. Bisher sieht es aber so aus: Da Ersatzteile fehlen, fallen häufig die Loks und damit auch die Zugverbindung aus. Schienenteile werden gerne von der ansässigen Bevölkerung als Ersatzteile für andere Zwecke verwendet, so daß die Strecken ständig überwacht werden müssen. Abenteuerlich sind auch die Brücken zwischen Fianar und Manakara – wann sie zuletzt renoviert wurden, wissen wir nicht. Es ist schon vorgekommen, daß eine Lok wegen schlammverschmierter Gleise zur Regenzeit einfach runterfiel.

Verbotsschild

Die Strecke Tana-Antsirabe war 1998 zeitweise nicht in Betrieb.

Die **Fahrpreise** sind für unsere Verhältnisse niedrig. Erste-Klasse-Billets kosten ca. 30 % mehr als die zweite, immer überfüllte Klasse.

Fahrpläne: An der Strecke Fianarantsoa-Manakara hängen in einigen Dörfern noch die Fahrpläne von 1960. Die heutigen erfragen Sie am besten in Tana, Toamasina, Fianarantsoa oder am Lac Aloatra bei den Einheimischen, am Bahnhof, bei den Taxifahrern. Die Auskünfte des Maison du Tourisme sind nicht immer topaktuell.

Fahrtdauer:

Antananarivo-Ambatondrazaka	ca. 8-9 Std.
Antananarivo-Toamasina	ca. 9-11 Std.
Antananarivo-Antsirabe	ca. 4-5 Std.
Fianarantsoa-Manakara	ca. 7 Std.

Möglich sind aber auch doppelt so lange Fahrtzeiten, je nach Wetter, Schienen, Transport und anderen Umständen.

Alternative: Zwischen Tana und Toamasina verkehrt der „**Micheline**", ein Zug auf Gummireifen, den Sie für Gruppen mieten können. Die Strecke Fianarantsoa-Manakara fährt – manchmal – eine Art Mini-Micheline. Auskunft am Bahnhof.

s. INFO *Bahnfahrt von Fianarantsoa nach Manakara*, S. 393 u. S. 559!

⇨   **Essen und Trinken**

Kosmopolitisch wie die Bevölkerung ist die madagassische Küche: eine Mischung aus asiatischen Gerichten, afrikanischen Zutaten (Maniok), arabischen Gewürzen und französischer Kochkunst. Man ißt scharf, aber nicht so scharf wie in Malaysia, und die roten Chili-Schoten werden als *Pilipili* oder *Sakay* gehackt meist separat gereicht. Die meisten Madagassen ernähren sich 3 x täglich von bis zu 2 Kilo **Reis** am Tag, je nach Geldbeutel und Region angereichert mit wenig Gemüse und noch weniger Fleisch oder frischem Fisch. Traditionell ißt man auf Strohmatten auf dem Boden, statt Messer und Gabeln werden große Löffel benutzt.

In den Städten – besonders in Tana – haben Sie die Wahl zwischen französischen Spitzenrestaurants zu sündhaften Preisen, wo u.a. Fasanenpastete, Wildenten, Flußkrebse oder der Süßwasserfisch Tilapia serviert werden, und preiswerterer indischer, chinesischer, madagassischer und sogar deutscher

Küche. In den **Garküchen** am Straßenrand können Sie für ein paar Pfennig ein ganzes Mittagsmenu bestellen. Von indischen Einwanderern werden häufig köstliche **Samosa** – dreieckige gebackene Teigtaschen mit Gemüse- oder Fleischfüllung – angeboten. In größeren Orten finden Sie überall chinesische Restaurants.

Wenn Sie einmal im Hotel Colbert oder ähnlichen Restaurants in Tana den unvergleichlichen Genuß eines **Zebusteaks**, *a point* gebraten, probiert haben, werden Sie künftig unser Fleisch in Europa verschmähen ... Das gleiche gilt für frischen Fisch, Hummer, Garnelen und andere **Meeresfrüchte**. Ein einfaches, oft sehr gutes Mittag- und Abendessen für umgerechnet 3-5 DM bekommen Sie in allen kleinen Orten in den typischen madagassischen „**Hotely Gasy**". Das sind kleine Restaurants, die oft nur ein bis zwei Gerichte anbieten. Wenn Sie bei den Eintopfgerichten **Ravitoto** oder **Romazava** (s.u.) oder gebratenen Fleischspießen (**brochettes**) bleiben, sind Sie (was die Hygiene betrifft) meist auf der sicheren Seite – sie sind lange genug auf dem Feuer und meistens sehr schmackhaft. Brochettes werden in vielen Städten (Hell Ville, Diego, Tuléar) nachts am Straßenrand zubereitet – es gibt kaum etwas Besseres!

Auf den Märkten werden billige **Früchte** en masse angeboten, Gemüse und manchmal französisches Baguette-Brot. Vorsicht bei Salat und ungeschältem

Obst und Gemüse! Bei Bahn- und Taxi-Brousse-Fahrten werden Sie von fliegenden Händlern versorgt.

Nationalgerichte sind *Ravitoto* (gesprochen: Ravitutu: Eintopf mit Maniokblättern, Tomaten, Chilis und Gewürzen und gekochtem Schweinefleisch) und *Romazava*: eine Art Rindergulasch in Brühe mit sehr gesunden, auf der Zunge prickelnden Blättern der Maniokwurzel (o.ä.), Knoblauch, Gewürzen, Ingwer und Tomaten. Zu beiden Gerichten wird Reis (und Ranovola, s.u.) gereicht.

Getränke

Vorsicht mit Trinkwasser aus der Leitung! Es gibt überall abgefülltes Mineralwasser (*Eau Vive*), Cola, Tonic/Bitter Lemon und Limonade zu kaufen, die allerdings süßer schmeckt als bei uns. In den Hotely Gasy trinkt man zum Essen *Ranovola*, abgekochtes Reiswasser (aus dem angebrannten Reissatz im Topf!), das sehr gesund sein soll. Noch gesünder und erfrischender: das Wasser aus grünen Kokosnüssen. Auf dem Markt werden sie frisch aufgeschlagen, man trinkt das Wasser direkt aus der Frucht. Milch (für Kaffee) bekommt man nur in guten Hotels: Die Madagassen trinken kaum Milch, Hintergrund: eine früher weit verbreitete Rindertuberkulose.

Im Land gibt es mehrere Bierbrauereien, die bekannteste, in Antsirabe ansässige „STAR-Brauerei" stellt das beliebte „**Three Horses Beer**" her. In Flaschen zu bestellen als „Petit Modèle" (0,25 l) oder „Grand Modèle" (0,75 l).

Madagassische **Weine** bekommen Sie als Blanc, Gris, Rosé und Rouge. Sie sind von passabler Qualität und werden in der Gegend um Fianarantsoa angebaut (s. Südroute). In guten Hotels sind zu sündhaften Preisen französische Weine

Weinabfüllung in Soavita

und alle Arten von Spirituosen erhältlich. Madagassischen **Rum** gibt es in erstklassiger Qualität, z.B. auf Nosy Be, pur oder als ***Punch-coco***. Hochprozentiges Selbstgebrautes (weißer Rum: ***Toaka Gasy*** oder ***Betsabetsa***) wird Ihnen oft auf dem Land angeboten. Vorsicht – der nächste Tag ist gelaufen.

F

⇨   **Fahrradfahren und -verleih**

Fahrräder sind nicht sehr verbreitet, es gibt keine eigene Produktion, und die Einfuhrzölle sind sehr hoch. Ausländische „Vazaha" mit Fahrrädern werden oft belächelt – denn Europäer gelten als arm, wenn sie mit dem Fahrrad fahren müssen. Allerdings sind bei jungen Madagassen v.a. Mountainbikes sehr in. Aber wer kann sie sich schon leisten? Auf Nosy Be und in größeren Städten sieht man sie neuerdings häufig.

 INFO   **Fahrrad-Passionen**

In einem seiner zahlreichen Bücher schreibt Udo Heß, begeisterter Madagaskarreisender:

„Die Anstrengung bei Hitze und Staub wurde durch einmalige Erlebnisse, die ich auf diesen Fahrten machte, entschädigt. Alle Sinnesorgane auf Empfang eingestellt, genoß ich die verschiedensten Landschaften ... Ein angenehmer Duft machte mich auf einen am Straßenrand wachsenden Strauch mit weißblauen Blüten aufmerksam. Das laute Gezwitscher der Webervögel wies mich auf ihren Nistbaum mit den hängenden Kugelnestern hin. Das Schnauben und Keuchen der Zebus bei der Feldarbeit im überfluteten Reisfeld zeigte die große Anstrengung der Tiere. Der Duft von gegrilltem Fisch ließ eine nahe Siedlung erhoffen, und schon von weitem hörte ich die Kinder in der Dorfschule fröhliche Lieder singen. Diese Wahrnehmungen der unmittelbaren Umwelt begeisterten mich bei meinen Radtouren durch das Land immer wieder aufs neue."

 Lesetip
Udo Heß: Madagaskar. Landschaften, Tiere, Pflanzen. Hannover 1991

Halbwegs fahrtüchtige Räder kann man in touristisch erschlossenen Gebieten wie St. Marie oder Nosy Be tageweise mieten. Gut verpackt können Sie auch ein Fahrrad pro Person (und ggf. Bezahlung des Übergewichts) bei den meisten Fluggesellschaften mitnehmen.

Einer der Fahrrad-Pioniere auf Madagaskar ist der Deutsche Dieter Popp, der in Tana – leider ohne Telefon – lebt, aber über den CGM oder verschiedene Reiseveranstalter erreichbar ist.
Einige Reiseveranstalter haben sich auf Mountainbike-Touren spezialisiert.

s. *Reiseveranstalter*

⇨ **Feier- und Gedenktage**

Offizielle Feiertage:

1. Januar	Neujahr
29. März	Jahrestag des großen Aufstandes von 1947
	(Tag der Märtyrer)
Ostern	(Ostersonntag; Ostermontag variabel)
1. Mai	Tag der Arbeit
Himmelfahrt	variabel
Pfingsten	(Pfingstsonntag; Pfingstmontag variabel)
26. Juni	**Nationalfeiertag** (Tag der Unabhängigkeit 1960)
(15. August	Mariä Empfängnis)
1. November	Allerheiligen
25. Dezember	Weihnachten
(30. Dezember	Jahrestag der Republik)

!!! *Achtung*
Wenn diese Feiertage auf einen Donnerstag fallen, werden „Brücken" gebaut, und am folgenden Freitag ist fast alles geschlossen! Auch die Banken haben, wenn überhaupt, nur bis 12 Uhr geöffnet.

Daneben gibt es eine große Anzahl **traditioneller madagassischer, oft regionaler Festtage**. Sie werden jährlich gefeiert oder im Abstand von mehreren Jahren, oft nach den Ratschlägen der Astrologen. Häufig spielen sie in der Bevölkerung eine größere Rolle als die nationalen Feiertage.
Einige Beispiele:

März	*Alahamady Be* (Neujahrsfest)
Mai	*Taralily* (Fest der Reisernte)
Mai/Juni	*Donia* (größtes Musikfest im Indischen Ozean), s. Nosy Be
	Fisemanga Ampasantegniny
	(Fest der Rituellen Reinigung der Sakalava)
	Todi-tranomanara
	(Rituelle Grabreinigungen bei den Betsimisaraka)

Juni/Juli	*Fanampoambe*
	(Reliquien-Reinigung; bei den Sakalava im Gebiet Boina)
Juli-Sept.	*Famadihana* (Leichenwendfeiern im Hochland), s. Info S. 110
Sept.-Nov.	*Fanamaboarana Dady Moasy*
	(Reliquien-Reinigung und Exhumierung bei den Antankarana)
Oktober	*Sambatra*
	(kollektive Beschneidung; bei den Antambahoaka alle 7 Jahre)
November	*Tsanga Tsaina* (Königsfest bei den Antakarana)

Feste, die sich nach individuellen Daten richten, sind u.a. Geburtstage, Beschneidungen, Beerdigungen, *Tromba* (s. S. 474), *Famadihana*.

⇨   **Fernsehen**

s. *Medien*

⇨   **Fluggesellschaften**

Internationale Fluglinien

In Deutschland/Österreich/Schweiz:
- *Air Madagascar*, Aviareps-Airline Management Group AG, Landsberger Str. 155, 80687 München, Tel. 089-5525 3310/15, Fax 5450 6855; E-mail: RESMDGER@aviareps.com
- *Österreich*: Aviareps, Opernring 1/E/7, 1010 Wien, Tel. (0043-1) 5853 630/ 631, Fax 5853 630 88
- *Schweiz*: Aviareps, Schanzeneggstr. 1, 8002 Zürich, Tel. (0041-1) 286 9999, Fax 286 9900; Genf: (0041-22) 91 98 95-0
- *Air France,* Friedensstr. 11, 60311 Frankfurt/M., Tel. 069-256 6100, Fax 069-236080; Infos auch unter http://www.airfrance.fr (in Französisch) und demnächst unter http://www.airfrance.de (in Deutsch)
- *Air Mauritius*, Herzog Rudolf Str. 3, 80539 München, Tel. 089- 2900 3930, Fax 089-2900 3940
- *Aeroflot*, Wilhelm Leuschner Str. 41, 60329 Frankfurt, Tel. 069- 273 0060, Fax 069-252902

In Madagaskar (Antananarivo):
- *Air Madagascar*, 31, Av. de l'Indépendance, Tel. (00261)-20-22-222.22 (auch telefonische Reservierung aller Inlandsflüge), Fax (00261)-20-22-337.60, E-mail: AirMad@dts.mg.
geöffnet: 7.45-11.30 Uhr, 14-17.30 Uhr.
Air Mad fliegt außer nach Europa auch nach Nairobi, Réunion, Mauritius, Komoren, Johannesburg. Neu: nach Bombay, Singapur und Seychellen.

- **Air France**, 29, Av. de l'Indépendance, Tel. 22-223.21, Fax 22-291.03.
- **Aeroflot**, 19, Lalana Rasimilaho, Tel. 22-235.61
- **Air India** und **Alitalia**, 52, Arabe ny 26. Jona
- **Air Mauritius**, 77 Lalana Solombavabahoaka.

Air Madagascar unterhält außerdem Büros in allen größeren Städten.

Inlandsflüge

Tips
- *Bei allen Inlandsflügen müssen Sie, bevor Sie in die Wartehalle gehen, am Arema-Schalter eine* **Flughafensteuer** *bezahlen, neuerdings auch eine* **Sicherheitsgebühr**.
- *internationale Flüge (nach Mauritius, Komoren etc. und zurück nach Europa): 30 DM (oder 100 FF oder 80.000 FMG, alle Währungen werden akzeptiert)*
- *nationale Flüge ca. 8 DM. Ausnahme: In Verbindung mit einem internationalen Flug entfällt die nationale Steuer (d.h. wenn Sie von Deutschland aus nach z.B. Nosy Be weiterfliegen).*
- *Kontrolliert wird am Ausgang zum Rollfeld, zusammen mit der Bordkarte.*

Bewahren Sie immer Ihren **Gepäckabschnitt** *auf! Sie müssen ihn vorzeigen, wenn Sie Ihr Gepäck am Ankunftsort abholen wollen.*

- **Air Madagascar**: die bisher einfachste und meistens billigste

Propellermaschine

Möglichkeit. Keine numerierten Plätze, Nichtraucherflüge, Service: ein Getränk als Erfrischung. 20 kg Gepäck und Handgepäck erlaubt (bei bestimmten Flügen mit der Boing 737 kostenloser Fahrradtransport).

Air Madagascar, 1962 gegründet, gilt als sehr sichere Fluggesellschaft. Sie unterhält ein dichtes Streckennetz zu über 50 Flugplätzen bzw. Landepisten im Inland. Eingesetzt werden je nach Flugstrecke Boeing 737 (125-130 Passagiere), die kleineren ATR 42-320 (44 Passagiere) und zwei Twin Otter (19 Passagiere).

Achtung!
Seit November 1997 nur noch 20 % Rabatt (Hauptsaison) bzw. 30 % (Nebensaison) – statt früher 50 % – für Inlandsflüge in Verbindung mit einem Langstrecken-Ticket. Empfehlenswert: Reservierungen von Europa aus, die kleinen Flugzeuge sind oft ausgebucht. Reservierungen kann man bisher – kostenlos – ändern.

Flugverbindungen von Air Madagascar

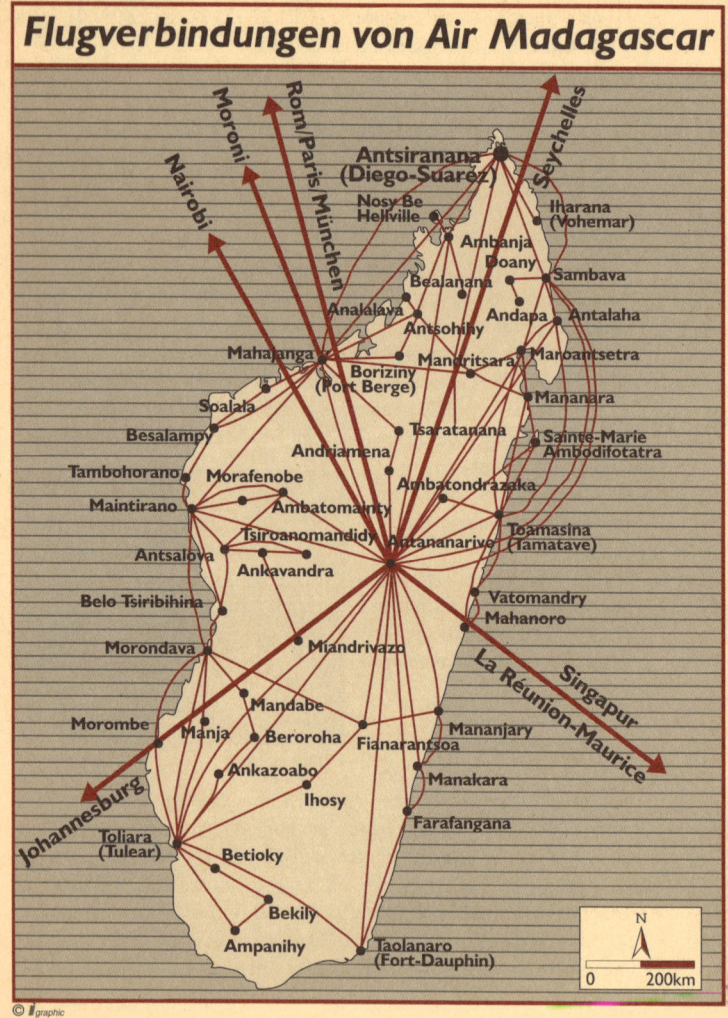

Denken Sie daran, jeden Flug (auch den Rückflug nach Europa!) auf jeden Fall 72 Stunden vorher zu bestätigen (confirmer), selbst wenn Sie das Ticket 75 Stunden vorher gekauft haben!!

• **Air Mauritius** fliegt größere Flughäfen an, z.B. Nosy Be und Diego, und macht Air Mad zunehmend Konkurrenz.

• **Private Charterflüge, Rettungsflüge, Luftfracht:**
Für kleine Reisegruppen können die privaten Fluggesellschaften attraktiv sein: individuell, in kleinen ein- oder zweimotorigen Propellermaschinen (z.B. Cessna mit 6 oder 8 Sitzen oder Piper mit 3-5 Sitzen). Reichweite: Madagaskar, La Réunion, Komoren. Preisbeispiel (mit MFS): Tana-St.Marie-Tana in einmotoriger Piper Saratoga für 4-5 Passagiere: ca. 1200,- DM.
- **Madagascar Flying Service (MFS)**, B.P. 129, 101 Tana-Ivato, Tel. 22-352.06, Fax 22-453.66, e-mail: mfs@bow.dts.mg, Kurzwelle (USB): 6.712 MHZ.
- **TAM** (Travaux et transports aériens de Madagascar), 31, Av. de l'Indépendance, Tel. 22-22.222.
- **Somacram**, 13 Rue Indira Gandhi, Tel. 22-265.63.
- **Fraise et Companie**, Ankorondano, Tel. 22-227.21.
Auch hier ändert sich viel, deshalb: nachfragen im Reisebüro oder direkt bei den Fluggesellschaften!

⇨   **Flußfahrten**
s. *Sport*

⇨   **Fotografieren und Filmen**

Fotomaterial: Inzwischen sind Negativfilme und Batterien in Tana und größeren Städten zu haben, Diafilme allerdings nur mit etwas Glück. Alles an Fotozubehör ist teurer als in Europa und lagert oft schon längere Zeit in warmen Geschäftsecken. Deshalb: von zu Hause aus mitbringen; in ausreichender Menge – es gibt unendlich viele wunderschöne Motive!

Zu den **Lichtverhältnissen:** Es gilt das gleiche wie überall in den Tropen: UV-Filter benutzen, Polfilter mitnehmen, eventuell Sonnenblende für die Objektive, lichtstarke Teleobjektive für Portraits und Tieraufnahmen, Blitzlicht (für harte Kontraste und Portraits), verschiedene ISO-Filme.

Verhaltenstips: Die Menschen lassen sich in der Regel gerne fotografieren. Es gibt aber große regionale und individuelle Unterschiede – viele Menschen sind fotoscheu und wenden ihr Gesicht ab. Die Vezo haben schon oft allergisch auf allzu penetrante Fotografen reagiert. In Manakara konnten wir uns dagegen auf dem Marktplatz kaum retten, weil sich alle ins Bild drängten, winkten und unbedingt fotografiert werden wollten. Vor allem Kinder *lieben* es, vor der Kamera zu posieren. Die meisten möchten dann einen Abzug aus Europa – wenn man das dann verspricht, sollte man es auch halten. Was selbstverständlich sein sollte: Fragen Sie vorher, gehen Sie freundlich auf die Leute zu – dann wird man auch zu Ihnen freundlich sein. Nur vereinzelt fragen die Fotografierten nach Geld.

Vorsicht in *Tana*! Halten Sie Ihre Kamera gut fest und gehen Sie möglichst nicht alleine, ohne madagassische Begleitung, mit teurer Filmausrüstung auf die Märkte ins dichte Menschengetümmel! Anderswo, z.B. auf dem Markt in *Antsirabe*, hatten wir nie Probleme.

Madagassische Fotografen

Wenn alles schief gegangen ist, können Sie immer noch hervorragende Dias und Postkarten von professionellen, zum Teil international bekannten madagassischen Fotografen kaufen. Einige der bekanntesten von ihnen sind: **Pierrot Men**, bekannt für seine künstlerischen Schwarzweißfotografien, unterhält in Fianarantsoa neben dem Hotel Soafia sein eigenes Fotostudio LABO MEN (auch Verkauf). Den Namen **Raharison Toussaint** liest man auf vielen Postkarten und Fotobüchern. Er lebt in Tana. **Daddy** ist Pressefotograf und bekannt geworden für seine exzellenten Bilder der Straßenkinder von Tana. u.v.a.

Historische Fotos s. Stichwort *Kartenmaterial und Fotos*

⇨ **Frauen auf Reisen**

Überhaupt kein Problem – wenn Frauen sich an die örtlichen Gepflogenheiten, vor allem in moslemischen Gegenden, halten. Aber auch dort ist der Aufenthalt für alleinreisende Frauen viel entspannter als z.B. in den nordafrikanischen Ländern. In ihrem besonders schönen, leider vergriffenen Reisebericht „*Muddling through in Madagascar*" beschreibt die Autorin *Dervla Murphy*, sie habe sich noch in keinem Land so beschützt gefühlt wie dort.

Madagassische Frauen, die in der Regel Wert auf schöne Kleider, Schmuck und ästhetische Farben legen, wundern sich oft über ihre „Schwestern" vor allem aus der Schweiz und Deutschland, die in dicken Wanderschuhen, ausgebeulten Jeans und Rucksäcken daherkommen. Aber das verursacht höchstens ein freundliches Kopfschütteln ...

⇨ **Fremdenverkehrsämter**

Maison du Tourisme de Madagascar, Place de l´Indépendance, B.P. 3224, Antananarivo, 101; Tel. (00261)-20-22-325.29; Fax (00261)-20-22-325.37.

s. Stichwort *Information*

⇨ **Führerschein**

Internationaler Führerschein (s. *Autofahren*)

G

Geld und Währung

Landeswährung ist der **Franc Malgache (FMG)**, 1 FMG = 100 Centimes. 1998 lag der Umtauschkurs bei etwa 1:3000, d.h. für 1 DM bekam man 3000 FMG. Die Kursschwankungen sind sehr hoch. Preise werden in diesem Buch deshalb meistens in DM angegeben.

Wegen der hohen Inflationsrate sind Münzen zu 1, 5, 10 oder 20 Francs kaum noch in Umlauf. Wie in Italien vor dem Euro jongliert man locker mit Millionenbeträgen und hat nach einem Besuch bei der Bank entsetzlich dicke Geldbündel in der Tasche. Mitte 1998 erhielt man z.B. für 500 DM etwa 1.500.000 FMG. Vorsicht Falle! Die 25.000 FMG-Scheine waren 1998 noch als „Ariary-Scheine" in Umlauf. Man erkennt sie an der Größe und: Bedruckt sind sie mit der Zahl 5000 und davor dem Wort *Ariary (= fünf)*, das heißt 5x5000. Das gleiche gilt für die 2500 FMG-Scheine, auf denen 500 Ariary (= 5x500) steht. Wegen zahlreicher Verwechslungen sollten sie Ende 1998 aus dem Verkehr gezogen werden.

In Tana erhält man in den Banken inzwischen oft nagelneue Geldscheine mit wunderschönen Tier- und Pflanzenmotiven. Bis vor kurzem, heute noch auf dem Land, hantierte man eher mit speckigen, kaum erkennbaren, abgegriffenen alten Lappen herum ...

Achten Sie auf die 5 FMG-Münzen mit abgebildetem Zebukopf und die 20 Ariary – auf manchen sind noch die berühmten Baobabs abgebildet.

Münzen: 1, 2, 5, 10 und 20 FMG; 10 Ariary = 50 FMG, 20 Ariary = 100 FMG.
Geldscheine: 100, 500, 1000, 500 Ariary = 2500, 5000, und 5000 Ariary = 25.000 FMG, ersetzt durch 25.000 FMG-Scheine.

Umtauschkurs und Preise

ändern sich rapide, da die madagassische Währung floatet, d.h. in kein Währungssystem eingebunden ist und täglich nach Angebot und Nachfrage angepaßt wird. Kursbeispiele: 1 DM = 2500 FMG (Anfang 1997), 1 DM = ca. 2900 FMG (Anfang 1998), 1 DM = 3300 FMG (Anfang 1999). Zwar ändert sich der Umtauschkurs extrem schnell, der Gegenwert für touristische Leistungen blieb in den letzten Jahren allerdings erstaunlich stabil, da entsprechend zum Kursverfall oder -anstieg auch das Preisniveau fällt oder steigt. Preise in diesem Buch sind deshalb, wenn überhaupt, auch in DM angegeben. (Aktuelle Umtauschkurse im Internet unter: http://www.oanda.com/cgi-bin/ncc)

Geldwechsel:

Am besten fährt man mit einer Mischung verschiedener Zahlungsmittel:

• **Reiseschecks**: Man erhält einen etwas höheren Wechselkurs als für Bargeld. Sicherstes (Ersatz bei Diebstahl) und bequemstes Zahlungsmittel, das die meisten Banken, Wechselstuben (schlechterer Kurs) und *wenige* große Hotels eintauschen, manchmal auch Reiseagenturen, Fluggesellschaften und noble Geschäfte.

Wenn man DM (oder Schweizer Franken)-Schecks mitnimmt, entfallen die Wechselgebühren in Deutschland oder der Schweiz. Inzwischen genauso akzeptiert wie US-$ – oder französische Francs-Schecks. Je nach Bank erhält man einen besseren oder schlechteren Kurs, den besten bisher bei BNI; außerdem erhebt BNI keine Gebühren.

• **Bargeld**: Einen kleinen Betrag sollte man zusätzlich dabei haben, denn nicht überall gibt es Banken ... "Beliebte" Währungen: französischer Franc (FF), US$, DM, Schweizer Franken.

• **Euroschecks**: praktisch unbrauchbar. Ausnahmen: bei wenigen europäischen Reiseveranstaltern mit Agenturen vor Ort.

• **Kreditkarten**: Gängigste Kreditkarte ist die Mastercard; aber auch VISA, American Express und Diners Club. Allerdings akzeptieren wirklich nur die Top-Hotels Kreditkarten, und das nur in wenigen Städten. Air Madagascar akzeptiert sie in Tana problemlos; in anderen Städten kann es damit noch Probleme geben.

In jedem Fall kann man per Kreditkarte Bargeld bei der Bank abheben – gegen relativ hohe Gebühren und oft mehrere Stunden Wartezeit. BTM akzeptiert alle Kreditkarten, die anderen Banken nur bestimmte.

Kreditkarten werden auch – z.B. bei Mietwagen und -motorrädern – als Kaution genommen.

Seit kurzem kann man auch madagassisches Geld zurücktauschen, allerdings nicht überall und zu einem schlechten Kurs.

s. *Banken*

⇨ **Gepäck und Ausrüstung**

Wie immer reist man am besten mit leichtem Gepäck. Eine Reisetasche oder ein kleiner Koffer (evtl. mit kleinem Vorhängeschloß), den Sie gut tragen können, ist am einfachsten im Taxi-Brousse oder Bus zu verstauen. Checkliste:

- Papiere (Paß/Visum/Kopie, evtl. Paßfotos, Internat. Führerschein, Flugtickets, Versicherungen)
- Geld/Reiseschecks/evtl. Kreditkarte
- französ. Wörterbuch, Reiseführer, evtl. Landkarte
- evtl. kleiner Rucksack (für Trekking)
- Brustbeutel/Geldgurt
- Armbanduhr/Wecker
- Sonnenbrille/Sonnenschutzmittel/Kopfbedeckung
- Taschenlampe, Ersatzbirne, Batterien
- Fotoausrüstung, Filme, Blitz, Filter, Batterien
- evtl. Adapter
- Taschenmesser, evtl. bruchsichere Wasserflasche (Trekking)
- Moskitonetz, Schnur, Haken
- evtl. Nähzeug, Sicherheitsnadeln, Wäscheleine
- Pinzette, Nagelschere, Zahnpasta, Shampoo, Tempos, o.b., Kondome
- evtl. als Geschenke: bunte Stifte, Papier, kleine Parfum- und Shampoofläschchen, Ansichtskarten, bedruckte T-Shirts (die man aber natürlich nicht überall verteilen sollte!)
- evtl. Zelt und die nötigste Campingausrüstung
- evtl. Tauchausrüstung

s. *Gesundheit* (Reiseapotheke) und *Kleidung*

⇨ **Gesundheit**

Vorbeugung und Schutz

- ***Impfungen*** sind *nicht* vorgeschrieben, wenn Sie aus Europa kommen.
Reisen Sie aus Infektionsgebieten, z.B. aus Afrika, ein, müssen Sie gegen **Gelbfieber** und sollten Sie gegen Cholera geimpft sein. (Kinder unter 10 Jahren sind von der Gelbfieberimpfpflicht ausgenommen; Choleraimpfungen nach wie vor umstritten – fragen Sie Ihren Arzt).
Prüfen Sie, ob Ihr Impfschutz aufgefrischt werden sollte gegen **Diphterie**, **Polio** und **Tetanus** (1 Impfung, oder, wenn Sie noch nie geimpft wurden, 1 weitere Impfung im Abstand von 4-6 Wochen und nach 1 Jahr, 10 Jahre Schutz). Alle 3 Komponenten gibt es inzwischen in 1 Impfstoff.

Der wirksamste Schutz gegen *Typhus* besteht – wie bei der Cholera – in einer sorgfältigen Nahrungs- und Trinkwasserhygiene. Eine Impfung ist nicht notwendig, kann aber auch nichts schaden (3 x Schluckimpfung im Abstand von je 2 Tagen, 1-2 Jahre Schutz).

Empfohlen wird, sich gegen *Hepatitis A* (infektiöse Gelbsucht) impfen zu lassen, entweder durch den Impfstoff *Havrix* (10 Jahre Schutz) oder *Gammaglobulin*, das für 6 Monate die Abwehrkräfte stärken soll, aber umstritten ist (beides injiziert). Hepatitis A wird u.a. durch infiziertes Wasser und Nahrungsmittel (Salat, Eis) übertragen. Symptome: Übelkeit, Fieber, Abneigung gegen Fett, Alkohol, Nikotin, dunkler Urin, gelbliche Haut und Augen.

Tip

Wenn man sich impfen läßt, sollte man mindestens 4-6 Wochen vor der Reise damit beginnen, die Typhusimpfung muß 1 Woche vor Reisebeginn abgeschlossen sein.

Die meisten Krankenkassen übernehmen nur die Kosten für Polio-, Diphterie- und Tetanusimpfung. Fast alle Impfungen (außer Gelbfieber) kann Ihr Hausarzt durchführen, manchmal ist der Impfstoff beim städtischen Gesundheitsamt billiger. Impfpaß mitnehmen.

Manche Tropeninstitute schicken Ihnen gegen eine Gebühr Listen mit Tips für Madagaskar zu.

• Wenn Sie überhaupt krank werden sollten, dann bekommen Sie wahrscheinlich *Durchfall* oder einen *grippalen Infekt*, die häufigsten „Tropenkrankheiten". Eine Erkältung fängt man sich leicht bei Bus- und Autofahrten und durch die hohen Temperaturschwankungen. Halstuch und Pullover mitnehmen. Durchfall wird durch ungewohntes Essen, die Klimaumstellung, oft auch durch die Malariaprophylaxe hervorgerufen. Zur Vorbeugung: keine Salate und rohes Gemüse, kein Eis, nur abgekochtes Wasser; nicht zu viel zum Essen trinken (Verdauungssäfte dürfen nicht zu sehr verdünnt werden, scharf würzen hilft den Verdauungssäften). Hält der Durchfall zu lange an, gehen Sie zum Arzt, um auszuschließen, daß es sich um eine Amöbenruhr o.ä. handelt.

• Wichtigste Vorsorge ist die Malariaprophylaxe. Mit *Malaria* ist auch auf Madagaskar nicht zu spaßen. Besonders die Küstengebiete an der Ostküste (auch Nosy Boraha, Nosy Be) sind betroffen, aber auch das Hochland! Wenn Sie rechtzeitig mit der Prophylaxe beginnen und sie konsequent einnehmen, können Sie trotzdem an Malaria erkranken – der Krankheitsverlauf wird aber abgeschwächt. Beginn der Prophylaxe: 1 Woche vor der Reise, Ende erst 4-6 Wochen nach der Reise (das ist die mögliche Inkubationszeit). Madagassische und französische Ärzte empfehlen als Prophylaxe Chinin- bzw. Chloroquinpräparate, z.B. *Resochin* (1 x wöch. 2 Tabl.) in Kombination mit *Paludrine* (tägl. 2 Tabl.). Das ist zwar lästig, aber wesentlich besser verträglich als z.B. *Mefloquin-Präparate*, wie *Lariam*, das deutsche Ärzte in den letzten Jahren gerne verschreiben. Aus eigener Erfahrung und Berichten vieler Reisender wissen wir: Die Nebenwirkungen von Lariam (Sehstörungen, Magenprobleme, psychische Verstimmungen!) können sehr unangenehm werden. *Halfan* und *Fansidar* werden nur noch in Ausnahmefällen eingesetzt. Mediziner im renommierten **Institut Pasteur** in Tana versichern: Die madagassischen Mükken sind noch *nicht* gegen Chininpräparate resistent, wie oft behauptet wird. Auch die Weltgesundheitsorganisation WHO sei aufgefordert worden, ihre Empfehlung für Lariam als Prophylaxe zurückzuziehen (wenn alle Touristen das Präparat zur Vorbeugung nähmen, würden Mücken auch dagegen Resistenzen entwickeln und ein sofort wirksames Mittel für den Notfall gäbe es dann nicht mehr).

Sie können evtl. Lariam oder ein vergleichbares Mittel für den Notfall mitnehmen, wenn Sie Malaria-Symptome verspüren (u.a. Glieder- und Nackenschmerzen, Grippegefühl, Schüttelfrost, Schweißausbrüche, Fieberschübe) und kein Arzt in der Nähe ist. Nachzuweisen ist Malaria nur durch eine Blutprobe – die madagassischen Ärzte kennen sich aus! (Neuerdings wird in europ. Apotheken auch „Mala Quick", ein nicht wirklich zuverlässiger Bluttest zum Mitnehmen, angeboten, 2 Tests kosten ca. 70 DM). Auch akute Erkrankungen werden oft mit hochdosierten Chininpräparaten behandelt. Sie liegen dann 3-4 Tage flach, haben danach aber meistens keine Beschwerden mehr.

Himmelbett unterm Moskitonetz

Malaria wird durch Stiche der **Anopheles**-Mücke übertragen, die in der Dämmerung, nachts und früh morgens besonders aktiv ist. Ebenso wichtig wie Medikamente: Vermeiden Sie, gestochen zu werden! Benutzen Sie *Mückenschutzmittel* (Autan etc.), ziehen Sie abends, wenn es die Temperaturen zulassen, langärmlige dünne Hemden und Socken an (angeblich mögen Mücken keine *helle Kleidung*!) und schlafen Sie möglichst unter einem *Moskitonetz* (Moskitospiralen (franz: moustiqaires) helfen kaum). Moskitonetze nehmen nicht viel Platz in der Reisetasche weg und lassen sich schnell und leicht mit einem Nagel und einer Schnur aufhängen. Wenn Sie sich daran halten, ist das Risiko gering, daß Sie sich eine Malaria einfangen wie unser ehemaliger Wirtschaftsminister Rexroth (der keine Prophylaxe genommen hatte). *(s. Info Malaria S. 376)*

- Vermeiden Sie es, sich länger als 5 Minuten in stehenden Gewässer aufzuhalten. In vielen Gebieten lauern dort die Erreger der **Bilharziose** (*Schistosomiasis*), ziemlich ekelhafte Parasiten, die sich durch die Haut bohren, zu Würmern heranwachsen und sich in den inneren Organen festsetzen. Viele Reisbauern sind davon betroffen, die lange in den überfluteten Reisfeldern herumwaten müssen. Bilharziose ist unangenehm (Fieber und chronische Entzündungen von Blase und Darm), aber mit Medikamenten heilbar.

- Auch **Lepra** ist heute recht einfach medikamentös zu heilen. Trotzdem sieht man in abgelegenen Gegenden Kranke, die sich die Medikamente nicht leisten können oder kein Vertrauen zu den Missionsstationen haben, die sich häufig um Leprakranke kümmern. Für Touristen besteht keine Gefahr.

- Die **Pest** wird von Rattenflöhen übertragen. 1998 befürchtete man durch eine Rattenplage in Mahajanga eine kleine Epidemie. Betroffen sind aber auch die Slumviertel in der Hauptstadt. Soweit wir gehört haben, ist es noch nie vorgekommen, daß sich Touristen infiziert haben – wer übernachtet schon in den Slumhütten, wo Ratten, infizierte Kranke und die entsprechenden Flöhe leben.

INFO   ## Kleine Reiseapotheke

- Malariaprophylaxe, entsprechende Anzahl an Tabletten für den „Ernstfall".
- Micropur zur Wasserdesinfektion.
- Kohletabletten, Santax, Immodium o.ä., Elotrans/Elektrolyte (gegen Durchfall),
- Aspirin, Halstabletten (Doritricin o.ä.), evtl. leichtes Nasenspray (gegen Erkältung),
- Schmerzmittel, Antibiotika (Tetracycline/Penicillin), Salbe gegen Insektenstiche und Juckreiz (Systral o.ä.). Evtl.: Buscopan o.ä. gegen Krämpfe, leichtes Abführmittel, Antiallergikum, Augentropfen (Yxin o.ä.),
- Pflaster, 1-2 Mullbinden, 1-2 elastische Binden, evtl. 2-3 Einwegspritzen in versch. Größen, Desinfektionstinktur (Jodersatz), Fieberthermometer.
- Sonnenschutzmittel, Sunblocker, Lippenschutz (evtl. Herpessalbe), Mückenschutzmittel (Autan o.ä.).

s. Ärzte, Apotheken und Literaturliste

⇨   **Getränke**
s. Essen und Trinken

⇨ **Golf**

Bis 1998 waren drei Golfplätze angelegt:
- bei *Andakanana* Ambohidratrimo (ca. 13 km von Tana entfernt an der Straße Richtung Ivato/Mahajanga), B.P. 464, Info-Tel. in Tana: (00261)-20-22-229.61
- bei *Foulpointe* – Manda Beach (50 km von Toamasina/Tamatave entfernt), B.P. 208, Tel. 22-322.43
- bei Ivohitra – *Antsirabe* (170 km südlich von Tana)

Nähere Auskünfte beim *Maison du Tourisme* in Antananarivo (s. *Information*).

H

⇨ **Häfen**
s. Kapitel *Wirtschaft*, S. 127

⇨ **Handeln**

Eigentlich nicht üblich. Das werden Sie merken, wenn Sie in touristisch nicht erschlossene Gebiete kommen. Auch die Taxis haben *eigentlich* Fixpreise. Aber Sie sind nun mal Tourist, und entsprechend werden Sie behandelt, vor allem auf dem Zoma in Tana. Handeln Sie dort, was das Zeug hält (am besten: Sie vergleichen die Preise, kennen sich (bei Edelsteinen) ein bißchen aus, machen keinen *zu* interessierten Eindruck). Vager Anhaltspunkt: 1/3 vom geforderten Preis könnte korrekt sein.

Bei Taxifahrten vorher Tarife erkunden.

⇨ **Hotels und andere Unterkünfte**

Es gibt alle Kategorien von *4-5-Sterne-Hotels* für 200-300 DM pro Nacht (die man an einer Hand abzählen kann) bis zu simplen *„Hotely Gasy"*, auf die Sie überall unterwegs treffen. Dabei handelt es sich eher um kleine Restaurants mit dürftigster Schlafmöglichkeit, meist einer schmalen Pritsche, z.B. für Fernfahrer für ca. 1-2 DM. Suchen Sie sich, wenn möglich, etwas anderes!

Hotels mit europäischem Standard findet man außerhalb der Hauptstadt und der touristisch am besten erschlossenen Insel Nosy Be immer noch selten. Die Sterne werden nach nationalem Maßstab vergeben und entsprechen mindestens einem Stern weniger nach europäischem Standard. Luxus dürfen Sie in diesem Land nicht erwarten. Selten funktioniert alles reibungslos. Die Preise sind nicht mehr staatlich festgesetzt und haben sich seitdem

eher nach unten bewegt. Im Vergleich zu vielen asiatischen Ländern sind Hotels aber noch immer erstaunlich teuer, vor allem in Tana und auf Nosy Be. Außerhalb dieser Gebiete kann man aber recht günstige und, wenn man nicht zu hohe Ansprüche stellt, auch recht passable Unterkünfte finden (DZ für 15-30 DM – in Madagaskar ein halber Monatslohn!).

Zwischenstopp unterwegs: Hotely Gasy

Preise: Einzelzimmer kosten in kleinen Hotels meist dasselbe wie Doppelzimmer. Bisher waren die Preise für Résidents und Non-Résidents unterschiedlich; diese Regelung soll aufgehoben werden. Wenige Hotels akzeptieren nur ausländische Devisen.

Reservierungen: in Tana und Nosy Be empfehlenswert, v.a. in der Hauptsaison. In anderen Orten scheitert dieser Versuch oft mangels Kommunikationsmitteln.

Bauboom: Aufgrund steigender Touristenzahlen ist die Nachfrage größer als das Angebot – in Antsiranana, Nosy Be, Morondava und anderen Orten entstehen deshalb neue Hotels, meist unter der Regie von Franzosen, Italienern und Südafrikanern.

I

⇨ **Impfungen**
s. *Gesundheit*

⇨ **Individualreisen**

„Individualreisen sind wegen administrativer Hürden, zunehmender Kriminalität aufgrund sich weiter verschlechternder Lebensbedingungen der Bevölkerung, häufig kurzfristig auftretender Versorgungsengpässe sowie schlechter oder fehlender Verkehrs- und Nachrichtenverbindungen mit erheblichen Risiken und Strapazen verbunden", schreibt das **Auswärtige Amt** in seinen Reisehinweisen für Madagaskar.

Manche lieben gerade deshalb das Land, andere würden nie wieder hinfahren. Welcher Reisetyp Sie sind, müssen Sie selbst entscheiden. Wir haben Familien mit kleinen Kindern getroffen, die unbeirrt, fröhlich und ohne Probleme die Reise per Taxi-Brousse zurückgelegt haben. Dazu braucht man gutes Französisch und starke Nerven. Wenn Sie die französische Sprache nicht gut beherrschen, kann es hilfreich sein, einen Teil Ihrer Reise mit einem guten Veranstalter zu buchen. Sie können aber auch auf eigene Faust nach Antananarivo fliegen und sich dort bei einem der Veranstalter eine für Sie passende Route zusammenstellen lassen. Billiger ist manchmal die Buchung von Deutschland aus.

Erkundigen Sie sich vorher genau, ob die Reiseveranstalter Madagaskar unter „ferner liefen ..." anbieten oder darauf spezialisiert sind (s. *Reiseveranstalter*).

⇨   **Informationen**

In Europa:
Ausführliche Reise-Informationen erhalten Sie bei
- der deutschen Vertretung von **Air Madagascar** (s. *Fluggesellschaften*),
- den Konsulaten und (meist französischsprachigen) **Botschaften**
- beim **Auswärtigen Amt**, Internetadresse: http://www.auswaertiges-amt.de
- den spezialisierten **Reiseveranstaltern** (s. dort). Leider können Ihnen immer noch nicht alle Reisebüros bei Fragen über Madagaskar weiterhelfen – außer in Frankreich.
- Auskunft gibt auch die **Deutsch-madagassische Gesellschaft e.V.**, ein Zusammenschluß von Geschäftsleuten und Privatpersonen, Madagaskar-Liebhabern und Liebhaberinnen. Präsident: Prof. Andri Mahefa, Geschäftsführung: Dipl. Volkswirt Annette Schiller, Bruno-Stürmer-Str. 1, 60529 Frankfurt, Tel. 069-357 222, Fax 069-357 816, E-mail: ASCHIL7291@aol.com.

In Madagaskar:
- *La Maison du Tourisme de Madagascar*, Place de l´Indépendance, B.P. 3224, Antananarivo, 101; Tel. (00261)-20-22-325.29; Fax (00261)-20-22-325.37. Das Tourismusbüro direkt neben der Hauptpost, schräg gegenüber vom Hotel Colbert, verkauft für einen geringen Unkostenbeitrag touristische Stadtpläne, Postkarten, (nicht immer aktuelle) Busfahrpläne, Hotelpreislisten und ein Heft, in dem Sie alle wichtigen Adressen, Öffnungszeiten und Sehenswürdigkeiten finden.
- bei speziellen Tours Operaters bzw. *Reiseagenturen* (s. dort)
- *Ministère du Tourisme*, B.P. 610, Lalana Fernand Kasanga, Tsimbazaza (gegenüber vom Botanischen Garten), Antananarivo; Tel. 22-262.98.

- **CGM – Cercle Germano Malgache** (Deutsches Kulturinstitut), Immeuble Ifanomezantsoa, Analakely, B.P. 1200, Antananarivo (an der Treppe gegenüber vom Zoma). Tel. 22-330.92 oder 22-214.42., Fax 22-272.07. E-mail: Verwaltung und Programmarbeit: cgm@online.mg; Sprachabteilung: cgm2@online.mg; Cybercafe: cybercgm@online.mg.

  Der CGM (im 3. Stock) verfügt über eine kleine Caféteria incl. „Cybercafé" – Treffpunkt von deutschsprachigen Madagassen und Reisenden, wo schon viele Freundschaften entstanden sind. In der gut sortierten Bibliothek gibt es deutsche Zeitungen und Zeitschriften, Bücher über Madagaskar und von madagassischen Autoren.

  Hauptsächlich bietet der CGM deutsche Sprachkurse für Madagassen an, die auf große Nachfrage stoßen. Daneben oft interessante kulturelle Veranstaltungen. S. Kapitel *Antananarivo* S. 294.

⇨ **Inlandsflüge**

s. Stichwort *Fluggesellschaften*

⇨ **Internet**

Im Internet findet man Informatives, aber auch Skurriles über Madagaskar, zum Beispiel Anleitungen amerikanischer christlich-fundamentalistischer Kirchen, wie man Madagassen am besten zum Christentum bekehrt, wenn sie zerknirscht im Gefängnis sitzen. Man kann sich aber auch bei amerikanischen Universitäten die Rufe unterschiedlicher Lemurenarten abrufen. Über Internetanschlüsse in Madagaskar verfügen große Hotels, die Medien, Universitäten, manche Reiseveranstalter und wenige Computerfreaks.

J

⇨ **Jugendherbergen**

gibt es nur in Tana an der Straße zum Flughafen Ivato (Infos beim *Maison du Tourisme*).

K

⇨ **Kartenmaterial und historische Fotos**

- Nicht billig, aber gute **Landkarten, Stadtpläne**, Seekarten, **Luftaufnahmen**, geographische Detailkarten aller Art, aber auch **historische Fotos** gibt es

beim bis vor kurzem durch Entwicklungsgelder unterstützten, jetzt privat-
wirtschaftlich arbeitenden **F.T.M.** (Foiben - Taosarintanin´i Madagasikara),
Institut Géographique et Hydrographique National, Rue Dama-Ntsoha Razafindtsalama (Route Circulaire), Stadtteil Ambanidia, Antananarivo 101, Tel.
(00261)-20-22-229.35, Fax 22-252.64, E-mail: ftm@bow.dts.mg.
Öffnungszeiten: in der Regel mo-fr 8-12 Uhr, 13-18 Uhr. Liegt etwas außerhalb, Taxifahrer wissen, wo.

• **Agence National de Madagascar (ANTA)**, Rue Ralaimongo Ambo-
dihady, Tana. Historische Stiche und Fotografien. Kauf von Kopien (und Copyright) möglich.

• Detailkarten von Madagaskar sind außerdem über das IGN in Paris zu
beziehen: **IGN** (Institut Géographique National), 107 Rue de la Boétié, F-
75008 Paris.

• Wenige gute Landkarten kann man in Deutschland kaufen, u.a. vom
Ravenstein-Verlag.

⇨ **Kinder**

Madagaskar ist ein sehr kinderfreundliches Land. Reisende mit Kindern, die
wir getroffen haben, hatten keine Probleme. Kinder können meist umsonst
im Hotel schlafen. Klären Sie mit Ihrem Arzt die Frage der Malariaprophylaxe. Bei ganz kleinen Kindern sollten Sie überlegen, ob der Streß durch den
langen Flug, Klima-Umstellung, andere Nahrung etc. nicht zu groß ist.

⇨ **Kleidung**

Leichte Baumwollkleidung, dünne Hosen und kurzärmlige Hemden/Blusen,
Taxi-Brousse-taugliche strapazierfähige Jeans, Rock/Shorts, T-Shirts, Socken,
Unterwäsche. Unbedingt warmen Wollpullover, langärmliges Sweatshirt/Hemd
für abends. Dünne Regenjacke. Weste/Jacke, in der Sie viel verstauen können.
Für Trekking: wasserfeste, halbhohe Wanderschuhe. Badesachen, evtl. Gum-
mischuhe zum Schwimmen bei Ebbe. Kopfbedeckung, Halstuch.

In allen Hotels kann man billig Wäsche waschen lassen. In den Badeorten
gibt es bunte Lambas (Tücher) zu kaufen, die Sie als Badehandtuch, Kleid,
Umhang etc. benutzen können.

Kleidervorschriften gibt es nur in den Bars teurer Hotels – sonst kleidet
man sich leger. Madagassinnen lieben kurze, enge Röcke und bunte Kleider.
Auf dem Land legt man im Alltag nicht viel Wert auf Kleidung – das muß
nicht Armut bedeuten. Sonntags zur Kirche oder zum Markt macht man sich
schick.

In Touristengebieten wie Nosy Be werden gerne Kleidungsstücke aus Europa eingetauscht, v.a. bedruckte T-Shirts (Sylvester Stallone etc.!), Kleider, Jeans, „hippe" Turnschuhe. Kaufen kann man dort T-Shirts, die mit hübschen madagassischen Motiven bedruckt sind.

⇨ Klima und Reisezeit

Trockenzeit: Mai-Oktober (Südwinter)

Regenzeit: November/Dez. - März/April (Südwinter)

Madagaskar kann man das ganze Jahr über bereisen, da es verschiedene Klimazonen gibt. Zwischen April und Oktober ist es am „kühlsten", und es regnet weniger, dafür ist die Blütenpracht und Obsternte nicht so üppig. Januar bis März: Zeit der Zyklone!

Hauptsaison: Juli/August und Dezember. Teurere Langstreckenflüge, weniger Rabatt auf Inlandsflüge, oft ausgebuchte Hotels.

s. Kapitel *Geografie* S. 45ff

⇨ Konsulate

s. *Botschaften*

⇨ Korruption

Als Reisende(r) werden Sie mit Korruption in der Regel nicht in Berührung kommen. Touristen haben uns von Polizisten und ihren Fragen nach einem „Cadeau" berichtet – darauf sollte man sich nicht einlassen, man muß es auch nicht! Vereinzelt haben wir sogar von Absprachen zwischen korrupten bzw. betrügerischen Taxifahrern, Hotelbesitzern und der Polizei gehört – lassen Sie sich nie einschüchtern, informieren Sie in solchen Fällen die Botschaft oder Reiseveranstalter.

Geschäftsleute, Investoren und Beamte erzählen da schon ganz andere Sachen. Wir haben madagassische Unternehmer getroffen, die wegen der Korruption auf Madagaskar nach Mauritius umgesiedelt sind. Eine gute Urlaubslektüre, um eine Ahnung davon zu bekommen, sind Gaspard Dünkelsbühlers „Madagassische Schattenspiele"!

⇨ Kreditkarten

s. Stichwort *Geld und Währung*

⇨   **Kriminalität**

Das Leben in der Hauptstadt ist für viele ein nackter Kampf ums Überleben. Passen Sie deshalb gut auf ihre Fotoausrüstung und Wertsachen auf. Wertvollen Schmuck sollten Sie zu Hause lassen. Über den Markt bummelt man ohne Handtasche entspannter. Seien Sie wachsam, aber auch nicht übertrieben ängstlich. Bettelnde Straßenkinder gehören zum traurigen Alltag, sie sind oft hartnäckig, aber selten aggressiv. Einige Stadtviertel sollte man besser in Begleitung besuchen. Erkundigen Sie sich im Hotel.

Dringend abzuraten ist von einem nächtlichen Spaziergang durch die Stadt. Nachts bewegt sich kaum ein Vazaha durch die Straßen, auf denen sich dann armselige Lumpengestalten zum Schlafen niederlegen. Wenn Sie abends zum Essen gehen, nehmen Sie ein Taxi. In den Hotels an der Ave. de l´Indépendance bieten Ihnen „Gardiens" (Wächter) an, Sie zum nächsten Restaurant zu bringen und auch wieder abzuholen. Auch an anderen Orten soll die Taschenkriminalität zunehmen (z.B. Toamasina, Nosy Be). (Raub-)Überfälle auf Touristen sind dagegen so gut wie nie vorgekommen. Es spricht für die Sicherheit der Reisenden, daß ein paar Schauergeschichten noch Jahre später erzählt werden, weil es keine „aktuellen" Fälle gibt. (Erwischte Kriminelle haben viel zu verlieren: Nicht selten werden Diebe, auch Kinder, gesteinigt!)

Wie überall sonst sollten Sie keine Wertgegenstände im Hotelzimmer aufbewahren. Uns sind allerdings immer Taschenlampen und alles, was auch andere gut gebrauchen könnten, hinterhergetragen worden, wenn wir sie vergessen hatten. Fast alle Hotels werden von *Gardiens* bewacht. Als ich einmal krank in einer Hütte in Südmadagaskar lag, sah mir plötzlich ein mit einem Speer bewaffneter Mann durchs Fenster entgegen. Es war der Hotelwächter, der nachsehen wollte, wie es mir geht. In Hotels werden oft Antandroy mit ihren obligatorischen Speeren als Gardiens beschäftigt.

Das Auswärtige Amt warnt vor unseriösen Reiseführern. Vorsicht auch bei Anfragen am Flughafen, ob man Gepäckstücke für fremde Personen mitnehmen könnte.

⇨   **Küche**
s. *Essen und Trinken*

⇨   **Kulturinstitute**

In Tana und anderen größeren Städten sorgt v.a. die *„Alliance Française"*, das französische Kulturinstitut, für Veranstaltungen, Kinoprogramme, fördert einheimische Künstler, bietet Sprachkurse und Kontaktbörsen an. Das deutsche Kulturinstitut *CGM* (s. Information) fördert deutsch-madagassische Kontakte, s. S. 294.

⇨ **Kunst**

s. Kapitel *Bevölkerung* und *Antananarivo*

L

⇨ **Literatur**

s. Literaturliste und Kapitel *Bevölkerung* S. 116, 121

M

⇨ **Malagasy**

Malagasy ist das Adjektiv und Substantiv für die madagassischen Menschen und Sprache. Ob Sie madegassisch oder madagassisch oder malagassisch sagen, bleibt Ihnen überlassen. Alles ist richtig. *Madagasikara* heißt Madagaskar in Malagasy ... *Malgache* ist das französische Wort für Malagasy (zur Kolonialzeit oft abfällig gebraucht im Sinne von «mal gache – schlechter Madagasse»). Alles klar?

⇨ **Maße und Gewichte**

metrisch

⇨ **Märkte**

In Tana ist der legendäre **Zoma** leider von der Hauptstraße, die zum Bahnhof führt, verbannt (s. S. 293). Aber auch die Ausweichplätze lohnen einen Besuch! Vorsicht vor Taschendieben!

In vielen Dörfern unterwegs finden einmal wöchentlich Märkte statt. Besonders schön sind die Rindermärkte! Erkundigen Sie sich, wenn Sie ein Auto mieten oder eine Tour buchen, in welchen Orten an welchen Tagen Markt ist (z.B. Antsirabe: samstags, Ambalavao: mittwochs, Ambovombe: montags).

⇨ **Medien**

Seit Anfang der 90er Jahre gibt es so gut wie keine Pressezensur mehr – mit einer Ausnahme von August 1997, als wegen der angespannten Lage Politiker vorübergehend nicht im Fernsehen auftreten durften. Die Mehrheit der Bevölkerung kann sich weder Zeitungen leisten, geschweige denn Radios oder Fernsehgeräte.

Zeitungen

• *In Tana:* Ausländische, meist französische oder englischsprachige Zeitungen und Zeitschriften bekommen Sie – für viel Geld – in großen Buchhandlungen und einigen Hotels, z.B. im Hilton. Bildung ist teuer, deshalb verkaufen Straßenkinder auch gerne gelesene Zeitungen weiter. Werfen Sie also Ihre nicht weg, sie finden immer einen dankbaren Abnehmer. Wenn man selbst bei ihnen kauft, sollte man auf das Erscheinungsdatum achten – manche Druckwerke sind uralt.
Deutsche Zeitungen kann man im Lesesaal des **Cercle Germano Malgache** lesen.
Madagassische Zeitungen finden Sie beim Straßenverkäufer an jeder Ecke für 30-50 Pfennig. Die größten unabhängigen Tageszeitungen sind u.a. *Midi-Madagascar* (Auflage ca. 25.000), *Tribune* (12.000), *Express* (7.000), die auf madagassisch und französisch über die neuesten Querelen im Parlament, über Wald- und Umweltschutz, Heuschreckenplagen, Tourismus etc. berichten. (Auch in Deutschland über Internet zu lesen, Adresse: www.jstechno.ch/creapro.mg/midi/midi.htm). Daneben erscheinen zahlreiche Wochen- und Monatsorgane und vierteljährlich die sehr informative *Revue de l´Océan Indien* (3.000).
• *Auf dem Land* sind Zeitungen so gut wie gar nicht zu beschaffen, selbst auf Nosy Be nur in der Hauptstadt und manchmal in großen Hotels.
• *In Deutschland* kann man sich in der Zeitung «*Bienvenue à Madagascar*» über neue Entwicklungen im Land informieren. Kontaktadresse: Wolfgang Willwerding, Haunspergstraße 70, A-5020 Salzburg, Tel. 0043-662-46 09 59, Fax 0043-662-87 89 43.

Es gibt eine **Nachrichtenagentur** ANTA (*Agence Nationale d´Information «Taratra»*) mit täglichen Meldungen.

Hörfunk und Fernsehen

Die staatliche *Radiodiffusion-Télévision Malagasy RTM* betreibt eine Rundfunkanstalt (*Radio Nasionaly Malagasy*) und verschiedene Farbfernsehprogramme

(SECAM). Außerdem sind internationale Satellitenprogramme zu empfangen. Wenn man das staatliche Radio und Fernsehen einschaltet, hat man oft das Vergnügen, stundenlangen (ungeschnittenen) Politikerreden lauschen zu dürfen. Da das niemanden interessiert, haben sich zahlreiche Privatsender etabliert, die viel Musik und regionale Informationen senden. Beim Aufbau ländlicher Privatradios war u.a. die deutsche Friedrich-Ebert-Stiftung behilflich. Auch das Fernsehen der Deutschen Welle engagiert sich in Zusammenarbeit mit dem deutschen Kulturinstitut CGM.

1995 waren ca. 2,9 Mio. Radios und nicht einmal 300.000 Fernseher in Gebrauch. Vor einem Gerät sitzt oft das ganze Dorf versammelt.

⇨ **Mietwagen**

s. Stichwort *Auto- und Motorradverleih*

⇨ **Motorräder**

s. Stichwort *Auto- und Motorradverleih*

⇨ **Musik**

Die Madagassen lieben Musik! Im Taxi-Brousse laufen Kassetten, auf dem Dorfplatz geben Musiker traditionelle Live-Musik zum Besten, in den Discos werden die neuesten heißen Scheiben in ohrenbetäubender Lautstärke gespielt. Deshalb Vorsicht, wenn Sie ein Hotel in Disco-Nähe beziehen.

In Ambatoloaka auf Nosy Be ist am Wochenende an Schlaf nicht zu denken; es dröhnt das ganze Dorf. Man tanzt moderne Rhythmen oder den traditionellen Tanz *Salegy*.

s. INFO *Musik* S. 123

N

⇨ **Nachtleben**

In Tana gibt es einige nette und einige sehr schummerige Bars, Discos, Nachtclubs. Vor allem am Wochenende gut besucht. Am Wochenende auch Live-Konzerte, die in den örtlichen Zeitungen angekündigt werden. Auch die Kulturinstitute bieten ein umfangreiches kulturelles Programm. Bekannt für

ihr buntes Nachtleben sind die Städte Antsiranana (Diego), Toamasina (Tamatave) und Mahajanga, in denen sich freitags und samstags abends alles auf der
Straße und in den Discotheken abspielt. Die Anmache läuft hier umgekehrt:
Wir haben nicht wenige alleinreisende Männer getroffen, denen das alles
zuviel wurde ...

Viel Rummel für madagassische Verhältnisse bietet der trotzdem paradiesi-
sche Ort Ambatoloaka auf Nosy Be.

⇨ **Naturschutzgebiete**

Zur Einteilung der Schutzgebiete in Reservate und Nationalparks s. S. 58.
Für den Besuch in den **Nationalparks** bekommen Sie die Genehmigung
direkt vor Ort. Für spezielle Anliegen (Forschung etc.) und Besuche man-
cher **Reservate** benötigen Sie gesonderte Zertifikate. Auskunft geben u.a.
das *Maison du Tourisme*, die *Direction des Eaux et Forêts* (beim Landwirtschaftsministerium angesiedelt), *ANGAP, ONE*, der *WWF*.

Alle Nationalparks haben ihren eigenen Reiz und sind völlig unterschiedlich.
Beim ANGAP-Büro in Tana erhalten Sie, wenn Sie wollen, vorab Karten und
Informationen. Büros gibt es aber auch vor allen Parks und einigen Reserva-
ten.

Als Nationalparks deklarierte Gebiete laut ANGAP 1998
(von Nord nach Süd):

- **Montagne d´Ambre** bei Antsiranana (Diego Suarez) im Norden (ca. 18.200
  Hektar), herrlicher Berg- und Nebelwald mit Baumfarnen, Orchideen,
  Vulkankratern, Wasserfällen, Lemuren, Chamäleons ... Campingmöglichkeit, gute
  Anfahrmöglichkeit für Tagesausflug von Antsiranana.
- **Baie de Baly** bei Mahajanga im Nordwesten, Nationalpark seit 1998
- **Marojezy** bei Andapa (Osten), 60.000 Hektar z.T. unzugänglicher tropischer
  Tiefland- und Bergregenwald, Wassereinzugsgebiet für die Andapa-Ebene, eines
  der Hauptanbaugebiete für Reis in Madagaskar, Nationalpark seit 1998.
  Erreichbarkeit: von Andapa oder Sambava aus.
- **Masoala** an der Ostküste bei Maroantsetra und Mananara (210.000 ha) – das
  wohl ursprünglichste, unerforschteste und wildeste Regenwaldgebiet
  Madagaskars. Alle Orchideen-, Vogel-, Schmetterlings- und Chamäleonarten,
  Lemuren; mit **Nosy Mangabe** (520 ha), Lagunen, geschützten Korallenriffen.
  Ausgangspunkte für Wanderungen, Fahrrad- oder Flußfahrten: Maroantsetra
  (südl. von Masoala) oder Antalaha und Andapa (nördlich).
- **Mananara-Nord** an der Bucht von Antongil, kaum erschlossenes Regenwald-
  gebiet, u.a. Lebensraum des Aye aye. Erreichbarkeit: von Mananara.

- **Mantadia** bei Andasibe (Périnet) (12.000 ha), hier trifft man u.a. auf Indris und Mausmakis, Tanreks, Boas, Frösche etc. Gute Infrastruktur, Zwischenstopp zwischen Tana und Toamasina.
- **Ranomafana** östlich von Fianarantsoa (41.000 ha), traumhafter Regenwald, 12 (!) Lemurenarten, u.a. der goldene Bambuslemur, 118 Vogelarten etc. Relativ gute Infrastruktur im Ort, Camping und kleinere Hotels.
- **Kirindy-Mitea** bei Morondava im Westen (12.500). Faszinierender dichter Trockenwald, Edelhölzer, Baobabs, 10 tagaktive Schlangenarten, Krokodile, Eulen, 8 Arten tag- und nachtaktiver Lemuren, u.a. Sifakas. «Lehrpfade», Führungen im nahegelegenen *Forêt de Kirindy*. Camping o. Tagesausflug von Morondava.
- **Andringitra** südlich von Ambalavao (31.000 ha). Fantastische abgelegene Gebirgsregion, tropischer Tieflands- und Bergregenwald. Erst 1998 zum Nationalpark erklärt; entsprechend mangelhafte Infrastruktur (Anfahrt von Ambalavao).
- **Isalo-Gebirge** bei Ranohira am Südrand des Zentralen Hochlandes (81.500 ha), Kalksandsteingebirge mit bizarren Formationen; heiligen Grabstätten, Canyons, natürlichen Wasserbecken, mit für den Süden charakteristischen Sukkulenten, Larven-Sifakas, Chamäleons etc. Ausgangspunkt für mehrtägiges Trekking: Ranohira, Hotels und Camping.
- **Zombitse und Vohibasia** zwischen Ranohira und Toliara, Reste von geschützten Trockenwaldgebieten. Zwischenstopp in Sakaraha auf der Fahrt von Isalo nach Toliara.
- **Midongy du Sud** bei Taolanaro. Seit 1998.
- Es ist geplant, auch das integrale Schutzgebiet **Andohahela** südwestlich von Taolanaro (Fort Dauphin) zum Nationalpark zu deklarieren. Tropischer Regenwald (76.000 ha), Höhe: 100-2000 m! Möglicherweise folgen in Kürze: **Ankarana**, Regenwald mit atemberaubenden Tsingys du Nord, unterirdischen Höhlen und Flußsystemen, **Analamera** im Nordosten u.a.

(s. die jeweiligen Reiserouten und *regionale Reisetips von A - Z*)

Eintrittspreise: i.d.R. von ANGAP für die meisten Nationalparks einheitlich festgelegt, die Preise ändern sich aber rasch. 1998 kostete der Eintritt für Touristen 50.000 FMG pro Kopf (ca. 17 DM), 35.000 für ausländische Résidents, für Einheimische 2.500 FMG (knapp 1 DM). Dazu kommen ca. 25.000-50.000 FMG (je nach Dauer und Länge der Führung) pro Tour/ Gruppe für den obligatorischen Führer (ca. 8-17 DM).

Die wichtigsten Adressen in Sachen Naturschutz:

- **ANGAP,** Lalana Dokotera Razafindratandra Randramazo, Antanimena, Tana, Tel. 22-305.18, Fax 22-319.94. Geöffnet mo-fr. 8-12 und 14-16 Uhr.
- **Direction des Eaux et Forêts** (Abt. d. Landwirtschaftsministeriums), Antsahavola, Tana, Tel. 22-406.10/22.240.26.

* **ONE** (l´Office National pour l´environnement), Place de l´Indépendance, Tana.
* **WWF,** Lot près II M 85, Antsakaviro, Tana, Tel. 22-346.38/348.85, Fax 22-348.88.

Der WWF weist darauf hin, daß er aufgrund personeller Ausstattung nicht für touristische Anfragen oder Betreuung zuständig sein kann.

s. auch Kapitel *SOS Naturschutz* S. 53

⇨ **Notfall/Unfall**

Im Ernstfall wenden Sie sich an die Botschaft in Tana. Adresse s. *Botschaften*

O

⇨ **Öffnungszeiten**

Die Öffnungszeiten ändern sich je nach Region, Jahreszeit, Landsleuten und oft auch ohne Grund. Dies sind Anhaltspunkte:
* **Banken:** Hauptgeschäftsstellen in Tana: mo-fr 8-15 Uhr
Filialen und in der Provinz i.d.R. mo-fr 8-11.30 (oder 12 Uhr), 14-16 Uhr
* **Post:** mo-fr 7.30 - 15 Uhr (in Tana; auf dem «Land» oft mittags geschlossen)
* **Ämter:** mo-fr 8-12 Uhr, 14-16 oder 17 Uhr
* **Geschäfte:** mo-sa 9-12 Uhr, 14-18 Uhr. Sonntags und an Feiertagen geschlossen, oft auch samstags nachmittags.

P

⇨ **Post und Telefon, Telex, Fax, E-mail**

Post

Der Transport von Briefen und Postkarten funktioniert zuverlässig – nur manchmal etwas langsam. Von Tana dauert der Postweg etwa 7-11 Tage, von anderen Orten 10 Tage oder länger. In Tana gibt es ein Postamt an der Ave. de l´Indépendance (in Analakely, Nähe Treppe) und das Hauptpostamt am Place de l´Indépendance (ggü. vom Hotel Colbert) mit einem Seiteneingang, wo Sie besonders schöne Briefmarken aussuchen können. Das Briefporto (Luftpost) richtet sich nach dem Gewicht; das Porto für Postkarten beträgt krumme Summen wie 1140 Francs und 228 Ariary. Postämter finden Sie in jedem größeren Ort. Briefe aus Deutschland können Sie sich in jeden Ort «poste restante» zum Postamt schicken lassen. Dort werden sie für Sie aufbewahrt oder nach einer Frist zurückgeschickt.

Telefon, Fax, Telex, E-mail, Internet

Im Postamt können Sie auch Telexe und Faxe verschicken und Telefongespräche anmelden. Außer in Tana kann das eine endlose Prozedur werden. Dafür ist es *relativ* billig (1.-3. Minute ca. 18 DM, nachts und sonntags ca. 13 DM). Telefongespräche und Faxe vom Hotel aus sind teurer! 50 % Rabatt für nationale (bei der Post angemeldete) Gespräche zwischen 20-6 Uhr, 30 % Rabatt für Gespräche ins Ausland zwischen 22-6 Uhr, sonn- und feiertags.

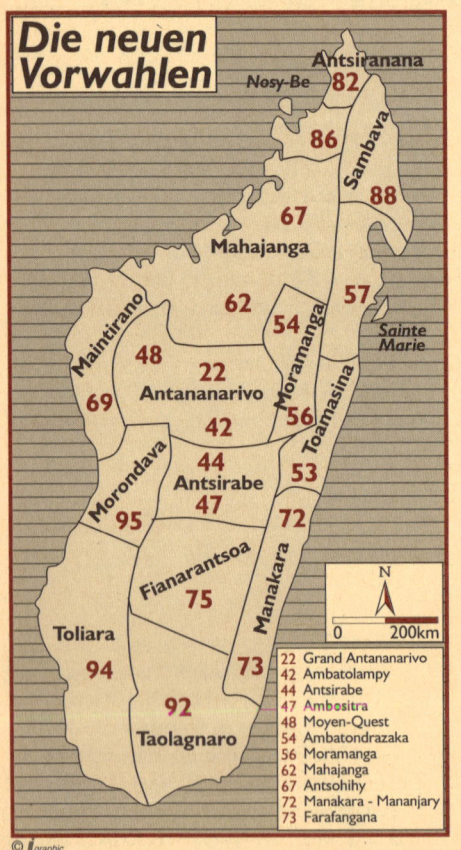

Die neuen Vorwahlen

22	Grand Antananarivo
42	Ambatolampy
44	Antsirabe
47	Ambositra
48	Moyen-Quest
54	Ambatondrazaka
56	Moramanga
62	Mahajanga
67	Antsohihy
72	Manakara - Mananjary
73	Farafangana

© graphic

Die Kommunikation per E-mail ist eine gute und billige Alternative, allerdings nur an wenigen Orten möglich. Bei den Postämtern nachfragen, wer E-mail-/Internet-Anschluß hat und evtl. gegen eine geringe Gebühr öffentlich zugänglich macht.

Ein ganz neues Kommunikationszeitalter ist für Madagaskar im November 1997 angebrochen. Zwar sind viele Orte immer noch von der Außenwelt komplett abgeschnitten. Mit französischer Hilfe hat jedoch die *Telecom Malagasy* begonnen, bis zum Jahr 2004 ein Telefonnetz zu allen großen Orten zu verlegen (das bedeutet: Es gibt dann dort auch Strom). Vorher waren nur Tana und Nosy Be direkt anzuwählen. Seitdem haben sich alle Vorwahlen ge-

ändert! Die neue **Vorwahl für Madagaskar** aus dem Ausland ist jetzt:
00261 und **20** (Telecom Malagasy), hinzu kommen eine i.d.R. zweistellige
Regionalnummer und die i.d.R. fünfstellige Telefonnummer des Teilnehmers.
(Vorwahl **nach** Deutschland: 0049)

Außerdem werden Kartentelefone installiert, teils in Telefonhäuschen in den
Städten (Tana, Diego, Ambatoloaka auf Nosy Be etc.), teils an den Postämtern. Zwei Satellitenstationen ermöglichen exzellente Verbindungen nach
Europa. Das Telefonieren per Satellit ist zwar teurer, funktioniert aber schnell
und problemlos. Die Zeiten sind vorbei, als in Ambatoloaka auf Nosy Be ein
Franzose sein privates Satelliten-Telefon für internationale Verbindungen oder
Rettungsrufe vermietete. Telefonkarten zu 50, 100 oder 150 unités (Einhei-
ten) zu 20.000, 40.000 und 60.000 FMG kann man bei der Post, in Supermärkten und einigen Geschäften kaufen (eine Karte von 100 unités reicht
für ein längeres Gespräch nach Deutschland).

Anfang 1998 hatten ca. 45.000 Kunden einen Telefonanschluß und 700 einen
Internetanschluß bei 5 Providern. Seit 1994 gibt es auch Mobiltelefone.

⇨ **Pousse pousse**
s. *Verkehrsmittel* und INFO «Pousse pousse» S. 332

⇨ **Prostitution**

Nimmt leider zu. In Tana und Nosy Be auch vermehrt Fälle von Kinderprostitution, auch bei Straßenkindern. s. S. 476

⇨ **Provinzen**
s. *Überblick* S. 14

R

⇨ **Reiseapotheke**
s. *Gesundheit*

⇨ **Reisen auf Madagaskar**

In Madagaskar kann man sich auf allem fortbewegen, was Räder oder (Blech)-
Flügel hat: per Bus, Boot oder Bahn, Rikscha oder Rad, Motorrad und Taxi,
per Boeing, Propellermaschine, Ultraleichtflieger oder auch per Ochsenkarren.

Reizvoll ist eine Mischung aus möglichst vielen Varianten, den teureren mit Fahrer und Mietwagen, den billigen mit Bus und Bahn. Madagaskar gehört zu den Ländern mit der schlechtesten Infrastruktur. Bevor Sie sich auf eine längere Reise mit öffentlichen Verkehrsmitteln über Land einlassen, mit Bus, Lkw oder Taxi-Brousse, erkundigen Sie sich genau. Seien Sie sicher, daß Sie die Nerven und die Zeit dafür aufbringen! Dafür sehen und erleben Sie mehr. Inlandsflüge sind bequem, Air Madagascar gilt als sehr sichere Fluggesellschaft. Gerade daß aber nicht alles im voraus planbar ist und vieles anders kommt, als man denkt, macht ja das Reisen auf Madagaskar so interessant ...

s. *Verkehrsmittel*

⇨ **Reiseveranstalter**

(eine Auswahl, die u.a. von Air Madagascar empfohlen wird)

---

in Deutschland:
- *Madagaskar Adventures*, Knesebeckstr. 30, 10623 Berlin, Tel. 030-881 1190 und 883 1181, Fax 030-881 1630 (sehr zuverlässiger, hilfsbereiter und gut informierter Veranstalter)
- *Windrose Fernreisen*, Postfach 110349, 10833 Berlin, Tel. 030-201 721-0, Fax 030-201 72117
- *Take Off Reisen & Tours*, Eppendorfer Weg 158, 20253 Hamburg, Tel. 040-422 2288, Fax: 040-422 2209.
- *GeBeCo Studien- und Erlebnisreisen*, Holstenstr. 42-44, 24103 Kiel, Tel. 0431-97 98 20, Fax 0431-97 87 56
- *Natur-Studienreisen* GmbH, Untere Dorfstr. 12, 37154 Northeim, Tel. 05551-99 470
- *Dr. Düdder-Reisen*, Korneliusmarkt 10, 52076 Aachen, Tel. 02408-2048, Fax 02408-6503
- *Madagaskar Travel Tours*, Michelstr. 16, 53757 St. Augustin, Tel./Fax 02241-31 58 62; Antananarivo: (00261)-20-222.63049
- *Ikarus-Tours*, Postfach 1220, 61452 Königstein i. Taunus, Tel. 06174-29 020, Fax 06174-22 952, E-Mail: africa@ikarus.com (Naturreservate und Trekking)
- *Marco Polo Reisen*, Dettweiler Str. 15, 61476 Kronberg/Ts., Tel. 06173-70 970, Fax 06173-7635
- *Gondwana Tours*, Hirschbachstr. 46, 64354 Rosenheim, Tel. 06162-85 372, Fax 06162-85 390
- *Discovery Tours & Expeditions*, Zeppelinstr. 59, 69121 Heidelberg, Tel. 06221-47 16 36, Fax 06221-41 29 03
- *Duma Naturreisen*, Neckarstaden 4, 69117 Heidelberg, Tel. 06221-16 30 21, Fax 06221-16 68 80

- *Vistemialy-Reisen*, Ludwig-Wilhelm-Platz 5, 76530 Baden-Baden, Tel. 07221-94 94 20, Fax 07221-94 94 22
- *Hauser Exkursionen*, Marienstr. 17, 80331 München, Tel. 089-235 00645, Fax 089-291 3741.
- *Feria Int. Reisen* GmbH, Frankfurter Ring 243, 80807 München, Tel. 089-32 379-0, Fax 089-32 379-555
- *Trauminsel-Reisen*, Maisie und Wolfgang Därr GmbH, Summerstr. 8, 82211 Herrsching, Tel. 08152-93 190, Fax 08152-93 19 20, E-Mail: info@dream.connectnet.de

Fahrradtouren: von vielen dieser Veranstalter angeboten. *Spezialisiert* auf Madagaskar per Rad haben sich:
- *Highländer-Reisen*, Kleiner Griechenmarkt 9, 50676 Köln, Tel. 0221-21 00 39
- *Velo Travel*, Herrenstr. 42, 76133 Karlsruhe, Tel. 0721-25244, Fax 0721-21 374

---

in Österreich:
- *Trekking Madagascar*, Geisbirn 66, A-6858 Bildstein, Vbg., Tel./Fax (0043)-5572-41687
- *AKL-Travel*, Flötzerweg 28, A-4030 Linz, Tel. (0043)-732-313575, Fax (0043)-732-313576
- *Wikinger Reisen*, Kölner Str. 20/mb, 58135 Hagen, Tel. 02331-904750, Fax 02331-904704

---

in Holland:
- *Angeli Travel*, Ambachtstraat 17, 1251 PZ Laren, Niederlande, Tel. 035-5317499, Fax 035-5315350

---

in Madagaskar:
gibt es in Tana, aber auch in anderen größeren Städten eine ganze Reihe von Reiseagenturen. Am besten erkundigen Sie sich beim *Maison du Tourisme* (s. *Informationen)*, welche aktuellen Angebote diese Agenturen im Programm haben.

Empfehlenswert sind u.a. folgende Adressen:
- *Madagascar Airtours*, 33, Av. de l´Indépendance, B.P. 3874, Tana 101, Tel. (00261-20)-22-241.92, Fax (00261-20)-22-641.90, E-mail: airtours@dts.mg
  Direkt neben Air Madagascar. Madagascar Airtours, lange eine Tochtergesellschaft von Air Madagascar, ist eine der ältesten Reiseagenturen auf Madagaskar und feierte 1998 ihr 30jähriges Jubiläum. Deutschsprachige Mitarbeiter.
- *PRIORI*, 103, rue de Liège, Tsaralalàna, B.P. 273, Tana 101, Tel. (00261-20)-22.625.27, Tel./Fax (00261-20)-22.353.54, E-mail priori@bow.dts.mg. Homepage: http://www.priori.ch.

Der deutsch sprechende Schweizer Chef des Reiseunternehmens, Franz Stadelmann, Ethnologe und ehemaliger Entwicklungshelfer, lebt seit 1988 in Tana und ist gerne bei Tagesausflügen, Rundreisen und Tips behilflich. Gebuchte Reisen beinhalten auch Besuche in Schulen, Spitälern, bei Bauern und Entwicklungsprojekten. Der Begriff «sanftes Reisen» gehört zur Philosophie dieser Agentur. Angeboten werden auch Trekking- und Mountainbike-Touren, ebenso Flußfahrten mit Pirogen (Einbäumen). Nicht ganz billig, aber Preis-Leistungs-Verhältnis stimmt und sehr zuverlässig. Vermittelt auch Fahrzeuge, Fahrer und Abholservice vom Flughafen.

- *Tropika Touring*, 41, Lalana Ratsimilaho, Ambatonakanga. B.P.645, Tana 101, Tel. (00261-20)-22-276.80/22-222.30, Fax 22-349.01; E-mail: tropika@bow.dts.mg. Nähe Hotel Colbert. (S. auch S. 219)

⇨   **Reisevorbereitungen**
s. *Anreise, Gepäck, Gesundheit, Visum*

⇨   **Reisezeit**
s. *Klima*

⇨   **Reiten**
s. *Sport*

⇨   **Religion**
s. Kapitel *Bevölkerung* S. *108*

⇨   **Restaurants**
s. *Essen und Trinken*

⇨   **Rundfunk**
s. *Medien*

S

⇨   **Schnorcheln**
s. *Sport*

⇨   **Segeln**
s. *Sport*

⇨   **Souvenirs**
s. *Einkaufen*

⇨ **Sport**

Tauchen ist Madagaskars Touristen-Sportart Nr.1. Man kann aber auch herrlich schwimmen, schnorcheln, segeln, hochseefischen, Motorboot fahren, reiten, wandern, klettern, radfahren, Golf spielen, Ultraleichtflugzeuge fliegen, und am Strand auf Nosy Be sieht man neuerdings sogar begeisterte madagassische Jogger und Fußballspieler.

· **Tauchen**
Es gibt einige gut ausgerüstete Tauchbasen im Norden auf Nosy Be, im Süden in Ifaty und Anakao bei Toliara (Tuléar), im Osten auf Nosy Boraha (Sainte Marie) und an der Ostküste bei Mahavelona (Foulpointe).
s. Ortsbeschreibungen und das Kapitel *Tauchen* S. 484

Die schönsten Tauchgebiete:

Ifaty (Südwesten)	Tanikeli, Nosy Be (Norden)
Anakao (Südwesten)	Nosy Boraha/St. Marie (Osten)
Belo-sur-mer (Westen)	Mahavelona (Osten)

Je nach Wetterverhältnissen sind die Bedingungen auf Nosy Be am besten von April bis Dezember (trübes Wasser von Januar bis März!), in Toliara von Mai bis September. Zwischen September und November kommen regelmäßig Wale und Walhaie nach Nosy Be. Haie sollen in den Tauchgebieten wegen der Korallenriffe angeblich nicht gefährlich sein – anders als in den Hafenstädten wie Toamasina (Tamatave). Schnorchler sind da schon gefährdeter, denn die Haie mögen sie nicht ...

Inselhopping vor Nosy Be

· **Schnorcheln**
Trotzdem herrlich – es gibt genügend schützende Korallenriffe!! Flossen und Brillen kann man in allen Touristenorten leihen. Unbedingt anziehen: T-Shirt gegen Sonnenbrand! Vor allem vor Nosy Be und den vorgelagerten Inseln Nosy Tanikeli ein Traum! Man schwimmt wie im Aquarium in Schwärmen von zitrusgelben, neonblauen, feuerroten, gestreiften, gepunkteten Fischen herum. Nosy Tanikeli ist Naturschutzgebiet. Leider legen in letzter Zeit so viele Boote mit ebenso großen Schwärmen von Touristen an und ankern oft direkt bei den Korallen, so daß schon viele von ihnen abgestorben sind.

- **Schwimmen** s. Stichwort *Baden*
- **Segeln**

An denselben touristisch erschlossenen Orten werden auch Segeltörns angeboten, meist mit Katamaran (Toliara, Ifaty, Nosy Be u.a.). Von Nosy Be aus traumhafte mehrtägige Törns zu den Nachbarinseln Nosy Mitsio, Nosy Radama etc. (s. dort). In den abgelegeneren Küstengebieten nehmen Fischer Touristen in ihren Pirogen (Einbäumen) mit, die je nach Wind mit ihren kleinen Segeln oft sehr schnell weiter kommen. Meist segeln sie morgens los, wenn der Wind zwar stark, aber das Meer noch nicht rauh ist. Preise vorher aushandeln und genügend Trinkwasser, Proviant und Sonnenschutzmittel mitnehmen!

- **Hochseefischen und Motorbootfahren**

Auf Nosy Be und in Toliara bieten viele Hotels Hochseefischen und Ausflüge per Boot an.

- **Flußfahrten**

Noch im Anfangsstadium, aber möglich. Entlang des Canal des Pangalanes eher gemütlich und sehr romantisch, durch die Schluchten des Manambolo und Tsiribihina (bei Miandrivazo/Morondava) kann die Bootsfahrt schon zum «Sport» werden. Außerdem den Bemarivo oder Lokoho hoch (bei Sambava), Betsiboka (Mahajanga), Onalihy (bei Toliara) u.v.a. Auf eigene Faust mit Fischern oder gebucht und etwas bequemer mit Reiseveranstaltern wie Madagascar Airtours oder Priori. Auch kurzfristig in Tana zu buchen.

- **Wandern und Trekking**

Unendliche Möglichkeiten in phantastischer Landschaft! In den Nationalparks und vielen Reservaten, Bergbesteigungen, entlang der Seen und Flüsse oder am Canal des Pangalanes, durch die Trocken- und Regenwälder (z.B. Forêt de Kirindy bei Morondava). Gute, wasserfeste Schuhe mitnehmen, kleinen Rucksack, immer viel Wasser(!!), Proviant, Taschenlampe, Pflaster, Fotoausrüstung, Sonnenschutz, Kopfbedeckung.

- **Radfahren** s. Stichwort *Radfahren*
- **Reiten**

In einigen Städten wie *Antsirabe* und Umgebung oder am Strand von Morondava werden Reitpferde für Touristen gehalten. Die Tiere sind in der Regel dürr und wirken nicht sehr belastbar.

- **Golf** s. Stichwort *Golf*

⇨ **Sprache**

s. Sprachführer am Ende des Buches u. Kapitel *Bevölkerung* S. 116

Die örtlichen Agenturen haben Englisch und Deutsch sprechende Reiseleiter. Wenn Sie auf eigene Faust reisen, sollten Sie über gute Französischkenntnisse verfügen – eine Verständigung ist sonst so gut wie unmöglich.

⇨   **Städte- und Inselnamen**

Viele Orte sind nach der Unabhängigkeit umbenannt worden, tragen aber inoffiziell immer noch zwei Namen. Offizielle Landkarten und Flugpläne von Air Madagascar weisen oft nur noch die madagassische Bezeichnung aus, gebräuchlicher sind aber immer noch die französischen Namen.

Zum Beispiel:

Andasibe (= franz. Périnet)	Mahavelona (= Foulpointe)
Andoany (= Hell Ville)	Nosy Boraha (= Sainte Marie)
Antsiranana, auch Anseranana	Toamasina (= Tamatave)
(= Diego Suarez)	Taolanaro, auch Taolagnaro, Tolagnaro,
Fenoarivo (= Fénérive)	Tolanaro (= Fort Dauphin)
Mahajanga (= Majunga)	Toliara, auch Toliary (= Tuléar)

⇨   **Strände**
s. Stichwort *Baden*

Madagaskar bietet 5000 Kilometer Küste, darunter viele Kilometer herrlichster Sandstrände. Besonders die an der Ostküste sind wegen Strömungen und Haien mit Vorsicht zu genießen.

Zu den schönsten Stränden gehören:	
Nosy Be: Ambatoloaka, Andilana, Tanikeli (Norden)	Iharana, Sambava, Antalaha, Maroatsetra (Nordostküste)
Ramena (bei Antsiranana/Diego Suarez, Norden)	Mahavelona (bei Toamasina, Ostküste)
Katsepy (bei Mahajanga: Nordwesten)	Antsirakaraiky (Nosy Boraha/St. Marie, Südwesten)
Belo-sur-Mer (bei Morondava, Westküste)	Manafialy (Taolanaro/Fort Dauphin, Südwesten)
	Ifaty, Anakao (Toliara/Tuléar, Südwesten)

⇨   **Straßenhändler**

verkaufen Lebensmittel und Obst, Tabak, Zeitungen, Spielzeug, Blumen, Edelsteine (Antsirabe), Musikinstrumente, Holzschnitzereien, Tischdecken etc. In Tana warten sie vor Ihrem Hotel, unterwegs stehen sie an der Straße. Es spricht nichts dagegen, ihnen etwas abzukaufen, wenn Sie entsprechend handeln.

⇨   **Stromspannung**

110 und 220 Volt Wechselstrom; falls vorhanden, französische Steckdosen
für runde Stecker mit zwei Polen. Adapter für französische Steckdosen
mitnehmen.

T

⇨   **Tabak**

Tabak (*paraky*) wird in einigen Gegenden Madagaskars angebaut und verarbeitet. Beliebt ist Kautabak, noch beliebter sind einheimische *sigara* von
Boston und Good Look oder die ausländischen Luxusmarken Gauloises etc.
Viele Madagassen können sich nur einzelne Zigaretten leisten, die auch
einzeln von Straßenhändlern und an Kiosken verkauft werden. Madagassische Männer werden Sie un-
terwegs oft um eine Ziga-
rette bitten. Zusammen eine
zu rauchen, hat etwas von
Freundschaft schließen ...

Einheimische Zigarettenmarken

⇨   **Tauchen**
s. *Sport*

⇨   **Taxi**
s. *Verkehrsmittel*

⇨   **Telefon**
s. *Post und Telefon*

⇨   **Tourismus**

Madagaskar setzt u.a. mit Hilfe von SETAM (Société pour l´Exploitation du
Tourisme à Madagascar) auf das Zugpferd Tourismus, in den Nationalparks
auf «**Ökotourismus**». Das heißt, daß ein Teil der Einnahmen direkt oder
indirekt in den Schutz der Umwelt reinvestiert wird oder die Bewohner
vom Naturschutz so profitieren, daß auch sie ihn unterstützen (z.B. durch
den Bau von Schulen, Straßen und Krankenhäusern).
Die **Besucherzahlen** aus Deutschland sind eher dürftig (1995: etwa 15.000),
aber: Die Tendenz steigt. Viele scheuen aufgrund der **Sprachprobleme** eine
Reise nach Madagaskar. Wenn Sie die Hilfe der spezialisierten Reiseveran-

stalter in Anspruch nehmen, werden Sie keine Probleme haben. Noch läßt die **Infrastruktur** (Straßen, Hotels) zu wünschen übrig. In Antsiranana hat der Anstieg der Touristenzahlen dazu geführt, daß Hotelbetten knapp werden und oft ausgebucht sind. Neue Hotels sind in Bau.

⇨   **Trampen**

Nicht üblich. Nur, wenn ein Taxi-Brousse wieder mal «en panne» ist und alle Fahrgäste per Autostop weiterkommen müssen.

⇨   **Trinkgeld**

Trinkgeld ist immer eine heikle Angelegenheit. Einerseits in Madagaskar, v.a. in Restaurants (außerhalb der Touristengegenden) nicht üblich. Andererseits gehört es nicht nur in teureren Hotels zum guten Ton, u.a. für Angestellte, die das Gepäck aufs Zimmer tragen, Taxis heranwinken, Botendienste erledigen. In den meisten Touristengegenden waren 1998 500-1500 FMG (30-50 Pfennig) je nach Rechnungssumme in Ordnung. In Tana kann in guten Restaurants ein Trinkgeld von 1000 FMG (ca. 35 Pfennig) eine Beleidigung sein. 3000 FMG sind aber auch der Tageslohn eines (Plantagen)-Arbeiters, 40 DM der staatlich festgesetzte Mindestlohn.

Mit zuviel Trinkgeld können Touristen langfristig das ganze Preisgefüge durcheinanderbringen, mit zu wenig die Leute vor den Kopf stoßen. Weitere Schwierigkeit: Wenn Sie Hoteliers oder im Fremdenverkehrsamt fragen, wieviel angemessen ist, bekommen Sie häufig die bescheidene Antwort: «Soviel, wie Sie geben mögen». Trotzdem: Leute fragen, was z.Zt. üblich ist.

⇨   **Trinkwasser**

Nur wenigen Madagassen steht sauberes Trinkwasser zur Verfügung. In den Städten, auch in Tana, ist die Kanalisation oft defekt. Deshalb Vorsicht! Für ca. 2 DM kann man an fast jedem Straßenkiosk *«Eau Vive»* in 1,5 Liter-Flaschen kaufen. Ganz Vorsichtige putzen sich damit auch die Zähne.

V

⇨   **Verkehrsmittel**

•   **Busse**
In den Städten: In Tana und wenigen anderen Städten verkehren mehr oder weniger – meist weniger – komfortable **Stadtbusse**. Sie sind sehr billig, aber

auch oft hoffnungslos überfüllt (in den Schulferien geht es) und keine gute Alternative zu den Taxis.

• **Taxis**

fahren in der Hauptstadt in so großer Zahl herum, daß man sie unterwegs heranwinken kann. Daneben gibt es feste Taxistände, z.B. am Place de L´Indépendance, aber auch Halteplätze vor den großen Hotels mit wesentlich höheren Tarifen, da sie angeblich «sicherer» seien. In Wirklichkeit sind sie einfach ein bißchen besser gepflegt, und die Fahrer sprechen französisch, manchmal sogar englisch.

Tarife: Vor dem Einsteigen den Preis klären! Einige Taxis haben zwar Uhren, aber nur als Attrappe. **In Tana** richtet er sich nach der Entfernung (handeln!), an anderen Orten gelten innerstädtische Fixpreise (die man aber erstmal herausbekommen muß – Touristen zahlen sonst andere Preise, deren Höhe phantasievoll ausgedacht wird).

Nachts, von 20 - 8 Uhr, verdoppelt sich der Tarif. Wenn Sie sich nachts z.B. an einem Restaurant absetzen lassen, können Sie vereinbaren, daß Sie der Taxifahrer auch wieder abholt. Das wird meist billiger.

Vom Flughafen ins Zentrum von Tana gilt ein **Fixpreis** von umgerechnet etwa 15 DM (1998: 45.000 FMG). Da sich der Preis in FMG schnell ändern kann, fragen Sie beim Flughafenpersonal nach dem Fixpreis. Vorsicht bei Taxifahrern ohne besondere Qualifikation, die sich am Flughafen als billiger anpreisen. Um nicht erwischt zu werden, parken sie nicht direkt vor dem Flughafengebäude, schicken aber einen Mitarbeiter in das Gebäude auf Kundenfang. Wenn Sie weniger zahlen wollen, gehen Sie auf den Parkplatz ein Stück vom Flughafen entfernt; dort warten die schäbigeren und billigeren Taxis.

Auf Nosy Be zum Beispiel kann man gut per «Taxi collectif» weiterkommen – meist alte «Renaults 4» mit oder ohne Sitzpolster. Bei meiner letzten Fahrt fanden 9 Personen in einem R4 Platz, jeder bezahlt einen geringen Fixpreis. Einzeltaxis (taxis individuels) sind dagegen geradezu unverschämt teuer. Die Taxi-Preise auf Nosy Be sind 1998 fast um 100 % gestiegen.

Auch *in anderen Orten* wird normalerweise ein Einheitspreis innerhalb der Stadt und ein Fixpreis zum Flughafen berechnet (letzterer z.B. in Sambava ca. 2 DM (5000 FMG), in Antalaha 3 DM (10.000 FMG, je nach Entfernung).

• **Pousse Pousse**

In einigen Städten (Antsirabe!, Toamasina, Toliara, Mahajanga) ist das ***Pousse-Pousse*** (wörtlich «Schieb-schieb») ein beliebtes Verkehrsmittel, d.h. Rikschas, die von Männern gezogen werden. Sie sind das billigste Verkehrsmittel und oft wichtige Einnahmequelle für viele Einwohner (s. *Antsirabe* S. 331f).

Überland: Taxi Brousse, Taxi Be, Lkw

• *Außerhalb der Städte* fahren die großen **Überlandbusse** und verschiedene Taxi-Variationen, **Taxi-Be** (= große Taxis) und **Taxi-Brousse** (Buschtaxis). Sie verkehren zwischen den jeweiligen Busbahnhöfen der einzelnen Abfahrts- und Zielorte. **Taxi-Brousses** sind Klein-

busse oder größere Kombiwagen aller Fabrikate, meist aber größere Peugeots, mit mehreren Sitzreihen hintereinander oder jeweils einer an der Seite, auf die unzählige Personen gequetscht werden. Auf der hinteren Stoßstange finden stehend weitere Passagiere Platz. Vorteil: Abenteuer pur. Sie lernen Land und Leute kennen und außerdem viele einheimische Musikkassetten während der

"Normal" beladenes Taxi-Brousse

Fahrt. Nachteil: Oft dauert es Stunden, bis sie (nach einem unerklärlichen Fahrplan) losfahren (und noch länger, bis sie ankommen), sie sind immer überfüllt, oft «en panne», machen oft «Pinkelpausen», in denen Sie sich auch bei fliegenden Händlern mit Proviant eindecken können. Ansonsten rauschen Sie an der Landschaft vorbei und sehen wenig ...

• Die kleineren, recht bequemen **Taxi-Be** (Peugeots 404 oder 405) werden schneller, flexibler, ohne feste Fahrpläne und für weniger Personen eingesetzt (und fahren deshalb auch schneller los!). Sie sind etwa ein Viertel teurer als das Taxi Brousse.

• Als Bus-Ersatz dienen auch alle möglichen Arten von **Lkw**. Viele Madagassen reisen hinten auf der Ladefläche unter einer Plastikplane, ohne Fenster und mit wenig frischer Luft, mehrere Stunden oder Tage bis zum nächsten Ort.

Busbahnhöfe (Gare routière): Tana, Antsirabe, Fianarantsoa, Toliara und fast alle anderen größeren Städte haben *mehrere* Busbahnhöfe, je nach Fahrtziel. Sie sollten sich genau erkundigen, von wo die Busse in Ihre gewünschte Richtung losfahren, und sich mindestens einen, besser zwei Tage im voraus um **Tickets** kümmern, die an den Busbahnhöfen verkauft werden.

Auch die Überlandbusse, Taxi-Brousses (und Lkw) werden immer so gut besetzt, daß sich europäische Reisende an die Belegung einer für zwei Personen gedachten Sitzbank mit mindestens drei Reisenden, Gepäck und oft mitfahrenden Hühnern, Truthähnen oder Enten erst gewöhnen müssen. Wer nicht so beengt sitzen möchte und sich nicht zu dekadent vorkommt, kann zwei Sitzplätze kaufen, d.h. man hat einen nur für sich.

Busse und Taxi-Brousses fahren erst los, wenn sie voll sind. Das geht manchmal blitzschnell, kann aber auch mehrere Stunden in Anspruch nehmen. Fragen nach genauen Abfahrtszeiten werden selten präzise beantwortet. Gleiches gilt für die Fahrtzeit. Die richtet sich nicht nach Entfernungen, sondern nach dem Zustand von Straße und Fahrzeug. Die Feststellung «en panne» wird Ihnen im Laufe der Reise sehr geläufig werden; meistens handelt es sich um Reifenpannen, aber die Fahrer sind darauf eingestellt und haben in der Regel genügend geflickte Ersatzreifen dabei.

Wenn alle bezahlt haben und Bus oder Taxi-Brousse besetzt sind, geht es oft erstmal zur Tankstelle, bevor es dann – irgendwann – wirklich losgeht. Das Getümmel, die Reisevorbereitungen, die fliegenden Händler und das Geschrei auf den Bahnhöfen sind so sehenswert, daß die Warterei trotzdem recht kurzweilig wird.

Problematisch kann es werden, wenn man von einem kleineren Ort, der an einer Hauptreiseroute liegt – zum Beispiel von Ihosy zwischen Fianarantsoa und Toliara – mit dem Taxi-Brousse oder Bus weiterfahren möchte. Die Plätze sind oft von Fianarantsoa aus ausgebucht. Es kann einem passieren, daß man tagelang warten muß, bis ein nicht vollständig besetzter Bus vorbeikommt und einen mitnehmen kann.

Busfahrpläne, der Zustand der Straßen, die Versorgung mit Benzin und die Preise ändern sich ständig. Genaue Angaben hierüber zu machen, wäre sinnlos. Fragen Sie kurzfristig – in Hotels, am Bahnhof, bei den Taxifahrern. Die Madagassen sind sehr flexibel – es wird immer eine Möglichkeit geben, zum gewünschten Ziel zu gelangen, vielleicht nur nicht die, die Sie am Anfang geplant hatten.

Die **Preise** richten sich nach Entfernung und den Straßenverhältnissen. Für unsere Maßstäbe sind Busse, Taxi-Brousse und Taxi-Be spottbillig.

s. *Autofahren, Eisenbahn, Fahrradfahren, Fluggesellschaften, Flußfahrten*

⇨ Versicherungen

Wichtig sind eine gute Auslands-**Kranken**- und **Reiseunfallversicherung**. Muß meist als Zusatzversicherung abgeschlossen werden. Günstige Tarife bietet z.B. der ADAC (gestaffelt nach Reisedauer, incl. Krankenrücktransport, etwas teurer auch für Nichtmitglieder). Krankenrücktransporte u.a. auch über das Rote Kreuz.

Reisegepäckversicherung: Die meisten teuren Gegenstände, wie Kamera, Schmuck etc., werden im Kleingedruckten ausgeschlossen oder müssen teuer versichert werden; überlegen Sie, ob sich das für Sie lohnt. Bei Buchung lange im voraus kann eine **Rücktrittsversicherung** sinnvoll sein. Erkundigen Sie sich, an wen Sie sich bei Verlust oder Diebstahl von **Kreditkarten**/Reise-schecks wenden müssen, und notieren Sie die entsprechenden Telefonnum-mern.

Bei **Autovermietern** unbedingt genau die Versicherungsleistung klären.

⇨ **Versorgungslage**

Mit dem nötigen Kleingeld kann man in Madagaskar bzw. in Tana (fast) alles kaufen. Wenn man keine zu hohen Ansprüche hat, reicht die Versorgung mit Lebensmitteln sogar im abgelegenen Ranohira für ein anstrengendes Trek-king, auch ohne Müsli-Riegel und Traubenzucker. Ein paar Kekse, Eau Vive, Konserven, Reis, meist auch frisches Obst sind überall zu bekommen.

Wichtige Medikamente sollte man von zu Hause mitbringen. Auch alle Aus-rüstungsgegenstände, die für Camping, Fahrradtouren etc. wichtig sind. Tau-cherausrüstung kann man leihen.

⇨ **Visum**

Deutsche, Österreicher und Schweizer Staatsbürger brauchen einen minde-stens 6 Monate gültigen *Reisepaß* und ein *Visum*, das Sie rechtzeitig bei der madagassischen Botschaft oder bei einem der Konsulate beantragen müssen (Adressen s. *Botschaften*). Der Antrag muß per Einschreiben geschickt wer-den und folgendes enthalten:

• zwei ausgefüllte Antragsformulare (bei Botschaft/Konsulat anfordern)
• Ihren Paß
• Paßfotos, 50 DM Bearbeitungsgebühr (Stand: 1999), Flugbestätigung (Hin- und Rückflug, es reicht eine Kopie des Tickets oder Reservierungsbestä-tigung vom Reisebüro), frankierter Rückumschlag für den Paß per Ein-schreiben

Bearbeitungsdauer: 2-3 Tage. Sie können das Visum auch selbst abholen. Es

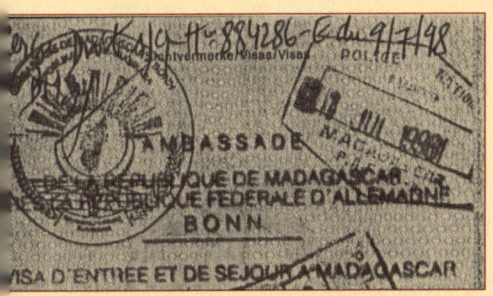

ist 60-90 Tage gültig. In Ma-dagaskar können Sie es ggf. beim Innenministerium, Stadtteil Ampefiloha, Nähe Hilton Hotel, oder bei Po-lizeistationen in den Pro-vinzhauptstädten verlän-gern lassen.

Geschäftsleute und Journa-listen brauchen, wie über-all, ein gesondertes Visum, wenn Sie in Madagaskar arbeiten wollen. Eine Kopie Ihrer Papiere incl. Visum ist immer gut, falls doch mal etwas verloren geht.

⇨ **Vorwahlen**
s. *Post und Telefonieren*

W

⇨ **Währung**
s. *Geld*

⇨ **Wäsche waschen**

Sehr billig, je nach Hotel. Man braucht also nicht so viel Garderobe. Problematisch wird es nur, wenn man jeden Tag weiterreist.

⇨ **Wandern und Trekking**
s. *Sport*

⇨ **Weine**
s. *Essen und Trinken*

Z

⇨ **Zeitungen**
s. *Medien*

⇨ **Zeitunterschied**

Der Zeitunterschied beträgt +2 Stunden (zur europäischen Sommerzeit nur eine), d.h. Madagaskar ist uns zwei (bzw. eine) Stunden voraus.
Sonnenaufgang und -untergang: im Südsommer (ab November): 5 Uhr bzw. etwa 19 Uhr mit entsprechend langen, hellen Tagen, im Südwinter (Juni bis September): 8 Uhr bzw. etwa 17 Uhr.

⇨ **Zoll**

Personen über 18 Jahre dürfen 1 Liter Alkohol, 500 Zigaretten, 25 Zigarren oder 500 g Tabak zollfrei einführen.
s. auch *Ein- und Ausreise*

3.2 Regionale Reisetips von A - Z

- *Die* **Preiskategorien** *der Unterkünfte werden in diesem Buch durch $-Zeichen unterschieden (gilt für 1 Doppelzimmer (DZ) pro Tag – EZ sind selten billiger; Zusatzbetten für geringen Aufpreis immer möglich). Zum Übernachtungspreis werden noch etwa 1 DM pro Tag/Zi. an Hotelsteuern berechnet.*

$	= von 10 - 30 DM
$$	= von 30 - 50 DM
$$$	= von 50 - 80 DM
$$$$	= über 80 DM
$$$$$	= über 200 DM

- *Sterne sind extra angegeben mit **, *** etc., nach nationalem Standard kategorisiert, und entsprechen etwa 1-2 Sternen weniger als nach europäischem Maßstab.*
- *„***Hotely Gasy***" sind einfachste Unterkünfte, meistens nur kleine Restaurants (s. Allgemeine Reisetips A - Z, Stichwort Hotels).*
- *In den kleineren Orten erübrigen sich Adressenangaben –* **Straßennamen** *kennen oft nicht mal die Taxifahrer. Fragen Sie einfach nach den Hotels. Nicht alle haben Telefon.*
- *Ein* **Tip** (☞) *wird nur dann vergeben, wenn uns die Hotels gefallen haben. Für manche Orte können wir deshalb leider keine Tips geben, aber ein oder zwei Nächte auf der Durchreise in mäßigen Unterkünften kann man sicher verkraften.*
- *Fast alle genannten Hotels verfügen über* **Restaurants***, oft die einzigen am Ort. Sie werden deshalb meistens nicht gesondert aufgeführt.*
- **Nationalparks:** *Die Eintrittspreise der unter ANGAP-Verwaltung stehenden Nationalparks sind i.d.R. einheitlich, s. auch die Stichworte Camping und Naturschutzgebiete unter Allgemeine Reisetips von A - Z.*

Inhalt

Ambalavao (S. 410)

Verkehrsverbindungen
Straße: gut ausgebaute RN 7, regelmäßige Verbindung mit Taxi-Brousse, Taxi-Be, Überlandbus, Lkw zwischen Fianarantsoa und Toliara.

Hotels/Restaurants
* **Hôtel Snack-Bar Aux Bougainvilliers** $, im Garten auf dem Gelände der Papierfabrik, 8 saubere, gemütliche Zimmer mit Dusche und WC in kleinen oder größeren Bungalows. Am Eingang gutes, kleines „Freiluft-Restaurant".
* Im Ort gibt es einige **Hotely Gasy**.

Einkaufen
* Das **Papier der Antaimoro** – in keiner anderen Stadt, auch nicht in Tana, wird es so schön hergestellt wie in der hiesigen Manufaktur – als Briefumschläge, Bögen, Karten, Schreibunterlagen, Geschenkpackungen. Nicht billig, aber dafür einzigartig.
* Wer den madagassischen **Wein** mag, kann sich im nahegelegenen Weingut Soavita eindecken.
* Seidene **Lamba-Tücher** werden im Ort und in den Nachbardörfern hergestellt.

Unternehmungen
* Besuch der **Papier-Manufaktur** und der **Seidenfabrikation**.
* **Markttag:** i.d.R. mittwochs, kann aber auch an anderen Wochentagen stattfinden
* Ausflug in den neuen **Nationalpark des Andringitra**-Gebirges. Informationen beim **WWF**-Büro am Ortseingang von Ambalavao.

Ambanja/Ankify (S. 487, 518)

Verkehrsverbindungen
* **Flug:** mehrmals wöch. über Antsohihy von/nach Tana und Nosy Be
* **Straße:** schlechte Piste (RN 6) Richtung Süden nach Antsohihy, 1996 neu asphaltierte Straße (auch RN 6) nach Norden Richtung Antsiranana; gute Taxi-Brousse-Verbindungen
* **Schiff/Boot:** mehrmals täglich Fährverbindung von/nach Nosy Komba und Nosy Be, mit regulären kleinen Fährschiffen oder „Vedettes" für ca. 10 Personen. Hat man die Fähre in Ankify verpaßt, gibt es einen weiteren kleinen Fährhafen, Antsahampano, ca. 10 km über holprige Piste weiter nördlich. Überfahrt: ca. 1-2 Stunden, manchmal mit Halt auf Nosy Komba.

Hotels/Restaurants
Bisher keine empfehlenswerten Unterkünfte.

• Die besten der einfachen $-Hotels sind noch das **Palma Rosa** und das **Patricia**.

• Eine bessere – allerdings teurere Alternative: wenige Kilometer weiter nach **Ankify** zur Bungalow-Anlage **Le Baobab** $$$, 500 m von der Anlagestelle der Fähre nach Nosy Be entfernt, mit Garten, Tennisplatz und schöner Terrasse.

• Als Geheimtip gehandelt und deshalb oft ausgebucht ist das traumhaft schön und einsam gelegene **Hôtel Hermitage Plage** $-$$ in der **Bucht von Ampasindava** (Halbinsel Ambaro), ca. 40-50 km von Ambanja. Neue, gepflegte Bungalows unter Palmen, nur im Taxi erreichbar oder besser per privat gemietetem Boot (von Ankify aus oder Nosy Be).

Ambatolampy (S. 325)

Verkehrsverbindungen
An der vielbefahrenen RN 7 und der Bahnlinie gelegen, etwa auf halber Strecke zwischen Antananarivo und Antsirabe. Regelmäßige **Verbindungen** *per Taxi-Be und Taxi-Brousse und, wenn nicht „en panne", auch mit dem Zug.*

Hotels
Einige kleine einfache Hotels im Zentrum.

• Empfehlenswert ist die **Manja-Ranch** $, am südlichen Ortsende etwas außerhalb und sehr ruhig in einem Garten gelegen; einfache Zimmer.

• **Gîte de France** $, 4 Zi. am nördlichen Ortsende.

• **Au Rendez-vous des Pêcheurs** $, 9 Zi.

Camping
an der Station Forestière de Manjakatompo

Restaurants
Nicht nur Franzosen schätzen Ambatolampy wegen seiner schönen Umgebung, aber auch wegen der berühmten madagassischen Gänseleberpastete und einigen Fischrestaurants, z.B. das **Au Rendez-vous des Pêcheurs***.*

Unternehmungen/Ausflüge
Wanderungen in die umliegenden Berge mit Blick auf den 2643 m hohen Tsiafajavona, Reiten, Angeln, Fahrradvermietung auf der Manja Ranch.

Ambatondrazaka (S. 560) (s. Lac Alaotra)

Ambilobe (S. 517)

Verkehrsverbindungen
- **Flug:** *nach Nosy Be, Mahajanga, zeitweise Tana u.a.*
- **Straße:** *Gut ausgebaute RN 6 bis Ambanja (ca. 2 ½ Std.) bzw. Antsiranana (ca. 3 Std.); je nach Jahreszeit schlechte Piste an die Ostküste nach Iharana (RN 5a) (ca. 12 Std. per Taxi-Brousse, 6-8 Std. Taxi-Be, ca. 17 DM pro Person).*

Hotels/Restaurants
*Der Verkehrsknotenpunkt Ambilobe liegt zwar günstig als Ausgangspunkt zum Ankarana-Reservat, ist aber keine Stadt, die zum Bleiben einlädt. Die Low-Budget-Hotels **L´ Escargot, Golden Night** und **Lotus Bleu** (alle $, 5-10 DM/DZ) und das Restaurant **La Vallée Rose** sind aber halbwegs zumutbar.*

Amboasary (Kaleta)-*Naturreservat* (S. 455) (s. Taolanaro)
Ambodifotatra (S. 596) (s. Nosy Boraha)

Ambohimanga (S. 307)

Verkehrsverbindungen
Taxi-Brousse von Tana (Station Nord, Ambodivona), ca. 1 Std. Fahrzeit, oder mit einem für eine halbe Tagestour gemieteten Taxi (oder Sie mieten eins für einen Tag und besuchen noch die anderen Königshügel; Tagespreis ca. 50,- DM).

Hotels
- **Auberge du Soleil Levant**, *$, sehr einfach, von Tana kommend 6 km vor Ambohimanga, mit kleinem Restaurant.*
Restaurant
- **Resto d´Ambohimanga Rova**, *das einzige Gartenrestaurant direkt unterhalb des Rova, mit großartigem Blick vom Hügel auf die weite Ebene von Tana. Nett, aber für das, was geboten wird, teuer!*
- **La Colline Bleue**, *an der Taxi-Brousse-Station, gutes madagassisches Essen.*

Öffnungszeiten des Rova
In der Regel: 8-11 und 14-17 Uhr täglich, außer montags. Fragen Sie vorsichtshalber einen Taxifahrer, bevor Sie losfahren.

Ambohitra (Joffreville) (S. 503ff),
mit Montagne d´Ambre-*Nationalpark* (S. 506)

Verkehrsverbindungen
Straße: Von Antsiranana aus ca. 30 km gute Asphaltstraße; die 6 km weiter bis zum Nationalpark Montagne d´Ambre nur noch Piste. Alternativen: per Taxi Brousse, die fast stündlich von der Taxi-Brousse-Station West in Diego abfahren (ca. 2 DM); oder mieten Sie tageweise ein Taxi, mit dem man auch einige Pisten im Park befahren kann (der obligatorische Führer steigt dann am Parkeingang mit ein). Taxi-Preis incl. Hin- und Rückfahrt, Benzin u. Wartezeit etwa 30-50 DM.

Hotels/Restaurants
• **Chez Michel et Henriette** $, incl. Halbpension. Hübsches Haus mit 4 Zimmern an der ehemaligen „Hauptstraße" des Ortes (oberhalb des ANGAP-Büros), Terrasse und Blick auf die langsam verfallenden, aber immer noch dekorativen kreolischen Holzschnitzereien an den gegenüber liegenden Häusern. Von hier aus sind es noch ca. 1 Std. Fußweg bis zum Parkeingang.

• **Auberge de Joffreville** $, der französische Besitzer betreibt in Diego das „Jardin Exotique". Schön und absolut ruhig in einem farbenprächtigen Garten gelegen, in einer kleinen Seitenstraße, die gegenüber vom ANGAP-Büro abzweigt. Auf der Terrasse kann man gut eine Kaffeepause (oder ein Mittagsmenu) einlegen, bevor man zum Park weiterfährt. Einfache Zimmer ohne fließend Wasser. Essen und Zimmer etwas überteuert für das, was außer dem Blick und der netten Atmosphäre geboten wird.

• Das alte, längst verlassene **Hôtel Joffre** wartet auf seine Wiederentdeckung.

• Oberhalb des ANGAP-Büros gibt es ein paar nette **Hotely Gasy**, wo man einfache Mahlzeiten bekommt; im „Village Store" gibt es Kekse, Wasser und anderen Wanderproviant.

Unternehmungen
Der Eingang des **Montagne d´Ambre-Nationalparks** liegt 6 km entfernt. AN-GAP-Büros in Antsiranana, Joffreville (gegenüber dem Rathaus) und am Parkeingang geben Auskunft.

Ambositra (S. 378)

Verkehrsverbindungen
Straße: gut ausgebaute RN 7, Taxi-Brousse, Taxi-Be, Überlandbus, Lkw von Tana/ Antsirabe.

Hotels/Restaurants

Die Stadt besteht aus Ober- und Unterstadt. Die Oberstadt bietet einen malerischen Ausblick auf das große Benediktinerkloster und die Reisterrassen in der Umgebung.

• ✎ **Le Grand Hôtel d´Ambositra** $, in der Oberstadt nicht weit vom Kloster entfernt. Heute sehr einfach, aber sehr angenehme Atmosphäre. 13 Zimmer teils mit Dusche und WC. Kleiner Speisesaal neben der Empfangshalle, in der der über 90jährige Patron, M. Dusmenil, hinter der Theke über das Wohl und Wehe seiner Gäste wacht und wunderbare Geschichten aus alten Zeiten erzählt, in denen das Grand Hôtel zu den bekanntesten und besten der Region gehörte.

• **Hôtel Violette** und **Violette Annex** $. Sehr einfach. Beide in der Nähe der Taxi-Brousse-Station Nord bzw. Süd.

• **Tropical** $, 1997 eröffnet, am Ortsausgang Richtung Fianarantsoa.

Restaurants

Das **L´Oasis** ist eins der wenigen akzeptablen Restaurants im Ort, abgesehen von den Hotelrestaurants (s.o.).

Einkaufen

Im „Arts de Tropique" (Nähe Violette) und in der „Galerie des Arts Zafimaniry" (gegenüber Grand Hôtel) kann man **Holzschnitzereien der Zafimaniry** erwerben, für die Ambositra berühmt ist. Man findet alles, von Statuen über geschnitzte Tiere (sogar Elefanten), Salzstreuer, bis zu Holzspielen. Tip:

"Les Mangroves" vor Anakao

Ausgewählte Stücke bekommen Sie in der Société Jean et Frère am Ortsausgang von Ambositra und in der Kooperative Arts Zafimaniry innerhalb des Klosters (wenn es geöffnet hat).

Unternehmungen/Ausflüge

• Eine Besichtigung des pompösen **Benediktiner**-Klosters war 1998 zeitweise nicht mehr möglich, der Besucherandrang war wohl zu lästig geworden. Aber das kann sich schnell wieder ändern.

• Der Patron des Grand-Hotels berät Sie, wenn Sie eine mehrtägige Wanderung zu den **Zafimaniry**-Dörfern auf sich nehmen wollen, und kennt versierte Führer.

• Am Ortausgang rauchen merkwürdig aufgeschichteten Steinhäuser vor sich hin. In diesen **Ziegeleien** kann man sich ansehen, wie die Ziegel für die madagassischen Hochlandhäuser gebrannt werden. Besonders im Dunst bei Regen und Nebel ein eindrucksvolles Bild, wenn auch ein Knochenjob für die Arbeiter.

Ambovombe (S. 443)

Verkehrsverbindungen
Straße: *Piste von Toliara, gute Straße und Taxi-Brousse-Verbindungen von Taolanaro.*

Hotels
- **Relais des Antandroy** *am westlichen Ortsende, sehr einfach.*
- *Einige* **Hotely Gasy**

Unternehmungen
Montags Markt, auch großer **Rindermarkt**

Ampanihy (S. 442)

Hotels
- **Relais de Ampanihy** $. *Passable Unterkunft für diese abgelegene Gegend.*
- **Chez Tahio** $. *Einfaches Hotely Gasy für ca. 5 DM.*

Ampasimanolotra (Brickaville) (S. 570)

Verkehrsverbindungen
- **Bahn:** *Brickaville liegt an der Bahnlinie zwischen Toamasina und Antananarivo. Wenn ein Zug fährt, fährt er täglich in jeweils eine Richtung.*
- **Straße:** *gut ausgebaute RN 2, regelmäßige Taxi-Brousse-Verbindungen von Tana - Gare Routière Ouest und von Toamasina*

Hotel/Restaurant
Le Florida $, *(DZ ca. 10 DM), 10 einfache Bungalows*

Unternehmungen/Ausflüge
Ausgangspunkt für Bootsfahrten zum **Canal des Pangalanes**.

Ampefy (S. 315)

Verkehrsverbindungen
RN 1 von Tana, ca. 2 ½ Std. mit dem Taxi-Brousse

Hotel/Restaurant
Hôtel **Kavitaha** $, einfach, aber hübsch gelegen mit Garten am Ufer des Sees.

Anakao (S. 439) (s. Toliara)
Analamazaotra-*Naturreservat* (S. 562) (s. Andasibe)

Analamerana-*Naturreservat* (S. 510)

Infos
ANGAP-Büro in Antsiranana

Anreise
am besten von Antsiranana, auch von Ambilobe; einfachster Parkzugang von Irodo.

Unterkünfte
Campingmöglichkeit im Park, Proviant mitbringen! Hotels in Antsiranana, sehr
einfache in Ambilobe (s. dort)

Andapa (mit Marojezy-Nationalpark) (S. 530)

Verkehrsverbindungen
Straße: 110 km gute, sehr kurvenreiche Asphaltstraße von Sambava; von dort
tägliche Busverbindung, Abfahrt i.d.R. 7 Uhr morgens, Fahrtdauer ca. 5 Stunden!
Taxis (R 4) können zum Tagespreis gemietet werden, handeln! Fahrtzeit ca 3-4
Stunden. Es existiert ein Flughafen, z.Zt. aber keine Flugverbindungen!

Hotels/Restaurants
• **Vatosoa** $. Das kleine Hotel am Ort ist einladend, hat 10 Zimmer mit WC/
fließend Wasser, einige neue Bungalows und ein hervorragendes Restaurant, in
dem man den Ausblick in die Berge genießen und sich ggf. für den anstrengenden
Masoala-Trek oder einen Besuch im Marojezy-Reservat stärken kann (s. Masoala).
• **Chez Simonette** $, 5 Zi.

Camping
ist im Marojezy-Reservat gestattet, keine Infrastruktur

Unternehmungen/Ausflüge
Marojezy-Nationalpark: Der Park ist erst seit kurzem für Touristen zugänglich. Infos beim WWF-Büro in Andapa und bei den Reiseveranstaltern in Sambava. Informationen über Wege zu den heißen Quellen (= Ranomafana), Guides, Fahrgelegenheiten dorthin und Campingerlaubnis beim WWF-Büro (Öffnungszeiten im Vatosoa erfragen).

Andasibe (Périnet) (S. 562)

Verkehrsverbindungen
- **Bahn:** nach Antananarivo, Ambatondrazaka und Toamasina
- **Straße:** RN 2

Hotels/Restaurants
- **Feon' ny Ala** $, Bungalows am Flußufer mit Restaurant im Grünen.
- **Hôtel Buffet de la Gare** $. Die Bungalows gegenüber sind mehr zu empfehlen als die alten Zimmer im Bahnhofsgebäude. **Campingmöglichkeit.**
- **Les Orchidées** $, von Travellern empfohlen.
- ✿ **Vakona Lodge** $$$-$$$$. Tel. 22-213.94 (über Tana). Diese malerisch gelegenen, sehr komfortablen 14 Bungalows liegen mitten im Privatreservat Vakona. Schwimmbad, Restaurant mit Kamin, Billard, Reiten.

Unternehmungen/Ausflüge
Naturreservat Analamazaotra (= Indri-Reservat), 4 km davon nördlich der neue **Nationalpark Mantadia**, Privatreservat **Vakona**: Auskünfte im ANGAP-Büro am Parkeingang und in den Hotels. **Eintrittspreise:** Das Indri-Reservat kostet ca. 8 DM, Vakona ca. 20 DM pro Person und Führer.

Andoany (Hell Ville, s. Nosy Be, S. 467)

Andringitra-Nationalpark (S. 409) (s. Ambalavao)

Infos
WWF-Büro in Ambalavao

Anreise
über Ambalavao

Unterkunft
in Ambalavao oder Camping im Park (Infos beim WWF)

Anivorano-Nord (S. 511, 512)

Verkehrsverbindungen
Straße: gut ausgebaute RN 6 von Ambilobe nach Antsiranana, Taxi-Brousse

Hotel/Restaurant
- **Paradis $**, *einfach, ca. 10 DM*
- *einige* **Hotely Gasy**

Unternehmungen/Ausflüge
Der Ort ist Ausgangspunkt für Ausflüge zum **Lac Sacré** *und zu den Reservaten* **Ankarana** *und* **Analamera** *(s. dort). Fragen Sie im Ort nach Leuten und Guides, die sich in Ankarana und Analamera auskennen.*

Ankarana-Naturreservat (S. 513) (s. Antsiranana)

Infos
ANGAP-Büros in Antsiranana und Mahamasina; Reiseveranstalter in Antsiranana

Anreise
von Ambilobe, Anivorano oder Antsiranana; Parkeingang: verschiedene, am leichtesten zugänglich von Mahamasina.

Unterkunft
mehrere Campingmöglichkeiten im Park; die besten Unterkünfte findet man in Antsiranana, einfachere in Ambilobe, Anivorano (oder Ambanja).

Ankify (s. Ambanja)

Antalaha (S. 532)

Verkehrsverbindungen
- **Flug**: *mehrmals wöch. nach Antsiranana, Toamasina/Tamatave und Tana. Plätze in der kleinen Twin Otter rechtzeitig buchen!*
- **Straße:** *Von Antsiranana aus ca. 140 km gute Straße bis Ambilobe (ca. 3-4 Std.), danach schlechte, in der Regenzeit katastrophale, kaum befahrbare 170 Pistenkilometer, zur Trockenzeit je nach Auto ca. 6-12 Std. (einschließlich Pannen im Taxi-Brousse auch mal bis zu 30 Stunden) bis Iharana (Vohémar). Danach ist die Straße als Transportweg für Vanille, Pfeffer u.a. Gewürze vom Hafen in Iharana bis kurz hinter Sambava seit 1996 wieder bestens geteert (150 km, ca. 2 ½ Std.),*

dann wird sie für die restlichen 90 km wieder zur schmalen Piste. Landschaftlich ist vor allem der letzte Teil von Sambava nach Antalaha wunderschön und in der Trockenzeit gut zu fahren. Taxi-Brousse fahren von allen Orten regelmäßig, meist am frühen Morgen, weiter. Richtung Süden ist die Piste kaum noch mit dem Geländewagen befahrbar; eine Verbindung nach Maroantsetra gibt es nur per Flugzeug oder zu Fuß.

• **Schiff**: in Antalaha werden relativ große Mengen an Gewürzen verfrachtet. Mit viel Glück wird man vielleicht auf einem der Schiffe nach Iharana/Antsiranana oder nach Süden mitgenommen.

Hotels/Restaurants

Antalaha ist noch nicht besonders gut auf Touristen eingestellt und bietet nur wenige, bisher einfache Hotels. Wer erst am späten Nachmittag hier ankommt, muß damit rechnen, daß alle Hotelzimmer ausgebucht sind. Seit 1998 werden deshalb mehrere neue Hotels gebaut.

• **Les Cocotiers $** (DZ ca. 10 DM), Tel. 88-811.77. Sauber, sehr simpel, aber mit einigen passablen Bungalows, Dusche/Bad, WC außerhalb. Großes Restaurant mit Frühstücksterrasse und chinesischer Küche.

• **Florida $**, Tel. 813.30, gilt als das bisher beste am Ort, bei unserer Recherche war es leider geschlossen.

• **Hôtel du Centre $**, Tel. 88-811.67, sauber und einfach, zu empfehlen sind nur die Zimmer mit Dusche/WC und Fenster, nicht die nach innen gelegenen, fensterlosen.

• **Chambre de Commerce $**, Tel. 88-811.33. Die Handelskammer an der Ave. de l'Indépendance verfügt im Gartentrakt über 4 einfache Zimmer, die auch an Touristen vermietet werden.

• **Ocean Plage $**, Tel. 88-812.05. 12 Bungalows etwas südlich des Zentrums am Strand, aber, seitdem ein Neubau davorgesetzt wurde, ohne Meerblick.

• Einige sehenswerte **Hotely Gasy** befinden sich in der Nähe des Marktviertels im oberen Teil des Ortes.

Nachtleben

Selbst in kleinen Orten wie diesem gibt es Nachtclubs, in denen am Wochenende und vor allem während der Erntezeit der Vanille der Teufel los ist.

Einkaufen

Vanille, Zimt, Pfeffer, Gewürznelken!! Für größere Mengen Vanille (ab etwa 1 Kilo) braucht man eine Genehmigung. Kaufen kann man in den meisten Plantagen, die man, wie die Verpackungshallen, auch besichtigen kann. Fragen Sie im Hotel nach den Öffnungszeiten und welche gerade am nächsten liegen. Größter Vanilleproduzent der Region ist der chinesische Händler Lohman. Er verkauft allerdings keine kleinen Mengen.

Unternehmungen/Ausflüge

- Besichtigung der **Vanille- und Nelkenplantagen**. Planen Sie Ihre Reise so, daß Sie nicht am Samstag hier ankommen; Besichtigungen sind nur von mo-fr. möglich, in Ausnahmefällen auch samstags morgens.
- Auch von Antalaha aus kann man die **Halbinsel Masoala** (s. S. 248) durchqueren, teilweise zu Fuß und per Piroge (s. S. 534). Das neu eröffnete ANGAP- und CARE-Büro in der Nähe des Hotels Cocotiers hilft bei Routen und Guides. Allerdings steckt diese Art von Trekkingtourismus noch in den Kinderschuhen.
- Den Trekk beginnt man am besten am östlichsten Punkt Madagaskars, dem **Cap Est**. Dort, am Ende der Welt, liegt auch das Hotel **La Résidence du Cap** $, etwa 1 km südlich des Dorfes Ambohitralalana. Ein fantastisches, abgelegenes und wildromantisches Strandbungalowhotel, unter südafrikanischer Leitung und nur zu Fuß (ca. 8 Std.), per Mountainbike (ca. 3-4 Std.), Geländewagen, Motorboot oder per Piroge erreichbar. Hervorragende Tauchmöglichkeiten entlang dem Korallenriff, das zu den schönsten Madagaskars gehört und unter Schutz steht.

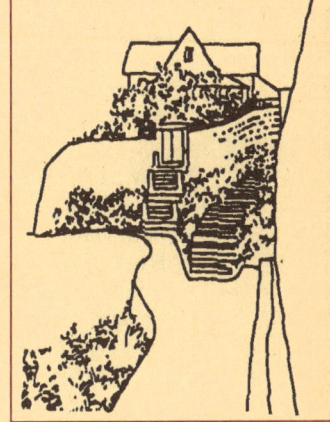

Antananarivo (S. 285)

Verkehrsverbindungen

- **Flug:** mit dem vor wenigen Jahren renovierten **Flughafen Ivato** etwa 15 km außerhalb ist Antananarivo an das internationale Flugnetz angeschlossen. Die Halle für **nationale** Flüge liegt wenige 100 m neben dem **internationalen** Abfertigungsgebäude. Tana ist Sitz zahlreicher internationaler Fluggesellschaften, Air Madagascars und mehrerer privater Flugunternehmen (Adressen s. Allgemeine Reisetips A-Z, Stichwort Fluggesellschaften).
- **Bahn:** Bahnverbindungen existieren vom Hauptbahnhof am Ende der Avenue de l'Indépendance Richtung Süden über Ambatolampy (2 Std.) nach Antsirabe (ca. 5 Std.), außerdem zum Lac Mantasoa (4 Std.), Moramanga und Andasibe (Périnet) (ca. 6-7 Std.) an die Ostküste nach Toamasina (10-14 Std.), mit Abstecher zum Lac Alaotra. Züge fahren jedoch sehr unregelmäßig, u.a. wegen der Schwierigkeit, Ersatzteile für die altersschwachen Lokomotiven und Gleise zu beschaffen. Informationen am Bahnhof, in Hotels und bei Taxifahrern (s. Allgemeine Reisetips, Stichwort Eisenbahn).
- **Straßen:** die Hauptstadt ist Ausgangspunkt von sternförmig abgehenden, mehr oder weniger gut ausgebauten Routes Nationales (RN) zu den wichtigsten ande-

ren größeren Städten: Fianarantsoa und Toliara im Süden, Toamasina im Osten, Mahajanga und Antsiranana im Norden und Morondava im Westen. Von Tana starten Taxi-Brousse, Taxi-Be, Lkw und Überlandbusse von **verschiedenen Busbahnhöfen** *aus (Gares routières):*

- *Ambodivona (nach Toamasina, Mahajanga, Antsiranana)*
- *Anosibe (nach Süden)*
- *Ampasampito (nach Mantasoa, Manjakandriana etc.)*

Innerhalb der Stadt *verkehren überfüllte Busse (ca. 15 Pfennig) und ausreichend Taxis, v.a. R 4, zum Einheitspreis von ca. 1-2 DM; weitere Wege als 2,5 km sind Verhandlungssache (s. Allgemeine Reisetips, Stichwort Verkehrsmittel).*

Wichtige Adressen

- **Ärzte/Krankenhäuser** s. Allgemeine Reisetips A-Z
- **Auto- und Motorradverleih** s. Allgemeine Reisetips A-Z
- **Banken** (Adressen s. auch Allgemeine Reisetips A-Z)
- **BNI-CL**, am Place de l'Indépendance und am südlichen Ende der Araben ny 26 Jona 1960
- **BMOI**, in der Nähe des Hotel Glacier und am Place de l'Indépendance
- **BTM**, in der Nähe des Muraille de Chine gegenüber dem Bahnhof und am Place de l'Indépendance
- **BFV**, Oberstadt nahe Radama-Hotel und in Seitenstraße vom Hotel Glacier
- **American Express** Repräsentanz bei Madagascar Airtours, s.u.
- **Botschaften** s. Allgemeine Reisetips A-Z
- **Fluggesellschaften** s. dort

Information

La Maison du Tourisme de Madagascar, Place de l'Indépendance, B.P. 3224, Antananarivo, 101; Tel. (00261)-20-22-325.29; Fax (00261)-20-22-325.37, geöffnet mo-fr 9.30-11.30, 15.30-17.30 Uhr.

Das Tourismusbüro direkt neben der Hauptpost, schräg gegenüber vom Hotel Colbert, verkauft für einen geringen Unkostenbeitrag touristische Stadtpläne, Postkarten, (nicht immer aktuelle) Busfahrpläne, Hotelpreislisten und ein Heft, in dem Sie alle wichtigen Adressen von örtlichen Reiseveranstaltern mit Adressen und Angeboten, Ministerien, Museen, Sehenswürdigkeiten und Öffnungszeiten finden.

Ministerien

Eine Liste mit Adressen ist im Maison du Tourisme erhältlich (vor allem wichtig bei geschäftlichen Interessen, Ausfuhr v. Mineralien, Kunsthandwerk, Pflanzen etc.).

- **Ministère du Tourisme,** B.P. 610 Tsimbazaza (gegenüber dem Zooeingang), Tel. 22-262.98.
- **Ministère des Affaires Etrangères,** B.P. 448, Anosy, Tel. 22-211.98.

Postämter

• **Hauptpostamt:** *Place de l'Indépendance gegenüber dem Hotel Colbert; im Nebeneingang direkt der Hotelterrasse gegenüber werden in einem kleinen Büro besonders schöne Briefmarken verkauft.*
• **Filiale:** *Araben ny 26 Jona 1960, am unteren Treppenende zwischen Place und Rue de l'Indépendance, in Analakely*

Reiseveranstalter *(s. dazu auch* Allgemeine Reisetips A-Z)

• **Espace 4x4**, *50 Ave. Grandidier, Isoraka, Bp 5154, Tana, Tal. 22-262.97, Fax 22-272.96*
• **La Caravane Malagasy**, *21 Rue Rabozaka, Ankadilalana, BP 5192, Tel./Fax 22-355.54*
• **Madagascar Airtours**, *33, Av. de l'Indépendance, B.P. 3874, Tana 101, Tel. (00261-20)-22-241.92, Fax (00261-20)-22-641.90, E-mail: airtours@dts.mg. Dépendance im Hilton Hotel.*
• **PRIORI**, *103, rue de Liège, Tsaralalàna, B.P. 273, Tana 101, Tel. (00261-20)-22.625.27, Tel./Fax (00261-20)-22.353.54, E-mail priori@bow.dts.mg. Homepage: http://www.priori.ch.*
• **Madagascar Evasion**, *8, rue Rajohson Emile, Tsaralalana, Tana 101. Tel. 22-328.47, Fax 22-252.70, organisiert begleitete Motorradtouren u.a. in den Süden.*
• **SETAM**, *56 Araben ny 26 Jona 1960, Tel. 22-272.49, Fax 22-347.02*
• **Tropika Touring**, *41, Lalana Ratsimilaho, Ambatonakanga. B.P.645, Tana 101, Tel. (00261-20)-22-276.80/222.30, Fax 22-349.01, E-mail: tropika@bow.dts. mg. Nähe Hotel Colbert.*
Deutschsprachige Mitarbeiter für Stadtrundfahrten beschäftigen u.a. Madagascar Airtours und Priori. Eine aktuelle und ausführlichere Liste liegt im Maison du Tourisme aus. Dort können Sie sich auch nach den Schwerpunkten der Agenturen erkundigen.

Umweltschutz/Naturschutzgebiete/Int. Organisationen

• **ANGAP** *(Association Nationale pour la Gestion des Aires Protégées), Lalana Dokotera Razafindratandra Randramazo, Antanimena, Tana, Tel. 22-305.18. Geöffnet mo-fr. 8-12 und 14-16 Uhr. In Tana für Touristen zuständig für Sondergenehmigungen für Reservate.*
• **Direction des Eaux et Forêts** *(Abt. d. Landwirtschaftsministeriums), Antsahavola, Tana, Tel. 22-406.10/22.240.26.*
• **ONE** *(Organisation Nationale de l'Environnement), Place de l'Indépendance*
• **WWF** *(World Wide Fund for Nature), Lot près II M 85, Antsakaviro, Tana, Tel. 22-346.38/348.85, Fax 22-348.88. Der WWF weist darauf hin, daß er in Tana aufgrund personeller Ausstattung nur für Fachleute (und nicht für touristische Anfragen) zuständig sein kann.*
• **UNESCO**, *11, rue Naka Rabemanantsoa, Behoririka, Tel. 22-217.61*
• **UNICEF**, *rue Robert Ducrocq, Behoririka, Tel. 22-280.83, Fax 22-304.01*

Kulturinstitute

Zahlreiche Veranstaltungen, Konzerte, Lesesaal etc. im

- **Cercle Germano Malgache** (Deutsches Kulturinstitut), Immeuble Ifano-mezantsoa, Analakely, B.P. 1200, Antananarivo (an der Treppe gegenüber vom Zoma). Tel. 22-330.92 oder 22-214.42., Fax 22-272.07. E-mail: Verwaltung und Programmarbeit: cgm@online.mg; Sprachabteilung: cgm2@online.mg; Cybercafe: cybercgm@online.mg. Der CGM (im 3. Stock) verfügt über eine kleine Caféteria incl. „Cybercafé" – Treffpunkt von deutschsprachigen Madagassen und Reisenden, wo schon viele Freundschaften entstanden sind. In der gut sortierten Bibliothek gibt es deutsche Zeitungen und Zeitschriften, Bücher über Madagaskar und von madagassischen Autoren.

Hauptsächlich bietet der CGM deutsche Sprachkurse für Madagassen an, die auf große Nachfrage stoßen. Daneben oft interessante kulturelle Veranstaltungen. S. Kapitel Antananarivo S. 294.

- **Alliance Française,** etwas außerhalb in Andavamanba, gute Filme, Biblio-thek und Veranstaltungen, Tel. 22-343.14
- **Centre Culturel Albert Camus (CCAC),** Ave. de l'Indépendance, Tel. 22-236.47
- **American Cultural Center**, 4 Rue Razafindratandra, Ambohidady, Tel. 22-202.38.

(Adressen der arabischen und indonesischen Kulturinstitute liegen im Maison du Tourisme aus).

Museen

- **Musée d'art et d'archéologie, Isokara**. Ständige Ausstellung traditionellen Kunsthandwerks. Öffnungszeiten: di-so 9-17 Uhr. Tel. 22-210.47.
- **Centre d'art et d'archéologie, Analakely.** Ausstellung antiker Stücke. Öff-nungszeiten: mo-fr 8.30-11.30, 14.30-16 Uhr. Tel. 22-273.56.
- **Musée National de Géologie, Ampandrianomby.** Ausstellung von Edelstei-nen und Mineralien. Öffnungszeiten: mo-fr 8-11.30, 14-16 Uhr. Tel. 22-403.19.
- **ROVA** bis zum Wiederaufbau geschlossen

Nachtleben

Nachtclubs in den großen Hotels. Daneben einige Discos und Bars, wo sich die hier arbeitenden Ausländer mit den madagassischen Mädchen vergnügen, einige nette Live-Musikkneipen und wenige Studententreffs.

DISKOTHEKEN:

- **Caleidoscope** und **Le Caveau,** beide Ave. Grandidier Rabehevitra, **Acapulco** (Nähe Colbert), **Le Cellier**, Lalana Ingereza, **Hifi**, Lalana Ratsimilao, **Papillon** (im Hilton).
- **Casinos** im Hilton und Colbert, von 12 Uhr mittags bis 4 Uhr morgens.
s. Restaurants, Theater

Theater/Musik

oft Tanz, Popkonzerte, Hira Gasy-Vorstellungen im:

* **Théâtre Municipal** in Isotry
* **Théâtre du Verdure** Antsahamanitra
* **Hôtel Glacier** (auch nachmittags), s. Hotels
* **Grill du Rova** (meist sonntags nachmittags, s.u. Restaurants)

Aktuelles Programm und Adressen sind in den Tageszeitungen und Straßenplakaten abgedruckt, Infos auch beim Maison du Tourisme.

Zoo Tsimbazaza

Öffnungszeiten: täglich 9-17 Uhr, Eintritt ca. 7 DM. Tel. 22-311.49

Krokodilfarm

5 Minuten vom Flughafen, täglich geöffnet, Tel. 22-348.86

Einkaufen

* **Buchhandlungen** und **Landkarten** s. Allgemeine Reisetips A-Z, Stichworte Buchhandlungen und Kartenmaterial.
- Librairie de Madagascar, Av. de l'Indépendance
- Bibliomad, *Lalana Nice*
- Librairie Mixte, *Araben ny 26 Jona 1960*
* **Edelsteine**: auf dem Zoma, außerdem bei **Le Quartz**, Route circulaire, Tel. 22-233.88, und **Compagnie Génerale Tsaralalana**, Tel. 22-228.83. Gefaßte Steine und Schmuck bei zahlreichen Schmuckhändlern nahe des Hotel Colbert.
* **Kunsthandwerk**: auf dem Markt im ehemaligen Stadion COUM 67 ha, in Andravoahangy (tägl. außer so. von 9-18 Uhr) und im Magasin Artisanal Art Malgache in Ambohibao etwas außerhalb am Kanal
* **Märkte/Zoma**: der ehemalige Zoma ist jetzt auf verschiedene Märkte verteilt mit drei Hauptstandorten:
- **67 HA**, nordwestlich des Hauptbahnhofs: (Kunst-) Handwerk, Holzschnitze-reien, Edelsteine etc. Markttag: Freitag.
- **Andravoahangy**, nordöstlich des Bahnhofs: Edelsteine, Kunsthandwerk etc. Markttag: täglich.
- **Soarano**: nicht weit vom Bahnhof. Täglich außer freitags.
* **Tsaralalana**: Gemüse, Lebensmittel.
* **Parc Albert Sylla,** am Lac Anosy. Blumenmarkt.
* **Ampefyloa**, Nähe Lac Anosy/Hilton: Möbelmarkt etc. Samstags.
* Zahlreiche kleine Märkte an der Straße zum Flughafen.

Hotels/Unterkünfte

In Madagaskars Hauptstadt findet man alle Hotel-Kategorien. Wirkliche Spitzenhotels sind jedoch auch hier rar, und selbst in den 4-Sterne-Hotels muß man trotz
internationaler Preise Abstriche machen. Kreditkarten akzeptieren nur die Spitzen-

hotels. Es werden ständig neue Hotels eröffnet, vor allem in der unteren Preisklasse. Genauso schnell verschwinden andere wieder von der Bildfläche. Deshalb kann die folgende Liste nur eine Auswahl des Gesamtangebotes sein.

OBERE PREISKLASSE:

Unter den Spitzenhotels herrscht große Konkurrenz – ein Vergleich von aktuellen Preisangeboten lohnt sich.

- 🕯 **Hôtel Colbert** ****, *$$$$-$$$$$ (ab 550 FF-950 FF, Suite bis 1500 FF),* Kreditkarten akzeptiert. Rue Printsy Ratsimamanga, B.P. 341, Antaninarenina, 101 Tana, Tel. 22-202.02, Fax 22-340.12/22-254.97, Telex 22-222.48 COLHOT MG, E-mail: Colbert@bow.dts.mg. Das Colbert liegt in einer kleinen Seitenstraße in der Oberstadt gegenüber vom Hauptpostamt, nahe dem Place de l'Indépendance mit

Banken und Supermarkt, günstig gelegen für Einkäufe und Spaziergänge zum Rova oder die Treppen hinunter zum CGM, zur Ave. de l'Indépendance und zum Bahnhof. 120 Zimmer verteilt auf drei verschachtelte Trakte, deshalb kein anonymer Hotelklotz und noch mit kolonialem Flair. Das Colbert bietet allen Komfort, den man auf Madagaskar erwarten kann. TV, Tel., Klimaanlage, Geschäftszentrum, Reisebüro, Sauna, Bar, bestens geschultes Personal. Zwei Restaurants, das kleinere, geschmackvoll eingerichtete **„La Fougère"** für ausgezeichnetes Mittagessen (Zebusteak probieren!), das gehobenere **„La Taverne"** mit französischen Spitzenköchen. Zum Frühstück geht man wenige Meter in die benachbarte Pâtisserie. Internationales Publikum; hier trifft man Minister, Entwicklungshelfer, Journalisten, französische und madagassische Geschäftsleute, während viele Amerikaner das modernere Hilton vorziehen. An der Bar und auf der kleinen Terrasse, einer Art Wintergarten, warteten früher madagassische Damen auf Kundschaft und kleine Straßenkinder auf ein Bonbon. Heute werden sie oft vom Personal mehr oder weniger freundlich hinauskomplimentiert.

- **Madagascar Hilton**, *****, *$$$$-$$$$$ (ab 700 FF EZ/-800/960 FF DZ),* auch Kreditkarten. Rue Pierre Stibbe, Anosy, B.P. 959 Tana, Tel. 22-260.60, Fax 22-260.51. Der Hochhauskomplex des Hilton, im Ministerienviertel am Lac Anosy außerhalb des Zentrums gelegen, bietet 165 Zimmer mit Klimaanlage, TV, Tel. etc, 4 Suiten, Casino, 2 Tanzsäle, 2 Restaurants, Bistro, Bar, Diskothek, Autovermietung, kleine Ladenstadt in der Empfangshalle, Sauna, Tennis und ein großer Swimmingpool, den man gegen Gebühr auch als Besucher nutzen kann. Die Zimmer sind bis 1998 komplett renoviert worden.

- **Panorama**, *$$$$-$$$$$.* Route d'Andrainarivo, B.P. 756, Tel. 22-412.45, Fax 22-412.47. 85 Zi., eines der ersten Tophotels, die gebaut wurden, inzwischen etwas angestaubt, aber mit grandioser Aussicht auf den Lac Anosy.

- **Grégoire**, *$$$-$$$$.* Rue du 12. Bataillon Malagasy, Besarety, leider etwas außerhalb, Nähe FTM, Tel. 22-222.66, Fax 22-292.71, 30 Zimmer, trotzdem familiär, mit allem Komfort und ausgezeichneten madagassischen und französischen Restaurants **„La Rotonde"** und **„L'Aquarium"**, genießt guten Ruf.

MITTLERE/HÖHERE PREISKLASSE:

*Auf der Rue de l´Indépendance findet man zentral in Bahnhofsnähe Hotelangebote für jede Geldbörse. Die teureren **Tana Plaza**, **Palace** und **Hôtel de France** unter den schönen alten Arkaden gehören zum selben Management, sind aber sehr unterschiedlich. Die großen Straßenterrassen von einst sind wegen der Bettler und Diebe leider verschwunden. Abends wird man auf Wunsch zu Fuß zu einem der nahegelegenen Restaurants gebracht und wieder abgeholt.*

- ✦ ***Hôtel de France*** *****, $$$-$$$$ (ab 200 FF), Kreditkarten. Ave. de l´Ind., B.P. 607, Tel. 22-256.63/22-281.43, Fax 22-339.43. Das einstige Tophotel an Tanas alter Prachtstraße hat bessere Zeiten gesehen; die 4 Sterne wurden vor langer Zeit vergeben und werden offenbar nicht wieder entzogen ... Trotzdem altkolonialer Charme mit großen, ruhigen Zimmern nach hinten und lauteren nach vorne zur Straße hin, von denen man aber gut das Alltagstreiben beobachten kann. Es kann passieren, daß die Gardinenstangen beim Zuziehen runterfallen oder die Klospülung nicht funktioniert, aber dafür wohnt man absolut zentral. 2 Restaurants, das vordere mit schöner Terrasse zur Straße, aber dürftigem Service.*

- ***Palace Hotel*** *****, $$$$, Ave de l´Ind., Tel. 22-256.40/281.43, Fax 22-339.43. 200 m weiter Richtung Bahnhof, teurer, 27 Zimmer, sehr modern, sieht sich als Geschäftshotel, hat die Ausstrahlung eines schwedischen Möbelhauses und riecht nach Bohnerwachs. Hat allerdings einige schöne Zimmer mit Terrasse.*

- ✦ ***Tana Plaza*** ****, $$$$ (ab 300 FF), Ave de l´Ind., Tel. 22-218.65, Fax 22-339.43. Auf dem Platz des früheren Hôtel Terminus an der Ecke gegenüber dem Hauptbahnhof steht heute das neueste der Hotel-Trilogie und das mit dem besten Komfort, 1995 eröffnet, mit 77 teils kleinen, aber sehr gepflegten Zimmern mit europäischem Standard, Tel., TV, Klimaanlage, Restaurants, Bar etc. Der Unterschied zwischen europäischem Luxus und den abendlichen Elendsgestalten, die sich vor dem Bahnhof tummeln, könnte größer nicht sein.*

- ***Radama*** *$$$$ (ab 320FF), 22 Ave. Grandidier Isoraka, Tel. 22-319.27, Fax 22-353.23. Beliebtes neues Geschäftshotel in der Oberstadt in guter Lage, 26 Zi., freundliche Leitung.*

MITTLERE/UNTERE PREISKLASSE:

- ✦ ***Sakamanga*** *$-$$. Lot IBK, 7bis Rue Ratianarivo, Ampasamadinika, Tel. 22-358.09, Fax 22-245.87, E-mail saka@malagasy.com. Das Sakamanga, zu Fuß nicht weit von der Ave. de L´Ind. in einem versteckten Seitensträßchen, ist leider schon lange kein Geheimtip mehr und deshalb oft ausgebucht. Sehr angenehme Traveller-Atmosphäre, liebevoll gepflegtes Haus, hübsches Restaurant im 1. Stock mit sympathischem Personal, allerdings eher europäischem Ökoessen als madagassischer Küche. 20 Zi., die teureren mit eigener Dusche und WC. Hier bekommt man auch Tips und Hilfen für Ausflüge, Autovermietung, Flußfahrten, Segeltörns etc.*

- ✦ ***Bellevue*** *$$. Route d´Ambohipo/Ambatoroka, B.P. 3542, Tel. 22-285.66, Fax 22-244.18. Vorteil: Vom Bellevue aus hat man einen wunderbaren Blick auf die Stadt und den (ausgebrannten) Rova, viel Ruhe, eine angenehme, familiäre Atmo-*

sphäre, kann abends im zum Restaurant umfunktionierten Wohnzimmer die ausgezeichnete Küche genießen (zur Auswahl Tagesgerichte von Kassler mit Sauerkraut bis zu madagassischem Romazava), fernsehen oder mit der deutschsprechenden Elisabeth Ravaoary-Schwarte über die neuesten Entwicklungen in Tana reden. Liegestühle im Garten, Frühstücksterrasse. 20 Zi., die schönen mit Blick auf den Garten. Nachteil: Es liegt außerhalb, im dichten Verkehr ½ Std. Fahrt. 2 Fahrten hat man vom Hotel aus gratis; Taxis kosten v.a. nachts hierher schon etwa 8 DM. Elisabeth ist mit einem Deutschen verheiratet. Beide betreiben in Tana und Baden-Baden das nicht ganz billige Reisebüro Vistemialy.

• **Raphia** $, in der Oberstadt nicht weit vom Colbert und Tropika Touring neben einer kleinen Moschee, Nähe Lalana Ranavalona III, Tel. 22-253.13. Neu, 10 Zi., manche mit schönem Blick auf den Lac Anosy. Indische Leitung, empfehlenswert. 100 m weiter das ausgezeichnete kleine Restaurant und Szene-Treff **Caf´Art**.

• **Hôtel Glacier** $. Ave. de l'Ind. wenige Meter vom CGM. War früher mal ganz nett, heute sind die Snack-Bar unten und die Live-Konzerte, die hier stattfinden, eher zu empfehlen als das Hotel.

• **La Muraille de Chine** $. I Ave. de l´Ind., B.P. 1557, Tel. 22-230.13, Fax 22-292.99. An der Ecke gegenüber dem Bahnhof und dem Tana Plaza. 25 Zimmer, duster, sehr einfach. Das chinesische Restaurant im Erdgeschoß ist in Ordnung und preiswert.

• **Indri** $$-$$$$, 15 rue Radama I Tsaralalana, Tel. 22-209.22, Fax 22-624.40. 18 unterschiedlich große, saubere und gut ausgestattete Zi. mit TV, in familiärer Atmosphäre

• **Jean Laborde** $$. 3, rue Russie Isoraka, Tel. 22-330.45, Fax 22-327.94. In dusterer Gegend, die ca. 10 Zimmer, Personal und Restaurant sind aber für diese Preisklasse in Ordnung.

• **Le Relais des Pistards** $. Rue Ferdinand Kasanga, B.P. 3550, Tel./Fax 22-291.34. Bei Rucksackreisenden sehr beliebte, sehr einfache Herberge mit Gemeinschaftsküche am Zoo Tzimbazaza direkt an der Bushaltestelle.

ALS BELIEBTE TRAVELLER-HOTELS GELTEN U.A.

• **Guesthouse Karthala** $-$$. 48, rue Andriandahifotsy Faravohitra, Tel. 22-248.95. In nicht ganz sicherer Gegend in der Oberstadt, aber ausgesprochen freundliches Ambiente und Personal. 7 Zi.

• **Île Bourbon** $-$$. 12, rue Benyowski, Tel. 22-279.42, mit 7 Zi. und passablem Restaurant.

• **Select** $. 54 Ave. du 26 Juin 1960, Analakely, Tel. 22-210.01, Fax 22-337.67. Möbel und Farben wirken recht verblichen und ungepflegt, aber Atmosphäre, die 23 Zi. und Personal sind o.k.

• **Mellis** $-$$. 3, rue Indira Gandhi in Bahnhofsnähe, Tel. 22-234.25, Fax 22-626.60. 50 Zi., kein Restaurant.

Die Liste läßt sich endlos fortsetzen, am besten, man probiert ein Hotel aus und fragt nach den neuesten Insider-Tips.

AUSSERHALB:

• **Le Rubis $$$**, 155, ex Route Circulaire, B.P. 6009, Ankorahotra, Tel. 22-630.47, Fax 22-318.89. Reizvoll gelegen mit Blick auf die Reisterrassen, 10 Taximinuten vom Zentrum, neben dem FTM (Landkarten), gepflegtes, neu renoviertes Haus, 20 Zi., mit allem Komfort, Nachtclub etc.

NÄHE FLUGHAFEN:

• ✆ **Auberge du Cheval Blanc** *, $-$$. B.P. 23, Ivato, Tel. 22-446.46, Fax 22-541.95. Ruhiges, familiäres Hotel mit 22 Zi., Du., WC, Wechselstube und 1-Sterne-Restaurant. Gute Alternative zu den Stadthotels, wenn man spät ankommt, früh losfliegt oder auf Transit wartet. Transfer zum Flughafen wird organisiert.

• Daneben gibt es in Flughafennähe eine Reihe weiterer günstiger, ordentlicher Hotels, u.a. das **J&V Guesthouse** in Ivato (Tel. 22-454.18), die **Auberge d'Alsace** in Mandrosoa (Tel. 22-446.56), das **Au Transit** (Tel. 22-454.42) oder das **Le Refuge** (Tel. 22-448.52) auf halbem Weg zwischen Zentrum und Flughafen und das teurere **Le Lac Hotel,** Mandrosoa Ivato, an einem kleinen See gelegen mit schöner Terrasse (Tel. 22-447.67).

Restaurants
GEHOBENE PREISKLASSE:

• **Chez Mariette**, 11 rue George V, Faravohitra, Tel. 22-261.02. Französisch-madagassiches Restaurant der Spitzenklasse, das schon in mehreren Pariser Gourmet-Zeitschriften beschrieben wurde. Die Gerichte sind fantastisch, aber auch das Ambiente im Landhausstil. Gutes hat seinen (für madagassische Verhältnisse horrenden) Preis: ab 150 FF.

• **Le Restaurant**, Behorrika, Tel. 22-282.67. Lyoneser Küche in madagassischem Hochlandhaus, exzellenter Rum! Ab 150 FF.

• **Le Tatao** im Hotel Radama. Gehobene madagassische Küche.

• **La Taverne ****** im Colbert, **La Rotonde *** im Grégoire und das **Zebu Grill ****** im Hilton: exquisite französische Küche mit den besten madagassischen Zutaten, zarteste Rindersteaks, frischer Fisch. Fragen Sie nach den Buffets.

• **Samara**, Ankadindramamy, Route de Tamatave, Tel. 22-701.80. Außerhalb des Zentrums, sehr europäisch, ausgezeichnete französische Küche und gepflegtes Ambiente.

MITTLERE UND UNTERE PREISKLASSE:

• ✆ **Grand Orient**, Kianja Ambiky (Place Gl Leclerce), Soarano, Nähe Bahnhof, Tel. 22-202.88. Chinesische Küche vom Feinsten in einem kolonialen Ambiente, das an den Film Casablanca erinnert, sogar mit entsprechendem Pianospieler. Seit 1964, mit immer noch dem gleichen Inhaber und Kellnern, die seit 15 Jahren hier arbeiten. Dabei moderate Preise, z.B. für Wantang-Suppe mit Krabben 3 DM, vietnamesisch gefüllte Taschenkrebse (Crabes farcis) 6 DM, vietnamesische Frühlingsrollen (Nêm) !! ca 5 DM.

- **Muraille de Chine** (s. Hotels)
- **Shalimar**, 5 Rue Gustave Julien. Sehr preiswertes und gutes indisches Restaurant ohne Alkohollizenz. Die gleichnamige Snack-Bar ist nur tagsüber geöffnet, das Restaurant auch abends, solange Gäste da sind. Sehr nette Bedienung, skurrile Einrichtung mit neonbeleuchteten Marlboro-Western-Reklamen.
- **Kyon**, das erste japanische Restaurant in Tana.
- ✤ **Caf´Art**, 66 Rue Ratsimilaho, Ambatonakanga, Nähe der ehemaligen Alliance Française, Tel. 22-204.10. Sehr gute madagassisch-französische Küche, sehr nette Bedienung, hübsches Lokal, niedrige Preise (Brochettes de zébu 3 DM, exzellenter Romazava 4 DM etc.). Oft Live-Musik.
- ✤ **Grill du Rova**, direkt unterhalb des Rova, Tel. 22-356.07. Die In-Kneipe schlechthin, mit Superkonzerten sonntags nachmittags. Gut, um neue madagassische Bands kennenzulernen. Mit Restaurant. Nette Leute.
- ✤ **Misty**, Antsakaviro, Route Circulaire, Tel. 22-333.28. Von 6.30-23 Uhr, Frühstück, Café, Abendessen und jeden mi, do, fr. und sa. Live-Musik mit Madagaskars bekanntesten Interpreten. Kleiner, gemütlicher Treff vorwiegend junger Leute aus Tana.
- Gut essen kann man auch in den kleineren Hotels wie dem **Sakamanga** u.ä.
- **Le Buffet**, gegenüber dem Maison du Tourisme am Place de L´Indépendance, beliebter Vazaha-Treff und junger Mädchen, geöffnet ab morgens bis 24 Uhr.
- ✤ Im Marktviertel **Mahamasina** kann man sich abends in kleinen Garküchen und mit Brochettes verpflegen.

Antsirabe (S. 327)

Verkehrsverbindungen

- **Flug**: Landepiste für Privatflugzeuge.
- **Bahn**: (unregelmäßig, zeitweise außer Betrieb, normalerweise mehrmals wöchentlich) von/nach Tana, Fahrtdauer ca. 4 Std. (wenn der Zug fährt, startet er i.d.R. in Tana um 7 Uhr und fährt von Antsirabe gegen Mittag zurück). Ab und zu verkehrt auch der Micheline-Zug.
- **Straße**: Überlandbusse, Taxi-Brousses und Taxi-Bes fahren regelmäßig in nördliche Richtung nach Tana, südlich Richtung Fianarantsoa und westlich Richtung Betafo, Miandrivazo u. Morondava. Achtung: es gibt verschiedene Taxi-Brousse- und Bus-Stationen (am nördl. Ortseingang, im südlichen Ortsteil, Nähe Sabotsy-Markt). Eine Minibuslinie innerhalb des Ortes verkehrt in Nord-Süd-Richtung.
- **Taxis**: Innerhalb des Ortes verkehren als Taxi-Ersatz Tausende von Poussepousse.

Hotels
HÖHERE PREISKLASSE:

· ♦ **Hôtel des Thermes** ***, $$-$$$$, BP 72, Tel. (00261-20)-44. 487.61/62, Fax 44.497.64. Ein majestätisches Gebäude im schönsten Kolonialstil, großartig gelegen auf einem kleinen Hügel oberhalb des Sees, mit pompöser Auffahrt, gepflegter Gartenanlage, stilvoller Eingangshalle. Große Auswahl von über 40

preiswerten Zimmern bis zur Suite; Bar, Restaurant, Casino, Pool, Tennisplatz, Tischtennis, Minigolf, Park etc. Auch dieses Hotel hat sicher bessere Zeiten gesehen, allein das Ambiente – verblichener Kolonialcharme, Blick auf das Thermalbad und den See Ranomafana – und die Geschichte dieses Hotels lohnen aber eine Übernachtung (s. Ortsbeschreibung Antsirabe).

· **Arotel** $$$$, Rue Ralaimongo, Tel. 44.481.20/44.484.73, Fax 44.491.49, Telex 44.448.13. Eines der neuesten Hotels

Hôtel des Thermes

direkt im Ortskern (1995 gebaut), modern u. gepflegt (gehört zur französischen Hotelkette Mascar´Inn), über 40 Zimmer teilw. mit TV, klimatisiert; Pool, Park, Tennisplatz, Billard, Konferenzsaal, Restaurant. Viele Pauschalreisende.

MITTLERE PREISKLASSE:

· ♦ **Diamant** $-$$, Route d´Andranobe, BP 42, Tel. 44.488.40/44.484.40, Fax 44.493.72, am nördlichen Ortsausgang, Nähe Taxi-Brousse-Station Richtung Tana. 40 Zimmer, seit 1970, neuer Anbau, Nachtclub, filmreife Bar (wir entdeckten uralte Flaschen Vodka und Weinbrand aus DDR-Beständen!), chines.-franz. Restaurant. Im Hôtel Diamant ißt man nicht nur gute, solide chinesisch-französische Küche, sondern trifft auch interessante Leute (Franzosen, Chinesen, deutsche Edelsteinhändler ...) in bizarrer Atmosphäre. Viele französische Geschäftsleute übernachten hier, wegen der Disco (Achtung: am Eingang Leibesvisite auf der Suche nach mitgebrachten Waffen!) sind einige Zimmer laut. Nach ruhigen Zimmern fragen!

· **Imperial** $-$$, BP 74, Ave. de la gare, Tel. 44.860.93/44.483.33. Über 20 Zi., zentral, ordentlich und einigermaßen ruhig trotz Nachtclub „Palace", chines. Restaurant.

NIEDRIGE PREISKLASSE:

· ♦ **Villa Nirina** $, BP 245, (schräg gegenüber vom Hotel Diamant), Tel. 44. 486.69/44.485.97. 4 Zi. mit Frühstück, Dusche und WC im Flur, kein Essen, einfach, aber sehr nett und freundliche „Hausherrin", Garten. Reservieren, oft ausgebucht.

· ♦ **Salemako** $, etwa 200 m weiter auf derselben Straßenseite. 5 Zi., schönes gepflegtes Privathaus mit altem Edelholz-Fußboden und nettem Personal.

· Es gibt eine Reihe weiterer, sehr einfacher Hotels, die Sie sich aber vor einer Übernachtung genauer ansehen sollten, u.a.:

- **Maison de la Retraite** $, am nördl. Ortseingang, Dusche und WC auf dem Flur.
- **Auberge chez Danielle** $, Route d´Antananarivo, Lot 05 Ampantana, gegenüber dem Diamant, neben Nirina. 4 Zi.
- **Trianon** $, Nähe Hôtel des Thermes, 6 Zi., schöne Villa im Kolonialstil mit einfachen Zimmern. Im Erdgeschoß ein Verkaufsraum von erlesenen (und teueren) Edelsteinen.
- **Manoro** $, Nähe Taxi-Brousse-Station, über 10 Zi., von Reisenden empfohlen. Tel. 44.480.47.
- Dicht nebeneinander im Ortszentrum, nahe der Kathedrale:
- **Baobab** $, 14, Av. Jean Ralaimongo, Tel. 44.483.93. 11 Zi. So lala.
- **Niavo** $, Zi. mit Blick auf den See. Sehr einfach.
- **Rubis** $, Zi. mit u. ohne Bad.
- **Soafitel** $, 13 Zi., ganz ordentlich.

Restaurants

- 🍴 **Le Fleuve parfumé**. Wer mal etwas Besonderes erleben möchte, sollte sich abends von einem mit Gaslaternchen beleuchteten Pousse-Pousse hierher bringen lassen. Das Ambiente: Erinnert an eine düstere Hinterhofgarage (in der Nachbargarage wird Tischfußball gespielt) aus einem vietnamesischen Gangsterfilm. Steinfußboden, Plastiktischtücher, Funzelbeleuchtung, illustre Gestalten. Aber gute französisch-vietnamesische Küche. Für zwei Essen inclusive Getränken (THB) haben wir umgerechnet 10 DM bezahlt.
- **Les Agapes**. Restaurant des Arotel (zwischen Bahnhof u. Post), hier trifft man nur Vazaha. Teuer, aber gut. Französische Küche.
- Chinesische Küche im **Hôtel Diamant** und **Impérial**
- Vietnamesisch/madagassisch: Restaurant **Razafimamondry** im südl. Stadtteil, Treff junger Leute.
- Viele der kleinen Hotels unterhalten auch kleine Restaurantbetriebe.

Nachtleben

Einige Diskos, u.a. der Nachtclub „**Le Tahiti**" im Hotel Diamant (Leibesvisite nach Waffen!), Nachtclub „**Palace**" im Imperial, winziges „**Royal Casino**" im Hôtel des Thermes

Unternehmungen/Ausflüge

- „**Taxifahrt**" per Pousse-Pousse: eine Strecke ca. 1 DM, vorher aushandeln. Vorsicht: Nachts verlangen die Fahrer von den Vazaha oft extrem hohe Preise.
- Stadtrundfahrt per Pousse-Pousse (1 Std. je nach Strecke ca. 5-10 DM).
- Besichtigung der Steinschleiferei Joseph, Rue Kleber, Tel. 44.489.70. Öffnungszeiten mo-sa 8-12 Uhr und 14-16 Uhr, sonntags 8-12 Uhr. Sa. nachmittags und sonntags kann man die Steine, aber nicht die Schleiferei besichtigen.

- *Besichtigung des Marktes, v.a. samstags (Sabotsy)!*
- *Besichtigung von Mamy's Miniaturwerkstatt, Lot 02, G 319, Parc de l'Est, Autos und Fahrräder en miniature (s. S. 339)*
- **Sport**: *Reiten (Parc de l'Est), Tennis und Schwimmen gegen geringe Gebühr in den großen Hotels, Bad und Massagen im Thermalbad (Wasserqualität unterschiedlich!, Öffnungszeiten. mo-fr 7-10 Uhr, an manchen Tagen auch nachmittags), Fahrradverleih bei Touristic Excursions im Ortszentrum.*
- **Ausflüge** *zu den Vulkanseen **Lac Andraikiba** und **Lac Trivitra** oder in die umliegenden Weinberge und Kostproben des Grand cru d'Antsirabe.*

Einkaufen

Edelsteine und nochmals Edelsteine. Bei den Straßenhändlern, die oft selbst Steine suchen und schleifen, können Sie gut Rosenquarze u.a. billigere Steine kaufen. Sie warten vor dem Hotel Diamant und wahrscheinlich auch vor Ihrem Hotel. An die teueren Steine sollten Sie sich nur heranwagen, wenn Sie Ahnung haben. Auch hier gilt: Lange handeln, nicht zuviel Interesse zeigen. Halbedelsteinhändler stehen auch am Ufer des Lac Andraikiba. Beim Kauf wirklich wertvoller Steine: Lieber in der Steinschleiferei Pierreries Joseph oder im Hotel Trianon handeln und kaufen. Dort sind die Preise hoch – sie werden wie immer nach Karat berechnet –, aber die Steine echt! Denken Sie an die nötigen Ausfuhrformulare (s. A - Z Ein- und Ausreise).

Antsiranana (Diego-Suarez, mit Ramena) (S. 489, 500)

Verkehrsverbindungen

- **Flug:** *mehrmals wöch. von Réunion, Komoren, Tana, Nosy Be, Mahajanga, Sambava etc. Ein neuer Flughafen ist in Bau, auf dem auch Boeing 747 landen können. Taxi vom Flughafen zum Zentrum: ca. 3 DM (ca. 6 km).*
- **Straße:** *regelmäßige Taxi-Brousses von Tana/Mahajanga/Ambanja (Fähre nach Nosy Be)/Iharana (Vohémar); Überlandbusse von/nach Tana (ab Place 14 Octobre). Diego hat 3 Gares routières – die Taxifahrer wissen, welcher für welches Ziel richtig ist.*
- **Nach Nosy Be:** *Taxi-Brousse nach Ambanja (s. dort), dann Fähre. Alternative: Ein billiges, privates Taxiunternehmen des ehemaligen pakistanischen Fremdenlegionärs Qaiser (spricht deutsch!) sorgt hoffentlich noch heute (wenn ihm nicht die Lizenz entzogen wurde) für eine zügige Fahrt im Minibus und schnelle Fähranschlüsse nach Nosy Komba und Nosy Be. Abfahrt täglich 7 Uhr vom Hotel Rascasse, Tickets 1 Tag vorher reservieren. Preis: ca. 15 DM incl. Fähre.*
- **An die Nordostküste:** *direkt oder mit Umsteigen in Ambilobe, von dort fahren häufiger Taxi-Bes weiter an die Küste.*
- **In der Stadt:** *bisher hat Diego die billigsten Tarife im Land: Taxis (collectifs) für ca. 0,30 DM, nachts 50 % Zuschlag.*

Hotels (mit Restaurants)
OBERE-MITTLERE PREISKLASSE

• ♨ **Hôtel Colbert***, $$-$$$$. 51, Rue Colbert, Tel. 82-232.89, 233.86/7, Fax 82-232.90, E-mail hlcdiego@dts.mg. 1998 neu eröffnet, (vielleicht nur als Einstieg) sehr gutes Preis-Leistungs-Verhältnis. Hat nichts zu tun mit dem Colbert in Tana. Klimatisierte Zi. mit Bad u. TV, einige Suiten. Liegt ideal mitten im Zentrum und ruhig, perfekter Service.

• **Hôtel de la Poste** $$$-$$$$, B. P. 121, Tel. 82-214.53, Fax 82-293.67. Am Ende der Rue Joffre in Hafennähe, vom Annex aus hat man einen Blick auf die wenig malerischen Hinterhöfe der Docks. Netter Frühstücksraum, Zimmer aber unpersönlich und relativ teuer.

• **L´Escale** $$$$, Nähe Flughafen, Tel. 82-223.82. Eins der komfortableren, aber unpersönlichen Hotels.

• **Must-Hotel**, $$-$$$. Route aéroport, Reservierung über JSO-Agentur, 67 Rue Colbert, Tel./Fax 82-231.87, E-mail jso@dts.mg. Mittelklassehotel mit allem Komfort nicht weit vom Flughafen, aber relativ unpersönlich.

• Wegen des chronischen Mangels an passablen Hotelbetten wurde 1998 der Grundstein für 3 weitere Hotels gelegt. Fragen Sie Ihren Taxifahrer, wann sie fertig sind.

MITTLERE PREISKLASSE

• ♨ **Balafomanga** $-$$. 18 rue Louis Brunet, Tel. 82-228.94. In einer kleinen, ruhigen Seitenstraße nicht weit vom Place Foch, mit blumenbepflanztem mediterranen Terrassenrestaurant, Patio und wenigen einfachen, aber sauberen Zi. Oft ausgebucht. Sehr nette französisch-madagassische Leitung, Isabel hilft bei Ausflugstips, und Jimmy, ihr Mann, arbeitet ab und zu als hervorragender Guide in die umliegenden Nationalparks. Gute Küche und Bar.

• **Jardin Exotique** $. 24, rue Francois de Mahy. Nicht weit vom Balafomanga und oft fälschlicherweise als dessen Annex bezeichnet, zwar mit einigen netten Zimmern nach außen mitten in einem üppig bewachsenen Garten, manche allerdings ohne Fenster nach innen, und: schmutzig, und bei unserem letzten Besuch war das Bett voller Wanzen ...

• **Valiha** $$-$$$. Rue Colbert, Tel. 82-221.97. Zentral gelegen zwischen Place Foch und dem Hafen, 7 saubere, sehr einfache Zi., die klimatisierten teuer, unter indischer Leitung.

• **Nouvel Hôtel** $. Rue Colbert. Während unserer Recherchen 1998 wegen Renovierung geschlossen, zentrale Lage, soll recht gut sein und nicht zu laut trotz Disco nebenan und Bar unten im Haus.

• **Fiantsilaka** $-$$. 13 Bd. Etienne, Tel. 82-223.48. Auf dem „Parallelboulevard" zur Rue Colbert, zentral, 22 Zi., manche laut wegen TV-Lounge. Sonst sehr gepflegt, auch das Terrassenrestaurant in der 1. Etage.

• ♨ **Le Venilla** $$. Rue Surcouf, schräg gegenüber von Air Madagascar. Tel./Fax 82-229.25. 4 geräumige Zi. in sehr liebevoll gepflegtem Haus mit hervorragendem Restaurant, s.u., und nettem Personal.

• **La Rascasse** *$$. Rue Surcouf, Tel. 82-223.64. 24 Zi., nicht so familiär wie das Venilla, aber in Ordnung, viele Franzosen als Stammgäste.*

• **Maymoune** *$-$$. 7 Rue Bougainville, Tel. 82-218.27, Fax 82-290.01, gegenüber dem Nachtclub „Tropical" in der Nähe des indischen Marktviertels. 18 Zi., bißchen unpersönlich und relativ teuer, aber o.k.*

UNTERE PREISKLASSE

• **La Sirène** *$. Rue Colbert. Sehr einfache, große Zi., z.T. mit Dusche, WC außerhalb, aber in Ordnung, sauber und sehr preiswert. Ohne Restaurant.*

• *Das* **Diamant, Hôtel de Paradis du Nord, Royal Hôtel** *u.a. liegen in der Nähe des Marktes, alle recht einfach, nicht leise und von solcher Qualität, daß man sich die Zimmer genau ansehen sollte, bevor man eincheckt.*

Da das Angebot an guten Hotelbetten sehr begrenzt ist, sind drei neue Hotels in Diego und mehrere Bungalowanlagen am Strand von Ramena bereits in Bau (s. Ramena).

Restaurants

• *Frühstückstip:* **La Glace Gourmande**. *Rue Colbert. Einen solchen Kaffee, Croissants, Fruchtsäfte und Eiscreme gibt es nirgends sonst auf Madagaskar. Geöffnet ab 7 Uhr.*

• **Libertalia**, *direkt am Place Foch, Tel. 82-221.94. Nur abends geöffnet, unten Gartenterrasse, im 1. Stock Balkonterrasse mit Blick auf das Treiben auf dem Place Foch. Gute und preiswerte chinesisch-vietnamesische Küche. Auch beste Kontaktbörse der Stadt, vor allem im Gespräch mit dem Besitzer Toto. Hier trifft man Saphirsucher und Polizisten, die ihnen das Handwerk legen wollen (bzw. dem illegalen Verkauf), Madagassen, Vazaha, Chinesen, ein illustres Volk. Wenn Sie einen Tag am Strand in Ramena ausspannen wollen: Toto kann bei seinem Bruder im „Badamera" (s.u.) ein Zi. reservieren.*

• *Direkt neben dem Libertalia diverse gute Snack-Bars, auch tagsüber.*

• **La Candela**, *Place Foch, italienischer Patron und Küche (Pizza) zu gemäßigten Preisen.*

• **Le Venilla** *(s.o.). Gemütliches Toprestaurant mit exquisiter französischer Küche und ausgefallenen Rezepten, z.B. Fisch in Vanillesauce. Fantastische Fisch- und Zebugerichte.*

• **La Piroge**, *Rue Colbert. Alles, was sich ein von französischer Küche verwöhnter Gaumen wünscht.*

• **Balafomanga** *s.o., gute madagassisch-französische Küche.*

• **L´Orchidée**, *Rue Justin Bezara und* **L´Extrème Orient**, *Av. Surcouf: mit die besten chinesischen Restaurants der Stadt.*

• **Paradis du Nord**, *Ave. Villaret de Joyeuse. Madag., franz., chines. Küche.*

• **L´été Indien**, *Ave. de la Nation. Snacks, Samosas, Nems (vietnam. Frühlingsrollen), Pizzas ..., günstig und schmackhaft.*

RAMENA

• **King's Lodge $$**. Tel./Fax 82-225.99. E-mail: infoking@compro.mg. An der Piste nach Ramena, ein nicht gerade schöner Neubau, aber in grandioser Lage unterhalb der Montagne des Français mit Blick auf die Bucht und den Zuckerhut. Saubere Zi., gute Küche, nette deutsch-madagassische Leitung (der deutsche Besitzer York Pareik betreibt das Reiseunternehmen King de la Piste). Homepage: www.kingdelapiste.de

• **Badamera $**. 202 Ramena, Tel. 82-221.94 (Reservierungen laufen über das Libertalia). Liegt 100 m oberhalb des Strandes, nicht mit Meerblick, aber mit schönem Garten, Terrasse, offenem Restaurant. Wenige Zi., sehr liebevoll ausgestattet mit Moskitonetzen und auf Wunsch Kinderbetten, oft ausgebucht. Mamy, der Bruder von Toto im Libertalia, Swani aus Deutschland und ihre zwei Kinder sorgen für eine sehr familiäre Atmosphäre und helfen gerne bei Ausflugstips, u.a. zum Smaragdmeer. Mamy kocht auf Wunsch vietnamesich, Swani deutsch.

• **Ramena Nofy (Fihary Hôtel) ***, $$-$$$**. Tel. 82-228.62. 200 m oberhalb des Strandes direkt vor dem Dorf Ramena. Großes, offenes Restauranthaus mit Edelholzfußboden, unterhalb das kleine Bungalowdorf für die Gäste. Mehr Komfort, aber weniger persönlich als das Badamera. Buchen über die Reiseagentur **Nature et Ocean**, 5 rue Cabot, 201 Diego, Tel. 82-226.32

• Im Dorf Ramena: das einfache **Hotel Oasis** und einfache Zimmer bei einigen Fischern; einfache Unterkunft auch in der Baie des Sakalava.

• **Lamba Tours** baut 2 neue Bungalowanlagen am Strand.

Nachtleben

In Diego ist immer was los, am meisten am Wochenende. Dann brummen die Discos:

• **Vahinée**, Rue Colbert, oben das Terrassencafé, unten die Disco.

• **Nouvel Hôtel**, Rue Colbert, heißeste Rhythmen, lange Nächte.

• Das **Hôtel le Paradis du Nord** und das **Tropical** sind die hot spots am Marktplatz, letzteres ab und zu wegen Schlägereien geschlossen.

• **Café Brazil** in einer Seitenstraße Nähe Place Foch: nette Atmosphäre, Musik, Leute ...

• **Alliance Française** in der schönen ehemaligen Markthalle auf der Rue Colbert: Veranstaltungen, Theater, Kino, Musik ... (Programme liegen aus, geöffnet di-sa. 9-11.30 und 17-19 Uhr).

Einkaufen

• **Edelsteinhändler** en masse, einige werden in regelmäßigen Abständen von der Polizei dicht gemacht. Schmuckhändler u.a. an der Rue Colbert.

• **Lambas:** Rue Colbert und auf dem Markt.

• **Maison d'artisanat:** Nähe Libertalia.

• **Supermarkt**: MAGRI, Rue Colbert, Nähe Place Foch.

• **Buchhandlungen**, Filme und Fotokopien: im „indischen Viertel".

Reiseagenturen/Flugges.
- **Air Madagascar:** Tel. 82-214.75/217.01/227.16
- **TAM:** Tel. 82-210.16

Diego ist voll von Reiseveranstaltern (s. Stadtplan), die meisten sind extrem teuer – vergleichen Sie die Preise! Bei unserem Besuch sah das Büro von Madagascar Airtours so aus, als wolle man sich alle Kunden vom Leibe halten. **Lamba Tours** hat relativ zivile Preise. Nicht billig, aber gut (mit Auto-, Motorrad- und Fahrradvermietung): der deutschsprachige Jörg Pareig bei **King de la Piste** (Bld. Bazeille neben dem Hôtel de la Poste), Tel. 82-225.99. Diverse Autovermieter, z.B. **Tropic Auto**, im Zentrum. Versuchen Sie, sich Ausflüge zu teilen – in der Gruppe wird es billiger.

Unternehmungen/Ausflüge

Zum Strand von **Ramena** und zur **Montagne des Français** kommen Sie gut auf eigene Faust mit dem Fahrrad, Fischerboot oder Taxi, zum **Saphirdorf** und zum Nationalpark **Montagne d'Ambre** mit Taxi oder Taxi-Brousse. Für Ausflüge zu den Reservaten **Tsingy d'Ankarana** und **Analamera** brauchen Sie einen Jeep und müssen event. die Hilfe von Reiseveranstaltern in Anspruch nehmen, es sei denn, Sie planen eine Tageswanderung in Ankarana zu Fuß vom Eingang aus. In Diego stellen sich viele Guides zur Verfügung, Vorsicht, nicht alle sind gut. Vergleichen Sie die Angebote (s. Hotel Balafomanga). Nach **Windsor Castle** reicht zur Not ein R4, weiter zum **Cap d'Ambre** nur ein Jeep (oder Boot).

Hilfsbereit bei Information und Organisation v.a. bei Trips nach Analamera sind die Mitarbeiter von **ANGAP**, Büro: Richtung Flughafen, und des **WWF**, Büro: schräg gegenüber von Air Madagascar.

Antsohihy (S. 518)

Verkehrsverbindungen
- **Flug:** mehrmals wöchentlich mit der Twin Otter.
- **Straße:** Taxi-Brousses verkehren regelmäßig auf der RN 6, die nach Süden Richtung Mahajanga passabel ist, aber katastrophal nach Norden Richtung Ambanja.

Hotels/Restaurants
Mehrere einfache Hotels: **La Plaisance** $, **Hôtel Diego** $, 24 Zi., **Hôtel Central** $, **Chez Kola Be** $, **Ny Antsika** $ u.a.

Baie-de-Baly Nationalpark (s. Mahajanga) (S. 549)

Belo-sur-Mer (S. 364)

Verkehrsverbindungen
- **Straße**: unregelmäßige Taxi-Brousse/Taxi Be-Verbindung von Morondava
- **Schiff**: für Abenteurer per Piroge von Morondava-Hafen, ca. 1-1½-Tage-Tour.

Hotels
- **Campement Espace 4x4**, $$-$$$, schön gelegener Bungalowkomplex, zu buchen über den Reiseveranstalter „Espace 4x4" in Tana, 50 Ave. Grandidier, Isoraka, BP 5154, Tana 101, Tel. 22-262.97, Fax 22-272.96, oder die Filiale in Morondava.
- **Hôtel Rosalino** $, einfach, aber o.k.

Belo-sur-Tsiribihina (Belo Tsiribihina) (S. 347)

Verkehrsverbindungen
- **Flug**: zweimal wöchentlich Linienflug mit Air Madagascar (über Maintirano); Landepiste für Privatflugzeuge
- **Straße**: mit Taxi-Brousse von/nach Morondava
- **Schiff**: mit dem Boot flußabwärts von Miandrivazo

Hotels/Restaurant
- **Hôtel du Menabe** $, 15 Zi., einfach mit gutem Restaurant. Angeboten werden Bootsfahrten auf dem Tsiribihina.
- Weitere Hotels sind geplant, da Belo Ausgangspunkt ist für Exkursionen zu den berühmten Tsingys du Bemaraha (UNESCO-Weltkulturerbe) und bisher gute Unterkünfte fehlen. Informationen u.a. bei „Masoandro (Chez Maggie)" in Morondava.

Berenty (s. Taolanaro) (S. 453)

Betafo (S. 342)

Verkehrsverbindungen
Straße: leicht erreichbar in 1 Stunde von Antsirabe per Bus oder Taxi-Brousse.

Hotels
keine, Übernachtungen nur in einfachsten Privathäusern möglich.

Boriziny (= Port Bergé) (S. 518)

Verkehrsverbindungen
- **Flug**: i.d.R. einmal wöchentliche Verbindung mit der Twin Otter nach Mahajanga/Tana/Ambanja
- **Straße**: Taxi-Brousse nach Antsohihy und Mahajanga (RN 6)

Hotel/Restaurant
Hôtel Zinnia $

Canal des Pangalanes mit Ankanin'ny Nofy (Traumhaus) (S. 570)

Verkehrsverbindungen
- **Flug:** private Landepiste beim Buschhaus – Flugverbindungen nach Tana und Toamasina
- **Bahn:** das nächstliegende Dorf an der Bahnlinie von Tana nach Toamasina ist Andranokodrita (ca. 2 Std. Zugfahrt von Toamasina aus)
- **Schiff:** per (teurem) Bootscharter nach Toamasina und Manambato. Haltestelle des luxuriösen Motorbootes der Schiffsgesellschaft „Softline" (s. Toamasina) oder per Piroge.

Hotels/Restaurants
- 🐌 **Bush House**, $$-$$$, Tel. 22-258.75/78, Fax 22-251.17 (über Tana). E-mail: bopi@bow.dts. mg. 7 Zimmer, 2 Bungalows. Etwa 30 Min. von der Bahnstation, aber dafür idyllische einfache Hütten direkt am See Ampitabe.
- **Les Pangalanes**, $$$-$$$$, 12 Bungalows zwischen Bahnhof und dem:
- **Village Atafana**, $$$, Tel. 22-223.64/5, 10 kleine Bungalowhütten am See direkt an der Bahnstation, Spezialität: Meeresfrüchteteller!

Unternehmungen/Ausflüge
Wasserski, Windsurfen, ruhige Pirogenfahrten ...
s. Toamasina

Diego-Suarez (s. Antsiranana)

Farafangana (S. 401)

Verkehrsverbindungen
- **Flug:** 1-2mal wöchentlich Flüge über Mananjary von/nach Tana, je nach Saison und Nachfrage auch von Taolanoro.
- **Straße:** gute Straße und Taxi-Brousse-Anschluß von Manakara; weiter nach Süden ist die Straße noch ein Stück in Richtung Vangaindrano asphaltiert, danach geht – außer mit Mountainbike – wegen der vom Zyklon weggerissenen Brücken nichts mehr. Die fast unpassierbare Piste (RN 27) nach Osten bis Ihosy soll ausgebaut werden.
- **Schiff:** Pirogen von Manakara über den Canal des Pangalanes, der hier endet.

Hotels/Restaurants
- **Tulipe Rouge** $, Tel. 73-911.86. Beliebtes Traveller-Hotel, obwohl die großen Zimmer und der Meerblick nicht über den Verfall des Hotels hinwegtrösten können. Etwas billiger, älter und einsamer als das von derselben Familie betriebene
- **Les Cocotiers** $-$$, Tel. 73-911.87, Fax 73-911.88. Treffpunkt des Ortes mit gutem Restaurant.
- **Rose Rouge** $, Tel. 73-911.54

Restaurant
La Palmiers, kleines Restaurant am Marktplatz

Fenoarivo (Fénérive) (S. 583)

Verkehrsverbindungen
Straße RN 5, regelmäßige Taxi-Brousse-Verbindungen zwischen Toamasina und den nördlich gelegenen Küstenstädten

Hotels
Nicht viel Auswahl: einige kleine, einfache Bungalows am Strand im **Girofle d'Or**, im Ort einfache Zimmer im **Tsara Hely** oder **Belle Rose**

Fianarantsoa (S. 385)

Verkehrsverbindungen
- **Flug:** 1-2mal wöchentlich Linienflug von/nach Tana
- **Straße:** gute und häufige Verbindungen mit Taxi-Brousse/-Be, dem Tata-Bus von Tana (ca. 8-10 Std.) und weiter nach Toliara; außerdem tägliche Überlandbusse

von Fianarantsoa nach Toliara. Buschtaxis fahren zum Ranomafana-Nationalpark (ca. 3 Stunden), nach Ambalavao, Ihosy, Ranohira (Isalo-Nationalpark) und Toliara. Man kommt gut von Fianarantsoa weiter, bei Zwischenstopps unterwegs wird es dann schon schwieriger, wieder einen freien Platz zu ergattern.

• **Bahnlinie nach Manakara:** *In der Regel fährt ein Zug (und manchmal auch ein Mini-Micheline) di., do. und sa. die 170 km-Strecke nach Manakara und mo., mi., fr. und so. zurück nach Fianarantsoa (Abfahrt von Fianar: 7 Uhr, Ankunft in Mankara 7 Stunden später, es können aber auch 17 werden). Am Bahnhof den aktuellen Fahrplan erfragen, der recht flexibel gehandhabt wird (s. S. 393).*

• **Taxis und Stadtbusse** *verkehren innerhalb der Stadt.*

Hotels/Restaurants

Da Fianarantsoa nach Tana die größte Verwaltungsstadt ist, wächst das Angebot an Unterkünften. Es reicht von Hotels, die gerne von Geschäftsleuten besucht werden, wie das Radama, über solche für gehobene touristische Ansprüche, wie das Soafia, bis zu Low-Budget-Herbergen.

• **Hôtel Papillon, ehem. Hôtel Moderne** $-$$. *Im Gegensatz zum Restaurant macht das darüberliegende Hotel einen etwas muffigen Eindruck, manche Zimmer sind feucht, Farbe haben die Wände schon seit Jahren nicht mehr gesehen. Kleine und größere Familienzimmer, die teureren mit TV, Dusche und WC.*

• ✆ **Tsara Guest House.** $-$$, Tel. 75-502.06. *Ein wunderbares, familiäres Hotel in der Oberstadt, Nähe des ehem. Cinema Rex, ruhig, mit blühendem Garten, liebevoll eingerichteten kleineren Zimmern und größeren Bungalows (Nr. 13-18!) über 2 Etagen mit Telefon im Garten mit Blick auf das Kloster. Gutes, nettes Restaurant, freundliches Personal. Unbedingt reservieren, oft ausgebucht.*

• **Radama** ***, $$. Place du Zoma, Tel. 75-507.97. *1996 eröffnet. 32 Zimmer mit TV und Tel., Konferenzraum, Restaurant. Hat zwar nicht den Charme wie das Tsara, ist aber von der Lage und Preis her eine gute Alternative.*

• **Soafia** , $$$-$$$$, 125-400 FF, *bisher nur in Devisen und bar (!) zu zahlen, bis 1998 keine Schecks und Kreditkarten. Richtung nördlicher Ortsausgang. Gilt als bestes Hotel am Ort, unter chinesischer Leitung, über 80 Zi., teils klimatisiert mit TV und Tel. Sauna, Massage, Swimmingpool, Tennis, Bar, Souvenirshops in der Hotelhalle. Die chinesische Küche genießt einen hervorragenden Ruf.*

• **Plazza Inn** $$. *Eines der moderneren Hotels.*

In der **NOUVELLE VILLE** *und* **UNTERSTADT** *findet man zahlreiche preiswerte Hotels, darunter*

• **Hôtel Escale** *und* **Arinofy** *(beide $), für Rucksackreisende.*

• **Cotsoyannis** $. Tel. 75-514.17, Rue Radama, Nähe Moschee, *nicht weit vom Bahnhof. Ca. 40 Zi, einfach, aber o.k.*

• **Le Relais de Betsileo** $. *Schönes, aber heruntergekommenes Gebäude auf dem Weg in die Oberstadt. 1998 wegen Renovierung geschlossen.*

Restaurant

✎ **Papillon**. Das **Restaurant** schlechthin in der Stadt, direkt gegenüber vom Bahnhof. Es erscheint etwas gammelig, hat eine herrliche Theke, die Kellner arbeiten in schummerigem Licht und ehemals weißen Jackets (und Turnschuhen), aber mit perfekter Nonchalance und exzellentem Service, der jedem Pariser Nobel-Restaurant zur Ehre gereichen würde. Ausgezeichnete Küche, Zebusteaks, frische Fische.

Nachtleben

Abgesehen von den Hotelbars, -discos und einigen kleinen Restaurants nicht besonders aufregend. Die Alliance Française veranstaltet manchmal Konzerte.

Einkaufen

Für Lebensmittel und Proviant für Ausflüge sind vor allem die chinesischen Geschäfte gut, z.B. Nähe Bahnhof.
Freitags ist Markt auf den Straßen zur Oberstadt und in den Markthallen.

Unternehmungen/Ausflüge

Das **Syndicat d'Initiative**, eine Art Tourismusbüro gleich hinter dem Hôtel Papillon, hatte zeitweise geschlossen, soll aber wieder geöffnet werden. Eine gute Alternative ist der private Reiseveranstalter **Stella Tours** (Tel. 75-506.67), der englisch oder französisch geführte Stadttouren innerhalb von Fianar und Ausflüge in die Umgebung organisiert. **Radama Tours** (Place du Zoma, Tel. 507.97), das **Tsara Guest House** und einige andere Hotels vermitteln Touren und Führer.

Foulpointe (s. Mahavelona)
Hell Ville (s. Andoany/Nosy Be)
Ifaty (s. Toliara)

Iharana (Vohémar) (S. 522)

Verkehrsverbindungen

• **Flug:** Linienflüge mehrmals wöch. nach Antsiranana, Antalaha, Toamasina
• **Straße:** (Anreise s. auch unter Antalaha)
Die 1996 neu asphaltierte RN 6 von **Diego nach Ambilobe** fahren Taxi-Brousse in ca. 3-4 Stunden. Die Piste von **Ambilobe nach Iharana** ist bisher in der Regenzeit so gut wie unpassierbar. Zu Beginn der Trockenzeit wird sie in der Regel neu planiert, und man kommt ganz gut voran, bis die Schlaglöcher Woche für Woche tiefer und tiefer werden. Allerdings soll die Piste nach einem Entwicklungsplan im Jahre 2000 asphaltiert werden.
In der Trockenzeit können Sie in Diego ein Taxi mieten (was fast so teuer wird wie

ein Flug) oder im Taxi-Brousse bis Iharana (und weiter) fahren. Minimum: ein Tag. Von Oktober bis April kann die Tour zu einer Art Überlebenstraining werden. Manche Reisende haben für die Strecke fünf Tage gebraucht.

Aus Transportgründen sind die Verbindungen zwischen den Städten an der Nordostküste gut. Nach einem Zyklon ist die Straße Iharana - Sambava 1996 neu gemacht; die schmale Piste Sambava - Antalaha ist bei Trockenheit gut befahrbar.

• **Flug:** Unser Tip, solange die Piste nach Iharana nicht asphaltiert ist: Fliegen Sie entweder nach Sambava oder Iharana und fahren Richtung Süden bis Antalaha oder umgekehrt. So sparen Sie viel Zeit. Die Piste nach Iharana führt zwar durch abwechslungsreiches, aber weitgehend trockenes Gebiet; der interessanteste Teil beginnt südlich von Iharana. Antalaha, Andapa, Sambava und Iharana werden mehrmals wöchentlich mit kleinen Propellermaschinen angeflogen. Einziges Problem: Sie müssen rechtzeitig buchen.

Hotels/Restaurants
Als das „beste" Hotel am Ort mit schönen einfachen Strandbungalows gilt das **Sol et Mar, $$**. Preiswertere Alternativen: **Railovy, Poisson d´Or, La Cigogne.**

Ihosy (S. 416)

Verkehrsverbindungen
• **Flug:** Landepiste und alter Flughafen; wird z.Z. selten oder gar nicht mehr von Air Mad angeflogen

• **Straße:** gute Taxi-Brousse-Verbindung (RN 7) von Fianarantsoa/Ambalavao. Eine Teilstrecke der RN 7 vor Ihosy ist noch nicht asphaltiert, man kommt jedoch gut voran und braucht von Ambalavao 2-2 ½ Std. Nach Ranohira/Toliara Plätze reservieren! Schlechte Piste nach Taolanaro (500 km, ca. 24 Std. Fahrt). Eine fast unpassierbare Piste führt an die Ostküste nach Farafangana; ab und zu quälen sich Lkw oder Taxi-Brousse dorthin (300 km, ca. 2 Tage).

Hotels/Restaurants
• **Relais Bara $**, im Zentrum, 8 kleine einfache, aber nette Zi. und große Theke für erfrischende Getränke.

AM ORTSAUSGANG RICHTUNG RANOHIRA:
• **Hôtel Bienvenue $**, 1997 neu eröffnet, einfach, o.k.
• **Zahamotel/Chez Farjon $**, 12 Bungalows mit Restaurant

Isalo-*Nationalpark* (s. Ranohira)
Ivato/Savana (s. Vohipeno)
Joffreville (s. Ambohitra)

Katsepy (S. 547)

Verkehrsverbindungen
- **Verbindung:** *von Mahajanga am besten per Fähre, Abfahrt 2 x täglich am Ende der Ave. de la Republique.*
- **Straße:** *Piste ab Marovoay*

Restaurant
Chez Mme. Chabaud. *Ausgezeichnete Meeresfrüchteteller, legendäres Mittags- und Abendmenu.*

Übernachtung
Fragen Sie Mme. Chabaud nach einfachen Bungalows oder Campingmöglichkeiten am Strand.

Kirindy, Forêt de (S. 358) (s. Morondava)

Infos
CFPF-Büro am östlichen Ortseingang von Morondava (auch für Reservierung der Hütten), Nähe Air Madagascar

Anreise
von Morondava; am besten per Taxi, oder per Taxi-Brousse Richtung Belo-Tsiribihi- na, vom Abzweig nach Kirindy aus ca. 5 km zu Fuß

Unterkunft
einfache, offene Hütten (Schlafsack und Moskitonetz mitbringen!) und Camping- möglichkeit auf dem Parkgelän- de; kleines Restaurant vorhan- den

Lac Alaotra (S. 560)

Verkehrsverbindungen
- **Flug:** *mehrmals wöchentlich von Tana und Toamasina nach* **Ambatondrazaka**.
- **Zug:** *die schönste Art, von Moramanga (bzw. Tana/Toamasina) hierher zu gelangen, leider nur sporadisch möglich aufgrund der ständig defekten Bahnlinie.*

- **Straße:** *Taxi-Brousses fahren regelmäßig von Tana und Toamasina nach Amba-tondrazaka, von dort Weiterfahrt mit Taxis möglich.*

Hotels
AMBATONDRAZAKA:
- **Voahirana** $ *(ca. 10 DM), einfaches Hotel unter chinesischer Leitung.*
- **Max** $, *in der Nähe des Bahnhofs.*
IMERIMANDROSO, NAHE DEM SCHMUGGLERPFAD:
- **Bellevue** $, *sehr einfache Unterkunft mit Restaurant*

Restaurant
*Im **Hotely Fanantenana** bekommen Sie madag. und vietn. Essen.*

Lac Itasy (s. Ampefy)

Lac Mantasoa (S. 310)

Verkehrsverbindungen
Straße/Zug: *Taxi-Brousse von Tana (Station Ost in Ampasampito) bis zum Dorf Mantasoa oder Zug nach Ambatoloana (eine Station nach Manjakandriana). Auch von Manjakandriana (dort wird die Straße extrem schlecht) bringen Sie Taxis zum See.*

Hotels/Restaurants
- **Le Domaine de l´Ermitage** ****, $$$$-$$$$$. Tel. 22-435.86. *Am Seeufer gelegen, hip für die madagassische Oberschicht, die zum Wochenende herkommt, Tennisplatz, Pferde, teuer, gediegene Atmosphäre, aber etwas „abgeblättert".*
- **Chalet Suisse** $-$$, *Bungalowanlage nahe dem Seeufer. Skurriles am Rande: im Restaurant gibt es Raclette!*
- **Restaurant Touristique** $, *im Dorf Mantasoa, einfache Übernachtung und Essen.*

Unternehmungen/Ausflüge
- *Baden, Wasserski, Minigolf, Wanderungen entlang dem Stausee ...*
- *Sie können auf den Spuren **Jean Labordes** (s. Kapitel Geschichte) wandeln und den Ort seines ehemaligen Wohnhauses (im früheren Dorf Andrangoloaka), sein Grab (auf dem örtlichen Friedhof) und die ehemalige Munitionsfabrik besichtigen.*

Lokobe-Naturreservat (s. Nosy Be, s. S. 481)

Mahajanga (S. 518, 539)

Verkehrsverbindungen
- **Flug:** *fast tägl. nach Tana, Nosy Be, Antsiranana etc., wöchentl. auf die Komoren, Mayotte; Flughafen-Zentrum: 6 km, ca. 5 DM.*
- **Straße:** *teils sehr schlechte Straße nach Tana und Antsiranana; häufige Taxi-Brousse-, Be-, Minibus- und Busverbindungen, die lange dauern!*
- **Schiff:** *Frachtschiffe u. manchmal Fähren u.a. nach Nosy Be, Komoren, Mayotte. Auskünfte an der Anlegestelle am Quai. Regelmäßig Fähren nach Katsepy.*
- **Innerhalb der Stadt:** *Pousse-Pousse oder Taxis. Busse zum Flughafen und Amborovy-Strand (Abfahrt vor dem Air Madagascar-Büro).*

Hotels
Mahajanga ist relativ teuer; es gibt jedoch jede Menge kleiner, einfacher Hotels und eine Reihe besserer Unterkünfte, darunter:
- **Les Roches Rouges** *$$-$$$. Bld. Marcoz, Tel. 62-238.71. Eines der besten Hotels mit hervorragendem Restaurant, Reiseagentur, Bungalow-Annex am Strand.*
- **Hôtel de la Plage/Chez Karon** *$$-$$$. Village Touristique, Tel. 62-226.94. Über 20 Zi. mit Meerblick direkt am Strand, ca. 3 km außerhalb des Zentrums. Gut zum Entspannen nach einem heißen Tag in der Stadt.*
- **Hôtel de la France** ****, $$$. Av. Maréchal Joffre, Tel. 62-237.81. Schönes Kolonialhaus, allerdings renovierunsgbedürftig. Direkt im Zentrum.*
- **Zahamotel** *$$$$. Amborovy, Tel. 62-225.55, Fax 237.11. Sehr komfortables Hotel mit großen, gepflegten, etwas steril wirkenden klimatisierten Zi. und Bungalows, mit Swimmingpool, Tennisplatz, Billard, gutem Restaurant. Am Strand Nähe Flughafen. Gleicher Betreiber wie des Hôtel des Thermes in Antsirabe.*
- **Kanto** *$-$$. La Corniche, Tel. 62-229.78. Nähe Boabab, oberhalb der Bucht, ruhige Zi. mit u. ohne Klimaanlage, gutes Restaurant.*
- **Nouvel Hôtel** *$$$-$$$$. Rue Henry Palu, Tel. 62-293.91. 30 kürzlich renovierte Zimmer mit Klimaanlage oder Ventilator.*
- **La Ravinala** *$$. Quai Orsini, Tel. 62-229.68. In Hafennähe, sauber, manche der 12 Zi. laut wegen des Nachtclubs.*
- **Chez Chabaud** *$. Manga, Tel. 62-233.27. Nicht weit zur Taxi-Brousse-Station, beliebtes Traveller-Hotel, einige Zi. duster, aber für den Preis o.k. Das Annex-Restaurant von Mme. Chabaud am Strand von Katsepy ist erstklassig!*

Restaurants
- *Gute Restaurants im **Nouvel Hotel, Chabaud, Ravinala, Kanto**.*
- *Mahajanga ist bekannt für seine guten **indisch-pakistanischen Restaurants**. Vorsicht, die Gerichte sind oft sehr scharf. Viele ohne Alkoholkonzession.*
- *Im **Sampan d'Or** kann man hervorragend chinesisch essen.*
- *Viele kleine **Garküchen** entlang La Corniche.*

Nachtleben

Am Wochenende ist in den Discos im Hôtel **Ravinala** und im Roches Rouges (Nightclub **San Antonio**) viel los. Fragen Sie in der Alliance Française nach kulturellen Veranstaltungen.

Unternehmungen/Ausflüge

- **Museum Akiba**: Öffnungszeiten 9-11, 15-17 Uhr, Eintritt ca. 2 DM.
- **Ausflüge in die Umgebung**, u.a. zum neuen **Nationalpark Baie de Baly** und zu den **Tsingy de Namorona** können Sie mit diversen Reiseveranstaltern buchen, u.a. im Hotel Les Roches Rouges.

Mahambo (S. 582)

Verkehrsverbindungen

Straße: s. Mahavelona

Hotels/Restaurants

Da der Ort immer noch ein beliebter, haifischsicherer Badeort ist, werden zahlreiche kleine neue Hotels gebaut. Preisvergleiche lohnen sich. Am Strand liegen drei Bungalowanlagen nahe beieinander:

- **Le Gîte $$**, komfortable Bungalowanlage am Strand.
- **Le Dola $**, einfache Strandbungalows.
- **Le Récif $-$$**, Tel. 53-345.25), sehr beliebt bei Travellern.

Alle mit Tauchangeboten und -kursen.

Mahavelona (Foulpointe) (S. 581)

Verkehrsverbindungen

Straße: s. Fenoarivo. Minibusse, die von Toamasina früh morgens zur Fähre nach Soanierana-Ivongo starten, kann man hier anhalten. Vor 9 Uhr am Straßenrand warten bzw. im Hotel fragen, wann und wo die Busse stoppen. In umgekehrter Richtung kommen sie meist nachmittags durch den Ort.

Hotels/Restaurants

- **Manda Beach Hotel $$$$**, Tel./Fax: 53-322.43 (über Toamasina), Tel./Fax über Tana: 22-317.61. 18 Bungalows, 16 Zimmer mit Dusche/WC, 8 Suiten. Sonntags Buffet. Pool, Golf, Tennis, Windsurfen, Reitstall, Tauchbasis, Auto- und Fahrradvermietung
- **Au Gentil Pêcheur $**, Tel. 53-327.19. Kreditkarten akzeptiert. 20 hübsche, saubere Strandbungalows.

• Im Ort weitere billige Bungalows.

Restaurant
Riaka, im Ort, genießt guten
Ruf.

Maintirano (S. 364)

Verkehrsverbindungen
• **Flug**: regelmäßige Linienflü-
ge
• **Straße:** extrem schlechte, nur zur Trockenzeit befahrbare Pisten Richtung
Osten (Tsiroanomandidy), Norden (Besalampy/Soalala/Mahajanga), aus südlicher
Richtung von Morondava/Belo Tsiribihina nur für ganz Hartgesottene.

Hotels/Restaurants
• **Hôtel Melaky** $, einfach, sauber und familiär unter Leitung von Mme. Nafatsy,
mit gutem kleinen Restaurant.
• **Hôtel Lazaima** $, einfach und sauber, am Meer gelegen.

Restaurant
Ein kleines Restaurant, das **Mahateata**, befindet sich etwas außerhalb auf dem
Weg zum Flughafen.

Malaimbandi (S. 349)

Verkehrsverbindungen
Per Taxi-Brousse oder Lkw erreichbar auf der Fahrt von Antsirabe/Miandrivazo
nach Morondava, die hier oft einen Zwischenstopp einlegen. Mehr hat der Ort
auch nicht zu bieten.
Eine kaum befahrbare Piste führt von hier zur RN 7 südlich von Ambositra, eine
gut ausgebaute Asphaltstraße, die RN 35 (Tabaktransport!) weiter nach Morondava.

Hotel/Restaurant
Einfaches Hotely Gasy „**Menabe**" $

Manakara (S. 396)

Verkehrsverbindungen
- **Flug:** ca. 2mal wöch. nach Tana, Fianarantsoa und Taolanaro.
- *170 km* **Bahnverbindung** mit Fianarantsoa, s. dort. Abfahrt i.d.R. mo, mi, fr und so 7 Uhr.
- **Straße:** Taxi-Be/Brousse nach Ranomafana, Fianarantsoa, Tana, Farafangana (im Süden) und Mananjary (im Norden) während der Trockenzeit.
- **Boot:** für Abenteurer Mitfahrgelegenheiten in Pirogen (Canal des Pangalanes)

Hotels/Restaurants
- **Hôtel Sidi** $-$$$, Kreditkarten, Tel. 72-212.85. Im Ortszentrum nahe dem Marktplatz, ein größerer, unpersönlicher Kasten mit 25 Zi., zu teuer für das, was geboten wird, einige Zimmer o.k., die billigen direkt im Erdgeschoß neben dem Lkw-Parkplatz. Am Wochenende laut wegen des hauseigenen Nachtclubs. Aber nette Leitung und gute chinesische Küche, auf die man sich nach langer Bahnfahrt freuen kann. Gewarnt wird vor dem Verzehr von Haifischen, da in letzter Zeit wohl einige von ihnen vergiftet waren.
- **Chalet Suisse** $, 4 einfache Zi. am Ortsausgang Richtung Norden.
- **Hôtel Manakara** $, auf der Halbinsel Manakara Be zwischen der Brücke über den Canal des Pangalanes und dem Strand. Dem renovierten Kolonialhotel und den Palmen an der Straße ist anzusehen, daß sie sich vor Zyklonen wenig geschützt fast direkt am Meer befinden. Schöner Edelholzfußboden, aber 13 sehr einfache, wenig gepflegte Zimmer, einige mit Dusche/WC. Im Sommer angenehmer Wind auf der Terrasse und schön für Spaziergänge entlang der heftigen Meeresbrandung.
- **Eden Sidi** $, B.P. 80, Ambignagny, 13 km nördlich am Strand. Die 24 Bungalows und 6 Zi. gehören zum Sidi-Hotel (gleiche Tel.Nr.), sind aber wesentlich attraktiver.

Nachtleben
In der Disco des Sidi-Hotels, ansonsten ist sozusagen der Hund begraben.

Mananara (S. 585)

Verkehrsverbindungen
- **Flugverbindung:** über Maroantsetra, Toamasina nach Tana mehrmals wöchentlich. Unbedingt die Plätze reservieren und bestätigen!
- **Straße:** Von Soanierana-Ivongo aus nur noch schlechte Piste. Einige Flüsse müssen wegen kaputter Brücken mit Fähren überquert werden. Tägliche Taxi-

Brousse-Verbindung von Manompana (ca. 5-7 Std. für ca. 80 km!), von Toamasina aus mehrmals in der Woche. Plätze im voraus reservieren!

Hotels/Restaurants
- **Chez Roger** $, im Zentrum, 8 große Bungalows
- **Aye-Aye** $, 6 Bungalows am Strand nicht weit vom Flughafen
- **Tonton-Galet Bungalows** (DZ ca. 10 DM). Sehr einfach, nett.

Unternehmungen/Ausflüge
- Auskunft über den Besuch der **Aye-Aye-Insel**: im Hotel Aye-Aye oder beim UNESCO-Büro in Mananara.
- Im UNESCO-Büro ebenfalls Auskunft und Besuchsgenehmigung für das **Biosphärenreservat** bzw. den neuen Nationalpark **Mananara-Nord**. Informationen auch bei der Direction des Eaux et Forêts, WWF und ANGAP in Tana.

Mananjary (S. 402)

Verkehrsverbindungen
- **Flug**: ca. 1mal wöch. Linienflug von/nach Tana und Manakara.
- **Straße**: passable Straße nach Fianarantsoa (RN 25) und nach Manakara

Hotels/Restaurants
Hierher verirren sich kaum Touristen, daher gibt es nur einige bescheidene Unterkünfte, wie das
- **Jardin de la mer** $$-$$$, Tel. 72-940.80. 10 Bungalows und einige Zimmer am Meer.
- **Solimotel** $, Tel. 72-942.59/942.85, zwischen Canal des Pangalanes und dem Meer.

Manompana (S. 584)

Verkehrsverbindungen
- **Straße**: schreckliche Straßenverhältnisse von Soanierana-I. und weiter nach Mananara (für die 45 km dorthin braucht das Taxi-Brousse 5 Stunden)
- **Fährverbindungen nach Ste. Marie**: unregelmäßig, meist 2 x wöchentlich. Abenteuerliche Fahrten per Piroge, bei ruhigem Seegang und wenig Strömung ca. 3-4 Stunden.

Hotels/Restaurants
- **Hôtel Antsiraka** $, extrem einfach ohne Wasser und Strom, aber o.k., ca. 3-5 DM.

- **Manompany** $, dito.
- **Bungalow Loulou** $, unwesentlich besser und teurer.

Mantadia-*Nationalpark* (s. Moramanga u. Andasibe) (S. 562)

Maroantsetra (S. 533, 587)

Verkehrsverbindungen
- **Flug:** Linienflüge nach Toamasina, Ste. Marie, Antalaha, Sambava und Antsiranana (1 bis 2mal pro Woche).
- **Straße:** Schlechte Piste nach Süden. Nach Norden kein Durchkommen.
- **Schiff:** mehrmals wöch. Frachtschiffe nach Nosy Boraha und Toamasina, die manchmal Passagiere mitnehmen. Fahrzeiten ca. 16 bzw. 26 Stunden. Unregelmäßig fahren Frachter auch Richtung Norden nach Antalaha.

Hotels/Restaurants
- **Relais du Masoala** $$$$. Anspruchsvolle Reisende schwärmen von dieser 1997 eröffneten Bungalowanlage nahe dem Kanal und dem Ozean mit allem Komfort. Das Hotel organisiert zahlreiche Exkursionen, u.a. die Beobachtung von Walen.
- Beliebte Hotels sind das einfache **Hôtel du Centre** $, Zi. mit Bad, aber Gemeinschafts-WC, und das etwas teurere **Coco Beach** mit 11 Bungalows am Strand. Andere Low-Budget-Hotels: **Antongil, Le Tropical** und das **Vatsy**

Unternehmungen/Ausflüge
- Auskunft über den Besuch der **Insel Nosy-Mangabe** beim Nosy-Mangabe-Büro am Marktplatz im Ort. In Tana bei ANGAP. Auf der Insel besteht die Möglichkeit zu campen, wenn man seinen Proviant mit- und den Müll wegbringt. Bei gutem Wetter Überfahrt per Piroge; alle Hotels organisieren Ausflüge und Guides.
- Trekking auf der **Halbinsel Masoala** (s.u.).

Marojezy-Nationalpark (S. 530) (s. Andapa)

Infos
Reiseveranstalter in Sambava; WWF-Büro in Andapa.

Anreise
Taxi von Sambava oder Andapa.

Unterkunft
Campingmöglichkeit im Park, Hotels in Sambava und Andapa.

Masoala-Nationalpark (S. 533, **534**, 589)
(s. Antalaha, Andapa, Maroantsetra)

Infos
ANGAP/bisher: CARE-Büro in Antalaha (nicht weit vom Hotel Cocotiers); WWF-Büro in Andapa; in Planung: ANGAP-Büro in Maroantsetra.

Anreise
von Norden aus nach Antalaha oder Andapa, von Süden nach Maroantsetra. Dann nur noch zu Fuß oder per Piroge die Flußläufe hinauf.

Unterkunft
Campingmöglichkeiten auf der Halbinsel.

Miandrivazo (S. 344)

Verkehrsverbindungen
- **Flug**: Kleine Landepiste für Privatflugzeuge.
- **Straße**: Taxi-Brousses und Lkws verkehren regelmäßig. Reiseveranstalter und Mietwagenverleiher schlagen wegen der schlechten Straßenverhältnisse weiter nach Malaimbandi Geländewagen vor, einfache Pkws tun es aber auch.
- **Schiff**: Nach Belo-sur Tsiribihina flußabwärts auch per Schiff oder Piroge (s.u.).

Hotels/Restaurants
- **Chez Rasalimo** $-$$, kleine, einfache Bungalows am Ortsende mit Blick auf den Fluß Mahajilo
- **Le Gîte de la Tsiribihina** $, BP 22, noch einfacheres kleines Hotel in schönem alten Kolonialbau mit französischem Patron, der auch Flußfahrten vermittelt. Nettes Restaurant mit Terrasse, Zimmer im 1. Stock mit abenteuerlichen Betten, aber immerhin Moskitonetzen (hinter dem Hotel ist direkt der Fluß), Gemeinschaftsdusche und WC außerhalb, etwas laut direkt an der Straße.
- außerdem zahlreiche kleinste Hotelys entlang der (einzigen) Hauptstraße, u.a. das **Papaya**

Unternehmungen/Ausflüge
- Besuch der heißen Quellen (eher als Spaziergang mit ortskundigem Führer)
- Im Mai: Jagdsaison für (vor allem französische) Gourmets, die besonders

Wildenten und -schweine lieben. Allerdings kommt es manchmal zu Jagdunfällen, weil unkontrolliert in der Gegend herumgeballert wird, wo auch Fußgänger unterwegs sind.

- Ausflug zum Goldgräberdorf Tabolava wenige km östlich Richtung Antsirabe
- Flußfahrt auf dem Mahajilo (Seitenfluß des Tsiribihina), weiter den Tsiribihina hinunter bis Belo/Tsiribihina und Weiterfahrt nach Morondava. Buchen können Sie diese 4-5-Tage-Exkursion (oft in Verbindung mit Ausflug in die Tsingys du Bemaraha) am besten bei Reiseveranstaltern, u.a. bei Aventure et Madagascar Evasion, Tropika Touring, Madagascar Airtours, Menabe Invasion, im Hotel Sakamanga etc. in Tana, Fianarantsoa oder bei den großen Hotels in Morondava. (s. reisepraktische Hinweise A-Z, Stichwort Reiseveranstalter). (Preisbeispiel: Menabe Invasion bietet ein 9,5 m-Boot für 3-6 Pers. an, inkl. Dusche, WC und Küche, einschließlich Transfer Tana-Miandrivazo mit 1 Übernachtung, Flußfahrt mit 2 Zelt-Übernachtungen (Zelte werden gestellt), Transfer nach Morondava für ca. 170 bis 200 DM pro Person. Größere Boote mit mehr Personen werden entsprechend billiger, Preise verhandelbar). Auch örtliche Bootsbesitzer bieten Exkursionen an. Es soll aber vorgekommen sein, daß leichtgläubige Reisende dabei um viel Geld erleichtert wurden, ohne je ein Boot gesehen zu haben ...

Montagne d'Ambre-Nationalpark (S. 506)
(s. Antsiranana, Ambohitra)

Infos
ANGAP-Büros in Antsiranana, Joffreville und am Parkeingang; bei Reiseveranstaltern in Antsiranana.

Anreise
Taxi-Brousse nach Joffreville und 6 km zu Fuß zum Parkeingang oder per Taxi von Antsiranana (Tagespreis ca. 35-40 DM).

Unterkunft
Hotels in Antsiranana, einfache in Joffreville, Campingmöglichkeit und Herberge im Park.

Moramanga (S. 559)

Verkehrsverbindungen
- **Bahn:** nach Antananarivo, Ambatondrazaka und Taomasina (täglich)
- **Straße:** RN 2, mehrmals tägl. Taxi-Brousses nach Toamasina u. Tana

Hotels

- **Grand Hôtel $-$$**. Bei Travellern beliebtes Hotel gegenüber dem Markt und Taxi-Brousse-Station. 12 Zimmer und Restaurant.
- **Hôtel Emeraude $**, Tel. 56-821.57, ebenfalls an der Hauptstraße, 26 Zi.
- Daneben gibt es verschiedene einfachere Unterkünfte im Zentrum wie das **Nouvel Hôtel.**

Restaurants

Billiges und gutes Essen im **Coq d'Or, Guangzou** und mehreren **Hotely Gasy**

Unternehmungen

- Indri-Reservat **Analamazaotra** (s. S. 562ff)
- Nationalpark **Mantadia** (s. S. 562ff)
- Ausflug zum **Lac Alaotra**
- Wer nicht nur die umliegenden Reservate besuchen möchte, kann sich im **Musée de la Gendarmerie nationale** die Zeit vertreiben. Interessante Ausstellung und Statistiken, sogar über die Rinderdiebe im Süden. Erkundigen Sie sich in Ihrem Hotel nach den aktuellen Öffnungszeiten.

Morombe (S. 365)

Verkehrsverbindungen

- **Flug:** Linienflüge je nach Saison 1-2mal wöchentlich.
- **Straße:** miserable Piste von/nach Morondava, bessere Piste weiter nach Süden bis Toliara.

Hotels/Restaurants

AM STRAND:
- **Baobab-Bungalows $**
- **La Croix du Sud $**

STADTMITTE:
- **Dattiers** und **Kuweit City**

Alle Hotels $, sehr einfach, mit Restaurant.

50 KM SÜDLICH:
Hôtel **Coco Beach $**, neuer In-Tip für Badefreaks wegen des endlosen weißen Sandstrandes, in der Nähe des Dorfes Andavadoaka

Nachtleben

Morombe liegt zwar abgelegen, verfügt aber als Hafenstadt sogar über einige Discos und Bars.

Morondava (S. 350)

Verkehrsverbindungen

• **Flug**: *fast tägliche Flugverbindung nach Tana, 2-3mal wöch. über Morombe nach Toliara, nach Fianarantsoa, Maintirano etc. Frühzeitig reservieren und bestätigen.*

• **Straße**: *Taxi-Brousse und Lkw von/nach Antsirabe/Antananarivo (10-15 Stunden), nach Toliara (2-3 Tage) und Belo sur Ts. (5-7 Stunden). Von Antsirabe aus auch in angemieteten R-4-Taxis zum Tagespreis.*

• **Schiff/Boot**: *von Miandrivazo bis Belo/Tsiribihina per Boot, von dort per Taxi-Brousse. Entlang der Küste nehmen die Vezo-Fischer oft Touristen in ihren Pirogen mit; weil die Winde aber unbeständig sind, kann diese Art der Reise mehrere Tage dauern.*

Hotels/Restaurants

Es gibt einige, meist einfache Hotels in der Ortsmitte. Die schöneren liegen direkt am Strand auf der südlichen **Halbinsel Nosy Kely**, *einer kleinen Landzunge zwischen dem Kanal von Mosambik und einem mangrovengesäumten Meeresarm. Dort ist in den letzten Jahren ein wahrer Hotelbauboom ausgebrochen. Morondava lockt wegen seines Klimas, der Umgebung und seiner Strände immer mehr Touristen und Städter aus der Hauptstadt an, die hier Ferien machen. Aber auch die neuen Hotels sind klein und passen (bisher) gut in die Landschaft. Durch die jährlichen Zyklone sind einige Hotels geradezu weggespült worden (z.B. das Hotel mit dem unheilvollen Namen „Pied dans l´eau" direkt am Strand, von dem 1998 nur noch ein paar Steintreppen übrig waren). Es entstehen und vergehen ständig neue Hotels, deshalb hier nur eine Auswahl:*

AUF NOSY KELY:

• *Vor der Halbinsel liegt wenig romantisch gegenüber dem Treibstofftank das bekannte* **Les Bougainvilliers** *$$. Tel. 95-521.63, Fax 95-520.23. Seinem ehemals guten Ruf wird es durch mäßigen Service nicht mehr ganz gerecht; der schöne bepflanzte Innengarten und die Travelleratmosphäre machen es aber immer noch zu einem angenehmen Platz. Oft ausgebucht (Mittelklasse).*

• **Les Pieds dans l´eau** *$. Nach dem letzten Zyklon neu aufgebaute Bungalows, einfach, direkt zwischen Straße und Meer.*

• **Au Mozambique** *$, direkt am Anfang von Nosy Kely, hat inzwischen etwas von einer heruntergekommenen Kaschemme, aber passabel als Snack-Bar (unterste Klasse).*

• **Le Renala (Au Sable d´Or)** *$$$, Tel. 95-520.89, Fax 95-522.29. Wenige Meter weiter, einige schön gelegene komfortable Bungalows direkt am Strand, teilweise klimatisiert oder mit Ventilator. Viele Pauschalreisende. Hier kann man Bootstouren und Ausflüge in die Umgebung buchen, auch zu den Tsingys du Bemaraha (obere Klasse).*

• ✎ **Masoandro (Chez Maggie)** *$$$, Tel. 95-523.47. Direkt neben dem Renala. Die schottische Einwanderin Maggie hat aus ihrer Bungalowanlage ein kleines* blühendes Paradies gezaubert. Geschmackvoll mediterran eingerichtete Zimmer und Bungalows mit Ventilator oder klimatisiert, Swimmingpool im Palmengarten, das sehr gute offene Restaurant liegt direkt am Meer. Viele italienische Gäste. Nicht billig, aber den Preis wert (obere Mittelklasse).

• **Morondava Beach** $$-$$$, Tel./Fax 95-523.18. 18 gepflegte, klimatisierte Bungalows in Strandnähe, preiswert und schön gelegen.

• **Le Baobab** $$. Tel. 95-520.12. Etwas weiter südlich auf der linken Seite, mit schöner Terrasse direkt am Meeresarm gegenüber dichter Mangroven. Billardtisch, bis spät in die Nacht angenehme Musik, nette Bar, gutes Restaurant. Seit kurzem auch einige gepflegte Zimmer. Das Ehepaar Noel und Muriel organisiert Ausflüge in die Umgebung, Ultraleichtflüge, Hochseefischen, Segeltörns.

• **Les Palétuviers** $$$, neue Bungalowanlage ganz am Ende von Nosy Kely mit allem Komfort.

• **Royal Tohera** ***, $$$$$, in Planung: 50 (!) Bungalows der Spitzenklasse, benannt nach einem großen Sakalava-König.

• **Les Pirogiers** $$. Südlich des Meeresarms in den Dünen gelegene hübsche Bungalowanlage, die man nur per Piroge erreichen kann.

RICHTUNG ORTSMITTE

• **Hôtel de la Plage** $-$$ (Tel. 95-521.30) heißt zwar so, liegt aber nicht direkt am Strand, sondern zwischen Nosy Kely und Ave. de l´Indépendance. Beliebtes Travellerhotel mit indischer Küche, Bäckerei und Ausflugsangeboten.

• **Hôtel Central** $ (neu, o.k), **Continental** $, **Menabe** $, und einige andere kleine Hotels liegen im Ortskern. Sie sind einfach und billiger als die Strandhotels.

Restaurants
Außer den Hotelrestaurants:

• **Masoandro (Chez Maggie)**: auf Nosy Kely, s.o., hervorragende Meeresfrüchte, meist Menu, Terrasse am Meer, nicht billig

• **Le Baobab,** s.o., solide Küche, schöne Terrasse.

• **Chez Cuccu**. Beliebtes Restaurant mit französischem Feinschmeckerkoch am südlichen Ende von Nosy Kely direkt am Strand. 2 Bungalows.

• ✎ **Isidor,** Snack-Bar im Ort Nähe Mairie (Bürgermeisteramt). Gute madagassisch-afrikanische Küche, leckere Snacks, nette Atmosphäre abends.

Nachtleben
Morondava wirkt zwar wie ein verschlafenes Nest, aber abends öffnen überraschend viele kleine Restaurants, Bars, die Discos „Harrys" und „Mylord" im Ort und das „Bemolang" Nähe Flughafen (freitags!).

Unternehmungen/Ausflüge
• jeden Mittwoch großer **Rindermarkt in Analaiva**, 25 km von Morondava entfernt

- am Nationalfeiertag (26. Juni) zahlreiche Veranstaltungen mit speziellen Saka-lava-Tänzen und -Gesängen
- absoluter Höhepunkt ist das heilige Fest der Reliquienreinigung der Sakalava-Könige, **Fitampona**. Eine atemberaubende Prozession, bei der die Überreste der Könige im Fluß Tsiribihina gewaschen werden, Frauen in Trance fallen und in Kontakt zu den Seelen der Könige treten. Fitampona findet etwa alle 5 Jahre in der Nähe von Belo-sur-Tsiribihina statt, das letzte Mal 1994 und 1999. Das genaue Datum wird u.a. nach astrologischen Konstellationen berechnet.
- **Forêt de Kirindy**. Informationen beim CFPF-Büro am Ortseingang in der Nähe des Air Madagascar-Büros. Die Anfahrt muß selbst organisiert werden. Taxis im Ort. Am Parkeingang kleines Freilichtmuseum, Restaurant, einfache Unterkünfte. Schlafsack mitbringen.
- **Tsingy du Bemaraha**. Ausflüge dorthin organisieren u.a. das Renala und Hôtel de la Plage in Morondava oder Reiseveranstalter in Tana. Nächste Unterkunft: Belo/Tsiribihina.

Nosy Be (mit Andoany/Hell Ville) (S. 463)

Verkehrsverbindungen
- **Flug:** mehrmals täglich von Tana, gute und häufige Verbindungen nach Maha-janga, Diego etc. Mehrmals wöchentlich nach Mayotte und Komoren, auch mit TAM und Air Austral.
Air Madagascar-Büro: am Ortseingang von Hell Ville Richtung Ambatoloaka, gegenüber dem Friedhof. Tel. 86-613.57. TAM: 86-613.92.
- **Schiff:** mehrmals täglich reguläre Fährverbindungen nach Nosy Komba und aufs „Festland" nach Ankify und Antsahampano. Auskünfte am Hafen, in den Hotels und in einer der Reiseagenturen auf der Hauptstraße in Hell Ville. Vom Hafen fahren auch, je nach Nachfrage, kleinere „Vedettes" (Motorboote). Die schnellste und am besten organisierte Verbindung nach Antsiranana mit dem privaten Veranstalter Qaiser, Tel. 86-615.90: Vedettes nach Ankify, von dort per Minibus nach Diego, insgesamt 6-8 Stunden für ca. 15 DM (fragen Sie, ob diese Verbindung noch existiert).
- **Auf Nosy Be:** verkehren v.a. R4-Taxis zu teuren Tarifen (z.B: Flughafen - Hell Ville ca. 6 DM – 1998: 17.500 FMG, Hell Ville-Ambatoloaka ca. 6 DM, nach Andilana ca. 13-15 DM!). Billiger: taxis collectifs (Sammeltaxis) zum Fixpreis p.P. von ca. 0,50-1 DM. Kaum Taxi-Brousses.

Hotels
Nosy Be ist für madagassische Verhältnisse teuer – sogar für die einfachsten Strandhütten bezahlt man zu zweit locker 50 DM. Große Preisunterschiede zwi. Neben- und Hauptsaison. In Hell Ville gibt es einige preiswertere Unterkünfte.

Adressen brauchen Sie auf Nosy Be nicht – jeder kennt jeden, die Taxifahrer kennen die Hotel-, aber nicht die Straßennamen, die sowieso nur die Europäer benutzen.

ANDOANY (HELL VILLE)

- ✎ **Le Diamant Dix** $-$$. 1998 eröffnetes, familiäres Hotel oberhalb der Bucht, (Nähe Hôtel de la Mer). Eine der wenigen empfehlenswerten Unterkünfte in der Stadt.
- **Hôtel de la Mer**, $-$$. Tel. 86-613.53. Schon fast eine Institution in Hell Ville, aber weniger wegen des Hotels als wegen seiner Disco „Number One", Anmachplatz Nr.1 und deshalb lange als „Hotel de la merde" bezeichnet. Die Zi. sind einfach, nicht ganz so schlecht wie ihr Ruf, einige mit Air-Condition und Meerblick, am Wochenende kann es wegen der Disco laut werden. Fantastisch ist die Terrasse des Restaurants mit Blick über die ganze Bucht.
- In den Seitenstraßen und auf dem Bld. Géneral de Gaulle gibt es einige $- Unterkünfte, wenn man wirklich in der Stadt und nicht am Strand wohnen möchte, z.B. das laute **Venus**, das simple **Josiane**, das empfehlenswertere und gepflegtere **Au Belvedere Annex**; parallel zum Bld. de l´Indépendance das **Chez Nana** (sehr einfach) und **Bienvenue** (laut).
- **Ambonara** $-$$. Am Ortsausgang Richtung Ambatoloaka, oberhalb des Air Madagascar-Büros in hübschem Garten und angenehmer Atmosphäre.

Restaurants
ANDOANY (HELL VILLE)

- **L´Oasis Salon de Thé**, Nähe Post, gutes Frühstück mit Croissants, passablem Kaffee und Fruchtsäften, kleine Terrasse zur Straße. Gute Gelegenheit für einen Snack, wenn man in Hell Ville etwas erledigen muß.
- **Le Papillon**, Seitenstraße am Ende des Bld. de l´Indép., teuere französische Spitzengerichte und italienische Küche.
- **Blue Fish**, gilt als bestes Lokal auf Nosy Be mit ausgezeichneten Fischspezialitäten, war allerdings während unserer Recherche geschlossen. Liegt dem Hafen gegenüber auf der anderen Seite der Bucht mit großartiger Aussicht, erreichbar am besten per Piroge.
- **King´s City**, Nähe Markthalle, gute chinesische Küche.
- **Mandipo**, geöffnet 6-22 Uhr, Frühstück, Snacks, Fischgerichte vorbestellen.
- **Saloon Bar**, an der Hauptstraße, einfache Snacks.
- **Top Club**, Bld. de Gaulle, hier trifft man sich auch tagsüber auf einen Drink. Geöffnet 7 Uhr - 1 Uhr nachts.
- Restaurant im **Hôtel Amborona** s.o., das französische Ehepaar wird seiner Nationalität gerecht.
- ✎ Es gibt einige weitere kleine Restaurants; probieren Sie aber abends die kleinen **Garküchen** an der Hauptstraße, die sehr schmackhafte Zebu-Brochettes für ca. 20 Pf. anbieten!

Nachtleben
ANDOANY (HELL VILLE)

Manche lieben, die anderen hassen sie: die Anmachdiscos in Hell Ville. Besonders freitags abends ist die Hölle los. Auch Madagaskars Jugendliche gehen gerne tanzen, und bestimmte Mädchen sind auf der Suche nach reichen Vazaha ... Die Discos wechseln sich ab mit den heißesten Wochentagen.

- *Au Vieux Port, direkt am Hafen. Freitag abend ein Muß! Absolut sehenswert, klein, eng, saunaartig heiß, mit lauter Musik, die jeden vom Stuhl und auf die Tanzfläche reißt. Oft wird Salegy getanzt, in Reihen mit schwingenden Hüften. Da der Boden aus Lehm besteht, nehmen weiße Klamotten im Laufe der Nacht einen bräunlichen Farbton an. Fr., Sa., So.*
- *Number One im Hôtel de la Mer, tägl., gilt als „heißeste" Disco Nosy Bes.*
- *Moulin Rouge, Nähe Markthalle, do. abend*
- *Cinéma Roxy am Markt: zeigt actionreiche Kung-Fu-Filme. Eintritt ca. 0,50 DM.*

Einkaufen
ANDOANY (HELL VILLE)

*Eine indische Händlerin betreibt mehrere **Souvenirshops** an der Hauptstraße, wo man preiswerte bedruckte T-Shirts, Schnitzereien, Flechttaschen, Postkarten etc. kaufen kann. Einige kleine Boutiquen mit sehr bescheidenem Angebot – Bademoden sucht man vergeblich! Viele Stoffgeschäfte mit einer großen Auswahl an* **Lambas. Maison d´Artisanat**: *am Bld. de Gaulle. Bestickte Decken und Vorhänge: Bieten Frauen auf dem Grüngürtel am Cours de Hell und am Hafen an.* **Gewürze** *(Pfeffer, Vanille, Muskatnuß, Zimtstangen etc.) auf dem Markt.* **Ylang-Ylang**-Parfum.

*An den Ständen vor dem Flughafen können Sie sich vor dem Abflug noch mit erstklassigem **Rum**, grünem Pfeffer, Mangoachard eindecken.*

Lebensmittel: *einige indische und chinesische Geschäfte mit dem Nötigsten; täglich Markt. Ein Supermarkt ist in Planung. Madagassische Zeitungen, Fotomaterial, Fotokopien: an der Hauptstraße Nähe Markt.*

Hotels an den Stränden
AMBATOLOAKA und MADIROKELY (Auswahl)

Der Hotspot für viele einfache und einige Top-Unterkünfte. Fast monatlich kommen neue Gasthäuser hinzu.. Fast alle großen Hotels organisieren (teuer) Exkursionen und Bootsfahrten.

- *Chez Gérard et Francine $$-$$$. Tel./Fax 86-614.09. Ganz am Ende von Ambatoloaka unterhalb des üppig bewachsenen Vulkanhügels in blühendem gepflegten Garten, ruhig und romantisch, direkt am Strand. Großzügiges, offen gehaltenes Haus aus Edelhölzern, einfache, aber schöne Zi. und komfortablere (etwas teurere) Gartenbungalows. Fast immer ausgebucht (Postadresse: BP 193, Hell Ville,*

207 Nosy Be). Einziger Nachteil: Dieser Teil des Strandes ist bei Flut schön zum Schwimmen, dient aber auch als Dorfkloake.

• **Tropical** $-$$. Tel. 614.16. 7 kleine, sehr einfache Holzbungalows unter Palmen direkt am Meer mit sehr nettem Personal und offenem Restauranthaus am Strand.

• **Coco Plage** $$-$$$$, relativ teuer, wenige 100 m weiter Richtung Dorf, direkt am Meer, Zi. etwas stickig, die schöneren mit Terrasse zum Meer. Tauchschule nebenan.

• **Soleil et Découverte** $-$$. Tel. 86-614.24, Fax 86-614.20. Französische In-Kneipe gegenüber der Résidence mit schöner Restaurant-Terrasse am Meer und einigen einfachen Zi. direkt über dem Resto. Oft laut. Organisiert Tauchexkursionen.

• **Résidence d' Ambatoloaka** $$$, Tel./Fax 86-610.91. Reservierungen auch über E-mail: plazza.h@dts.mg (gehört neuerdings denselben Besitzern wie das Plazza in Toliara, seitdem der legendäre italienische Besitzer Paolo gestorben ist). Eins der ältesten und besten Hotels im Ort, jetzt mit mäßigem Komfort, einige Zi. im Haupthaus, renovierunsgbedürftige klimatisierte Bungalows gegenüber, von denen man oft nachts Zeremonien vor dem heiligen Baum beobachten kann. Auf der Restaurantterrasse Liegestühle und köstliche Punchs ...

• **L´Ylang-Ylang** $$$-$$$$$. Tel. 86-614.01, Fax 86-614.02. Am Strand, von außen eher häßlich, aber topgepflegte Zi. mit schönem Palisanderboden und Meerblick. Auch mit Halbpension.

• **L´Espadon** Tel. 86-614.28, Fax 86-614.27. Altersschwache steinerne Rundbungalows am Strand, trotz Klimaanlage und Komfort direkt am Abwasserkanal des Dorfes mit zweifelhaften Gerüchen. Do. sehr laut wegen Disco Karibo nebenan.

• **Grande Large** $$$$-$$$$$. Neues Luxushotel unter italienischer Leitung.

• ✍ **Robinson/Chez Joel** $$. Tel./Fax 86-614.36. Unter chinesisch-vietnamesischer Leitung. Die 6 preiswerteren Hauptbungalows liegen stickig am „Abwasserkanal", versteckt in einem Garten; aber die geräumigen, einfachen Holzbungalows mit Kokosdach am Meer sind unübertroffen. Mit Terrasse zum palmenbepflanzten Strand. Erreichbar über die Hauptstraße (Taxifahrer fragen) oder zu Fuß am Strand entlang ca. 100 m vom Espadon Richtung Madirokely. Die Aussicht morgens aufs Meer entschädigt für die Qualität des Frühstücks. Dafür passable Chinasuppe mittags im Resto. Vorsicht: an Discotagen (Sirène) ist an Schlaf nicht zu denken ...

• **Marlin Club** ****, $$$$-$$$$$, ital. Leitung. Bis zur Eröffnung des Grande Large und des neuen Luxushotels in Andilana das teuerste auf der Insel. Liegt sehr ruhig nahe dem Dorf Madirokely, schönes Restaurant zum Meer, komfortable Zi. leider ohne Meerblick nach hinten im Garten. Vorwiegend Pauschaltouristen.

• **Chez Zou** $-$$. Am nördlichen Ende des Strandes in den Vulkanhügel gebaute Bungalowanlage, etwas duster, da sie schon früh nachmittags im Schatten liegt.

Restaurants in Ambatoloaka

(fast alle in Hand von Vazaha, meist Franzosen)

• **Chez Angéline** *in schönem Garten etwas abseits vom Meer, einfache, gute Küche.*

• **La Saladerie** *(französisch) am Meer zwi. Ylang-Y. und „Kanal". Großartiges Frühstück, preiswerte Mittagssnacks und Salate (die man bedenkenlos essen kann), frische Meeresfrüchte. Abends offener Grill.*

• **Résidence d´Ambatoloaka**, *sehr gute französische Küche (Zebusteaks, Fisch!), Frühstück. Nicht billig.*

• **Ylang-Ylang**. *Die französische Küche genießt ausgezeichneten Ruf.*

• **Soleil et Découverte**. *Einfach, nicht die hohe französische Kochkunst, eher Steak/Frites, dafür relativ teuer, aber man sitzt nett.*

• **Karibo**, *französisches Restaurant und Disco.*

• **Robinson**, *mittags, wenn der Patron Lust hat, einfache Snacks und Chinesische Suppe.*

• **La Plage** und **Chez Mme. Senga**. *Madirokeliy. Sehr einfache, günstige madagassische Fischerrestos, das Senga mit kleinen Hockern im Sand, frischer gegrillter Fisch u.a. für 3-5 DM.*

• **Marlin Club**. *Gut, aber für Madagaskar fast unverschämte Preise.*

Disco

La Sirène *(Ambatoloaka an der Hauptstraße)*, **Karibo** *neben Kanal u.a.*

Hotel-Restaurants

in:

PALM BEACH

• **Sunset Beach Hotel** $$-$$$. *Tel. 86-615.86. Nicht weit vom verfallenen ehemaligen Tophotel Palmbeach ist direkt am Meer eine schöne Anlage von 14 Bungalows entstanden, unter deutsch-schweizerischer Leitung. Reservierungen auch bei Hans Schnöckel, Madagaskar Adventures, Berlin, Tel. 030-881 11 90.*

• **Tsara Loky** $$, *86-610.22. Einige einfache Bungalows, familiär.*

• **Villa Blanche** ***, $$$-$$$$, *Ambondrona, Tel. 86-610.85. Am nördl. Strand-ende. 40 Bungalows; der Besitzer ist ein ehemaliger Minister und heutiger Touri-musbeauftragter, Monsieur Portos. Gepflegtes Hotel, etwas abgelegen.*

COCOTIERS (BELLE) PLAGE

Kurz vor Djamandjary: herrlicher weißer, zum Schwimmen leider etwas flacher Strand, sehr einsam trotz der Tophotels:

• **Les Cocotiers** *** $$$$-$$$$$. *Tel. 86-613.14, 26 schöne Strandbungalows, großes Restauranthaus, sehr abgelegen, gelegentlich Pauschaltouristen, oft überra-schend leer. Ital.Leitung.*

• **Belle Plage**. $$$$. *Am selben Strand etwas weiter nördlich, Topbungalows, nicht ganz so teuer wie das Cocotiers.*

• **Hôtel Nosy Be** $$$$, *neues Hotel am Meer, mit Swimmingpool und allem Komfort.*

NOSY SAKATIA

• **Sakatia Dive Inn,** *kleine, einfache Bungalows mit Restaurant, Schweizer Leitung. Hervorragende Tauchbasis. Zu buchen über das Restaurant* **Au Coin de la Plage** *(mit einigen Bungalows) kurz hinter Djamanjary (Tel. 86-610.39).*

ANDILANA

• **Belvedere/Chez Loulou** $-$$. *5 einfache Holz-Bungalows, wunderbar gelegen auf kleiner Anhöhe oberhalb des (noch) einsamen Traumstrandes mit türkisblauem Wasser. Separates Holzhaus als Restaurant, sonntags (nicht billiges) Buffet, wo ab und zu der Spitzenkoch Jean Luc aus Deutschland kocht. Besitzer ist Loulou, der Bruder von Toto im Libertalia in Diego. Ob diese Idylle erhalten bleibt, wenn das italienische Luxushotel direkt unterhalb fertiggestellt ist, ist fraglich.*

• *Auf dem Gelände des ehemaligen* **Andilana Beach Hotels** *(früher Holiday Inn) entsteht ein italienisches Luxushotel mit allen Schikanen, Tennisplatz, Tauchbasis etc.* $$$$-$$$$$. *1998 wurde mit dem Bau begonnen. Fragen Sie einen Taxifahrer, ob es schon fertig ist. Aber auch sonst lohnt sich ein Ausflug hierher. Geplant für das Jahr 2000: Eröffnung eines Club Mediterrané.*

• *Unten am Strand einige einfache, einsame und idyllische Unterkünfte, darunter das* **Chez Ernesto** *und* **Chez Louisette** *(beide $), etwas weiter südlich die* **Résidence Le Baobab.**

VORONDRANO

• **Village des Vacances Vorondrano.** $$$$$ *(330 FF pro Person und 170 FF p.P. Transfer). Kontakt über Soconet: Tel. 86-610.79, Fax 86-615.92. Nicht weit von Andilana, aber sonst weit ab vom Schuß, über eine sehr schlechte Piste erreicht man das einsame Strandparadies von Vorondrano, eine französische Bungalowanlage unter Palmen, aus Edelhölzern und Kokospalmdächern. Der Besitzer Pompon bietet Ausflüge aller Art an, Segeln, Tauchen, Hochseefischen ... Sehr teuer, aber traumhaft.*

OSTKÜSTE/LOKOBE

• **Jungle Village.** *Auskünfte über Anfahrt und aktuelle Preise u.a. bei Air Madagascar.*

Ausflüge

Auf Nosy Be können Sie alles auf eigene Faust unternehmen, mit Taxi, Fahrrad, Motorrad oder zu Fuß. Die Hauptziele Mont Passot und die Rum- und Ylang-Ylang-Destillerien können Sie allein oder, wie Lokobe, mit örtlichen Guides erreichen. Fast alle Hotels geben aber gerne Hilfestellung und bieten organisierte Touren und Bootsfahrten an. Die eigentlichen Attraktionen sind die umliegenden Inseln.

Auto/Motorräder/Fahrräder
HELL VILLE:
- **Sarama Location** Tel. 86-610.50 (gg. Cinéma Roxy)
- **Nos Auto** Tel. 611.50 (an der Tankstelle). Tarife pro Tag ca. 40-50 DM, die Qualität ist mittelprächtig, oft Kreditkarten oder hohe Geldsummen als Kaution verlangt.

AMBATOLOAKA:
Im Dorf an der Hauptstraße gibt es inzwischen v.a. Fahrräder, Motorräder und -roller zu mieten (30-50 DM für 50 ccm bzw. 125 ccm-Honda/Suzuki).

Boote
- Wenn Sie die regulären, billigen Fähren nach Nosy Komba verpaßt haben, bringen Sie auch andere Fischer von Hell Ville und Ambatoloaka nach Nosy Komba und Nosy Tanikely – meist früh morgens, abhängig von Ebbe und Flut (fragen Sie in den Hotels).
- Einfacher und nicht zu teuer (ca. 30 DM p.P. incl. Picknick) sind die organisierten Ausflüge von **Daniel** zum Tauchgang oder Schnorcheln nach **Nosy Tanikely** mit Zwischenstopp auf **Nosy Komba**. Treffpunkt: jeden Morgen am Hafen (ca. 7-7.30 Uhr), Taxifahrt von Ihrem Domizil ist umsonst, alle Taxifahrer wissen Bescheid und bekommen Provision.
- **Soleil et Découverte**, Ambatoloaka, vermittelt Exkursionen.
- **La Caravane Malagasy**, in Madirokely (Tel. 86-614.11), vermietet Motorboote und bietet Ultraleichtflüge an.
- Viele Hotels bieten Ausflüge per Boot zu den vorgelagerten Inseln und in die Baie des Russes an. Die Bootsfahrten sind teuer – aber Sie sollten Nosy Be nicht verlassen, ohne ein paar der Trauminseln gesehen zu haben.

Tauchen
- **Daniel** (Société **Soconet**), Hell Ville, Tel. 86-610.79, Fax 86-615.92, (Seitenstraße hinter dem Oasis, jeder Taxifahrer weiß Bescheid).
- **Ocean´s Dream**, Ambatoloaka, Tel. 86-614.26. Die Tauchbasis mit der längsten Erfahrung vor Ort, da deren Besitzer Laurant Duriez (ehemaliger französischer UW-Hockey-Nationalspieler) schon seit fast 10 Jahren in Nosy Be lebt. 2 Katamarane für 3-5 Tauchexkursionen. Bei Ocean´s Dream und dem Sakatia Dive Inn handelt es sich um Katamarane für 6-8 Gäste, die mit Kompressor, Funk, GPS usw. ausgestattet sind. Die Köche auf den Schiffen leisten normalerweise Außergewöhnliches, denn in den kleinen Kombüsen werden von Ziegenkeule über Geflügel, Krebse bis hin zu allen erdenklichen Fischvaritionen täglich zwei 3-Gänge-Menüs zubereitet. Dabei kommen auch verwöhnte französische Gaumen voll auf ihre Kosten.
- **Madagascar Dive Club,** Tel. 86-614.18, und **Marlin Club,** Madirokely. Ital. Leitung.

• **Sakatia Dive Inn**, Nosy Sakatia, Fax: 86-613.67, Reservierungen (s.o. unter Hotels) oder über die Schweiz: 0041-22-362.3773. Unter Leitung des Schweizers Christian Solterer.

Die Preise für einen Tauchgang liegen i.d.R. zw. 40-60 DM 150 FF pro Tauchgang, je nach Boot, Ziel und Equipment.

Die Einnahme von Lariam ist für Taucher gefährlich!

Nichttaucher können mitfahren und zahlen weniger (s. auch INFO „Tauchen" im Kap. Nosy Be).

Hochseefischen

organisieren u.a. das **Centre de Pêche Sportive et Croisières** in Hell Ville (Tel. 86-613.66) und das **Nosy Be Game Fishing** (Villa Blanche, Tel. 86-610.13).

Tip

Wenn Sie es einrichten können, kommen Sie zum größten Musikfestival im Indischen Ozean, DONIA, Ende Mai/Anfang Juni.

• Nosy Be vorgelagerte Inseln:

- Nosy Iranja (S. 483) (s. Nosy Be)

- Nosy Komba (Nosy Ambariovato) (S. 482)

Hotels/Restaurants

• 🐚 **Les Lémuriens** $, wunderschönes Holzhaus in traditioneller Bauweise mit einfachen Zi. Der Deutsche Martin Heinrich, seine madagassische Frau Henriette und ihre 5 Kinder sorgen dafür, daß sich die Gäste an diesem ruhigen, paradiesischen Platz wohlfühlen. Getrübt wird die Ruhe nur durch die immer häufigeren Bootsausflüge von Pauschaltouristen, die zum Mittagessen kommen.

• Inzwischen gibt es einige weitere schöne Holzbungalows, u.a. **Le Floraly**, **Chez Madame Madio** und das **Chez Bereny** am anderen Ende der Insel.

- Nosy Mitsio (S. 484)

Hotel

• **Tsara Banjini**, $$$$$. So muß es im Paradies aussehen: 18 Bungalows aus Edelhölzern unter Palmen am schneeweißen Sandstrand. Dazu türkisblaues Meer und ein Taucherrevier, das keinen Vergleich mit anderen Traumplätzen der Erde scheuen muß. Bestes Equipment wird gestellt. Der Himmel auf Erden kostet eine Kleinigkeit: 1700 FF, incl. Vollpension, Wasserski, Katamaran, Schnorcheln, Surfen und allem Komfort, Wäscherei, eigenes Strom-Aggregat. Südafrikanische Leitung.

Anreise
per Speed Boot (700 FF p.P.) oder Wasserflugzeug (4500 FF für Gruppen) von Nosy Be aus oder von Fascène.

- **Nosy Radama** (S. 484f) (s. Nosy Be)
- **Nosy Tanikely** (S. 482) (s. Nosy Be)

Nosy Boraha (Ste. Marie, mit Île aux Nattes und Ambodifotatra) (S. 591)

Verkehrsverbindungen
- **Flug:** *regelmäßige Verbindung mit Air Madagascar von Tana, Toamasina, Maroantsetra, Sambava, bisher nur mit der Twin Otter. Mit TAM direkt von/nach La Réunion. Alle Flüge sind oft ausgebucht, rechtzeitig reservieren! Der Flughafen soll für größere Flugzeuge ausgebaut werden. Für Gruppen sind die privaten Chartergesellschaften eine gute Alternative.*
- **Schiff:** *tägliche Fähren von/nach Soanierana-Ivongo und Manompana, ca. 3 Std. (s. dort). Für Abenteurer: Frachtschiffe nach Toamasina, Sambava, Diego ...*
Auf der Insel: Es gibt ein Taxi-Brousse und diverse Taxis; Motorräder und Fahrräder zu mieten

Hotels/Restaurants
IN AMBODIFOTATRA:
Die „Hauptstadt" bietet keine große Auswahl:
- ✆ **Drakkar** $, *Nähe Hafen. Bungalows z.T. mit Meerblick, nette Atmosphäre, gutes Restaurant.*
- *Das andere bessere Hotel ist das* **La Zinnia**; *das* **Falafa** *ist ein einfaches Hotely Gasy*
An den Stränden *gibt es dagegen an der Westküste eine Menge kleiner, hübscher Bungalows, die entstehen und vergehen ... (s. Karte von Ste. Marie). Am besten mietet man sich am ersten Tag irgendwo ein und sucht dann mit dem Motorrad eine Bleibe, die einem am besten zusagt. Telefonverbindungen und Reservierungen sind immer noch schwierig.*
NÖRDLICH VON AMBODIFOTATRA:
- **Atafana** $. *Hübsche, einfache Holzbungalows an zwei ruhigen Buchten.*
- ✆ **La Crique** $-$$. Tel. 57-336.75. *Eines der „alteingesessenen" Bungalowanlagen (aus Holz) ca. 10 km nördlich von Ambodifotatra, in einem Garten an einer herrlichen Palmenbucht gelegen mit weißem Sandstrand, trotz des flachen Wassers passabel zum Schwimmen. Ein idyllischer Ort mit ausgezeichneter Küche und frischen Meeresfrüchten.*

- 🐚 **La Cocoteraie *****, **$$$$**. Tel. 57-332.61. Trotz der langen Fahrt (ca. 35 km, ca. 3 Std.) fast an die Nordspitze lohnt sich ein Abstecher, allein des endlosen Strandes wegen. 50 komfortable Bungalows.

SÜDLICH:
- **Lakana** $-$$. Tel. 57-336.79. Südlich der Hauptstadt, pittoreske Bungalowanlage mit Meerblick, einige Zi. mit Balkon, angenehme Atmosphäre, Bibliothek, Resto.
- **Orchidées Bungalows** $-$$. Tel. (über Tana) 22-237.62. Schöner Strand, relativ moderne Zi. mit Klimaanlage.

ÎLE AUX NATTES:
- 🐚 **Hôtel Orchidées** $$$. Tel. 57-356.07. Eines der schönsten Hotels auf Ste. Marie in fantastischer Lage. Oft ausgebucht.
- Einige weitere kleine Bungalowanlagen. Überfahrt von Ste. Marie per Piroge.

Restaurants (in Ambodifotatra)
Drakkar, Zinnia, Barrachois, empfehlenswert: **Au Bon Coin**

Motorräder/Fahrräder
in Ambodifotatra gegenüber dem Hafen, im Studio Flash und einigen Hotels wie Lakana und Atafana. Fahrräder in fast allen Hotels für ca. 10 DM/Tag.

Tauchen/Segeln
- **St. Marie Diving Center**: im Hotel Cocoteraie
- **Il Balemotero**: in Ambodifototra gegenüber dem Hotel Falafa
- **Mahery Be Diving Center**: in Mahavelo südlich der Hauptstadt
Beste Zeit zum Tauchen: Juni-November, oft von Febr.-Mai geschlossen. Alle bieten gutes Equipment. Schnorchelausrüstung in vielen Hotels. Die besseren Hotels bieten auch Katamarane für Bootsexkursionen an.

Walbeobachtung
Dieses Highlight auf Ste. Marie organisieren die Tauchbasen und fast alle größeren Hotels, für 30-50 DM pro Person. Beste Zeit: Juli-Sept.

Nosy Mangabe (s. Maroantsetra)
Périnet (s. Andasibe)
Port Bergé (s. Boriziny)
Ramena (s. Antsiranana)

Ranohira (mit Isalo-*Nationalpark*) (S. 417)

Verkehrsverbindungen

- **Flug:** private Landepiste beim Hotel Relais de la Reine
- **Straße:** die RN 7 von Fianarantsoa nach Toliara wird von Taxi-Brousses, Taxi-Bes, Überlandbussen und Lkw stark frequentiert. Da die meisten Passagiere durchfahren, kann es schwierig werden, einen freien Platz zu bekommen. Andererseits kann man Glück haben, Touristen zu finden, die einen im Mietwagen bis Toliara gegen Benzinbeteiligung mitnehmen. Auch die fehlenden letzten Kilometer auf der Hochebene von Horombe sollen bald asphaltiert sein; in der Regenzeit behinderte der schlammige Lateritboden oft die Weiterfahrt.

Hotels/Restaurants

Ranohira besteht aus wenigen Häusern, so daß die wenigen einfachen Unterkünfte im Ortskern dicht beieinander liegen. Die schöneren befinden sich etwas außerhalb direkt am Rande des Nationalparks:

- ☼ **Relais de la Reine** ***, \$\$\$\$ (ca 300 FF/DZ, für ein Studio incl. Küche, Minibar etc. f. 4 Pers. 500 FF), keine Kreditkarten. B.P. 1, 313 Ranohira, buchen über Madagascar Discovery Agency, Route de l'Université, Espace Vera, B.P. 3587 Tana, Tel./Fax 22-351.65/351.67, Internet-Adresse: mda@bow.dis.mg. 1993 gebaut. Ein für Madagaskar wirklich außergewöhnlich schönes Hotel und Musterbeispiel für angepaßte Architektur. Es liegt nicht nur in einer Oase mitten in der bizarren Felsenwildnis 10 km westlich von Ranohira, in der Nähe des wie ein Frauenkopf aussehenden Felsen „La tête de la reine" und des neuen ANGAP-Büros, sondern es ist auch selbst in den Fels gehauen. Einige der 24 spartanisch, aber traumhaft eingerichteten Zimmer bieten eine unvergleichliche Mischung aus gelbgrauen Natursteinwänden, dunkelbraunen Eukalyptusholzböden, majestätischen Betten mit schneeweißen Moskitonetzen und fantastischem Ausblick. Eigene Flugpiste, in Fels gehauener Swimmingpool, Reitstall, Solarenergie. Vater, Sohn und Tochter der französischen Familie Colombié sorgen dafür, daß sich die Gäste wohlfühlen, geben Tips für Wanderungen im Isalo-Gebirge und sprechen (zusammen) fließend französisch, spanisch und englisch. Gutes Restaurant, angenehme Atmospäre.
- Spezial-Tip: ☼ **Isalo Ranch** \$, B.P. 3, Ranohira. Keine vom Tourismusbüro vergebenen Sterne, dafür den südlichen Sternenhimmel und das Kreuz des Südens über sich! 4 km außerhalb von Ranohira, 12 liebevoll eingerichtete Rundbungalows im Baustil der hier arbeitenden Antandroy mit genügend Platz, fließend Wasser aus dem Wasserspeicher, die billigen (ca. 15 DM/DZ) ohne, die teureren (ca. 25-30 DM/DZ) mit eigener Dusche/WC und abends Licht aus der Öllampe. Die Landschaft ist vor allem bei Sonnenuntergang atemberaubend. Abends im Restaurant und im Gespräch mit den Inhabern, Martina Breitling, ihrem madagassisch-chinesischen Mann Jeannot, Jonas und dem neuen Baby möchte man gar

Isalo-Ranch

nicht mehr weg und trifft immer nette Leute. Solar- und Windenergie, nahegelegene Badestelle am Fluß.
• Im Ort liegen die einfachen Unterkünfte **Hôtel Berny, Les Joyeux Lémuriens, Orchidée, $** (alle um die 10-20 DM/DZ), alle nett, einfach und mit akzeptablen Restaurants. Bis 1998 gab es im Ort noch kein Telefon und keine Post, die Restaurants hatten Mühe, ohne Nachschub von frischem Gemüse und Obst gute Gerichte zu zaubern.

Camping
Gute **Camping**möglichkeiten in wilder, schöner Landschaft im Nationalpark. Informationen im ANGAP-Büro. Zelt, Ausrüstung und Proviant muß man mitbringen, Abfälle wieder mitnehmen.

Nachtleben
Was gibt es Schöneres, als sich abends bei THB-Bier, Rum oder Toaka Gasy von den Anstrengungen des Trekkings zu erholen, in die Sterne und groteske Gebirgslandschaft zu sehen und den Geistern zuzuhören?

Unternehmungen/Ausflüge
• **Isalo-Nationalpark:** Im ANGAP-Büro kann man den obligatorischen Führer und Touren buchen. Das alte Büro lag im Ortskern am Marktplatz, das neue etwas außerhalb auf dem Weg zum „Relais de la Reine". Die Hotels kennen die Öffnungszeiten. Aufbruch ist meist früh morgens, je früher, desto besser (Stichwort: Mittagshitze!).
• **Parkeintritt:** 1998: 50.000 FMG pro Person für Ausländer, 35.000 f. ausländische Résidents, 2500 f. Einheimische. Führer: zusätzlich je nach Tourlänge 35.000 - 50.000 pro Tour (nicht pro Person). Verschiedene Parkeingänge in der Nähe von Ranohira (s.S. 419).

Ranomafana (mit Nationalpark) (S. 403)

Verkehrsverbindungen
Straße: Asphaltierte RN 7, dann Abzweig auf die RN 45. Erst Piste, dann gute Straße weiter nach Manakara bzw. Mananjary. Von dort jeweils per Taxi-Brousse erreichbar oder mit organisierten Ausflügen über die Hotels. Zwischen Fianar und R. ist noch ein Teilstück in der Regenzeit schwer passierbare Piste.

Hotels/Restaurants

• **Hôtel Station Thermale** $, im Ortskern, schönes altes Kolonialhaus mit für den Ort pompöser Auffahrt. Passables Essen, auch chinesische Küche. Im großzügigen Restaurant mit Edelholzfußboden kann man noch erahnen, wie der Ort aussah, als er v.a. als Thermalbad genutzt wurde. Jetzt sind Zimmer und Bäder heruntergekommen.

• ॐ **Hôtel Manja** $, am Ortsausgang Richtung Ostküste wildromantisch direkt am Fluß, 10 kleine Holzbungalows, WC und Dusche draußen, sehr einfach und billiger als das Thermale, aber in gepflegter, netter Atmosphäre und mit winzigem familiären Restaurant.

• ॐ **Domaine Nature** $$$, zwischen Zentrum und Parkeingang/ANGAP-Büro, zu buchen über Destination Mada, Bureau 32, Ampasamadinika, 101 Tana, Tel. 22-310.72, Fax 22-310.67. 10 Bungalows mit allem Komfort (Du./WC, seit 1998 auch Strom) in herrlicher Lage, oberhalb des Flusses in den Hang gebaut, unter Bäumen hört man nichts als das Rauschen kleiner Wasserfälle. Eigenes Restaurant.

• Geplant sind einige neue Hotels, darunter ein großes mit Discothek mitten im Ort.

Camping

Campingplatz und einfache Gästehütten gibt es am Parkeingang etwa 6 km vom Zentrum entfernt, Richtung Fianarantsoa. Informationen im ANGAP-Büro.

Unternehmungen/Ausflüge

• **Thermalquellen** und Schwimmbad im Kurhaus im Ortskern beim Hotel Thermale (unterschiedliche Öffnungszeiten, freitags geschlossen. Eintritt ca. 10 DM, Schwimmbad ca 0,50 DM).

• **Kleines Parkmuseum** in der Nähe der Kreuzung im Zentrum. Sehenswerte Ausstellung. Seitdem sich v.a. die für die Organisation zuständigen Amerikaner zurückgezogen haben, gibt es leider keine Broschüren mehr, weder im Museum noch im ANGAP-Büro.

• Fahrradverleih im Ort

• **Ranomafana-Nationalpark:**

- **ANGAP**-Büro am Parkeingang: geöffnet i.d.R. von 8-17.30 Uhr. Ein Minibus verkehrt zwischen Ortszentrum und Park.

- Führer für verschiedene Touren möglichst 1-2 Stunden vorher buchen, je nach Nachfrage. Angeboten werden Tagestouren von 1-5 Stunden, Trekking, Spezialtouren (für besondere Tiere/Pflanzen) und Nachtexkursionen.

- **Parkeintritt:** 1997: 15.000 FMG (ca. 5 DM) pro Person für kurze Touren bis 50.000 für eine 4 Std.-Tour bzw. 80.000 für Nachttouren. Die Preise ändern sich leider sehr schnell; bei ANGAP ist man sich über das endgültige Preisniveau noch nicht einig. Führer müssen extra bezahlt werden, i.d.R. bekommt er 25.000 FMG pro Tour.

Achtung
Bis 1998 gab es im Dorf weder eine Post oder Bank noch eine Tankstelle, decken Sie sich also mit dem Nötigsten ein.

Sakaraha (S. 424)

 Verkehrsverbindungen
Taxi-Brousse-Verbindungen nach Toliara und Ranohira u.a.

 Hotels/Restaurant
* **Hôtel Edena**, $, sehr einfaches Hotely Gasy an der Hauptstraße.
* Resto: **Le Buffet Resto Hotel**, beliebter Stopp für Taxi-Brousses

 Unternehmungen/Ausflüge
* Das WWF-Büro am südlichen Ortsausgang informiert über die vor kurzem zu **Nationalparks** erklärten Trockenwaldgebiete **Vohibasia** und **Zombitse**
* Südlich des Ortes sieht man beiderseits der RN 7 zahlreiche **Grabstätten** der Mahafaly und Antanosy.

Sambava (S. 523)

 Verkehrsverbindungen
* **Flug:** mehrmals wöch. nach Antsiranana, Tana, Toamasina u.a. Orten
* **Straße:** Anreise s. Antalaha. 2 Taxi-Brousse-Stationen jew. am südlichen und nördlichen Ortsende an der Hauptstraße.
* **Schiff:** Sambavas Hafen ist unbedeutender als die von Antalaha und Iharana und Schiffspassagen für Touristen nicht üblich. Fischer und Hotels organisieren Pirogenfahrten auf dem Fluß.

 Hotels/Restaurants
Die größeren Hotels bieten Transfer vom Flughafen, Organisation von Exkursionen und Bootsfahrten an.
AM MEER, alle in schöner Lage am endlosen weißen Sandstrand:
* ☙ **Las Palmas** ***, $$-$$$, B.P. 120, Tel. 88-920.87. Geschmackvolle Bungalowanlage mit 6 komfortabel eingerichteten madagassischen Rundhäusern, in denen für eine ganze Familie Platz ist, aber auch einigen preiswerteren klimatisierten Zimmern im Hotel. Warmwasser/Dusche/WC. Restaurant und Frühstücksterrasse direkt am Meer.
* Neben dem Las Palmas entsteht ein neues Bungalowhotel.

• **Le Carrefour *****, $-$$, B.P. 53, Tel. 88-920.60. Schönes altes Haus, gilt mit als das beste, aber nicht teuerste Hotel am Ort.

• **Esmeralda** $$, B.P. 113, 200 m nördlich von „Las Palmas", 10 Zi. und Bungalows.

• Spezial-Tip: ♿ **Le Club Plage**, ***, $$. B.P. 33, Tel. 88-920.64. Ein liebevoll geführtes Hotel etwas außerhalb, Richtung Andapa kurz vor dem Flughafen direkt am Meer, mit 8 hübschen Bungalows, Swimmingpool, Palmengarten und kühlen Picknickplätzen, frei laufenden Schildkröten und Krokodilgehege. M. Dubois, der Patron, kam 1988 aus Montpellier hierher, kennt die Gegend genau und hilft seinen Gästen gerne bei Exkursionen.

Bungalows im "Las Palmas"

IM ORTSKERN

gibt es eine Reihe weiterer, billiger Hotels, u.a. das städtische Annex **Le Club**, **Hotel Pacifique**, beide in der Nähe der Flußmündung, und ganz billige wie das **Escale du Nord** (DZ ca. 3 DM).

Restaurants
Nicht lukullisch, aber ganz passable chinesische Küche bieten die Restaurants **Etoile Rouge** (Seitenstraße in der Nähe des Hotels Las Palmas), **Mandarin** und das **Le Cantonnais**, alle in etwas schummeriger Atmosphäre.

Nachtleben
Am Wochenende diverse Discos im Ortskern.

Einkaufen
Vanille, Gewürznelken ... (s. Antalaha). Auch in und um Sambava zahlreiche Plantagen und Fabriken, die man besichtigen kann; die meisten davon nördlich der Taxi-Brousse-Station Nord.

Unternehmungen/Ausflüge
• **Vanilleplantagen**, Gewürznelken, Pfefferherstellung...

• Die größte **Kokosplantage** der Umgebung, VOANIO (Soavoanio), liegt 2 km südlich von Sambava. Kurz vor dem Flughafen geht eine Piste links ab. Für Besucher geöffnet: mo.-fr. 7-14 Uhr, sa. 7-10 Uhr.

Man kann die Plantage auf eigene Faust besuchen (Anmeldung vorne im Büro!) und sich von einem Taxi hinbringen lassen (ca. 1 DM) oder mit einem der Reiseveranstalter im Ort.

- **Reiseveranstalter**: direkt an der Brücke über den Fluß haben sich mehrere Tours Operateurs niedergelassen. Zu den besten soll **Sambava Voyages** gehören, Tel. 88-920.110, Fax über Tana 22-413.94. Die bei Reiseveranstaltern gebuchten Touren sind nicht billig, haben aber oft den Besuch einer Vanille- und der Kokosplantage, Bootsfahrten, Ausflüge zu den heiligen Seen etc. im Programm, die man alleine nicht leicht finden würde. Auch gute Hotels wie das **Le Club Plage** führen mit angeschlossenem Reisebüro **„Le Corsaire"** Exkursionen durch.

Soanierana-Ivongo (S. 584)

Verkehrsverbindungen
- **Straße:** Taxi-Brousses täglich von und nach Toamasina und nach Mananara.
- **Fährverbindungen nach Ste. Marie**: täglich mittags Abfahrt, ca. 3-4 Std. in einer überfüllten Vedette (Motorboot) nach Ambodifotatra (je nach Boot für Vazaha zwischen 15 DM und 30 DM). Zurück jeweils 7 Uhr morgens. Rechtzeitig Tickets kaufen, oft ausgebucht. Tickets im Restaurant Le Barachois oder schon an der Taxi-Brousse-Station in Toamasina.

Hotels/Restaurants
- **Relais de Ste. Marie** $
- **Zanatany** $

Sainte Marie (s. Nosy Boraha)
Tamatave (s. Toamasina)

Taolanaro (Fort Dauphin) (S. 446)

Verkehrsverbindungen
- **Flug:** regelmäßige Flüge mehrmals wöch. von/nach Tana, Farafangana, Manakara, Toliara etc.
- **Straße:** passable Asphaltstraße (RN 13) nach Ambalavao, tägl. Verbindung per Taxi-Brousse. Mehrmals wöch. Taxi-Brousse über schlechte Pisten weiter nach Toliara (RN 10) oder nach Ihosy/Fianarantsoa (RN 13). Für Flüge und Taxis rechtzeitig Plätze reservieren.

Hotels/Restaurants
Es gibt inzwischen eine Reihe von Low-Budget und besseren Hotels. Zur Hauptsaison sollte man dennoch reservieren, oft ausgebucht!

IN DER GROSSEN BUCHT VON LIBANONA:
niedrige Preisklasse:
• 🐚 **Libanona Beach** $, Tel. 92-212.87, Annex des Kaleta, ca. 30 Min. zu Fuß außerhalb des Zentrums direkt auf einer kleinen Anhöhe oberhalb des Strandes, einfache und etwas altersschwache Bungalows und gutes Restaurant. Die Lage ist fantastisch und tröstet darüber hinweg, daß die Bungalows nicht sehr gepflegt wirken.

• **Village Petit Bonheur** $-$$, Tel. 92-212.74, neu, direkt am Strand; Bungalows teilweise mit Meerblick.

• **La Baie des Singes** $. BP 267, Ambinanikely, Tel. 92-213.41. Mit Blick auf den Ozean, einfache gepflegte Bungalows oder Zimmer und sehr freundliche, familiäre Atmosphäre!

höhere Preisklasse:
• 🐚 **Hôtel Miramar** $$$$, Tel. 92-211.92. Oberhalb des Strandes zwischen Libanona-Bucht und Baie des Galions gelegen. Sonnenuntergänge und Blick von der Restaurantterrasse, ca. 150 m vom Zimmertrakt entfernt, sind unübertroffen! Die Meeresfrüchteteller auch.

• **Filao Beach Bungalows** $$$$. Diese Anlage wird als Annex des Le Dauphin eröffnet.

IM ORT:
• **Le Dauphin** und sein Annex **Le Galion**, beide $$$-$$$$, Tel. 92-212.38, sind etwas für gehobenere Ansprüche, liegen allerdings nicht so malerisch wie die Strandhotels und das Miramar. Das Dauphin, bestes Hotel am Ort, ist aber immerhin von einem schönen, ruhigen Park umgeben. (Das Le Dauphin, Miramar, Filao Beach Bungalows und Berenty gehören der französischen Familie de Heaulme).

• **Kaleta** $-$$, Schöne Terrasse mit Blick auf den Hafen, komfortable Zimmer z.T. mit Bad und Balkon! (Der Inhaber des Kaleta betreibt auch den Park bei Amboasary und das Libanona-Hotel).

• **Motel Gina** $$-$$$, Tel. 92-212.66. 10 Min. zu Fuß außerhalb des Zentrums Richtung Flughafen. Die kleinen und größeren Bungalows stehen wie ein kleines afrikanisches Dorf in einem mit Bougainville und madagassischen Pflanzenraritäten bewachsenen Garten. Die Umgebung ist dafür wenig attraktiv. Gutes Restaurant am Eingang. Annex: **Gina Village** $$, auf der anderen Straßenseite mit mäßigen Zimmern. (Patrick ist der Besitzer des **Gina** und der **Reiseagentur Safari Laka**).

• Im Ortskern gibt es einige sehr schummerige und laute kleine Hotels rund um den Marktplatz und die Taxi-Brousse-Station, die man besser meiden sollte. Bei Travellern beliebt ist das saubere und gut geführte **Hôtel Mahavoky** $ (Tel. 92-213.32), eine ehemalige Kirche und Schule. Low-Budget-Alternativen: **Chez Jaqueline, Anita, Le Beryl, Safari Laka, Maison Age d'Or.**

Nachtleben
Nachtclub im **Motel Gina**, Discothek **Panorama** am Wochenende.

Unternehmungen/Ausflüge
*   *Viele der Hotels bieten Exkursionen in die Umgebung an, u.a. die* **Société Hotelière et Touristique de Madagascar SHTM** *(auch über das Miramar, Dauphin u. Galion) und die Agentur* **Safari Laka** *beim Motel Gina.*
*   *In Planung: Die Familie de Heaulme plant ein neues Luxushotel in der* **Baie de Luce***; auf der Insel Ste. Luce soll die Bungalow-Anlage Rockland entstehen.*
*   *Das Privatreservat der Familie de Heaulme,* **Berenty,** *kann man als Tagesausflug besuchen (Autos und Guides über das Hotel Miramar, Dauphin und Galion oder auf eigene Faust per Taxi-Brousse bis Amboasary). Es lohnt aber auch eine Übernachtung, die man vorher in den o.a. Hotels reservieren muß. In Berenty kosten die schönen, komfortablen Bungalows für 1-2 Personen etwa 300 FF, für 3-4 Pers. 400 FF incl. Eintritt u. Verpflegung.*
*   *Besuche des Privatreservats* **Amboasary** *(auch:* **Kaleta***) nicht weit von Berenty entfernt über das Hotel Kaleta (s. S. 453).*

Toamasina (Tamatave) (S. 572)

Verkehrsverbindungen
*   **Flug:** *tägliche Air-Mad-Flüge nach Tana, mehrmals wöch. nach Ste. Marie, Sambava etc. TAM fliegt nach Tana und Réunion. Büro von Air Madagascar: Tel. 53-323.56. TAM: 53-336.92. Flughafen-Zentrum: 5 km, ca. 2 DM p.P. im Taxi.*
*   **Bahn:** *Wenn die Bahn fährt, fährt sie mehrmals wöchentl. morgens früh nach Tana mit Zwischenstopp u.a. in Moramanga, Ankunft in Tana abends. Alternative: der legendäre private* **Micheline** *für ca. 30 DM p.P. (s. S. 161), den man als Gruppe für ca. 1000 FF mieten kann. Infos: Vanofotsy-Voyages in Tana (Tel. 22-205.21) und Toamasina (Tel. 53-329.06).*
*   **Straße:** *Taxi-Brousses und Minibusse nach Tana fahren fast stündlich (6-8 Std.). Reservierungen für den einzigen klimatisierten Linienbus in allen Reiseagenturen.*
*   **In Toamasina:** *Taxis und Pousse-Pousse, letztere für 50 Pf.-1 DM.*

Hotels/Restaurants
Tamatave ist Madagaskars älteste und größte Hafenstadt – entsprechend stark frequentiert werden ihre Hotels.
Achten Sie darauf, daß möglichst kein lauter Nachtclub im Haus Ihren Schlaf stört, natürlich mit einigen Ausnahmen:
*   **Neptune** ****, $$$$-$$$$$. *Tel. 53-322.26, Fax 53-324.26. Eins der ältesten Hotels direkt am Strand und trotzdem noch in Schuß, Zi. mit Klimaanlage, Pool, Casino und einem der heißesten Anmachnachtclubs der Stadt.*

- 👆 **Génerations** $-$$, am Ende des Bld. Joffre, Tel. 53-321.05. Modernes Gebäude, nettes Personal, schöne Terrasse, große Zi. mit Ventilator.
- **Joffre** $$-$$$, am gleichnamigen Bld., Tel. 53-323.90. Gutes Mittelklassehotel in sehr guter Lage, oft von Pauschaltouristen frequentiert, daher oft ausgebucht.
- **Miramar** $$$$. Etwas außerhalb Richtung Flughafen, ruhig im Garten gelegen, mit Pool, Tennis und guter Küche.
- Das **Les Flamboyants**, Tel. 53-323.50, **Toamasina** (53-335.49) und das **Capricorne** (53-331-66), alle $-$$, sind ihr Geld wert.
- **Dina** $, Tel. 53-333.14. Passables Low-Budget-Hotel in altem Kolonialhaus.

Es gibt eine riesige Menge an **Restaurants** mit chinesischer, indischer, französischer, italienischer Küche und viele indische Garküchen mit schmackhaften Samosas.

Nachtleben

Das Nachtleben dieser Hafenstadt und die angriffsfreudigen madagassischen Prostituierten sind vielen europäischen Reisenden zuviel, natürlich nicht allen ... **Queen's Disco** (neben dem etwas heruntergekommenen Hotel Plage), **Macumba** (beide Bld. Joffre), **La Chouette** (Rue de Commerce) und der Nachtclub im **Neptune**.

Ausflüge

zur **Iles aux Prunes** und zum **Canal des Pangalanes** organisieren zahlreiche Reiseagenturen. U.a.: **Sun Travel**, Bld. Joffre, Tel. 53-333.82, **Boutique Hibiscus**, Tel. 57-334.03, gut und relativ preiswert für Ausflüge zum Canal des Pangalanes. **Softline**, 20 Bld. Joffre, Fax 57-329.75, ist die erfahrenste und luxuriöseste Art, den Kanal zu bereisen; bietet 1-6 Tagestouren bis nach Mananjary an, mit fantastischen Stopps an idyllischen Orten. Für Ausflüge nach **Ankanin´ny Nofy** per Bahn ist **Vanofotsy Voyages** gut, Tel. 53-329.06.

Toliara (= Tuléar; mit Ifaty und Anakao) (S. 425)

Verkehrsverbindungen

- **Flug**: mehrmals wöch. nach Tana, Taolanaro, Morondava etc. Flughafen-Zentrum: ca. 3 km. Air Madagascar-Büro: im Zentrum, Tel. 94-415.85.
- **Straße**: Ende der hervorragend ausgebauten RN 7 von Tana. Täglich Taxi-Brousses, Busse und Lkw nach Tana, mehrmals wöch. nach Taolanaro, Morombe/Morondava. Tickets 1 Tag im voraus reservieren. 2 Gares Routières: östl. Ortsende Richtung Ifaty, Morombe, westl. Ortsausgang Richtung Ihosy, Tana, Taolanaro etc.
- **Schiff**: außer mit abenteuerlichen Frachtern und Pirogen von Morondava aus plant das Hotel Capricorne (de Heaulme) eine Fährverbindung zwischen Toliara und Morondava. Auskünfte im Reisebüro des Capricorne.

Hotels

• 🛇 **Plazza** ***, $$$-$$$$. Bld. Lyautey, Tel. 94-419.00, Fax 94-419.03, E-mail: plazza.h@dts.mg. Kreditkarten akzeptiert! Bei madagassischen und internationalen Geschäftsleuten, Entwicklungshelfern und Travellern gleichermaßen beliebtes Hotel direkt am Meer mit schönem weitläufigen Garten und allabendlicher Garantie für blutrote Sonnenuntergänge.

Kleiner Wermutstropfen: Vom Baden im Meer ist abzuraten, denn die idyllisch wirkende Mole dient als städtisches Pissoir, bei bestimmten Gelegenheiten aber auch als heiliger Ort für Tromba-Zeremonien und Opferrituale. Zi. etwas renovierungsbedürftig, aber gemütlich mit Ventilator und Balkon (fragen Sie nach Zi. zum Meer), gutes Restaurant, Frühstück auf der Gartenterrasse, nettes Personal und das stets hilfsbereite Ehepaar M. et Mme. Rivert, die seit Urzeiten hier leben und gerne Tips aller Art geben. Transfer zum Flughafen. Nebenan das Reisebüro Madagascar Airtours.

• **Motel Capricorne** ***, $$$$. (Benannt nach dem Wendekreis des Steinbocks), etwas außerhalb gelegen am östlichen Ortsende, Tel. 94-426.24/20, Fax 94-413.20./. 35 für den Preis renovierungsbedürftige Zi., aber mit allem Komfort, oft von Pauschaltouristen belegt, mit schönem Garten und Restaurant. Die Besitzer, die Pflanzerfamilie de Heaulme, unterhalten (außer dem Berenty-Park, div. Reservaten u. Hotels) das wunderbare Annex Lakana Vezo am Badestrand von Ifaty. Transfer (für Nichthotelgäste ca. 20 DM pro Person). Angeschlossenes Reisebüro.

• 🛇 **Chez Alain** $-$$. Schräg gegenüber der Taxi-Brousse-Station (am Ende der RN 7), in einem Nebenweg abseits der Hauptstraße, Tel. 94-415.27, Fax 94-423.79. Weit ab vom Meer, aber wunderbare Bungalows unter Kokospalmen in einem liebevoll gepflegten Garten mit offenem Gartenrestaurant. Franz.-madag. Leitung. Transfer jeden Morgen zum Annex **„La Mangrove"** Richtung St. Augustin und weiter per Boot nach Anakao.

• **Hôtel Central** $. Sehr einfach, direkt im Zentrum am Marktplatz, 8 Zi., laut, trotzdem ein beliebtes Low-Budget-Hotel.

• **Auberge de la Table** $. Außerhalb Richtung Flughafen beim „Arboretum", einfache kleine Hütten unterhalb des Tafelberges „La Table" in wildromantischer Atmosphäre mit Brunnen und Plumpsklo.

• Es gibt viele kleinere, gute, wenn auch unpersönlichere Hotels in der Stadt, darunter das hübsche **Analamanga** am westlichen Ortseingang, das **Nouvel Hotel** Nähe Krankenhaus, das sehr sachliche **Blanc Vert** mit 30 Zi., das passable **Toly Hotel Transit** u.a.

Restaurants

• Am parallel zum Meer verlaufenden Bld. Lyautey, direkt neben der Alliance Française: das für Meeresfrüchte aller Art (u.a. Spezialitäten) bekannte preiswerte Top-Resto **L'Étoile de Mer** und das **La Corrail** mit franz. ital. Küche.

- *Gut essen* kann man in den Gartenrestaurants des **Plazza**, **Capricorne** (beide oft mit madagassischen Musikern), **Chez Alain**, **Zaza Restaurant** (madagassische Gerichte)
- **Comme chez soi** am nördl. Ende des Bld. Gallieni, Nähe Taxi-Brousse-Station: schönes Terrassenrestaurant mit guter franz.-madag. Küche

Nachtleben
Jede Menge: heiße Discos im **La Corrail**, **Calypso**, **Zaza Club**, **Feelings** (im Étoile de Mer).
Filme, Konzerte wie immer über die Alliance Française.

Einkaufen
Das private **L'Artisan** verkauft Kunsthandwerk aller Art. Ave. de France.
Überall auf der Straße werden fantastische **Muscheln, Seepferdchen** etc. angeboten – Verkauf und Kauf sind verboten!!! Korallen und Meerestiere sind vom Aussterben bedroht.

Krankenhaus
Das Centre Hospitalier Régional im Stadtteil Tanambao unterhält Krankenhauspartnerschaften mit La Réunion und Frankreich und genießt in der gesamten Region einen guten Ruf.

Unternehmungen/Ausflüge
Privat können Sie Taxis nach Miary und in die nähere Umgebung mieten; daneben gibt es eine Reihe von Reiseagenturen in der Stadt, u.a. Safari Vezo (Tel. 94-413.81), Madagascar Airtours (Tel. 94-415.85), Motel Capricorne (s.o.), Sud Aventures (Tel. 94-422.57), Edgars Car Tours (Tel. 94 423.19), alle mit (relat. teuren) Leihwagen. Capricorne bietet Flüge zu den Tsingys du Bemaraha und nach Taolanaro an.

Hotels *außerhalb*
Richtung Süden: BUCHT ST. AUGUSTIN und ANAKAO (S. 437)
- ✍ **La Mangrove** $-$$. Wunderbar einsam und idyllisch gelegene Bungalowanlage ca. 10 Pistenkilometer von Toliara oberhalb des Meeres, nicht weit der Grotten von Sarodrano. Dem Club Nautique „Le Grand Récif" in Toliara angeschlossen. Organisiert Picknickausflüge nach Sarodrano (ca. 10 DM p.P.), Anakao und Nosy Ve (ca. 40 DM p.P.), Tauchgänge. Auskunft: Hotel Chez Alain.
ANAKAO:
- **Safari Vezo** $$$-$$$$. Kleine Bungalowanlage, nur per Boot oder von Verrückten (wie wir) nach endlosen Strandmärschen zu Fuß erreichbar. 20 Bungalows, fernab von jeder „Zivilisation", das Duschwasser kommt aus der Tonne, der Strom aus dem Generator. Oft von Tauchern besucht, Schweizer Tauchlehrerin im Tauch-

club „Alizee Dive Inn". Viele Gäste sind todtraurig, weil der legendäre französische Koch Prévot gestorben ist; das Restaurant ist aber immer noch gut. Zu buchen über das Büro Safari Vezo, Ave. de France, am Hafen in Toliara, von dort aus auch täglich bei Sonnenaufgang Transfer dorthin. Tauchen: 200 FF pro Tauchgang.

Richtung Norden: IFATY (S. 435)

Der 25 km-Transfer (im Jeep 1 Std.) von Toliara ist wegen der schlechten Piste bei den meisten Reiseveranstaltern so teuer (ca. 50-70 DM), daß es sich lohnt, nach Alternativen zu suchen, Hotels nach günstigen Transfers zu fragen, mit Gruppen zu teilen oder im Taxi-Brousse herzukommen.

• **Lakana Vezo** $$$$. (Annex des Capricorne), wunderschöne Bungalows und Zi. direkt am Meer. Idealer Platz zum Erholen, großartiges Restaurant. Angeschlossene Tauchbasis (50 DM, ohne eigene Ausrüstung ca. 70 DM, Hochseefischen, Glasboote, Katamaran, Windsurfen).

• ca. 1 km weiter: **Vovo Telo** $$$, Bungalowanlage.

• ca. 4 km weiter: **Dunes** $$$. Geräumige, sachliche Strandbungalows mit großem Restauranthaus in herrlicher Lage, viele Pauschaltouristen, hat allerdings bessere Zeiten gesehen. Früher staatlich, seit wenigen Jahren unter indischer Leitung. Schöner Strand zum Schwimmen.

• ca. 2 km weiter: **Mora Mora**

• ✎ ca. 1 km weiter: **Bamboo.** Herrlich gelegene Bungalows im indonesischen Stil, Wasserski, Tauchen, Segeln auf dem Katamaran „Ocean Pearl", Swimmingpool, 3 Motorboote. Tauchen mit Flasche: ca. 80 DM.

• Weitere kleine, einsamere Hotels in nördlicher Richtung.

• Etwa 10 km nördlich beim Dorf Madiorano (= klares Wasser) das einfache „**Michelin** Hotel" und „**Chez Gérard**". Mme. Rivert im Plazza Hotel in Toliara weiß, wie man am besten je nach Jahreszeit dorthin kommt.

Tsingy d'Ankarana
(= Tsingy du Nord, s. Ankarana-Naturreservat)
Tsingy de Namorona (s. Mahajanga)

Tsiroanomandidy (S. 316)

Verkehrsverbindungen
• **Flug:** Twin Otter nach Tana und Toliara (über Manja, Morondava etc.)
• **Straße:** RN 1 von Tana z.T. in schlechtem Zustand, gute Taxi-Be-Verbindung

Hotels/Restaurants
Trotz des **größten Rindermarktes** der Region gibt es nur sehr simple Hotely Gasy zum Übernachten!

Tsingy du Bemaraha (S. 362) (s. Morondava)

Infos
ANGAP-Büro und Reiseveranstalter in Tana, Antsirabe; Hotels in Miandrivazo und
Morondava; Hotel Capricorne in Toliara.

Anreise
per Taxi oder Taxi-Brousse von Morondava über Belo-sur-Tsiribihina oder per
Flußfahrt von Miandrivazo

Unterkunft
Morondava oder Belo-sur-Tsiribihina; Campingmöglichkeit

Vangaindrano (S. 401)

Verkehrsverbindung
Straße: südlich von Farafangana schlechte Piste und langwierige Fahrt im Taxi-
Brousse (5-7 Std.), danach wird die Weiterfahrt in den Süden zu einer Art Überle-
benstraining.

Hotels/Restaurants
Es gibt nur eine kleine Unterkunft, sehr billig, sehr einfach, am Ende der Welt.

Vohémar (s. Iharana)

Vohibasia-*Nationalpark* (S. 424)

Infos
WWF-Büro am südlichen Ortsende von Sakaraha

Anreise
von Ranohira/Ihosy oder Toliara (Taxi-Brousse-Verbindungen); zum Parkeingang per
Taxi oder zu Fuß.

Unterkunft
am besten in Toliara oder Ranohira; einfachste Hotelys in Sakaraha

Vohipeno/Ivato Savana (S. 398)

Verkehrsverbindungen
Straße: 30 km südlich von Manakara, Taxi-Brousse/-Be oder Taxis.

Hotels/Restaurants
In Vohipeno gibt es ein kleines Hotely Gasy.

Einkaufen
Auf dem Markt und in kleinen Geschäftchen werden sorgfältig hergestellte Flecht-arbeiten aus Gras verkauft, geflochtene und eingefärbte Matten, Handtaschen, Portemonnaies, Hüte, Kästchen ...

Zombitse-*Nationalpark* (S. 424)

Infos
WWF-Büro am südlichen Ortsende von Sakaraha

Anreise
von Ranohira/Ihosy oder Toliara (Taxi-Brousse-Verbindungen); zum Parkeingang per Taxi oder zu Fuß.

Unterkunft
am besten in Toliara oder Ranohira; einfachste Hotels in Sakaraha

Das kostet Sie Madagaskar
- Stand Juli 1999 -

Auf den 'Grünen Seiten' geben wir Ihnen Preisbeispiele für Ihren Madagas-kar-Urlaub, damit Sie sich ein realistisches Bild über die Kosten einer Reise und eines Aufenthalts machen können. Die angegebenen Preise unterliegen natürlich – wie überall im Tourismus – saisonalen und konjunkturellen Schwankungen und sind daher eher als **Orientierungshilfe** gedacht.

Beförderung

Internationale Flüge kosten (Stand Juli 1999):

Fluggesellschaft	Hauptsaison	Nebensaison	Abflugort
Air Madagascar	ab 2020,-	ab 1700,-	München
Air France	ab 2450,-	ab 1900,-	alle deutschen
			Flughäfen via Paris

(Studententarife/Jahrestickets ab 2430,-)

Aeroflot	z.Z. keine Angebote
Air Mauritius	z.Z. keine Angebote

***Achtung! Air Madagascar und Air France sollen privatisiert werden – Preise können sich schnell ändern!**

Im Land unterwegs

Inlandsflüge

Wenn Sie den Langstreckenflug von Europa bei *Air Madagascar* bu-chen, erhalten Sie bei allen Inlandsflügen mit *Air Madagascar* in der Haupt-saison 20 %, in der Nebensaison 30 % Rabatt.
Hauptsaison: Juli/August, teilweise Dezember, der Rest ist Nebensaison.

Andere Fluggesellschaften: Für das Inland und Kurzstreckenflüge nach Mau-ritius, La Réunion und die Komoren gibt es auch Alternativen wie *TAM (Travaux et Transports Aériens de Madagascar)*, *MFS (Madagascar Flying Service)* u.a. Sie sind in der Regel nicht billiger als Air Madagascar, können aber z.B. für kleinere Gruppen interessant sein (Adressen s. Allgemeine Reisetips S. 169).

Preisbeispiele für Inlandsflüge (einfach) mit Air Madagascar (Stand: Juli 1999):

von	nach	Preis (in DM)
Antananarivo	Nosy Be	198,-
Antananarivo	Nosy Boraha (Sainte Marie)	155,-
Antananarivo	Toamasina (Tamatave)	137,-
Antananarivo	Antsiranana (Diego-Suarez)	198,-
Antananarivo	Mahajanga (Majunga)	172,-
Antananarivo	Taolanaro (Fort Dauphin)	198,-
Antananarivo	Toliara (Tuléar)	198,-
Antananarivo	Morondava	155,-
Antananarivo	Maintirano	153,-
Toamasina (Tamatave)	Ste. Marie	83,-
Nosy Be	Mahajanga	146,-
Nosy Be	Antsiranana (Diego-Suarez)	66,-
Antsiranana (Diego-Suarez)	Iharana (Vohémar)	66,-
Antsiranana (Diego-Suarez)	Sambava	97,-
Antalaha	Maroantsetra	53,-
Morondava	Toliara (Tuléar)	146,-
Morondava	Morombe	83,-
Toliara (Tuléar)	Taolanaro (Fort Dauphin)	146,-

Mietwagen

Komfortable Fortbewegungsmittel sind auf Madagaskar Luxus. Mietwagen gibt es in der Regel nur mit Fahrer und sind relativ teuer. Pro Tag müssen Sie mit 80-100 DM rechnen, inclusive Fahrer, oft mit Kilometerbegrenzung. Rundum versicherte Fahrzeuge kosten oft sogar bis 150 DM pro Tag. Für einen Geländewagen (französisch: 4x4) werden 200-250 DM verlangt, wenn man Glück hat 150 DM, einschließlich Benzin, Versicherung und Fahrer. Statt eines 4x4 tut es oft auch ein kleiner Renault 4, den die Madagassen wegen seiner Belastbarkeit auch Mini-4x4 nennen.

Geringfügig billiger sind Motorräder, aber oft schwer zu beschaffen (s. Stichwort *Autoverleih* S. 153).

Benzinpreise

1 Liter Benzin oder Diesel kostet 1999 umgerechnet etwa 1,50 DM.

Taxis

Überland:
Eine gute Alternative zum Leihwagen, denn sie sind in Madagaskar billiger. Je nach Strecke können Sie einen Tagespreis von 50-80 DM oder eine Halbta-

gestour zu etwa 25-30 DM aushandeln. Viele Taxifahrer sind auch gerne zu einer mehrwöchigen Inselrundfahrt bereit. Bei der Auswahl der Fahrer und beim Preis ist allerdings Vorsicht angebracht.

In der Stadt:
Vom Flughafen ins Zentrum gelten jeweils unterschiedliche Fixpreise, die Sie am Flughafen erfragen können. In der Hauptstadt beträgt er umgerechnet etwa 16 DM (1998: 47.000 FMG), in Antsiranana etwa 3 DM. Auch innerhalb der Städte gelten für alle Strecken Einheitspreise (etwa zwischen 0,50 und 1 DM), die manchmal für Vazaha und Ahnungslose phantasievoll abgeändert, d.h. maßlos erhöht werden.
Nur in Antananarivo gibt es mehrere Tarife, je nach Entfernung. Für Kurzstrecken: ca. 1,50 DM für einfache Taxis, 3 DM für „Hoteltaxis". Tariferhöhung nachts zwischen 20 und 6 Uhr um 100 %.
Die höchsten Taxipreise werden auf Nosy Be verlangt.

Busse, Taxi Brousse und Taxi Be

Die billigste Art der Fortbewegung! Nur in wenigen Städten verkehren Stadtbusse, zum Fahrpreis von etwa 500 FMG.

Die für europäische Maßstäbe unglaublich niedrigen Preise für Überlandbusse, Taxi Brousses und Taxi Bes richten sich nach Fahrzeug, Straßenverhältnissen, Jahreszeit und Fahrtdauer. Die bequemeren Taxi Bes sind etwas teurer als die ständig überfüllten Busse und Taxi Broussses. Preisbeispiel von 1998 im Taxi Brousse: die 900-km-Strecke Tana – Toliara (Tuléar) kostete ca. 20 DM, Toliara – Taolanaro (Fort Dauphin) ca. 14 DM, Toliara – Morondava ca. 20 DM.

Aufenthaltskosten

Hotels

In Madagaskar existiert alles – vom 5-Sterne-Hotel für 300-500 DM die Nacht bis zum einfachsten Hotely Gasy für 3 DM pro Person und Bett. Wirklich komfortable Hotels sind allerdings rar; Sie finden sie nur in Tana und den Touristenzentren. In der Hauptstadt gibt es aber auch einfache Doppelzimmer für 20-40 DM, in den Mittelklassehotels für 70-80 DM. Im Inland kann man ohne großen Komfort sehr günstig übernachten (DZ 10-30 DM). Für madagassische Verhältnisse *relativ* teuer: Nosy Be, v.a. zur Hauptsaison.

Essen und Trinken

Restaurants:
In Tana: alle Kategorien – von Luxusküche à la française zu europäischen Preisen bis zu indischen, chinesischen und madagassischen Restaurants mit Gerichten für 5-10 DM und spottbilligen Garküchen. Auch unterwegs gibt es genügend Auswahl zwischen den etwas teureren Hotelrestaurants und einfachen madagassischen Lokalen.

Preisbeispiele für **Getränke**:
1 Flasche Trinkwasser (1 ½ l): ca. 1 DM, 1 Flasche THB-Bier (0,75 l): ca. 1,50 (im Laden) bis zu 3 DM (im Restaurant).

Auf dem Markt kann man Obst und Gemüse für ein paar Pfennige kaufen.

Einkaufen

Alle „Luxusartikel" wie Shampoo, Sonnencreme, Filmmaterial, Schreibwaren, Bücher etc. sind für madagassische Verhältnisse horrend teuer und kosten mindestens genauso viel wie in Europa. Außerhalb von Tana sind sie schwer zu bekommen. Günstig erstehen kann man Andenken und in Nosy Be T-Shirts.

Telefonieren

Telefonkarten wurden 1998 zu 20.000, 40.000 und 60.000 FMG verkauft. Die 60.000 FMG-Karte reicht für 1-2 längere Gespräche nach Deutschland. Angemeldete Gespräche im Postamt sind etwas billiger – ein 3-Minuten-Gespräch kostet tagsüber ca. 15 DM.

Eintrittspreise in die Nationalparks und Reservate

Unterschiedlich. Für die meisten Parks kristallisierte sich 1998 ein Einheitspreis von 50.000 pro Person (für Vazaha) heraus, d.h. etwa 17 DM. Hinzu kommt die Gebühr für den i.d.R. obligatorischen Führer (pro Gruppe). Für Einheimische gelten billigere Tarife (s. Allgemeine Reisetips, Stichwort *Naturschutzgebiete*).

Umtauschkurs

Stark schwankend. Stand Juli 1999: 1 DM = etwa 3000 FMG.

4. Madagaskar als Reiseland – Welche Route zu welcher Zeit?

Um ganz Madagaskar zu entdecken, reicht eine Reise nicht aus. Dazu sind die Insel zu groß und die Infrastruktur zu schlecht. „Mora mora" – alles braucht seine Zeit. Erwarten Sie nicht, innerhalb von drei Wochen jeden Tag wie geplant an einem anderen Ort zu sein und die Sehenswürdigkeiten und

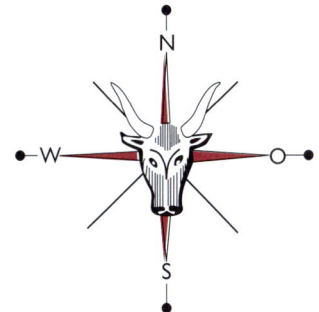

Nationalparks abhaken zu können, es sei denn, Sie reisen ausschließlich in organisierten Gruppen. Madagaskar ist kein Land, in dem Sie ankommen und sagen werden: Das ist ja ein Paradies! Es ist eines, aber es erschließt sich langsam. Sie werden sich erst an Klima, Mentalität, vielleicht auch an die eine oder andere Kakerlake gewöhnen müssen.

Wer in Eile ist, reagiert ungnädig auf unvorhergesehene Veränderungen und verdirbt sich selbst den Spaß. Während der Zugfahrt von Fianarantsoa nach Manakara an der Ostküste trafen wir drei Reisende, die sich auf die angegebene Fahrtzeit von sieben bis acht Stunden verlassen hatten. Der Zug brauchte aber nicht acht, sondern achtzehn Stunden – was zwar selten vorkommt –, und die drei verpaßten ihren Anschlußflug.

Beschränken Sie sich auf ausgewählte Orte und Strecken und lassen Sie sich Zeit, die Menschen kennenzulernen. Dann wird Ihnen das Land mit Sicherheit gefallen.

Über 60 Städte können Sie mit dem Flugzeug erreichen – wenn die Plätze nicht ausgebucht sind. Die Fahrten über Land vermitteln natürlich viel mehr von Land und Leuten. Am interessantesten ist eine Kombination aus möglichst vielen verschiedenen Verkehrsmitteln. Wir geben Ihnen dazu bei den vorgeschlagenen Routen einige Tips. Aber vielleicht finden Sie ganz andere Variationen für sich heraus ...

Von den meisten deutschen Reiseveranstaltern werden die relativ gut ausgebauten Routen von Antananarivo in Richtung Süden nach Toliara (Tuléar) und Richtung Osten nach Toamasina (Tamatave) und Umgebung angeboten.

Sie haben fast immer auch Flüge nach Taolanaro (Fort Dauphin) im Süden und nach Antsiranana (Diego Suarez) im Norden im Programm. Der Westen verfügt über die schlechteste Infrastruktur und ist deshalb noch touristisches Brachland, mit Ausnahme von Morondava und Belo-sur-mer. Zu den touristisch erschlossensten Gebieten gehören die beiden vorgelagerten Inseln Nosy Be im Norden und Nosy Boraha (Ste. Marie) im Osten. Auf beiden kann man sich herrlich von allen Reisestrapazen erholen.

Abgesehen von kurzen Ausflügen im Umkreis der Hauptstadt schlagen wir Ihnen **vier Routen** vor, die Sie ohne allzu große Anstrengungen bewältigen können, ohne auf Abenteuer verzichten zu müssen. Nationalparks, Lemuren und Strände finden Sie auf jeder der vier Routen. Wenn Sie zum Schwimmen und Tauchen kommen, bietet Nosy Be die besten Möglichkeiten. Wollen Sie Gewürzrouten, Gebirge und Wasserfälle? Auch dann sind Sie im Norden richtig. Sind Sie ein Regenwaldfan, beginnen Sie mit dem Osten (aber auch in den anderen Gebieten finden Sie entsprechende Nationalparks). Interessieren Sie Baobabs, die weltweit einmaligen „Tsingys", die Gräber der Sakalava und endemische Trockenwälder, fahren Sie nach Westen. Die größte Vielfalt an Landschaften lernen Sie auf der Südroute kennen. Je nach Zeitplan kann man die Routen alternativ oder kombiniert planen. Ausgangspunkt ist jeweils die Hauptstadt Antananarivo.

Durch das Hochland an die mittlere Westküste (s. S. 320)

Die gut 700 Straßenkilometer auf der RN 7 und 34 sind nur teilweise gut ausgebaut, der Rest ist Piste, aber mit einem normalen Pkw gut befahrbar. Diese Route gilt als die „Sonnenstrecke". Man kann sie fast ganzjährig, auf

Taxi-Brousse-Station in Tana

jeden Fall von April bis Dezember bereisen. Von Januar bis März *können* auch im Westen Zyklone und heftige Regenfälle auftreten. Im Sommer sorgen thermische Strömungen für Gewitter. Allgemein liegen die Temperaturen im Westen höher als im Osten; durch die geringere Luftfeuchtigkeit ist die Hitze aber gut zu ertragen.

Die Strecke führt von Tana durch das **Ankaratra**-Gebirge nach Süden bis **Antsirabe**, die „Stadt der Edelsteine" und Thermalquellen, durch Teile des von den *Merina* bewohnten Hochlandes mit seinen sattgrünen Reisterrassen und Wäldern, dann aber westlich von Antsirabe durch immer trockenere Gebiete, sanft auslaufende Gebirgsketten, braune Savannen und zerfurchte rote Mondlandschaften direkt ins Herz des ehemals mächtigen Königreiches der *Sakalava*. Sie kommen an kleinen Dörfern vorbei, in denen Goldwäscher ihr Glück versuchen. Madagaskars angeblich heißester Ort **Miandrivazo** ist Ausgangspunkt mehrtägiger Flußexpeditionen auf dem Fluß **Tsiribihina**. Sie fahren weiter, die Bergkette des Bemaraha im Blick, entlang mächtiger Flußbetten und Stauseen und gelangen schließlich nach **Morondava**, der verschlafenen, staubigen Hafenstadt am Kanal von Mosambik. Dort erwarten Sie traumhafte weiße Badestrände und Korallenriffe bis zum südlich gelegenen Badeort **Belo-sur-mer**. Ausflugsziele von Morondava: die berühmte **Allee der Baobabs**, der zum **Nationalpark** erklärte **Trockenwald Kirindy-Mitea**, die einzigartigen, zum Weltkulturerbe der UNESCO gehörenden spitzen Kalksteinformationen der **Tsingy du Bemaraha** und die beeindruckenden **Gräber der Sakalava**.

Zeitplan
Für diese Route sollten Sie mindestens eine Woche, besser 10 Tage einplanen, einschließlich Hinfahrt und Rückflug Morondava-Tana (mit Flußfahrt 4-5 Tage länger).

Durch das Hochland in den Süden
(mit Zugfahrt an die Ostküste) (s. S. 370)

Die knapp 1000 km lange RN 7 von Tana bis Toliara zählt zu den am besten ausgebauten Strecken Madagaskars und läßt sich bequem befahren. Wer dann noch weiter möchte: Von der weitläufig angelegten Hafenstadt **Toliara** (Tuléar) gelangt man nach vielen Stunden Pistenfahrt oder einer Flugstunde in die kleinere, aber reizvoller gelegene Hafenstadt **Taolanaro** (Fort Dauphin), bekannt vor allem durch das in der Nähe gelegene private Reservat und Lemurenparadies „**Berenty**".

Unterwegs im Mietwagen

Diese Route bietet die größte Vielfalt an landschaftlichen Attraktionen, man lernt aber auch die unterschiedlichsten Bevölkerungsgruppen kennen. Südlich von **Antsirabe** fährt man entlang den Ausläufern des **Itremo-Massivs** in das eigentliche Herzstück der asiatisch anmutenden Landschaftsarchitektur des *Betsileo*-Volkes. Reisterrassen, so weit das Auge reicht, abgelöst von

Gemüsefeldern und Kiefernwäldern, Teeplantagen und Weingütern rings um **Fianarantsoa**. Von dort können Sie eine abenteuerliche Zugreise durch nebelverhangene Bergwälder an die Ostküste bis zur Hafenstadt **Manakara** antreten, die Könige der *Antaimoro* besuchen und Exkursionen in den Regenwald-**Nationalpark Ranomafana** unternehmen, u.a. Heimat von 12 Lemurenarten.

Südöstlich von Fianarantsoa gäben die Ausläufer des bizarren **Andringitra-Gebirges** (Nationalpark) und die riesigen Rinderherden der *Bara* eine hervorragende Kulisse für jeden Western ab. Hier beginnt der trockene, dünn besiedelte „Grand Sud" mit seinen endlosen Weiten. Über mehrere Hochebenen führt die Straße zum **Isalo-Nationalpark**, auch kleiner „Grand Canyon" genannt, und weiter in die halbwüstenartigen Siedlungsgebiete der *Antandroy*, *Antanosy* und *Vezo*, in denen vor allem Dornenwälder und Sukkulenten gedeihen. Unterwegs die kunstvoll bemalten **Gräber der Mahafaly**. Die neuen **Nationalparks** und Trockenwaldgebiete **Zombitse** und **Vohibasia** liegen an der Strecke. Auch am Ende der Südroute können Sie sich in **Toliara** (Tuléar), Ifaty, in der Bucht von St. Augustin und in **Taolanaro** (Fort Dauphin) an endlosen, menschenleeren Stränden erholen.

Der südliche Teil dieser Route ist fast ganzjährig zu befahren. Sehr selten können auch hier heftige Wolkenbrüche niedergehen. Problematisch werden ein Abstecher an die Ostküste und ein Besuch im Ranomafana-Nationalpark während der Regenzeit. Der Wald wimmelt dann von Blutegeln. Auch die Zufahrtsstraßen nach Ranomafana sind oft unpassierbar.

Zeitplan

Minimum für die Südroute bis Toliara: 10-14 Tage, in kleinen Etappen, inclusive Bahnfahrt an die Ostküste, Tagesexkursion in Ranomafana und Tages-Trekking in Isalo. Bei längeren Aufenthalten in den Nationalparks, z.B. für Nachtexkursionen, Weiterfahrt/-flug nach Taolanaro/Berenty und längerem Badeaufenthalt im Süden und etwas mehr Ruhe unterwegs entsprechend länger, Minimum 3 Wochen.

In den Norden und an die Nordostküste (s. S. 456)

Auch der Norden gehört zu den absoluten „Highlights", aber nicht unbedingt die RN 4 dorthin von Antananarivo Richtung **Mahajanga** und weiter nach **Antsiranana**. Deshalb unser Tip: Fliegen Sie nach **Antsiranana** (Diego Suarez) oder **Nosy Be**, akklimatisieren Sie sich ein paar Tage und starten von dort aus eine Rundreise mit dem Boot oder Flugzeug. Der Norden bietet: viel Grün, Gebirge und Flüsse, die Parfum- und Badeinsel Nosy Be, zahme Lemuren auf **Nosy Komba**, die besten Badebedingungen mit fantastischen Korallenriffen zum Schnorcheln und Tauchen und unzählige vorgelagerte Trauminseln. (Nosy Be und Mahajanga werden oft geographisch zum *Westen* gerechnet, aber für eine Reiseroute bietet sich die Kombination mit anderen nördlich gelegenen Orten an).

Naturliebhaber kommen u.a. in den großen Schutzgebieten von **Lokobe** (Nosy Be), **Montagne d´Ambre**, dem **Tsaratanana-Massiv, Marojezy, Analamera** und **Ankarana** mit seinen unterirdischen Höhlensystemen und den Kalksteinformationen der **Tsingy du Nord** voll auf ihre Kosten. Auch die beiden größeren Städte haben ihren Reiz: **Antsiranana,** fast an Madagaskars Nordspitze gelegen, mit seinem lebhaften Bevölkerungsgemisch – *Sakalava, Antankarana* und *Tsimihety* –, *Komorer, Pakistani* und ehemalige *französische* Fremdenlegionäre –, dem Stadtbild mit seinen relativ

Mit der Twin Otter in den Nordosten

gut erhaltenen Kolonialbauten und seiner großartigen Lage an einer riesigen, natürlichen Bucht mit Salinen, Stränden und „Smaragdmeeren". Die andere, nordwestlich gelegene Hafenstadt **Mahajanga** ist weniger reizvoll, bietet aber das lebhafteste Nachtleben.

Die Nordostroute ist *die* **„Duft- und Gewürzroute"**. Mit einem Abstecher an die nördliche Ostküste findet man sich mitten im Anbaugebiet von Zimt und Vanille, Pfeffer, Gewürznelken, Kaffee, Kakao und Kokosplantagen wieder. Gute „Basislager" für Flußfahrten und Ausflüge ins Inland: die Hafenstädtchen **Iharana** (Vohémar), **Sambava** und **Antalaha**. Von Sambava aus führt eine kleine „Gebirgsstraße" nach **Andapa** und das Schutzgebiet **Marojezy**. Von Antalaha und Andapa aus starten kleine Expeditionen in das noch unberührteste Naturschutzgebiet Madagaskars, die **Halbinsel Masoala**, bis zur **Bucht von Antongil**.

Straßenverhältnisse u. Reisezeit
Zwischen Mahajanga und Antsiranana nur streckenweise gut. Eine direkte Verbindung zwischen Antsiranana und den südlicher gelegenen Hafenstädten an der Ostküste existiert wegen der hohen Gebirgszüge nicht. Die Straße führt erst in Richtung Südwesten, dann als bisher nur bei Trockenheit befahrbare Piste an die Küste. Die Hafenstädte an der Ostküste sind teils durch Asphaltstraße, teils Piste verbunden. Das Schutzgebiet Masoala südlich von Antalaha kann man praktisch

nur zu Fuß und mit Pirogen durchqueren – eine „Rundfahrt" von Toamasina (Tamatave) in den Norden nach Antsiranana können Sie leider vergessen.
Während der Regenzeit liegt die Bucht von Antsiranana geschützt; Fahrten in andere Gebiete könnten schwierig werden.

Zeitplan
14 Tage und mehr, je nachdem, ob Sie für die Verbindungen Auto oder Flugzeug wählen und wie viele Bade- und Trekkingtage Sie anhängen möchten.

Durch das Hochland an die Ostküste (s. S. 551)

Die „grünste" und regenreichste der vier Routen. Sie kommen in die Siedlungsgebiete der *Bezanozano*, der *Betsimisaraka*, *Sihanaka* und der *Tsimihety*. Ziel der etwa 370 Kilometer auf der gut ausgebauten RN 2 von Tana nach **Toamasina** (Tamatave) ist die Ostküste – von den einen auch „Rosenholzküste" oder „madagassische Riviera" genannt, von anderen weniger poetisch

„Piraten- und Orkanküste". Etwa auf halber Strecke liegt das Städtchen **Moramanga**. Ein idealer Ausgangspunkt für Ausflüge in eines der sehenswertesten Primärwaldreservate **Analamazaotra** bei Andasibe (Périnet) und zum **Nationalpark Mantadia**, beide Heimat der berühmten *Indris*.

Ein Abstecher von Moramanga zum **Lac Alaotra** (Hinfahrt ca. 200 km) bringt Sie zum größten See und gleichzeitig größten Reisanbaugebiet Madagaskars in eine abge-

Transportmittel Nr. 1 an der Ostküste: Pirogen

schiedene, aber reizvolle Gegend. An der Küste ist Madagaskars bedeutendste Hafenstadt **Toamasina** nicht jedermanns Geschmack, seitdem Zyklone viel vom alten kolonialen Stadtbild zerstört haben. Aber von hier aus kann man Richtung Süden eine romantische Bootsfahrt auf dem **Canal des Pangalanes** bis zum kleinen Naturparadies *Ankan'ny Nofy* unternehmen. Nur Abenteurern mit sehr viel Zeit ist die Flußfahrt weiter Richtung Süden bis Manakara zu empfehlen (s. Südroute).

Von Toamasina aus Richtung Norden führen erst Asphaltstraße und dann Piste nach **Mahavelona** (Foulpointe) und **Mahambo**, schon zu Kolonialzeiten wegen schützender Korallenriffe beliebte kleine Badeorte an endlosen Stränden, in das Vanille-, Pfeffer- und Gewürznelkenstädtchen **Fenoarivo** (Fénerive) und weiter auf extrem schlechter Straße bis zum Ort und gleichnamigen **Nationalpark Mananara** bis **Maroantsetra**. Dort geht es nur noch per Boot zur Lemurenschutzinsel **Nosy Mangabe** (Aye-aye!) oder zu Fuß weiter in das unberührteste Naturschutzgebiet **Masoala**. Wer will und Zeit hat, kann von dort aus die Nordroute in umgekehrter Richtung anschließen.

Nicht versäumen sollte man vorher einen Besuch auf der Badeinsel **Nosy Boraha** (Ste. Marie), die man per Boot von mehreren Orten an der Ostküste aus erreicht. Wenn man Glück hat, kann man dabei zwischen Juni und September die großen Buckelwale beobachten. Bequemer ist ein kurzer Flug in einer Propellermaschine von Toamasina oder Maroantsetra aus.

Reisezeit
Für diese Route sollten Sie, unabhängig von der Jahreszeit, Regenzeug einpacken. Eine Bootsfahrt auf dem Kanal, Besuche in den Nationalparks und Fahrten auf den nicht asphaltierten Pisten sind immer auch vom Wetter abhängig – seien Sie also flexibel. Die trockenste Zeit ist in der Regel von April bis Oktober.

Zeitplan
Die Fahrt von Tana nach Toamasina mit Besuch von Andasibe, Mantadia, dem Canal des Pangalanes und ein paar Tagen Ruhe auf Nosy Boraha können Sie in 8-10 Tagen bewältigen (Vorsicht! Anschlußflüge rechtzeitig buchen!). Die Fahrt zum Lac Alaotra und erst recht ein Ausflug nach Masoala nehmen wesentlich mehr Zeit in Anspruch.

Flug über Macay (s. S. 366)

Ein unvergeßliches Erlebnis. Wenn Sie nicht schon in den kleinen Maschinen von Air Madagascar genug von oben gesehen haben, lohnt es sich, die Gebirge, Mondlandschaften, Flußtäler und den Wechsel von Grün und Rot aus der Vogelperspektive zu betrachten.

Ein Beispiel, wie so ein Flug in einer kleinen privaten Chartermaschine aussehen kann, ist in Kapitel 4.3 beschrieben.

Entfernungen

von Antananarivo in Straßenkilometern nach:

Ambatondrazaka	265	Mantasoa	60
Andasibe	145	Moramanga	115
Antsiranana	1000	Morondava	720
Antsirabe	170	Taolanaro	1600
Fianarantsoa	420	Toamasina	370
Mahajanga	580	Toliara	970

Fahrtzeiten

von Antananarivo in Stunden (Taxi-Be) nach (Beispiele):

Antsirabe	3	Morondava	20
Fianarantsoa	6	Toamasina	7
Mahajanga	15	Toliara	25

4.1 Das Hochland und Antananarivo

4.1.1 Antananarivo

Aktuelle regionale Reisetips (Hotels, Restaurants etc.)
zu Antananarivo
entnehmen Sie bitte den gelben Seiten 217

Überblick

„Tonga Soa – Herzlich Willkommen"

Landeanflug auf die Hauptstadt: Nach dem nächtlichen Langstreckenflug von Europa taucht Antananarivo, kurz Tana genannt, meist im ersten Morgenlicht auf. Schon von oben sind die Hügel zu erkennen, an denen die rotbraunen Backsteinhäuser emporklettern, umgeben vom saftigen Grün der ausgedehnten Reisfelder rings um die Stadt. Im Morgengrauen trägt *Anamalanga*, der „blaue Wald" und alte Königssitz in Tana, seinen Namen zu recht.

Antananarivo liegt mitten im Hochland, in einer von Bergen umgebenen Talsenke auf der **Hochebene von Betsimitatatra**, zwischen 1240 und 1470 m über dem Meeresspiegel. Das Klima ist angenehm. Im Südsommer werden die bis zu 30° heißen und wolkenreichen Tage oft durch heftige Schauer abgekühlt. Im Südwinter (Juli/August) ist es tagsüber warm, nachts fällt allerdings das Thermometer bis auf den Gefrierpunkt.

Die halbstündige Fahrt vom Flughafen **Ivato** in die Innenstadt vermittelt einen ersten Eindruck von den Gegensätzen, die

Redaktions-Tips

- Durch enge Gassen auf hohe Hügel: Blick vom **Rova** über die Stadt (S. 297)
- Zur Schnäppchenjagd zum **Zoma,** einst größter „Freiluft-Markt" der Welt (S. 293)
- Einstimmung auf den Regenwald: Besuch im **Zoo Tsimbazaza** (S. 301)
- Stadt in Blau: die Zeit der **Jakaranda-Blüte** (Oktober - Januar)
- Theater à la Madagascar: **Hira Gasy** (S. 300)
- Von **Analamanga** (blauer Wald) nach **Ambohimanga** (blauer Hügel): Ausflug zu den heiligen Königs-Stätten (S. 307)

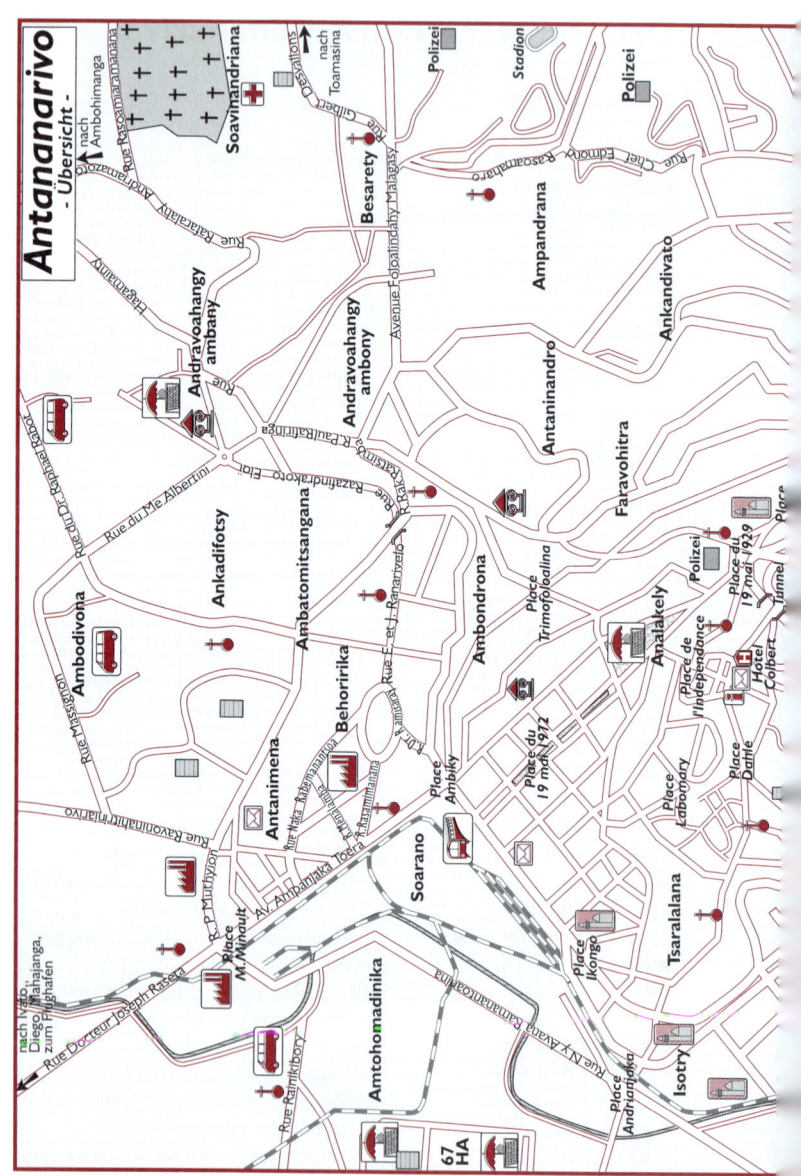

Antananarivo
- Übersicht -
nach Ambohimanga
nach Ambohimanga

nach Toamasina
nach Ivato, Diego, Mahajanga, zum Flughafen

Soavinandriana
Besarety
Andravoahangy ambany
Andravoahangy ambony
Ampandrana
Ankandivato
Antaninandro
Faravohitra
Ankadifotsy
Ambatomitsangana
Ambondrona
Place Trimofoloalina
Amboaivona
Amalakely
Place du 19 mai 1929
Hotel Colbert
Place de l'Independance
Place Dattie
Behoririka
Place du 19 mai 1971
Antanimena
Place Ambiky
Place Labotory
Tsaralalana
Soarano
Place Ikongo
Place M. Minault
Isotry
Amtohomadinika
Place Andrianjaka
67 HA

Polizei
Polizei
Polizei
Polizei
Polizei
Stadion

Rue Rainitovo
Avenue Folojalindahy Malagasy
Rue Chef Edmond Rasoanaivo
Rue Kataraky Andrianampoinimerina
Rue Razafindrakoto Eloi
Rue Rainandriamampandry
Rue du Dr. Raphael Rabel
Rue du Me Albertini
Rue Massignon
Rue Ravonahitriniarivo
Rue P. Munbult
Rue Docteur Joseph Raseta
Rue Ratsimilaho
Avenue Ratsimandrava
Av. Ambaniala Toera
Rue N.Y Avana Ramanantoanina
Rue R. Paul Ratsimba Kasticra
Rue E. et I. Ranarivelo

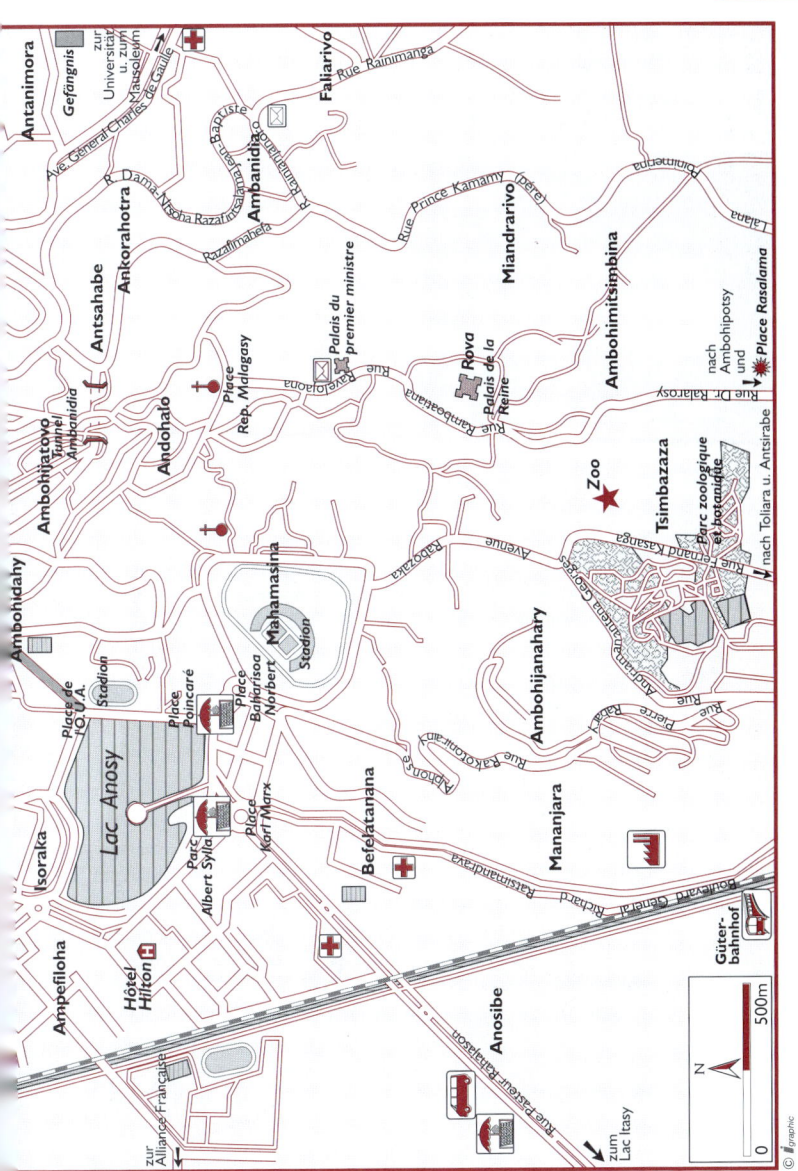

die Hauptstadt zu bieten hat: fast ländlich wirkende Vororte, auf den Feldern arbeitende Bauern und Zeburinder, ärmliche Außenrandbezirke mit stinkenden Abwasserkanälen, qualmende Industriebetriebe; im Zentrum enge, verstopfte Straßen und das für Tana typische wimmelnde Verkehrschaos, das die Hauptstadt schon zur morgendlichen Rush-Hour unter einer Dunstglocke aus Abgasen verschwinden läßt.

Blick auf das Häusergewirr von Tana und den Rova

Andererseits macht vor allem die französische **Kolonial-Architektur** noch heute den Charme von Antananarivo aus. Franzosen bezeichnen Tana als „geheime Stadt", mit all ihren verwinkelten Straßen, Gäßchen, Treppen, Terrassen und Häuserkolonnaden. Das eigentliche Zentrum erstreckt sich über zwei Bergrücken und die dazwischenliegende Senke. Großzügige Plätze und Avenuen; nur wenige Hochhäuser, einige vor allem im Regierungsviertel um den kleinen See Anosy mitten in der Stadt. Ansonsten bergauf, bergab zweigeschossige Lehmziegelbauten, die typischen Hochland-Häuser mit Balkon und spitzem Giebel, in Rot-, Braun-, Ocker-, Gelb- und Rosatönen aller Schattierungen. Morgens und abends taucht die Sonne die Farben der Stadt in ein unvergleichliches Licht.

Geschichte

Antananarivo – die Stadt der Tausend

Anfang des 17. Jahrhunderts, zwischen 1610 und 1630, errichtete Merina-König *Andrianjaka* seinen Palast in **Anamalanga** „der blaue Wald"), dem höchsten der zwölf heiligen Hügel, zwischen denen sich die heutige Hauptstadt ausbreitet. Es war mit 1668 m Höhe die strategisch sicherste Stelle, dort, wo heute das Skelett des ausgebrannten *Rova* majestätisch über der Stadt thront. Eine als unbesiegbar geltende riesige Armee von 1000 Kriegern schützte die Anlage gegen häufige Attacken der Urbevölkerung, der *Vazimba*. Sie gab der „Stadt der Tausend" – „la ville des mille" – ihren heutigen Namen. „Ny arivolahy tsy maty indray andro" steht auf dem Wappen der Stadt – „1000 Männer sterben nicht an einem Tag". Nach einer anderen Erklärung ist Antananarivo vom Begriff *Arivo*, d.h. tausend – „tausend Dörfer" – abgeleitet worden – sinngemäß einfach die „große Stadt".

Als *Andrianjaka* die großen Sümpfe südlich von Analamanga trockenlegen und fruchtbare Reisfelder anbauen ließ, stieg die Bevölkerung drastisch an.

Wappen von Antananarivo

Ende des 18. Jh. gelang es seinem Konkurrenten, dem machthungrigen König *Andrianampoinimerina,* Analamanga zu erobern – wenn auch erst im dritten Anlauf. Er verließ seinen bisherigen Königssitz im nahegelegenen **Ambohimanga** „der blaue Hügel") und machte **1796** Antananarivo zur **Hauptstadt** seines Reiches.

Dieser Sieg war gleichzeitig das Ende langer innenpolitischer Machtkämpfe unter den Merina. Von da an wurde der Rova, königlicher Herrschersitz auf heiligem Hügel, Zeuge der Herrschaft von Radama I., Radama II. und von vier Königinnen, der Christenverfolgungen unter Ranavalona I., der Kolonialherrschaft der Franzosen und der Errichtung der 1. madagassischen Republik (s. Kap. *Geschichte*).

Heute wird die Einwohnerzahl von Tana auf knapp zwei Millionen geschätzt. Genaue Zahlen kennt niemand. Die Stadt ist Wirtschaftszentrum des Landes, Sitz von Ministerien, Verwaltung, Universität, Firmen, Banken und Medien. In der „Oberstadt" und den vornehmeren Vororten residieren reiche Kaufleute und ausländische Entwicklungshelfer. In den unteren, zur Regenzeit aufgrund der defekten Kanalisation oft überfluteten Armenvierteln grassieren Hunger und Seuchen. Bedingt durch die zunehmende Landflucht breitet sich die Stadt wie eine Krake immer weiter in die umliegenden Reisfelder aus. Billiger Wohnraum wird so knapp wie die Arbeitsplätze.

Architektonisch ist Tana eine außergewöhnliche und schöne Stadt. Der Verfall der Häuser und das zunehmende Elend trüben diesen Eindruck; viele Reisende fühlen sich deshalb zu Beginn hier nicht wohl. Hinzu kommt, daß man herausragende „Sehenswürdigkeiten" vergeblich sucht. Wenn man jedoch die Stadt näher kennenlernt, die Unsicherheit schwindet und man sich nicht mehr von Bettlern und Straßenkindern (s.u.) bedroht fühlt, kann man auch einem längeren Aufenthalt in Antananarivo viel Positives abgewinnen.

Zeitplanung

Tana ist Ausgangspunkt für die Reisen im Land und Kontaktbörse. Um sich einen ersten Eindruck von der Hauptstadt zu verschaffen, genügt ein Tag.

Wenn Sie „Atmosphärisches" mitbekommen wollen, müssen Sie länger bleiben oder zwischen zwei Reiserouten wiederkommen. Erkunden Sie die Viertel, beobachten Sie von den Terrassen des *Hôtel de la France*, *Glacier* oder *Colbert* das Treiben, lernen Sie interessante Leute kennen, hören Sie abends junge madagassische Musiker – und Tana wird Ihnen gefallen. Planen Sie mindestens einen Tag für Ausflüge in die Umgebung ein.

Sicherheit

Kriminalität ist in Tana so verbreitet wie in bestimmten Vierteln europäischer Großstädte. Von Überfällen auf Personen hört man selten, aber es sind

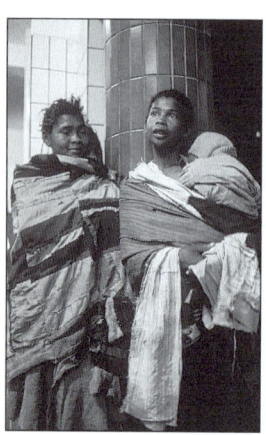

viele Taschendiebe unterwegs (trotz der drakonischen Strafen: Der Schriftsteller Raharimanana beschreibt in seinen Kurzgeschichten, wie Diebe traditionell von der aufgebrachten Bevölkerung gesteinigt wurden). Natürlich sollte man nicht sorglos viel Geld, Schmuck oder Kameras mit sich herumschleppen. Völlig problemlos kann man tagsüber durch die belebten Viertel oder zum *Rova* schlendern. In den Armenvierteln wie *Isotry* oder *Antohomandinika* ist es sicherer, sich nicht ganz alleine zu bewegen, solange man sich nicht auskennt.

Auch nachts geht man besser in Gruppen aus. Viele Hotels haben einen „Begleitservice" zum nächsten Restaurant. Oder man läßt sich per Taxi zum Ziel bringen, allein weil dann die Wahrscheinlichkeit sinkt, bei schlechter Beleuchtung in einem der Straßenlöcher zu verschwinden ... (Die Kanalisation ist so marode, daß schon mal das Rohrsystem zusammenbricht und damit auch die Straße). Nachts sind Spazier-

Straßenkinder auf der Rue de l'Indépendance

gänge in Bahnhofsnähe nicht nur gefährlich, sondern auch besonders deprimierend, wenn man ganze Familien in düstere Straßenecken gekauert sieht, gebückte Alte, die vor Hunger zertretene Erdnußreste aufklauben, und dunkle, betrunkene Gestalten.

Tip

Viel sicherer fühlt man sich, wenn man einen Überblick hat und die Gegenden ungefähr einschätzen kann. Hilfreich ist dafür eine halb- oder ganztägige Stadtführung in madagassischer Begleitung. Sie werden von einigen ortsansässigen Reiseveranstaltern angeboten; fragen können Sie auch im deutschen Kulturzentrum CGM nach deutschsprachigen Studenten, die auf diese Weise ihr Taschengeld aufbessern möchten (s. allgemeine und regionale Reisetips).

Orientierung

Anfangs sind die Gassen von Tana verwirrend. Straßenschilder gibt es nicht, und wenn, wären madagassische Namen wie *Lalana Dok. Ravoahangy Andriana- valona Joseph* auch nicht sehr hilfreich. Erleichtert wird die Orientierung durch die Unterteilung des Zentrums in **Unter- und Oberstadt**. Die ältere Ober- stadt und verschachtelte Altstadt rund um den Rova ist heute nicht mehr wie früher Mittelpunkt als Residenz, Markt und Ort der großen Volksversammlun- gen (*kabary*), sondern vor allem Sitz von Wohngebäuden, großen Schulen und christlichen Kirchen. Die in der Kolonialzeit angelegte, regelmäßige Unter- stadt dient eher als Verwaltungszentrum mit Büros und Geschäften.

Tip
Übersichtliche Stadtpläne erhalten Sie beim Maison du Tourisme, in den Buchlä- den und beim F.T.M. – Lalana bedeutet Straße, Arabe Avenue, Kianja Platz (s. Allgemeine Reisetips, Stichwort Kartenmaterial).

Die Untere Stadt

Die ehemals von Bäumen gesäumte Prachtstraße **Avenue de l'Indépen- dance** (madag.: Araben´ny Fahaleovantena), ein breiter, durch Grünflächen geteilter Boulevard, beginnt am Hauptbahnhof und endet in Höhe des Hôtel Glaciers. Hier verengt sich der Boulevard und wird zur **Avenue 26 Juin 1960** (Araben'ny 26 Jona 1960), deren Verlängerung nach einem Knick durch einen der großen Stadttunnel (Tunnel Ralaimongo) zum **Lac Anosy** führt.

Bahnhof und Avenue de l´Indépendance

Ave. de l´Indépendance: Unweit des im Kolonialstil erbauten Bahnhofs ha- ben sich einige der besten Hotels ange- siedelt, das *Tana Plaza* an der Stelle des einstigen Hôtel Terminus, das *Palace* und wenige hundert Meter weiter das *Hôtel de France*. Unter den runden, 1936 ent- standenen Arkaden beiderseits der Straße: Buchhandlungen, Restaurants, kleinere Geschäfte, Reisebüros, die Büros von *Air Madagascar*, Madagascar Airtours, Air France und anderer Fluggesellschaften. Vor den Cafés suchen Valiha-Spieler nach Käufern für ihre selbstgeschnitzten Instrumente. Wegen der reichen Vazaha halten sich hier auch gerne Prostituierte und 15-16jähri- ge Mütter mit ihren eigenen – oder geliehenen – kleinen Babys auf dem Rücken zum Betteln auf.

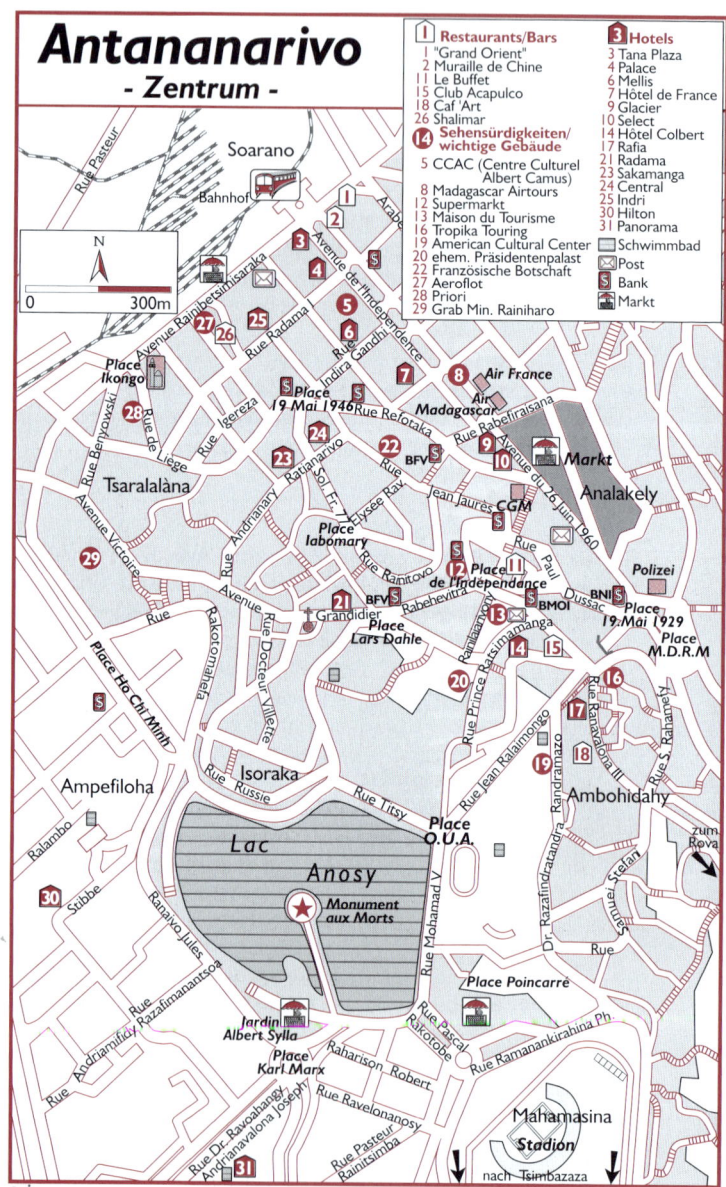

Antananarivo
- Zentrum -

Restaurants/Bars
1 "Grand Orient"
2 Muraille de Chine
11 Le Buffet
15 Club Acapulco
18 Caf 'Art
26 Shalimar

Sehensürdigkeiten/ wichtige Gebäude
5 CCAC (Centre Culturel Albert Camus)
8 Madagascar Airtours
12 Supermarkt
13 Maison du Tourisme
16 Tropika Touring
19 American Cultural Center
20 ehem. Präsidentenpalast
22 Französische Botschaft
27 Aeroflot
28 Priori
29 Grab Min. Rainiharo

Hotels
3 Tana Plaza
4 Palace
6 Mellis
7 Hôtel de France
9 Glacier
10 Select
14 Hôtel Colbert
17 Rafia
21 Radama
23 Sakamanga
24 Central
25 Indri
30 Hilton
31 Panorama

Schwimmbad
Post
Bank
Markt

© igraphic

Bis zu den sportlichen Wettkampfspielen „Jeux de la Francophonie" 1996 fand entlang der Avenue de l´Indépendance auch der legendäre **Zoma** statt.

INFO **Der Zoma**
(arab.: al „gumca" = „Freitagsmarkt")

Der Zoma, angeblich einer der größten Märkte der Welt unter freiem Himmel, gehörte zu den malerischsten Attraktionen der Hauptstadt. Den

Der alte Zoma

besten Blick hatte man vom Place de l'Indépendance auf ein Meer von Tausenden achteckiger weißer Sonnenschirme: treppauf, treppab, im Viertel *Analakely* und die ganze Rue de l'Indépendance hinunter. Darunter ein Gewirr von Ständen mit Blumen und Gewürzen, Fisch und Fleisch, Spielzeug, Eisenwaren, Bonbons und Kunsthandwerk, Kleidungsverkäufern, Stoffen und Garnen.

Zuletzt platzte der Zoma aus allen Nähten. Da immer mehr Markthänd-

ler in die Stadt drängten, wurde die Kontrolle von Konzessionen unmöglich. Durch die zunehmende Armut hatte sich der Markt immer mehr zum Tummelplatz von Kleinkriminellen, Taschendieben, Prostituierten und Bettlern entwickelt. Die „Jeux de la Francophonie" waren deshalb nur der Anlaß, den inzwischen täglich stattfindenden ehemaligen „Freitagsmarkt" endgültig von der Ave. de l'Indépendance zu verbannen.

Jetzt ist der Zoma auf viele kleine Märkte in verschiedenen Stadtteilen aufgeteilt, die größten davon in **Soarano**, im Gebiet **„67 Hectars"** hinter dem Bahnhof (ein Neubaugebiet aus den 70er Jahren, das ursprünglich u.a. für einkommensschwache Bewohner der ausufernden Randbezirke konstruiert wurde) und in **Andravoahangy**. Jede „Branche" hat ihr eigenes Revier: der Blumenmarkt, der Markt für Edelsteine, für Möbel, Lebensmittel usw.

Auch hier lohnt sich ein Besuch; der einzigartige frühere Charme des Zoma ist natürlich unerreicht ...

Avenue du 26 Juin: Im quirligen Stadtteil **Analakely** (= „kleiner Wald" in Erinnerung an Zeiten, in denen noch nicht jeder städtische Baum zu Brennholz wurde) trifft man gegenüber der Postfiliale noch auf die Steinhäuser

Treppe „Ravanalona I."

der permanenten Markthallen. Sie waren das Zentrum des alten Zoma, heute werden hier vorwiegend Lebensmittel verkauft. Davor das 1972 ausgebrannte historische Rathaus „Hôtel de Ville" – immer noch weitgehend eine Ruine. Die japanischen Spendengelder für den Wiederaufbau seien angeblich lange Zeit irgendwo versandet, heißt es, sollen jetzt aber wieder aufgetaucht sein. – Im 19. Jh. war Analakely neben dem Viertel *Anjoma* größter Umschlagplatz für Sklaven (!).

Von hier aus führen mehrere Treppen in die höher gelegenen Stadtteile. Die tagsüber sehr belebte Escalier **Ranavalona I.** verbindet Analakely mit der Oberstadt und dem *Place de l'Indépendance*. Auf den Stufen bieten Verkäufer Zigaretten pro Stück an, billige Stempel (mit eingravierter Adresse) und Zeitungen, Schulkinder gehen singend nach Hause, Bettler bitten um ein paar Francs. Am unteren Ende im „Lido-Gebäude" befindet sich auch der Eingang zum deutschen Kulturzentrum CGM. So belebt diese Treppe tagsüber ist, nach Einbruch der Dunkelheit sollte man sie unbedingt meiden. Nachts wird sie fast nur noch von Straßengangs bevölkert.

INFO   ## Das deutsche Kulturzentrum CGM
Cercle Germano-Malagasy

Der **Cercle Germano-Malagasy** wurde 1976 gegründet und übernahm weitestgehend die Aufgaben des im gleichen Jahr geschlossenen Goethe-Instituts. Der CGM arbeitet in enger Zusammenarbeit mit dem Goethe-Institut und wird vom Auswärtigen Amt finanziell gefördert. Seine Hauptaufgabe ist die Durchführung von deutschen Sprachkursen und kulturellen Veranstaltungen.

Sprachkurse: ca. 700 madagassische Teilnehmer vom Anfängerniveau bis zur Oberstufe, Fachsprachenkurse.

Der CGM hat einen Lehr- und Prüfungsauftrag des Goethe-Instituts und ist somit berechtigt, die Diplome des Goethe-Instituts zu vergeben.

Kulturelle Veranstaltungen: Konzerte, Theater, Ausstellungen, Vorträge, Workshops. Wichtige Kriterien für die Programmarbeit des CGM ist der künstlerische Austausch zwischen Deutschland und Madagaskar und die Förderung junger madagassischer Künstler, die von staatlicher Seite so gut wie keine Förderung erfahren. Der monatliche Veranstaltungskalender liegt im CGM aus, die meisten Veranstaltungen finden samstags am Nachmittag statt.

Bibliothek: neueste deutsche Tages- und Wochenzeitungen, Referenzwerke, allgemeine Bibliothek.
Internet- und e-mail: öffentliches Cybercafé in der Bibliothek gegen geringe Gebühr.
Deutsche Welle Fernsehen live: zweimal täglich live die „Tagesschau" der DW.
Der Schachklub ist Landesmeister und empfängt gerne auswärtige Gäste.

Besuchen Sie uns! In unserer Cafeteria finden sie schnell Kontakt zu jungen Madagassen, die sich freuen, ihre frisch erworbenen Deutschkenntnisse an Ihnen auszuprobieren. Bitte seien Sie uns nicht böse, wenn wir Sie bei Ihren Reiseplänen in Madagaskar nicht beraten können. Dies ist nicht unsere Aufgabe. In Notfällen helfen wir allerdings gerne weiter!

 Kontakt
CGM, Prüfungszentrum des Goethe-Instituts, B.P. 1.200, Immeuble Ifanomezantsoa, Analakely, Antananarivo
Telefon: 261-2022-330.92 oder -214.42,
Fax: 261-2022-272.07
e-mail: Verwaltung und Programmarbeit: cgm@online.mg;
Sprachabteilung: cgm2@online.mg;
Cybercafé: cybercgm@online.mg

Die Obere Stadt

Place de l´Indépendance (Kianja´ny Fahaleovantena)

Am oberen Ende der Treppe öffnet sich ein kleiner, begrünter und von Jakaranda-Bäumen gesäumter Platz mit Lotteriehäuschen, Blumenverkäufern, schönem Blick auf den gegenüberliegenden Stadtteil und beliebtem Traveller-Treff und Snack-Bar *Le Buffet*. Um den Platz herum herrscht meist stockendes Verkehrsgewühl, durch das man sich auf die andere Straßenseite kämpfen muß. R-4-Taxis warten auf Kundschaft, Straßenkinder auf Touristen. Auf dem Bürgersteig parken Harley Davidson, 2 CV, Coca-Cola-Lastwagen in Rot, Grün, Blau. Viele tragen Aufschriften wie „Insektenspray" oder „Sardinen": kleine, aus Konservendosen gefertigte Blechfahrzeuge aller Fabrikate, die wirklich unglaublich kunstvoll gemacht sind und hier auf Käufer warten.

Kind mit Blechautos

Tip

Diese wunderschönen Blechautos kann man auch in Deutschland beziehen: Aus dem Projekt Zaza Faly (s.u.), aber davon unabhängig entstand ein fairer Direkthandel mit dem kreativ aus „Wohlstandsmüll" gefertigten Blechspielzeug. Rund 30 % des Gewinns fließen zurück zum Kinderprojekt Zaza Faly. Informationen über Blechspielzeug, aber auch Holzschnitzereien und Hornschmuck bei: Mahafaly, Uwe Marschall, Marienburger Str. 21, 10405 Berlin, E-mail: MahafalyM@aol.com.

Die der Treppe direkt gegenüberliegende Straße führt auf den ehemaligen Präsidentenpalast zu. Er diente als Regierungssitz, bis Präsident Ratsiraka nach *Iavoloa* 13 km südlich von Tana umzog. In der *Avenue Grandidier* bergab Richtung Bahnhof haben sich in letzter Zeit ein paar moderne kleine Geschäfte angesiedelt.

Am Rande des *Place de l'Indépendance* findet man den besten Supermarkt der Stadt, einige Banken (BNI), schräg gegenüber vom *Le Buffet* das „Maison du Tourisme", einige Verwaltungsgebäude und Nachtclubs. 10 Meter vom Platz entfernt, ebenfalls gegenüber dem Le Buffet, liegt der Eingang des Hauptpostamtes und wenige Meter weiter das *Hôtel Colbert*.

Tip: Hôtel Colbert

Die Erfolgsstory begann mit einem unscheinbaren Gebäude, ein paar Fremdenzimmern und einem Café/Restaurant, als Madame Gay 1928 die Leitung des „Hôtel du Commerce" übernahm. Mittags stand auf der Speisekarte ein einziges Tagesgericht. Aber das muß ziemlich gut gewesen sein, denn schon bald expandierte die kleine

Die Anfänge des Hôtel Colbert

Herberge und mauserte sich zu einem der bestgeführten Spitzenhotels des Landes, mit über 120 Zimmern in verschiedenen Gebäudekomplexen, mehreren Top-Restaurants, Casino, Bars und allem Komfort, den ein internationales Publikum erwarten kann. Geblieben ist nur das unscheinbare Äußere, mit verstecktem Haupteingang in der schmalen Seitenstraße gegenüber der Hauptpost.

Als 1936 die Söhne von Mme. Gay das Hotel erweitern wollten, drohten sie zu scheitern: Im ganzen Land herrschte großer Mangel an Baumaterial, vor allem an Nägeln. Doch die besorgten sie sich aus den Resten einer zerstörten Brücke und hämmerten so das erste Hotelannex zurecht. 1946 wurde die legendäre Pâtisserie nebenan eröffnet, 1963 erhielt das Hôtel du Commerce seinen neuen Namen. Einen weiteren Umbau im Jahre 1967 weihte Präsident Tsiranana höchstpersönlich ein. Seither verkehren im Colbert Minister und Geschäftsleute, Journalisten, Entwicklungshelfer und Touristen. Auch der Sohn von François Mitterand wohnte, natürlich, im Colbert. Jährlich kommen über 12.000 Gäste, viele davon treue Stammgäste, die auch nach Jahren oft das ebenso treue Personal wiedererkennen.

Die Zimmer sind teuer und nicht so modern eingerichtet wie z.B. im neuen Hotel Plaza. Auch wenn Sie nicht hier wohnen: Probieren Sie mittags im Restaurant „La Fougère" ein Zebusteak à point oder trinken ein Bier auf der Veranda.

Wenn Sie das Café/Restaurant *Le Buffet* links und das *Colbert* rechts liegen lassen, kommen Sie auf der „Straße der Juweliere" (*Lalana Ratsimilaho*) an einer ausgezeichneten Buchhandlung und einigen Fotoshops vorbei. Sie passieren das ehemalige Alliance Française-Gebäude, die Agentur Tropika Touring und können von dort in einer halben Stunde die steilen Straßen zum **Gerichtsgebäude** und zum **Rova** hinaufwandern. (Ein früheres Wohnhaus von Jean Laborde auf dem Weg dorthin war bei unserem letzten Besuch nicht mehr zugänglich).

Wenige hundert Meter vor dem Rova liegt linker Hand der **Palast des Premierministers** *Rainilaiarivony*, nacheinander Gemahl von drei Königinnen und im 19. Jh. lange Zeit einflußreichster Politiker des Landes. Auch dieses Gebäude (wie später der Rova) ging 1976 in Flammen auf, wurde aber 1990 komplett renoviert. Besichtigen kann man zu unterschiedlichen Öffnungszeiten nur das benachbarte **Musée de l´Art et d´Archéologie Malgache**. Unterhalb des Rova, am unteren Ende der schmalen Lalana Raonivalo, wird Ihnen eine riesige runde Steinplatte auffallen – das ehemalige Eingangstor **Ambavahadimitafo** zur Königlichen Stadt.

Von der Oberstadt hat man besonders früh morgens herrliche Ausblicke auf das Dächergewirr von Tana, den Lac Anosy und das heutige Stadion **Mahamasina**, das früher als königlicher Versammlungsort für Ansprachen an das Volk genutzt wurde. Das schönste Panorama bietet der Aussichtspunkt von **Ambohipotsy**. Die Menschen, die unter der Herrschaft von Ranavalona I. hierher geführt wurden, konnten allerdings die Aussicht weniger genießen: Hier war der Hinrichtungsort der zum Tode Verurteilten; noch heißt die am Place Rasalama erbaute Kirche „Kirche der Märtyrer".

INFO Der Rova

Der Rova: seit Jahrhunderten Herrschersitz der mächtigen Merina-Könige, seit Abschaffung der Monarchie „nur noch" Grabmal dieser Regenten und Regentinnen. Von vielen Madagassen wird der Rova als wichtigstes religiöses und weltliches Symbol wie ein Heiligtum verehrt.

Hoch über der Stadt, von allen Seiten sichtbar, erhebt sich fast drohend die steinerne Fassade des **Palastes der Königin – „le palais de le reine"**. Strahlend silbern leuchtet nur das neue Dach. Alles andere, aus edelstem dunklen Palisanderholz gefertigt, fiel am 6. November 1995 einem verheerenden Brand zum Opfer. Noch immer sitzt der Schock tief: Um 18.35 Uhr, als wie immer in den Tropen schlagartig die Nacht hereinbrach, brach das Feuer aus. Die wenigen Wagen der Feuerwehr befanden

Der ausgebrannte Rova

sich am anderen Ende der Stadt: Dort war kurz zuvor eine Kirche in Flammen aufgegangen. In rasendem Tempo vernichtete das Feuer auf dem Rova die heiligen Reliquien, die umliegenden Paläste aus Holz und erreichte zuletzt den größten Palast von Königin Ranavalona I. Um 22.30 Uhr war außer der steinernen Hülle alles in Schutt und Asche gelegt. Nur wenige Schätze konnten durch den wagemutigen Einsatz von Helfern gerettet werden, einige von ihnen kamen dabei um.

Seit der Gründung durch Andrianjaka 1610 galt der Rova als Herrschaftssymbol. Auch der französische General Galliéni hatte die Symbolkraft des Ortes erkannt und dort seinen Verwaltungsstab stationiert. 1897 veranlaßte er, auch die Gebeine aller in Ambohimanga beigesetzten Könige hierher zu überführen – als Zeichen seiner Macht.

Der Rova bestand als Königliche Stadt aus Mausoleen, u.a. der Könige Andrianjaka, Radama I., Andrianampoinimerina sowie der vier Königinnen, und aus verschiedenen Palästen. Die ältesten aus dem 17. Jh. – **Mahitsielafanjaka** (= „ein integrer Herrscher regiert lange Zeit") und **Besakana** erinnerten an die Zeiten, als Könige noch 12 Frauen hatten und in einem erhöhten Bett schliefen, um nicht im Schlaf einem Attentat zum

Opfer zu fallen. **Manampisoa** („außergewöhnliche Schönheit") war ein nach britischem Vorbild gebautes Holzhaus, das kurz vor dem Brand zum Museum umgebaut worden war und kostbare, aufwendig restaurierte Gemälde, Möbel und Schmuck aus dem 19. Jh. enthielt. Auch die Fresken im 1845 erbauten „Silberpalast" **Tranavola** wurden zerstört.

Der größte und imposanteste Bau, umgeben vom heutigen Steingerüst, war **Manjakamiadana** (= „wo man gut regiert"). Jean Laborde (s. S. 25)

Der Rova: Mausoleum von Radama I. und „Silberpalast" (Trano vola)

hatte 1840 auf Geheiß von Ranavalona I. einen für damalige Zeiten riesigen Holzpalast um eine 39 Meter hohe Rosenholz-Säule von einem Meter Durchmesser errichtet. 2000 Sklaven soll damals der Transport dieser Säule aus den östlichen Regenwäldern das Leben gekostet haben. 1873 ließ die Königin diesen Palast durch den schottischen Architekten James Cameron mit Stein verkleiden. Das war der Beginn des Häuserbaus aus Stein, heute im ganzen Hochland verbreitet, damals noch per Gesetz verboten (s. S. 326).

Nach dem ersten Schock kam es nach der Brandnacht fast zu einem Bürgerkrieg. Die Gerüchteküche brodelte. Brandstifter seien die Küstenbewohner, die Widersacher der Merina, sagten die einen. Die Situation spitzte sich derart zu, daß sogar aus den Küstenregionen stammende Internatskinder in Tana geschützt werden mußten. Andere beschuldigten den im französischen Exil weilenden Ex-Präsidenten Ratsiraka. Wieder andere hielten den Brand für ein geschicktes Manöver, um das Verschwinden von früher gezahlten Spendengeldern für den Palast zu vertuschen.

Drei Jahre nach dem Unglück waren die Schuldigen noch nicht ermittelt. „Ein Volk ohne Geschichte ist ein Volk ohne Zukunft", lautet ein Sprichwort der Merina. Fest steht deshalb: Der Rova, das Nationalmonument Madagaskars, soll originalgetreu wieder hergerichtet werden, sobald man Geldgeber für die veranschlagten 150 Millionen FF gefunden hat – eine für madagassische Verhältnisse astronomische Summe.

Bis dahin kann man nur den *varomahery*, den Bronzeadler am Eingangstor des Rovageländes besichtigen, der an die Elitetruppe „Mächtiger Adler" unter König Radama II. erinnert.

Lac Anosy

Den kleinen, künstlich angelegten See Anosy südlich des Zentrums erreicht man über die Avenue de l´Indépendance, zu Fuß aber besser durch die Oberstadt und dann wieder bergab zum See. Wenn die Jakaranda-Bäume blühen und sich im Wasser spiegeln, wirkt das ganze Viertel wie in blaues

Licht getaucht. Das martialische *„Monument aux Morts"* auf der kleinen Insel erinnert an die im ersten Weltkrieg gefallenen madagassischen Soldaten. Am Ufer des Sees ist im **Parc Albert Sylla** ein Teil des neuen Zoma untergebracht, ein anderer am **Place Poincarré**. Trotz des Verkehrs lohnt ein kleiner Spaziergang.

Blick vom Rova auf den Lac Anosy

Nicht weit vom Lac Anosy entfernt liegt das Verwaltungs- und **Ministerienviertel** (mit Innenministerium und Ministerium für auswärtige Angelegenheiten), die Nationalbibliothek sowie, alles überragend, der wuchtige Klotz des *Hilton*-Hotels. (*Tip*: Gegen geringe Gebühr kann man einen Nachmittag lang am Swimmingpool faulenzen – wenn es einen nicht stört, daß gleich hinter der Mauer Tanas Armenviertel beginnen).

Isotry und Tsaralalana

Geht man vom Lac Anosy über den *Ho Chi Minh-Platz* in nordwestliche Richtung, gelangt man über die *Arabe Randrianbololona* in die düsteren Gegenden der Viertel **Tsaralalana** und **Isotry** und nach einem Straßenknick wieder zum Bahnhof. **Tsaralalana** ist *das* Viertel der in Tana lebenden Karana (Indopakistani), mit indischen Restaurants, Snack-Bars, Markt und Bäckereien. In dieser Gegend steht auch das von Jean Laborde konstruierte **Grabmal des Premierministers** *Rainiharo*. Sehenswert ist der Samstagsmarkt in Isotry. Sonntags finden oft nachmittags im Théatre Municipal **Hira-Gasy**-Veranstaltungen statt.

 **INFO**   ### Nehmen Sie Platz zum Hira Gasy!
von Birger Gesthuisen

Nur wenige Touristen verirren sich in das Volkstheater von Isotry. Der Weg zum Kianja Mitafo (Volkstheater) führt über morsche Holzbalken in ein versteckt gelegenes Gebäude. In den Wintermonaten findet hier sonntags das vielleicht eindrucksvollste Spektakel der Hochlandkultur statt: das *Hira Gasy*, die „Lieder der Madagassen", barfüßig vorgetragen von Bauern, Erntehelfern und Gelegenheitsarbeitern. Hauptberuflich sind sie *Mpihira*-Künstler des Volksmusiktheaters. Doch der Brotkorb hängt hoch, und so müssen sich viele in der vorführungsfreien Zeit als Feldarbeiter verdingen.

Mehr als 1000 Menschen verfolgen in den Wintermonaten ab 10 Uhr die Vorführung. Zwei Gruppen treten in einen musikalischen Wettstreit, dessen Sieger von drei Juroren unter Berücksichtigung der Publikumsgunst ermittelt wird. Meist wird ein salomonisches Unentschieden ausgesprochen.

Jedes Ensemble besteht aus 15-25 Mitgliedern und präsentiert dem Publikum zwei Stücke von jeweils 90 Minuten Dauer. Eine gesamte Hira Gasy-Aufführung dauert also 6-7 Stunden. Dennoch wird es dabei selten langweilig: Dafür sorgt eine äußerst geschickte Dramaturgie aus Auftritten von Musikanten, Kabary, Anekdoten und Geschichten von Ehe- und anderen Alltagsproblemen. Ohne Unterbrechung verfolgen die Zuschauer das wohlgeordnete Chaos und achten dabei genau auf die Worte: Zustimmung und Mißfallen werden spontan geäußert. Hier ist jeder Experte, schließlich geht es um Lebensfragen, die jeder kennt.

Ursprünglich aus Sklaventänzen und -gesängen am Königshof entstanden, entwickelten sich die Hira Gasy unter Radama I. und II. durch den Einfluß europäischer Instrumente und militärischer Kostüme zu ihrer heutigen Form weiter und erfreuen sich nach wie vor größter Beliebtheit (s. Kapitel *Bevölkerung* S. 121).

 Informationen
über die Aufführungen und Veranstaltungsdaten sind im Maison du Tourisme erhältlich. Mehr zum Thema erfahren Sie auf der CD von Birger Gesthuisen (s. Literaturliste).

Tsimbazaza

Vom Lac Anosy in südliche Richtung ist es nicht mehr weit zum **Botanischen Garten** und **Zoo** von Tsimbazaza. Von Analakely etwa 4 km entfernt, 10 Minuten mit dem Taxi. Gegenüber vom Zoo befinden sich das Tourismusministerium sowie kleine Low-Budget-Hotels.

Nach dem Generalstreik 1991 war auch der Botanische Garten ziemlich heruntergekommen. Inzwischen hat sich die Situation trotz angespannter Finanzlage leicht verbessert. Auf jeden Fall bekommt man hier in Käfigen und im Freigehege die ersten Lemuren, Krokodile und Chamäleons und im

botanischen Garten ende-
mische Pflanzen zu sehen, als
Einstimmung auf einen späteren Nationalparkbesuch.

Im **Musée d´archéologie
et paléontologie**, einem
kleinen, zeitweise wenig gepflegten Raum mit herunter-
gerissenen Jalousien, sind in

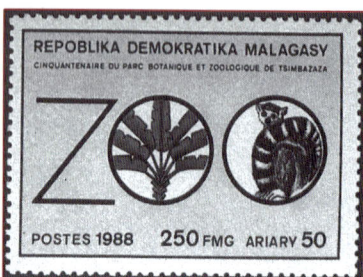

einem Glaskasten das verstaubte Exemplar
eines schrecklich aussehenden **Aye-Aye** und
andere ausgestopfte Tiere untergebracht.
In natura sehen sie sicherlich schöner aus.

Ausgestellt ist auch das Skelett des ausgestorbenen *Elefantenfußstraußes* (Aepyornis), das neben dem zierlichen Skelett eines normalen Straußenvogels richtig etwas
her macht (s. S. 74).

Grauer Bambuslemur (Hapalemur Griseus) im Zoo

Im Nachbartrakt: eine sehenswerte ethno-
logische Ausstellung mit Informationen über Bevölkerungsgruppen und diversen Grabriten.

Tip
*Das Maison du Tourisme verkauft Pläne mit ausgearbeiteten Stadtrundgängen in
Tana von unterschiedlicher Länge.*

Kneipen, Veranstaltungen, Musik und Theater

Für Leute, die von Spaziergängen durch die Stadt erst einmal genug haben,
gibt es in Tana genügend Orte zur Entspannung. Die „In-Kneipen" wechseln
natürlich wie anderswo auch, aber einige halten sich schon seit Jahren:
· **Le Grill du Rova.** *Der* Szenetreffpunkt für junge Leute unterhalb des
Rova. Sonntagsnachmittags oft Live-Musik. Hier kann man mit etwas Glück
die besten madagassischen Musiker erleben.
· **Hôtel Glacier** (Ave. de l´Indépendance). Auch hier häufig schon nachmittags Musikveranstaltungen gegen geringe Eintrittsgebühr. Hier sitzen besonders gern viele betagte europäische Herren mit ihren „Crevettes", wie
manche Madagassen despektierlich die sehr jungen Begleiterinnen nennen.

· Abends gut besucht sind die Szene-Treffs **Caf´Art** (Rue Ratsimilaho, Ambatonakanga) und **Misty** (Antsakaviro, Route Circulaire). Beide Lokale sind kleine, gemütliche Treffs vorwiegend junger Studenten aus Tana. Gutes Essen und oft Live-Musik mit Madagaskars bekanntesten Interpreten.

· Was bei uns städtische Kulturämter und Sponsoren leisten, übernehmen in Tana vor allem die ausländischen Kulturinstitute **Alliance Française**, das **Centre Germano Malagasy** und das **Centre Culturel Albert Camus** (*Adressen s. Stichwort Kulturinstitute*). Sie fördern einheimische Künstler und organisieren interessante Konzerte und Theaterveranstaltungen, darunter junge, moderne Theatergruppen wie „*ANGORA*", die schon auf Festivals in Europa aufgetreten sind. Aber auch madagassische Filmemacher, Fotografen, junge talentierte Modeschöpfer, Bildhauer, Autoren, Maler und Musiker werden hier unterstützt und vorgestellt. Das Programm kann man den Tageszeitungen entnehmen.

· **Nachtleben**: Vor allem am Wochenende hat Tana einige heiße Discos und Nachtclubs zu bieten. Über Casinos verfügen die meisten großen Hotels (s. Regionale Reisetips).

· Tanz, Popkonzerte und traditionelle **Hira Gasy-** (auch: Mpilalao-)Vorstellungen bekommt man unregelmäßig im **Théâtre Municipal** in Isotry und **Théâtre du Verdure Antsahamanitra** geboten. Aktuelles Programm und Adressen sind in den Tageszeitungen und Straßenplakaten abgedruckt, Infos auch beim Maison du Tourisme.

· Unglaublich, aber wahr: Zwar gibt es renommierte madagassische Filmemacher wie *Raymond Rajaonarivelo* (lebt in Frankreich) oder *Benoît Ramampy*, aber in ganz Tana existiert im Moment kaum ein funktionstüchtiges **Kino** mehr (Videoclubs dagegen massenweise). Vielleicht werden die großen Lichtspielhäuser aus der Kolonialzeit ja jemals wieder zum Leben erweckt.

· **Café Goethe** (im CGM, Lidogebäude 3. Stock). Wer mal wieder deutsche Nachrichten hören und heimische Zeitungen lesen will, ist hier richtig (s.o.).

· **Pâtisserie** neben dem Hôtel Colbert: die besten Kuchen, Eisbecher, Tees.

· *Tip*: Restaurant **Grand Orient.** Bizarre Kolonial-Atmosphäre einen Häuserblock vom Bahnhof entfernt, mit Pianospieler, roten Lampen und Top-Kellnern, die seit 15 Jahren hier arbeiten, und dem gleichen Patron seit über 30 Jahren. Draußen warten die Straßenkinder und Prostituierte auf ein paar FMG. Die beste und dabei preiswerte chinesische Küche in ganz Tana.

Hilfsprojekte für Straßenkinder und die Ärmsten der Armen

Er konnte nicht wegsehen und wollte es auch nicht. Als Uwe Marschall, gelernter Tontechniker aus Ostberlin, 1992 zusammen mit einem Freund nach Madagaskar reiste, ließ ihn das Schicksal der Straßenkinder nicht mehr los. Einigen von ihnen hatten sie Essen und Kleidung gekauft und gemerkt, wie anhänglich sie waren, wenn man sie mit etwas Respekt behandelte. Die beiden fuhren zurück nach Deutschland, sammelten Geld und gründeten 1994 unter dem Projektnamen **„Zaza Faly"** („glückliche Kinder") die Zentren

Straßenkind vor dem Hôtel Colbert

„Ny Ankany" („das Nest") in Tana und **„Zaza Mahefa"** in Antsirabe. Inzwischen sind zahlreiche andere deutsche und madagassische Mitarbeiter an dem Projekt beteiligt.

Jeden Morgen um 8.30 Uhr wartet in einem bürgerlichen Viertel in Tana eine Gruppe von Kindern vor dem knallblau gestrichenen Eisentor mit den großen, weißen Buchstaben „Zaza Faly". Der kleine Eloi freut sich am meisten auf die Dusche, Lucie auf den Spielplatz und das gemeinsame Essen. Der 8-jährige Liva,

ganz in Lumpen gehüllt, ist gespannt, was heute im Schreibunterricht an die Reihe kommt. Außerdem will er seine Verletzung am Arm der madagassischen Ärztin zeigen, die regelmäßig in dem zweigeschössigen, weißen Haus bei *Zaza Faly* arbeitet.

Zweimal in der Woche dürfen die Kinder herkommen, täglich bis zu 50. Sie müssen sich abwechseln, weil sie so viele sind. 8 Mitarbeiter betreuen insgesamt zwischen 200 - 300 Kinder. „Das Wichtigste ist, daß man ihnen ihre Würde und den Glauben an sich selbst wiedergibt", sagt die langjährige Projektmitarbeiterin Kitty Freibert. Auf der Straße werden sie behandelt wie Dreck. Weder der Staat kümmert sich noch die Bevölkerung, für die die Kinder Parasiten sind.

„Les 4mis" – die vier Freunde, werden sie genannt: Ratten, Hunde, Flöhe und Kinder. In Tana leben Tausende von ihnen. Eine „Besserungsanstalt", in Wirklichkeit ein Kindergefängnis vor den Toren der Stadt, ist ständig überfüllt. Für Aufsehen sorgte ein Artikel in der Tageszeitung „Midi Madagasikara", die Hinweise über das Verschwinden Hunderter Straßenkinder und Gerüchte aufgriff, sie seien das Opfer von Menschen- oder Organhändlern geworden.

Viele sind mit ihren Eltern vom Land gekommen. Wenn die Erwachsenen in der Stadt keine Arbeit finden, schicken manche aus Not ihre Kin-

Projekt Zaza Faly

der zum Betteln. Bald sind sie ganz auf sich gestellt und leben, um nicht völlig unterzugehen, in Gruppen von 5-20 Mitgliedern zusammen, streng hierarchisch organisiert auf der Basis von Solidarität und Gewalt. Jede Gruppe verteidigt „ihr" Terrain. Die Kinder besitzen absolut nichts. In Lumpen gekleidet, schlafen sie unter freiem Himmel, ohne festen Platz, oft in Kartons oder Erdlöchern. Noch gibt es kaum Drogen – Klebstoffschnüffeln ist zu teuer. Erst die 15-16jährigen fangen an, Toaka Gasy zu trinken, den starken, selbstgebrauten Schnaps. Die meisten von ihnen leiden unter Hautkrankheiten, Malaria, Tuberkulose. Sie gehen betteln, ver-

kaufen Zeitungen, sortieren Müll oder verdienen sich, ob Junge oder Mädchen, ihr Brot auf dem Straßenstrich.

Viele Touristen sind unsicher, ob man ihnen Geld geben sollte. Besser wäre, den Kindern etwas zu essen zu kaufen, meint die Projektleiterin. Sie hält es aber auch nicht für ganz falsch, ihnen ein paar FMG zuzustecken – „welche Alternative haben sie denn? Sie können sich keine Arbeit suchen – es gibt für sie keine." *Zaza Faly* versucht, die Kinder mit dem Nötigsten zu versorgen: Medizin, Essen, Bildung, Aufklärung über Aids und andere Krankheiten und: menschliche Zuwendung. Fast alle Kinder gehen begeistert zum Unterricht. Angeschlossen sind neuerdings eine *Nähwerkstatt* für Mädchen und eine *Tischlerwerkstatt* für Jungs. Erst mit einer Ausbildung haben sie eine Chance. Anfangs waren die Behörden nicht begeistert – die Existenz von Straßenkindern schweigt man lieber tot. Inzwischen legen sie *Zaza Faly* zumindest keine Steine mehr in den Weg.

Eine Intrigenkampagne, von wem auch immer ausgelöst, machte lange Zeit vor allem dem Projekt in Antsirabe zu schaffen. Wir haben den Eindruck gewonnen, daß das Projekt *Zaza Faly* hervorragende Arbeit leistet, die Spendengelder ohne bürokratischen Aufwand ihr Ziel erreichen und die Kinder sich dort wirklich wohl fühlen.

1999 wurden beide Projekte in madagassische Selbstverwaltung übergeben, mit Finanzkontrolle aus Deutschland.

Wenn auch Sie etwas tun möchten: Jeder kann *Zaza Faly* mit einer Spende helfen oder Mitglied werden. Zaza Faly vermittelt Projektpatenschaften, aber keine Auslands-Adoptionen. Adresse: in Tana: Direction Ny Akany, Lot VG 22 BIS, Antsahabe, 101 Tana, Tel./Fax 22-630.26, E-mail: zazafaly@bow.dts.mg. In Deutschland: Vorstandsvorsitz: Heiko Jungnitz, Lychener Str. 74, 10437 Berlin, Tel. 030-485 88 78, E-mail: hjungnitz@ aol.com. (Spendenkonto: Bank für Sozialwirtschaft Berlin, BLZ 100 205 00, Konto 338 02 00, Stichwort: Straßenkinder)

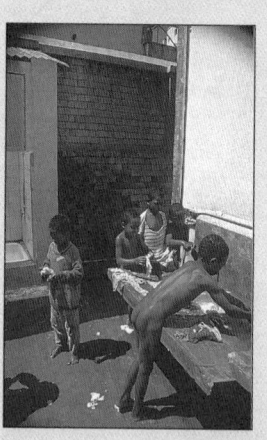

Auch *Unicef*, die Hilfsorganisation „*Médecins sans frontières*", private französische Initiativen und verschiedene kirchliche Organisationen kümmern sich um die Straßenkinder. In Tana existiert auch für arme Familien eine Menge weiterer kirchlicher und privater Hilfsprojekte. Der deutsch-madagassische Verein **SOLTEC** unter Leitung des deutschen Pfarrers Hekler bildet madagassische Jugendliche in Metallbetrieben zu Handwerkern aus. Auch die deutsche Botschaft beteiligt sich an Hilfsprojekten.

Eines der erfolgreichsten hat der slowenische, in Argentinien und Frankreich aufgewachsene Pater Pedro Pablo Opeka aufgebaut. *Père Pedro* kennt in Tana jeder. Auf seine Initiative entstand Anfang der 90er Jahre rund 10 km außerhalb das Zentrum *Akamasoa*. Gebaut auf dem Gelände einer Mülldeponie, errichtet von den Ärmsten der Armen, die hier als „Müllmenschen" ihr Dasein am Rande der Gesellschaft fristeten. Heute bietet hier ein Dorf aus den typischen Hochland-Lehmziegelhäusern Hunderten von Familien Unterkunft. Statt sich vom Müll zu ernähren, sortieren sie ihn und verarbeiten ihn zu Dünger, den große Firmen aufkaufen. Auch andere Arbeitsplätze sind hier geschaffen worden. Insgesamt leben und arbeiten in 17 Dörfern, die auf Initiative von Pater Pedro im ganzen Land entstanden, 16.000 Menschen. Auf dem Gelände von *Akamasoa* gibt es ein kleines Souvenirgeschäft, das auch zwei in Frankreich erschienene Bücher über die Entstehungsgeschichte dieser ungewöhnlichen Initiative verkauft.

4.1.2 Ausflüge

Alle von uns angegebenen Reiserouten (außer der in den Norden) beginnen mit einer Fahrt durch das abwechslungsreiche **Hochland** (s. Kap. *Geschichte, Geografie, Vegetationszonen* und *Klima* S. 48 und S. 46). Tana ist aber nicht nur Ausgangspunkt für die großen Reiserouten, sondern auch für interessante Tagesausflüge in die nähere Umgebung. Folgt man der *Route Circulaire*, die als Ring um die Stadt und einige Zeit entlang des Flusses *Ikopa* verläuft, läßt man schon bald Staub und Lärm der Stadt hinter sich und befindet sich schon 6 km von Analakely entfernt inmitten grüner Reisfelder. Am Fluß breiten die Frauen ihre Wäsche aus, und überall qualmen die für Tanas Umgebung typischen Holzfeuer der Lehmziegeleien.

Tip

Nervenschonender als mit einem Mietwagen lernen Sie die Umgebung mit einem Fahrer kennen. Reiseveranstalter sind Ihnen gerne bei der Wahl der Ausflugstips behilflich und geben manche „Geheimtips" zu beliebten Wochenendzielen oder versteckten Wasserfällen.
Die billigere Variante: Handeln Sie mit einem Taxifahrer einen Tagespreis aus (zwischen 30 und 50 DM) und nehmen z.B. ortskundige Studenten aus dem CGM mit, die deutsch sprechen und Ihnen etwas zeigen können.

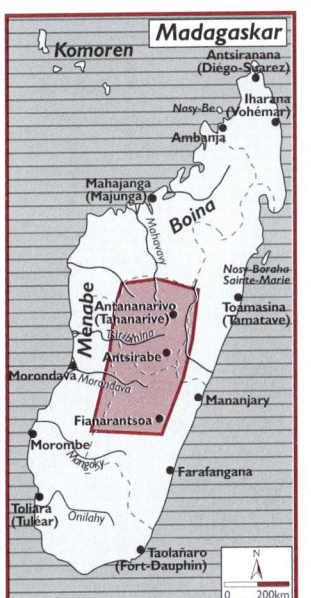

Richtung Norden

Ambohimanga und andere Königshügel

Aktuelle regionale Reisetips (Hotels, Restaurants etc.) zu Ambohimanga

entnehmen Sie bitte den gelben Seiten 209

21 km nordöstlich von Tana liegt Ambohimanga, der **„Blaue Hügel"**, einstiger Herrschersitz von König Andrianampoinimerina und anderer Merina-Regenten, im Herzen des alten Reiches *Imerina*. Blau gilt seit jeher als Farbe der Schönheit. Bis Ende des letzten Jahrhunderts war die „verbotene" und heiligste Stadt der Merina für Fremde tabu. Die gesamte Anlage des Rova, wenige

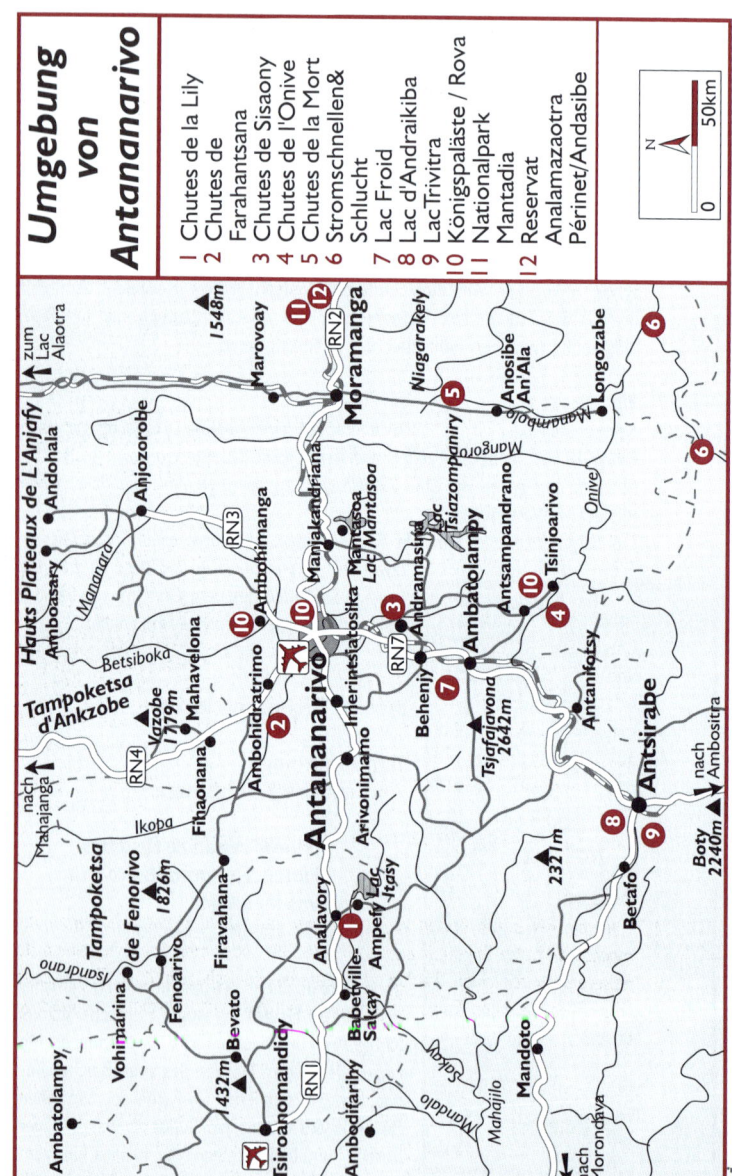

Umgebung von Antananarivo

1 Chutes de la Lily
2 Chutes de Farahantsana
3 Chutes de Sisaony
4 Chutes de l'Onive
5 Chutes de la Mort
6 Stromschnellen& Schlucht
7 Lac Froid
8 Lac d'Andraikiba
9 LacTritriva
10 Königspaläste / Rova
11 Nationalpark Mantadia
12 Reservat Analamazaotra Périnet/Andasibe

100 Meter oberhalb des pittoresken Dorfes gelegen, ist samt Festungsmauern, Wohnhaus des Königs und Sommerschloß der Königinnen, Opferplatz und Badebecken noch außerordentlich gut erhalten bzw. restauriert. Sogar zwei der sieben alten Stadttore – tonnenschwere runde Steinscheiben – sind noch zu besichtigen. Früher wurden sie jeden Abend von Sklaven vor das Stadttor gerollt.

Der Ort gilt noch heute als heilig, und es ist *fady*, Schweinefleisch, Zwiebeln oder Salz mitzubringen. Auch wenn der idyllische, schattige Platz unter den majestätischen Feigenbäumen vor dem Eingang des Rova zum Picknick ein-

lädt – besuchen Sie lieber das angrenzende kleine Restaurant unter freiem Himmel. Allerdings sind die Preise geradezu unverschämt. Der Ausblick ist dafür grandios, und man kann nachvollziehen, warum die Könige diesen Platz zum ersten Zentrum ihres Reiches machten. Wenn Sie unterhalb des Rova dem Weg durch das Dorf bergab folgen, können Sie einen schönen, aber steilen Spaziergang durch üppige Vegetation zum zweiten ehemaligen Steintor der Anlage machen.

Schon die Fahrt nach Ambohimanga ist reizvoll. Die Straße säumen zahlreiche Familiengräber sowie oft jahrhundertealte *Tamboho*. Diese runden Wälle, die früher Dörfern, Gehöften oder Viehplätzen zum Schutz dienten, sollen von Sklaven aus einem äußerst witterungsbeständigen Ge-

Eingang zum Rova von Ambohimanga

misch aus roter Erde und Eiern gebaut worden sein. Auf dem Weg nach Ambohimanga überragt ein überdimensionales Mausoleum die Stadtgrenzen Tanas. Es erinnert als „Grab der Elite" an den Aufstand von 1947.

Anfahrt
Über die RN 3. Am besten verhandelt man mit einem privaten Taxifahrer und macht eine halbe Tagestour aus (ca. 15-20 DM), oder man bucht bei einem der Reiseveranstalter einen Ausflug zu mehreren Königshügeln. Auch Taxi-Brousse-Verbindung zwischen Tana und Ambohimanga. Achtung: manchmal montags geschlossen.

Wenn Sie Ambohimanga besichtigt haben, lassen Sie sich einige der anderen Grabhügel zeigen. Es heißt, König Andrianampoinimerina habe jeder seiner 12 Gattinnen und deren jeweiligen Königsfamilien einen der 12 heiligen Hügel gewidmet. An der RN 4 Richtung Mahajanga (17 km von Tana) liegt

Ambohimanga mit dem letzten der 7 alten Steintore

der malerische Ort **Ambohidratrimo** mit drei weiteren Königsgräbern. Auch hier gilt: Schuhe ausziehen, kein Schweinefleisch mitbringen, besonders in der Nähe des Opfersteins hinter den Grabhäusern. Hier bitten vor allem unfruchtbare Frauen um Nachwuchs. Allein der Ausblick auf die Ebene von Tana lohnt einen Abstecher.

Grandiose Aussicht auf den Flughafensee Ivato hat man vom Heiligen Hügel beim Ort **Ilafy.** Hier befindet sich die einstige Residenz von König Radama II. mit kleinem, bescheidenen Museum. Liebevoll sind vor allem Reliquien der Königsfamilie, aber auch die Hilfsmittel von Zauberern und Ombiasa dargestellt. Dieser einsame Ausflugsort ist wirklich abgelegen und die Straße auf dem letzten Stück bergauf recht abenteuerlich – stellen Sie sich auf einen kurzen, steilen Fußmarsch ein.

„Croc-Farm"

Weniger heilig, dafür aber ein kurzweiliger Zeitvertreib, auf den das Maison du Tourisme gerne hinweist, ist ein Besuch in der Krokodilfarm 5 Minuten vom Flughafen Ivato entfernt. Hier werden unter der Ägide des „Ministère des Eaux et Forêts" die vom Aussterben bedrohten Reptilien gezüchtet. Im Angebot: Gerichte mit schmackhaftem Krokodilfleisch (schmeckt ein bißchen wie eine Mischung aus festem Hühnchenfleisch und Fisch), aber auch Leder-Produkte (Ausfuhrgenehmigung erforderlich!). Täglich geöffnet von 9-17 Uhr.

Wenn Sie noch Zeit haben: Fragen Sie den Taxifahrer nach dem Ort **Sabotsy** mit dem gleichnamigen Samstagsmarkt.

Richtung Osten

Lac Mantasoa

Aktuelle regionale Reisetips (Hotels, Restaurants etc.)
zu Lac Mantasoa
entnehmen Sie bitte den gelben Seiten 241

Bahn und Straße (RN 2) führen von Tana Richtung Toamasina durch grüne Reisfelder zum Marktort **Manjakandriana** (von Tana 48 km) und zum bewaldeten Steilrand des Hochlandes, der Grenze zwischen östlichem Regenwald und der für das Hochland typischen Pinienwald-Vegetation. Von hier aus sind es noch 15 km auf einem Abzweig nach Süden zum Ort **Mantasoa** am gleichnamigen Stausee. Auch Madagassen aus Tana nutzen die bergige Landschaft rund um den 1500 Meter hoch gelegenen See als Naherholungsgebiet. Viele verbringen das Wochenende im luxuriösen Hotel „Ermitage"; außerdem kann man hervorragend zelten, reiten und Wassersport betreiben.

Von der gigantischen Industrieanlage, die der erfindungsreiche Tüftler *Jean Laborde* hier mit 20.000 Sklaven errichtet hat, zeugen nur noch wenige Steinbauten aus dem 19. Jh. (s. S. 25). Sämtliche Fabriken wurden von den Fronarbeitern zerstört, sobald Laborde auf Geheiß von Königin Ranavalona I. das Land verlassen mußte. Der Rest vermodert im Gewässer des 1936/37 angelegten Stausees. Trotzdem werden die Bewohner von Mantasoa Sie zu einigen historischen Relikten führen, wenn Sie Interesse haben (z.B. zum Ort des ehemaligen Wohnhauses von Jean Laborde im früheren Dorf Andrangoloaka, zu seinem Grab auf dem örtlichen Friedhof und zur ehemaligen Munitionsfabrik).

Weiterfahrt

70 km weiter östlich von Manjakandriana in Richtung Toamasina erreichen Sie bereits Moramanga (s. Ostroute). Wenn Sie dort die Umgebung erkunden wollen, einschließlich der „kleinen Niagarafälle" Niagarakely und der Chutes de la Mort, reicht allerdings ein Tagesausflug von Tana nicht aus. Das gleiche gilt für die Weiterfahrt von Mantasoa Richtung Süden zum **Stausee Tsiazompaniry**, *den Sie einfacher von Ambatolampy aus erreichen können (S. 325).*

Richtung Westen
(Imerintsiatosika – Lac Itasy – Tsiroanomandidy)

Typische Merina-Dörfer bei Imerintsiatosika

Wer schon bei einem Abstecher von Tana das traditionelle Landleben im Hochland kennenlernen will, sollte sich die Dörfer rund um **Imerintsiatosika** ansehen. Der Ort an der RN 1 (30 km von Tana in Richtung Tsiroanomandidy) ist bekannt für seine Reparaturwerkstatt für Ochsenkarren. Von hier aus erreichen Sie über eine Piste durch eine malerische Hügellandschaft den Weiler **Mandrosoa**, Ausgangspunkt für unvergeßliche Wanderungen. Ringsum grüne Reisterrassen unter stahlblauem Himmel; außerdem werden Maniok und Ananas angebaut, die Täler sind mit Bananen- und Pfirsichplantagen bepflanzt. Zebus ziehen als Arbeitstiere gemächlich ihre Bahnen durch die Felder. Auf den Schultern ihre ständigen weißgefiederten Begleiter, die sie von den lästigen Viehbremsen befreien. Die hier lebenden Bauern sind ausgesprochen gastfreundlich. Sie werden Ihnen gerne den Weg zum Ufer des **Lac Andranomadio** zeigen und zu den weniger bekannten, aber nicht minder eindrucksvollen alten Königsgräbern bei **Ankadivory** und **Antongona**. 1 ½ Std. dauert der Aufstieg von Mandrosoa zum 1500 m hohen Gipfel des heiligen Hügels Antongona. Das Panorama ist fantastisch – wenn Sie Glück haben, bekommen Sie hier auch seltene Adler zu sehen. Geschichtlich interessant sind die Überreste der Festungsanlagen des Dorfes **Amborano**, das im 17. Jh. auf dem heiligen Hügel errichtet wurde. Ebenfalls sehenswert: Eines der Königsgräber wurde zu einem kleinen Museum umfunktioniert (täglich nachmittags geöffnet außer dienstags; dieser Tag gilt hier als *fady*).

Das nahegelegene **Ankadivory** kann noch heute als eine Art gut erhaltenes Freilichtmuseum zum Studium des Dorflebens in vergangenen Jahrhunderten gelten: Das Dorf ist durch Wassergräben befestigt, sog. *Hady*, die teilweise bis zu 3 m breit und 10 m tief ausgehoben wurden, und sog. *Tamboho*, d.h. bis zu 5 m hohe und 50 cm dicke Mauern. Astrologische Achsen bestimmen Ausrichtung und Entfernung zum als heilig verehrten Felsen genau vor dem Eingang des Dorfes.

Tip

Je weiter Sie wandern, desto mehr geschichtsträchtige Orte werden Sie rund um Mandrosoa antreffen. Ausflüge dorthin organisieren einige Hotels in Tana wie das Grégoire oder Radama und manche Reiseveranstalter wie PRIORI (s. dort). Wer gut genug Französisch versteht, kann sich auch an die Vereinigung Gasy Mirindra wenden, eine Nichtregierungsorganisation, die sich einem Programm von „Tourismus und Entwicklung" verschrieben hat und Ausflüge in abgelegene Dörfer mit Übernachtung bei den Einheimischen organisiert. Ein großer Teil der Einnahmen geht direkt an die Bevölkerung und schafft Arbeitsplätze für junge Madagassen (Adresse: Lot IVO 215, Antohomandinika Sud, Tana 101 – Nähe Kianja Mitafo Isotry, Tel. 22-338.41. Taxifahrer kennen die Adresse).

INFO   ## Die Architektur der Hochlandhäuser

In ihrer ganzen Vielfalt lernt man die Architektur der Hochlandhäuser auf der West- oder Südroute kennen. Farben und Stil verändern sich je nach Region. Aber auch in der Umgebung von Tana stößt man auf malerische Dörfer mit ihren zweigeschossigen und oft außergewöhnlich schmalen

Lehmbauten in allen Farbtönen von Braun, Ocker, Gelb, Rosa und Rot, die sich perfekt in die Landschaft einfügen und einen starken Kontrast zum Blau des Himmels abgeben.

Die steilen Giebeldächer sind meist mit Stroh oder Raffia gedeckt. Im Gegensatz zu den runden afrikanischen findet man ähnliche, immer rechteckige Hausformen auch in Indonesien; sie könnten von dort überführt worden sein (dafür spricht auch die sprachliche Ähnlichkeit von *trano* in Madagassisch und *dangaw* auf Malaiisch).

Vielleicht ist Ihnen vom Flugzeug aus aufgefallen, daß die meisten Häuser (außer christlichen Kirchen) in *Nordsüdausrichtung* gebaut sind. „Sie hat vermutlich sowohl religiöse wie klimatische Ursachen", schreibt Wolf-Dieter Sick in seinem Standardwerk über Madagaskar. „Astrologische Vorstellungen islamischen Ursprungs messen den Himmelsrichtungen, die in Madagaskar arabische Namen tragen, eine besondere Symbolik zu. Vor dem Bau zieht man immer das *sikidy*-Orakel durch einen Wahrsager (*mpisikidy*) zu Rate. Die Nordostecke (*alahamady*) wird bevorzugt; sie dient der Ahnenver-

Typisches Hochlandhaus

ehrung und als Platz des Hausherrn. Die Herdstelle liegt im Südwesten (der Westen ist die profane Seite, also z.B. für den Abfallhaufen), die Schlafstätte an der Ostseite. Der Süden wird negativ bewertet und ist Zauberern (*ombiasa*) und Hexerei (*mamonsavy*) vorbehalten. Vermieden wird die West-Ost-Orientierung der Längsachse, da sie Unglück bringt; die Nord-Süd-Richtung gilt dagegen als Achse der Macht. Auch der Mondkalender spielt eine große Rolle. Demnach ist es besser, im Uhrzeigersinn durch das Haus zu gehen, auch wenn dann der Weg zur Tür etwas länger ist.

Das Kultische verbindet sich mit der Anpassung an klimatische Einflüsse wie Wind und Sonneneinstrahlung. Im Hochland und im Osten liegen Türen und Fenster meist auf der westlichen Längsseite, um sich vor dem regenreichen Südostpassat zu schützen. (Im Nordwesten bevorzugt man die den heißen Nordwinden abgekehrte Südseite; im Süden die Nordseite, da sie vor den kalten Südwinden schützt).

Die einheitliche Ausrichtung symbolisiert die Dorfgemeinschaft und die Macht der Tradition, der sich der ein-

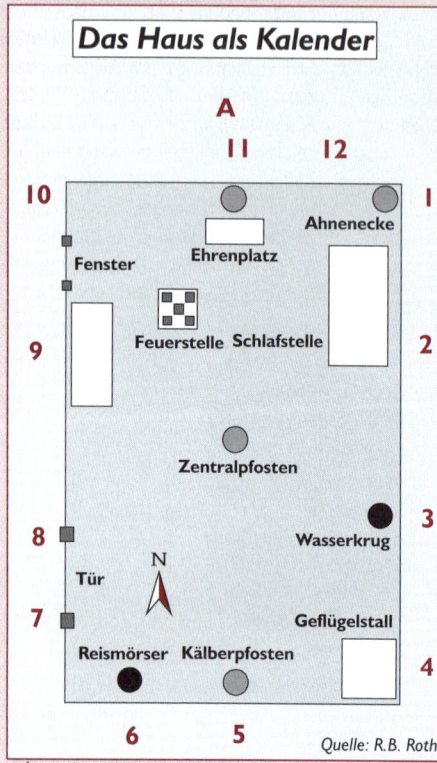

Das Haus als Kalender

A

11   12

10   I

Ahnenecke

Ehrenplatz

Fenster

Feuerstelle   Schlafstelle

9   2

Zentralpfosten

8   3

Wasserkrug

Tür   N

7

Geflügelstall

Reismörser   Kälberpfosten

4

6   5   *Quelle: R.B. Roth*

© *i graphic*

kel ruhenden Bretterhäuser sind am besten in Ambohimanga zu sehen (bis 1869 durfte nur in Holz gebaut werden – Stein war den wertvolleren Gräbern vorbehalten). Ärmere Leute benutzen Äste und Rohr. Erst als fast alle Wälder gerodet waren und der Holztransport aus den östlichen Regenwäldern zu mühselig wurde, setzte sich Mitte des 19. Jh. der Lehmbau durch (*trano tany*). Englische und französische Missionare brachten weitere Neuerungen, z.B. die Verwendung von luftgetrockneten Lehmziegeln und Bruch- und Backsteinen.

Heute ist der zweistöckige Backsteinbau mit der auf Ziegelpfeilern ruhenden geschnitzten Veranda und dem vorgezogenen Dach zum Prestigesymbol der wohlhabenden Schicht geworden. Vielleicht haben sich deshalb die Bauformen des Hochlandes mit der Expansion der Merinamacht und durch die französische Besetzung immer weiter ausgebreitet, man kann das an regelrechten „Vormarschstraßen" von Antananarivo aus gut verfolgen. Die stabilere und dauerhaftere Lehmbauweise gilt als fortschrittlich, sie ist

zelne unterzuordnen hat. In neuerer Zeit verlieren die traditionellen Vorschriften an Gewicht; vor allem in größeren Orten folgt die Hausstellung mehr dem Gelände und den Verkehrslinien."

Auch im Hochland wurde bis vor etwa 100 Jahren wie im restlichen Land mit Holz gebaut (*trano hazo*). Die berühmtesten Beispiele für die spitzgiebeligen, auf einem Steinso-

aber dem heißen Klima des Tieflandes schlechter angepaßt als der gut durchlüftete Holzbau. Viele Küstenbewohner, die Sakalava zum Beispiel, bevorzugen deshalb nach wie vor ihre rein pflanzliche Bauweise traditionellen Stils.

Lesetip
Wer mehr über die kultische Nutzung der Häuser wissen möchte, kann das nachlesen bei W.D. Sick, Madagaskar, 1979, und bei Rolf B. Roth, Madagaskar zwischen den Kontinenten, 1994.

Lac Itasy

Je weiter man die RN 1 Richtung Westen fährt, desto mehr verwandelt sich die anfangs sanfte Hügellandschaft in eine großartige, bizarre Vulkanlandschaft. 17 km nach Imerintsiatosika passiert man **Arivonimamo**, eine Stadt mit etwa 10.000 Einwohnern und *geographisches Zentrum* von Madagaskar. Als Ausgangspunkt für Trekkingtouren im Ankaratra-Massiv wartet der Ort noch auf seine Entdeckung. Auch in dieser Stadt findet man *heilige Grabhügel* der Merina: Die Bewohner sind allerdings auf Besucher nicht gut zu sprechen, seitdem die Gräber von Fremden geplündert wurden. Die Umgebung von Arivonimamo gilt als Herstellungszentrum der *Lamba mena*, der gewebten Leichentücher. *Menalamba* nannte sich auch eine Widerstandsgruppe, die Ende des letzten Jh. von hier aus – erfolglos – gegen die Europäisierung des Landes kämpfte.

Tip
Freitag ist Markttag.

Nach weiteren 50 km (etwa 120 km, ca. 2 - 2 ½ Std. von Tana) gelangt man nach **Analavory.** 10 km vom Ort entfernt und nur per Jeep oder zu Fuß erreichbar sind einige spektakuläre *heiße Quellen* und *Geysire*, deren 3 Meter hohe Wasserfontänen noch als Zeugen der hiesigen Vulkantätigkeit aktiv sind.

Ein asphaltierter Abzweig führt von Analavory nach 11 km zum friedlichen Städtchen **Ampefy**. Es liegt am Ufer des Kavitaha-Sees, einem „Ableger" des höher gelegenen **Lac Itasy**. Beide

Geysire 120 km westlich von Tana

sollen vor rund 8000 Jahren entstanden sein, als ein gewaltiger Lavastrom den Abfluß ins Tal verhinderte. Seit kurzem erforscht der WWF Flora und Fauna in der Region Itasy.

Das Vulkangebiet ist bekannt für seine schönen Wandermöglichkeiten – u.a. zu den 23 Meter hohen Wasserfällen des Flusses Lily (**Chutes de la Lily**), zu den beiden Halbinseln im Lac Itasy (Vorsicht: Bilharziosegefahr – nicht baden!) oder zum 5 km südlich von Ampefy gelegenen **Kratersee von Andranotoraho**.

Aktuelle regionale Reisetips (Hotels, Restaurants etc.) zu Ampefy
entnehmen Sie bitte den gelben Seiten 212

Weiter Richtung Westen passiert man **Sakay**, ehem. *Babetville,* ein früher unbesiedeltes Grenzland zwischen Merina- und Sakalavagebiet, das erst durch französische Einwanderer aus La Réunion kultiviert wurde. Wäre die Straße hinter dem fruchtbaren Anbaugebiet um **Sakay** nicht so schlecht, gäbe es sicher mehr Besucher aus der Hauptstadt, die die 200 km Fahrt nach Tsiroanomandidy auf sich nehmen würden.

Tsiroanomandidy

(= „wo nur einer regiert" – hier gewann 1822 Ramada I. die Schlacht gegen den Sakalava-König von Menabe, Ramitroho)

Aktuelle regionale Reisetips (Hotels, Restaurants etc.) zu Tsiroanomandidy
entnehmen Sie bitte den gelben Seiten 274

Taxi-Brousse schaffen die Strecke, wenn alles gut geht, in vier Stunden. Es lohnt sich: Vor der eindrucksvollen Kulisse der Gebirgsketten von *Ambohiby* und *Bevato* wird einer der größten Rindermärkte Madagaskars abgehalten. Absolut sehenswert die riesigen Herden, die Antandroy und Bara aus dem tiefen Süden bis hierher getrieben haben und die teilweise mit Zwischenhändlern weiter nach Norden oder in die Schlachthöfe der Hauptstadt wandern. Über 50.000 Rinder werden hier jährlich verkauft. Die Hirten sind illustre Gestalten; wenn Sie einen Übersetzer finden, können Sie hier alles über die Rassen der Zebus, die Bedeutung ihrer Zeichnungen etc. erfahren (s. S. 414).

Sollten Sie es nicht bis in diesen Ort schaffen, können Sie montags auch die bedeutenden Viehmärkte in **Ambatonapohka** besuchen (fast in keiner Karte verzeichnet, aber in der Nähe von Imerintsiatosika an der RN 1 gelegen), in **Ambalavao** auf der Route in den Süden oder in **Ambovombe** in der Nähe von Taolanaro.

Eine Weiterfahrt von Tsiroanomandidy nach Maintirano an der Küste ist wegen des katastrophalen Zustandes der unasphaltierten Piste nicht zu empfehlen! Wenn Sie unbedingt dorthin möchten: Buchen Sie lieber einen Flug.

Richtung Süden

Schöne Tagestouren vor allem mit dem Motorrad, aber auch per Taxi-Be oder mit dem Zug bieten sich von Tana auf der RN 7 nach Süden in die Umgebung von **Ambatolampy** an (s. dazu die Westroute S. 325).

4.1.3 Exkurs: Deutsch-madagassische Mentalitäten
von Annette Schiller

Abends gegen 22 Uhr erhielt ich in Tana einen Anruf. Es war eine gute madagassische Freundin, die mich recht geheimnisvoll, jedoch sehr dringlich darum bat, am nächsten Morgen doch bitte um genau 7.08 Uhr, und nicht eine Minute später, am Grundstück des von ihr geplanten Waisenhauses zu sein. Der Grund für die Kurzfristigkeit und die minutengenaue Zeitangabe erklärte sich am nächsten Tag. Ich war eingeladen worden, an der Zeremonie der Grundsteinlegung des Neubaus teilzunehmen. Bevor man jedoch mit einem Neubau beginnt, wird ein Mpanandro, ein Astrologe, nach dem günstigsten Tag und der günstigsten Stunde für den Baubeginn befragt. Er muß sich genau mit dem System der zwölf Sternzeichen Vintana auskennen. Der Zeitpunkt richtet sich nach der Stellung des Mondes und den Strahlen der Sonne, die in einem bestimmten Winkel den Punkt der Erde treffen müssen, an dem ein Baum als Zeichen des Baubeginns gepflanzt wird. Die Freundin, in Paris erzogen und im Chanelkostüm, blickte ehrfurchtsvoll auf den Mpanandro. Ich hatte einmal mehr Gelegenheit, meine eigene Weltanschauung zu hinterfragen.

Die madagassische Seele hatte mich schon bald nach meiner Ankunft fasziniert. Die ehrliche Freundlichkeit, Heiterkeit und Gelassenheit beeindruckten mich. Auf Madagaskar gehen die Uhren langsamer, Ungeduld ist ein Fremdwort. Das machte mir ein Mitreisender auf einer Zugfahrt von Antananarivo nach Toamasina klar. Die Strecke beträgt nur 280 km, aber die Zugfahrt dauert in der Regel zehn Stunden. Der Zug schlich hinab zur Küste und hielt aus für mich nicht ersichtlichen Gründen unglaublich lange an den einzelnen Stationen. Als ich meinem Mann gegenüber eine Bemerkung machte, daß wir so wohl nie an der Küste ankämen, griff mein madagassisches Gegenüber in unsere Unterhaltung ein: „Madame, Zeit hat bei uns eine andere Bedeutung. Genießen Sie jetzt den Augenblick;

es gibt doch so viel zu sehen." Auf der gesamten Reise wies er uns immer wieder auf versteckte Naturschönheiten hin, die wir sicher übersehen hätten.

Ich frage mich, wie eine Gesellschaft mit dieser „Seele" den Widerspruch mit den Realitäten der westlichen Welt verkraften kann, die auch in Madagaskar Einzug hält. Selten habe ich dort den bei uns so beliebten Ausspruch gehört: „Ich habe keine Zeit".

In Diskussionen verhält ein Madagasse sich bedeckt, jedoch ausgesprochen besonnen, liebenswürdig, geduldig und freundlich. Auch wenn es darum geht, unterschiedliche Standpunkte zu vertreten. Grundsätzlich wird versucht, Konfrontatio

nen zu vermeiden und einen Konsens zu finden, gleichgültig wieviel Zeit es auch kosten mag. Vertreter westlicher Organisationen und Firmen bringt das regelmäßig zur Verzweiflung. Man sollte das madagassische Verhalten jedoch nicht mit mangelndem Durchsetzungsvermögen verwechseln. Ein Beispiel ist die friedliche Revolution von 1992, die zwar lange gedauert, jedoch den Übergang von der zweiten zur dritten Republik bestimmt hat.

„Mora mora" gilt auch für die Reisegeschwindigkeit: Taxi Brousse „en panne"

In Madagaskar sein heißt auch, Stille zu empfinden. Die Menschen verhalten sich ruhig. Derjenige, der schreit, verliert sein Gesicht. Geschäftliche Debatten werden in leisem Ton geführt. Nie habe ich gehört, daß Eltern ihre Kinder wegen irgendeiner Ungehorsamkeit angeschrien hätten.

Laut wird es, wenn die Madagassen feiern. Die Zyklen des Lebens, Geburt, Hochzeit, Todesfall, Geburtstage werden ausgiebig gefeiert. Dabei lassen die Madagassen ihren Gefühlen freien Lauf, und es wird gelacht, getrunken, Musik gemacht und getanzt. Da macht es auch keinen Unterschied, ob es sich um die Oberschicht in Antananarivo oder der Dorfbevölkerung handelt. Wir waren zur Hochzeit unserer Köchin in einem kleinen Dorf in der Nähe von Mantasoa eingeladen. Wir saßen draußen an langen, einfachen Holztischen. Die Frauen waren sehr einfach gekleidet, jedoch das Tragen des „Lambas" verleiht allen eine besondere Eleganz. Unsere Köchin hatte schon lange vor der Hochzeit unsere leeren Flaschen gesammelt, und die fanden wir auf den Tischen als Blumenvasen wieder. Sie hatte ein traditionelles Essen zubereitet, und wir haben bis in die frühen Morgenstunden mit der Familie und der Dorfbevölkerung gefeiert. Ich erinnere mich aber auch an eine Geburtagsfeier bei Freunden, die zu den „obersten Zehntausend" gehören. Der äußere Rahmen, die Villa, das feine Essen, die Weine waren exquisit;

die Musik und die Atmosphäre waren jedoch genau so wie in dem Dorf auf dem Lande.

Andererseits erschrickt man über Grausamkeiten, die einem zu Ohren kommen. Da hört man beim Einkaufen auf dem Markt von einem Kind, das unter dem Zeichen des „Alakaosy" (einem der zwölf Sternzeichen) geboren wurde und damit Unglück für sein Dorf heraufbeschwört. Dieses Neugeborene wird auf einer Zebuweide ausgesetzt. Wird es nicht von den Zebus zertrampelt, ist der Fluch von ihm genommen, und es darf leben.

An Traditionen festzuhalten, die Erfahrung der „Alten" zu achten, die Ahnen in Handlungen der Gegenwart mit einzubeziehen, die Familienherkunft als Maßstab für den Platz in der Gesellschaft und die Verantwortung für die eigene Familie sind unumstößliche Eckpfeiler im Lebens jedes Madagassen. Die Tante eines unserer Freunde war gestorben. Wir hatten das Privileg, als „Vazah" zu einem Beileidsbesuch gebeten worden zu sein. Die Zeit bis zur Beisetzung in dem Mausoleum der Familie wird nach festgelegten Riten verbracht. Die Familie sitzt gemeinsam zu bestimmten Stunden des Tages in einem abgedunkelten Raum und empfängt die Beileidsbesucher. Der Besucher betritt den Raum und begrüßt die Familie. Das Familienoberhaupt antwortet als ihr Sprecher. Die anschließende Konversation spielt sich ausschließlich zwischen dem Besucher und dem Familienoberhaupt ab und folgt uralten, genau festgesetzten Regeln. Dieses war für uns der erste Beileidsbesuch; wir hatten uns genau nach dem Ablauf erkundigt und die dem Besucher zugedachten Sätze auswendig gelernt. Wir wollten uns der entgegengebrachten Achtung würdig erweisen. Es war ein sehr mystischer Nachmittag, und dieses Erlebnis wird in meinem Gedächtnis fest verankert bleiben.

Kurz nach dem Umzug von Madagaskar in ein Industrieland luden uns Nachbarn zum Essen ein mit der Bemerkung: „damit Sie mal wieder ein zivilisiertes Dinner genießen können". Nie hat mich diese Überheblichkeit mehr getroffen als zu dem Zeitpunkt, als der Schmerz des Abschieds von unseren madagassischen Freunden noch so frisch und die Erinnerung an eine Gesellschaft mit so viel Würde, ohne Beziehungsängste, ohne Angst vor dem Älterwerden und dem Tod noch allgegenwärtig war. Trotz aller Armut habe ich die Menschen oft um ihren inneren Frieden und die Intensität beneidet, mit der sie Glück und Leid des Lebens begegnen, und so manche ihrer Lebensphilosophien mit nach Hause genommen.

Annette Schiller, Diplom-Volkswirtin, hat mit ihrer Familie drei Jahre in Antananarivo gelebt; ihr Mann arbeitet beim Internationalen Währungsfonds. Heute ist sie Geschäftsführerin der Deutsch-Madagassischen Gesellschaft in Frankfurt.

4.2 Durch das Hochland an die mittlere Westküste

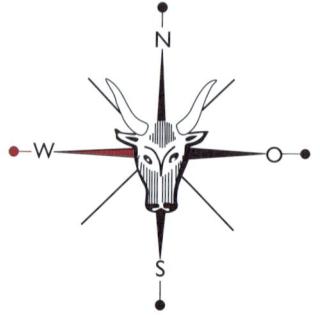

Der Westen

Die westliche Küstenregion von Nosy Be im Norden bis Morombe im Süden ist ursprünglich die Heimat der *Sakalava* und des Fischervolkes der *Vezo*. Die kleine, von Sklaven abstammende Gruppe der *Makoa* hat sich weitgehend mit den Sakalava vermischt. Aufgrund der räumlichen Nähe zu Afrika sind die afrikanischen Einflüsse an der Westküste größer als anderswo auf der Insel. Die Bewohner haben in der Regel eine dunklere Hautfarbe; viele von ihnen sind Anhänger „animistischer" Religionen, und sowohl die Reliquienverehrung der Könige als auch die „Tromba", bei der mittels eines Mediums Kontakt zu den Ahnen aufgenommen wird, spielen noch heute eine große Rolle.

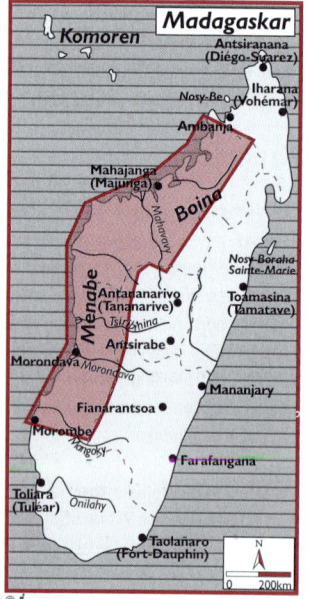

Das *Klima* ist tropisch und heiß (durchschnittlich zwischen 28 und 21 °C im Südsommer bzw. -winter) und im Südwinter trocken. Im Südsommer von Dezember bis März bringt der Nordwestmonsun noch größere Hitze, Regen und manchmal auch heftige Orkane. Durchschnittlich regnet es 800 mm im Jahr, verteilt auf 30-40 Tage. Das Problem für Menschen, Tiere und Vegetation: Die Niederschläge kommen extrem unregelmäßig, bleiben manchmal ganz aus oder verursachen große Überschwemmungen. Die botanischen Besonderheiten haben sich dem Klima angepaßt: Savannen, wasserspeichernde Sukkulenten, Flaschenbäume und Reste der dichten Trockenwälder, die in der Dürreperiode ihre Blätter abwerfen. Zur Regenzeit präsentieren sie sich in frischem Grün, und selbst die wuchtigen Baobabs tragen zarte Blüten.

Die Hafenstadt Morondava liegt im Herzen des großen alten Sakalava-**Königreiches Menabe**.

Menabe, „das große Rot", war von jeher die Farbe der Könige. Zeitweise nahm das Reich über ein Viertel der Gesamtfläche Madagaskars ein. Im 14. Jh. gründete König *Andriamisara I.* im Süden Madagaskars, am Fluß *Onilahy* südlich von Toliara, die Dynastie der sogenannten *Maroserana* – eine Art „Vorläufer" des späteren **Menabe-Clans der Sakalava**, und drang allmählich weiter nach Norden vor. Sein Nachfolger, „der Gebieter mit der weißen Haut" *(Andrianadahifotsy)*, erweiterte das Reich um weitere Hunderte von Kilometern Richtung Norden bis zum Fluß *Manambolo*, eroberte mit Hilfe von Feuerwaffen Land und Ländereien der ansässigen *Vazimba* und gründete das erste große Königreich der Sakalava. Hauptstadt wurde erst **Maneva**, später **Mahabo** – beide Orte östlich des heutigen Morondava gelegen. Dem Expansionsdrang machte der Streit zwischen seinen Nachfolgern ein Ende: Einer der Söhne wanderte in den Norden ab und gründete dort das **Königreich Boina** (bei Mahajanga), der andere zog in den Süden, das Land der Mahafaly.

Die Grenzen des Menabe verliefen im Süden durch den Fluß **Mangoky**, im Norden durch den **Manambolo**, im Westen durch das Meer und im Osten durch die Ausläufer des **Bemaraha** und **Makay**.

Nach einer wirtschaftlichen Blütezeit im 18. Jh. – hauptsächlich durch Rinderzucht und Rinderhandel – begann der langsame Niedergang des Königreiches von Menabe. Er endete in den Eroberungsfeldzügen der *Merina*, der Zersplitterung des Reiches und schließlich in der Eroberung durch die französischen Kolonialherren.

Die Region Menabe erstreckt sich heute zwischen den großen Flußdeltas des *Manambolo, Tsiribihina, Maharivo, Mangoky* über eine Fläche von 46.000 km², ist aber nur von 400.000 Einwohnern besiedelt. Das entspricht einer Bevölkerungsdichte von 6 Einwohnern pro km² – das heißt: Es gibt, *noch*, genügend Platz! Einwanderungsgebiet ist die Region seit Jahrhunderten, doch die Zahl der Zuwanderer wächst. Außer den einheimischen *Sakalava* findet man Angehörige aller Ethnien. In der Schwemmlandebene haben sich vor allem *Betsileo* niedergelassen. Immigranten aus dem Süden und Südosten, vor allem *Antandroy* und *Tanalaha*, siedeln auf der Suche nach fruchtbaren Böden vorwiegend in gerodeten Waldgebieten. Gerade aufgrund dieser exzessiven Brandrodung durch die Einwanderer kommt es zunehmend zu Problemen mit den Einheimischen.

In den Mündungsebenen der großen Flüsse um Morondava (und Mahajanga) werden Tabak, Baumwolle, Erd-, Cashew- und Kokosnüsse, Maniok, Zucker-rohr, Raffia, Früchte und Reis angebaut, das meiste für den Eigenbedarf. Der Rest wird über die Häfen abgewickelt. Fehlende Verkehrsverbindungen ma-chen den Westen zum „wilden Westen" – es gibt keine nennenswerte Verbin-dung zwischen den beiden Hafenstädten Morondava und Mahajanga, außer einigen abenteuerlichen Pisten, die nur zur Trockenzeit befahrbar sind. Die meisten Gebiete und Orte sind völlig isoliert und nur einige von ihnen unre-gelmäßig mit den Flugzeug erreichbar. Eine der wenigen Ausnahmen: die im folgenden beschriebene Strecke Antananarivo – Miandrivazo – Morondava.

Reise-Varianten:

- **Flug**: mehrmals wöchentlich Flugverbindungen Tana-Morondava
- **Fahrrad**: organisierte Touren, s. Stichwort Reiseveranstalter bei Allgemeine Reisetips A-Z
- **Straße/Zug**: Die Strecke Tana – Antsirabe – Betafo – Miandrivazo – Malaimbandi – Morondava kann man mit Mietwagen, Motorrad oder Taxi-Brousse zurücklegen (Geländewagen ist nicht erforderlich). **Reine Fahrtdauer**: etwa 20 Stunden im Taxi-Brousse. **Straßenverhältnisse**: neu asphaltierte Straße von Tana bis Antsirabe und Miandrivazo, danach z.Z. Schotterpiste bis Malaimbandi, von dort wieder gut asphaltiert bis Morondava (s. regionale Reisetips).
Zwischen Tana und Antsirabe verkehrt (theoretisch) mehrmals täglich ein **Zug**. Ob einer fährt, hängt von Umständen ab, denen ein einfacher Tourist nicht so leicht auf die Schliche kommt. Wir fragten beim „Maison du Tourisme" – dort sagte man uns, die Strecke sei mangels funktionstüchtiger Lokomotiven eingestellt worden. Diverse Taxifahrer behaupteten das Gegenteil. Die Schalter am Hauptbahnhof am Ende der Rue de l`Indépendance waren meistens geschlossen, die schriftlichen Hinweisschilder deuteten auf Fahrten von Oktober 1996 hin. Die Informationen können sich aber täglich ändern. Am zuverlässigsten sind die madagassischen Zeitungen wie Midi oder Tribune: Wenn es eine Zugverbindung gibt, wird sie am Tag vorher angekündigt.
Eine gute Alternative: der Taxi-Brousse- und Taxi-Be-Bahnhof **Gare Routière du Sud** in **Anosibe**. Dort herrscht atemberaubendes Gedränge – und alle möglichen „Einweiser" werden sich mit lautem Geschrei auf Sie stürzen – in der Hoffnung, Sie in das Gefährt zu verfrachten, für dessen Besitzer sie arbeiten. Die Preise sind Verhandlungssache,

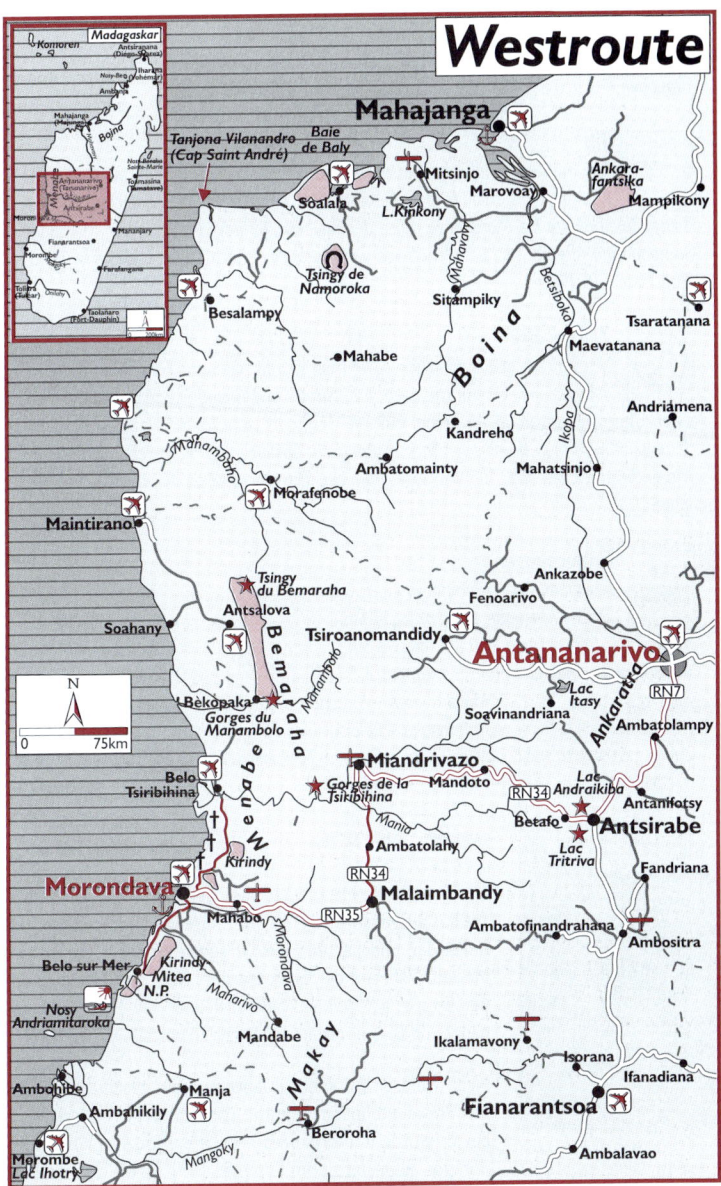

Westroute

Madagaskar

Komoren
Antsiranana (Diego Suarez)
Nosy-Bec Antalaha
Ambanja
Mahajanga (Majunga)
Boina
Nosy-Be Sainte-Marie
Antananarivo (Tananarive)
Toamasina (Tamatave)
Morondava
Antsirabe
Fianarantsoa
Manakara
Morombe
Mananjary
Toliara (Tuléar) Farafangana
Taolañaro (Fort-Dauphin)

Tanjona Vilanandro (Cap Saint André)

Mahajanga
Baie de Baly
Mitsinjo
Marovoay
Ankarafantsika
Mampikony
Soalala
L. Kinkony
Tsingy de Namoroka
Sitampiky
Besalampy
Tsaratanana
Maevatanana
Mahabe
Andriamena
Manambolo
Kandreho
Mahatsinjo
Ambatomainty
Morafenobe
Maintirano
Tsingy du Bemaraha
Ankazobe
Antsalova
Fenoarivo
Soahany
Tsiroanomandidy
Antananarivo

N
0 75km

Bekopaka
Gorges du Manambolo
Lac Itasy
Soavinandriana
RN7
Ambatolampy
Belo Tsiribihina
Miandrivazo
Mandoto
RN34
Lac Andraikiba
Antanifotsy
Gorges de la Tsikibihina
Betafo
Antsirabe
Mania
Kirindy
Ambatolahy
Lac Tritriva
Fandriana
Morondava
RN34
Malaimbandy
Mahabo
RN35
Ambatofinandrahana
Ambositra
Belo sur Mer
Kirindy Mitea N.P.
Maharivo
Morondava
Nosy Andriamitaroka
Mandabe
Ikalamavony
Isorana
Ifanadiana
Ambohibe
Manja
Makay
Fianarantsoa
Ambahikily
Beroroha
Morombe
Lac Ihotry
Mangoky
Ambalavao

© *i graphic*

liegen aber meistens nicht weit auseinander. Ein Sitzplatz ist schnell gefunden.
Von morgens bis abends fahren ständig Fahrzeuge Richtung Antsirabe. Taxi-Brousses
brauchen 4-5, Taxi-Bes drei Stunden.

Tip

Am meisten sieht man bei einer Kombination aus Zugfahrt bis Antsirabe,
Autofahrt bis Miandrivazo, Flußfahrt bis Belo/Tsiribihina, Abstecher zu den
Tsingy, Taxi-Brousse bis Morondava (Allee der Baobabs, Kirindy), Rückflug von Moronda-
va nach Tana. Alternativen zur Weiterreise: von Morondava nach Süden oder Norden per
Flug, Piste oder Piroge.

Zeitangabe

Um wirklich etwas zu sehen, sollte man sich für die reine Fahrt drei Tage Zeit
nehmen, incl. Übernachtungen in Antsirabe und Miandrivazo. Es lohnen auch
zwei Übernachtungen in Antsirabe. Für die Flußfahrt von Miandrivazo nach Belo/
Tsiribihina muß man drei bis vier Tage rechnen. Für Ausflüge und Strandleben in und um
Morondava reichen drei bis vier Tage (manche Traveller bleiben natürlich erheblich
länger!).

Entfernungen

Antananarivo – Morondava ca. 750 km
Tana – Antsirabe 170 km (ca. 3 Std.)
Antsirabe – Miandrivazo 250 km (ca. 3-4 Std.)
Miandrivazo – Malaimbandi 125 km (ca. 4-5 Std.)
Malaimbandi – Morondava ca. 180 km
Morondava – Belo-sur-mer 75 km
Morondava – Belo-sur-Tsiribihina ca. 100 km

Reis wird zum Trocknen
auf der Straße ausgebreitet

Von Antananarivo nach Antsirabe

Man verläßt die Hauptstadt über den Fluß *Ikopa*, fährt über die gut ausgebaute RN 7 durch hügelige Landschaften und Reisfelder und passiert die typischen Hochlanddörfer der Merina. Während der Erntezeit liegt Reis zum Trocknen auf der Straße, goldgelber Mais wird über die Haustüren gehängt und Brennholz an den Wänden gestapelt.

Nach wenigen Kilometern fährt man am geschichtsträchtigen Präsidentenpalast **Iavoloa** von Präsident Ratsiraka vorbei. Er wurde in Nordkorea entworfen und von Frankreich pompös ausgestattet. Im Sommer 1991 schoß hier die Präsidialgarde auf Demonstranten, was das Faß zum Überlaufen und Ratsiraka wenig später eine lange Zeit im Exil einbrachte (s. Kap. *Geschichte*).

Ein Abstecher kurz hinter Iavoloa eignet sich hervorragend als Rundweg für einen Wochenendausflug von Tana: Durch den Ort **Andramasina** gelangen Sie zu den **Chutes de Sisaony** und weiter bis zum idyllischen, abgeschiedenen **Lac Tsiazompaniry**. Eine schlechte Piste ermöglicht die holprige Weiterfahrt zum **Lac Mantasoa** (s. auch Übersichtskarte S. 308).

Zurück zur RN 7. Die Straße schlängelt sich die bewaldeten Hügel hinauf, beiderseits gesäumt von Kiefernwäldern, Bächen und Reisterrassen. Werden sie bewässert, spiegeln sie die Wolken und das Blau des Himmels. Im Ort **Ambatofotsy** (= „weißer Stein") kann man Pferde für einen Ausritt durch die großartige Landschaft mieten. Das Restaurant „Le Carat" erinnert an den Edelstein-Reichtum dieser Region.

Nach etwa 45 km (von Tana) erreicht man **Behenjy** und nach weiteren 25 km (insgesamt etwa 1 ½ Stunden) **Ambatolampy** (= „Stadt der Felsen"), den größten Ort auf der Strecke nach Antsirabe. Ein buntes, lebhaftes Städtchen direkt an der Bahnlinie und, selbst schon 1500 m hoch, am Fuße des *Ankaratra-Massivs* gelegen. In diesem wichtigen Zentrum von Aluminiumfabriken und Karosserie- und Reparaturwerkstätten lassen Taxi-Brousse-Fahrer ihre Fahrzeuge checken. Sehenswert: der mehrmals wöchentlich stattfindende Rindermarkt am Fluß, der „Parkplatz" der bemalten Ochsenkarren und der Wochenmarkt. Unmengen von *Charrettes* verursachen regelmäßig Verkehrsstaus. Viele Franzosen schätzen noch heute das gute Klima und die Nähe zur Hauptstadt, daher kann man in mehreren Feinschmeckerlokalen Froschschenkel, Flußkrebse und frischen Fisch essen. In Ambatolampy verbringen reiche Bewohner von Tana die Wochenenden. Wander- bzw. Klettertouren auf den heiligen Gipfel des dritthöchsten Berges *Tsiafajavona* (2643 m), zum *Lac Froid* oder zum Wasserfall des **Onive** (bei Tsinjoarivo, 46 km südöstlich von Ambatolampy; dort stößt man auf einen renovierten *Rova* von Königin Rasoherina) sollte man nur mit ortskundiger Begleitung machen. Einige kleine Hotels.

Aktuelle regionale Reisetips (Hotels, Restaurants etc.) zu Ambatolampy
entnehmen Sie bitte den gelben Seiten 208

Tip
Seit einigen Jahren unterhält der Franzose Jean-Baptiste Cornet in der Nähe der Herberge „Manja-Ranch" sein kleines Privatmuseum „La Cigale et la Mygale"

(die Zikade und die Krebsspinne), das es in sich hat: Es könnte sich durchaus um eine der weltweit größten Sammlungen von Insekten handeln. Schmetterlinge in allen Farben, nie gesehene Käfer, geordnet in Familien und Gattungen, dazu über 30.000 Fotos. Wußten Sie, daß es über 1800 Arten von Flöhen gibt? Wenn er durch die Wälder streift, hat M. Cornet die Kamera im Anschlag wie John Wayne den Colt. Außerdem sammelt er endemische Pflanzen. Die Öffnungszeiten hält der Hobby-Ethologe flexibel. Mit den Einnahmen will er eine Schule im Ort finanzieren.

Rastplatz vieler Taxi-Brousses ist **Ambodimandroso**, das man nach längerer Fahrt durch ausgedehnte Eukalyptuswälder erreicht. Straßenhändler bieten Bananen, gebratene oder lebende Hühnchen an, letztere für etwa 5 DM – für Einheimische ein Vermögen. Mädchen führen Gänse an der Leine. Unterwegs am Straßenrand Früchteverkäufer und bunte Stände mit aus Blech gebastelten, kunstvollen Lkw und Taxi-Brousses aus Dosen und Schrott.

Wundern Sie sich nicht über Autowracks am Rande der RN 7 sowie über häufige Polizeikontrollen. Die RN 7 und RN 2 sind die unfallträchtigsten Straßen Madagaskars. Einen Rettungsdienst gibt es nicht, Verletzte werden vom nächsten Fahrzeug mitgenommen. Fahren Sie möglichst nicht nachts und bitten Sie Ihren Fahrer, nicht zu rasen.

INFO   ## Grabhäuser und -riten

Längst werden Ihnen die Familiengräber aufgefallen sein, große, rechteckige Steinhäuser nicht weit ab von der Straße, einzeln oder in Gruppen, aber immer etwas außerhalb der Dörfer. Im Juli, August und September haben Sie gute Chancen, eine *Famadihana* mitzuerleben (s. S. 110).

Seit dem letzten Jahrhundert haben sich die gemauerten Mausoleen aus Bruch- oder Backsteinen über das ganze Hochland bis zu den Küsten ausgebreitet. Vorbild war wohl das Grabmal des 1835 verstorbenen Ministerpräsidenten in Antananarivo.

Seither sind diese kubischen, etwa 5 Meter langen Gräber, verziert mit Skulpturen oder bunten Gemälden, zu Tausenden entstanden. Im Hochland wirken die Bauten eher sachlich, im Süden ist das Leben der Toten häufig durch humorvolle, übertriebene Aufschriften, Graffities und Gemälde dargestellt, u.a. mit Flugzeugen, Gewehren und ramboartigen Gestalten.

Immer sollen die aufwendig gestalteten Gräber Reichtum und Prestige des Verstorbenen – und seiner Familie – symbolisieren.

Grabhaus im Hochland

hafaly und *Vezo*. Die *Sihanaka* und *Bezanozano* bestatten ihre Toten unter Erdhügeln; darauf werden Steine oder Pfähle mit Ochsenschädeln aufgerichtet. Die *Betsimisaraka* stellen ihre Särge in Waldlichtungen auf. *Könige der Merina* wurden lange in Bretterhäusern mit Strohdach beigesetzt; im Nordwesten findet man *islamische* Friedhöfe. Im ganzen Land sieht man, oft nicht weit von der Straße, Gedenkpfähle und -steine für die unglücklichen Angehörigen, die auswärts gestorben sind.

Wenn Sie in verschiedene Gebiete Madagaskars kommen, werden Sie auf ganz unterschiedliche Grabformen treffen. Die der *Bara*, *Mahafaly*, *Antandroy* und *Sakalava* sind durch Anhäufungen von Steinen gekennzeichnet. Kunstvoll geschnitzte *Alo-alo*-Pfähle aus Holz zieren viele Gräber einflußreicher *Sakalava*, *Ma-*

Lesetip
Wolf-Dieter Sick: Madagaskar, tropisches Entwicklungsland zwischen den Kontinenten. Darmstadt 1979.

Kurz vor Antsirabe beginnt die fruchtbare Gemüsekammer Madagaskars. Hier gedeihen Reis, Karotten, Kartoffeln und alle Arten von Gemüse, das hier außergewöhnlich aromatisch schmeckt. Die Hochlandbewohner haben den Ruf, harte Landarbeiter zu sein; sogar sonntags sieht man sie auf den Feldern.

Nach etwa drei Stunden erreicht man Antsirabe. Der Ort liegt geschützt auf einer Hochebene und ist von malerischen Hügelketten umgeben.

Antsirabe

(= „wo es viel Salz gibt")
Entfernung von Tana: 170 km
Einwohner: ca. 150.000 (1997)

Aktuelle regionale Reisetips (Hotels, Restaurants etc.) zu Antsirabe
entnehmen Sie bitte den gelben Seiten 226

Wie der Name schon sagt: Berühmt wurde die Stadt wegen ihres salzhaltigen, gesunden Wassers. Noch heute sprudeln in dem kleinen See „Ranomafana" (= heißes Wasser) unterhalb des imposanten „Hôtel des Thermes" heiße **Thermalquellen.** Zu Kolonialzeiten brachten sie Antsirabe den Beinamen „das Vichy Madagaskars" ein. Heute profitiert davon vor allem die STAR-Brauerei des beliebten madagassischen **THB** („Three Horses Beer"), die hier ihren Sitz hat.

Redaktions-Tips

- Mit dem **Pousse-Pousse** spazierenfahren (S. 331)
- Eine **Edelstein-Schleiferei** besuchen (S. 334/338)
- Mit den Steinverkäufern **feilschen**
- Auf dem **Sabotsy,** dem Samstag-Markt, einkaufen (S. 339)
- Frisch gebrautes THB-(**Three-Horses-Beer**) trinken (S. 333)
- In der Gästeliste des **Hôtel des Thermes** schmökern (S. 339)
- Im **Thermalbad** von vergangenen Zeiten träumen (S. 330)
- Ausflüge zu den heiligen Vulkanseen **Lac Andraikiba** und **Lac Trivitra** (S. 340)

Geschichte

Schon Königin Ranavalona II. nutzte die Thermalbäder und den nahegelegenen Lac Andraikiba zur Erholung. Das damals noch kleine Dorf wurde jedoch erst ausgebaut, nachdem sich 1872 ein tatkräftiger norwegischer Missionar hier niedergelassen hatte und in den nächsten Jahren eine große Missionsstation aufbaute.

1896 kam es zum Aufstand einiger „Rebellen" gegen ein paar Dutzend europäischer Missionare, die sich – wie es heißt – aber erfolgreich verteidigen konnten, obwohl sie angeblich nur noch über zwei Kugeln Munition verfügten.

Überblick

Antsirabe liegt inmitten eines fruchtbaren Beckens auf 1500 Meter Höhe. Die Landschaft ringsum ist vulkanischen Ursprungs, die umliegenden Berge erreichen die 2000-Meter-Grenze. Im Südwinter gehört Antsirabe zu den kältesten Orten des Hochlandes. Selbst im Südsommer sind die Nächte sehr kühl.

Ein französischer Reiseführer beschreibt Antsirabe Ende der 60er Jahre so: „Ein hübscher Ort mit großzügigen Avenuen! Wegen seiner ausgezeichneten Thermalquellen und des überaus angenehmen Klimas *das* touristische Zentrum Madagaskars und des gesamten südlichen Indischen Ozeans". Diese Zeiten sind passé. Das Thermalbad ist heruntergekommen, aber die großen,

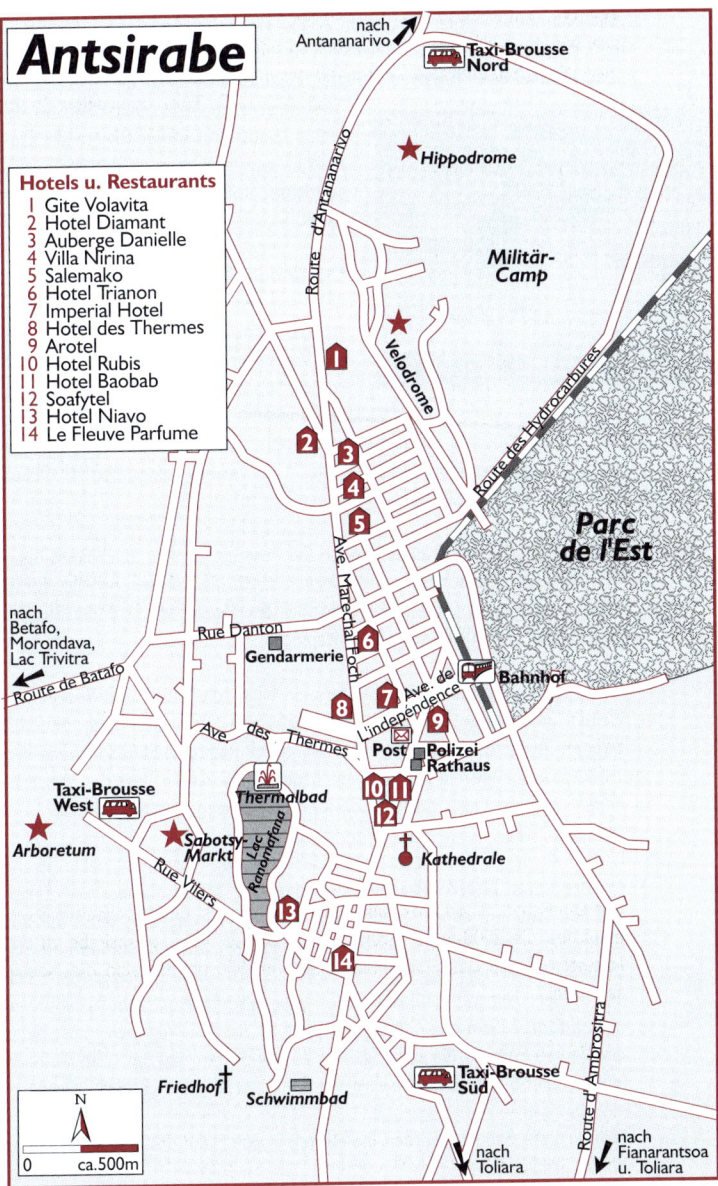

Antsirabe

Hotels u. Restaurants

1 Gite Volavita
2 Hotel Diamant
3 Auberge Danielle
4 Villa Nirina
5 Salemako
6 Hotel Trianon
7 Imperial Hotel
8 Hotel des Thermes
9 Arotel
10 Hotel Rubis
11 Hotel Baobab
12 Soafytel
13 Hotel Niavo
14 Le Fleuve Parfume

nach
Antananarivo

Taxi-Brousse
Nord

Hippodrome

Militär-
Camp

Route d'Antananarivo

Velodrome

Route des Hydrocarbures

Parc
de l'Est

nach
Betafo,
Morondava,
Lac Trivitra

Route de Batafo

Rue Danton

Gendarmerie

Ave. Marechal Foch

Ave. de
l'Independence

Bahnhof

Ave. des Thermes

Post
Polizei
Rathaus

Taxi-Brousse
West

Thermalbad

Arboretum

Sabotsy-
Markt

Lac Ranomafana

Rue Vilers

Kathedrale

Friedhof

Schwimmbad

Taxi-Brousse
Süd

Route d'Ambositra

nach
Toliara

nach
Fianarantsoa
u. Toliara

N

0   ca.500m

© graphic

mit Jakaranda-Bäumen gesäumten Alleen gibt es immer noch. Eine von ihnen, die „Grande Avenue", führt vom Bahnhof aus 500 Meter schnurgerade zum **„Hôtel des Thermes"**. Wegen seiner Lage oberhalb des Sees und der

Therme als auch wegen seines Baustils, der jedem Luxushotel an der Riviera alle Ehre machen würde, zählt es zu den beeindruckkendsten Hotels der Kolonialzeit überhaupt.

Die ***Grande Avenue*** ist nicht sehr „grande", man achte aber auf den dort aufgestellten Monolithen mit den 18 abgebildeten Volksgruppen Madagaskars. Nördlich von ihr liegen die breiten, von den Franzosen angelegten Alleen, Villen und Hotels

Hôtel des Thermes

und am Ortsausgang die Taxi-Brousse-Station Richtung Tana. Auch hier die Atmosphäre langsamen Verfalls – wie in so vielen madagassischen Orten, aber noch sind die Zeugen vergangener Zeit erkennbar.

Südlich der „Grande Avenue" finden Sie Postamt, Banken, Buchhandlungen, ein meist geschlossenes Fremdenverkehrsamt, die katholische Kathedrale und einige neuere Hotels. Von Oktober bis Dezember sind die Straßen übersät von einem lilablauen Blütenteppich.

Noch weiter südlich werden die Straßen enger, die Läden und Restaurants kleiner und billiger und das Leben turbulenter, je weiter man sich der zweiten Taxi-Brousse-Station mit Abfahrtziel Richtung Süden nähert. Versteckt in einer kleinen Seitenstraße, nahe der Tankstelle, liegt die *„Pierreries Joseph"*, eine der bekanntesten Edelsteinschleifereien Antsirabes.

Unterhalb der Einfahrt zum Hôtel des Thermes führt eine kleine Straße hinunter zum **Thermalbad** am See, das auch schon mal bessere Zeiten gesehen hat, und dann wieder bergauf in den „madagassischen" Teil des Ortes. Versuchen Sie, den Pousse-Pousse-Fahrern zu entkommen und machen Sie einen Spaziergang zum Marktplatz. Vor allem samstags lohnt sich der Besuch, dann verwandelt sich der tägliche Verkaufsort zum farbenprächtigen **Sabotsy-**(Samstags-) Markt. Nehmen Sie für den Weg nach Hause eines der Pousse-Pousses, die samstags hier zu Hunderten „parken" und hinten in leuchtenden Buchstaben Aufschriften wie „Asterix" oder „Berlin" tragen.

Nördlich des Sabotsy werden die Hütten in der Nähe des Industriegebietes immer ärmlicher.

Nach Antananarivo wirkt Antsirabe wohltuend ruhig und sicher. Auch abends konnten wir immer bedenkenlos spazierengehen. Viel los ist hier allerdings nicht, nachts wirkt die Stadt wie ausgestorben, bis auf die Restaurants und die wenigen Diskotheken im Ort.

Antsirabe ist *die* Stadt der **Pousse-Pousses**. Es gibt kaum Taxis und Autos, statt dessen Tausende dieser bunt bemalten, wendigen Rikschas. Gleich bei Ihrer Ankunft – ob am Bahnhof oder an der nördlich gelegenen Taxi-Brousse-Station – stürzen Hunderte von Pousse-Pousse-Fahrern auf Sie zu und rufen die Nummern ihrer kleinen Fahrzeuge – „nimm mich, die No. 18, nein mich, die Nummer 7!". Am besten, Sie entscheiden sich möglichst schnell, klären den Preis und lassen sich selbst samt Gepäck in einem Pousse-Pousse

Pousse-Pousse-Parkplatz am Gare Routière Nord

verstauen, geben Ihr Ziel an und entspannen sich während der Spazierfahrt. Die Fahrer bleiben Ihnen auch in den nächsten Tagen auf den Fersen: vor dem Hotel und wo immer Sie sich aufhalten. Sie sind eine der wenigen Einnahmequellen – außerdem ist man es nicht gewohnt, daß sich Europäer zu Fuß bewegen. Hausfrauen fahren damit zum Markt, Schulkinder zur Schule, Lasten werden per Pousse-Pousse befördert und Nachrichten verschickt. Die Preise sind (für Vazaha) Verhandlungssache. Eine Stadtfahrt sollte nicht mehr als 1-2 DM kosten. Vorsicht bei Nacht- und Spazierfahrten – klären Sie immer vorher den Preis ab!

Viele Touristen, die wir getroffen haben, fühlen sich am Anfang unbehaglich. Man weiß nie, ob man zu viel oder zu wenig zahlt. Von einem Menschen

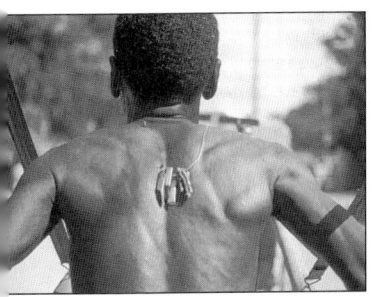

gezogen zu werden, ist sehr gewöhnungsbedürftig, vor allem wenn dieser Mensch älter ist, vor Anstrengung schwitzt, stark hustet und Sie vielleicht noch bergauf zieht. Aber wenn Sie zu Fuß gehen, verdient er nichts, und Pousse-Pousse-Fahrer haben dafür kein Verständnis. Üblicherweise passen zwei Personen in ein Pousse-Pousse. Wenn Sie sich zu unbehaglich fühlen, nehmen Sie pro Person eins.

INFO   Pousse-Pousse

Das „Pousse-Pousse" ist das madagassische Pendant der asiatischen Rikschas. Eine Art gepolsterte, überdachte Sitzbank auf zwei Rädern. Vorne sind zwei lange Holzstangen befestigt, die der „Tireur", sobald der Fahrgast Platz genommen hat, hoch-

"Taxistand" vor dem Hôtel des Thermes

hebt und das Pousse-Pousse zieht. Das geschieht selbst in der glühendsten Hitze und bergauf im Laufschritt, das Fahrzeug soll ja schneller sein als der Fahrgast zu Fuß.

Was einem heute wie Sklaverei vorkommt, wurde von britischen Missionaren eingeführt. Auf ihre Anregung löste das Pousse-Pousse die „Chaises-porteurs" ab – Sänften, die Könige, Adlige und Reiche selbst für lange Reisen benutzten und von vier Personen getragen wurden. Die neuen Verkehrsmittel verbreiteten sich zuerst im Missionszentrum Tamatave (mit größeren Rädern als in Antsirabe), dann auch in Tananarive, wo die Straßen so hügelig und in

schlechtem Zustand waren, daß die Pousse-Pousses anfangs von einer Person gezogen und einer zweiten von hinten geschoben wurden. Daher ihr Name, wörtl. „schieb schieb". In Tana hat sie der Autoverkehr inzwischen verdrängt; gängiges Verkehrsmittel sind sie heute noch, mit großen Rädern, in Toamasina, Mahajanga und Toliara. Fast alle „Tireurs" in Toliara sind Antandroy, die als besonders zäh gelten und sonst kaum Arbeit finden.

Über 5000 Pousse-Pousses verkehren in Antsirabe. Rote, grüne, blaue mit bunten Ornamenten und einfallsreichen Namen. Besonders schön sind die Fahrten nachts, wenn kleine Öllämpchen als Scheinwerfer angehängt werden, oder bei Regen, wenn man unter einer bunten Plastikplane verschwindet. Viele gehören dem gleichen Besitzer. Sie werden tageweise für 6000-7000 FMG an die Tireurs vermietet. Wenn man weiß, daß sie mindestens 8 Kunden brauchen, um diese Summe zu verdienen (außer, sie erwischen einen Vazaha!) und oft nur 10-15 Fahrgäste pro Tag finden, versteht man den Kampf um Kunden.

Ihre Fahr-Geschicklichkeit ist unglaublich. Um Zusammenstöße zu verhindern, müssen sie sogar einen Pousse-Pousse-Führerschein machen; alle haben ein Nummernschild, es gibt Strafmandate und eine für Pousse-Pousses zuständige Spezialeinheit der Polizei.

Nach langer uneingeschränkter Pousse-Pousse-Herrschaft ist auch für Antsirabe ein neues Verkehrs-Zeitalter angebrochen. Seit Mitte 1997 verkehren über 20 Minibusse auf der Nord-Süd-Achse der Stadt. Sie sind schneller und billiger – statt der (1998) üblichen 800 FMG für Kurzstrecken kostet die Fahrt nur 500 FMG – für die Leute hier ein großer Unterschied!

Wirtschaftlich gehört Antsirabe als **zweitgrößte Industriestadt** zu den wohlhabendsten Gegenden Madagaskars. Die Stadt ist Zentrum eines reichen Reisanbau- und Landwirtschaftsgebietes und Sitz zahlreicher Industriezweige, die vielen Menschen Arbeitsplätze bieten. Angesiedelt sind hier u.a.

die **Bierbrauerei**, Baumwoll-Fabriken und die **Zigarettenmanufaktur Mélia**.

Aus diesem Grund *war* die Armut bisher bei weitem nicht so groß wie in der Hauptstadt. Allerdings mehren sich in letzter Zeit warnende Zeitungsberichte: Die Felder seien ausgelaugt, immer mehr Bauern wanderten aus dem Umland in die Stadt ab und fänden keine Arbeit. Die Organisation „Médecins sans frontières – Ärzte ohne Grenzen" versorgte 1997 fast 300 verarmte Kinder. Norwegische Missionsschwestern kümmern sich um Prostituierte und um Kinder aus verarmten Familien – besonders der Pousse-Pousse-Fahrer, der untersten sozialen Schicht. Auf dem Land unterhalten sie medizinische Zentren für Malaria-, Lepra- und Pestkranke.

Als Tourist werden Sie in der Stadt davon wenig mitbekommen: Noch gibt es wenige Bettler, und das Leben und die Menschen wirken fröhlich und gelassen.

Viele Familien leben vom Verkauf der **Halbedelsteine**, die sie selbst gefunden und geschliffen haben und auf der Straße zum Verkauf anbieten. Wenn Sie sich ein bißchen auskennen, können Sie schöne Stücke erstehen: Rosenquarz, Rauchquarz, Kristalle, Turmaline, als Kugeln, ungeschliffen oder als kleine Schmucksteine. Wenn Sie Pech haben, ist auch mal Glas dabei ...

INFO   Von Saphiren und Smaragden, Rubinen und Turmalinen

Wie Brasilien oder Sri Lanka ist Madagaskar reich an Edelsteinen und Kristallen. Bisher hat man noch keine Diamanten gefunden wie in Südafrika oder Namibia, dafür Amethyste und Aquamarine, Smaragde und Saphire, Turmaline und Topase, Ru-

Edelsteine in allen Variationen

bine und Gold ... Man trifft Händler aus aller Welt. Auch Steinschleifer aus den bekannten Schleiferfamilien aus Idar-Oberstein haben sich in Madagaskar angesiedelt.

Schon vor Jahrhunderten, schreibt der französische Historiker Flacourt, kamen der König von Siam und die Ostindische Kompanie nach Madagaskar, um kostbare Steine zu erwerben. Bis ins 19. Jh. wurden Gold und Edelsteine nur unter besonderen Umständen zu Tage gefördert, verbunden mit religiösen Zeremonien, selten zu kommerziellen Zwecken.

Das änderte sich schlagartig mit Ankunft der Franzosen. Eine französi-

sche Expedition (1895) und der 1896 in Antananarivo eingerichtete *„Service des Mines"* schickten Steinproben an den schon damals bekannten *Prof. Lacroix* am Musée National d'Histoire Naturelle in Paris. Das Ergebnis begeisterte den Wissenschaftler. 1911 führte er selbst eine Expedition durch, zu der umfangreiche Vorbereitungen, Trägerkolonnen usw. nötig waren. Die Bearbeitung des gesammelten Materials dauerte 10 Jahre; 1922 erschien das berühmte dreibändige Werk *„A. Lacroix: Minéralogie de Madagascar"*. Schon damals beschrieb er euphorisch die für Madagaskar typischen vielfarbigen Turmaline, bis zu 15 kg schwere Rubellite, Pegmatite, rosa Berylle.

In der Zwischenzeit war unter den französischen Wissenschaftlern und Händlern eine Art Edelsteinrausch ausgebrochen. Die Produktion von Steinen *erster* Qualität (d.h. von teuersten, fertig geschliffenen Steinen) stieg von 7 Kilo im Jahr 1904 auf 1030 Kilo im Jahre 1920. Zudem wurden von 1907 bis 1912 allein an einem Fundort 2000 Kilo Turmalin abgebaut. Die Fundorte sprachen sich schnell herum. Einer der bekanntesten wurde **Anjanabonoina** südwestlich von Betafo.

Auch der deutsche Prof. Dr. Dr. Hugo Strunz vom Institut für Mineralogie der TU Berlin wurde vom

Edelsteinfieber gepackt, als er Anfang der 30er Jahre Lacroix einen Besuch abgestattet und die Sammlung madagassischer Steine gesehen hatte. Seine erste Reise nach Anjanaboina scheiterte an einem Zyklon, seine zweite 1976 beschreibt er so:

„Der Pegmatit liegt 2 ½ km östlich des Berges Anjanabonoina, in Luftlinie 35 km WSW von Betafo und nur 50 km WSW von Antsirabe. Der Reiseweg von dort beträgt jedoch 100 km; er führt in einem großen SW-Bogen durch unbewohntes Gelände in etwa 1400 m Höhenlage, teils durch Stein- und Blockwüste, teils durch Treibsandpartien, entlang von Steilhängen, durch brückenlose Flüsse mit schmierigem Laterit an den Ufern. Für einen steilen Zickzackweg von nur 600 m Länge, der in eine Schlucht führte und vom Regen tief zerfurcht war, brauchten wir drei Stunden, und das mit zwei Fahrern und fünf Arbeitern nachts von 23 bis 2 Uhr; um den in einem Fluß hängengebliebenen Landrover wieder flott zu machen, waren zwei Stunden nötig; zwei Reifen platzten durch scharfe Steine im steilen Gelände; vom Unimog brach ein Zahnrad, so daß Treibstoff umgeladen werden

Minenarbeiter bei Anjanabonina

mußte usw. usw. Es war die abenteuerlichste Fahrt meines Lebens."

Seitdem hat sich wenig verändert. Die meisten Fundorte sind immer noch schwer zu finden, kaum zugänglich, und von den Arbeitsbedingungen der Minenarbeiter hört man selten etwas. 1996 schrieb ein Mitarbeiter der italienisch-madagassischen Firma Fretosoa in einer Fachzeitung über einen Fundort von ungewöhnlichen Amethyst-Zeptern: „Obwohl das Vorkommen Mangatobangy westlich von Fianarantsoa weit entfernt in einer wüstenähnlichen Gegend liegt, die auch durch die Anwesenheit von Räuberbanden sehr gefährlich ist, konnten wir fünf Wochen nach Entdeckung mit dem Abbau beginnen ... Leider wurde, wie das in Madagaskar so oft der Fall ist, ein Teil der Produktion gestohlen. Aus diesem Grund steht die Fundstelle nun unter strikter Bewachung, für den Besuch ist eine Genehmigung der Firma notwendig. Wegen des intensiven Abbaus kann man davon ausgehen, daß das Vorkommen bald erschöpft ist; bis dahin wird es aber genug geliefert haben, um den europäischen und amerikanischen Markt zu versorgen."

Der madagassische Autor *Jean-Luc Raharimanana* greift in seinen Kurzgeschichten auf, welche Pfennigbeträge die einheimischen Steinesucher verdienen und welchen Profit ausländische, aber auch madagassische Geschäftsleute damit machen.

In Madagaskars Boden schlummern noch viele ungehobene Schätze. Genaue Angaben der Fundorte werden – angeblich auch von der Regierung – aus gutem Grund geheim gehalten.

Rubine wurden in der Nähe von Betioky und Ejeda gefunden, *Saphire* bei Antsiranana und Amboasary, *Smaragde* bei Toliara und Mananjary, *Kristalle* in der Gegend von Fianarantsoa.

Eine neue Goldgräberstimmung verursachte ein Bauer, als er im Norden Madagaskars auf seinem Feld mehrere große Saphire entdeckte. Ganze Dörfer entstanden in Windeseile rund um das Fundgebiet, wo jeder, der will, auf einem abgesteckten Stück Land nach den blauen Schätzen graben kann (s. S. 512).

Entstehungsgeschichte
von Dr. Göde Stümpel

Die ältesten Gesteine Madagaskars stammen aus einer Periode vor 2,7 Milliarden Jahren, als große Gebirgsbildungen stattfanden. Unter Druck und Hitze wandelten sich noch ältere Sedimente (Ablagerungsgesteine) in kristalline Schiefer um. Die letzten größeren Aktivitäten vor rund 500 Millionen Jahren ließen glutflüssige Schmelzen aus der Tiefe aufsteigen, die zu Granit und anderen Gesteinen erstarrten. Viele Lagerstätten von Edelsteinen und Erzen sind bei diesen Ereignissen „als Randerscheinungen" entstanden.

In großer Vielfalt tritt das „Urgestein" im gebirgigen Hochland von Madagaskar zutage, das als sogenannter Sockel die Insel vom äußersten Norden bis in den Süden durchzieht.

Durch Erosion veränderte sich das Gelände, erodiertes Material gelangte über Flüsse und Bäche ins Tiefland und weiter ins Meer. Dicke Ablagerungsschichten häuften sich übereinander und wurden durch Erdkrustenbewegung und Gebirgsbildungen wieder emporgedrückt.

Eine echte Besonderheit stellen die aus Eis abgelagerten ältesten Schichten, die „Gondwana-Facies", dar. Sie sind direkt westlich am Sockel angelehnt und stammen aus der Zeit vor 350-400 Millionen Jahren, als der ganze Südkontinent noch mit einer dicken Eisschicht bedeckt war. Je weiter man sich der Westküste nähert, desto jünger werden die dort abgelagerten Sedimente.

Entlang der Ostküste sind Vulkangesteine verbreitet. Erst in relativ jüngerer Zeit (Tertiär) ergossen sich Lavaströme über das Land, offensichtlich infolge von Rissen in der Erdkruste, nachdem Gondwana auseinandergebrochen war.

Wie und wo bildeten sich nun die Edelsteine? Am Rande der sich abkühlenden Gesteinsmassen sammelten sich heiße Gase, angereichert mit Elementen wie Bor und Beryllium – Voraussetzung für die Entstehung der Mineralien Turmalin und Beryll. Diese Lagerstätten nennt man „Pegmatite".

Der Pegmatit Anjanabonoina lieferte **Turmalinkristalle** armdick und me-

terlang. Zu Scheiben zersägt, ergaben sie ganze Serien von mehrfarbigen Mustern.

Auch **Berylle** kommen in den unterschiedlichsten Farben vor: blau, grün, rot und gelb, als *Aquamarin*, *Smaragd*, *Morganit* und *Goldberyll*. Zu Facetten verschliffen, gehören sie zu den teuersten Steinen auf dem Weltmarkt.

Zepter-Amethyst

Erdgeschichtlich haben sich inzwischen die Granitkörper weiter abgekühlt; nach den Gasen sind heiße wäßrige Lösungen übriggeblieben (hydrothermale Phase). Sie dringen in Spalten und Klüfte des Nebengesteins vor. In den vorhandenen Hohlräumen können so die schönsten **Mineralien** heranwachsen, zum Beispiel *Bergkristalle*.

Berühmt ist Madagaskar für seinen Reichtum an **Quarzen**. Es gibt klare Bergkristalle, manche mit roten Rutilnadeln oder schwarzen Turmalinstengeln durchwachsen, gelbe bis dunkelbraune *Citrine*, *Rauchquarze* in allen Schattierungen, tiefdunkelblaue *Amethyste*. Einzigartig sind auch die Qualitäten des *Rosenquarzes*: dunkelrosa und klar durchscheinend. Besonders begehrt sind die geschliffenen Kugeln, die einen sechs-

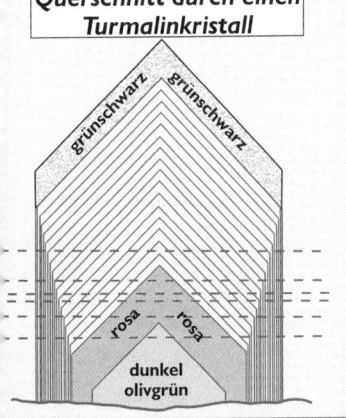

Querschnitt durch einen Turmalinkristall

grünschwarz
grünschwarz
rosa
rosa
dunkel olivgrün

graphic

strahligen Stern aus feinem Seiden-schimmer reflektieren.

In Mangatobangy wurde eine ganz besondere Rarität entdeckt: Auf wei-ßen, bis zu 40 cm langen Bergkri-stallen sind in einer erdgeschichtlich späteren Phase dunkelblaue Amethy-ste aufgewachsen, sogenannte *Zep-ter-Kristalle*. Meist liegen sie in fei-nem lateritischen Lehm eingehüllt. Aufgrund der langen Zeit seit der Entstehung ist die eigentliche Lager-stätte längst verwittert. Überdauert haben nur extrem harte Mineralien wie Quarz und andere Edelsteine.

Dr. G. Stümpel hat sich als Mineralo-ge auf Mineralien Madagaskars spe-zialisiert. Er lebt in Hannover u. Köln.

Hinweis
Zum Kauf von Edelsteinen s. auch regionale Reisetips S. 229

Sehenswürdigkeiten

· **Juweliergeschäft/Steinschleiferei (Pierreries) Joseph**: ein unschein-bares Häuschen, aber der erste Eindruck trügt: Schon der Eingangsbereich ist gepflastert mit Rosenquarz, ein riesiger Steinhaufen beherbergt unge-schliffene Türkise, Kristalle, Citrine, und kleine, gut bewachte Schächtelchen enthalten funkelnde Pretiosen ... Im hinteren Bereich kann man sich in der Schleiferei zeigen lassen, was aus einem rohen Steinklotz werden kann. Kaufen kann man auch. Versuchen Sie es mit einem Drittel des geforderten Preises. Das gleiche gilt auch für die Verkäufer auf der Straße. Pousse-Pousse-Fahrer kennen den Weg, oder gehen Sie die Hauptstraße vom Hôtel des Thermes etwa einen Kilometer in Richtung Süden, an der katholischen Kathedrale vorbei, gegenüber vom Schuhgeschäft Bata rechts ab und erste Straße wieder links. Rue Kleber, Öffnungszeiten: mo-sa 8-12 Uhr, 14-16 Uhr, sonntags 8-12 Uhr. Samstagnachmittag und Sonntag ist die Schleiferei ge-schlossen. Es gibt noch andere kleine Schlei-fereien; fragen Sie die Pousse-Pousse-Fah-rer.

· Hauptsehenswürdigkeit von Antsirabe sind die **Pousse-Pousses**. Deshalb: Spa-zierfahrt durch die Stadt und entlang des Sees Ranomafana (wenn man ertragen kann, daß die Fahrer Sie bergauf, bergab und hohe Steigungen ziehen müssen). Manche Fah-rer bieten sogar die 7-km-Fahrt zum *Lac Andraikiba* an.

Name statt Numernschild: vor dem Sabotsy-Markt

· „Hôtel des Thermes". Gebaut 1897. Eines der imposantesten Hotels im Kolonialstil, in majestätischer Lage auf einem Hügel oberhalb des Sees errichtet. Entsprechend prominente Gästeliste: Hier residierte der marokkanische König Mohammed V. während seines Exils, hier wurden seine Tochter Amina und der marokkanische König Hassan geboren; 1990 war der Sohn des japanischen Kaisers Hirohito zu Gast, ebenso der kenianische Fußballclub und die Botschafter der USA und Frankreichs. Wenn man nicht dort wohnt, lohnt sich ein Essen oder ein Drink im Garten am Pool und ein Spaziergang zu den Thermen am See (trotz ihres desolaten Zustandes).

· „Sabotsy" – der Samstag-Markt. Eine schier unglaubliche Vielfalt an Farben, Gerüchen, Geräuschen. Auf einem riesigen Platz, aber dicht gedrängt nebeneinander: Stände mit Blumen, Gewürzen und Heilkräutern, zu Türmchen aufgeschichtete Tomaten, Kartoffeln, Karotten. Stoffe in allen Variationen, Schuhe aus Gummireifen, Holzkohle, Garküchen ... Ein Fest für die Sinne! Lassen Sie sich mit einem Pousse-Pousse hinfahren. Am schönsten ist der Markt ganz früh morgens, wenn der Tag noch frisch ist ...

· Den **Parc de l´Est** kann man als Sehenswürdigkeit wohl nur noch empfehlen, wenn man dort an frühere Zeiten denkt. Heute eher etwas schäbig und Ausgangspunkt für Ausritte mit eher mageren Pferden.

INFO   ## Eine Sehenswürdigkeit der besonderen Art

ist **Mamy's Miniaturwerkstatt**. Die kleine Straße direkt neben dem Parc de l'Est führt genau dorthin. Mamy ist Anfang 30, hat in Tana Biologie studiert, aber wie viele seiner Kommilitonen nach der Uni keinen Job gefunden. Seit 1984 ist er selbständig und fertigt in seiner winzigen Werkstatt (ein 2 x 2 Meter großer Raum) Miniatur-Pousse-Pousses, Miniatur-Fahrräder, Miniatur-Luxuskarossen und Miniatur-Motorräder. Seine Produkte verkaufen sich bei Touristen gut; inzwischen fördert ihn sogar eine kleine Schweizer Entwicklungsorganisation und organisiert den Export ins Ausland. Das Besondere: Mamy's Materialien sind Recycling-Produkte: Aus alten Blechdosen werden die Felgen gemacht, aus Telefondraht die Bremsen, aus alten Gummireifen die Pedalen. Manchmal, wenn das Geschäft

Mamy bei der Arbeit

gut läuft, kann Mamy bis zu zehn Angestellte beschäftigen und ist richtig stolz darauf. Manchmal aber, zur Regenzeit oder wenn die Touristen ausbleiben, dann wird es knapp mit dem Geld, und der Kampf ums Überleben beginnt von vorne.

Seine Werke sind zwar auch in einer Vitrine des Hôtel des Thermes ausgestellt, aber Mamy freut sich über jeden Besuch. Eines seiner Fahrzeuge kostet umgerechnet etwa 6 DM. Adresse: Lot 02, G 319 Parc de l'Est. Nehmen Sie ein Pousse-Pousse.

Tip: Zeitplan für Antsirabe

Die Stadt ist schnell besichtigt. Wenn man aber ein bißchen von der Atmosphäre der Edelsteinhändler, der Pousse-Pousse-Fahrer und des alten Thermal-Kurortes mitbekommen und noch einen Ausflug zu den heiligen Kraterseen machen will, sollte man mindestens eine Übernachtung einplanen. Am besten von Freitag auf Samstag (Sabotsy-Markt).

Weiterfahrt

In Antsirabe gibt es außer dem Bahnhof verschiedene Taxi-Brousse-Stationen: eine am nördlichen, eine am südlichen Ortsende und eine nahe dem Sabotsy-Markt. Fragen Sie in Ihrem Hotel nach den Abfahrtzeiten. Wagen mit Fahrer können Sie über die größeren Hotels organisieren. Vorsicht! Preise aushandeln und Fahrzeug begutachten.

Ausflüge in die Umgebung

Andraikiba-See

Ausflug zum Lac Andraikiba und Lac Tritriva

Lac Andraikiba
ca. 7km
Antsirabe
Belazao
ca. 12km
Lac Tritriva

asphaltierte Straße
Piste

© i graphic

Man verläßt Antsirabe in westliche Richtung auf der RN 34 Richtung Miandrivazo, kann einen Blick auf die THB-Brauerei rechter Hand werfen und biegt nach etwa 7 km links ab. Der Lac Andraikiba ist einer von mehreren Vulkanseen in dieser Gegend. Zur Kolonialzeit war er ein beliebtes Ausflugsziel mit Wasserski und Badeanstalt, von der heute noch ein einsamer Sprungturm und ein paar verlassene Umkleidekabinen übrig sind. Trotzdem ein idyllischer Ort, wo sich am Wochenende einige Reiter, Steinverkäufer, Touristen und madagassische Erholungssuchende treffen. Heute dient der See auch zur Trinkwasserversorgung von Antsirabe.

Wie fast alle Gewässer in Madagaskar hat auch dieses seine Legenden und eigene Fadys. Eine davon erzählt von einem begehrten, aber entscheidungsschwachen Prinzen: Diejenige Frau wolle er heiraten, die zuerst den See durchschwommen habe. Eine von ihm schwangere Geliebte ertrank jedoch bei dem Versuch. Die Einheimischen berichten, daß jedes Jahr am Neujahrstag eine junge schöne Frau aus dem Wasser steigt, der man sich auf keinen Fall nähern darf.

Lac Trivitra

Viel eindrucksvoller ist allerdings der 1880 m hoch in einem Vulkankegel gelegene Lac Trivitra. Vom Andraikiba-See führt eine kleine, malerische Schotterstraße etwa 12 km weiter Richtung Süden, vorbei an mehreren idyllischen Dörfern und winkenden Kindern, zu einer Schranke und einem kleinen Parkplatz. Dort wird man von einer großen Kinderschar empfangen und bergauf zum Rand des Kratersees geführt. Bevor Sie den Blick auf das dunkle, smaragdgrüne Wasser und die steilen Felswände genießen können, die den See umgeben, ist schon der Wächter zur Stelle, um auch Ihnen wohl zum tausendsten Male die Entstehungsgeschichte mitzuteilen:

Am Lac Trivitra

„An der Stelle des jetzigen Sees lag – angano angano – Geschichten, Geschichten – vor langer Zeit ein Königspalast. Der König hatte einen schrecklichen Traum, verließ daraufhin den Palast mit seiner Familie, bald danach kam es zu einem gewaltigen Vulkanausbruch, und der Krater füllte sich mit heiligem Wasser ...

An der gegenüberliegenden Felswand wachsen aus dem puren Gestein zwei ineinander verschlungene Bäume: ein verwandeltes Paar – Ravolahantra, eine reiche Tochter, und Rabenihamby, ein armer Sohn, die sich gemeinsam in den See stürzten, als ihre Eltern ihnen die Heirat verweigerten. Die madagassischen Romeo und Julia. 1943 habe ein Chinese von einem Boot aus versucht, die Bäume *abzuschneiden. Die Äste hätten angefangen zu bluten, und der Chinese sei in dem eiskalten See ertrunken ...".*

Solche Geschichten werden Sie überall hören, wenn Sie fragen. Allein deshalb lohnt sich der Besuch. Auch dieser Ort ist *fady* – erkundigen Sie sich, wohin Sie gehen dürfen. Ein Eldorado für Vögel und Fledermäuse, ein wunderbares Naturschauspiel und sicher auch ein sehr geheimnisvolles: Angeblich 146 m tief, so erzählt der Wächter, verändert er seinen Wasserspiegel umgekehrt proportional zur Menge des Regens – man vermutet eine unterirdische Verbindung zu einem anderen See.

Der Wächter wird zufrieden sein, wenn Sie ihm eine kleine Anerkennung zustecken oder sogar ein Foto schicken; die Kinder freuen sich über einen Stift oder andere kleine Geschenke, die sie gegen geflochtene Blumen eintauschen.

Von Antsirabe nach Miandrivazo
via Betafo (21 km) – Mandoto – ca. 3 Stunden gemütlicher Fahrt

Von Antsirabe führt die gut ausgebaute, 1988 reparierte Route Nationale No. 34 westlich nach Miandrivazo, macht dann einen Knick südlich nach Malaimbandi (aus unerfindlichen Gründen ist dieses Stück schon wieder in völlig desolatem Zustand) und verläuft, wunderbar asphaltiert, wieder westlich bis nach Morondava. Wenn Sie das in einem Tag schaffen wollen, müssen Sie sehr früh aufbrechen, denn für die Strecke Miandrivazo-Malaimbandi müssen Sie ohne Reifenpanne mindestens 4-5 Stunden rechnen (es sei denn, die schlechte Piste wurde in der Zwischenzeit wieder hergerichtet). Wenn Sie in Miandrivazo übernachten, reicht es, am späten Vormittag in Antsirabe loszufahren.

Betafo erreicht man nach etwa ½ bis 1 Stunde Fahrt durch wunderschöne Landschaft, vorbei an Gemüsegärten und Reisfeldern.

Betafo
(= „wo es viele Dächer gibt")

Aktuelle regionale Reisetips (Hotels, Restaurants etc.) zu Betafo
entnehmen Sie bitte den gelben Seiten 234

ist ein kleiner Ort mit hübschem kleinen Marktplatz, zwei riesigen Kirchen und dem zu Kolonialzeiten als Erholungsort genutzten See *Tatamarina*. Es lohnt ein Abstecher zum Grab von *Andrianonitomponitany*, König der Vakina-

karatra, einem der letzten Könige, bevor die Merina-Herrscher auch hier die Macht übernahmen. Es liegt oberhalb des
Sees und bietet einen herrlichen
Blick über die weite Ebene.

Es folgen weitere 100 km, etwa
1 ½ Stunden Fahrt, durch eine
sich plötzlich zur Mondlandschaft verändernden Szenerie –
große Erosionskrater haben stel-

Ochsenkarren bei Betafo

lenweise die Straße weggerissen – am Rande bis zu 1000 m hohe erodierte
Berge, über Flüsse, in denen auch Krokodile hausen, bis der nächste größere
Ort auftaucht.

Mandoto

(= „Schmutziger Ort")
ist auffallend sauber, aber weit vom nächsten Wasser entfernt ... Die Fahrt
durch zerklüftete Landschaften führt vorbei an typischen Hochland-Straßen-
dörfern. Wundern Sie sich samstags nicht über torkelnde Gestalten – auch
hier feiert man das Wochenende mit *Toaka Gasy,* einem hochprozentigen,
selbstgebrauten Schnaps. Im Frühling (November/Dezember) begegnet man
auch auf dieser Route den unvermeidlichen, verheerenden Heuschrecken-
schwärmen, die das letzte Grün, die neue Saat kahlfressen und große Not
bringen. Früher aßen die Leute Heuschrecken als Delikatesse; seit sie mit
europäischen Hilfsprogrammen – auch der deutschen GTZ – mit Hilfe des
in Deutschland verbotenen DDT bekämpft wurden, ist der Verzehr offiziell
verboten. Ob sich jemand daran hält, ist fraglich ...

Man hat hier bereits das Land der *Merina* und der *Betsileo* verlassen und
nähert sich dem Land der *Sakalava.* Es gibt kaum noch Reisfelder, sondern
hier wechseln sich erodierte Berge mit weiten Graslandschaften und wei-
denden großen Rinderherden ab. Unterwegs begegnet man auch eingewanderten *Antandroy* und *Tanala.* Männer mit Bärten und einem Kamm im Haar
sind noch unverheiratet, also noch zu haben.

Eines der schönsten Dörfer unterwegs, vor allem kurz vor Sonnenuntergang, ist **Dabolava**, am Hügel gelegen etwa 40 km vor Miandrivazo. Es ist
abends nicht nur in goldenes Licht getaucht, sondern hier versuchen auch
zahllose Goldgräber ihr Glück und schürfen – dank des vulkanischen Ge-
steins oft erfolgreich – im Fluß nach Gold. Für madagassische Verhältnisse

wurde hier in den letzten Jahren viel von dem gelben Edelmetall gefunden. Und wenn nicht, dann Harmonith, Fossilien oder versteinerte Muscheln. Am Straßenrand säubern die Goldwäscher ihre Siebe, in den Lädchen stehen Goldwaagen bereit – auch Lebensmittel werden mit Gold aufgewogen – ein Gramm hat etwa den Gegenwert von 15 Mark.

Danach – plötzlich, nach einer Kurve – öffnet sich ein weites Tal, durch das majestätisch der **Mahajilo** fließt – der große Zufluß des noch viel mächtigeren **Tsiribihina** – vor der Kulisse der Bergkette des **Bemaraha** im Westen und dem **Bongolava**-Massiv im Osten. Plötzlich, nach all der Trockenheit, wieder Bäume und Grün, und nach der stundenlangen Fahrt durch unbesiedeltes Gebiet ein großes, 3-5 km langes Straßendorf mit den typischen Bambus- oder Mangroven-Zäunen, hinter denen sich die Sakalava-Häuser verstecken. Rechts vor dem Ortseingang von Miandrivazo soll es ähnliche heiße Thermalquellen wie in Antsirabe geben, die jedoch nicht genutzt werden.

Miandrivazo
(= „ich erwarte eine Frau")

Aktuelle regionale Reisetips (Hotels, Restaurants etc.) zu Miandrivazo
entnehmen Sie bitte den gelben Seiten 248

haben wir nach 4 Stunden erreicht, inklusive vieler Fotostopps und einer Reifenpanne, einschließlich langwieriger Reparatur des kaputten Ersatzreifens. Ein buntes Treiben, aber sonst ein verlassenes Nest! Ganz am Ende, nach etwa 5 Kilometern, gelangt man vor dem Fluß Mahajilo an eine Art Marktplatz, biegt dort links ab und landet beim *Gîte de la Tsiribihina,* einem kleinen, *sehr* einfachen Hotel mit Restaurant direkt am Fluß, wo man sich nach einer Flußfahrt über den Tsiribihina erkundigen kann.

Hier sind auch häufig Leute wie Monsieur François Razoma anzutreffen. Ex-Biologe und pensionierter Physiklehrer, der *alles* über die Gegend weiß und einem sogar den örtlichen Blitzmacher vorstellen kann.

Monsieur Razoma kennt mehrere Erklärungen für den Namen dieser Stadt: „Radama I., der machthungrige Merina-König, kam auf seinen Eroberungsfeldzügen auch bis Miandrivazo. Hier wollte er den herrschenden Sakalava-König überrumpeln, wurde aber verraten, und die Hälfte seiner Krieger kam elendig im Tsiribihina um. Mit der anderen Hälfte zog er gegen den König und nahm dessen Tochter Rasalimo als Geisel ... Nach der anderen Version verliebte sich Radama in die schöne Tochter des ansässigen Sakalava-Königs. Der versprach, daß er auf einen Verteidigungskrieg verzichten würde, wenn Radama Rasalimo zur seiner 12. Frau machen würde. So vermied er eine militärische Niederlage und machte sein Königshaus zum Teil der Merina-Herrschaft. Hier, in diesem Ort, erwartete Radama die Ankunft der Königstochter ..." (Ein Straßenstück Richtung Morondava heißt dagegen „Straße der Tränen" – denn hier mußte Rasalimo mit Radama ziehen und ihr geliebtes Sakalava-Land verlassen ...).

Miandrivazo gehört aufgrund seiner Lage zu den heißesten Orten Madagaskars. Nachts, wenn man sich schlaflos hin- und herwälzt, kann man das nur bestätigen. Die Bewohner leben vor allem vom Anbau von Tabak und Baumwolle. Das Vulkangebiet ist extrem fruchtbar. Schon die weißen Kolonialherren nutzten es für riesige Plantagen und beschäftigten Emigranten aus dem Süden und Osten – Antandroy und Betsileo – als Plantagenarbeiter; die ortsansässigen Sakalava waren von jeher eher Rinderzüchter. Heute gibt es nur noch wenige Plantagen, fast alle in Händen von Griechen oder Franzosen. Man wundert sich, wer sich alles ausgerechnet hier niedergelassen hat: Katholiken, Adventisten, Zeugen Jehovas.

Tip: Bootsfahrt auf dem Tsiribihina

Ausgangspunkt: Miandrivazo, Ankunft in Belo/Tsiribihina, 160 km per Boot. Reisezeit von Mai bis Ende November, nicht während der Regenzeit!

Tip
Landkarte über die Region Morondava bei FTM in Tana kaufen.

Alle, die wir getroffen haben und die diese langsame, entspannende Fahrt gemacht haben, bezeichneten sie als einen der Höhepunkte ihrer Reise. Ein unvergeßliches Erlebnis, wenn man sich auf die gemächliche Ruhe des Flusses einläßt, und sicher für alle Liebhaber von Schmetterlingen, Vögeln, Lemuren, Chamäleons, Orchideen, Dschungel und: Krokodilen! Vielleicht hat der Fluß wegen dieser Tierchen seinen Namen: **Tsiribihina** – „wo man nicht ins Wasser geht" – eine andere Version ist allerdings: „wo man nicht zu Fuß durchgeht" (d.h., es ist zu tief). Die Exkursion beginnt mit einer gemütlichen Fahrt auf dem Mahajilo. Nach etwa vier Stunden gelangt man in die atemberaubende Schlucht des Tsiribihina

Bootsfahrt auf dem Tsiribihina

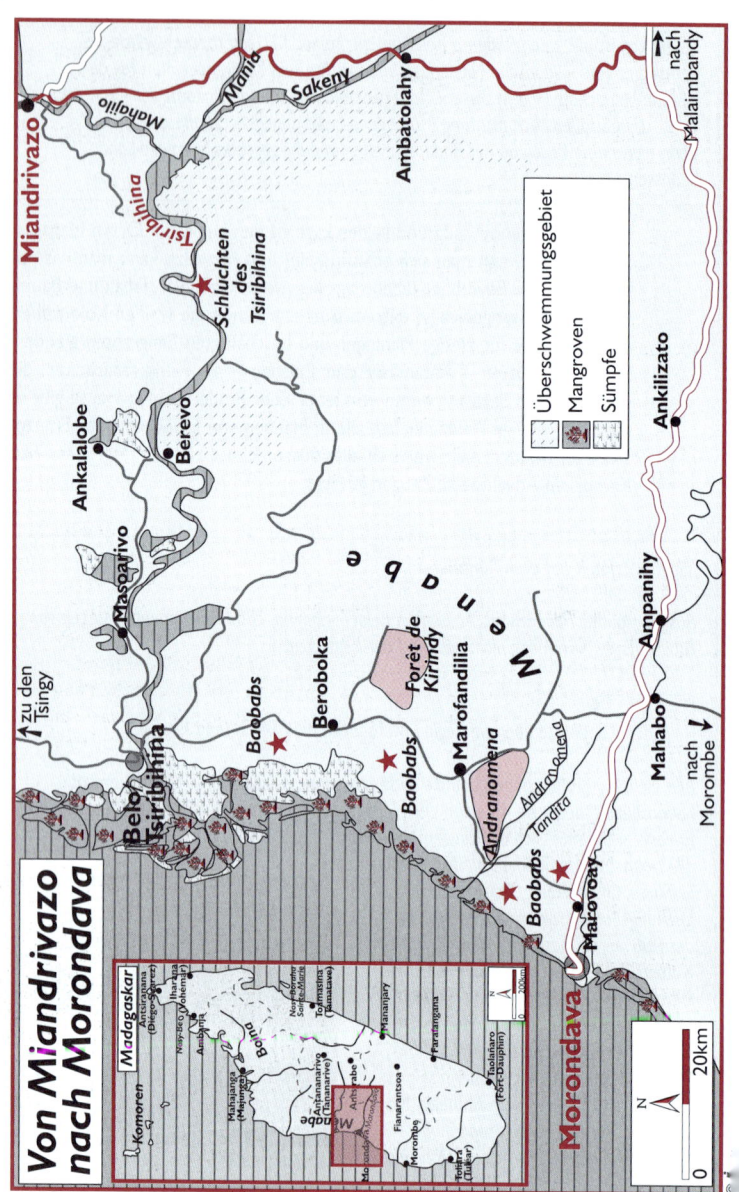

Von Miandrivazo nach Morondava

Miandrivazo

Morondava

Schluchten des Tsiribihina

Tsiribihina

Mania

Sakeny

Ambatolahy

nach Malaimbandy

Ankilizato

Ankalalobe

Berevo

Masoarivo

zu den Tsingy

Belo Tsiribihina

Baobabs

Beroboka

Forêt de Kirindy

Marofandilia

Andranomena

Andratandila

Baobabs

Baobabs

Baobabs

Malovoay

Ampanihy

Mahabo

nach Morombe

Menabe

Legende:
Überschwemmungsgebiet
Mangroven
Sümpfe

Madagaskar

Komoren

Antsiranana (Diégo-Suarez)

Nosy-Be (Nosy-Bé)

Ambilobe

Mahajanga (Majunga)

Boina

Antananarivo (Tananarive)

Antsirabe

Fianarantsoa

Morombe

Toliara (Tuléar)

Menabe

Maintirano

Morondava

Mahanjary

Farafangana

Tolañaro (Fort-Dauphin)

Nordöstlicher Sofia-Mania (Tamatave)

20 km

N

0   20km

im Bemaraha-Bergmassiv. Während der folgenden Tage passiert man weitere Schluchten, Wasserfälle, Primärwald mit neugierigen Lemuren, bis zur Ankunft in der großen Mündung des Flusses, in der sich auch Haifische tummeln.

Übernachtet wird in Zelten auf Sandbänken, die die Krokodile angeblich nicht mögen, unter einem gigantischen funkelnden Sternenzelt! Anti-Mückencreme, Moskitonetz, Schlafsack, Taschenlampe, Sonnencreme mitbringen; Proviant je nach Veranstalter.

Bis vor wenigen Jahren war die Reise noch ein Abenteuer, das man selbst organisieren mußte – manche haben sich sogar noch eine eigene Piroge gekauft und sind den Fluß hinunter gepaddelt. Heute geht das einfacher: Auch unter den Reiseveranstaltern ist eine Art Goldgräberstimmung ausgebrochen, und immer mehr nehmen die Fahrt in ihr Programm auf, setzen Motorboote ein, planen weitere Hotels in Belo-sur-Tsiribihina. Die Zahl der „Tsiribihina-Touristen" soll von 1996 bis 1997 um etwa 30 % gestiegen sein. Sie können entweder in Miandrivazo nach Fischern fragen, die Sie in ihren Pirogen mitnehmen (Proviant und Wasser!! mitbringen), oder nach organisierten Touren – in einfachen Booten (4-5 Tage, Vorteil: Die Tiere werden nicht vom Motorengeräusch und Menschenstimmen verschreckt) – bzw. in luxuriöseren Schiffen (ca. 3 Tage), die viel kosten, aber auch mehr Service bieten (s. Regionale Reisetips S. 249).

Im Ankunftsort **Belo-sur-Tsiribihina** 100 km nördlich von Morondava (oder einfach Belo, nicht zu verwechseln mit dem Badeort Belo-sur-mer südlich von Morondava), verloren in den Sümpfen, Mangroven und Sandbänken des Tsiribihina-Deltas, konnte man bisher nur in einem einfachen Hotel übernachten. Der Ort selbst – auf einer Sandbank gelegen und aus Richtung Morondava nur per Fähre zu erreichen – bietet wenig. Er liegt aber im Herzen des Sakalava-Landes und ist Ausgangspunkt einiger interessanter Ausflüge: zu den Tsingys weiter im Norden (s.u.), 10 km in nordwestlicher Richtung zum Grab des Sakalava-Königs Bahary, zu den Königsgräbern in **Ankirondro**, und 15 km östlich nach **Serinam** zu den Gräbern des letzten Sakalava-Königs Toera, der von den Franzosen enthauptet wurde.

 Aktuelle regionale Reisetips (Hotels, Restaurants etc.) zu Belo-sur-Tsiribihina
entnehmen Sie bitte den gelben Seiten 234

Wirklich sehenswert ist das große Fest der Sakalava, „**Fitampona**" – die Reinigung der königlichen Reliquien. Es findet etwa alle fünf Jahre statt – festgelegt nach strengem astrologischen Zeremoniell, zuletzt in den Jahren 1994 und 1999.

Weiterfahrt Belo/Tsiribih. - Morondava: Bei den organisierten Touren ist die rund

Fitampona – königliches Reliquienfest der Sakalana

dreistündige Weiterfahrt Richtung Süden nach Morondava durch die herrliche Allee der Baobabs mit eingeschlossen. Außerdem verkehren regelmäßig Taxis und Taxi-Brousses. Gelegentliche Flugverbindung mit Air Madagascar während der Hauptsaison.

Von Miandrivazo nach Morondava

Der Landweg nach Morondava ist weniger spektakulär als die Flußfahrt, dafür aber in einem Tag zu bewältigen. Allein für die 125 km Fahrt nach **Malaimbandi** braucht man etwa vier bis sechs Stunden – Schuld ist der schlechte Zustand der Straße. Auch sie wurde Ende der 80er Jahre renoviert – dieses Stück liegt jedoch in der **Ebene von Bezirir**, einer Sumpflandschaft, die während der Regenzeit oft überschwemmt und von Zyklonen heftig aufgemischt wird.

Der erste Teil der Route führt entlang des Flusses *Mahajilo* und zahlreichen kleinen Seen; der erste rechter Hand heißt „Malaizohari" – „der See, der keine Männer mag". Frauen dürfen hier schwimmen, Männer nicht, und schon viele Fischer sollen darin umgekommen sein. Man passiert verschiedene Brücken und Flußarme und eine noch halbwegs grüne Landschaft mit verschiedenen Palmenarten und heiligen Tamarindenbäumen. Danach verwandelt sich die Erde in schrecklichste erodierte Steinwüste. *(Tip: Sehr erfrischend ist, wenn Sie eine längliche Tamarindenfrucht in Wasser legen – sie enthält viel Vitamin C und schmeckt schön sauer).*

Nach etwa drei Stunden Pistenfahrt und gut der Hälfte der Strecke bis Malaimbandi erreichen Sie **Ambatolahy** (= "männlicher Stein"), ein verlorenes Nest mit erstaunlich gutem Restaurant (Hotely Tsikivimila) direkt 100 m hinter dem Ortseingang auf der rechten Seite: Probieren Sie ein köstliches Perlhuhn oder Wildschwein mit Reis und Romazava!

Ein Bad im Fluß

Weiter verläuft die Piste durch Mango- und Tabakplantagen, letztere bestimmt für die Marke Mélia. Hinter **Marolefo** (="viele Speere", Ort der Antandroy) wird der Boden sandig, es wachsen Badika-Palmen und die charakteristischen, aus Indien importierten Jujubier-Bäume, die auch extreme Trockenheit vertragen können und sich fast zu einer Plage entwickelt haben, da sie die heimische Vegetation verdrängen. Zebus fressen ihre Früchte und verbreiten so die Samen.

Dank des Zustandes der Straße kann man jedesmal froh sein, wenn die Reifen wieder einmal unbeschadet ein tiefes Schlagloch überstanden haben. Nach gut vier Stunden (bei Regen auch mehr) stößt man plötzlich auf die für den Tabaktransport erstklassig asphaltierte Route Nationale No. 35, die Mitte der 90er Jahre von Chinesen instandgesetzt wurde.

3 km südöstlich der Kreuzung liegt **Malaimbandi** (= „ich mag keine Lügen"). Bei einem Abstecher dorthin überquert man mittels einer ebenfalls von den Chinesen gebauten Brücke den Fluß Manampanda (= „ich kann nicht widerstehen"). Die Fortsetzung dieser später fast nicht mehr befahrbaren Piste ist die Verbindungsstrecke zur RN 7 südlich von Ambalavao.

Aktuelle regionale Reisetips (Hotels, Restaurants etc.) zu Malaimbandi
entnehmen Sie bitte den gelben Seiten 244

Von der Kreuzung in entgegengesetzter Richtung nach Westen führt die RN 35 über eine von der Societé Eiffel gebauten Brücke etwa 120 km nach **Mahabo** und weitere 40 km – insgesamt 160 km sehr bequemer Fahrt – nach Morondava. Trotz der schönen Asphaltdecke heißt der erste Teil dieser Strecke „*die Straße der Tränen*" – in Erinnerung an Rasalimo, der hier endgültig klar wurde, daß sie ihre geliebte Heimat der Sakalava für immer verlassen mußte.

Wieder wechselt die Vegetation: Reste von trockenem Primärwald unter dem Schutz des WWF lösen monotone verbrannte Landschaften ab. Etwa 15 km vor Mahabo, der alten Königshauptstadt der Sakalava, am **Fluß Morondava** liegt 100 m abseits der Straße rechter Hand eine versteckte Frischwasser-Quelle; kurz danach, links, ein großer, von Schweizern erbauter **Stausee**, der mit Hilfe eines ausgeklügelten Kanalsystems das gesamte Agrarland der Umgebung, die Reisfelder und die Stadt Morondava mit Wasser versorgt.

In **Mahabo** selbst muß man schon viel Phantasie aufwenden, wenn man sich diesen Ort als alte Hauptstadt vorstellen will. Hier residierte König *Ratsaotsy* (= „der, der sich oft beim Volk bedankt"), ein angesehener, beliebter König der Sakalava. Eine Piste Richtung Norden führt Sie, wenn Sie Zeit haben, ins Dorf **Befotaka**. Mit Einwilligung des Bürgermeisters können Sie dort eines der schönsten Königsgräber besichtigen, nach einem längeren Spaziergang zu Fuß ... Von Mahabo aus „riecht" man fast schon das Meer – am Straßenrand tauchen die ersten Kokospalmen und Rumfabriken auf, Reste ehemaliger Orangenplantagen und – direkt am Ortseingang von Morondava – die ersten Baobabs. Zwei uralte Baobabbäume rechts und links der Straße bildeten das „Tor von Morondava", das noch auf 50-Ariary-Münzen geprägt ist.

Morondava

(= „wo die Küste lang ist")
Entfernung von Tana: rund 720 km, von Antsirabe ca. 550 km.
Einwohner: ca. 54.000 (1997)

Aktuelle regionale Reisetips (Hotels, Restaurants etc.) zu Morondava entnehmen Sie bitte den gelben Seiten 251

Überblick

Das Hafenstädtchen Morondava – eher ein größeres Dorf – ist ein kleines, regional bedeutsames Wirtschaftszentrum – umgeben von Reisfeldern und landwirtschaftlichen Plantagen, die bis in die Stadt hinein reichen. In der Mündungsebene des **Kabatomena** und des Flusses **Morondava** werden Bananen, Orangen, Grapefruit, Mais, Erbsen und Baumwolle angebaut. Einzigartig in der Region: Ein ausgeklügeltes Bewässerungssystem des Kanals *Dabara* bezieht 15 km östlich von Mahabo das Wasser aus dem Fluß Morondava, fing lange Zeit Ablagerungen am Kanaleingang ab und sorgte dafür, daß die Reisfelder nicht versandeten. Allerdings kümmerte sich die letzten 20 Jahre niemand wirklich um den Kanal – mit dem Erfolg, daß die Wassermassen bei regelmäßigem Hochwasser der Flüsse nicht mehr abgeleitet werden konnten und häufig die ganze Stadt, die umliegenden Dörfer und Ernten unter Wasser standen. Seit 1991 werden mit Hilfe eines Entwicklungsprojektes die Kanäle saniert.

Das ist auch dringend notwendig, denn von der anderen Seite frißt sich das Meer immer weiter ins Landesinnere. Meeresströmungen und Zyklone haben alle gebauten Schutzwälle

Redaktions-Tips

- Allee der **Baobabs** (S. 355)
- Die **Gräber der Sakalava**-Könige (S. 353)
- Ausflug zum **Forêt de Kirindy** (S. 358)
- Ausflug zum **Tsingy du Bemaraha** (UNESCO-Weltkulturerbe) (S. 362)
- 10 Monate **Sonne** im Jahr, haifreie Strände und das Plätschern des **Kanals von Mosambik**

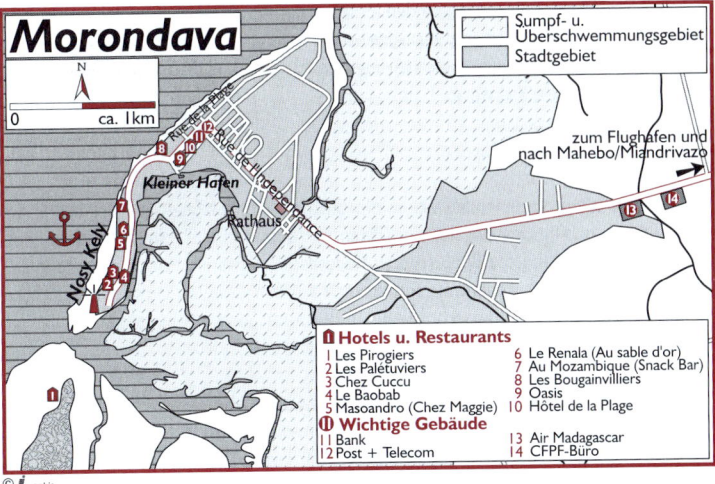

weggerissen. Am Strand liegen die traurigen Überreste von Molen, aber auch von Hotels, die der ungeheuren Erosionskraft des Meeres nicht standhalten konnten. Ein **Leuchtturm** am südlichen Ende des Strandes steht jetzt frei auf seinen Fundamenten. Die Düne, auf der er gebaut wurde, war innerhalb von zwei Jahren weggespült.

Die Stürme kommen zwischen Dezember und April. Es ist dann – mit Temperaturen bis zu 40 °C im Schatten – unangenehm heiß und feucht –

aber dafür tragen in dieser kurzen Zeit die Bäume grüne Blätter, die Blumen blühen und die Bauern bestellen ihre Felder. Erntezeit ist von April bis Ende Mai.

Von Mai bis November trübt dagegen kein Wölkchen den blauen Himmel von Morondava. Permanenter Sonnenschein, aber frische Nächte und Morgenstun-

Der Leuchtturm steht jetzt ohne seine Düne da

den. Nicht zuletzt deshalb lockt dieser Küstenstrich immer mehr Touristen an. Dabei hat Morondava nicht viel zu bieten – außer schönen weißen Stränden und gemächlich buntem Treiben. Daß es nach Mahajanga und Toliara der **drittgrößte Hafen an der Westküste** ist, bemerkt man nur an den großen, fischverarbeitenden Frachtern weit draußen vor der Küste. Vom Strand aus in einer lauen Sommernacht geben die Lichter der Luxusliner, die hier manchmal auf ihrem Weg von Mombasa nach Kapstadt ankern, eine großartige Kulisse ab.

Orientierung

Verlaufen können Sie sich in Morondava nicht. Die Stadt gliedert sich in drei Teile: Am Ortseingang von Osten her beginnt sie als eine Art Straßendorf, linker Hand das Büro von *Air Madagascar*, rechts ein Platz für die sonntäglichen *Hahnenkämpfe*, am Straßenrand zahllose kleine Verkaufsstände für Früchte, Fleisch und Feuerholz. Abends, kurz vor Sonnenuntergang, lohnt sich ein Spaziergang!

Nach etwa zwei Kilometern führt die Straße über einen befestigten **Damm** – Überschwemmungsgebiet! – direkt in die **Avenue de l'Indépendance** und das alte, koloniale Geschäftsviertel mit rechteckig angelegten Straßen, ehe-

maligen Prachthäusern, Kirchen, auffallend vielen Moscheen, Banken, Post, Hotels, einer Buchhandlung und vor allem indischen und madagassischen Läden. Versprechen Sie sich davon nicht zuviel: Übrig geblieben sind verfallene Bauten, staubige Straßen, viele ausgebrannte indo-pakistanische Häuser, die möglicherweise Brandstiftung zum Opfer fielen – ein eher tristes Stadtbild. Aber: Abends ist viel los, die Leute gehen spazieren und einkaufen oder spielen draußen Tischfußball. Und es gibt ein erstaunlich lebhaftes Nachtleben.

Kirche im Zentrum

Nach etwa einem Kilometer stößt die Avenue de l'Indépendance auf die **Rue de la Plage**. Wenn Sie ihr nach links folgen, vorbei an der Bank und einigen kleinen Hotels, gehen Sie ein Stück am Meer entlang, folgen einer großen Rechts- und Linkskurve um die Treibstoff-Station herum und gelangen zum kleinen Hafen und zur Halbinsel *Nosy Kely* (= „kleine Insel"). Diese Landzunge wird auf der einen Seite vom Ozean umspült, auf der anderen Seite von einem mangrovenbewachsenen Meeresarm begrenzt, in dem Segelboote, Pirogen und Dhaus von weither Schutz suchen.

Viele Globetrotter lieben Nosy Kely trotz des ärmlichen Dorfes und einiger zwielichtiger Kaschemmen. Hier haben sich in den letzten Jahren entlang des endlosen Strandes immer mehr kleinere, aber auch komfortable Hotels und Bungalows angesiedelt. Überall wird gebaut und gehämmert für neue Unterkünfte, Restaurants und Kneipen. Die Beschaulichkeit des Ortes hat darunter aber noch nicht gelitten. Die Strände sind einsam, das Meer ist wegen der Flußmündungen rotbraun gefärbt, aber haifrei. Wer es ganz einsam mag, kann sich per Piroge über den Fluß am Ende von Nosy Kely zu ganz abgelegenen Hotels bringen lassen.

Am Strand von Nosy Kely

Tip
Morondava, vor allem Nosy Kely, ist ein guter Ausgangspunkt für Ausflüge in die Umgebung, zum Entspannen und Baden. Zum Tauchen sollte man nach Belo-sur-mer weiterfahren.

Ausflüge

Die Gräber der Sakalava und Vezo

Die Umgebung von Morondava ist berühmt für zahlreiche, früher außergewöhnlich schöne königliche Grabstätten. Im Gegensatz zu den Hochlandbewohnern praktizieren die Sakalava keine zweiten Bestattungen. Ihre rechteckigen Gräber sind etwa zwei Meter lang und vier Meter breit oder auch

Erotische Grabskulptur der Sakalava

größer, etwa einen Meter hoch und in Stein, Beton oder Holz – meist Mangrovenstämmen – eingefaßt, je nach Alter und Status der Verstorbenen. Wertvolle, kunstfertig geschnitzte Holzstelen an jeder Grabecke symbolisieren verschiedene Szenen, Personen und häufig sehr erotische Bilder.

Leider haben die Stelen seit Ende der 80er Jahre auch unverantwortliche Grabräuber angelockt. Sie haben die Gräber entweiht und zerstört, um damit ihre Souvenirsammlung zu Hause aufzufüllen oder um sich auf den internationalen Kunstmärkten zu bereichern. Viele Gräber in der Umgebung sind deshalb Fremden nicht mehr zugänglich. Die schönsten Stücke sind verloren und die Bevölkerung zu recht außerordentlich mißtrauisch. Behörden vermuten sogar einen organisierten Handel auf dem Kunst-Weltmarkt und machen bestimmte europäische Veranstalter dafür verantwortlich, systematisch in ihren Geländewagen auch in den abgelegensten Winkeln nach gut verkäuflichen Kulturschätzen Ausschau zu halten.

Erkundigen Sie sich in Morondava oder beim Kultusministerium in Tana, welche Gräber noch besucht werden dürfen. Fragen Sie in den besseren Hotels nach einem wirklich orts- und geschichtskundigen Führer und besorgen Sie sich die Besuchserlaubnis vom zuständigen Dorfältesten oder Präsidenten des Fokotany.

Die interessantesten Grabstätten:
- die Königsgräber bei **Maneva** (Mahabo)
- die Grabschnitzereien von **Marovoay** (11 km)
- die Gräber von **Mangily** und **Ankirijibe** (5 km Richtung Osten, dann nach Abzweig auf eine Piste Richtung Norden weitere 3 km)

- Gräber von **Antalitoka** (ca. 1 Fahrstunde, 13 km Asphaltstraße Richtung Mahabo, danach 6 km Piste Richtung Belo-sur-Tsiribihina bis Dorf Bekonazy, nach Abzweig Richtung Antalitoka mit Geländewagen 9 km, von dort aus – mit Genehmigung des Präsidenten des Fokotany – zu Fuß).
- die königlichen Sakalava-Gräber bei **Belo-sur-Tsiribihina** – schwierig zu erreichen; für die Fahrt muß man etwa einen Tag einplanen

Gräber an der Straße der Baobabs

- die **Vazimba-Gräber** nördlich von Belo-sur-Tsiribihina (fast 70 km schlechter Piste von Belo).
- sehenswert sollen auch die Gräber von **Ambato-sur-mer** (nördlich von Morondava) und **Kivalo** sein, sind aber nur per Boot zu erreichen.

Auch entlang der Allee der Baobabs stoßen Sie direkt an der Piste auf Gräber, darunter recht neue der zugewanderten *Antandroy*, teils aus Stein und bemalt, teils aus Holz. Nähern Sie sich ihnen mit Respekt.

Wenn Sie weniger Zeit haben: In der Forststation des **Forêt de Kirindy** (s.u.) gibt es eine authentische Nachbildung der erotischen Grabskulpturen. Ein kleines Museum zeigt, welchen strengen Regeln die Bestattungsriten unterlagen. Alle Gräber, außer denen der Könige oder Sklaven, mußten auf der Ost-West-Achse ausgerichtet sein – mit dem Kopfende nach Osten. Sklaven wurden mit dem Kopf in Westrichtung bestattet, Könige in Süd-Nord-Richtung, Kopfende nach Süden. Zuerst waren die Gräber Einzel-, später Kollektivgräber.

Könige hängte man üblicherweise nach ihrem Tode an den Füßen auf, um die herausfließenden Körpersäfte in einem Gefäß zu sammeln und in einen benachbarten See auszuschütten, der danach als heilig galt. Erst wenn ein König ein halbes Jahr lang so „getrocknet" worden war, wurde er bestattet ...

Auch heute noch gelten je nach Region **strenge Fadys**, die mit dem Tod zu tun haben. Ein paar Beispiele für den Menabe:
- eine Beerdigung darf nie dienstags stattfinden, sonst folgen weitere Todesfälle
- Schwester und Bruder dürfen niemals zusammen zum Friedhof gehen
- nie mit dem Finger auf ein Grab zeigen, sonst verliert man den Finger
- nie vor einem Beerdigungszug hergehen, denn sonst folgt der Tod
- nachts nicht ohne Licht schlafen, weil man dann die Toten imitiert ...

Fragen Sie behutsam nach den Bedeutungen der Fadys. Nicht immer wird man Ihnen gerne antworten!

Die Straße der Baobabs

Man fährt von Morondava etwa 12 km die RN 35 in Richtung Mahabo und folgt dann einer guten Piste Richtung Belo-sur-Tsiribihina. Nach gut 5 weiteren Kilometern, etwa ½ bis ¾ Autostunde von Morondava entfernt, wähnt man sich auf einem anderen Stern. Die Landschaft gehört zu den schönsten und bizarrsten, die wir gesehen haben. Vor einer spektakulären Kulisse von Reisfeldern und Teichen wilder Seerosen erscheinen majestätisch gegen den Horizont die ersten knorrigen, wuchtigen, teils Jahrhunderte alten Baumriesen der Baobabs.

Bei Sonnenaufgang oder -untergang ist der Anblick atemberaubend. Das Licht, dazu das Farbspiel von silbergrauen Baumrinden, blutrotem Lehmboden und azurblauem Himmel. Vorbeiziehende Zebukarren, ab und zu vollbepackte, staubige alte Lkw – und am Rande einige versteckte Siedlungen nomadisch lebender Bauern.

Ursprünglich stand hier noch ein ganzer Baobabwald. Übrig geblieben sind vereinzelte Exemplare

Die Baobab-Allee – inzwischen eines von Madagaskars Wahrzeichen

und die einzige Baobab-Allee, inzwischen ein Wahrzeichen für Madagaskar. Zum Glück läßt sich das Holz dieser einzigartigen Bäume weder verbrennen noch zu gutem Futter oder Baumaterial verarbeiten. Nur deshalb existiert diese Allee noch – auch wenn Baobabs als heilig gelten. Eine besondere Attraktion sind die *„Baobabs amoureux"*, die liebenden Baobabs etwas abseits der Piste. Zwei Bäume, die umeinander herum gewachsen sind und sich umschlungen halten – eine botanische Rarität!

Die Baobab-Allee gehört zu unseren Lieblings-Ausflügen. Offensichtlich geht es aber nicht nur uns so. Es hat sich inzwischen herumgesprochen, daß man vor allem bei Sonnenuntergang schöne Fotos machen kann, und so kommt es zu absurden Situationen. Alle möglichen Kleinbusse diverser Reiseveranstalter parken direkt am Anfang und Ende der Baobab-Allee, und die fotowütigen Touristen stehen sich gegenseitig im Bild. Aus Sicht der Bewohner der kleinen Hütte auf dem Feld neben der Allee sicher ein komischer Anblick.

Wie so oft ist hier die Entwicklung des Tourismus zwiespältig. Einerseits wird sie die einzigartige Atmosphäre dieses Ortes zerstören, andererseits vielleicht zum Erhalt der Allee beitragen ...

INFO **Der Baobab (Affenbrotbaum)**

Der Baobab ist ein so außergewöhnlicher Baum, daß sich seit jeher zahlreiche Mythen und Legenden um ihn ranken. Das liegt an seiner eindrucksvollen Erscheinung, aber auch am biblischen Alter, das er erreichen kann. Manche Exemplare sollen mehr als 5000 Jahre alt sein.

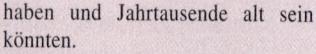

Botaniker Michael Adanson, der 1743 als erster Europäer einen Jahrtausende alten Baobab beschrieb, und David Livingstone. Der berühmte Afrikaforscher und Missionar der London Missionary School soll damals heftig bestritten haben, daß einige Pflanzen oder Tiere die Sintflut überlebt haben und Jahrtausende alt sein könnten.

Eine Legende berichtet von einem theologischen Streit zwischen dem

Auch Antoine de St. Exupéry beschreibt die Baobabs in seinem Märchen vom „Kleinen Prinzen", allerdings nicht sehr liebevoll. In Afrika erzählt man sich die Entstehungsgeschichte des „upside-down-trees" (des „Kopf-nach-unten-Baums") in zahlreichen Varianten, die eins gemeinsam haben: Gott ärgerte sich über den Baobab, riß seine Wurzeln aus der Erde und steckte ihn verkehrt herum wieder hinein. Trotzdem gilt er vielen als heilig. In Madagaskar wird er oft in der Nähe von Mahafaly-Gräbern angebaut.

Als Nutzpflanze ist der Baobab vielseitig verwendbar: zur Herstellung von Seilen, Körben, Hüten und Saiten für Musikinstrumente aus den Fasern der Borke; Papier und Schüsseln aus Holzbrei; Gemüse aus den frischen Blättern; von Behältern aus den Samenhülsen und Öl und Getränken aus den Samen. Im Gegensatz zu anderen Bäumen stirbt der Baobab nicht, wenn ein Teil seiner Rinde abgeschält wird.

Weltweit sind acht Arten von Baobabs bekannt. Sieben kommen auf Madagaskar vor; sechs davon sind endemisch, das heißt – *nur* hier haben diese Baumriesen jemals Fuß fassen können. Eine einzige Art, *Adansonia digitata*, ist außer in Nordwest-Madagaskar auch auf dem afrikanischen Kontinent verbreitet. Daneben existiert weltweit nur noch in Australien eine weitere Baobab-Art, die *Adansonia gregori*.

In Madagaskar findet man Baobabs im Westen und Südwesten, in den heißen Regionen und den Trockenwaldgebieten im Norden. Ihre Stämme können so viel Wasser speichern, daß sie in Trockenzeiten bis zu drei Jahre ohne Wasser auskommen. Bei Wassermangel werfen sie oft ihre gesamten Blätter ab. Auch den Einheimischen dienen sie als Wasserspeicher, in Notzeiten zapfen sie die Feuchtigkeit ab. Unter Botanikern ist

umstritten, ob der Baobab als Baum oder als wasserspeichernde Sukkulente eingestuft werden soll. Fest steht: Baobab ist nicht gleich Baobab, sie kommen in den unterschiedlichsten Variationen vor.

In der Gegend um Morondava wachsen drei Arten:
1. **Adansonia grandidieri** (örtlicher Name: „Reniala"= Vater/Mutter des Waldes): der größte Baobab, mit zylindrischem, dickem Stamm, rötlicher Rinde, weißen Blüten im März. Früchte und ölhaltige Samen dienen den Sakalava als Nahrungsmittel. Gebiet: mittlerer Westen um Morondava.

2. **Adansonia Za** (örtliche Namen: Za, Ringy, Boringy): Höhe 10 - 40 Meter, schmaler werdender Stamm nach oben oder zylindrisch, gelb-rötliche Blüten. Bedroht, weil er in Trockenzeiten an Zebus verfüttert wird. Gebiet: Süd- und Nordwesten, um Ambongo-Boina und Sambirano.

3. **Adansonia rubostripa** (oder Fony; örtliche Namen: Za, Zamena, Ringy, Boringy): Höhe 4-10 m. Oft sehr bizarre Stammformen, zigarrenförmig, wie oben zusammengeschnürt oder in der Mitte geschwollen. Gelbliche Blüten nach seltenen Regenfällen. Gebiet: Südwesten, um Morondava, auf Fels- oder Sandböden im südlichen Menabe, Mount Ambohibitsika (Mangoky), Wald von Marofondelia, Manombo.

Drei weitere Arten sind vor allem im Norden beheimatet:

4. **Adansonia madagascariensis** (örtliche Namen: Za, Zabe, Renida, Bozy): Höhe 10-35 m, zylindrisch oder sich nach oben verjüngend, kaum verdickter Stamm, rote Blüten zu Beginn der Regenzeit im November, reife Früchte zur Trockenzeit.

Eine der schönsten, eleganten Baobab-Arten. Gebiet: um Antsiranana (Diego-Suarez) im Norden, Westküste, vereinzelt auch im Süden am Cap St. Marie, Ambongo-Boina, Toliara.

5. **Adansonia perrieri**: erst seit 1960 bekannt; gelbe Blüten, sonst wenig Informationen. Gebiet: Region um Antsiranana, Ankarana-Plateau.

6. **Adansonia suarezensis**: 20-30 m hoch, glatter, sich verjüngender und zu den Zweigen wieder verdickender Stamm, dunkelrote Blüten.

Die siebte Art findet man im Norden Madagaskars und vielen Ländern Afrikas: **Adansonia digitata** (örtliche Namen: Sefo, Bontona, Vontona (= „der Geschwollene"), Reniala): Höhe 20 m, *Stammumfang bis zu 40 m*! Die Stämme dieses Baobabs sollen bis zu *130.000 Liter Wasser* speichern können!

Das berühmteste, außerordentlich beeindruckende Exemplar steht in Mahajanga. Gebiet: Nordwesten, Mahajanga, Ambongo-Boina-Region; häufig in Häfen oder auf Marktplätzen der Sakalava-Dörfer.

Nationalpark Kirindy-Mitea und Forêt de Kirindy (auch: Wald des Menabe)

Aktuelle regionale Reisetips (Hotels, Restaurants etc.) zum Forêt de Kirindy (Morondava)
entnehmen Sie bitte den gelben Seiten 251

Folgt man der Piste entlang der Allee der Baobabs weiter Richtung Norden (Belo-sur-Tsiribihina), weist nach etwa 45-50 km (ab Ortsausgang von Morondava) ein Schild nach rechts: noch 5 km zur *Kirindy-Forststation*.

Der Mausmaki (Microcebus) ist so klein, daß er in einer Hand verschwindet

Der 12.500 Hektar große Wald von Kirindy ist der Rest eines ehemals riesigen dichten **Trockenwaldgebietes**. Immerhin kann man hier noch erahnen, wie der Primärwald an der Westküste ausgesehen hat: eine schier unvorstellbare Dichte des Baumbestandes – der Wald ist fast unpassierbar –, trotz geringster Niederschläge mit großer biologischer Vielfalt und bemerkenswerter Anpassung an die Umgebung. Da die Wurzeln nicht an das bis zu 20 m tiefe Grundwasser gelangen können, gewinnt der Wald seine Nährstoffe aus den abgeworfenen Blättern, die im Boden zu Mineralien umgewandelt werden.

Der größte Teil des 1999 von ANGAP zum Nationalpark "Kirindy-Mitea" deklarierten Trockenwaldes liegt südlich von Morondava und verfügt über keinerlei touristische Infrastruktur. Dagegen ist ein anderer Teil Kirindys, an der Straße der Baobabs gelegen, leicht für Besucher erreichbar. Dieser Teil, kurz Forêt de Kirindy, steht seit 1978 unter Aufsicht des ehemals Schweize-

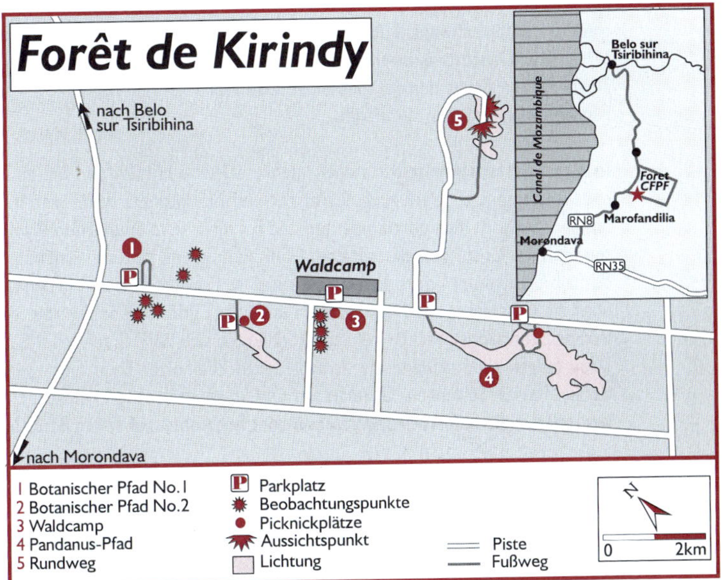

Forêt de Kirindy

nach Belo
sur Tsiribihina

Belo sur
Tsiribihina

Canal de Mozambique

Forêt
CFPF

RN8   Marofandilia

Morondava

RN35

Waldcamp

nach Morondava

1 Botanischer Pfad No.1	**P** Parkplatz	
2 Botanischer Pfad No.2	* Beobachtungspunkte	
3 Waldcamp	● Picknickplätze	
4 Pandanus-Pfad	✳ Aussichtspunkt	═══ Piste
5 Rundweg	▨ Lichtung	─── Fußweg

0   2km

© graphic

rischen Projektes **CFPF *(Centre de Formation Professionelle Forestière)***. Seit 1995 arbeitet es unter madagassischer Leitung weiter. Geographen, Zoologen, Forst- und Agrarwissenschaftler, Ingenieure und Techniker kümmern sich einerseits um die Erhaltung und Erforschung des Trockenwaldes und seiner Fauna, andererseits haben sie in Zusammenarbeit mit der Landbevölkerung überlebenswichtige Alternativen zu Brandrodung und Kahlschlag entwickelt.

Beim **CFPF-Büro** am Ortseingang von Morondava, in der Nähe des Air Madagascar-Büros, kann man sich vorab über den einzigartigen Trockenwald von Kirindy informieren und zur Übernachtung anmelden, wenn man an Nachtwanderungen teilnehmen und Lemuren beobachten will. 1992 wurde auf der *Forststation des CFPF* der kleinste Primat der Welt wiederentdeckt: der *Microcebus myoxinus*, eine Mausmaki-Art von 30 Gramm Körpergewicht! In Kirindy leben außerdem endemische *Fossas*, *Tandraka*, eine Art Igel, *Boky-Boky*, der mit seinem Schwanzwedel an ein Eichhörnchen erinnert, aber zu den Schleichkatzen gehört.

Nur in Kirindy und nur zur Regenzeit kann man zwei weitere endemische Tiere entdecken: eine Schildkröte mit flachem Schwanz, *Kapidolo* genannt, die sich in der Trockenzeit eingräbt, und den *Vositsy*, eine Art Zwergkaninchen mit Rattenschwanz. Auch er verläßt vorwiegend nachts und bei Regen seinen Bau. Daneben existieren zahlreiche ungefährliche Reptilien und über 70 Vogelarten. Sechs der dort lebenden Lemurenarten sind nachtaktiv – die Führer wissen, wo man sie antrifft.

In der Forststation selbst stehen mehrere kleine Hütten und ein einfaches Restaurant zur Verfügung, Schlafsack und Moskitonetz sollte man mitbringen. Oft trifft man dort Studenten und Forscher vom **Deutschen Primatenzentrum Göttingen**, das mit dem CFPF zusammenarbeitet. Vielleicht sind deshalb die Lemuren dort so zahm. Ein kleines Freilicht-Museum informiert über die Geschichte des Menabe, Flora und Fauna und die Königsgräber der Sakalava. Von einheimischen Führern können Sie sich zu Fuß auf den 1,5 bis 5 km langen „Lehrpfaden" die verschiedenen Edelhölzer, Baumarten, wilde Zebus, Fossas, Schlangen, Chamäleons und Vogelnester zeigen lassen. Eine besonders schöne Aussichtsplattform thront hoch oben auf einem Baobab.

Für den Transport zur Forststation müssen Sie selber sorgen; einen Transfer vom Büro aus gibt es (noch) nicht. Das CFPF leidet wie die meisten NGOs (Nichtregierungsorganisationen) unter chronischem Geldmangel – Autos und Benzin sind teuer! Es reicht, wenn Sie ein kleines R4-Taxi anheuern und sich so die teuren Ausflugsangebote der Hotels sparen.

INFO Brandrodung und Kahlschlag

Anfang der 80er Jahre nahm, mit steigender Nachfrage nach Mais für den Export, auch die Brandrodung zu – ein großer Teil des Trockenwaldes wurde vernichtet; Kirindy und einige andere Flächen sind der kümmerliche Rest.

Mit großem Engagement setzt sich das **CFPF** dafür ein, den Bauern eigenes Land zu verschaffen, für das sie sich verantwortlich fühlen und nicht nach den üblichen Brandrodungen weiterziehen müssen. Der bisherige „Staatswald" soll, wie lange vor der Kolonialzeit, wieder zu „Gemeindewald" werden.

Auch die traditionelle Gewinnung von Bauholz richtet in den Wäldern wahre Massaker an. Bewirtschafter eines Waldstückes sind in der Regel keine Fachkräfte, sondern Vertreter irgendeiner Berufssparte, die ihr Geld möglichst schnell vermehren möchten. Dazu reichen eine Nutzungsbewilligung und die Anwerbung von Holzfällern – meist für ihre Holzarbeiten bekannte Zafimaniry aus der Region Ambositra. Wegen der schlechten Bezahlung wird die Arbeit auf die einfachste und schnellste Weise ausgeführt: Um den Rücken nicht zu belasten, wird der Baum mit der Axt auf eine Höhe von 1,30 m geschlagen und auf die gewünschten Maße zugeschnitten. Die Krone – oft bis zu 3 m hoch – bleibt einfach liegen. Üblicherweise werden Kanthölzer von 20x20 cm verlangt, die Holzfäller schlagen junge Bäume, um später beim Zurechtschlagen der Stämme weniger Arbeit zu haben.

Das CFPF-Programm fördert seit Jahren eine fachgerechte, umweltschonende Ausbildung von Holzfällern. Statt der Edelhölzer, die oft 2-3 Jahrhunderte brauchen, bis sie nachgewachsen sind, werden ähnlich gute, aber schneller wachsende Baumsorten angepflanzt. Außerdem hilft das CFPF, die illegale Abholzung zu gewerblichen Zwecken zu bekämpfen – über 80 % des verkauften Holzes sollen illegalen Ursprungs sein!

Reservat Analabe

Von Kirindy zurück auf die Piste Richtung Norden, Entfernung von Morondava: ca. 55 km. Größe: ca. 4000 Hektar.

Analabe ist eine Art größeres Zwillingsreservat des Berenty-Parks im Süden bei Taolanaro (Fort Dauphin), wie Berenty in Privatbesitz der französischen Familie de Heaulme. 4000 Hektar Trockenwald, Mangroven und Sumpfgebiet – ein absolutes Vogelparadies mit bisher über 110 klassifizierten Vogelarten,

Fossa und sechs Arten von Lemuren, darunter *Lepilemur mustelinus ruficaudatus* und *Sifakas*. Die Familie de Heaulme versucht hier wiedergutzumachen, was sie durch frühere Sisalpflanzungen der Natur angetan hat.

Während unseres Besuches war das Reservat noch nicht für die Öffentlichkeit zugänglich. Erkundigen Sie sich vorab in den Hotels in Morondava.

Belo-sur-Tsiribihina und Flußfahrt Tsiribihina

(s. S. 345ff)

Tsingy de Bemaraha

Anfahrt: Piste von Morondava bis Belo-sur-Tsiribihina (106 km, per Taxi-Brousse oder Geländewagen), dann weitere 70 km – ca. 3 Stunden – nordöstlich bis zum Dorf Bekopaka. Etwa 20 km vor Bekopaka wird die Piste so schlecht, daß man vom Dorf Ankilizato normalerweise nur noch auf dem Ochsenkarren oder mit guten Geländewagen weiterkommt.

Das Reservat liegt ca. 60 km von der Küste entfernt in der Antsingy-Region des Bemaraha-Plateaus. Es kann nur in der Trockenzeit von April/Mai bis November besucht werden!

Die Anreise zu den Tsingys ist beschwerlich. Entschädigt wird man durch eine der spektakulärsten Landschaften der Welt! Die **UNESCO** hat die Region, die erstmals 1927 – wenn auch ohne Konsequenzen – zum Schutzgebiet erklärt wurde, 1990 in ihre Liste des **Weltkulturerbes der Menschheit** aufgenommen, das es auf jeden Fall zu erhalten gilt. Es umfaßt auch die heiligen *Grabstätten der Sakalava* in der *Schlucht des Manambolo*, die Schlucht selbst und den *„forêt des rochers"*, den Felsenwald. Seitdem bemühen sich Umweltorganisationen um einen behutsamen, ökologischen Tourismus.

Die **Tsingy** (madagassisch = Nadeln) bestehen aus unzähligen, bis zu 30 Meter hohen Kalksteinspitzen. Sie bilden ein riesiges Kalksteingebirge in zerklüfteten Formationen, durchzogen von Flüssen und untertunnelt von unterirdischen Höhlensystemen. Es erstreckt sich vom Bemaraha-Plateau bis zum Fluß Manambolo. Mit über 150.000 Hektar (**1520 km²**) ist es eines der größten Naturschutzgebiete Madagaskars. Wind und Wasser haben auf einer Höhe von 150-700 Metern eine geologische Wunderwelt geschaffen. Silbrigblau schimmernde Kalksteinkathedralen, schroffe Felswände erheben sich 400 Meter hoch über dem Flußtal des Manambolo, über Schluchten, Canyons und zahllosen Grotten. Dieses Schauspiel ist noch eindrucksvoller als die vergleichbaren Tsingys d'Ankarana bei Ambilobe.

Flora und Fauna sind bis auf einige Studien aus den 30er Jahren noch fast gänzlich unerforscht. Im Trockenwald und in der Savanne wachsen die einzigen wilden Bananenstauden *(musa perrieri)* Madagaskars, Ebenhölzer, Baobabs und über 350 weitere Pflanzenarten. Hier hat man die sehr seltene Chamäleonart *Brookesia Perarmata* entdeckt, außerdem ein einzigartiges Nagetier namens *Nesomys Rufus Lamberton*, elf Arten von Lemuren, 90 Vogelarten – darunter *Fischadler* – und eine überaus seltene Rallenart mit grauer Stirn, die Vogelkundler erst 1987 entdeckt haben. Mit 980 mm Niederschlag im Jahr sind die Tsingys ein bedeutendes Wassereinzugsgebiet für den gesamten Westen.

Tsingy du Bemaraha

Der größte Teil des **Réserve Naturelle Inté- grale** ist theoretisch nur für Wissenschaftler und, eigentlich illegal, für einheimische Familien zugänglich. Allerdings gibt es weder markierte Grenzen noch genügend Geld oder Personal, das zum Schutz des Reservates eingesetzt würde. Vor allem der nördliche, bewaldete Teil ist extrem durch Brandrodung und weidendes Vieh bedroht. Mit deutschen Hilfsmitteln kümmert sich unter anderem der WWF um den Aufbau eines nachhaltigen Schutzprogramms. ANGAP plant auch hier, in Kürze einen **Nationalpark** einzurichten.

Für Touristen sind von **Antsalova** und **Bekopaka** aus drei Rundwege erschlossen. Sie liegen außerhalb des eigentlichen Naturschutzgebietes, trotzdem ist die Begleitung durch einen ortskundigen Führer obligatorisch:
- zwei Rundwege nach **Andadoany** und **Ankidroadroa**, 15 bzw. 30 Gehminuten von Bekopaka. Schroffe Kalkfelsen, Höhlen, Canyons.
- Tsingy von **Andamozavaky**, 15 km nördlich von Bekopaka, 4 Gehstunden bzw. eine Stunde im Geländewagen.
- Ausflug per Einbaum in die Schluchten des **Manambolo** 2 ½ km südöstlich von Bekopaka zu den heiligen Gräbern der Vazimba, der Ureinwohner Madagaskars. Man soll – immer in Begleitung von neugierigen Lemuren und Krokodilen – durch abenteuerliche Schluchten und Höhlensysteme bis zur Küste hinunterfahren können.

Planen Sie mindestens einen ganzen Tag für die Wanderung durch das Kalk-Labyrinth des „Petit Tsingy" ein, nehmen Sie feste Schuhe mit! Ratsam ist auch ein kleines Zelt und eine Besuchererlaubnis von ANGAP, die Sie sich vorab bei ANGAP in Tana besorgen können.

Seit die Firma AMACO in diesem Gebiet unterirdische Erdölvorkommen vermutet, fürchten Umweltschützer um den Erhalt der Tsingys. Die einzige ganzjährig befahrene Piste, die 30 km in das Reservat hineinreicht, wurde von der Firma AMACO gebaut. Vom Flugzeug aus sieht man außerdem lange, kerzengerade Schneisen bis nach Kirindy, die verschiedene Erdölfirmen in den 60er und 70er Jahren geschlagen haben. Sie tragen zwar zur Erschließung entlegener Gebiete bei, aber auch zur weiteren Abholzung der Trockenwälder.

Unser Tip
Ein Flug über die Tsingys in niedriger Höhe ist ein besonderes Erlebnis! Allerdings relativ teuer (etwa 1 Mio. FMG/Std. – von Tana aus muß man mindestens 3 Stunden hin+rück rechnen). In Tana zu buchen bei verschiedenen Flugunternehmen (s. allgemeine Reisetips A-Z, Stichwort Fluggesellschaften).
Auch die Familie de Heaulme bietet von Toliara aus Rundflüge an, ebenfalls teuer! Auskünfte im Hôtel Capricorne, Toliara. Wieweit sie allerdings die Tiere stören, ist noch nicht bekannt.

Lesetip
Die renommierte amerikanische Zeitschrift National Geographic *machte mit ihrer Februar-Ausgabe von 1987, in der sie Fotos der bis dahin weitgehend unbekannten Tsingys veröffentlichte, auf dieses Wunderland aufmerksam.*

Weiterfahrt nach Norden

Über eine extrem schlechte Piste kommt man – theoretisch – von Bekopaka aus weiter über Antsalova Richtung **Maintirano** an der Küste. Nur saisonal befahrbar. Erkundigen Sie sich nach dem Zustand der Piste! Wenn Sie wochenlang Zeit haben, können Sie von dort aus über den Landweg weiter bis **Mahajanga** im Norden vorstoßen oder von Maintirano zurück nach **Tana** fahren.

Aktuelle regionale Reisetips (Hotels, Restaurants etc.) zu Maintirano
entnehmen Sie bitte den gelben Seiten 244

Von Morondava nach Süden

Belo-sur-mer

Aktuelle regionale Reisetips (Hotels, Restaurants etc.) zu Belo-sur-mer
entnehmen Sie bitte den gelben Seiten 234

Mangrovengesäumter Meeresarm in Morondava

75 km südlich von Morondava liegt das kleine Städtchen Belo-sur-mer, zu Kolonialzeiten ein beliebter Badeort. In den letzten Jahren wird Belo als Badeparadies wiederentdeckt. Trotz des expandierenden Tourismus hat das Fischerdorf und *Zentrum der Schiffsbaukunst* noch seinen ursprünglichen Charakter und Charme bewahrt. Endlose Strände, weiße Sandbänke, Kokospalmen, klares Meerwasser, Möglichkeiten zum Tauchen und Windsurfing. Reservat für Meeresschildkröten. Von Morondava aus über die Piste östlich vom Ortseingang zu erreichen. Oder per Piroge, die regelmäßig nach Morombe segeln. Nach Morombe dauert die Bootsfahrt etwa 4 Tage, nach Belo 1½ Tage. Den Preis muß man aushandeln!

Weiterfahrt Richtung Süden

Wenn Sie viel Zeit haben, 500 km harte Piste auf sich nehmen möchten und außerdem in der Trockenzeit von Mai bis Oktober reisen, können Sie die Hafenstadt Toliara von Morondava aus erreichen. Taxi-Brousse, Taxi-Be und LKW verkehren mehr oder weniger regelmäßig von Morondava. Der härteste Teil ist der erste über **Manja** bis **Morombe** (= „großer Strand"). Der kleine Hafenort liegt südlich des großen Mangoky-Deltas und verfügt als Umschlagplatz für einige landwirtschaftliche Produkte sogar über ein paar akzeptable Hotels.

Aktuelle regionale Reisetips (Hotels, Restaurants etc.) zu Morombe
entnehmen Sie bitte den gelben Seiten 250

Landschaftlicher Höhepunkt unterwegs ist Madagaskars drittgrößter See, der etwa 50 km südöstlich gelegene **Lac Ihotry** inmitten endemischer Trocken- und Dornenwälder. Die 300 Pistenkilometer von Morombe bis **Toliara** sind in etwa 9-10 Stunden relativ gut befahrbar, vorausgesetzt, es geht nicht einer der wenigen jährlichen Regengüsse nieder.

Alternativen
Sie können auch in Etappen von Morondava nach Morombe bzw. von Morombe bis Toliara fliegen. Bequemer und landschaftlich reizvoller: Rückflug nach Tana und von dort über die Route Nationale No. 7 bis Toliara.

4.3 Exkurs: Flug über Macay

von Eckehart Olszowski

*Der Himmel über Madagaskar oder
Freiheit der Lüfte …*

die gibt's noch in Madagaskar. Kein ebenso unsichtbarer wie allgegenwärtiger Controller, der einen am Radar ständig verfolgt, kein Feilschen um „Slots", keine Warteschleifen, kein Gedrängel um die Startfreigabe: So kann der Himmel zum Paradies werden – wenn man aufpaßt.

Es gibt nur drei kontrollierte Flughäfen in Madagaskar: Tana, Tamatave und Majunga. Wenn man deren Kontrollzone verlassen hat und die Sonne strahlt, dann ist die Freiheit grenzenlos. Steigen Sie in unsere „Piper Atztec" ein, wir fliegen von Tana

Im Cockpit

nach Tuléar und machen einen kleinen Schlenker über die „Tsingy du Bemeraha". Die beiden Motoren brummen beruhigend, alle Checks sind okay, wir sind „ready for departure" auf der Startbahn 11 von Ivato, der Controller ist uns wohlgesonnen, und wir bringen die 500 Pferdchen unter den Cowlings mächtig auf Trab. Rechtskurve nach dem Start und linkerhand gleich der Ausblick auf das Labyrinth der auf die Hügel geklebten Häuser der Hauptstadt, die wie eine Insel aus dem Meer der Reisfelder herausragt. Tana Control weist uns 8500 Fuß zu, Kurs West zum Lac Itasy: Dort beginnt die Freiheit. Drei Stunden ungestörtes Fliegen über einsame, vom Rest der Welt abgeschnittene Dörfer, Reisfelder und Steppe. Wilde, völlig unzugängliche Berglandschaften wechseln mit Urwäldern und grünen Flußtälern. Das Wasser der breiten, träge dahinfließenden Flüsse ist von den vorherrschenden Farbtönen der Erde unter uns eingefärbt: braun und rot. Die „Rote Insel", so tauften die Kolonialherren Madagaskar. Dann aber auch das häßlich schwarze, von den Menschen geschundene Land: verbrannte Erde. Riesige angebliche Weideflächen werden in der Trockenzeit abgefackelt. Die Rauchentwicklung ist so stark, daß sie uns die Sicht nimmt.

Es riecht brenzlig im Cockpit. Wir nähern uns Miandrivazo, sinken auf hundert Meter und fliegen durch die tief eingeschnittenen Schluchten des Tsiribihina. An deren Ausgang ein Stückchen nach Norden und wir sind schon über dem Labyrinth der Tsingy, einer einzigartigen Kalksteinformation: Gräben, wie von riesigen Baggern gezogen; daraus ragen zwanzig, dreißig Meter hohe Kalknadeln empor, umgeben von einer undurchdringlichen Vegetation. Um auf dem Landweg hierher zu gelangen, hätten wir eine viertägige Expedition mit geländegängigen Fahrzeugen unternehmen müssen. Wir fliegen tief, in der Maschine ist es jetzt besonders hinten heiß und stickig, ich bin froh, daß ich vorne im Cockpit sitze, da schlagen die Turbulenzen und die Kurverei nicht so sehr auf den Magen ... Okay, okay, bevor Sie die Tüten benutzen müssen, genug der Tsingy, wir steigen auf tausend Meter, da ist es ruhiger und kühler, Kurs auf Tulear; Zeit, die Stullen auszupacken und dazu ein Schluck Kaffee aus der Thermoskanne. Moment, da knackt was im Funk, da ist ja noch ein Kollege in der Gegend. Ein Buschflieger, die Twinotter von Air Madagascar setzt gerade in einem gottverlassenen Buschnest zur Landung an. Ich wünsche dem Kollegen einen guten Tag und frage ihn, was heute noch ansteht. Sein Job ist anstrengend, neun oder zehn Zwischenlandungen hat er noch vor sich, um abgeschiedene Orte mit der Außenwelt zu verbinden. Weite Teile Madagaskars sind nur mit dem Flugzeug zu erreichen – oder mit dem Ochsenkarren.

Wir sind nun schon bald zwei Stunden unterwegs, aber Madagaskar ist so reich an unterschiedlichen Landschaften, daß keine Langeweile aufkommt. Wir nähern uns einem bisher völlig unerforschten Gebiet: dem Makay-Massiv. Schon von weitem fallen uns diese nackten Felsglatzen auf. Hat darauf ein Riese unregelmäßige geometrische Muster gezogen? Erst aus der Nähe erkennen wir des Rätsels Lösung. Das Plateau ist auf vielleicht hundert Kilometer Länge und 50 Kilometer Breite von einem Irrgarten tief eingeschnittener Canyons durchzogen, die jeder mindestens 100 Meter tief sind. Durch jeden dieser Canyons sprudelt ein von reicher Vegetation umgebener Wasserlauf – der absolute Kontrast zur glatten Felswüste, die die Canyons nach oben begrenzt. Kein Weg, kein Pfad, keine menschliche Spur ist hier zu entdecken. Hat dieses Gebiet jemals ein menschlicher Fuß betreten? Wir kommen uns ziemlich störend vor in unserer kleinen, lauten und stinkigen Knatterkiste angesichts dieser gewaltigen Landschaft. Trotzdem kann ich der Versuchung nicht widerstehen, in eine dieser Schluchten einzutauchen und ihren Mäandern zu folgen. Welch grandioser Ausgang, als wir um die letzte Kurve fliegen und sich vor uns schlagartig eine breite offene Flußlandschaft öffnet!

Wir sind gesättigt von visuellen Eindrücken. Das war eine ganze Menge Madagaskar in nur drei Stunden. Vor unserer Landung in Tuléar können wir noch einen der größten Trockenurwälder Madagaskars bestaunen. Der Mann im Tower hat schon das Wetter durchgegeben: strahlend blauer Himmel, 27 Grad und – hoppla – fast vierzig Stundenkilometer Seitenwind bei der Landung. Das pfeift ganz schön und liegt an den technischen Grenzen unseres braven Maschinchens. Welch herrliche Stille, als wir endlich stehen und die Motoren nicht mehr in den Ohren dröhnen! Ich hoffe, Sie hatten einen angenehmen und erlebnisreichen Flug!

Mit der Fliegerei ist das so eine Sache. Vor fast zwanzig Jahren ließ mich ein Kumpel zum erstenmal einen Knüppel halten. Damit war es schon zu spät, ich war hoffnungslos der Fliegerei verfallen. Und es ist wie eine Droge, eine Schraube ohne Ende: Privatlizenz für Einmotorige; dann schielt man auf die Zweimotorigen; immer nur Schönwetterfliegen?, nein, ein Instrumentenflugschein muß her; ach so, jetzt fehlt nur noch die Profi-Lizenz, und damit ist schon eine ganze Menge Tausender verbraten. Ich sag's ja, wie eine Droge... Schließlich gründete ich mit einem Freund ein „Bedarfsluftfahrtunternehmen", (jawoll, so heißt das auf Beamtendeutsch). Reich werden wir mit unserem Flying Service bestimmt nicht werden, die Fliegerei ist ein teurer Spaß, und die Konkurrenz ist nicht immer fair. Aber wir können hemmungslos unserer Leidenschaft frönen.

"L'Ile Rouge – Madagaskar von oben"

So schön reibungslos wie auf unserem Flug nach Tuléar geht es allerdings nicht immer zu. Die Ostküste ist oft „dicht". Wenn die Passatwinde feuchte Luftmassen auf die Küstengebirge schieben, gibt es nur Regen, Regen, Regen. Kein boshaftes Wetter, in diesen feuchten Luftmassen fliegt es sich wie in Butter, nur halt völlig ohne Sicht. Noch vor wenigen Jahren, als nur wenige sporadisch funktionierende Radionavigationshilfen in Madagaskar zur Verfügung standen, war das noch eine echte Herausforderung. Da wurden die Hände schon mal schweißnaß, wenn man sich fragte, ob man wirklich über dem Meer war, um auf hundert Meter zu sinken, in der Hoffnung, die Wolkenuntergrenze zu erreichen. Aber seit die Amis dieses neue Wunderkästchen erfunden haben, ist die Navigation ein Kinderspiel geworden: Satelliten senden Signale aus, mit deren Hilfe unser Kästchen (GPS) jederzeit unsere Position bis auf zwanzig Meter genau bestimmen kann.

Gemein wird es, wenn in der Regenzeit pünktlich zum Nachmittag die Kumulanten aufziehen. Bis zu fünfzehntausend Meter ragen diese Gewittergebirge in den Himmel! Am besten vermeidet man die Fliegerei unter diesen Umständen. Wenn es doch sein muß, versucht man, sich zwischendurchzumogeln – aber immer mit einem Blick nach hinten ab und an, um sich die Möglichkeit offenzuhalten, zum Ausgangspunkt zurückzukehren. Fliege nie, ohne Dir einen Ausweg offen zu halten, hat mir mein erster Fluglehrer, ein alter Franzose, eingebläut!

Ein Flug hat sich in mein Gedächtnis eingebrannt. Wir hatten einen Notruf aus Belo-sur-Tsiribihina erhalten. Einen Inder, Malaria im letzten Stadium, sofort nach Tana ausfliegen. Gegen vierzehn Uhr war ich in der Luft und sah schon auf dem Hinflug, was sich da zusammenbraute. Oh, oh, ob ich unter diesen Wetterbedingungen heute noch zurückfliegen würde? Es bliebe keine andere Wahl, sagte mir der Arzt in Belo, der am Flugplatz bereits mit dem Inder wartete. Ein Blick auf den delirierenden Patienten genügte, um mir klarzumachen, daß ich am nächsten Tag wahrscheinlich eine Leiche nach Tana transportieren würde. Sein von den Malaria-erregern vergiftetes Blut mußte schnellstmöglich ausgetauscht werden. Das ging nur in Tana. Okay, wir probieren's. Wohl war mir nicht dabei, und den Helden zu spielen, dazu hatte ich schon überhaupt keine Lust. Vor dem Lac Itasy stand dann die schwarze Wand, eine gewaltige Gewitterfront, deren Enden nicht abzusehen waren. Drumherummogeln war nicht drin. Der Rückweg war noch offen, für den Inder im Koma allerdings gab es keinen Rückweg mehr. Gurte festzurren und durch. Es ist infernalisch: Wassermassen prasseln wie Maschinengewehrsalven auf das Flugzeugblech; Turbulenzen schütteln uns wie einen Papierflieger; die Instrumente spielen verrückt. Die Geschwindigkeitsanzeige oszilliert wie ein we-delnder Hundeschwanz, die Steiggeschwindigkeitsan-zeige steht am Anschlag, obwohl mir der künstliche Horizont bestätigt, daß ich die Maschine einigerma-ßen horizontal halte. Es geht tausend Meter auf-wärts wie im Fahrstuhl und gleich ebenso schnell wieder abwärts. Grelle Blitze zucken. Ich kneife die Backen zusammen und hoffe nur noch, daß die Ab-wärtsbewegung vor Bodenberührung aufhört. Gegen-steuern ist bei diesen Urgewalten sinnlos. Völlig über-gangslos wird unser Maschinchen dann wieder nach oben gezerrt; mir schießen Berichte über Flugzeuge

Wolkentürme

durch den Kopf, die von Turbulenzen einfach zerlegt wurden ... Fünf Minuten dauert das Inferno, und urplötzlich schießen wir in klare Luft. Die Gewitterfront liegt hinter uns. Meine Hände zittern, das Hemd kann ich auswringen von kaltem Schweiß. Ich werfe einen Blick auf meine Passagiere, sie sind käseweiß, ich wahr-scheinlich auch. Nur der Inder hat nichts mitgekriegt. Zehn Tage später schickt er mir eine Flasche Champagner, es geht ihm besser.

Ein paar Wochen später hole ich einen Südafrikaner aus Tuléar ab. Ich hatte ihn vorgewarnt. Spätestens um zehn müssen wir in Tuléar abfliegen, um die Gewitter-fronten zu vermeiden. Um zwölf erscheint er endlich. Vor dem Lac Itasy steht pünktlich die schwarze Wand. Unter mir der Flugplatz von Miandrivazo. Da werden wir die Nacht verbringen und das Gewitter vorüberziehen lassen, sage ich meinem Passagier. Nein, er müsse unbedingt seinen Anschlußflug nach Johannes-burg erwischen, ob ich kein guter Pilot sei, der mit so einem bißchen Gewitter nicht fertig würde. Nein sage ich ihm, ich sei kein guter Pilot, ich möchte lieber ein alter Pilot werden ...

Eckehart Olszowski lebt seit 1979 in Antananarivo und ist leidenschaftlicher Berufs-Pilot beim Madagascar Flying Service (MFS).

4.4 **Durch das Hochland in den Süden**

(mit Abstecher an die Ostküste)

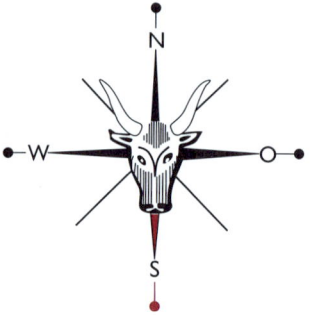

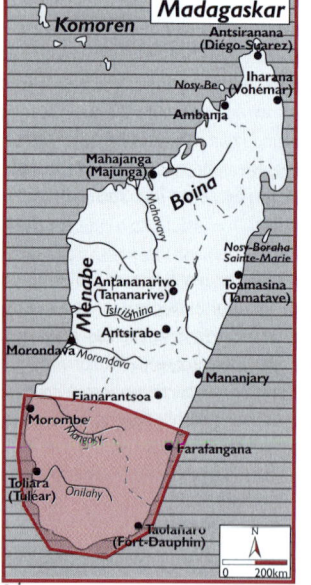

Der Süden

Rund 1000 Kilometer Straße trennen Tana im Hochland von Toliara (Tuléar) an der Südwestküste. Kaum eine andere Strecke auf Madagaskar und sonst in der Welt bietet ähnlich viel Abwechslung an Landschaften und Leuten.

Kurvenreich schlängelt sich die *Route Nationale No. 7* durch grüne Gebirgszüge im **Hochland**, gesäumt von Eukalyptus- und Pinienwäldern. Schon vor Antsirabe, im Land der *Merina*, beginnen die kunstvoll angelegten **Reisterrassen**, aber die wahren Landschafts-Architekten sind die *Betsileo* bei Fianarantsoa. Eine Farbpalette in Grün in allen Schattierungen! Dazu tiefblauer Himmel und die gelben, ockerbraunen und rosa Farbtöne der typisch zweistöckigen, strohgedeckten Lehmziegelhäuser.

Nur wenige Reisestunden weiter eine andere Welt. Beim Abstecher an die **Ostküste**: dichter, heißer, tropischer Bergnebelwald, Siedlungsgebiet der *Tanala* und Heimat von Waldgeistern und Lemuren. An der Küste riesige Kokos-Plantagen, viele in Besitz von Chinesen. Südlich von Manakara pflegen die *Antaimoro*, madagassische Moslems arabischer Abstammung, ihre jahrhundertealte Kultur.

Im Inland dagegen, südlich von Fianarantsoa, beginnt „**Le Grand Sud**" – der weite, wilde, spärlich besiedelte und trockene Süden. Hier leben die Volksgruppen, die den Zentralregierungen vor, während und nach der Kolonialzeit am heftigsten Widerstand leisteten. Er ist der extremste Landstrich auf Madagaskar; der wirtschaftlich ärmste, aber vielleicht auch der exotischste. Die Quecksilbersäule klettert oft auf 40 °C, und es regnet fast nie. Man fährt durch das Land der *Bara*, der Rinderhirten und Viehdiebe. Im Hin-

Redaktions-Tips

- Stadt der Edelsteine: **Antsirabe** (vgl. West-Route) (S. 327)
- **Zafimaniry**-Schnitzereien bei Ambositra (S. 378)
- „Indonesisches Madagaskar": die **Reisterrassen** bei Fianarantsoa (S. 381)
- Nicht nur für Sylvester: der „Schweinchen-markt" von **Andoananasani** (S. 390)
- Durch **Tee**plantagen und **Wein**güter (S. 389)
- Eine nicht alltägliche Reise: Zugfahrt nach **Manakara** (S. 393)
- Besuch bei moslemischen Antaimoro-Königen: **Ivato Savana** (S. 398)
- Der **Ranomafana**-Regenwald (Nationalpark) (S. 404)
- Das Papier der Heiligen Schriften: uralte Antaimoro-Tradition in **Ambalavao** (S. 410)
- Der kleine „Grand Canyon": Trekking im **Isalo-Massiv** bei Ranohira (Nationalpark) (S. 419)
- Trockenwälder und Lemuren: die neuen Nationalparks **Zombitse** und **Vohibasia** (S. 424)
- Kunst und Kult: die Gräber der **Mahafaly** (S. 424/428)
- Sternenhimmel auf dem Kopf: das **„Kreuz des Südens"** und der **„Wendekreis des Steinbocks"** (S. 422/438)
- Pflanzenkunde der besonderen Art: das „**Arboretum**" bei **Toliara** (Tuléar) (S. 432)
- Sonne, Sand und Indische See: die Taucherpa-radiese **Ifaty** und **Anakao** (S. 435/439)
- Die zahmsten Lemuren der Welt: der Berenty-Park bei **Taolanaro** (Fort Dauphin) (S. 453)

tergrund der spektakulä-re Anblick des touristisch noch kaum erschlosse-nen neuen Nationalparks des **Andringitra-Massivs** und Madagaskars zweihöchstem Gipfel, dem **Pic Boby** (2658 m). Endlose Ebenen bis zum nächsten bizarren Sand-stein-Gebirge: der **Isalo-Nationalpark**. Im *Tal der Affen* und *Tal der Ratten* fragt man sich, warum noch niemand diese Ku-lisse für einen „Spiel-mir-das-Lied-vom-Tod"-We-stern entdeckt hat.

Das *Mahafaly*-Land er-kennt man an seinen ein-zigartigen Grabstätten. Einige tauchen schon ent-lang der RN No. 7 wei-ter nach Süden Richtung Toliara auf. Die schönsten säumen die Piste von dort nach Taolanaro. Und dann: der Indische Oze-an, die Hafenstadt Tolia-ra, große Flußdeltas, Pi-ratenbuchten, ehemalige Sklavenhändlerdörfer, Ko-rallenriffe.

Auch Botaniker und Tier-liebhaber kommen im Süden auf ihre Kosten: Die weltweit einmaligen Dor-nenwälder im Land der *Antandroy* und *Antanosy* bildeten sich über Jahrmillio-nen als Antwort auf die herrschende Wassernot. Und im Berenty-Park nahe Taolanaro (Fort Dauphin) haben Sie beim Frühstück die Gesellschaft von zahlreichen Lemuren.

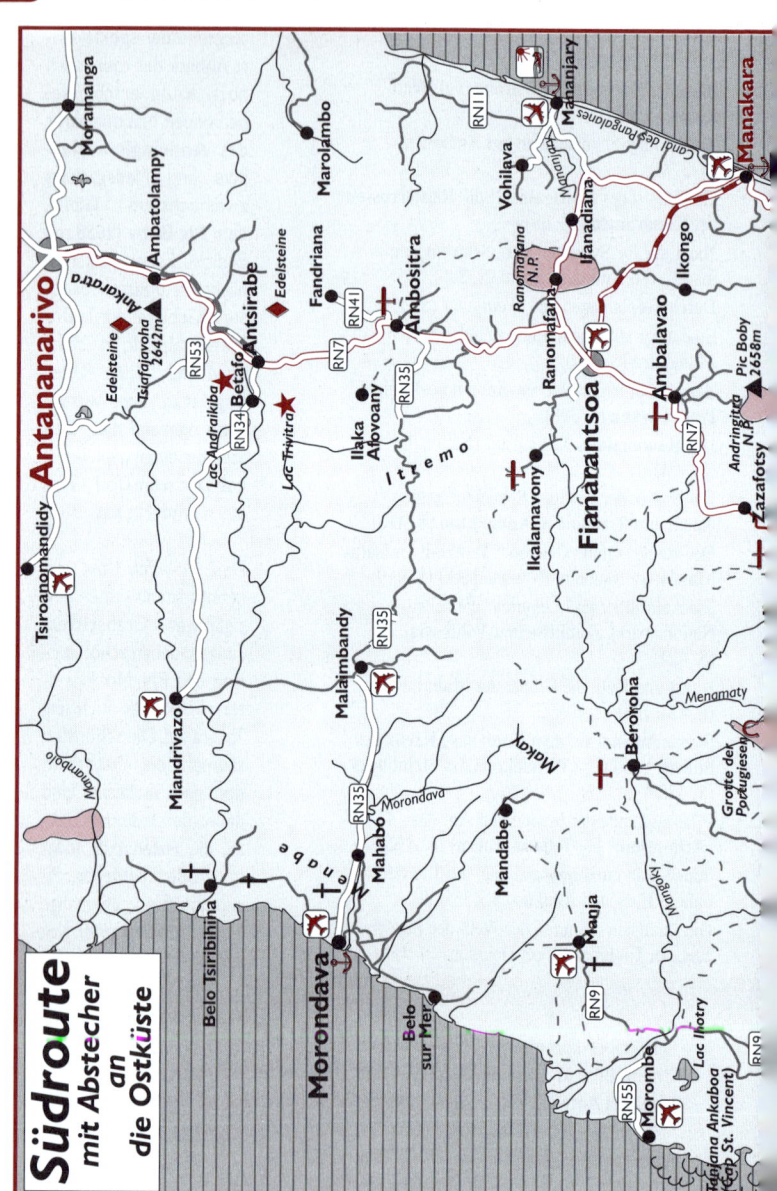

Südroute
mit Abstecher
an
die Ostküste

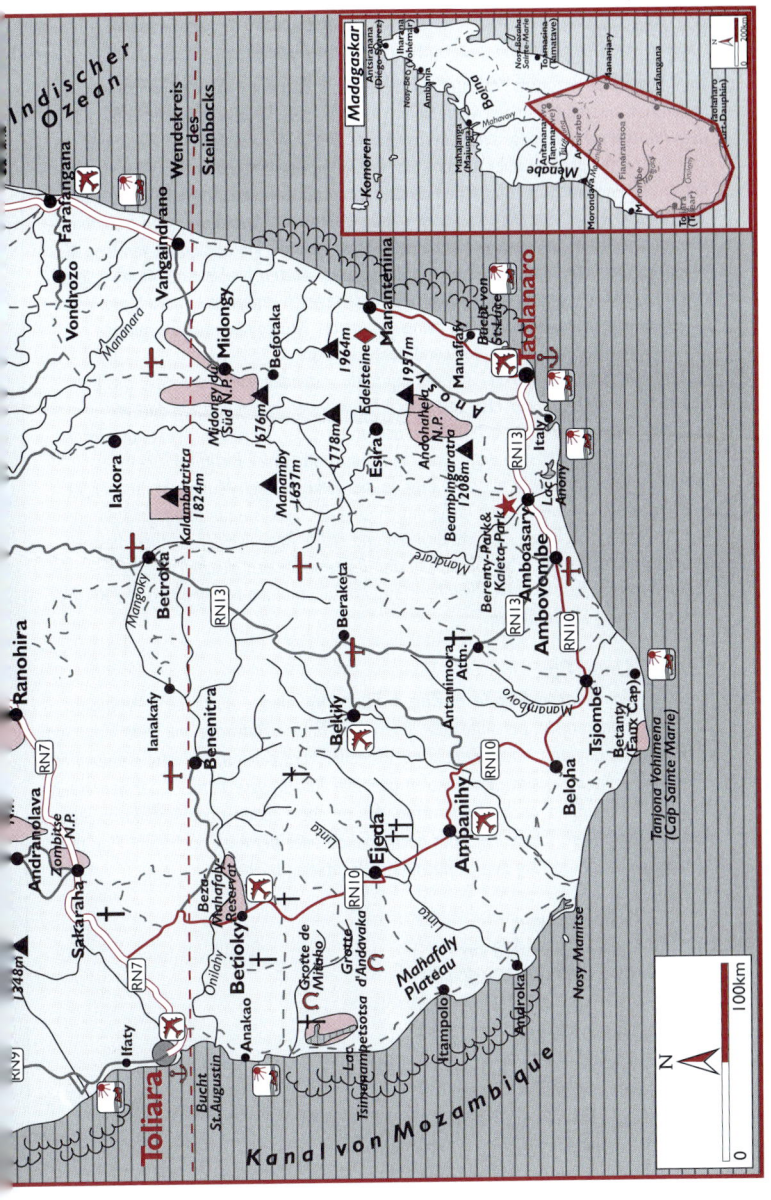

Reise-Varianten

*Sie können sich unzählige Varianten für diese Route aussuchen oder zusammenstellen lassen. Am meisten sehen Sie, wenn Sie im angemieteten **Auto** (mit Fahrer) oder mit dem **Motorrad** unterwegs sind. Überlandbusse und LKW verkehren von Tana nach Toliara bzw. Taolanaro – aber Vorsicht: Sie sind oft bis auf den letzten Platz besetzt, fahren Tag und Nacht und rauschen an den schönsten Sehenswürdigkeiten vorbei. Für **Taxi-Brousses** gilt dasselbe. Sie können natürlich irgendwo aussteigen – ob Sie dann aber am nächsten Tag weiterkommen, ist fraglich, denn die Plätze sind oft von Tana bis Toliara ausgebucht. Manchmal müssen Sie tagelang warten, bis Sie eine Mitfahrgelegenheit finden. Aber – das ist die madagassische Reisegeschwindigkeit – mora mora! Wenn Sie ein bißchen Zeit haben, gibt es nichts Schöneres. Nur so kommen Sie mit den Leuten in Kontakt und lernen das Land richtig kennen.*

*Natürlich können Sie die West- mit der Südroute verbinden, von Morondava aus per Boot, Auto (mühselig!) oder **Flugzeug** nach Toliara weiterreisen und von dort im gemieteten Wagen wieder nach Tana zurückfahren. Oder Sie fliegen direkt nach Toliara oder Taolanaro – verpassen dann aber die Traumstraße RN 7 Richtung Süden.*

*Wenn Sie einen Abstecher mit dem **Zug** an die Ostküste nach Manakara machen, ist eine Weiterfahrt von dort nach Taolanaro entlang der Ostküste nur unter größten Strapazen möglich. Flüsse, defekte Brücken und dichte Regenwälder machen diese Strecke nahezu unpassierbar. Sie sollten also fliegen oder den gleichen Weg über Fianarantsoa zurück und mit Zwischenstopp im Ranomafana-Nationalpark die RN 7 weiter Richtung Süden fahren.*

Unser Tip:

*Kombination **Straße + Zug + Flugzeug**: Tana – Antsirabe – Ambositra – Fianarantsoa per Auto bzw. Taxi (oder: Tana – Antsirabe mit dem Zug). Von Fianarantsoa: Zugfahrt nach Manakara. Abstecher zum Königsdorf Ivato, eventuell Farafangana. Lassen Sie sich dort abholen oder per Taxi-Brousse zurück über den Nationalpark Ranomafana nach Fianarantsoa. Weiter nach Süden über Ambalavao, Ihosy, Ranohira/Isalo nach Toliara. Per Boot nach Anakao oder per Auto nach Ifaty. Flug (oder Auto) nach Taolanaro. Flug zurück nach Tana. Rechtzeitig buchen!*

Entfernungen

Tana – Toliara 930 km
Tana – Taolanaro 1600 km

Etappen:

Tana – Antsirabe 170 km
Antsirabe – Ambositra 90 km, ca. 1 ½ - 2 Std.
Ambositra – Fianarantsoa 150 km
Fianarantsoa – Manakara 170 km (per Bahn); 250 km (Straße)
Manakara – Vohipeno 30 km

Manakara – Farafangana 110 km
Manakara – Ranomafana 180 km, ca. 5 Std.
Ranomafana – Fianarantsoa 85 km
Fianarantsoa – Ambalavao 55 km ca. 1 ½ Std.
Ambalavao – Ihosy 150 km ca. 2 ½ Std.
Ihosy – Ranohira/ Isalo 90 km, ca. 1 ½ -2 Std.
Isalo – Toliara 230 km ca. 3-4 Std.
Toliara – Taolanaro 630 km, ca. 24 Std.

Straßenverhältnisse
s. regionale Reisetips zu den entsprechenden Orten und S. 279

Zeitangabe
Absolutes *Minimum* für die Strecke Tana – Toliara ist eine Woche. Mit Zugfahrt nach Manakara, Abstecher nach Vohipeno oder Farafangana mindestens 10 Tage. Einen Eindruck vom Ranomafana-Nationalpark bekommen Sie schon bei einer Tageswanderung und einer Übernachtung; viele bleiben für Nachtwanderungen länger. Zusätzliche Verlängerungen: Im Isalo-Massiv sollten Sie, wenn Sie wandern wollen, mindestens zwei Nächte bleiben. Baden und Tauchgänge nahe Toliara lohnen mehrere Tage; dasselbe gilt für Taolanaro (Fort Dauphin) und Umgebung einschließlich Berenty.

Von Tana über Antsirabe nach Ambositra

Tana – Antsirabe: 170 km (ca. 3 Std. Fahrt)
Antsirabe – Ambositra: ca. 90 km (ca. 1 ½ - 2 Std.)

Sowohl die West- als auch die Südroute führen über **Ambatolampy** und Antsirabe (s. Westroute S. 325/327 und *Regionale Reisetips*). Vielleicht haben Sie diesmal Gelegenheit, noch einige schöne Edelsteine einzukaufen ...
Die Straße nach **Ambositra** ist seit 1996 neu asphaltiert und sehr gut befahrbar. Kurz hinter Antsirabe verändert sich die Landschaft zu einer fast baumlosen, nur mit wenigen Kiefern bewachsenen Gebirgslandschaft. Auf der *Ebene von Manandona* immer wieder vereinzelte Reisfelder und pittoreske Hochlandhäuser der *Merina*.

Achten Sie 30 km südlich von Antsirabe, vor einer kleinen Flußbrücke, auf das Steinschild rechts an der Straße: Hier verläuft die Grenze zwischen den Provinzen Tana und Fianarantsoa; Sie haben das **Land der Betsileo** erreicht. Die Betsileo sprechen einen etwas anderen Dialekt als die Merina, haben andere kulturelle Bräuche, auch die Lehmhäuser verändern sich durch Farben und Balkone, je weiter man nach Süden kommt. Ihre Häuser sind

Hochland vor Ambositra

traditionell jedoch genauso in Nord-Süd-richtung ausgerichtet wie die der *Merina* (s. S. 326).

Wochentags ist die RN 7 eine der meist befahrenen Strecken des Landes. Sonntags haben viele Lkw, Pkw und Taxi-Brousses Pause und werden gehegt und gepflegt wie bei uns. Dafür kommen die Dorfbewohner in ihrer besten Kleidung aus den Kirchen. Familien und Nachbarn halten draußen ein Schwätzchen, oder die Männer gehen zum Hahnenkampf. Viele Bauern sieht man allerdings auch sonntags auf den Feldern. Männer und Zebus pflügen den Boden, die Frauen setzen die Reisstecklinge – das alles ist Knochenarbeit! Gerade die Hochlandbewohner gelten als überaus fleißig.

Die Straße windet sich immer höher, die Berge werden immer zerklüfteter. Auf über 1500 Meter Höhe verbreiten Nadelwälder einen fast mediterranen Geruch nach Kiefern und Kräutern. Dazwi-

Reisbauern pflügen mit ihren Zebus den Boden

schen Pinien und Palmen, Eukalyptuswälder, Farne, Bananen, wilde Passionsfrüchte, Mango- und Tapis-Bäume mit kleinen, runden, gelb-roten Früchten, die im Oktober/November überall an der Straße zum Kauf angeboten werden und ein bißchen nach Trauben schmecken. Hier wachsen auch verschiedene Sorten der „**Chinin-Bäume**". Sie liefern Holz zum Kochen, Bast aus der Rinde, und aus einer Sorte gewinnt man den Rohstoff für Medikamente gegen Malaria.

INFO   **Malaria**

Malaria, ital. mala aria = „schlechte Luft", madagassisch *tazo*, ist neben Durchfall- und Atemerkrankungen sowie Mangelernährung Madagaskars Volkskrankheit Nr. 1. Viele Reisende nehmen die Gefahr einer Erkrankung immer noch nicht ernst. Dabei ist damit nicht zu spaßen – über 100 Mio. Menschen erkranken weltweit jährlich neu an Malaria;

2 Mio., vor allem Kinder, sterben daran. Die gefährlichste Art, *Malaria tropica*, gibt es auch auf Madagaskar. Hervorgerufen wird sie durch den gefürchteten Parasiten *„Plasmodium falciparum"*.

Besonders tückisch sind die Stiche der weiblichen Anopheles-Mücke, die den Erreger übertragen, an den regenreichen Ostküsten. Dort ist *tazo* schon seit dem 14. Jh. bekannt. Befallen sind aber auch trockene Gebiete; sogar an der Westküste bei Morondava und im extrem ariden Süden besteht einige Monate im Jahr Infektionsgefahr. Die Erreger können sich je nach Region erheblich unterscheiden.

Bereits im letzten Jahrhundert tauchten Berichte über das berüchtigte Schüttelfieber auch im Hochland auf; 1878 und 1896 brachen große Epidemien aus. Erst durch eine breit angelegte Gesundheitskampagne in den 50er Jahren konnten die Erreger eingedämmt werden. Als die Kampagne in den 70er Jahren mangels Geld gestoppt wurde, vermehrten sie sich wieder so stark, daß eine dritte Epidemie von 1986 bis 1988 über 1 % der Hochlandbevölkerung dahinraffte – die Zahlen schwanken zwischen 50.000 und 100.000!

Allein 1988 starben 25.000 Menschen. Die Bewohner glaubten an eine unbekannte Seuche, die sie bis heute „le *bemangovitra*" nennen – „das große Zittern". Zu dieser Zeit war das staatliche Gesundheitswesen bankrott; Apotheken und Krankenhäuser verfügten nicht einmal über das einfachste Gegenmittel, Chinin.

1991 startete die Regierung erneut eine großangelegte Kampagne. Jedes Dorf soll erreicht werden. Kinder im Vorschul- und Schulalter bekommen als Prophylaxe Chloroquin, Kranke werden mit hohen Dosierungen behandelt, bis sie, wie die meisten Einheimischen, später gegen Malaria teil-immun werden. Außerdem wurden bis Ende 1997 die Brutstätten der Stechmücken in Dörfern und Häusern mit DDT vernichtet.

Federführend bei der Erforschung der Krankheit und neuer Medikamente ist das renommierte, in Ansätzen schon 1899 gegründete **Institut Pasteur** in Antananarivo. Ärzte und Wissenschaftler setzen in Madagaskar (im Gegensatz zu anderen Ländern Afrikas, wo die Erreger in höherem Maße resistent sind) auf die Behandlung mit *Chloroquin* (z.B. Resochin) und nicht mit *Mefloquin* (z.B. Lariam), das oft deutsche Ärzte und die WHO Reisenden empfehlen.

Besonders warnen die Mitarbeiter Touristen, nicht benutzte Mefloquinpräparate nach dem Urlaub zu verteilen.
Resistenzen gegen Mefloquin in einigen Touristengebieten wie Ste. Marie und Nosy Be seien dadurch entstanden, daß die Einheimischen diese Präparate falsch anwendeten.

Tip
Als Tourist brauchen Sie sich von diesen Meldungen nicht abschrecken zu lassen. Sollten Sie während der Reise irgendwelche Symptome wie eine beginnende Grippe mit Kopf-, Nacken und Gliederschmerzen verspüren, suchen Sie die örtlichen Ärzte auf oder in Tana das Institut Pasteur. Dort hat man die längste Erfahrung mit Malaria, die relativ einfach heilbar ist, wenn man sie rechtzeitig behandelt und sich (im Gegensatz zu vielen Einheimischen) die Medikamente leisten kann (Adresse s. regionale Reisetips zu Antananarivo und s. allgemeine Reisetips, Stichwort Gesundheit).

Vor Ihrer Reise können Sie sich auch im Internet informieren: http://www. reisen-undgesundheit. com).

Wieder bergab führt die Straße zum Fluß *Mania*. Er durchquert zwei Drittel der Breite Madagaskars, bevor er in den mächtigen *Tsiribihina* fließt. Entlang der Straße, die jetzt parallel zum Fluß verläuft, gibt es herrliche Picknick- und Zeltplätze!

Nach 1½ - 2 Stunden gemütlicher Fahrt erreichen Sie, gleich hinter einer großen Streichholzfabrik rechter Hand, den Ortseingang von Ambositra.

Ambositra

(gesprochen Ambuschtr = „wo es viele Rinder gibt" oder „Stadt der Eunuchen"

Aktuelle regionale Reisetips (Hotels, Restaurants etc.) zu Ambositra
entnehmen Sie bitte den gelben Seiten 210

Angeblich verweist die zweite Übersetzung des Namens auf die Zerstörung des Betsileo-Dorfes durch die Merina. Danach sei hier eine Stätte für die ersten besiegten Opfer errichtet worden, die alle kastriert waren ... Die Merina müssen der ursprünglich bedeutenden Betsileo-Stadt übel mitgespielt haben. König *Andrianampoinimerina* schickte seinen Sohn *Radama* gegen die Betsileo in die Schlacht, dabei starb deren König *Andrianampanalina*. Ambositra wurde dem Erdboden gleichgemacht, die Männer geköpft und Frauen und Kinder nach Antananarivo verschleppt ...

Heute ist Ambositra ein friedlicher, malerisch am Berghang gelegener Ort mit verwinkelten Straßen und einem oberen und unteren Stadtteil. Im unteren liegen kleine Geschäfte und ein hübsches Marktcarré, im oberen ein riesiges Benediktiner-Kloster und das im Gegensatz dazu winzige, aber legendäre „Grand-Hotel". Das Klima ist für europäische Verhältnisse optimal;

nachts kann es jedoch sehr kühl werden. Von November bis Februar regnet es fast jeden Nachmittag.

Sehenswürdigkeiten

· Vom **Benediktiner-Kloster** hat man einen schönen Blick über die umliegenden Reisterrassen. Bei unserem letzten Besuch war es für Touristen geschlossen – seit die Südroute immer mehr frequentiert wird, wird der Rummel den Ordensschwestern manchmal einfach zuviel. Ansonsten können hier vor allem Priester aus dem Ausland Madagassisch lernen, um dann als Missionare in die Dörfer zu gehen. Madagassische Priester, so erzählte man uns, könnten einfach mit der Einrichtung des Zölibates nicht viel anfangen, und so brauche man „Nachwuchs" aus dem Ausland ...

Ambositra

Tip
Das „Grand Hotel d'Ambositra".
Das Grand Hotel selbst macht nicht viel her; es lebt – etwas verblichen – vom Ruhm vergangener Zeiten. Aber Patron, Personal, illustre Gäste und die Geschichten von früher lohnen einen Abstecher.
Das Hotel ist über hundert Jahre alt und ein Relikt aus der Kolonialzeit. Ambositra profitierte damals vom blühenden Fremdenverkehr im benachbarten Antsirabe, seinem angenehmen Klima und dem Ruf als Stadt im „Tal der Rosen".
Der langjährige Besitzer, Monsieur Dumesnil d'Engente, lebte schon 15 Jahre in Madagaskar, als 1972 – lange nach der Unabhängigkeit – fast alle Franzosen Hals über Kopf das Land verließen. Die Ausländerfeindlichkeit in der Bevölkerung hatte ihren Höhepunkt erreicht. Monsieur Dumesnil sind heute noch die gemischten Gefühle anzumerken, die er damals empfand, als ihm – schon auf der Landebrücke zum Schiff nach Frankreich – im letzten Moment ein Bekannter das Grand Hotel anbot. Er kannte weder das Hotel noch Ambositra, aber er kehrte um und blieb – als einer der ganz wenigen Ausländer. In den nächsten 10 Jahren überlebte das Grand Hotel mehr schlecht als recht, bei rationierter Lebensmittelversorgung und einer wenig franzosenfreundlichen Stimmung in der Bevölkerung. Aber dann kamen allmählich wieder die ersten Touristen. Heute ist es „der sympathischste Platz in der Stadt", wie eine Lokalzeitung schrieb, und ein beliebter Treffpunkt für ein Schwätzchen. Mme. Dumesnil engagiert sich noch mit über 80 Jahren in der örtlichen Kirche und im Krankenhaus im Kampf gegen Bilharziose, Malaria und die Pest, die bei den Ärmsten der Armen im Umland noch weit

Ziegeleien hinter Ambositra

verbreitet sind. Beide, M. und Mme. Dumesnil, haben viel zu erzählen, wenn man etwas über Land und Leute wissen möchte oder einfach nur einen Rat und Ausflugstips braucht.

· Ambositra gilt als *das* Handwerks-Zentrum für kunstvolle **Holzschnitzereien**. Viele Häuser schmücken reich verzierte Holzbalkone und -fensterläden, was nicht nur den Überresten von wertvollen Edelhölzern zu verdanken ist, sondern vor allem den Schnitzkünstlern der **Zafimaniry**. Etwa 20.000 Angehörige dieser kleinen Ethnie leben in versteckten Dörfern tief in den Wäldern östlich von Antsirabe. Experten streiten sich, ob sie Nachfahren früher arabischer Einwanderer sind oder eine Untergruppe der Betsileo oder Tanala. Auf jeden Fall haben sich die Zafimaniry bis heute ein Handwerk erhalten, das an Holzschnitzereien arabischer und ostafrikanischer Länder wie der Komoren erinnert. Einige von ihnen arbeiten heute auch in Ambositra.

Im ganzen Ort werden geschnitzte Figuren angeboten: Krieger, Köpfe, Schachteln, Elefanten (!). Nicht alle dieser Souvenirs sind besonders geschmackvoll. Das *traditionelle* Handwerk geht allerdings auf wahre Künstler zurück. Noch heute sind die ganz aus Edelhölzern gefertigten Häuser zu besichtigen – sofern man einige Tagesmärsche zu Fuß zu den Dörfern der Zafimaniry auf sich nimmt.

INFO   Die Dörfer der Zafimaniry

Ausflüge in die abgelegenen Wälder kann man schon in Tana buchen oder, wie immer in Madagaskar, spontan organisieren. Fragen Sie z.B. im „Grand-Hotel". Der Besitzer kennt Führer und jede Art von Gästen: die, die nicht verstehen können, warum man stundenlang durch die Gegend marschiert, um sich nachts den Schlafsack mit Flöhen und Wanzen zu teilen, und andere, die alle zwei Jahre wiederkommen, nur um wieder ein paar Tage bei den Zafimaniry zu verbringen.

Antoetra, etwa 35 km von Ambositra entfernt, ist als einziges Zafimaniry-Dorf mit Taxi-Brousse oder Geländewagen erreichbar. Die Bewohner sind entsprechend auf Touristen „eingestellt" – d.h., Sie werden sofort belagert. Das Dorf liegt auf knapp 1900 m Höhe. Von hier aus sind andere Dörfer der Zafimaniry nur zu Fuß erreichbar, das nächste, **Ifasina**, nach gut zwei Stunden. **Ankidodo** (weitere 1 ½ Std.), **Ambohimanariva** (+ 1 ½ Std.), **Ambatolampy** (+ 1 ½ Std.), **Faliarivo** (+ 2 Std.), per Rundweg wieder zurück über **Vohitrandriana** (+ 1 Std.), **Antetezandrota** (+ 1 Std.), **Sakairo** (+ 1 Std.) bis Antoetra (+ 3 Std.). Jedes Dorf hat seine besonderen Schnitzarbeiten. Allerdings werden Edelhölzer knapp und die neuen Häuser nicht mehr ganz aus Edelholz gebaut. Interessant ist auch die Webkunst der Zafimaniry, weil ähnliche Traditionen nicht in Afrika, sondern in Asien verbreitet sind.

Das Gelände ist stark zerklüftet. Bei 1500-1800 Höhenmetern kann es kalt werden, und Sie sollten eine entsprechende Ausrüstung samt Zelt dabei haben. Beachten Sie die Besucherregeln und *Fadys*, die Ihnen die Einheimischen erklären (s. Karte S. 382).

 Anfahrt
von Ambositra rund 10 km südlich nach Ivato, von dort 25 km Piste östlich nach Antoetra.

Von Ambositra nach Fianarantsoa
Entfernung: 150 km (ca. 2 ½ - 3 Std.)

Gute Straße, vorbei an den letzten Resten des Primärwaldes.

Kurz hinter Ambositra stehen einige Ziegeleien, die mit dem Holz der umliegenden Wälder befeuert werden. Drei Tage und drei Nächte lang müssen die Lehmziegel brennen, bis sie fertig sind. Früher standen Steinhäuser nur den Ahnen zu. Aber dann wurde dieses Fady geändert, und jetzt dürfen auch die Lebenden darin wohnen.

Viele Menschen leben in dieser Gegend vom Wald und der Holzverarbeitung. Trotzdem sieht man überall brandgerodete Flächen. In rauchenden Erdhaufen beiderseits der Straße stellen Köhler Holzkohle her. Dazu werden Erdlöcher ausgehoben, die Baumstämme verbrannt und die Glut noch einige Zeit mit luftdurchlässiger Erde bedeckt. Bislang haben die Bewohner keine Alternative, ihren Lebensunterhalt zu verdienen, und so ist zu befürchten, daß auch diese westlichen Ausläufer des Regenwaldes nicht mehr lange überleben werden.

Auf halber Strecke, etwa 70 km vor Fianarantsoa, liegt **Ambohimahasoa** mit kleinem Restaurant. Was schon vor Ambositra begonnen hat, wird hier zur Traumlandschaft: Die Reisterrassen der Betsileo zeigen, was „die ungekrönten Könige des Reisanbaus" von ihren asiatischen Vorfahren gelernt

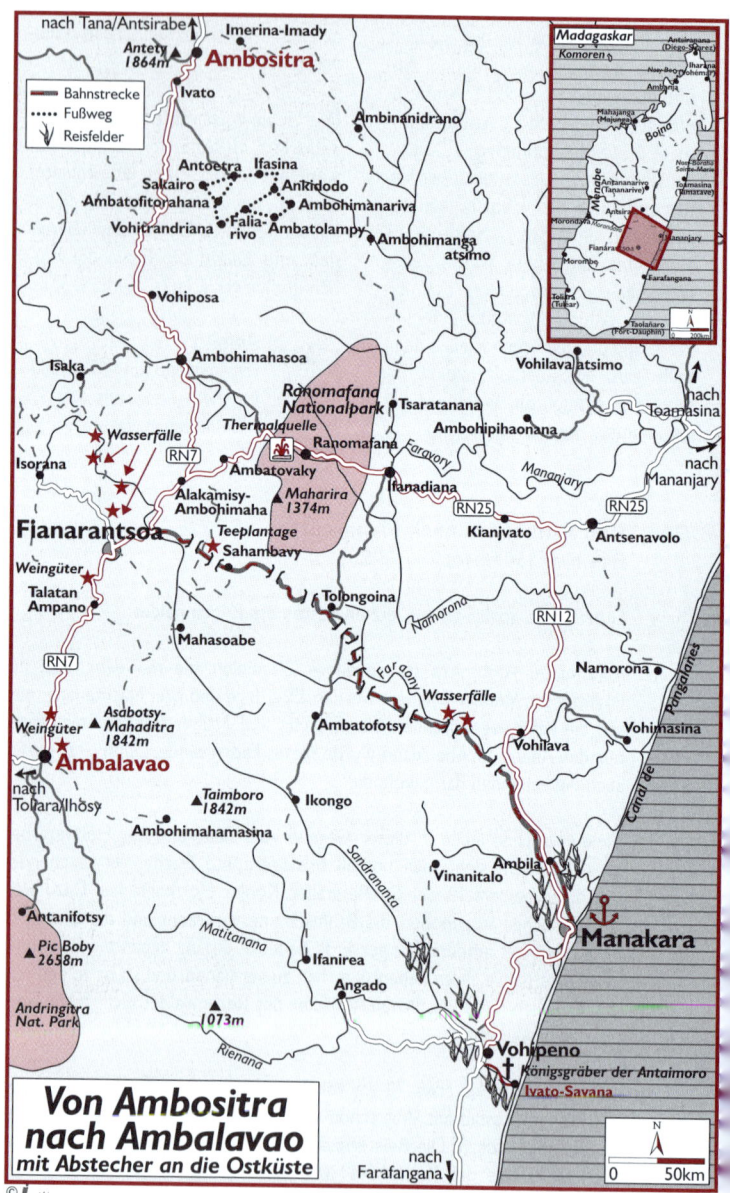

Von Ambositra nach Ambalavao
mit Abstecher an die Ostküste

© Igraphic

haben. Eine Bilderbuch-Landschaft. Nach jeder Kurve leuchten die zarten Grüntöne in einem anderen Licht. Die Terrassen fallen steil ab ins Tal. Die Provinz Fianarantsoa ist *die* Reiskammer Madagaskars.

Reisterrassen im Land der Betsileo

Wenn Sie die Feldarbeiter bei ihrer anstrengenden Knochenarbeit singen hören, singen sie wahrscheinlich den **Rija**. Eine Art Wechselgesang und die „Arbeitsmusik" der Betsileo: Gesungen wird, um sich anzufeuern, zu entspannen, auf Feiern oder zum Tanz. Einer der bekanntesten *Rija*-Chöre der Betsileo und sein Leiter, **Rakoto Alphonse**, leben in dieser Gegend nicht weit von Fianarantsoa.

INFO   ## Madagassische Reiskultur

Reis ist das Hauptnahrungsmittel der Madagassen – sie sind die größten Reisesser der Welt. Ein Essen ohne Reis ist kein richtiges Essen, und so gibt es dreimal am Tag Reis.

Das Vokabular der Bauern deutet darauf hin, daß die Reiskultur nicht aus Indonesien, sondern aus Südindien und dem heutigen Sri Lanka importiert wurde. Auf ihr gründete ein ganzes Königreich: Ohne die Seßhaftigkeit der Reisbauern wäre die Expansion der Merina nicht möglich gewesen – man denke nur an An-

drainampoinimerinas legendären Ausspruch: „Das Meer ist die Grenze meines Reisfeldes".

Reis spielt nicht nur als Lebensmittel, sondern auch in der madagassischen Mythologie eine große Rolle. Der Nachteil dieser fast ideologischen Überhöhung: Ertragreichere Nutzpflanzen, wie Maniok und Kartoffeln, werden als Nahrungsmittel für arme Leute abgewertet.

Pro Person und Jahr essen die Madagassen durchschnittlich mehr als 150 Kilo Reis. Das ist

2cm

weltweiter Rekord, sogar die Chinesen können da nicht mithalten. Obwohl über 13.000 Quadratkilometer Landfläche mit Reis bepflanzt sind, wird das Grundnahrungsmittel auf dem Markt mit rund 70 Pfennig pro Kilo – je nach Qualität – für die Einheimischen nicht gerade billig verkauft. Die meisten Madagassen sind aber nicht auf den Markt angewiesen. Entweder leben sie selbst auf dem Land und sind autark oder sie

haben als Stadtbewohner familiäre Beziehungen dorthin bzw. ihr Landstück verpachtet und damit Anspruch auf einen Teil der Ernte.

Mit ungeheurem Arbeitsaufwand und Raffinesse haben die Hochlandbewohner über Jahrhunderte hinweg ein ausgeklügeltes Bewässerungssystem für ihre Terrassenfelder angelegt. Angebaut werden die verschiedensten Sorten. *Sumpf- oder Wasserreis* gedeiht in kleinen Parzellen im Tal; Berghänge werden durch Terrassierungen und Bewässerung in Reisterrassen umgewandelt. Den schlammigen Boden lockern die Bauern mit Spaten, Ochsenpflug oder durch das

Stampfen einer Ochsenherde; danach werden büschelweise 2-3 vorgezüchtete Reisstecklinge gepflanzt.

Da Reis keine Wasserpflanze ist, gedeiht er aber auch hervorragend im sog. Trockenanbau. *Trockenreis* baut man an wasserärmeren Hängen und in Waldlagen an. Bedauerlicherweise weitet sich diese Bewirtschaftungsmethode, die unergiebiger ist und stärker die Bodenerosion fördert, immer stärker aus, weil Landlose hier eine Nische suchen.

Trotz der Unberechenbarkeit von Regen und Zyklonen wäre Madagaskar aufgrund der klimatischen Bedingungen imstande, ausreichend Reis für seine Bevölkerung zu produzieren. Aber noch führen die politische Lage und mangelnde Anreize dazu, daß die Bauern fast nur für den Eigenbedarf anbauen. Die Erträge erreichen nur selten mehr als 1,5 Tonnen pro Hektar – landesweit zwischen 2,1 und 2,6 Mio. Tonnen pro Jahr – allenfalls ein Drittel der Werte in Südostasien. Bei Statisken ist allerdings Vorsicht geboten, da sie politische Bedeutung haben. Keine Regierung gesteht gerne ein, daß sie Reis importieren muß oder daß gleichzeitig hochwertiger Reis exportiert und mindere Qualität importiert werden.

Große Hoffnungen setzt man seit kurzem in eine neue, von einem Jesuiten entwickelte Reisanbaumethode. Damit soll der Reisertrag ohne große Technologie und den Einsatz von

Kunstdünger um ein Vielfaches erhöht werden – vielleicht endlich eine Chance, den Wettlauf zwischen rasantem Bevölkerungswachstum und ausreichendem Reisanbau zu gewinnen.

(aus: Andreas Osterhaus: Madagaskar. Beck Vlg. München 1997, und Weltgebetstag: Fihavanana – wer sind meine Nächsten, Stein 1998)

Fianarantsoa

(gesprochen Fianarantsu, auch Fianar, „Ort des guten Lernens" oder „Wo man Gutes lernt"), EW 380.000 (1968 noch 39.000!)

Aktuelle regionale Reisetips (Hotels, Restaurants etc.) zu Fianarantsoa

entnehmen Sie bitte den gelben Seiten 236

Geschichte

Lange Zeit war der Ort wichtiger strategischer Punkt für die Könige der *Betsileo*, die sich von hier aus gegen ihre traditionellen Feinde verteidigen konnten – sowohl gegen die *Merina* im Norden als auch die *Tanala* aus dem östlichen Regenwald. Nach der Eroberung durch die *Merina* errichtete ihr Befehlshaber Rafaralahindrinaly 1830 hier einen Militärposten. Einige Historiker übersetzen Fianarantsoa auch mit „der Ort, an dem man gut nachahmt". Innerhalb kurzer Zeit entwickelte sich hier im Hochland eine zweite Hauptstadt nach dem Vorbild von Tana: am Hügel gebaut, mit steil ansteigenden Straßen, einer Eisenbahnlinie an die Ostküste, einem *Lac Anosy* und sogar einem *Rova*, den sich Königin Ranavolona II. aus edelstem Palisander bauen ließ. Der Rova ist inzwischen verfallen. Geblieben ist der Einfluß der Missionare. 1870 errichtete die „London Missionary Society" ein großes Missionszentrum und vertrieb die französischen – katholischen – Priester. Aber nicht für lange; heute ist Fianar *die* katholische Hochburg Madagaskars, nirgends sonst sieht man so viele Kirchen und Klöster wie hier.

Redaktions-Tips

- ein Essen im Restaurant „**Papillon**" (S. 238)
- der **Ausblick** vom Hügel auf die Stadt (S. 389)
- Ausflüge in die **Weinberge** (S. 389)
- Besuch der **Teeplantagen** von Sahambavy (S. 390)
- **Bahnfahrt** an die Ostküste (S. 393)
- Ausflug in den immergrünen Regenwald des **Ranomafana-Nationalparks** (S. 393/403)

Ende des 19. Jh. entwickelte sich die Stadt aufgrund der Lage und optimaler Verkehrsverbindung zu einem bedeutenden Wirtschaftszentrum, in dem sich große europäische Firmen ansiedelten, darunter auch die deutsche Firma Oswald. Inzwischen ist Fianarantsoa wichtiges Verwaltungszentrum und Hauptstadt der gleichnamigen Provinz.

INFO   ## Geschichte der Missionierung

Bizarrerweise war die Geschichte der Missionierung nicht in erster Linie ein Kampf gegen „Heidentum" und Animismus, sondern vor allem ein Konkurrenzkampf beider großen christlichen Kirchen untereinander, der teilweise sogar in Massakern und Verfolgungen der Anhänger der jeweils anderen Konfession gipfelte.

Kirche und Ahnengrab

Mit der Missions-Arbeit in Madagaskar begannen vermutlich Dominikaner-Mönche um 1587. Während des 17. und 18. Jh. versuchten portugiesische Jesuiten und französische Lazaristen, sich im Südosten anzusiedeln – ohne Erfolg. Erst unter dem Schutz von Radama I. (1810-1828) etablierten sich ab 1818 britische Missionare der *London Missionary Society*, die Tausende von Jugendlichen aus vornehmen Familien bekehrten und erzogen. Unter Königin Ranavalona I. (1828-1861) litten Missionare und Bekehrte unter schrecklicher Verfolgung. Die Königin bezichtigte die London Missionary Society politischer Agitation, verbot das Christentum im Namen der Ahnen und verwies die Europäer des Landes. Zahlreiche Bekehrte, die damals getötet wurden, leben in der Erinnerung der Kirchen als Märtyrer weiter. Noch heute berüchtigt – *fady* – sind die Felsklippen vor dem Kirchplatz nahe des Rova in Tana, weil von dort zahlreiche andere Märtyrer zu Tode gestürzt wurden.

Unter Ranavalonas Sohn Radama II. drehte sich die Situation wiederum um 180° – es setzte eine sehr aktive Zeit der Bekehrungen ein, allerdings mit heftigen Rivalitäten zwischen katholischen und protestantischen Missionen. Die Heirat des bis dahin religiös neutralen Premierministers mit der protestantischen Königin *Ranavalona II.* 1869 bedeutete einen weiteren Sieg für den Protestantismus: Er wurde Staatsreligion, fast die gesamte politische Herrschaftselite bekannte sich zum neuen Glauben.

Als die Franzosen Madagaskar eroberten und die Insel 1896 Kolonie wurde, hatte das unmittelbaren Einfluß auf die religiösen Verhältnisse. Wer katholisch war, war für die Franzosen, wer protestantisch war, war für die Engländer, hieß es.

Erst das II. Vatikanische Konzil (1962-1965) brachte eine allmähliche Annäherung. In den 70er Jahren schweißten die politischen Entwicklungen beide Konfessionen zusammen, denn unter der marxistisch-sozialistischen Regierung Ratsirakas ging es um das Überleben beider Kirchen.

Heute ist der Einfluß der christlichen Kirchen vor allem im sozialen Bereich groß. Sie unterhalten Schulen, Krankenhäuser und zahlreiche kirchliche Entwicklungsprojekte, in der Hauptstadt wie auf dem Land. Inzwischen beschränken sich die Kirchen wieder auf karitatives Engagement, nachdem sie Anfang der 90er Jahre auch kräftig in der Politik mitgemischt hatten.

Wie so viele, hatten auch sie sich in dem von ihnen favorisierten Präsidentschafts-Kandidaten Albert Zafy getäuscht.

Überblick

Die weitläufige Stadt liegt auf 1200 m Höhe in angenehmem Klima (nachts kann es auch hier kalt werden!). In der **Unterstadt**, durch die auch die RN 7 führt, herrscht lebhaftes Getümmel. Hier befinden sich das koloniale Bahnhofsgebäude, gegenüber das legendäre Hôtel und Restaurant „Papillon", an der Hauptstraße das Postamt, die Taxi-Brousse-Station, ein kleiner Marktplatz, Moscheen für indische Einwanderer und Komorer, die meisten Low-Budget-Hotels und, am Ortseingang aus Richtung Ambositra, das skurrile chinesische Tophotel Soafia.

Blick auf Fianarantsoa

Die mittlere Ebene, die **Nouvelle Ville** oder Neustadt, ist das von den Franzosen angelegte Verwaltungszentrum mit rechtwinkligen Straßen, Banken, einem zweiten Postamt, großem Marktplatz und einigen guten Hotels. Im ältesten und schönsten Viertel, der **Oberstadt** (Haute Ville), hat man einen fantastischen Blick über das bunte Häusergewirr und verwinkelte Treppen und Gassen bis zum *Lac Anosy*. Früher muß Fianar eine wirklich schöne Stadt

Fianarantsoa

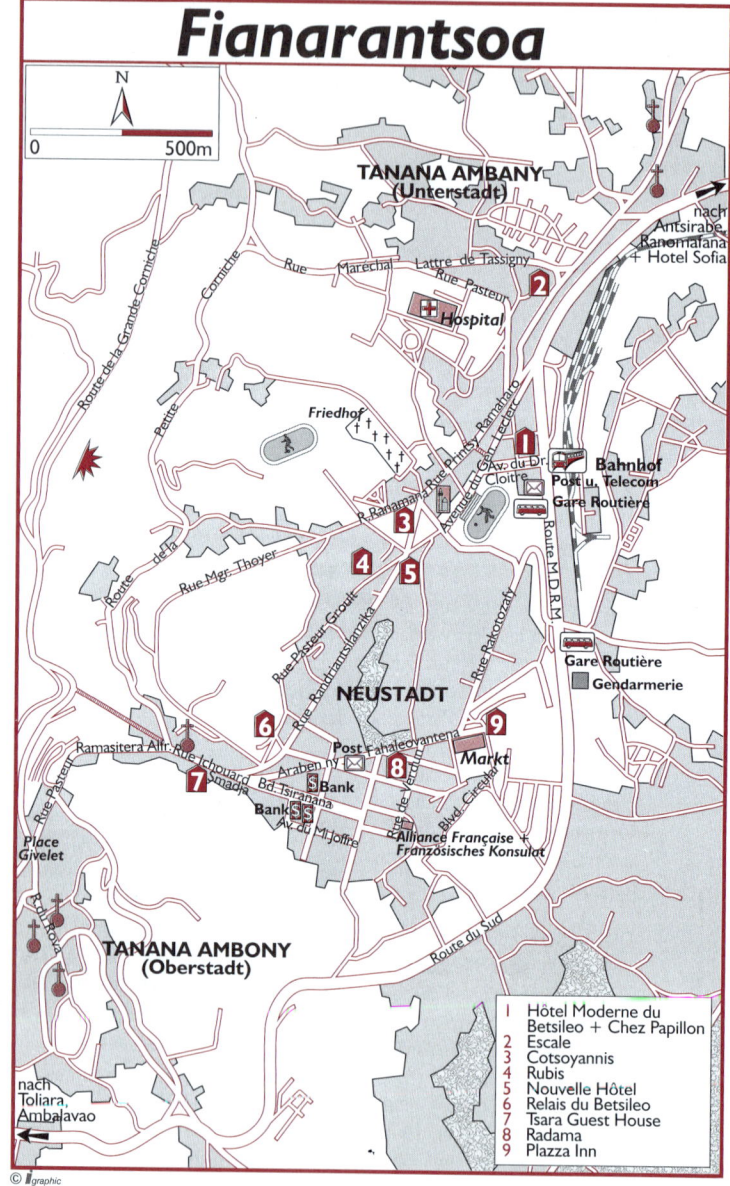

N

0   500m

TANANA AMBANY
(Unterstadt)

nach
Antsirabe
Ranomafana
+ Hotel Sofia

Rue Marechal Lattre de Tassigny

Rue Pasteur

Route de la Grande Corniche

Corniche

Rue

2

+ **Hospital**

Pente

Friedhof

† † † †

Route de la

Rue Mgr. Thoyer

Rue Ranaivo

Rue Printsy Ramahato

R. Ranaivo

Av. du Dr.

Cloitre

Avenue du Gén. Leclerc

1

🚌 **Bahnhof**

✉ Post u. Telecom
Gare Routière

3

4

5

Route M.D.R.M.

Rue Pasteur Grourt

Rue Randriantsilonarika

Rue Rakotozafy

NEUSTADT

Gare Routière

▪ **Gendarmerie**

6

9

Ramasitera Allr Rue Tchouard
Amadia

Araben 'ny Fahaleovantena

Post

8

✉

Markt

Ramadia

Bd. Tsiranana

Bank

7

Bank 💲

Av. du M'Joffre

Rue de la Liberté

Blvd. Circal

+ **Alliance Française** +
Französisches Konsulat

Place
Givelet

Rue Pasteur

TANANA AMBONY
(Oberstadt)

Route du Sud

nach
Toliara,
Ambalavao

© graphic

1 Hôtel Moderne du
   Betsileo + Chez Papillon
2 Escale
3 Cotsoyannis
4 Rubis
5 Nouvelle Hôtel
6 Relais du Betsileo
7 Tsara Guest House
8 Radama
9 Plazza Inn

gewesen sein. Heute ist alles ein bißchen verfallen, auf den Straßen klaffen riesige Schlaglöcher. An Sehenswürdigkeiten hat der Ort nicht viel zu bieten. Tagsüber herrscht quirliges Treiben: Männer schieben Karren, 400 Kilo schwer mit Reissäcken beladen, die Straßen hinauf, Schweine werden auf dem Rükken zum Markt getragen; morgens sieht man ungewöhnlich viele Jogger. Nachts wirken die Straßen wie ausgestorben, auch das Nachtleben in Bars oder Discos hält sich in Grenzen. Dafür ist die Umgebung fantastisch.

Tips

· *Wenn Sie ausgefallene Postkarten verschicken oder einfach etwas über das Land erfahren wollen, besuchen Sie das* **Fotolabor** *von* **Pierrot Men**. *Er gehört zu den madagassischen Top-Fotografen. Seine Leidenschaft gilt nicht Landschaftsfotografien, sondern erstklassigen Schwarzweißbildern von Menschen, Gesichtern und sozialen Milieus. Sein Geschäft LABO MEN liegt neben dem Hotel Soafia, Tel. 75-500.23.*

· *Ein schöner, aber steiler Spaziergang führt zu der weißen* **Marienstatue** *auf dem Berg, die man aus der Stadt von unten sieht. Von oben hat man bei klarer Sicht einen großartigen Ausblick auf die Stadt und kilometerweit auf die umliegenden Berge. Man geht die Straße am Tsara Hotel vorbei weiter bergauf, biegt etwa 700 m hinter der Kreuzung rechts ab, bis an einer verfallenen Garage ein steiler, manchmal rutschiger Pfad links zur Statue führt.*

Ausflüge in die Umgebung

Weingüter

Fianarantsoa ist berühmt für seine Rot-, Weiß- und Roséweine. Verschiedene Weingüter liegen im Nordwesten der Stadt an der Straße nach Isorona und nördlich Richtung Ambositra. Unter den verschiedenen Weingütern und

Rebsorten sind die bekanntesten **Lazan´ny Betsileo** (15 km nördlich), **Domremy**, **Gris de Manamisoa**, und **Soavita** weiter südlich kurz vor Ambalavao (s. S. 408). Angeblich erreicht der Wein Spitzenqualität, aber das ist Geschmacksache. Für den Export reichen weder die Qualität noch die Mengen. Ein Besuch eines Weingutes lohnt in jedem Fall!

Wenn Sie Meßwein bevorzugen, können Sie auch die Weinproduktion im **Monastère de Maromby** besichtigen, einem alten Trappistenkloster etwa 5 km nordöstlich von Fianar. Anreise mit Taxi-Brousse oder einem der Reiseveranstalter in Fianarantsoa *(s. regionale Reisetips)*.

Der Viehmarkt von Andoananasani

Das kleine Dorf ist auf keiner Karte verzeichnet, aber sein Montagsmarkt eine absolute Attraktion! Wenn man nicht an diesem Wochentag auf dem

Weg von Ambositra nach Fianarantsoa durch das Dorf an der RN 7 gekommen ist, lohnt es sich, die wenigen Kilometer hierher zurückzufahren.

Schon von weitem leuchten die Kleider und Kopftücher der Marktfrauen in allen Farben. Die Männer tragen die *Lamba*, das traditionelle Tuch aus Baumwolle oder Wolle, über die Schulter und die typische Kopfbedeckung der Betsileo, geflochtene Kappen oder Hüte aus Stroh. Alle haben sich richtig in Schale geworfen, denn wer weiß, welcher Schönheit man auf dem Markt begegnet.

Der Platz auf der rechten Straßenseite ist dem Verkauf von Schweinen vorbehalten: schwarze und rosa, dicke und dünne, alte Eber und kleine Ferkel, die kleinen für 5-10 DM. Hat man ein Schweinchen gekauft, bindet man es an einer Schnur fest und führt es wie einen Hund oft kilometerweit in sein Heimatdorf. Linker Hand auf dem Rindermarkt wechseln bei einer lautstarken Auktion Hunderte von Zebus den Besitzer. Manche werden für 700.000 FMG versteigert, die prächtigsten für 1 ½ Millionen. Ein buntes, lautes, farbenprächtiges Spektakel.

Die Teeplantagen von Sahambavy

12 km nördlich von Fianar auf der RN 7, danach weitere 13 km in östliche Richtung.

Diese sehr pittoreske Plantage in Madagaskars einziger Teeregion geht auf ein Pilotprojekt des Flensburger Entwicklungshelfers Uwe Ottens Anfang der 70er Jahre zurück: 210 Hektar gehören einer Societé, 110 Hektar sind in Privatbesitz von Bauern, die der Gesellschaft ihre Ernte verkaufen. Jährlich werden hier 300 Tonnen Tee produziert. 75 % gehen in den Export nach England, 20 % bleiben für den heimischen Markt. Mit 150 ständig beschäftigten Arbeitern und 250-400 Tagelöhnern zählt Sahambavy zu den größten

Arbeitgebern in der Region Fianarantsoa. Gezahlt werden ca. 3 Pfennig pro Kilo gesammelter Blätter, bei guter Ernte können die Arbeiter 8 Kilo pro Stunde schaffen. Die Arbeit ist mühselig: Nur die obersten 3 Blätter jedes Strauches dürfen alle 8 Tage gepflückt werden.

Teepflücker von Sahambavy

In der kleinen Teefabrik kann man sich den mühevollen Prozeß der Teeherstellung ansehen: Zunächst werden den Blättern durch Ventilatoren 8-16 Stunden lang 30 % ihrer Feuchtigkeit entzogen, danach werden sie maschinell zerschnitten, gepreßt und in einem dreimaligen Vorgang gerollt. Mit kaltem Wasserdampf fermentiert man anschließend die bis dahin noch grünen Blätter, die jetzt die Farbe wechseln und ihr spezielles Aroma entwickeln. Erst nach einem weiteren Trocknungsprozeß bei 120° ist der Tee

fertig, wird in 5 Sorten unterteilt und verpackt. Die ganze Prozedur dauert mehrere Tage. Die beste Sorte ist der madagassische Broken Pekoe, der sich auf dem Weltmarkt gut behaupten kann.

Anfahrt: mit dem Zug bis zum Ort **Ampaidranovato** und dann zu Fuß oder mit dem Taxi-Brousse. Für Besucher nur freitags von 8-15 Uhr geöffnet, Ausnahmen bestätigen die Regel.

Wasserfälle des Namorona

Auf dem Weg nach Ranomafana: Man biegt nach etwa 25 km bei **Alakamisy-Ambohimaha** rechts ab und fährt bis zum Dorf Vohiparara (ca. 49 km). Hier beginnen die Stromschnellen des Namorona-Flusses, die nach 3 km in drei aufeinanderfolgende Wasserfälle münden. Schöne Picknickorte mit grandiosem Blick auf den dichten Regenwald.

INFO   Barfuß unter den Sternen

von Wolfgang Willwerding

Viele Madagassen sieht man barfuß unterwegs, oft kilometerweit von Dorf zu Dorf. Auch viele Städter gehen barfuß. Wenn überhaupt Schuhwerk getragen wird, dann Plastiksandalen. Pro Jahr werden in Madagaskar mehr als 1 Millionen Paar Plastikschuhe hergestellt und nur 200.000 Paar Lederschuhe. Die Liebe zum Barfußgehen hat nicht unbedingt mit Armut zu tun.

„L'Enfant aux pieds nus qui regardait les étoiles", betitelt der Schriftsteller Rakoto Ratsimamanga seine Biographie über seinen Großvater, den Prinzen Ratsimamanga, der 78-jährig 1896 von der Kolonialmacht hingerichtet wurde. Damals nahm das Leben auf der Insel, auch das der Königin, barfuß seinen Lauf. Mindestens zehn Minuten in der Früh solle es jeder tun, weil es die Konstitution fördere, rät der in Antananarivo lebende Philosoph Victor Randrianparany. Heute gibt es immer noch Menschen, die weder in Schuhen noch in Sandalen zur Arbeit gehen, noch in den Straßen oder aufs Feld. Besonders die Menschen des Südens (Fianarantsoa, Toliara etc.), aber auch die in den Vorstädten der Hauptstadt. Zu jeder Jahreszeit.

Auffällig sind ihre außergewöhnlichen Widerstandskräfte, körperliche wie moralische. Der Unterschied ist leicht erklärt. Madagassen wissen seit jeher, daß vom Himmel und Erde Kräfte ausgehen, die von Menschen, Pflanzen und Tieren aufgenommen werden. Die Ahnen gaben das Wissen um die kosmische Universalkraft weiter. Danach nehmen die Füße im unmittelbaren Kontakt zum Boden die Erdkräfte auf, während der Kopf die kosmischen Kräfte empfängt.

Den Körper durchlaufende Kraftlinien verteilen diese Energien. Der Mensch wird eins mit der Natur. Und da die Natur keine Leiden kennt, braucht der Barfüßige selten den Rat eines Arztes. Und wenn, dann sind die empfohlenen Medikamente Pflanzen und Gräser (*tambavy*), die noch nach von den Ahnen verschriebenen Dosen aufgegossen oder gebrüht werden.

Wolfgang Willwerding ist Herausgeber der Zeitschrift „Bienvenue à Madagascar" und lebt in Tana (s. Allgemeine Reisetips, Stichwort Medien).

Abstecher an die Ostküste:
von Fianarantsoa nach Manakara

Tip
Bevor Sie in den Süden weiterfahren, machen Sie unbedingt einen Abstecher nach **Ranomafana** *(60 km) und besuchen Sie den Nationalpark (s. S. 404). Die Straße dorthin ist in schlechtem Zustand, so daß man eine Übernachtung in dem am Rande des Regenwaldgebietes gelegenen kleinen Ort einplanen sollte.*
Unser Tip: Die sehenswerteste Tour ist die Bahnfahrt nach Manakara und die Rückfahrt per Taxi-Brousse oder Mietwagen nach Fianarantsoa. Die Straße ist nicht identisch mit der Bahnstrecke, sehr abwechslungsreich und führt durch den Ort Ranomafana, wo man auf dem Rückweg eine Übernachtung und Wanderung einlegen kann.
Denken Sie daran, vor einem Aufenthalt in Ranomafana oder im Isalo-Gebirge im Süden (vor allem vor einem Wochenende) genügend Geld zu tauschen, Banken gibt es dort bisher noch nicht.

Bahnfahrt nach Manakara

Für viele gehört diese Fahrt zu den schönsten Erinnerungen ihrer Madagas-kar-Reise. Hier *erlebt* man wirklich noch Landschaft und Leute. Daran hat sich bis heute nichts geändert, aber ein noch größeres Abenteuer stellte die Bahnlinie wohl schon für ihre Konstrukteure dar.

Zu Beginn des Jahrhunderts in der schwierigen Topografie Madagaskars 895 km Schienen zu verlegen, war eine technische Höchstleistung. Nach der ersten Trasse von Tamatave nach Antananarivo und einer zweiten von Tana nach Antsirabe stellte die dritte, die Fianarantsoa mit dem Indischen Ozean verbinden sollte, die größte Herausforderung dar. Auf 163 km baute man 57 Tunnel, der längste mehr als einen Kilometer, 76 Brücken und Streckenab-schnitte mit 3,5 % Gefälle, die auf 40 km einen Höhenunterschied von 900 m zu überwinden hatten. In nur 10 Jahren Bauzeit war die Trasse durch den von Bergketten durchzogenen Regenwald verlegt. Möglich war dies nur durch den Einsatz von Tausenden von Zwangsar-beitern, was sogar den Protest von in-ternationale Organisationen auf den Plan rief. Erst nachdem die Bahnlinie fertig-gestellt war, schafften die Franzosen den „Arbeitsdienst" endgültig ab (s. S. 559).

Bahnhof von Fianarantsoa

Bahnfahrt mit Hindernissen

Am Fahrplan hat sich seit 1936 theoretisch nichts geändert. Abfahrt, so sagte man uns, sei morgens um 7 Uhr, Ankunft nachmittags um 15 Uhr. Kurz vor sechs standen wir wie viele andere in der langen Schlange vor dem Ticketschalter: 1. Klasse etwa 12 DM, die immer bis zum letzten Platz ausgebuchte 2. Klasse 7 DM. Winkende Begleitpersonen brauchen ein Billet de quai, ein Bahnsteigbillet.

Drei Waggons warten schon auf den Gleisen. Was noch fehlt, ist die alte Diesellok. Gestern sei sie mit 7 Stunden Verspätung aus Manakara zurückgekommen und mußte nachts repariert werden. Offenbar ist sie noch nicht fertig. Auch nicht um 8 Uhr und 8 Uhr 30. Es regnet in Strömen. Schließlich biegt sie schnaufend und mit großem Gehupe um die Kurve und rangiert die nächste halbe Stunde hin und her, bis der Zug um 9 Uhr endlich losfährt. 170 km liegen vor uns, mit 16 Zwischenstopps. Manche Dörfer sind nur durch den Zug mit der Außenwelt verbunden und einige Haltestellen nur dazu da, Güter vom Zug auf bereitstehende Lkw umzuladen. Wie lange das dauert, weiß vorher

kein Mensch. Fällt einmal ein Zug aus, können die Bauern nicht zu den Märkten nach Fianarantsoa oder Manakara, und zig Tonnen von reifenden Bananenstauden bleiben auf den Bahnsteigen entlang der Strecke liegen.

Die Landschaft ist atemberaubend. Reisterrassen und Teeplantagen lassen wir hinter uns und fahren im Schritt-Tempo durch die grauen Nebelschwaden des Bergnebelwaldes. Schon von weitem hört man das Wasserfall-Donnern des Mandriampotsy. In Zeitlupe schraubt sich die Lok über knirschende Brücken und im Laufe der nächsten Stunden durch insgesamt 57 Tunnel – die schwarz verrußten Wände nur eine Handbreit vom Fenster entfernt. Sich hinauszulehnen, wäre lebensgefährlich. Bei sintflutartigem Regen fährt der Lokführer ein Tempo, bei dem man bequem nebenher laufen könnte. Aus gutem Grund: Vor zwei Jahren ist eine andere Diesellok von einer Brücke gestürzt, wegen zu hoher Geschwindigkeit. Die Gleise sind marode, auch die über tiefe Schluchten führenden Brücken würden europäischen Sicherheitskontrollen nicht standhalten. Menschen sind jedoch bisher selten zu Schaden gekommen, zum Glück.

Jeder Bahnhof bietet ein anderes buntes Bild und seine eigenen Spezialitäten. Fliegende Händler bieten gekochte Flußkrebse an, Maniok, gebratene Würstchen, Lychees, Mangos oder Jackfrucht. Als Schirm werden Bananenblätter benutzt.

Auf der Weiterfahrt ist die Bahnschneise so dicht zugewachsen, daß die Zweige in den offenen Fenstern hängenbleiben und das ganze Abteil von Blättern übersät ist, von den Essensresten einmal abgesehen. Auf den Zustieg zur 1. Klasse wird nur am Anfang geachtet. Später steigt ein, wer wo will, vor allem, wenn die 2. Klasse wie üblich hoffnungslos überfüllt ist. Nur Hühner und andere Tiere bleiben der 1. Klasse fern. Ab und zu hält der Zug auf freier Strecke, damit der Lokführer einen umgestürzten Baum von den Gleisen schaffen oder ein paar Lychees pflücken kann. Der Lokführer kennt seinen Job: Seit 8 Jahren fährt er Manakara – Fianarantsoa, Fianarantsoa – Manakara. Da macht es nichts, wenn bei 30° Steigung die Räder ganz schön zu kämpfen haben, damit sie bei dem Regen und dem schmierigen Lateritboden auf den Schienen nicht durchdrehen. In der Trockenzeit, sagt der Schaffner, sei das alles kein Problem. Jetzt kann die Fahrt auch schon mal drei Tage dauern, wie damals 1994, nach einem Hurrikan. Eine Ministerdelegation befand sich gerade auf der Rückfahrt von Manakara, als ein entgegenkommender Güterzug entgleiste und die gesamte Strecke blockierte. Der Bahnausflug war damit beendet, die Minister mußten die Reise bis zum nächsten Ort zu Fuß fortsetzen, der auch per Auto erreichbar war.

Draußen wechselt die Vegetation von dichtem Regenwald zu lichteren Ravenala-Wäldern. Die majestätischen „Bäume der Reisenden", wie sie in Madagaskar genannt werden, spreizen ihre Fächer gegen den Himmel wie Pfauen ihr Rad. Wir passieren Pfahldörfer im Niemandsland, gurgelnde Flüsse, spiegelglatte Seen und alle 10 km wieder einen kleinen Bahnhof, auf dem uns schon von weitem die Kinder so begeistert zuwinken, als ob sie noch nie einen Zug gesehen hätten. Zum Geruch der Diesellok gesellt sich bald der Duft gebratener Hähnchen. Auch die Fahrgäste verändern sich: Statt der gut gekleideten 1. Klasse-Passagiere, die in Fianarantsoa zugestiegen sind,

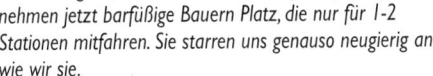

nehmen jetzt barfüßige Bauern Platz, die nur für 1-2 Stationen mitfahren. Sie starren uns genauso neugierig an wie wir sie.

Wir waren auf alles vorbereitet, nur nicht darauf, daß etwa eine Stunde vor dem Zielort Manakara der Zug in einem kleinen Dorf hielt, um auf einem der wenigen Ausweichgleise der gesamten Strecke auf einen entgegenkommenden Güterzug zu warten. Niemand wußte, ob der Zug in Manakara abgefahren war oder vielleicht dort auf uns warten würde. Auf dem Bahnsteig hing noch ein mit Kreide geschriebener Fahrplan von 1962: Ankunft 15.54 Uhr, Abfahrt 15.57. Inzwischen war es 18 Uhr. Ein Telefon gab es nicht, das Funktelefon war „en panne". Also mußte jemand zur nächsten Straße laufen, auf das erstbeste Auto warten (die hier extrem selten verkehren) und zur nächsten Polizeistation mit Funktelefon fahren, dann auf eine Fahrgelegenheit zurück

warten und eine Nachricht überbringen. Das Ganze dauerte 2 Stunden. So erreichten wir schließlich Manakara lange nach Einbruch der Dunkelheit nach 14 Stunden und einer durchschnittlichen Reisegeschwindigkeit von 12 km/h um 21 Uhr abends. Und ob Sie es glauben oder nicht: Es war eine der schönsten Zugfahrten unseres Lebens.

Manakara

Aktuelle regionale Reisetips (Hotels, Restaurants etc.) zu Manakara
entnehmen Sie bitte den gelben Seiten 245

Bis 1936 war Manakara nur ein kleines Fischerdorf. Dann wurde die Bahnlinie in Betrieb genommen, und der Ort entwickelte sich schlagartig zum zweitgrößten Ostküsten-Hafen Madagaskars, von dem aus die hier angepflanzten Produkte (v.a. Kaffee und Reis) exportiert und alle wichtigen Konsumgüter für die Verwaltungshauptstadt Fianarantsoa importiert wurden. Heute vermittelt Manakara ein eher tristes Bild. Den ehemals palmengesäumten Prachtalleen haben die Zyklone derart zugesetzt, daß in Strandnähe vielfach nur noch löcherige Straßen, abgeknickte Bäume und verlassene

Brücke über den Canal des Pangalanes

Häuser übrig geblieben sind. Entschädigt wird man durch die landschaftlich sehr reizvolle Umgebung.

Manakara besteht aus zwei durch den *Canal des Pangalanes* getrennten Vierteln. Der **westliche** – dem Meer abgelegene – **Stadtteil** ist von rechtwinklig angelegten, meist unasphaltierten Straßen durchzogen. Bei den häufigen Regenfällen sind sie völlig aufgeweicht. Hier liegen der Bahnhof, Verwaltungsgebäude, das Sidi-Hotel, der hübsche Marktplatz und einige Kirchen. Seit 1866 sind norwegische Missionare in Manakara angesiedelt. Wenn man Glück hat, kann man am Canal des Pangalanes eine Massentaufe miterleben, bei der sich gleich Hunderte von Einheimischen zum christlichen Glauben bekennen. Sechs lutheranische und drei katholische Kirchen versuchen, im Umkreis durch den Bau neuer Krankenhäuser und Schulen an Einfluß zu gewinnen. Größeres Interesse findet hier aber die arabische Kultur. Seit Jahrhunderten ist Manakara Siedlungsgebiet der moslemischen *Antaimoro* mit dem Zentrum **Vohipeno**. Inzwischen haben sich aber auch *Betsimisaraka*, *Betsileo*, *Antaisaka* und *Merina* hier niedergelassen.

Zum schöneren **östlichen Teil** auf der vorgelagerten, langgestreckten Insel **Manakara Be** gelangt man – am besten zu Fuß

Redaktions-Tips

- Besuch im **Königshaus der Antaimoro** (S. 398)
- Pirogenfahrt auf dem **Canal des Pangalanes** (S. 397)
- Rückfahrt nach **Ranomafana** (S. 402)

Markt in Manakara: Verkauf von Lychees

oder mit dem Pousse-Pousse – über eine Eisenbrücke über den Canal des Pangalanes. Gehen Sie von der Brücke nach links, vorbei am *Hôtel Manakara* und einigen Banken, kommen Sie ganz am Ende (wieder links) zur Hauptpost und zum Hafen. Auf die gewaltige Quaimauer aus meterdickem Beton prallt die Brandung mit voller Wucht. Welche Kraft die Naturgewalten hier haben, zeigt ein verrostetes Schiffswrack am nördlichen Ende des Strandes und die Überreste des einstigen *Hôtel de la Plage* mit seinem heute geschlossenen, aber noch erkennbaren öffentlichen Schwimmbad direkt am Meer. Die Allee von hohen Filaos-Bäumen entlang des von den Franzosen angelegten *Boulevard maritime* haben den Stürmen noch standgehalten, nicht aber die Geschäfte und Boutiquen, die Manakara in der Kolonialzeit zu einem beliebten Badeort gemacht haben. Die endlosen Strände sind fantastisch. Schwimmen ist aber wegen der steil abfallenden Küste, der Brandung und der Haie lebensgefährlich.

Tip
Fischer sind gerne zu einer Pirogen-Fahrt auf dem Canal des Pangalanes bereit. Der Preis richtet sich danach, wie lange Sie unterwegs sind. Vergessen Sie nicht zu handeln!

Quaimauer am Hafen

Weiterfahrt Richtung Süden

Von Oktober bis April ist es heiß und schwül. Häufige Niederschläge, das tropische Klima und die Sumpfgebiete ringsum sind ideale Voraussetzungen für eine üppig wachsende Vegetation und die großen Vanille-, Pfeffer- sowie Lychee-, Kokos- und Kaffeeplantagen im Umland, die vielfach von Chinesen bewirtschaftet werden. Leider bietet das Klima auch ein idealen Nährboden für Malaria.

Gleich nach dem Ortsausgang von Manakara ist die Straße asphaltiert und bis kurz hinter Farafangana sehr gut zu befahren, wenn man die erste, rostzerfressene Brücke unbeschadet passiert hat. Die Fahrt führt durch einen sattgrünen tropischen Pflanzenteppich, vorbei an Palmen- und Bananenhainen. Nicht selten sieht man Eisvögel und Kolibris.

30 km südlich von Manakara erreicht man den kleinen Ort **Vohipeno**. Man merkt dem hübschen Marktflecken, bekannt für seine bunten Flechttaschen, nicht sofort an, daß man sich hier mitten im Herzen der alten, arabisch beeinflußten *Antaimoro*-Kultur befindet (s. Kap. *Bevölkerung*). Das 6 km entfernte Dorf **Ivato/Savana** am Fluß *Matitanana* ist mit seinen heiligen Königsgräbern ihr eigentliches Zentrum.

Aktuelle regionale Reisetips (Hotels, Restaurants etc.) zu Vohipeno und Ivato/Savana

entnehmen Sie bitte den gelben Seiten 276

INFO ## Besuch bei den Königen der Antaimoro

Die Antaimoro stammen von arabischen Seefahrern ab, die sich in mehreren Einwanderungswellen schon ab 700 n.Chr., vor allem aber zwischen 1475 und 1500 an der madagassi-

Im Dorf Ivato/Savana

schen Küste ansiedelten. Angeblich waren die Araber die einzigen, die im malariaverseuchte Flußtal des *Matitana* überleben konnten, denn sie kannten im Gegensatz zu den Madagassen entsprechende Heilmittel. Das erste Königreich der Antaimoro ent-

stand im 18. Jh. unter ihrem Herrscher *Ramakararo*. Das heutige Königreich umfaßt mehr als 20 Dörfer. Vier Könige vertreten vier Clans: In **Ivato** lebt der König der *Anteony* und der *Antalaotra*, der Nachfahren der ersten Araber, die nach Madagaskar gelangten.

Noch heute sind die Antaimoro für ihre Heilkräfte landesweit berühmt. Aber auch schon die Merina-Könige beriefen sie aufgrund ihrer außergewöhnlichen Fähigkeiten an ihre Höfe. Niemand trifft eine wichtige Entscheidung, ohne die **Mpanandro** (Astrologen) oder **Ombiasy** (Zauberer) zu befragen.

Auch die **Mpitaiza** (Medizinmänner) spielen eine wesentliche Rolle. „Westliche" Mediziner sucht bei Krankheit kaum jemand auf, sondern immer zuerst die Mpitaiza.

Ihr Wissen beziehen die Zauberer aus uralten, heiligen Schriften, **Sorabe** genannt. Einige der Bücher sind Hunderte von Jahren alt; sie werden heute noch benutzt. Die Araber führten als erste in Madagaskar die Schrift ein – zunächst nur für kultische Zwecke. In einer Mischung aus arabischen Zeichen und madagassischer Sprache entstand auf eigens gefertigtem Papier (s. S. 412) das Sorabe: die „große Schrift". Anders als im Koran enthalten die heiligen Bücher keine Gebete, sondern geheime, magische Zauberformeln, die nur jeweils vier Eingeweihte in jedem Dorf lesen können und dürfen. Jeden Abend deutet in den Dörfern ein Astrologe die Sterne. Zeigen sie Unheil an, befragt man die Sorabe. Aber auch bei Krankheit, Blitz und Donner, Ernteschäden oder der Frage nach dem richtigen Ehepartner werden sie angewandt. Da die Zeichen so machtvoll sind, daß ihr Benutzer auch anderen Menschen Schaden zufügen und sie verhexen kann, werden sie verpflichtet, keinen Mißbrauch mit ihnen zu treiben und nur für positive Zwecke einzusetzen.

Arabischen Einfluß erkennt man außerdem an zahlreichen *Fadys*, z.B.

Der ehemalige Bürgermeister von Ivato

dem Alkohol-, Hunde- und Schweineverbot. Allerdings werden andere örtliche Fadys strenger gehandhabt. Besonders das Alkoholverbot nimmt man nicht mehr so genau, dazu trinken sowohl die Könige – als auch die Ahnen – viel zu gerne Rum. Andere Fadys gehen auf die erste Besiedlung zurück: Da aus Arabien nur Männer kamen, die nicht-moslemische und damit „unreine" Frauen aus dem Ort *Maroala* heirateten, dürfen Frauen bis heute keine Tiere schlachten. Einigen Gruppen ist es verboten, bei Fremden zu essen – sie können ja nie sicher sein, ob eine Frau das Fleisch zubereitet hat.

Der Besuch beim **König von Ivato** ist ein Erlebnis, das wir nie vergessen werden. Zuerst: Anmeldung beim Chef des *Fokotany* in Vohipeno. Der empfängt uns herzlich und schickt uns als Begleiter den stellvertretenden Bürgermeister von Vohipeno und den ehemaligen Bürgermeister von Ivato. Bevor wir losgehen, kaufen wir als Gastgeschenk 3 Liter Rum. Der Abzweig nach Ivato beginnt am Fluß Matitanana (Matitanana = „Fluß ohne Arm", benannt nach den erfolgreichen Bemühungen der Siedler, das gewaltige Delta mit mehreren Flußarmen einzudämmen. „Antaimoro" sind „die, die am Rande des Flusses leben). Wir gehen durch eine herrliche Landschaft in Richtung Canal des Pangalanes und Meer, vorbei an Pfeffer- und Zimtsträuchern, Kakao, Gewürznelken, Mandarinen- und Lycheebäumen und kleinen Reisfeldern. Trotzdem haben die Kinder in den Dörfern „Hungerbäuche". Aber sie winken fröhlich, und als wir nach einer Stunde in Ivato ankommen, ist unsere kleine Delegation um das Dreifache gewachsen.

Im eigens dafür aufgeschlossenen Rathaus von Ivato bezahlen wir „Eintritt" zum Königshaus. Ob wir Zutritt haben, wird aber erst danach entschieden. In der Zwischenzeit be-

Am Eingang der Königsgräber

gutachten wir die bombastische Kirche oberhalb des winzigen Dorfes. Schließlich bittet der König zur Audienz. Gebückt und barfuß steigen wir die Treppen hinauf. Das Königshaus aus Holz ist etwas höher als die anderen im Dorf, hat drei heilige Säulen und war bis vor kurzem von einem geschnitzten Balkon umgeben, den ein Zyklon zerstört hat.

Der König sitzt auf einer Matte in Richtung Osten, wo die Sonne aufgeht; seine Berater im Süden, links

neben ihm der Dorfälteste und in nördlicher Richtung wir Besucher. Es folgt eine lange Zeremonie: Der Rum wird aufgeteilt, im Anschluß *Kabary* und lange Gespräche. Der König, ein gebildeter Mann, erzählt, daß er bis zum Tod seines Vaters Geschichtslehrer war und erst dann zum König ernannt wurde. Und fragt, ob die Vazaha etwas für sein Volk tun könnten – sogar das Königshaus verfalle, und das Dorf habe kein Geld.

Schließlich werden die Ahnen befragt, ob wir die alten Königsgräber sehen dürfen. Ja, sagen die Ahnen, aber nur für einen großzügigen Betrag in Francs Malgaches.

Die Gräber sind das absolute Heiligtum der Antaimoro, auch wenn man es ihnen von außen nicht ansieht. (Ignoranten könnten auf die Idee kommen, sie als verfallene Holzhütten zu bezeichnen.) Das heiligste Grab von König Ramakararo befindet sich allerdings beim Dorf *Amboaka* am Strand.

Als die Ahnen am Eingangstor zu den Gräber noch einmal Geld verlangen, erheben wir Protest. Nach kurzer Beratung der Grabwächter lassen uns die Ahnen dann trotzdem eintreten.

Nach dem Besuch werden wir noch zu einer heiligen Stelle am Fluß gebeten, um uns die Füße zu waschen, und dann zum großen kollektiven **Beschneidungsfest Fandroana** eingeladen, das alle 7 Jahre im Dorf *Maroala* in der Mündung des Flusses stattfindet. Nach Berechnungen der Astrologen findet das nächste im August im Jahre 2000 statt.

Von Vohipeno dauert die Weiterfahrt zum früher beliebten Badeort **Farafangana** etwa eine Stunde. Der Ort mit lebhafter kolonialer Vergangenheit am südl. Ende des Canal des Pangalanes ist heute eher etwas für Leute, die sich auch am Ende der Welt nicht langweilen. Im Januar 1997 tobte hier besonders dramatisch der Zyklon „Gretelle" und verwüstete eine ganze Region. Die Bilanz: 60.000 Obdachlose, zahlreiche Tote und Verletzte.

***Aktuelle regionale Reisetips (Hotels, Restaurants etc.)
zu Farafangana***
entnehmen Sie bitte den gelben Seiten 236

Von hier aus haben Sie mehrere Alternativen, weiterzukommen: Entweder Sie nehmen ein Flugzeug, z.B. nach Taolanaro, ein Taxi-Brousse über die nur bei absoluter Trockenheit befahrbare Piste (RN 27) nach Ihosy, oder Sie fahren die passablen nächsten 75 km weiter südlich bis **Vangaindrano**. Der Ort hat außer einem langen Strand nicht viel zu bieten; interessant ist die Flußmündung des *Mananara*, das Hinterland mit Kaffee- und Reisplantagen und das Siedlungsgebiet der *Antaisaka*, für die es traditionell *fady* ist, Geld zu verdienen. Von Vangaindrano erreicht man unter großen Mühen den neuen **Nationalpark Midongy du Sud** sowie die **Schluchten von Ankalatana** (Auskünfte am besten bei den Reiseveranstaltern in Tana oder Manakara, z.B. im Sidi-Hotel). Genauso abenteuerlich ist ein Weiterkommen entlang der Küste nach Manantenina und Taolanaro (Fort Dauphin, s. S. 374).

*Wohnhaus: Pfahlbauten an der Küste bei Farafangana
(Quelle: Sick)*

***Aktuelle regionale Reisetips (Hotels, Restaurants etc.)
zu Vangaindrano***
entnehmen Sie bitte den gelben Seiten 275

Unser Tip
Fahren Sie zurück über Manakara und Ranomafana und folgen Sie der RN 7 Richtung Süden.

Rückfahrt von Manakara nach Fianarantsoa (über Ranomafana)

Entfernung: Manakara - Ranomafana 180 km (ca. 4 Std.), Ranomafana - Fianarantsoa 85 km (ca. 1 ½ Std.), RN 12, RN 25 und RN 45

Wenn Sie von Manakara nach Fianarantsoa zurückfahren, folgen Sie bis zum Dorf *Irondro* (ca. 120 km, RN 12) der gleichen Strecke wie nach Mananjary weiter nördlich an der Küste. **Mananjary** (160 km von Manakara) ist ein ruhiges Hafenstädtchen am Canal des Pangalanes, wo die hier angebaute Vanille, Pfeffer, Gewürznelken, Zimt und Kaffee verschifft werden.

Zum Leben erwacht der Ort alle 7 Jahre, wenn das **Beschneidungsfest Sambatra** stattfindet.

Ölpalmen-Plantagen bei Manakara

Nördlich von Mananjary befindet sich ein vom Volk der *Antambahoaka* verehrter weißer Elefant. Die Skulptur stammt angeblich noch von ihren Vorfahren aus Mekka (s. S. 104). Da Mananjary abseites der gängigen Reiserouten liegt, werden viele auf diesen Abstecher verzichten und von Manakara gleich Richtung Ranomafana fahren.

Aktuelle regionale Reisetips (Hotels, Restaurants etc.) zu Mananjary
entnehmen Sie bitte den gelben Seiten 246

Von Irondro biegen Sie links ab auf die RN 25. Eine Bilderbuchstrecke, die durch große Palmenplantagen, Ravenala-Wälder, Mischwald und Bambushaine führt und allmählich immer bergiger wird. In *Vohilava*, wo die RN 12 den Fluß *Namorona* überquert, versuchen Goldgräber ihr Glück; ein hübscher Ort für eine kurze Rast und gutes madagassisches *Ravitoto* im kleinen Hotely gleich rechts hinter dem Fluß. Später passieren Sie Fundorte von silbrig glitzerndem Mica (Glimmer).

Die Gegend wird nach und nach immer karger und bietet ein großartiges Panorama.

INFO   **Das Königreich von Ikongo**

Bei **Ifanadiana** kurz vor Ranomafana zweigt eine von der französischen Armee zur Abholzung der Edelhölzer angelegte Piste links ab. Nach etwa 11 km gelangt man zu den tosenden Wasserfällen des Namorona (man sieht sie auch vom Zug aus), nach 50 km zum Dorf Tolongoina an der Bahnlinie und nach 90 km zum einstigen französischen **Fort-Carnot**, dem heutigen Ikongo. Ikon-

go ist nicht nur als Zentrum des ehemaligen **Königreiches von Ikongo** ein geschichtsträchtiger Ort, wo die Herrscher der Tanala noch bis 1901 erbittert gegen die Merina kämpften. Auch heute ist es noch Siedlungsgebiet der Tanala. Wegen der Zauberkraft ihrer *Ombiasy*, *Mpisikidy* und *Mpanandro* sind sie im ganzen Land berühmt.

Bei gemütlicher Fahrt von Manakara erreicht man nach ca. 5 Std.

Ranomafana
(= heißes Wasser, heiße Quellen)

Aktuelle regionale Reisetips (Hotels, Restaurants etc.) zu Ranomafana
entnehmen Sie bitte den gelben Seiten 264

Ein ruhiger, kleiner Ort mit 1000 Einwohnern, idyllisch im Tal des

Ranomafana

Namorona gelegen, am Rande eines der seltenen noch intakten Primärwaldgebiete Madagaskars. Direkt am südlichen Ortseingang gegenüber dem Fluß ein paar einfache, aber hübsche Holzhütten eines Hotels.

Das Dorf hat man nach einem kurzen Spaziergang erkundet: im „Zentrum" die Taxi-Brousse-Station, eine Markthalle und das ehemals noble Hôtel *Station Thermale*. Seine Auffahrt, die majestätischen Ravenala vor dem Eingang und die große Restauranthalle zeugen noch von besseren Zeiten; leider ist das Hotel völlig heruntergekommen. Ihm zu Füßen liegen das „Kurhaus" mit dem Schwimmbad und heißen Thermalquellen, die man immer noch nutzen kann.

INFO   Die Thermalquellen von Ranomafana

1880 wurden die **heißen Quellen** entdeckt. Wegen ihres hohen Gehalts an Mineralstoffen und winzigen Mengen von Radioaktivität wurden sie bald als Heilquellen im ganzen Land bekannt. Auch Leprakranke ließen sich hier behandeln.

Ursprünglich siedelten die hier ansässigen *Betsileo* und *Tanala* in je zwei Dörfern an beiden Ufern des Flusses. Nach der Entdeckung der Quellen zogen auch die zwei Dörfer auf der Westseite ans andere Ufer und machten den Kranken Platz.

Tip

Bevor Sie den Nationalpark von Ranomafana besuchen, schauen Sie sich das erste madagassische „Ökomuseum" im Ortskern nicht weit von der Markthalle an. Es ist zwar klein, aber hier erfahren Sie interessante Details über die Parkgeschichte, Flora und Fauna und die Bewohner ringsum. Im Museum hängt ein kleines Schild mit der Aufschrift: Wer kann etwas für den Erhalt des Regenwaldes tun? Man klappt das Schild auf und sieht sich selbst in einem Spiegel. Darauf steht: „Respektieren Sie den Wald. Zahlen Sie Eintritt und Souvenirs. Erzählen Sie anderen von Madagaskars Naturschätzen. Unterstützen Sie die Umweltorganisationen."

Der Eingang zum Naturschutzgebiet und das Büro von ANGAP liegen etwa 6 km außerhalb des Ortskerns an der Straße nach Tana/Fianarantsoa. Unterwegs dorthin kommen Sie (vom Ort aus linker Hand) an einer hübschen französischen Bungalowanlage vorbei.

Am Parkeingang vor dem ANGAP-Büro

Der Nationalpark von Ranomafana

Größe: 43.000 Hektar
Gründungsdatum: 21. Mai 1991

Der Ranomafana-Regenwald gehört zu den letzten Bergnebelwäldern der Erde. Mit großzügiger Unterstützung der amerikanischen Entwicklungshilfeorganisation USAID wurden 1991 43.000 Hektar Wald zum damals 4. Nationalpark des Landes erklärt. Nach Isalo und Masoala ist es das drittgrößte Naturschutzgebiet Madagaskars. Im Gebiet *Talatakely* nahe des Eingangs wurden außer einer Forschungsstation schmale Fußwege und Aussichtspunkte für einen sanften Ökotourismus angelegt. ANGAP bietet Wanderungen von einer bis zu meh-

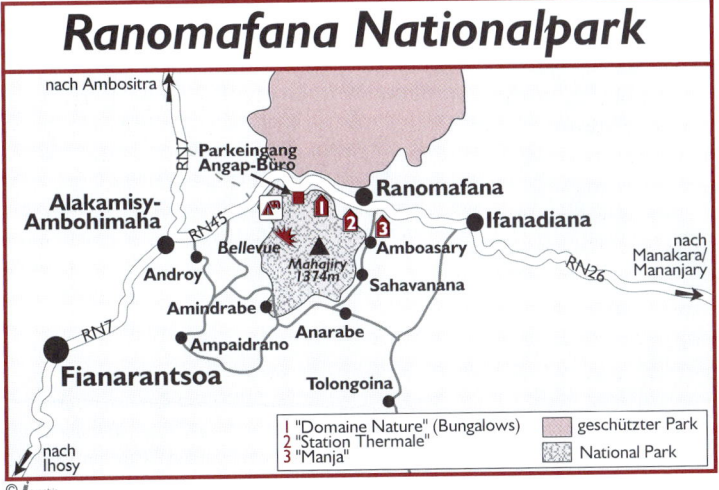

Ranomafana Nationalpark

nach Ambositra

Parkeingang
Angap-Büro

Alakamisy-
Ambohimaha

Ranomafana

Bellevue

Ifanadiana

nach
Manakara/
Mananjary

RN45

RN7

Androy

*Mahajiry
1374m*

Amboasary

RN26

Amindrabe

Sahavanana

RN7

Anarabe

Ampaidrano

Fianarantsoa

Tolongoina

nach
Ihosy

1 "Domaine Nature" (Bungalows)	geschützter Park
2 "Station Thermale"	
3 "Manja"	National Park

© *i graphic*

reren Stunden Dauer in Begleitung eines sachkundigen Führers an. Andere Teile des Waldes sind nur Forschern zugänglich; vier Fünftel sind völlig undurchdringlich und wohl noch nie von Menschen betreten worden. Nach einem „Aktionsplan der madagassischen Regierung zum Schutz der Natur" kommt diesem Wald die höchste Dringlichkeitsstufe zu, für den sich u.a.

madagassische NGOs, amerikanische Universitäten, die National Geographic Society, der WWF und UN-Organisationen engagieren.

In Ranomafana gedeiht eine Vielzahl von einzigartigen, teilweise wissenschaftlich noch gar nicht erfaßten Pflanzenarten. Für den Wasser- und Klimahaushalt der Insel hat das Ökosystem eine ganz entscheidende Bedeutung. Allein ein Drittel aller madagassischen Vogelarten sind hier zu Hause, über 90 Arten von Schmetterlingen und 12 Lemurenarten, davon 5 nachtaktive wie das Aye-Aye und der Mausmaki. Eine sensationelle Entdeckung, die Ranomafana in Biologenkreisen schlagartig berühmt werden ließ, machte 1986 der deutsche Biologe **Bernhard Meier**. Während seiner Forschungen stieß er auf eine bis dahin völlig unbekannte Lemurenart: Nach seinem ungewöhnlichen Fell wurde die Neuentdeckung **Goldener Bambuslemur** genannt (*Hapalemur aureus*). Noch viel

Goldener Bambuslemur

ungewöhnlicher als seine Farbe ist aber das, was er frißt. Dieser Lemur ist auf besondere Pflanzenschößlinge spezialisiert, die genug Cyanid enthalten, um einen Menschen umzubringen. Meier beobachtete, daß der *Hapalemur aureus* täglich mehrfach eisenhaltige Erde frißt, und fand heraus, daß der Primat dadurch seine hochgiftige Nahrung neutralisiert (s. *Lemurenlexikon* von Bernhard Meier S. 71). Damit leben allein drei verschiedene Arten von Bambuslemuren im Ranomafanawald. Fragen Sie Ihren Führer außerdem nach Giraffenkäfern, Baumfarnen, seltenen Chamäleonarten und endemischen Pflanzen, er wird sie Ihnen zeigen.

Die größte Gefahr für den Wald geht von der hier lebenden Bevölkerung aus. Deshalb sieht der Aktionsplan ausdrücklich vor, die traditionell nomadischen Wanderfeldbau – und Brandrodung – praktizierenden *Tanala* mit einzubeziehen. Um das Schutzgebiet besteht eine 5 Kilometer breite „Zone périphérique" mit 100 Dörfern und 25.000 Einwohnern, die von Ackerbau und den Produkten des Waldes leben. 50 % der Einnahmen aus dem Parkprojekt sollen diesen Menschen zugute kommen, durch Hilfe bei Bewässerung für zusätzliche Reisernten, beim Hausbau, Gesundheitsversorgung usw. Eine zusätzliche Einnahmequelle für die Bevölkerung sind das kleine *Maison d´Artisanat* zwischen Parkeingang und Ortszentrum, in dem einheimische Produkte verkauft werden, sowie das *Ökomuseum*. Leider hat man bisher den Eindruck,

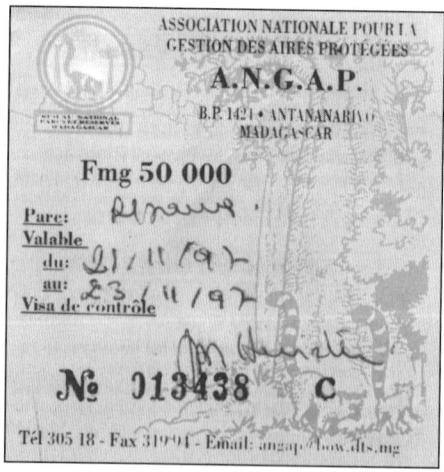

daß einem Teil der Bevölkerung nach wie vor nicht viel am Ökotourismus liegt und den Park vielmehr als Beschneidung ihres Lebensraumes ansieht. Trotz Androhung hoher Strafen brennen die Wälder.

Ein skurriler „Forscherwettlauf" unter Wissenschaftlern aus aller Welt, bei dem in den Augen der Madagassen z.B. mehr Geld für Fahrzeuge ausgegeben wurde als für die Belange der Bevölkerung, mag dazu beigetragen haben.

Tip
Am Parkeingang hinter dem ANGAP-Büro hängen diverse Schautafeln, auf denen Sie sich einen Überblick über Flora und Fauna verschaffen können. Tragen Sie festes Schuhwerk, denn auch bei schönem Wetter ist die Luft im Wald schwül, die Wege sind oft anstrengend und rutschig. Bei Regen müssen Sie mit Attacken von ungefährlichen, aber unangenehmen Blutegeln rechnen. Wichtig: Feste Schuhe, Kapuze, Socken über die Hosenbeine ziehen, obwohl auch das nicht immer hilft.

Mögliche Touren in Begleitung von einem der obligatorischen Guides:
· 1,7 km: ca. 2 Std., leicht
· 3,5-5 km: ca. 3-4 Std., mittel
· 4,5-5 km: ca. 5 Std., schwierig, wegen der hohen Luftfeuchtigkeit anstrengend

Weiterfahrt
*Für die 85 km von **Ranomafana** nach **Fianarantsoa** braucht man etwa 1 ½ Std. Die Straße ist nur teilweise asphaltiert. Auf den ersten 25 Kilometern hat man nach jeder Kurve grandiose Ausblicke auf den scheinbar endlosen Regenwald und die Stromschnellen des Namorona, bevor man durch Pfefferplantagen und Reisanbaugebiete wieder zurück in die „Zivilisation" kommt.*

Von Fianarantsoa zum Isalo-Nationalpark (über Ambalavao)
Entfernungen: Fianarantsoa – Ambalavao (54 km, ca. 1 ½ Std.); Ambalavao – Ihosy (150 km, ca. 2 ½ Std.); Ihosy – Ranohira/Isalo (90 km, ca. 1 ½ -2 Std.).

Tips zur Zeitplanung
Wenn Sie aus Ranomafana kommend in Fianarantsoa eine Übernachtung eingelegt haben und morgens früh aufbrechen, können Sie es bequem in einem Tag zum Isalo-Nationalpark schaffen, inclusive ausgiebiger Stopps in Ambalavao und Ihosy. Für Wanderungen oder Ausflüge zum Andringitra-Gebirge müssen Sie eine zusätzliche Übernachtung in Ambalavao einplanen.

Man verläßt Fianarantsoa auf der *Route du Sud* über zahlreiche Flußbrücken, an denen sich samstags wie in Tana die Frauen zum Wäschewaschen einfinden. Nach 15 Kilometern sieht man die ersten Weinstöcke. Allmählich werden die Besiedlung immer spärlicher und die Landschaft rauher und felsiger, aber immer noch von Reis- und Gemüsefeldern unterbrochen. Nachdem Sie eine Art Paß überquert haben, öffnet sich nach etwa 50 Kilometern ein weiter Blick auf die Ebene von Ambalavao. Mitten in der Wildnis steht hier direkt an der Straße ein Denkmal, das an den Luftkampf eines französischen

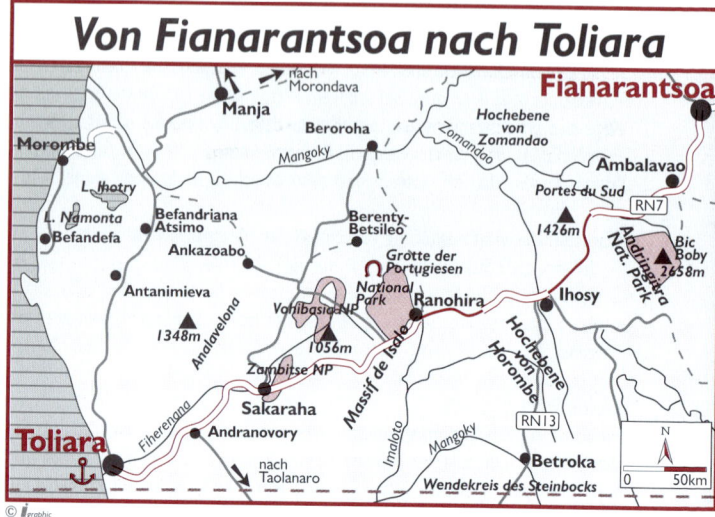

Leutnants und seiner Gefährten erinnert: „morts pour la France le 4 octobre 1947". Ein schöner Ehrenplatz hoch oben über dem Tal mit Aussicht auf das zerklüftete **Andringitra-Gebirge** am Horizont und, geschützt durch die Berge, die ausgedehnten Weingüter im Tal.

Nach wenigen Kilometern kommt man am **Weingut Soavita** vorbei. Im Januar/Februar werden nach einem halben Jahr Reifezeit die Trauben geerntet und daraus jährlich 250.000 Liter Wein produziert. Besucher (und Käufer) sind willkommen. Es ist absolut sehenswert, wie die Flaschen per Hand gespült und mit Korken und Etiketten versehen werden. Der Wein lagert nicht in Fässern, sondern in Betontanks. Man wird Sie zu einer ausgiebigen Weinprobe einladen.

Kleiner Tip
Der Rotwein verkauft sich hier besser als der weiße; eine Flasche kostet etwa 3 DM.

Kurz vor dem Ortseingang von Ambalavao liegt rechter Hand das Büro des **WWF**, bisher noch Ansprechpartner für Exkursionen zum neuen Nationalpark von Andringitra, bevor im Jahre 2000 ANGAP die Regie übernehmen soll.

Im Weingut Soavita bei Ambalavao

Andringitra-Nationalpark
Größe: 32.000 Hektar
Nationalpark seit 1998

Aktuelle regionale Reisetips (Hotels, Restaurants etc.)
zum Andringitra-Nationalpark (bei Ambalavao)
entnehmen Sie bitte den gelben Seiten 207

Man muß gar nicht die rund 55 km bis zum Andringitra-Massiv fahren, um einen vagen Eindruck von der Großartigkeit dieses Gebirges zu gewinnen. Schon von Ambalavao aus wirkt es geheimnisvoll und anziehend. Lange Jahre war Andringitra kaum erforscht und als „strikt geschütztes Reservat" für fremde Besucher unzugänglich. 1998 wurden Teile des Gebietes zum Nationalpark erklärt.

Zwischen der östlichen Kante des Hochplateaus und dem westlichen Rand der Küstenberge gelegen, besteht Andringitra aus einem landschaftlich einzigartigen, gigantischen hochgedrückten Granitblock. Das hügelige Plateau liegt auf 2100 m Höhe und ist von tiefen Schluchten durchzogen. Daraus hervor ragen regelrechte Felsendome. Die höchsten Erhebungen sind der **Pic Boby** (2658 m) und **Pic Bory** (2630 m), nach dem Maromokotro im Norden die zweit- und dritthöchsten Berge Madagaskars. Durch die starken Höhenunterschiede haben sich drei verschiedene Vegetationsstufen entwikkelt: Trockenwälder in den Tiefebenen, Bergnebelwälder in der Mitte und eine oft endemische Bergvegetation in den höheren Regionen. Das Massiv des benachbarten **Spezialreservat Pic d'Ivohibe** steigt abrupt auf 2060 m Höhe und beherbergt eine ähnlich endemische Flora und Fauna.

Die Berge von Andringitra und Pic d´Ivohibe gelten den *Betsileo* und *Bara* als absolut heilig. Beide Gebiete sind reich an Geschichte und Kultur dieser Ethnien. Wegen der zahlreichen strengen *Fadys* können Sie sich dort nur in Begleitung eines einheimischen Führers bewegen. Am Rande des Gebirges sorgt der Wasserreichtum für ausgedehnte Reisfelder und Gartenanbau. Im Norden, Westen und Süden siedeln vor allem *Betsileo* und *Bara*; die östlichen Berghänge werden zunehmend durch zuwandernde *Tanala* bebaut, die mangels Alternativen vor allem für ihre Anbaumethoden durch *tavy* (Brandrodung) bekannt sind. Auch diese abgelegene Region ist extrem gefährdet!

Ein von der deutschen KfW-Bank und der madagassischen Regierung finanziertes Projekt versucht, die Bevölkerung vom Sinn der Schutzmaßnahmen zu überzeugen. Der WWF bereitet einen Antrag bei der UNESCO vor, Andringitra in die Liste des Kulturerbes der Menschheit aufzunehmen.

Tip

Bisher sind der Besuch des Nationalparks noch touristisches Neuland und die Infrastruktur noch weniger entwickelt als in anderen Gebieten. In der Regel kommen Sie nur mit einem Jeep oder zu Fuß voran; allerdings wird die Zufahrtsstraße von Ambalavao Richtung Osten demnächst asphaltiert. Für Wanderer und Bergsteiger: Ausgangspunkt ist das Dorf Antanifotsy. Von hier sind es 3 Std. bis zum Fuße zweier Wasserfälle und 8 weitere Stunden bis zum Gipfel des Pic Boby. Vorsicht bei schlechtem Wetter! Ausflüge organisieren Sie am besten über die Reiseveranstalter in Tana oder Fianarantsoa. Weitere Auskünfte beim WWF-Büro in Ambalavao (s. Karte S. 382).

Ambalavao

(= „neues Dorf", ca. 12.000 Einwohner)

Aktuelle regionale Reisetips (Hotels, Restaurants etc.) zu Ambalavao *entnehmen Sie bitte den gelben Seiten 207*

Ambalavao ist ein idyllisch gelegenes, malerisches Städtchen mit postkartenverdächtiger Aussicht auf die umliegenden Berge.

Dabei hat es eine traurige Geschichte. Lange Zeit konnten sich die letzten *Betsileo*-Könige im Dorf Ifandana, uneinnehmbar auf einen Felsen gebaut, gegen die feindlichen *Bara* im Süden und die *Merina* im Norden behaupten. Erst Radama I. erzwang an der Spitze seiner Armee auch hier die Niederlage, in dem er das Dorf wochenlang belagern ließ. Viele Bewohner verhungerten, die anderen stürzten sich vom Felsen in den Tod. Das Dorf wurde niedergemacht und durfte nach Sitte der siegreichen Merina nie wieder aufgebaut werden. Ambalavao, „die neue Stadt", entstand daher wenige Kilometer entfernt. Noch heute ist der Ort südlich von Ambalavao *fady* und darf von Fremden keinesfalls ohne Führer betreten werden.

Redaktions-Tips

- Der **Markt** (i.d.R. mittwochs, die Wochentage können sich jedoch ändern) (S. 411)
- Das **Papier der Antaimoro** und kostbare **Seidenlambas**: Besuch der Manufakturen (S. 411/412)
- Besuch des Weingutes **Soavita** (S. 408)
- Besuch des **Andringitra**-Nationalparks (S. 409)

Tip

*Fragen Sie im Rathaus oder bei der Polizeistation, ob ein Guide Sie zum 8 km entfernten **Rocher d´Ifandana** begleitet. Die Landschaft ist bizarr und der Ort ein bißchen gespenstisch. Unter den Felsen liegen noch die Gebeine der Toten.*

Überblick

Gleich am Ortseingang vom Ambalavao parken an der Taxi-Brousse-Station die abenteuerlichsten Fahrzeuge und LKW, die oft nach langer Reise völlig verstaubt aus dem Süden hier angekommen sind. Schräg gegenüber: die **Fabrique artisanal du Papier Antaimoro**. Hier können Sie sich ansehen, wie das berühmte Antaimoro-Papier hergestellt wird (s.u.). Im Garten der Manufaktur gibt es auch bescheidene Gästebungalows.

Vom Halteplatz der Taxi-Brousse führt die schmale, mit braunen Ziegelhäusern gesäumte „Hauptstraße" direkt zum Rathaus. Für diesen Ort wirkt es geradezu gigantisch. Auf der parallel verlaufenden Nebenstraße dient ein kleiner dunkler La-

Ambalavao

den mit dem Plakat „cinéma video" als Kino; fast immer drückt sich eine kleine Traube von Kindern an der Tür die Nase platt. Ab und zu kommt ein Truthahn vorbei. Die Männer haben auf dem Asphalt ein paar Gitter mit Kreide gemalt und spielen das Brettspiel *Fanorona*. In Ambalavao sind die hölzernen Balkone der Betsileo-Häuser besonders schön geschnitzt und bemalt.

Die Straße endet am kleineren Marktcarré und dem dahinterliegenden großen **Marktplatz**. Mittwochs findet hier nicht nur einer der bedeutendsten Rindermärkte im Süden Madagaskars statt. Daneben bieten auch einheimische Heiler die seltsamsten Kräuter, Hölzer und Rezepte an, die gegen verschiedenste Leiden und Zauber eingesetzt werden. Außerdem werden Gemüse und Obst, Trockenfisch, bunte Plastiktüten und Eimer, Schuhe, Seidentücher, Holzkohle und frisches Fleisch verkauft. Eine unvergleichliche Atmosphäre. Die Intensität der Farben vor der majestätischen Kulisse der Berge, die glasklare Hochlandluft und der tiefblaue Himmel mit seinen hohen, weißen Wolkentürmen sind einzigartig.

Tip

*Auch eine Manufaktur wertvoller **Seidenlambas** können Sie in der Nähe von Ambalavao besuchen. Sie befindet sich wenige Kilometer außerhalb in Richtung Ambohimahamasina. In die kostbaren Lambas werden im Hochland traditionell die Verstorbenen gehüllt. Das Rohmaterial spinnen die Seidenraupen des Avoha-Baumes, der auch die Fasern des Antaimoro-Papiers liefert (s. Karte S. 382).*

INFO ## Geschichte des Antaimoro-Papiers

Besuchen Sie in jedem Fall die kleine **Papiermanufaktur** am nördlichen Ortseingang. Sie liegt in einem liebevoll gepflegten Garten, wo Sie unter üppig blühender Bougainvillea ein kleines Restaurant, bescheidene, aber saubere Zimmer und Bungalows und einen Verkaufsraum mit allen erdenklichen Souvenirs aus Papier vorfinden: Briefpapier, Lampenschirme, Schreibunterlagen etc. Das Papier

selbst ist naturfarben, aber mit farbintensiven getrockneten Blumen verziert und fühlt sich an wie seidige, feine Rauhfasertapete.

Ein kleiner Handzettel im Souvenirshop verrät seine Geschichte:

"Die **Herkunft** des Antaimoro-Papiers ist weit in die Vergangenheit zurückzuführen. Nach der Legende erlitt ein Segelboot aus Arabien an der Ostküste südlich von Manakara Schiffbruch. Der Stamm der Antaimoro oder „Küstenbewohner", der im fruchtbaren Tal des Flusses Matita-

na siedelt, bot der Mannschaft in Not Gastfreundschaft. Da diese Araber nicht mehr heimreisen konnten, ließen sie sich bei den Antaimoro nieder. Die heutigen Könige des Bezirks Vohipeno sind ihre direkten Nachfolger.

Als gute Moslems hatten die Araber einige Exemplare des Koran mitgebracht, aber die Bücher zerfielen im Laufe der Zeit. Da die Araber wußten, wie man Papier herstellt, suchten sie geeignete Pflanzen als Rohstoff und fanden den *Avoha*, ein wildes Maulbeerbaumgewächs. Seine stabilen Fasern – schöner als das Alfa vom Nilufer – ermöglichten ihnen, Papier anzufertigen und ihre heiligen Manuskripte darauf abzuschreiben. Sie brachten den Antaimoro die arabische Schrift bei und bekehrten sie zum Islam. Bis vor wenigen Jahren stellten noch einige seltene Handwerker das Papier wie zur Zeit der Pharaone her, nur für den Gebrauch der *Ombiasa*, der Medizinmänner, die es speziell für ihre Zauberbücher verwendeten. Man glaubt, diese heiligen Schriften, *Sorabe* genannt, und das Antaimoro-Papier besitzen eine magische Macht."

1936 forschte der junge französische Plantagenbesitzer Pierre Mathieu, hingerissen von der Schönheit dieses Papiers, nach dessen Herstellungsweise. Die Rezepte altägyptischen Ursprungs waren bis dahin streng geheim. Als Freund und Vertrauter der Antaimoro gelang es ihm schließlich, das Geheimnis zu lüften.

Im hinteren Gartenbereich können Sie die aufwendige **Herstellung** besichtigen. Zuerst werden die Blätter des *Avoha*-Baumes fünf Stunden lang zu Fasern zerkocht und anschließend mit kaltem Wasser zu breiigen Kugeln geknetet. Die Kugeln werden mit Holzstöcken so lange zu zähem Teig geklopft, bis er dünn genug ist, um ihn mit einem Baumwolltuch auf einen 120x80 cm großen Holzrahmen zu spannen. Aus einem Kilo Pflanzenmasse wird später nicht mehr als ein großer Bogen Papier. Nachdem der Teig mehrmals mit Wasser übergossen und „gesiebt" worden ist, bekleben ihn die Arbeiterinnen mit wunderschönen selbstgepflückten Blüten und versiegeln das Ganze mit

einem leichten Lackleim, der dann an der Sonne trocknen muß. Die Pro-

Sorabe – die „große geheime Schrift"

zedur nimmt mindestens einen Tag in Anspruch. Früher durfte der heilige Papierrohstoff nur bei Mondlicht auf die Rahmen gespannt werden.

Auch in Antananarivo und anderen Orten kann man nachgemachtes Antaimoro-Papier kaufen, aber nicht in dieser Qualität (s. auch allgemeine Reisetips, Stichwort „Einkauf").

Weiterfahrt in den „Grand Sud"

Hinter Ambalavao wird die Szenerie immer spektakulärer. Im Osten die Ausläufer des Andringitra-Massivs. Am Wegesrand ein paar Grabhäuser. Zwischen hoch aufgetürmten Felsblöcken passiert man „**Les Portes du Sud**", das Tor des Südens. Ungefähr hier beginnt der Erdstrich, den die Einheimischen ehrfürchtig „Le Grand Sud" nennen. Vor allem der Südwesten ist karg. Seine Bewohner haben mit großen Dürreperioden zu kämpfen. Mit durchschnittlich weniger als 10 Einwohnern pro Quadratkilometer ist dieser Landstrich extrem dünn besiedelt. Nur wenige Straßen verbinden die abgelegenen Dörfer miteinander, die Bewohner sind ganz auf sich gestellt. Seit langem existiert ein besonderer Aktionsplan der Regierung für diese benachteiligte Region, viel verändert hat er bisher nicht. Aber immerhin: Die RN 7 ist jetzt fast durchgehend asphaltiert und verbindet Tana mit Toliara. Trotzdem ist die Hauptstadt Lichtjahre weit entfernt.

Bara mit Rinderherde bei Andringitra

Sie fahren durch eine Wildwestlandschaft, in der die nackten Gipfel der umliegenden Berge von glitzernden Wasserläufen durchzogen sind. Schon in der nächsten Kurve können Sie sich in einer riesigen Rinderherde wiederfinden, die gewehr- und speerbewaffnete *Bara-Hirten* zu Fuß Hunderte von Kilometern nach Norden treiben. Dort werden die Zebus an die Schlachthöfe verkauft. Auch mit Vieh beladene Lkw brettern Richtung Norden. Ist man mit dem Taxi-Brousse unterwegs, legen die Fahrer besonders gern die Musik ihres inzwischen international bekannten Landeshelden **D´Gary** auf, dessen Vater aus dem kleinen Dorf Betroka kommt und von den *Dahalo*, den Viehdieben der Bara, abstammt.

INFO   **Bedeutung der Zebus** *(von Sabine Neubert)*

Das Rind ist Mittelpunkt madagassischer Kultur. Neben dem Reisfeld ist es *das* Symbol des Wohlstandes. Möglichst viele Rinder zu besitzen, ist Lebensziel vieler Malagasy. Dabei zählen in erster Linie die Anzahl der Tiere, in zweiter Linie ihre äußeren Merkmale – wie Farbe, Höckerform und Zeichnung –, aber nicht die ökonomische Rentabilität. Die Herden haben nur die Funktion als „lebende Sparkasse", bei der die Kälberaufzucht den „Zinsen" entspricht.

Das Rind ist einerseits Gegenstand besonderer magisch-religiöser Verehrung, andererseits bevorzugtes Opfertier. Darin sehen die Malagasy keinen Widerspruch. Sie stehen damit ganz in einer ähnlichen Tradition wie die ostafrikanischen Hirten, z.B. die Massai, im Gegensatz z.B. zu den In-

dern. Der Opfertod und das damit verbundene Gemeinschaftsmahl gehören zur religiösen Zweckbestimmung des Tieres, die von Gott und den Ahnen gefordert werden. Nur das Töten eines Tieres aus reinem Nutzinteresse des Menschen ist tabu.

Auch der Reis hat eine wichtige Stellung im Leben der meisten Volksgruppen der Malagasy. Reis ist bei ihnen Lebensgrundlage geworden, doch ist seine Aufgabe, das *materielle Leben* zu erhalten. Ganz anders beim Rind. Traditionell wird niemals ein Rind getötet, nur um den Hunger zu stillen. Es gilt als Freund des Menschen und als Träger geistiger Lebenskraft; sein Blut verbindet die Menschen mit den verstorbenen Vorfahren. Wenn Zebus schwere Arbeiten verrichten oder geschlachtet werden, geschieht dies im-

© Sabine Neubert

Ein nach Auffassung vieler Madagassen wohlgeformtes Rind

mer nach bestimmten Richtlinien (*fady, vintana* usw.), um die Ahnen nicht zu reizen und die persönliche Sicherheit und Weltordnung nicht zu gefährden. Es ist die Aufgabe des Rindes, für das *geistige Leben* des Menschen zu sorgen.

Natürlich liegt hierin ein ungeheurer Widerspruch zu den Anforderungen abendländischer Viehhaltung, wie sie von ausländischen Experten und der Regierung verlangt werden. Dieses Nutzdenken läßt sich nicht mehr mit dem traditionellen Weltbild verein-

baren, in dem Großfamilie, Ahnen und Rind in einer göttlichen Ordnung verbunden sind. Die moderne Agrarpolitik und der Wertewandel in der Gesellschaft haben in den letzten Jahrzehnten natürlich auch nicht vor der Rinderhaltung halt gemacht. Vor allem die politische Rolle (Prestige), die soziale Verbindung (Brautgeld usw.) und teilweise die Bedeutung als Zahlungsmittel hat sich verringert. Damit einher ging aber auch eine Abnahme der gesellschaftlichen Verantwortung, wie sie früher durch Rinder manifestiert war.

Lesetip

Sabine Neubert, Die Stellung des Rindes in der Kultur und Ökonomie der madagassischen Gesellschaft, 1995. Enthält alles über Mythen, Riten, aber auch Alltagsprobleme, die z.B. die jeweiligen Farben der Zebus mit sich bringen (Schwarz kann Unheil signalisieren; jeder Fleck hat seine eigene Bedeutung).

Seit Jahren sind die letzten 100 Straßenkilometer vor Ihosy eine große, staubige Baustelle. Aufgehalten von unberechenbaren heftigen Regengüssen im Südwinter, kommen die Planierraupen nur schleichend voran. Aber sie haben schon den **heiligen Berg Keliberano** (*Couronne du prêtre*) erreicht, einen Inselberg aus Granit, der wegen seiner au-

Inselberg Keliberano – Couronne du prêtre

ßergewöhnlichen Vegetation für Biologen interessant ist, wegen seines un-
überschaubaren Höhlensystems aber auch angeblich immer noch Viehdieben
samt ihren Herden ideale Verstecke bietet (s. S. 89).

Die letzten 50 km vor Ihosy waren 1998 noch nicht asphaltiert und bei
Regen wegen des roten, rutschigen Lateritbodens auf der Straße unpassierbar. Im Jahr 2000 soll das letzte Asphaltstück fertig sein. Tausende von
Termitenhügeln säumen den Weg in einer ocker-roten Savannen- und Step-
penlandschaft, nur stellenweise unterbrochen vom Grün einzelner Bäume.
Ihosy, den einzigen größeren Ort zwischen Ambalavao und Toliara, erreicht
man nach etwa 2 - 2 ½ Stunden.

Ihosy
*(der Name, Ihusch gesprochen, bedeutet „Kordel, Band" und soll sich vom gleich-
namigen Fluß ableiten, der sich wie ein Band durch die Hochebene schlängelt)*

Aktuelle regionale Reisetips (Hotels, Restaurants etc.) zu Ihosy
entnehmen Sie bitte den gelben Seiten 239

Der Ort liegt auf 700 m Höhe am Fuße des immensen *Hochplateaus von
Horombe*. Von hier aus versucht die Regierung, sowohl den Handel mit den
riesigen Viehherden zu überwachen als auch den Diebstahl ganzer Rinderherden einzudämmen. Schon 1848 errichteten die *Merina* an dieser Stelle
einen Stützpunkt, um das Siedlungsgebiet des aufsässigen Hirtenvolkes der
Bara zu kontrollieren. Zitat aus einem alten Reisebericht: „Dieses schöne
Nomadenvolk lebt in dem wilden Landstrich zwischen der Hochebene und

den Weiten des Südwestens. Fast alle sind
Hirten, von kräftigem Wuchs und gewalt-
tätigem und kriegerischen Temperament.
Wie bei den Antaimoro ist ihr beliebtester Sport der Viehdiebstahl. Die Frauen
erwählen nur diejenigen, die sich als besonders draufgängerische Räuber ausgezeichnet haben."

Auch heute noch ist dieser „Sport" durchaus üblich. In Ranohira im südlichen Isalo-

Ihosy

Gebirge berichtete man uns am Morgen,
daß ein benachbartes Dorf in der letzten Nacht auf diese Weise um seinen
ganzen Besitz gebracht worden war. Werden die Diebe erwischt, kommt es
manchmal zu heftigen Kämpfen – es gibt Tote und Verletzte. Oft sind die
Diebe aber samt Herde über alle Berge, bevor der Diebstahl entdeckt wird.

Unterwegs werden die Tiere Stück für Stück verkauft. In den vergangenen Jahren waren viele dieser Diebesbanden aber nicht mehr mit traditionellen Speeren bewaffnet, sondern mit Schußwaffen und Kalaschnikows, und Abtransport wie Vermarktung waren so gut organisiert, daß man von organisiertem Verbrechen mit Deckung von höchsten Stellen spricht.

Charakteristisch für Ihosy sind die bunt gestrichenen Ziegelhäuser mit ihren hübschen Holzbalkonen – ein Baustil-Relikt der Merina. Sehenswert ist der Markt, für den sich die einheimischen Frauen, wie auch sonst, wenn sie ausgehen, besonders schöne Flechtfrisuren machen.

Da von Ihosy eine schlechte Piste nach Taolanara abzweigt (ca. 500 km, ca. 24 Std. Fahrt), eine noch schlechtere nach Farafangana (300 km, ca. 2 Tage) und die RN 7 weiter in den Süden führt, gibt es eine Tankstelle, eine sehr belebte Taxi-Brousse-Station und mehrere kleine Hotels.

Hinter Ihosy läßt man den gleichnamigen Fluß hinter sich und gelangt auf die **Hochebene von Horombe**, eine unendliche, unbewaldete, von Abertausenden von Termitenhügeln übersäte Weidelandschaft. Am

Bei Regen wird die Piste aus rotem Laterit fast unpassierbar

schönsten ist die Stimmung, wenn Sie diese Strecke am späten Nachmittag fahren und plötzlich die Felsen des **Isalo-Massivs** vor der untergehenden Sonne auftauchen wie Inseln im offenen Ozean.

Ranohira

Aktuelle regionale Reisetips (Hotels, Restaurants etc.) zu Ranohira und zum Isalo-Nationalpark
entnehmen Sie bitte den gelben Seiten 263

Angeblich soll Ranohira früher auch wegen seiner heißen Quellen besucht worden sein, heute sicher nur noch aufgrund seiner Lage am Fuße des bizarren Sandsteinmassivs und **Nationalparks Isalo**.

Der „Ort" selbst besteht aus einer Ansammlung von bescheidenen Hütten und war 1998 noch ohne Strom, Telefon, Post, Bank und sonstige Laster der

Zivilisation. Das Wichtigste, kleine Läden, in denen man sich mit Wasser, Saft, Konserven und Brot für Wanderungen im Isalo-Massiv eindecken kann, sind vorhanden. Ab und zu gibt es auf dem Markt sogar frisches Obst. Im Ortskern befinden sich die meisten billigen Hotels. Eine „Filiale" des früher im Ort befindlichen ANGAP-Büros ist in Richtung „La Tête de la Reine" gezogen, einer natürlichen Felsskulptur aus gelblichem Sandstein etwa 8 km außerhalb des Ortes.

Tip

*Auf dem Weg dorthin liegt rechter Hand die äußerst romantische **Isalo Ranch** unter deutsch-chinesischer Leitung, sowie hinter ANGAP-Büro und Tête de la Reine linker Hand die **Relais de la Reine**: zwei absolut unterschiedliche Unterkünfte, aber beide auf ihre Art ausgesprochen reizvoll.*

INFO   Wanderheuschrecken – Staatsfeind Nr. 1

Kurz vor dem Ortseingang aus Richtung Ihosy befindet sich – noch – das Büro der deutschen Gesellschaft für Technische Zusammenarbeit GTZ, vor dem meist auch der landesweit einzige Hubschrauber zur Bekämpfung der allgegenwärtigen **Heuschreckenplage** geparkt ist.

Valala, die 6 cm lange Wanderheuschrecke ist Staatsfeind Nr. 1, selbst die madagassische Armee soll gegen ihn in die Schlacht ziehen.

Eingesetzt werden chemische Keulen (lange Zeit auch DDT – heute ein Gift namens „Adonis", dessen Zusammensetzung wie ein Geheimnis gehütet wird). Für die Entwick-

lung eines weniger giftigen Mittels fehlt das Geld.

Zum Fluch der Heuschrecken kommt jetzt der Fluch der Bekämpfung. Zwar lernen die Kinder von Ranohira schon in der Schule, daß sie die *Valala* nicht wie bisher essen sollen – aber was bleibt mangels Alternativen? Offenbar ist hochkonzentriertes Gift die einzige Möglichkeit, überhaupt den gefräßigen Erntevernichtern beizukommen, wenn auch mit mäßigem Erfolg.

Inwieweit davon allerdings auch Flora und Fauna des Nationalparks betroffen sind, ist bisher noch nicht bekannt.

Isalo-Nationalpark

Größe: 81.500 Hektar
Gründungsjahr: 1962

Das Isalo-Gebirge erstreckt sich nördlich und südlich der RN 7 über eine
Länge von 100 km. Das Schutzgebiet umfaßt den 81.500 Hektar großen und
500-1300 m über dem Meeresspiegel gelegenen nördlichen Teil. Als sich
Madagaskar von Afrika trennte, wurden an dieser Stelle Gebirgszüge nach
oben gedrückt und große Teile des heutigen Massivs von Süßwasser bedeckt.
Subfossile Funde lassen auf ein Alter von 200 Millionen Jahren schließen. Das
Gebirge besteht aus stark erodiertem Sandstein, in das im Laufe der Jahrtausende das Wasser tiefe Canyons und Schluchten gegraben hat. Es wird
von zahlreichen Flüssen durchzogen.

Bereits 1962 wurde ein Teil des bewohnten Gebirges zum Nationalpark
deklariert. Seit einigen Jahren betreut ANGAP das Schutzgebiet; seit 1997
wird es für den sogenannten sanften Ökotourismus erschlossen. 40 % sind
noch von Trockenwäldern bedeckt. Außer feuerresistenten Tapiawäldern findet man verschiedene Arten von *Pachypodien*, u.a. „Zwergbaobabs" wie das
Pachypodium rosulatum, Pachypodium geayi, baronii und *horombese*, daneben
Aloen, Euphorbien und andere endemische Pflanzen. 7 Lemurenarten leben
hier, davon 3 tag- und 4 nachtaktive. Schon auf den kürzeren Trekkingrouten
hat man gute Chancen, großen *Katta*-Familien zu begegnen, die sich mit
ihren langen Ringelschwänzen unverkennbar von Baum zu Baum hangeln,
aber auch *Makis* und den weißen *Sifakas*. Ein guter Guide wird Ihnen Frösche, Chamäleons, (ungiftige) Schlangen, rote Heuschrecken, Vögel und Echsen zeigen.

Trekking-Routen

*Wanderungen sind nur in der Trockenzeit
möglich. Das bei Regen extrem schnell
durch den porösen Sandstein versickernde
Wasser verwandelt Bäche in kurzer Zeit
zu reißenden Flüssen und kann Wanderern
gefährlich werden.*

Trekking im Isalo-Gebirge

*Einige wenige Touren sind mit dem Jeep
durchführbar, die anderen nur zu Fuß. Bei mehrtägigem Trekking Zelt, Ausrüstung und
Proviant mitnehmen, auf dem Rückweg den Müll! Denken Sie auch bei Tageswanderungen an genügend Wasser, mindestens 2-3 Liter pro Person, und eine Kopfbedeckung.*

Isalo - Nationalpark

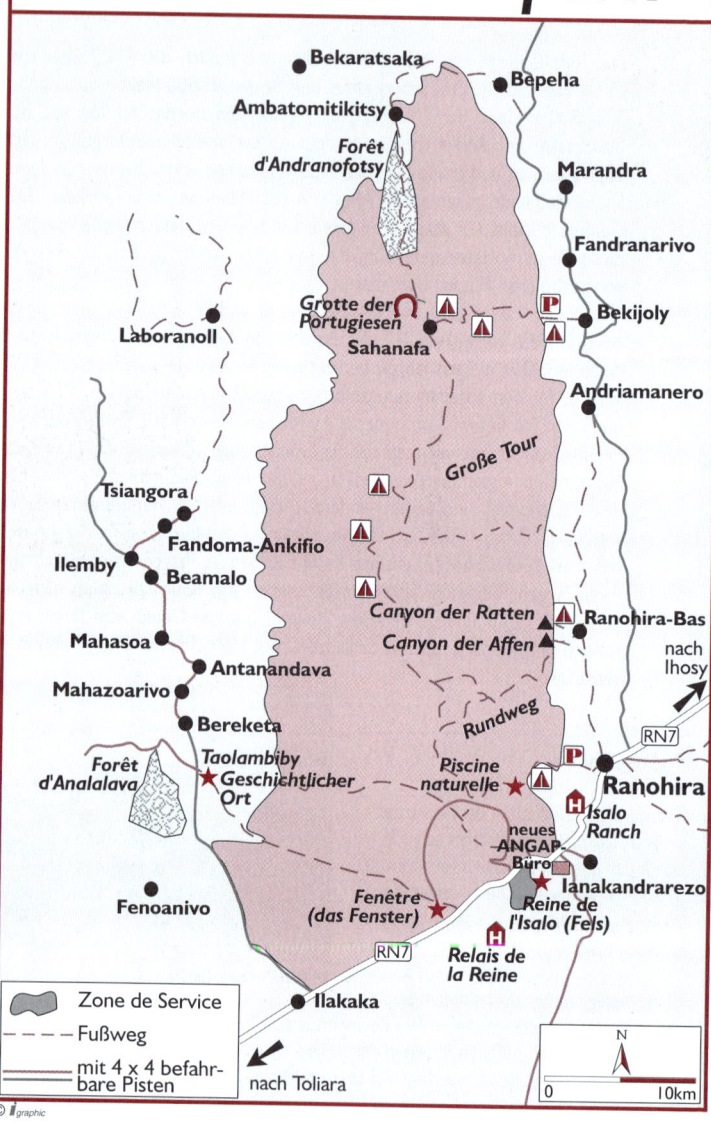

Bekaratsaka

Bepeha

Ambatomitikitsy

*Forêt
d'Andranofotsy*

Marandra

Fandranarivo

Grotte der
Portugiesen

Sahanafa

Bekijoly

Laboranoll

Andriamanero

Große Tour

Tsiangora

Fandoma-Ankifio

Ilemby

Beamalo

Canyon der Ratten

Ranohira-Bas

Canyon der Affen

nach
Ihosy

Mahasoa

Antanandava

Mahazoarivo

Rundweg

RN7

Bereketa

*Forêt
d'Analalava*

*Taolambiby
★ Geschichtlicher
Ort*

*Piscine
naturelle* ★

Ranohira

*Isalo
Ranch*

*neues
ANGAP-
Büro*

Ianakandrarezo

*Reine de
l'Isalo (Fels)*

Fenoanivo

*Fenêtre
(das Fenster)*

*Relais de
la Reine*

RN7

Ilakaka

	Zone de Service
---	Fußweg
	mit 4 x 4 befahr-
bare Pisten

nach Toliara

N

0   10km

© *i graphic*

Brechen Sie so früh auf wie möglich, da es tagsüber im Isalo-Gebiet sehr heiß wird. Guides sind obligatorisch und auch sinnvoll, denn sonst könnten Sie sich verlaufen und sehen nur einen Bruchteil der gut versteckten Schätze dieses Parks.

· **Canyon des Rats** (Rattenschlucht) und **Canyon des Singes** (Affencanyon). Beide liegen dicht nebeneinander. Von Ranohira aus zu Fuß erreichbar (ca. 1 Std.) oder mit dem Auto bis zum Dorf Vieux Ranohira am Fuße der Canyons und von dort aus zu Fuß. Campingplatz gleich zu Beginn des Wäldchens. Schon bei einem halbstündigen Spaziergang können Sie Glück haben und im „Canyon der Affen" Lemuren sehen. 1-Tages-Tour (vom Fuß des Canyons ca. 16 km, 9 Std., evtl. eine Übernachtung einplanen): Von hier aus führt ein steiler, anstrengender Weg auf das Plateau, durch graue Steinwüsten, schwefel-gelbe Mondlandschaften und kleine Flußoasen bis zum „Highlight", dem **„Piscine naturelle"**, in dem man herrlich in glasklarem, frischem Quellwasser baden kann. Wenn Sie hier ankommen, wissen Sie, was Sie getan haben, und die Erfrischung zu schätzen. (Für ganz Unsportliche: Sie können sich auch mit dem Auto bis in die Nähe des Piscine naturelle bringen lassen und erreichen es nach einem einstündigen Fußweg. Das hat die unschöne Folge, daß dieser idyllische Fleck überfüllt sein kann. Ticket für den Parkeintritt aufbewahren – es wird hier von Wächtern kontrolliert!

„Piscine naturelle"

· **„Historische" Tour**: Überall im Isalo-Nationalpark (auch am Campingplatz oberhalb des Piscine Naturelle) stößt man auf **Grabstätten der Bara und Sakalava**, einige in Form von Steinhäusern, andere in Höhlen, deren Eingänge mit Steinen zugemauert wurden. Manche stammen aus dem 16. Jh., als hier noch Krieg zwischen den beiden Völkern herrschte. In einem der Canyons liegt ein bedeutender Bara-König begraben. Da die Grabstät-ten fady sind, nähern Sie sich ihnen nicht ohne einen ortskundigen Führer.

· **Archäologische Tour** zur **Grotte der Portugiesen**. Ob diese Grotte von Portugiesen, arabischen Seefahrern oder dem geheimnisvollen Volk der Mikea stammt, ist umstritten. Die Grotte selbst ist weniger sehenswert als die Landschaft. Guides berichten immer wieder, sie seien in dieser Gegend den **„Omba"** begegnet, ähnlich geheimnisvollen Waldmenschen wie die Mikea. Sie seien extrem scheu, und man hätte sie noch kein Wort sprechen hören. Der Legende nach sollen ihre Vorfahren während der Kolonialzeit in die Wälder geflohen sein; seitdem lebten sie hier. Die Tour dauert zu Fuß mehrere Tage, man kann sich aber auch per Jeep so weit bringen lassen, daß nur eine Übernachtung notwendig ist (nähere Infos dazu im ANGAP-Büro).

· **„La Fenêtre"** – das Fenster Gottes: der „Renner" unter den Attraktionen bei Sonnenuntergang. Nicht weit vom Hotel Relais de la Reine befindet sich eine

eigenartige, wie ein überdimensionales Gesicht mit riesenhafter Nase wirkende Felsformation, in der die Sonne, kurz bevor sie untergeht, blutrot in einem kleinen „Fenster" erscheint. Da man zu diesem Felsloch fahren kann, herrscht meist großer Andrang von fotowütigen Touristen, die sich gerne als „Vordergrund" selbst auf die Felsnase setzen. Ein Bild von La Fenêtre ohne Personen hat also Seltenheitswert.

La Fenêtre

Auch in diesem Nationalpark versucht ANGAP, die Bevölkerung mit einzubeziehen und von der Notwendigkeit des Naturschutzes zu überzeugen. Die angestellten Parkwächter und Guides profitieren vom zunehmenden Tourismus, aber auch die umliegenden Dörfer. ANGAP bemüht sich, das Tourenangebot ständig zu erweitern. Wenn Sie spezielle Wünsche haben oder im Park campen wollen, fragen Sie im Büro. In Zukunft soll der Park auch Leuten zugänglich gemacht werden, die nicht so gut zu Fuß sind. Bisher macht den Reiz dieses Ortes gerade seine Abgeschiedenheit aus. Und hier zu zelten, weitab von elektrischem Licht unter der Milchstraße und dem funkelnden, gigantischen südlichen Sternenzelt, ist wirklich ein erhabenes Gefühl. Wenn Sie noch nie das „Kreuz des Südens" gesehen haben: Hier finden Sie es.

INFO Das Kreuz des Südens
von Hermann Michael Hahn

Ihm eilt zwar ein besonderer Ruf voraus, doch sind die meisten enttäuscht, wenn sie es zum erstenmal sehen – falls sie es überhaupt finden: Das Kreuz des Südens ist unter den 88 Sternbildern das kleinste und deshalb nicht gerade auffällig.

Ursprünglich gehörten seine Sterne zum Sternbild des Zentauren, das der griechische Astronom Ptolemäus schon vor rund 1900 Jahren beschrieb.

Erst die christlichen Seefahrer des ausgehenden Mittelalters „sahen" in der Anordnung dieser fünf helleren Sterne das Kreuz Christi, das an den Himmel entrückt schien. Da der Hauptbalken dieses Kreuzes außerdem ein brauchbarer Wegweiser zum Auffinden der Südrichtung war, wähnten sich die Seefahrer damals von der „Hand Gottes" zu neuen Ufern geleitet und verhalfen dem Sternmuster so zu unsterblichem Ruhm.

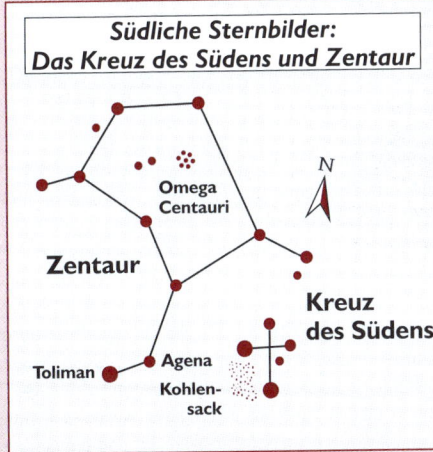

Südliche Sternbilder:
Das Kreuz des Südens und Zentaur

Omega Centauri

N

Zentaur

Kreuz des Südens

Toliman Agena

Kohlen-
sack

© Igraphic

Um das Kreuz des Südens in voller Größe mehr als nur tief über dem Südhorizont sehen zu können, sollte man mindestens bis in Äquatornähe nach Süden vordringen; Madagaskar bietet mit seiner südlichen Lage also einen recht günstigen „Logenplatz". Hier ist das Kreuz des Südens von *Januar bis August* am Abendhimmel zu finden. Aber Vorsicht: Es besteht große Verwechslungsgefahr mit dem „falschen Kreuz", das aus Sternen der Sternbilder Segel und Schiffskiel gebildet wird. Diese Gruppe ist deutlich größer, steht am Himmel weiter westlich – und ihr fehlt der markante „fünfte" Stern. Wer ganz sicher sein will, kann die beiden hellsten Sterne des benachbarten Zentauren zu Hilfe nehmen: Sie zeigen eindeutig auf das wahre Kreuz des Südens – und heißen deswegen auch „*the Pointer*" (der „Lichtzeiger").

Neben dem Kreuz des Südens bietet der südliche Sternhimmel noch eine Vielzahl anderer „Glanzlichter", wie die ausgedehnten, hellen Sternwolken der Milchstraße oder auch die beiden Nachbargalaxien, die Magellanschen Wolken.

Lesetip
Wer mehr darüber wissen möchte, findet in dem Buch „Der neue Kosmos-Himmelsführer" (Köln 1998) *die Sternbilder des südlichen und nördlichen Himmels beschrieben. Der Autor* **Hermann Michael Hahn** *ist Astronom und lebt in Köln.*

Von Isalo nach Toliara (Tuléar)
Entfernung: 230 km, 3-5 Stunden (je nach Häufigkeit und Dauer der Stopps)

Wenn Sie nach einer Nacht unter Sternen und wahrscheinlich mit heftigem Muskelkater am Morgen Ranohira verlassen, verändert sich die Landschaft nach wenigen Kilometern schlagartig. Über ein palmenbewachsenes Plateau und durch savannenartiges Flachland gelangen Sie zum lebhaften Handelsstädtchen **Sakaraha**, wo man in einem der zahlreichen Hotelys gut mittagessen kann.

Aktuelle regionale Reisetips (Hotels, Restaurants etc.) zu Sakaraha
entnehmen Sie bitte den gelben Seiten 266

Der Ort bietet bisher leider keine guten Übernachtungsmöglichkeiten, obwohl er Ausgangspunkt ist für Wanderungen in den streng geschützten Trockenwaldgebieten **Zombitse** und **Vohibasia**. Beide Schutzgebiete gehören seit Mitte 1998 zu den neu eingerichteten **Nationalparks**. Der WWF bemüht sich seit Jahren, diese ursprünglichen Trockenwälder vor der Abholzung zu bewahren, und das mit wenigen Investitionen von außen, aber hohem Engagement der örtlichen Bevölkerung. Da die Brennholzressourcen im Umkreis der 140 km entfernten Stadt Toliara und in der Umgebung von Taolanaro nahezu erschöpft sind, geraten auch Vohibasia und Zombitse zunehmend unter Druck. In beiden Parks leben schützenswerte endemische Pflanzen und Tiere. Auch *Sifakas*, *Kattas*, *Gabelstreifenmakis* und *Braune Lemuren* sind hier anzutreffen. Der WWF setzt auf Ökotourismus, von dem auch die Einheimischen profitieren, und hofft so auf die Rettung der Wälder.

Aktuelle regionale Reisetips (Hotels, Restaurants etc.) zu Vohibasia und Zombitse
entnehmen Sie bitte den gelben Seiten 275 u. 276

Das Charakteristische an **Zombitse** (15 km östlich von Sakaraha an der Fernverkehrsstraße) sind seine gewellten Hügel und einige Ebenen mit Felsen aus kieselartigem Sandstein. Der Boden besteht aus Quarzsand, der aus der Isalo-Formation stammt, einem Sedimentmassiv aus kieselartigem Sandstein. Durch Erosion ist ein Boden mit tiefem Sand entstanden. Das Klima ist trocken und charakteristisch für den Südwesten, allerdings mit reichhaltigeren Niederschlägen; die Trockenzeit dauert sechs Monate und zeichnet sich durch Morgennebel und sehr starke nächtliche Kondensationen aus. Zur Fauna gehören sechs Primatenarten, zwei davon nachtaktiv, und über 70 Vogelarten.

Informationen und Besuchsgenehmigungen
beim WWF-Büro am südlichen Ortsende von Sakaraha.

Kurz hinter dem Ortsausgangsschild liegen links und rechts der RN 7 die ersten großen, bunt bemalten **Gräber der Mahafaly**. Sie sind alle sehr eindrucksvoll, aber eines mit überdimensionalen Haifischen, Gewehren und ramboartigen Heldenmalereien sticht besonders hervor. Ob es sich bei den

Bildern um Stationen aus dem Leben des Verstorbenen handelt oder um seine Träume, konnte uns der Dorfälteste von Sakaraha auch nicht sagen; der Tote sei jedenfalls Polizist gewesen. Denken Sie daran, daß auch diese Grabstätten *fady* sind!

Mahafaly-Gräber mit Aloalo-Stelen

Nach 20 km erreicht man **Mahaboboka** (dienstags Viehmarkt) und nach weiteren 40 km **Andranovory**. (Von hier aus zweigt eine schlechte Piste über Betioky und Ampanihy nach Taolanaro ab (ca. 560 km, 2 Tage, s. S. 440). Sollten Sie tatsächlich diese (Tor-)Tour planen, nehmen Sie besser in Toliara ein Taxi-Brousse, wo man noch Plätze reservieren und aussuchen kann; hier sind sie meist besetzt.) Folgt man der RN 7 weiter die restlichen 70 km nach Toliara, vorbei an großen Köhlerdörfern, hat man plötzlich nach einer Kurve den Indischen Ozean vor sich. Wenige km vor Toliara liegt linker Hand das private Pflanzenreservat „Arboretum" mit gutem Restaurant und einigen einfachen Unterkünften mit Blick auf den Tafelberg „La Table" (s. S. 432).

Toliara (Tuléar)
(ca. 60.000 Einwohner)

Aktuelle regionale Reisetips (Hotels, Restaurants etc.) zu Toliara
entnehmen Sie bitte den gelben Seiten 271

Toliara (Tuléar) ist neben Taolanaro (Fort Dauphin) die einzige größere Stadt im Süden, wichtigste Hafenstadt und Verwaltungshauptstadt der gleichnamigen Provinz. Sie liegt am Kanal von Mosambik zwischen der heutigen Flußmündung des *Fiherenana*, der seinen Lauf häufig geändert hat, und der breiten Mündung des *Onilahy*. Der Name soll der Legende nach auf die Frage eines europäischen Seefahrers nach dem Namen dieses Ortes zurückgehen. Der befragte Einheimische habe sie als Frage nach einem Ankerplatz verstanden und geantwortet: „Toly eroa – da drüben kann man gut ankern".

Geschichte

Die wohl ersten Bewohner der Region waren *Antandavaka* (= „die in Höhlen wohnen"), später kamen Abtrünnige der *Mahafaly* und der *Sakalava* hinzu und bildeten mit den Antandavaka den Stamm der **Vezo** (s. Kapitel Bevölkerung S. 102), der immer wieder gegen die *Bara* und *Mahafaly* Krieg führte. Im 15./16. Jh. unterwarfen die Mahafaly das gesamte Gebiet, bis 1835 die *Merina* die Macht übernahmen. Als erste Europäer gründeten im 16. Jh. die Engländer wenige Kilometer südlich eine Kolonie. Fast alle starben an Malaria oder wurden von den Einheimischen umgebracht. Mehr Glück hatten die Piraten (s.u.). 1895 landeten dann die Franzosen, die zuvor mit den *Merina* einen Handelspakt geschlossen hatten und auf diese Weise in den nächsten Jahren von Süden aus brutal gegen die aufständischen *Bara*, *Mahafaly* und *Vezo* vorgehen konnten.

Wie die meisten anderen wenigen Städte, die es auf Madagaskar gibt, mauserte sich Toliara erst in der Kolonialzeit zur Stadt und zum einzigen Hochseehafen des Südwestens. Eine bescheidene Kleinindustrie hat sich in den Randbezirken angesiedelt. Immer noch leidet Toliara wirtschaftlich an mangelnden Verkehrsverbindungen zur Hauptstadt, wenn auch nicht ganz so stark wie Antsiranana und Taolanaro. Nach der Unabhängigkeit kam es immer wieder zu Unruhen durch aufständische Separatisten. Antananarivo ist weit; die hiesige Bevölkerung fühlt sich mehrheitlich nicht gut in der Hauptstadt vertreten. Auch eine weitgehende Dezentralisierung des Landes bescherte Toliara zwar eine eigene Universität, Krankenhaus und Verwaltung, aber der Unmut blieb und machte sich in großen Krawallen Luft, bei denen als Sündenbock hier ansässige Inder und Pakistani herhalten mußten. Fast ihre sämtlichen Geschäfte gingen 1987 in Flammen auf. Heute leben hier *Vezo* und *Antanosy*, *Bara* und *Antandroy*, *Tanala*, *Merina*, *Vazaha* und *Inder* mehr oder weniger friedlich nebeneinander.

Überblick

Das weitläufige Stadtzentrum wird im Süden durch den **Boulevard Gallieni** begrenzt, an dem sich Postamt, Schulen und Verwaltungsgebäude befinden und der die RN 7 (und die Taxi-Brousse-Station *de l'Est*) mit dem Meer verbindet. Unter dem Schatten großer Tamarindenbäume (*kily*) verkaufen Fischerfrauen Muscheln, Seepferdchen und Korallen, von denen Sie die mei-

Toliara

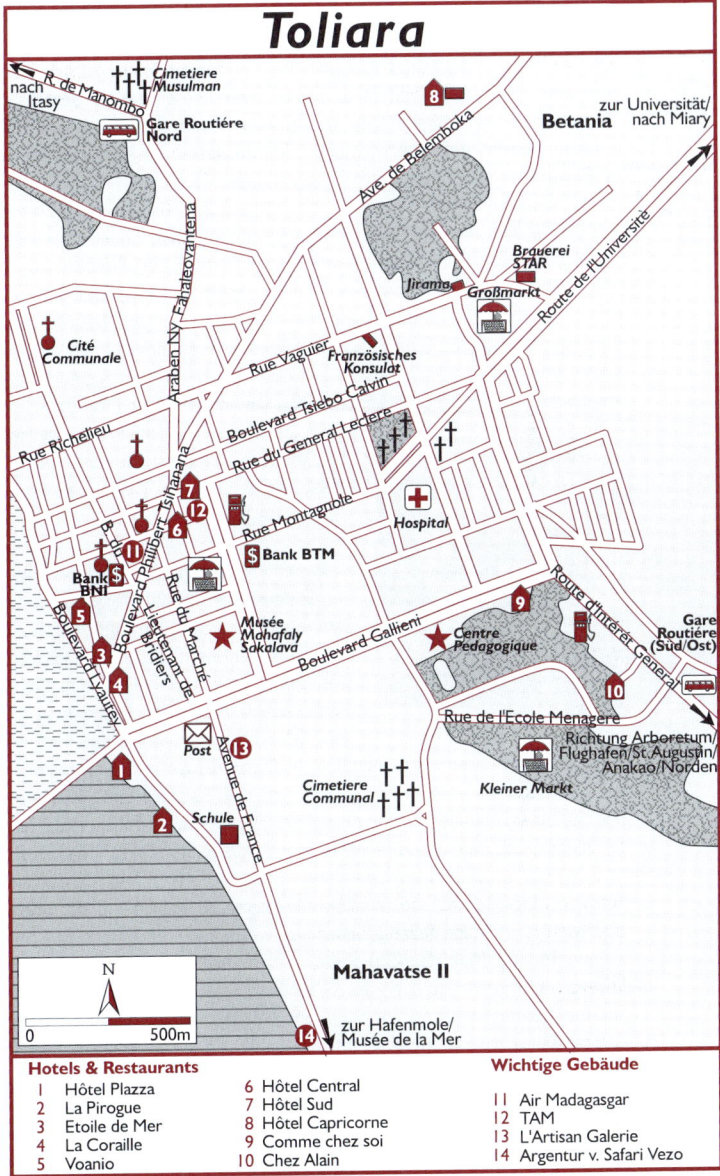

Hotels & Restaurants

1. Hôtel Plazza
2. La Pirogue
3. Etoile de Mer
4. La Coraille
5. Voanio
6. Hôtel Central
7. Hôtel Sud
8. Hôtel Capricorne
9. Comme chez soi
10. Chez Alain

Wichtige Gebäude

11. Air Madagasgar
12. TAM
13. L'Artisan Galerie
14. Argentur v. Safari Vezo

© graphic

sten gar nicht kaufen und ausführen dürfen. Am Boulevard-Ende liegt das *Hôtel Plazza* mit schönem Garten und den besten Logenplätzen für den Sonnenuntergang. Allerdings auch mit Aussicht auf die Mole, auf der morgens und abends auffallend reger Betrieb herrscht, da sie als öffentliche Toilette dient. Was früher Piscine war, ist heute Pissoir. Trotzdem lohnt sich – wenn Sie nicht dort übernachten – ein Mittagessen im Hotelgarten und ein Besuch des stets hilfsbereiten Ehepaars Rivert.

Am parallel zum Meer verlaufenden **Boulevard Lyautey** findet man einige gute Restaurants, Discos und die *Alliance Française* mit ihrem reichhaltigen Veranstaltungsprogramm. In der Nähe des diagonal durch das Zentrum verlaufenden **Blvd. Tsiranana** liegen Marktplatz, Banken, Schreibwaren- und Zeitungsgeschäfte, das Büro von *Air Madagascar* und zahlreiche Reiseveranstalter; von ihm zweigt die Straße zum *Gare Routière Nord* in Richtung *Ifaty* ab. Auf seiner Verlängerung erreicht man das im Besitz der französischen

Pflanzerfamilie de Heaulme befindliche Hotel *Capricorne*. Im Ortskern rund um den Markt bieten unzählige kleine Garküchen „brochettes" an.

Außer im Ortskern um den Marktplatz sind die Entfernungen ermüdend groß, vor allem in der staubigen, schwülen Hitze, die oft wie Blei auf der Stadt lastet. Der französische Stadtplaner scheint die Temperaturen damals nicht berücksichtigt zu haben. Es regnet selten, aber wenn, wird die

Toliara (Tuléar)

Luft zum Schneiden stickig. Zum Glück muß man die großen Distanzen nicht zu Fuß zurücklegen – wie Antsirabe ist Toliara eine Stadt der Pousse-Pousses, nur daß einem hier der Existenzkampf der Pousse-Pousse-Fahrer noch härter erscheint als im Norden (s. INFO Pousse-Pousse S. 332).

Sehenswürdigkeiten hat die Stadt nicht zu bieten, abgesehen von der **Station Marine**, einem Ein-Raum-Meeresmuseum am Ende des Hafens, und dem kleinen **Musée Mahafaly-Sakalava**, in dem Angestellte der Universität liebevoll Informationen über die Grabmäler beider Bevölkerungsgruppen zusammengetragen haben. Vor allem am Wochenende sorgen die gut besuchten **Diskotheken** für Abwechslung.

Tip

Das Museum Mahafaly-Sakalava sollten Sie unbedingt besuchen, bevor Sie zu den Mahafalygräbern bei Betioky und Ejeda fahren. Dort erfahren Sie eine Menge

*über die Bedeutungen der Grabmäler (valovato). Zum Beispiel, daß sie oft 10x15 m groß, 1m hoch sind und aus bis zu 50 m³ Steinen bestehen! Erklärt sind auch die berühmten geschnitzten Grabstelen (**Aloalo**) – durch ihre Botschaften eine Art „Grabstein-Inschrift" über das Leben des Verstorbenen. Im Süden lebten und leben*

Alo-Alo Stelen

*landesweit bekannte Künstler wie **Fasira** oder der 1925 in Androka geborene **Efiambelo** – einige haben sich ausschließlich auf die Aloalo-Kunst spezialisiert. Die berühmtesten und schönsten Gräber liegen an der Straße zwischen Toliara und Taolanaro, nicht weit von Betioky und Ampanihy (s. S. 442).*

Ausflüge

Toliaras Reiz liegt in seiner Umgebung – wie bei fast allen Städten Madagaskars. Die meisten Touristen bleiben bestenfalls einen Tag in der Stadt und fahren weiter zu den nahegelegenen Stränden und Tauchbasen in *Ifaty* im Norden oder *Anakao* im Süden (s.u.). Einige Ausflüge lohnen sich aber von Toliara aus.

Anfahrten
*Nach **Miary** nehmen Sie am besten ein Taxi. Von und nach **Ifaty** fahren täglich Taxi-Brousses und Lkw. Zum **Arboretum** können Sie für ca. 10 DM hin und rück incl. Wartezeit ein Taxi mieten. Zur Bucht von **St. Augustin**, einem ehemaligen Piraten- und heutigen Fischerdorf, wird die Fahrt über die Piste schon schwieriger. Noch weiter südlich nach **Anakao** gelangen Sie nur mit dem Boot. Fragen Sie bei der Agentur Safari Vezo oder bei einem der ansässigen Reiseveranstalter nach Tagesausflügen und versuchen Sie, eine Gruppe dafür zu organisieren, wenn Sie die Kosten teilen wollen.*

Stadtrundfahrt

Mit dem Pousse-Pousse oder als Teil eines Tagesausfluges. Sehenswert ist das Gewühle auf dem **Großmarkt** mit zahlreichen Köhlerständen am Anfang der *Route de l´Université*. Für alle, die die deutsche Hochschulmisere beklagen, lohnt sich ein Besuch der **Universität**. Die meisten Gebäude sind in

Umgebung von Toliara (Tuléar)

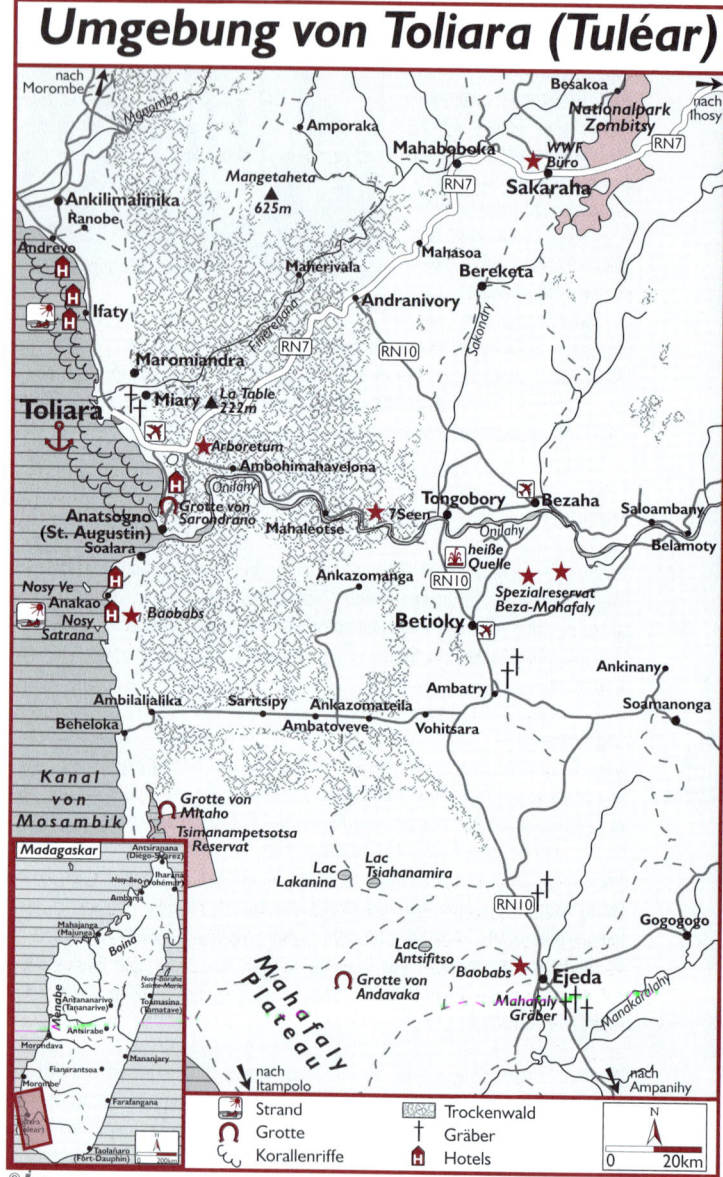

nach Morombe

nach Ihosy

Besakoa

Nationalpark Zombitsy

RN7

Amporaka

Mahaboboka

WWF Büro

Sakaraha

Mangetaheta

RN7

Ankilimalinika

Ranobe

Andrevo

Mahasoa

Maherivala

Bereketa

Ifaty

Andranivory

RN7

RN10

Maromiandra

Sakondry

Miary

La Table 222m

Toliara

Arboretum

Ambohimahavelona

Onilahy

Tongobory

Bezaha

Saloambany

Grotte von Sarondrano

Mahaleotse

7Seen

Onilahy

Belamoty

Anatsogno (St. Augustin)

Soalara

heiße Quelle

RN10

Spezialreservat Beza-Mahafaly

Nosy Ve

Anakao

Nosy Satrana

Baobabs

Ankazomanga

Betioky

Ambilalialika

Saritsipy

Behaloka

Ambatoveve

Ankazomateila

Vohitsara

Ambatry

Ankinany

Soamanonga

Kanal von Mosambik

Grotte von Mitaho

Tsimanampetsotsa Reservat

Lac Lakanina

Lac Tsiahanamira

RN10

Gogogogo

Lac Antsifitso

Baobabs

Grotte von Andavaka

Ejeda

Mahafaly Gräber

nach Ampanihy

nach Itampolo

Mahafaly Plateau

Manakaralahy

Madagaskar

Antsiranana (Diégo-Suarez)

Iharaña (Vohémar)

Nosy-Be

Ambilaña

Mahajanga (Majunga)

Boina

Nosy Boraha Sainte-Marie

Antananarivo (Tananarive)

Toamasina (Tamatave)

Antsirabe

Morondava

Manajary

Fianarantsoa

Morombe

Farafangana

Taolañaro (Fort-Dauphin)

Strand		Trockenwald	
Grotte		Gräber	
Korallenriffe		Hotels	

N

0   20km

© I graphic

katastrophalem Zustand, die Straße dorthin auch. Kein Wunder, daß die meisten Studenten auf dem Campus wohnen – die Anfahrtszeiten wären sonst zu lang.

M. Ramangasalama, Professor für Germanistik, hat eine *Association Culturelle Germano-Malgache* gegründet und freut sich über Besuch aus Deutschland. Fragen Sie im Hôtel Plazza, wo er gerade erreichbar ist.

Miary

Über die Verlängerung der *Route de l'Université* (Sie können aber auch eine andere Piste nehmen) erreichen Sie etwa 17 km nordöstlich von Toliara den kleinen Ort **Miary** und 1 km weiter das heilige Grabmal des *Königs Baba*, Herrscher über die hier lange residierenden *Masikoro*. Das etwas abseits der Straße gelegene Grab dürfen Sie nur barfuß und in Begleitung eines Führers besuchen. Direkt an der Straße 500 m entfernt: ein nicht minder heiliger, fast mystischer Platz.

Heilige Banyan-Bäume bei Miary

Eingefaßt von hohen Mauern wachsen hier 700 Jahre alte, lianenverschlungene **Banyan-Bäume**, deren mittlerer als besonders magisch verehrt wird. Das innere Carré darf nur barfuß, mit Genehmigung und einer Flasche rotem Rum betreten werden. Weißen Rum, versichern die Einheimischen, mögen die Ahnen nicht. Jeder kann sie um Hilfe bitten. Sogar Ex-Präsident Zafy Albert war hier, auch das schwerkranke Kind eines Vazaha sei nach einer besonderen Heilungszeremonie wieder gesund geworden.

Dem Ursprung des Ortes liegt ein düsteres Kapitel zugrunde: Hier soll der König nach Absprache mit einem Zauberer seine 12jährige Tochter geopfert haben, um so das Austrocknen des nahegelegenen Flusses *Fiherenana* zu verhindern und sein Volk vor dem Verdursten zu retten. Die Bäume seien auf dem Grab der Tochter gewachsen. Diese Legende werden Ihnen wortreich eine Kinderschar, andere Dorfbewohner und der Wächter des Ortes erzählen, bei dem Sie auch die 3 DM für das Eintrittsticket bezahlen müssen.

Auf der Rückfahrt nach Toliara kommen Sie an einer traumhaften schönen Allee roter Flammenbäume (*flamboyants*) vorbei. Sie stehen im Nov./Dez. in voller Blüte.

Arboretum

Ca. 17 km nordöstlich von Toliara an der RN 7, einige Kilometer hinter dem Flughafen und kurz hinter dem Pistenabzweig nach Süden, rechter Hand.

Von außen ein unscheinbares Gelände, innen von unschätzbarem Wert. Seit 1980 sammelte und beschreibt der Schweizer Forscher **Hermann Petignat** im Südwesten Madagaskars über 950 neue, endemische Pflanzenarten und züchtet sie in seinem 50 Hektar großen Garten. Viele davon sind wissenschaftlich noch gar nicht registriert. Wenn Sie sich einen Einblick in die bizarre Welt der *Didiereaceen*, *Pachypodien* und *Euphorbien* verschaffen wollen – hier sind Sie richtig. Man findet exotische Pflanzen, die als Seifenersatz dienen, deren Kerne Wasser desinfizieren oder mit denen man Blutkrebs behandelt. Auf manchen leben winzige Bienenschwärme, klein wie Mücken und ohne Stachel. Stundenlang kann man durch den Garten laufen und entdeckt, mit Petignats Hilfe, ein Wunder nach dem anderen.

Im Arboretum

Das Projekt ist so einzigartig, daß Wissenschaftler aus aller Welt zu Besuch kommen: Amerikaner von der Uni Illinois, Australier, Engländer, Franzosen, die Unis Bremen und Heidelberg und Biologen vom Botanischen Garten in Genf. Auch deutsche Pharmakonzerne und Parfumhersteller wie Yves Saint Laurent bekunden Interesse. Einige Pflanzen tragen bereits Petignats Namen oder den seiner Frau Simone: *ceropegia petignatii* und *ceropegia simoneae* zum Beispiel.

Seit 1952 lebt Hermann Petignat auf Madagaskar. Der gelernte Philosoph, Ex-Priester, Ex-Journalist, Ex-Gewerkschafter, Ex-Geologe, Ex-Bildhauer, Ex-Unternehmer, passionierter Astronom und von der madagassischen Regierung ausgezeichneter Medaillenträger hat sich immer für die Belange der Bevölkerung eingesetzt. Er war für die Unabhängigkeit und geriet in Konflikt mit der französischen Kolonialmacht. 1957 wurde Petignat ausgewiesen, bei seiner Rückkehr 1960 aber sofort Mitarbeiter des *Ministère des Eaux et Forêts*. Seither kämpft er für den Erhalt der einheimischen Flora. Ganze Lastwagenladungen voller Versprechungen von finanzieller Hilfe kamen bei ihm an, auch von internationalen Organisationen. Leider blieb es bisher bei den Versprechungen, und so finanziert sich Familie Petignat durch den Verkauf von Ziegenkäse, ein kleines, aber gutes! Restaurant und die Verschickung von Samenkörnern.

Die Zukunft sieht Hermann Petignat pessimistisch: In 20 Jahren, befürchtet er, bestehe Madagaskars Südwesten nur noch aus Wüste. Deshalb will er retten, was zu retten ist, und die Pflanzen vor dem Aussterben bewahren. Nicht umsonst ist der Garten durch eine hohe Kakteenhecke geschützt: vor Sammlern von Heilkräutern, vor Viehhirten auf der Suche nach Futter, aber vor allem: vor der allgegenwärtigen Brandrodung.

Tip

*Man ißt hervorragend im Restaurant **Auberge de la Table**, z.B. gegrilltes Zicklein. Die bescheidenen Bungalows liegen idyllisch mit Blick auf den Tafelberg La Table, allerdings ohne Strom und fließend Wasser. Wenn Sie die Abenteuertour z.B. über Cap Ste. Marie Richtung Taolanaro machen wollen: M. Petignat kennt das Gebiet wie seine Westentasche und gibt wertvolle Hinweise.*

INFO ## Pflanzen im Südwesten Madagaskars
von Hermann Petignat

Forschungsgebiet für das Arboretum ist Madagaskars Südwesten, d.h. der 120 km breite und 750 km lange Küstenstreifen entlang der Straße von Moçambique, im Norden durch den Mangokyfluß begrenzt, im Süden durch die Regengrenze und im Osten durch die Stadt *Amboasary*. Dort kommt es zu einem krassen Bruch zwischen der Vegetation der *Xerophyten* (an trockene Standorte angepaßte Pflanzen) und der regenverwöhnten Vegetation der Ostküste. Die SW-Region ist in vielfacher Hinsicht für Forscher ein Eldorado.

Die Böden bestehen aus Kalk und Sand, vereinzelt auch aus Basalt oder Kohle.

Ein Teil des Kalksteins stammt noch aus der Kreidezeit von vor 100 Millionen Jahren. Immer wieder erweist sich das Gebiet als wahre Fundgrube subfossiler Schätze: Hier entdeckte man die Knochenreste des legendären, mehr als 3 m großen Riesenvogels *Aepyornis*, des Zwergnilpferds sowie der Riesenschildkröte. Alle diese Arten sind ausgestorben.

Das Klima ist dürr und trocken. Besonders schwer wiegt, daß der Regen nicht nur selten fällt, sondern auch extrem unregelmäßig. So wurden z.B. im Arboretum im Jahre 1990 32 mm Niederschlag gemessen, zwei Jahre später 638 mm! (Der

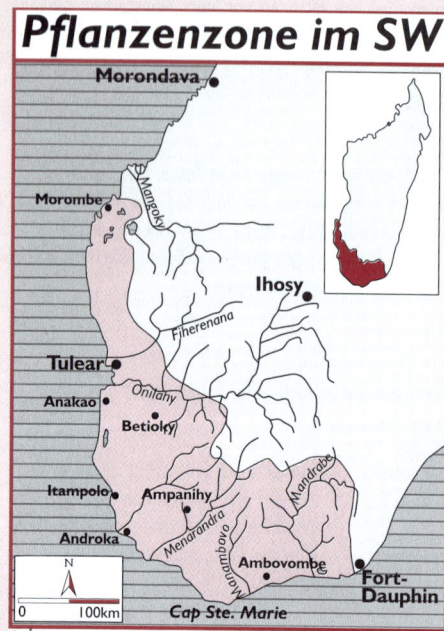

Pflanzenzone im SW

Morondava
Morombe
Ihosy
Tulear
Anakao
Betioky
Itampolo
Ampanihy
Androka
Ambovombe
Fort-Dauphin
Cap Ste. Marie

Mangoky
Fiherenana
Onilahy
Menarandra
Manambovo
Mandrare

N

0   100km

© *i graphic*

Die Vegetation, die einem solchen Klima ausgesetzt ist, mußte sich anpassen, um überleben zu können. Es gibt baumartige Spezies, die nicht höher als 10 Meter werden. Danach entwickelt sich die Vegetation in Schichten bis zur ebenen Erde. Da gibt es zunächst einmal viele Arten von **Dornensträuchern**, wobei das Dickicht hier vor allem durch die **Didieraceen** und die **Euphorbien** (Gattung der Wolfsmilchgewächse) bestimmt wird.

Dieses Dickicht ist eine Mischung aus **Xerophyten** und **Sukkulenten** (Pflanzen trockener Gebiete mit besonderen Wassergeweben in Wurzeln, Blättern und Sproß). Viele der Pflanzen, die in diesem Milieu wachsen, haben sehr kleine Blätter, daher nennt man sie auch **Mikrophyllen** (kleinblättrig). Andere tragen gar keine Blätter. Das bedeutsamste Phänomen ist jedoch das der klimaangepaßten Umwandlung von Blättern zu Dornen, was diese ohnehin äußerst dichte Vegetation fast undurchdringlich macht. Unter den Dornensträuchern gibt es *Hülsengewächse* (Mimosa), *Euphorbicaea* (Euphorbien), *Pachypodien*, *Didiereaceae* und *Acanthaceae*. Die Pflanzenfamilie der

Durchschnitt liegt bei 310 mm jährlich). Einen Ausgleich schafft aber ein anderes bedeutendes Klimaphänomen des Südwestens, nämlich die hohe Luftfeuchtigkeit. Nachts kann sie bis zu 95 % betragen.

So ist es möglich, Wasser von den Blechdächern zu sammeln und damit eine Familie mit genügend Wasser zu versorgen. Diese Feuchtigkeit hat auch die Entwicklung einer Vielzahl von Flechten begünstigt. Einige werden für die Herstellung eines Farbstoffs verwendet, den man in der Färbung von Ziegenhaarteppichen einsetzt.

Didiereaceae findet man ausschließlich im Südwesten Madagaskars. Man kann sie in vier Arten unterteilen: *Didierea*, *Alluaudia*, *Alluadiopsis* und *Decaryia*. Pflanzen der Familie der *Capparaceae* (Kapernsträucher) werfen ihre Blätter bei mangelnder Feuchtigkeit sofort ab, wobei der Blattstiel für die Photosynthese sorgt. Andere Gewächse behelfen sich dadurch, daß sie unterirdisch als Wurzelknollen sprießen. Einige erreichen beeindruckende Dimensionen. Hier sind besonders die *Cucurbitaceae*, viele *Euphorbiceae*, die *Passifloraceae* (Passionsblume) und die *Vitaceae* (Cyphostemma) zu nennen. All diese Wunderwerke klimatischer Anpassung sind im Arboretum zu besichtigen.

Lesetip
Werner Rauh: Die großartige Welt der Sukkulenten. Blackwell Wiss. Vlg. 1979. W. Rauh hat u.a. im Arboretum geforscht.

Tal des Onilahy und die 7 Seen (Sept Lacs)

In der Nähe des Arboretums, auf der RN 7 bei Km 17, zweigt eine extreme (!) Piste Richtung Süden ab. Folgen Sie nach etwa 1 km der Gabelung nach links. Beim Dorf **Ambohimahavelona** stößt die Piste auf den Fluß *Onilahy* und verläuft bis zur Kreuzung nach Betioky (Vorsicht – diese Verbindung ist kaum mit dem Auto zu fahren!) durch sein fruchtbares Tal mit kleinen Reisparzellen. Nach 70 km (von Toliara) erreichen Sie den malerischen Picknickort **Sept Lacs**.

Rundflüge
Reisebüros wie das des Hotel Capricorne bieten sündhaft teure Exkursionen im Privatflugzeug an, z.B. nach Berenty (ca. 1500 DM), Taolanaro (Fort Dauphin) incl. Ste. Luce (ca. 1800 DM) oder zu den Tsingy du Bemaraha (ca. 2100 DM).

Richtung Norden

Ifaty

Aktuelle regionale Reisetips (Hotels, Restaurants etc.) zu Ifaty
entnehmen Sie bitte den gelben Seiten 274

Die Badestrände, Bungalowhotels und Tauchbasen von Ifaty liegen nur 25 km nördlich von Toliara. Aber sogar Geländewagen und Lkw brauchen auf der welligen Sandpiste dorthin fast eine Stunde. Bei Regen kann es sogar vorkommen, daß die Hotelgäste während des Transfers aussteigen und schieben müssen. Da die Piste durch das oft, aber nicht immer ausgetrocknete Mündungsdelta des *Fiherenana* führt, ist es verlorene Liebesmüh, sie ohne aufwendige Brückenbauten immer wieder zu asphaltieren.

Der Weg verläuft entlang der Küstenlinie und noch intakter Mangrovenwälder durch kleine Fischerdörfer der *Vezo*. Man passiert Weiler wie *Ambotsibotski* (etwa: „Blubb-blubb-Dorf", benannt nach dem Geräusch des Mangroven-

schlamms) und den mit dem Schild „*Black Rasta*" geschmückten Polizeiposten, wo ab und zu nach Waffen und Schmuggelware kontrolliert wird. **Ifaty** heißt der langgestreckte Strandabschnitt mit dem Hauptort *Mangily*. Ganz in der Nähe: das komfortable *Lakana Vezo*, das Zwillingshotel des Capricorne der Pflanzerfamilie de Heaulme in Toliara. Geschmackvolle, preiswertere Holzbungalow-Anlagen liegen weit voneinander verstreut am Meer im Umkreis anderer Dörfer. Im Hinterland: Salinen und

Am Strand von Ifaty

Salzhügel, Reste von Dornen- und Trockenwäldern, die charakteristischen kakteenförmigen Didiereaceen (die aber keine Kakteen sind!), Pachypodien, Baobabs und in den Dörfern heilige Tamarindenbäume.

Zeitplan

Ifaty ist gut für ein paar Tage zum Entspannen und Baden. Taucher schwärmen von dem vorgelagerten Riff, einem der längsten der Welt. Beste Tauchzeit: April/ Mai, Okt.-Febr. Checken Sie die Ausrüstungen genau! Schwimmen sollte man wegen Haigefahr nur im Schutz der Riffe. Im Juli/August gute Chancen zur Beobachtung von Walen, die sich dann im Kanal von Mosambik tummeln.

Weiterfahrt nach Norden

Taxi-Brousses quälen sich noch weiter in nördliche Richtung. Unterwegs: ein paar Unterkünfte wie das Hotel Michelin; fragen Sie die Fahrer. Nach 10 km im Dorf *Madiorano* ist das Wasser türkisblau, im Gegensatz zum meist trüben Meer bei Toliara und Ifaty. Die Fahrt nach *Morombe* oder *Morondava* ist nur etwas für Abenteurer mit gutem Sitzfleisch und unbegrenztem Zeitbudget.

Richtung Süden

Bucht von St. Augustin (Anatsogno)

Fahren Sie die RN 7 ein Stück Richtung Osten, bis kurz vor dem Arboretum eine staubige Schotterpiste nach Süden abzweigt. Bald zeigt Ihnen ein Schild an, daß sie gerade den **Wendekreis des Steinbocks** überqueren. An weißen Sandbuchten entlang, begleitet von vereinzelten Baobabs und typischer Trockenwaldvegetation, kommen Sie nach ca. 20 km zur idyllisch gelegenen Bungalowanlage *Les Mangroves*. Von hier aus werden Boots- und Tauchexkursionen zum *Onilahy*, nach *Anakao* und *Nosy Ve* angeboten (s. *regionale Reisetips*).

Grotten von Sarodrano

Auf dem landschaftlich sehr reizvollen Weg zur Bucht von St. Augustin 17 km weiter südlich passieren Sie die **Grotten von Sarodrano**, türkisblaue, klare Wasserbassins im Fels direkt am Meer (Achtung, *fady*). Je nachdem, welche der schlechten Pistenabzweige Sie nehmen, stoßen Sie auf riesige aufgeschichtete Steingräber der *Vezo*. Man wird es nicht gerne sehen, wenn Sie sich dort herumtreiben. Die Vezo sind Touristen gegenüber nicht immer sehr aufgeschlossen, vor allem, seitdem Reiseagenturen Ausflüge nach St. Augustin organisieren, die Vezo ungefragt als Fotomotiv herhalten müssen und die Fremden dann wortlos wieder verschwinden.

St. Augustin, ein fantastisch gelegenes, abgeschiedenes Fischerdorf auf einer Sandbank an der großen Mündung des Onilahy, hat schon aufregendere Zeiten erlebt: Im 15.-17. Jh. diente es als Ankerplatz für wenige europäische Händler und viele berüchtigte Piraten. Am 19. Februar 1602 soll der legendäre Korsar Corbin hier vor Anker gegangen sein. 1644 ließen sich 120 englische Seeleute nieder und gründeten eine Kolonie. Nicht für lange, denn zwei Jahre später gab es nur noch 12 Überlebende. Die Szenerie ist so eindrucksvoll, daß

Vezo-Gräber bei St. Augustin

INFO ## Der Wendekreis des Steinbocks
von Hermann Michael Hahn

Bekanntlich hängt der Wechsel der Jahreszeiten mit der Schiefstellung der Erdachse zusammen: Ein halbes Jahr lang ist die Nordhalbkugel unseres Planeten mehr oder minder stark der Sonne zugeneigt, bei uns die Zeit von Frühling und Sommer, anschließend ist die Südhalbkugel an der Reihe, bei uns dann Herbst und Winter.

Dabei begrenzt die Schiefe der Erdachse (knapp 23,5 Grad) die Ausdehnung der sogenannten Tropenzone, in der die Sonne im Laufe eines Jahres mittags im Zenit stehen kann. Sie erstreckt sich zwischen 23,5 Grad nördlicher und südlicher Breite. Ihre Grenzen werden traditionell nach den Sternbildern benannt, in denen die Sonne dann gerade steht.

So erhielt die südlichste Stellung der Sonne, der „Sonnenwendpunkt", die Bezeichnung *„Wendekreis des Steinbocks"*. Dabei müßte diese südliche Grenze der Tropen längst *„Wendekreis des Schützen"* heißen, denn seit mehr als 2100 Jahren passiert die Sonne nicht mehr im Sternbild Steinbock, sondern im benachbarten Schützen den südlichsten Punkt ihrer scheinbaren Jahresbahn; den Steinbock erreicht sie derzeit erst um den 19. Januar.

Dies macht unter anderem deutlich, daß sich die Jahreszeiten ganz langsam verschöben, wenn wir nicht durch unsere Schaltjahres-Regel dagegenhielten.

„Schuld" an dem Dilemma ist zum einen die erwähnte schiefe Drehachse der Erde, zum andern der dicke Äquatorbauch unseres Planeten – die Erde ist am Äquator rund 43 km dicker als zwischen Nord- und Südpol. Die Sonne versucht, mit ihrer Schwerkraft die schief stehende Erde aufzurichten. Doch die vollführt statt dessen innerhalb von rund 26.000 Jahren eine langsame Kreiselbewegung, die sich unter anderem in der allmählichen Wanderung (Präzession) des Wintersonnenwendpunktes bemerkbar macht (s. S. 422).

man sich nicht wundern würde, wenn im nächsten Moment ein Piratenschiff hier auftauchte ...

Anakao, 20 km südlich von St. Augustin, wäre längst ein neuer (und damit überlaufener) Insidertip, wäre es nicht relativ schwer und nur per Boot erreichbar. Flußfähren, die hier einmal verkehrten, sind längst eingestellt. In dem kleinen Fischerdorf am Strand kann man einige herrliche Badetage verbringen und vor den Riffen nahe der paradiesischen Insel **Nosy Ve** tauchen. Ausgerechnet dieses winzige Eiland machten französische Pioniere zu ihrer ersten kleinen Präfektur im 17. Jh. Heute dient Nosy Ve *noch* den vom Aussterben bedrohten *Strahlenschildkröten* als Refugium und Brutplatz.

Aktuelle regionale Reisetips (Hotels, Restaurants etc.) zu Anakao
entnehmen Sie bitte den gelben Seiten 273

Die Überfahrt mit dem Boot organisieren einige Reiseveranstalter und die Hotelbesitzer von *Chez Alain* und *Safari Vezo* (s. *regionale Reisetips*). Wenn Sie Geld sparen möchten: Fischer bringen Sie auch am frühen Morgen, wenn die Winde günstig stehen, von St. Augustin per Piroge über den Onilahy nach Anakao. Den Preis müssen Sie aushandeln. Oder Sie sind so verrückt wie wir, lassen sich über den Fluß bringen und wandern vom völlig verlassen wirkenden Dorf **Soalara** am südlichen Ende der Bucht am Strand entlang. Mittags kann es unerträglich heiß werden!

Die **Naturschutzgebiete** von **Tsimanampetsotsa** und von **Bezaha-Mahafaly** liegen an der Verbindungsstraße, eher Piste zwischen Toliara und Taolanaro, sind aber unter günstigen Umständen auch von Toliara als Tagesausflüge zu erreichen. Beide sind wenig bekannt, lohnen aber einen Besuch, um Lemuren, Vögel und Strahlenschildkröten zu beobachten. Angeboten werden sie von den meisten Reiseunternehmen in der Stadt. Sinnvoller wäre es, Sie machen auf der Fahrt von Toliara nach Taolanaro halt in **Betioky** und planen die Besuche als Abstecher.

Integrales Reservat Tsimanampetsotsa
Größe: 43.000 Hektar
Gründungsjahr: 1927

40 km südlich von Anakao und etwa 10 km landeinwärts liegt das Integrale Naturschutzgebiet **Tsimanampetsotsa**. Hier erstreckt sich ein flacher See mit eigenwilliger Form: 20 km lang, 3 km breit und maximal 2 m tief. Das Wasser ist gesättigt mit Kalziumsulfat und diversen Chlorverbindungen, die

Vezo-Fischer bei St. Augustin

Fischen das Leben unmöglich machen. Statt dessen leben hier etwa 70 Vogelarten, darunter rosa Flamingos, die sich den Platz zur Fortpflanzung ausgesucht haben, und die bis 4 Meter lange Do, eine Verwandte der Boa Constrictor. In den Grotten nicht weit nördlich des Sees wurden blinde Fische entdeckt. Von der Flora ist bis heute kein Bestand aufgenommen worden – vielleicht nimmt sich eines Tages M. Petignat vom Arboretum in Toliara ihrer an.

Anfahrt: Bootsexkursionen u.a. mit Safari Vezo von Anakao; ansonsten ca. 110 km Piste (ca. 3 Std.) per Geländewagen von *Betioky* aus. Keinerlei Infrastruktur; campen mit Genehmigung des Chefs des *Fokotany*.

Das Spezialreservat **Bezaha-Mahafaly** (Größe: 100 bzw. 480 Hektar) ist ein zweigeteiltes Schutzgebiet knapp 20 km östlich von *Betioky*. Zwischen Dezember und Ende Februar können die Niederschläge bis zu 550 Millimeter erreichen. Die Vegetation gleicht der des Dornenwaldes im Südwesten. Hier gibt es fünf Primaten, die von den Universitäten in Yale, Washington und Antananarivo untersucht worden sind.

In den extremen Süden: Von Toliara nach Taolanaro

Entfernungen:
Toliara – Betioky 160 km
Betioky – Ampanihy 135 km
Ampanihy – Beloha – Ambovombe 100 km + 125 km
Ambovombe – Taolanaro 110 km

Die meisten Touristen fliegen diese Strecke, aber nicht nur sie, sondern auch viele Einheimische. Inlandsflüge von Air Madagascar sind deshalb oft ausgebucht. Der Landweg – über 630 km auf der RN 10 und 13, überwiegend Piste – ist hart. Ein Taxi-Brousse braucht zwischen 40 und 60, ein Jeep ca. 20 Stunden. Sie können sich die Fahrt in Etappen einteilen; gängige Taxi-Brousse-Stopps für die Nacht sind *Betioky*, *Ampanihy* und *Ambovombe*. Erwarten Sie keinen Komfort: Es gibt bisher nur sehr einfache Unterkünfte. Wenn Sie wirklich etwas vom Zauber des archaischen, wilden Südens mitbekommen wollen, nehmen Sie sich am besten eine Woche Zeit.

Tip
Wenn Sie eine Übernachtung im Bungalow im Privatreservat Berenty kurz vor Fort Dauphin planen, sollten Sie vorab im Hotel Capricorne in Toliara reservieren.

Belohnt für die Strapazen werden Sie durch eine der ursprünglichsten Gegenden ganz Madagaskars. Die Vegetation und die Gräber entlang der Strecke sind einzigartig. Sie kommen durch das **Land der Mahafaly** („fale" = glücklich) und von Osten eingewanderter **Antanosy** sowie, hinter Ampanihy, durch das **Land der „Dornenmenschen"**, der **Antandroy**. Diese Bevölkerungsgruppen leiden extrem unter den großen Dürren. Viele Menschen sehen sich gezwungen, nach Norden auszuwandern.

Spielende Kinder bei den Antandroy

Immerhin hat der Mangel an Wäldern ein Gutes: Die Antandroy kennen keine Angst vor Nachtgeistern, und so sind sie im ganzen Land als Nachtwächter und Taxifahrer geschätzt.

Fahren Sie von Toliara 70 km die RN 7 Richtung Ihosy und biegen in **Andranovory** auf die RN 10. Nach weiteren 88 km erreichen Sie das erste größere, 1907 von den Franzosen gegründete Verwaltungszentrum **Betioky**. Zuvor haben Sie den *Onilahy* überquert, die nördliche Grenze des **Mahafalylandes**; es reicht bis zum *Menarandra* im Südosten. Dornbusch mit Euphorbien und Didiereaceen, Tamarinden und Baobabs werden durch gerodete Grassavannen abgelöst. Schon vor Jahren hat man in diesem Landstrich große Vorkommen von Sakoa-Kohle gefunden und plante lange deren extensiven Abbau. Betioky (= „wo es sehr windig ist") lohnt einen Stopp, um die Naturreservate **Tsimanampetsotsa** und **Bezaha-Mahafaly** zu besuchen (s. S. 439). Wenn Sie sich für Entwicklungsprojekte interessieren, können Sie sich in Betioky ein erfolgreiches *Wasserbewirtschaftungsprogramm* der katholischen Kirche ansehen: Brunnenbau soll für dauerhaften Zugang zu Trinkwasser sorgen, der Grundwasserspiegel wird durch kleine Stauseen und Aufforstung wieder angehoben.

In der Nähe der Siedlungen ähnelt das Mahafalygebiet einer Heckenlandschaft. Ihre Felder sind von Dornbusch, Aloen, Opuntien und Ästen umgeben – zum Schutz gegen Wind und hungriges Vieh. Viele Bewohner bauen Maniok, Süßkartoffeln, Mais, Hirse, Bohnen und Kürbisse zur Selbstversorgung an. An der Küste betreiben sie Tauschhandel mit den Vezofischern. In abgelegenen Dörfern ist Geld daher vielfach unbekannt bzw. wird nicht benutzt. Reisfelder gibt es kaum, da nicht bewässert werden kann. Um so extensiver werden große Rinderherden gehalten. Wie enorm ihre Bedeutung für das Prestige ihres Besitzers ist, zeigen die bis zu 100 Hörnerpaare auf den aufwendig ausgestatteten Grabmälern. Auch hier gilt: Je mehr Zebus bei der Beerdigung geschlachtet werden, desto reicher die Familie.

Zwischen Betioky und **Ejeda**, genauer etwa 70 km und 20 km vor Ejeda, befinden sich die Höhepunkte der **Grabmalkunst der Mahafaly** (weitere fantastische Gräber sieht man die ersten 20 km hinter Ampanihy und die ersten 10 km hinter Beloha). Ejeda selbst ist berühmt für seine lokalen

sternenkundigen *Ombiasy*. Den Ort sollen ihre Vorfahren nach dem saudiarabischen Dschiddah benannt haben.

Ampanihy (= „wo es viele Fledermäuse gibt") gelangte durch den Abbau von Granat und eine 1949 aufgebaute Kooperative für Webteppiche aus der Wolle hier gezüchteter Mohairziegen zu bescheidener Blüte und sicherte den Bewohnern ein kleines Einkommen.

Dörfliches Wohnhaus an der Küste bei Ambovombe (Quelle: Sick)

Auch in diesem Landesteil eignet sich *Gaspard Dünkelsbühlers „Madagassische Schattenspiele"* als hervorragende Lektüre, weil man sich dann die Gründe für den Niedergang dieses schönen Handwerks einigermaßen erklären kann. Der Aktionsplan für den benachteiligten Süden stand lange Zeit wohl nur auf dem Papier. Der Ort wirkt heute trotz seiner überdimensionalen Kirche entsprechend traurig und trist.

Aktuelle regionale Reisetips (Hotels, Restaurants etc.) zu Ampanihy entnehmen Sie bitte den gelben Seiten 212

Hinter Ampanihy beginnt das **Land der Antandroy**. Die monotone Landschaft erinnert an afrikanische Savannen. Die Antandroy-Steingräber entlang der Straße ähneln oft denen der Mahafaly, obwohl die Grabstätten ärmerer Familien häufig mit Holzpfählen eingefaßt sind. Ihre einfachen, winzigen Wohnhäuser bestehen meist aus Lehm und den Brettern der Didiereaceen.

Von **Tsiombe** führt jeweils eine Piste zum **Faux Cap**, das lange fälschlicherweise für Madagaskars Südspitze gehalten wurde, und zum schwer erreichbaren **Cap Ste. Marie**. Eine bizarre Landschaft: Den Süden des Naturschutzgebietes begrenzt eine über 100 m hohe Steilküste; die Winde, die hier ohne Unterlaß wehen, haben eine höchstens 1 ½ m hohe, verkümmer-

INFO Opuntien

Den Antandroy bedeuten Rinder alles, ähnlich wie den Bara. Wichtigste Viehnahrung ist das Fleisch der kaktusartigen Opuntien (die Stacheln werden vorher verbrannt). Opuntien

Zebus auf madagassischer Telefonkarte

spielten schon immer eine wichtige Rolle im Leben der „Dornenmenschen" – auch im Kampf gegen die ersten Europäer, die gegen diese Art Verteidigungswall zunächst machtlos waren. Später brannten sie sie nieder. Eine wirkliche Katastrophe verursachte 1924 die von den Europäern zur Gewinnung von Farbstoff

mitgebrachte Koschenille-Schildlaus: Fast alle Opuntienbestände wurden durch sie vernichtet. Als Folge davon verhungerten Zigtausende von Rindern, die Hälfte der Bevölkerung verlor Hab und Gut und mußte auswandern.

Nur mit Mühe konnten die Opuntien in den nächsten Jahrzehnten wieder angepflanzt werden.

Die legendäre Virtuosin **Mama Sana**, deren Lieder auch nach ihrem Tod landesweit gespielt werden, erinnerte sich noch persönlich, wie die Franzosen ihr Volk der Antandroy zur Landarbeit zwingen wollten, nachdem sie ihre Ernährungsgrundlage fast vernichtet hatten.

Lesetip
W.D. Sick, Madagaskar
(s. Literaturliste)

te und verkrüppelte Vegetation hervorgebracht. Einige der Pflanzen sind endemisch, wie die *Crassula Humberti* (Dickblattpflanze), die nicht größer als zwei Zentimeter wird, die *Euphorbia Cap St. Mariensis* oder die *Megistostegium Perrierii*, ein Malvengewächs mit leuchtend roten Blüten. Der Name Cap Ste. Marie steht vor allem für die aufsehenerregenden Eierschalen-Funde des seit 2000 Jahren ausgestorbenen Elefantenfußstraußes (s. S. 74).

Nach rund 90 letzten holprigen Pistenkilometern (4-5 Std.) erreicht man **Ambovombe**. Der sonst recht trostlose Ort erwacht montags am frühen Morgen zu quirligem Leben, wenn sich die Zebuhirten von weither auf einem der größten Viehmärkte des Süden einstellen. Achten Sie, wie überall bei den Antandroy, auf die Marktstände der *Ombiasy*. Auch die Antandroy sind für ihre Zauberkräfte berühmt und gefürchtet.

Sisalplantagen

Aktuelle regionale Reisetips (Hotels, Restaurants etc.) zu Ambovombe

entnehmen Sie bitte den gelben Seiten 212

Tip

Wenn es sich vermeiden läßt, sparen Sie sich hier eine Übernachtung und fahren die nächsten 110 km auf guter Asphaltstraße bis Fort Dauphin bis zum nächsten bequemen Hotelbett.

Die Asphaltstraße, die plötzlich scheinbar mitten im Nirgendwo beginnt, wurde für die Bewirtschaftung riesiger **Sisalplantagen** angelegt. Die ursprünglich aus Mexiko eingeführten Sisal-Agaven gedeihen als Sukkulenten hervorragend auch im südmadagassischen Klima. Ihre Blattfasern werden vielfältig verarbeitet: zu besonders haltbaren Seilen, Polstermaterial, Bauplatten und Papier. Gepflanzt von französischen Kolonialherren, befinden sich die Plantagen heute weitgehend im Besitz der zweiten Generation der französischen **Pflanzerfamilie de Heaulme**.

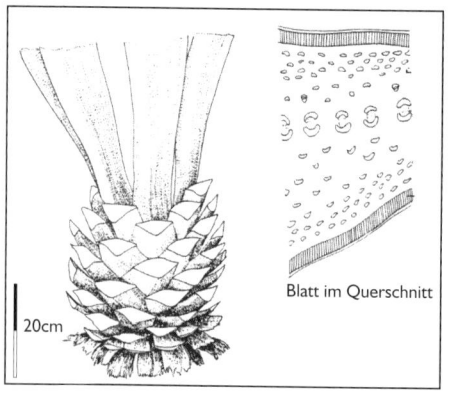
Blatt im Querschnitt
20cm
Sisal

Der Familie gehören auch die Hotels Capricorne und Lákana Vezo bei Toliara, Le Dauphin u.a. in Taolanaro, eine Bungalowanlage in der Bucht Ste. Luce und außerdem die Reservate Analabe bei Morondava und Berenty bei Taolanaro etc. Befragt man die Plantagenarbeiter, klagen einige über einen angeblich rüden Umgang in Kolonialmanier, aber die meisten loben die Familie als größten Brot- und Arbeitgeber der Region.

Zentrum der Sisalpflanzungen und Arbeitersiedlungen ist das Dorf **Amboasary** am unteren *Mandrare*. In der Regenzeit schwillt der Fluß zu eindrucksvoller Größe; in der Trockenzeit baden und waschen die Einheimischen in den verbliebenen Wasserlöchern des breiten Flußbettes. Auf die darüber führende 416 m lange Stahlbrücke werden Sie zwangsläufig achten: Wie ihre „Zwillingsbrücke" bei Malaimbandi im Westen wurde sie von der Societé Eiffel gebaut, heute ist ihre Überquerung dank gähnender Löcher und fehlender Geländer nur etwas für Schwindelfreie.

Überall dort, wo Menschen wohnen, bieten arme Köhler ihre Habe an. Zum Teil leben sie selbst in kärglichsten Behausungen beiderseits der Straße.

Eine Piste von Amboasary ca. 80 km nach Norden führt zu einer anderen, weit lukrativeren Einnahmequelle: Vor einigen Jahren wurden im Dorf **Andranandombo** die ersten wertvollen Saphire entdeckt; seither entstand hier ein ähnliches Goldgräberdorf wie im Norden in der Nähe von Antsiranana.

Von Amboasary aus führt ein Abzweig in nordwestliche Richtung zu den Privatreservaten **Berenty** und **Kaleta** (s. S. 453).

In Richtung Taolanaro werden die Landschaft jetzt immer malerischer und die Berge immer zerklüfteter. Sie durchfahren ein Wunderland an Vegetation: Hier gedeihen *Nepenthes* – die gelb strahlende fleischfressende Kannengießerpflanze, *Ravenala* – die „Bäume der Reisenden", dreieckige Palmen und andere Pflanzenexoten. Bei **Ranopiso** überqueren Sie eine Art Paß, wo auch das Panorama den Gipfel erreicht. Vereinzelt am Wegesrand sieht man Grab-Obelisken der *Antanosy*. Keine Gräber, nur Gedenksteine an fern begrabene Verstorbene. Aber auch sie sind *fady* und verlangen Respekt. An der

Grabobelisken der Antanosy

sich verändernden Vegetation merkt man, daß man sich bei Fort Dauphin an der Klimascheide zwischen dem halbwüstenartigen Süden und dem immerfeuchten Osten befindet.

Taolanaro (Fort Dauphin)

(ca. 25.000 Einwohner)

Aktuelle regionale Reisetips (Hotels, Restaurants etc.) zu Taolanaro
entnehmen Sie bitte den gelben Seiten 268

Taolanaro, Tolagnaro oder Tolanaro – lassen Sie sich nicht verwirren, es handelt sich um dieselbe Stadt; mit der Schreibweise nimmt man es nicht so genau. Der französische Name Fort Dauphin ist immer noch mindestens genauso populär.

Geschichte

Es muß für beide Seiten ein ziemlicher Schock gewesen sein, als bereits 1504 – lange vor der Ankunft anderer weißhäutiger Eindringlinge – 80 portugiesische Seeleute vor der Küste Schiffbruch erlitten und im Siedlungsgebiet der *Antanosy* ein kleines Fort errichteten. Viel Glück hatten sie nicht: Schon 23 Jahre später wurden sie von den Einheimischen davongejagt. Ruinen ihres Forts kann man heute noch auf einer Insel beim Dorf **Ambinanibe** im Mündungsdelta des *Vinanibe* besichtigen.

Seinen späteren Namen „verdankt" Fort Dauphin jedoch Abgesandten der *Société française de l'Orient*, die 1642 mit einer königlichen Flotte und dem Auftrag, in Madagaskar eine Kolonie und Handelsniederlassung zu gründen, in der Nähe des heutigen **Sainte Luce** vor Anker gingen.

Als sich der lagunenreiche und malariaverseuchte Platz als lebensfeindlich erwies, siedelten die Franzosen 40 km weiter südlich auf der *Halbinsel Tholongar*, strategisch ohnehin besser geschützt, da von drei Seiten vom Meer umgeben. Die Siedlung um ihr 1643 gebautes Fort Flacourt, die erste französische „Kolonie" auf madagassischem Boden, nannten sie zu Ehren des Thronanwärters und späteren Sonnenkönigs Ludwig XIV. „**Fort Dauphin**" (*Dauphin* = franz. Kronprinz).

1648 landete *Étienne de Flacourt* in der neuen Siedlung. In den

Redaktions-Tips

* **Pittoreskes Panorama**: Buchten und Berge zwischen Regen- und Dornenwald (S. 448)
* **Lokaro** und **Ste. Luce**: Strände vom Feinsten (S. 451/452)
* Sonnenanbeter und Sprung-Akrobaten: Lemuren in **Berenty** und **Kaleta/Amboasary** (S. 453)
* Pflanzungen in Reih' und Glied: Besuch der **Sisal-Plantagen** (S. 444/455)
* Der Rindermarkt von **Ambovombe** (S. 443)

folgenden Jahren verfaßte er eine der interessantesten wissenschaftlichen Abhandlungen über Madagaskar, die Jahrhunderte lang als Standardwerk galt.

Die Könige der *Antanosy* waren zu Beginn noch ganz angetan von den neuen Handelspartnern. Als diese aber immer mehr von ihrem Land in Besitz nahmen, Frondienste erpreßten, Dörfer niederbrannten und die einheimische Bevölkerung sogar als Sklaven nach Mauritius verkauften, kam es im Verlauf der nächsten Jahre zu kriegerischen Auseinandersetzungen. 1674 waren die Franzosen am Ende: Die meisten flohen in die Berge und kamen dort um, fast alle anderen wurden, nachdem sie sich 6 Jahre lang in den Mauern ihrer Festung verschanzt hatten, von den Einheimischen massakriert. Nach dem blutigen Ende dieses ersten Kolonisierungsversuches wollte der Sonnenkönig von dem „barbarischen" Land Madagaskar nichts mehr wissen. In den nächsten 100 Jahren entwickelte sich Fort Dauphin zum beliebten Anlaufpunkt zahlreicher Piraten, bis sich allmählich auch wieder französische Handelsschiffe an die Küste wagten. Im 19. Jh. errichteten sowohl die *Merina* als auch erneut die Franzosen weitere Garnisonen.

Lesetip
Immer noch eine interessante Lektüre: Etienne de Flacourt: Histoire de la Grande Isle de Madagascar. Karthala 1995, 660 Seiten. Sie können es im Lesesaal des Cercle Germano Malgache ausleihen oder in Buchhandlungen in Tana kaufen, leider nur in Französisch.

Überblick

Taolanaro liegt abseits im Südosten der Insel, wie so viele Orte Madagaskars „am Ende der Welt".

Einfach ist es nur mit dem Flugzeug zu erreichen, mit TAM oder Air Madagascar, die eine tägliche Boeing 737-Verbindung von und nach Tana unterhält und mehrmals wöchentlich kleinere Maschinen zu anderen Zielen einsetzt. Der Landweg nach Tana über *Betroka* und *Ihosy* erweist sich trotz bequemer Überlandbusse als langwierig und strapaziös. Auch die mindestens 40 Stunden im Taxi-Brousse nach *Toliara* sind keine Spazierfahrt.

Trotz aller Abgeschiedenheit: Neben Nosy Be und Sainte Marie ist Taolanaro Touristenziel Nr. 1, für ausländische wie einheimische Reisende. Es gibt inzwischen sogar eine eigens gegründete „Gemeinschaft der Tourismusunternehmen in Taolanaro" (Uett), die den Tourismus noch stärker fördern will. Die Chancen stehen gut: Taolanaros Kapital ist seine fantastische Lage. Gleich

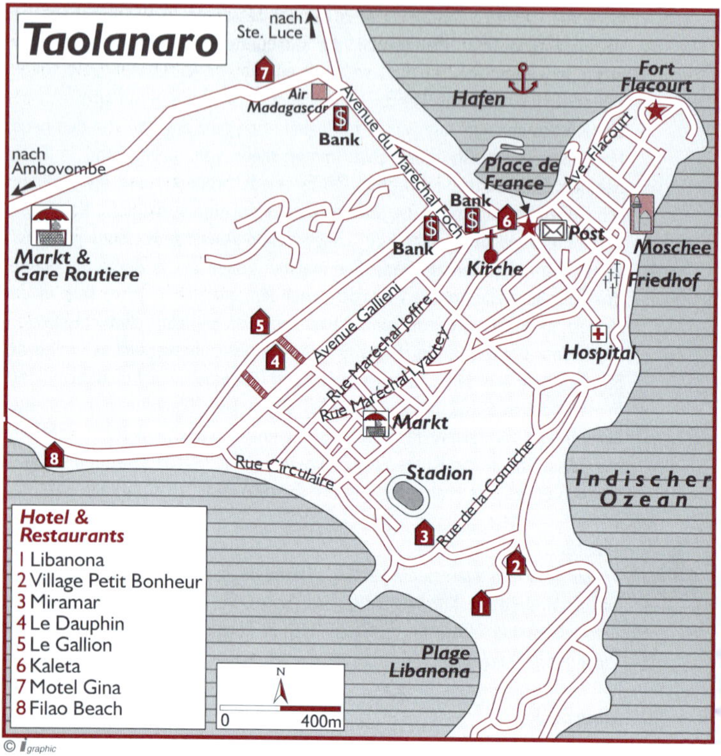

Taolanaro

nach
Ste. Luce

nach
Ambovombe

Air
Madagascar

Avenue du Maréchal Foch

Bank

Hafen

Fort
Flacourt

Place de
France

Bank

Bank

Kirche

Post

Moschee

Friedhof

Markt &
Gare Routiere

Avenue Gallieni

Rue Maréchal Joffre

Rue Maréchal Lyautey

Markt

Hospital

Rue Circulaire

Stadion

I n d i s c h e r
O z e a n

Rue de la Corniche

**Hotel &
Restaurants**
1 Libanona
2 Village Petit Bonheur
3 Miramar
4 Le Dauphin
5 Le Gallion
6 Kaleta
7 Motel Gina
8 Filao Beach

Plage
Libanona

N

0   400m

© *igraphic*

von drei Seiten ist die Stadt auf einer Halbinsel von sanften, langgezogenen Buchten, türkisblauem Meer und weißen Stränden umgeben. Richtung Norden erhebt sich steil das bis zu 1000 m hohe Gebirge, bedeckt von artenreichem Regenwald. Der 529 m hohe **Pic Saint Louis** trägt mit zur einzigartigen sattgrünen Kulisse bei.

Und wem angenehme Badetage und Wanderungen in den Bergen nicht reichen, der braucht nur wenige Kilometer nach Westen zu fahren und findet sich im Wunderland bizarrer Didiereaceen, Dornenwälder und Baobabs und dem Land der *Antandroy* und *Mahafaly* wieder.

Hafen von Fort Dauphin

Auch das Klima ist angenehm. Kein großer Unterschied, wenn Sie aus der Hauptstadt kommen, aber etwa 10 °C kühler als im oft schwül-heißen Toliara. Im Südwinter (Juli/ August) weht oft ein starker, kalter Wind. Sie sollten immer, auch im Südsommer, für die Berge einen Pullover und Regenkleidung dabeihaben.

Die **Stadt** selbst vermittelt eher den Eindruck mehrerer zusammengelegter Dörfer. In einem halben Tag haben Sie alles gesehen: **Markt** (Nähe Taxi-Brousse-Station am Ortseingang), „Avenue" Maréchal Foch, **Fort Flacourt** und den **Hafen**, in dem nicht selten internationale Organisationen wie *PAM* („Programme Mondiale Alimentaire" – Welthungerhilfe) ihre Hilfsgüter für die von Dürren und Zyklonen heimgesuchte Region entladen. Der letzte schreckliche Zyklon wütete Ende 1996 entlang der Ostküste von Farafangana bis Taolanaro.

Bei einer der schlimmsten Dürrekatastrophen 1983/84, bei der bis zu 200.000 Menschen im Süden verhungert sein sollen, kam internationale Hilfe zu spät: 1984 trafen in Fort Dauphin zwei große Schiffe ein, jedoch konnten die Lebensmittel mangels Lagerräumen nicht verteilt werden und verrotteten.

Die besten **Strände** sind *l´Ibanona* (oder Libanona) und *Filao*. Hier liegen auch einige der schönsten Hotels (s. *regionale Reisetips*), weitere sind in Planung. Die Einheimischen versichern, Baden sei ungefährlich, obwohl viele der Fischer sich auf Haifischfang spezialisiert haben.

Ausflüge

Tip
Sie können für individuelle Ausflüge Taxis, Fahrräder, Motorräder und (teure) Autos mieten oder bei verschiedenen „Tours Opérateurs" Exkursionen mit guten Guides buchen. Empfehlenswerte Reiseagenturen sind u.a.: SHTM, Safari Laka (neben Motel Gina), Air-Fort Service; daneben gibt es in der Stadt zahlreiche kleinere Anbieter.
Über die längste Erfahrung in Sachen Tourismus verfügt die Familie de Heaulme, die allein in der Gegend um Taolanaro in den 30er Jahren das Berenty-Reservat, seit Anfang der 70er Jahre die Hotels Le Dauphin, Miramar, Filao Beach eröffnete, ein neues Hotel in Sainte Luce und einige weitere plant. In allen Hotels können Sie Exkursionen buchen. Letzteres gilt auch für die Hotels Libanona-Beach und Kaleta, deren Besitzer auch das private Reservat Kaleta bei Amboasary gehört (s.u.).

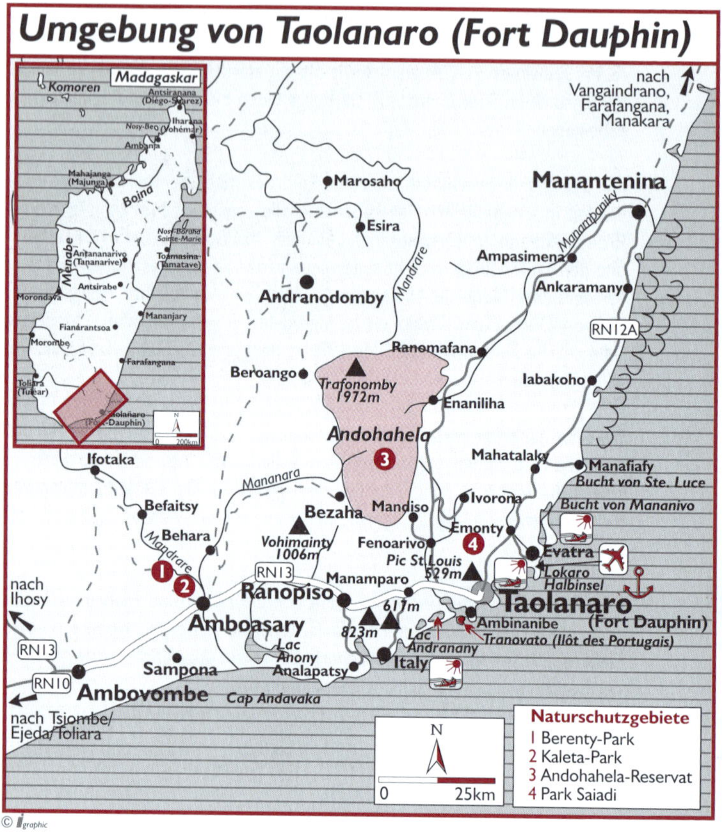

Umgebung von Taolanaro (Fort Dauphin)

Madagaskar
Komoren
Antsiranana (Diego-Suarez)
Iharina (Vohémar)
Nosy-Bé (Nosy-Boina)
Ambanja
Mahajanga (Majunga)
Boina
Nosy Barana Sainte-Marie
Antananarivo (Tananarive)
Toamasina (Tamatave)
Antsirabe
Fianarantsoa
Mananjary
Morombe
Farafangana
Toliara (Tuléar)
Taolanaro (Fort-Dauphin)

nach Vangaindrano, Farafangana, Manakara

Marosaho
Esira
Andranodomby
Beroango
Trafonomby 1972m
Andohahela **3**
Ifotaka
Befaitsy
Behara
Vohimainty 1006m
Ranopiso **1** **2**
Amboasary
Sampona
Ambovombe Cap Andavaka
nach Tsiombe/ Ejeda/Toliara
nach Ihosy
RN13
RN13
RN10

Manantenina
Ampasimena
Ankaramany
RN12A
Ranomafana
Iabakoho
Enaniliha
Mahatalaky
Manafiafy Bucht von Ste. Luce
Ivorona
Bezaha Mandiso
Emonty
Bucht von Mananivo
Fenoarivo
Pic St Louis 529m **4**
Evatra
Manamparo
Lokaro Halbinsel
617m
823m
Taolanaro (Fort Dauphin)
Ambinanibe
Lac Andranany
Tranovato (Ilôt des Portugais)
Analapatsy
Italy
Mananara
Mandrare
Manampanihy

Naturschutzgebiete
1 Berenty-Park
2 Kaleta-Park
3 Andohahela-Reservat
4 Park Saiadi

N
0   25km

© graphic

Pic St. Louis

Eine Wanderung zum Gipfel (ca. 2 Std. hin und zurück) wird mit der wirklich großartigen Aussicht auf die Stadt und die Buchten belohnt.

Anfahrt

2 km nach Antanifotsy bis zur Sisalfabrik SIFOR, von dort führt einer von mehreren Wegen den Berg hinauf. Fragen Sie nach dem Anfang des Weges, danach können Sie sich nicht mehr verlaufen.

Île des Portugais – Insel der Portugiesen (Tranovato)

In der Nähe des Flughafens zweigt eine Piste zum Ort *Ambinanibe* an der Mündung des *Vinanibe* ab (in der Nähe gibt es neuerdings auch ein Bunga-lowhotel mit kleinem botanischen Garten). Von dort aus können Fischer Sie auf eine kleinen Insel zum verfallenen Fort der Portugiesen bringen, die sich 1504 zu ihrem Pech hier niedergelassen hatten. Im Dorf zahlreiche Gräber der Unglücklichen.

Taolanaro – Strand von Libanona

Anfahrt
RN 13 – 6 km von Taolanaro, Abzweig am km-Stein 10. Ein Trip auf eigene Faust, mit dem Taxi-Brousse bis zur Kreuzung, Spaziergang und Pirogenfahrt ist wesentlich billiger als ein organisiertes Picknick von Fort Dauphin aus!

Richtung Sainte Luce

• Parc Saiadi – Botanischer Garten

Selbst wenn Sie schon im Zoo von Tana waren: Dieser ist ganz anders und informiert speziell über die fantastische Vegetation des Südens. Auch Lemuren, Vögel und Schmetterlinge turnen und schwirren im Garten herum.

Anfahrt
Ca. 10 km nordöstlich in Richtung Ste. Luce, bei Kilometerstein 65.

• Reservat von Mandona

Orchideen, Nepenthes, dreieckige Palmen ... Alles zu bestaunen in diesem Reservat an der Straße nach Ste. Luce.

• Bucht von Lokaro

Nördlich von Taolanaro erstrecken sich kilometerweite weiße Sandstrände. Die organisierten Ausflüge nach Lokaro schippern Sie nach kurzer Autofahrt zum nördlich von Taolanaro gelegenen Seeufer des **Lac Lanirano** (in der

Nähe des Botan. Gartens) per Motorboot über den See, dann durch einen Süßwasserkanal und einen zweiten See bis zum Fischerdörfchen **Evatra**. Es liegt an der Halbinsel von **Lokaro** – einer Art Wasser- und Strandparadies aus natürlichen Kanälen, Lagunen und Badebecken. (Preis für einen Ganztagesausflug: ca. 35 DM pro Person incl. Picknick in einer kleinen Traumbucht nördlich von Evatra).

Anfahrt
In Luftlinie liegt Lokaro ca. 12 km nördlich von Taolanaro entfernt, über die Straße wesentlich weiter (ca. 2 Std., Geländewagen erforderlich).

- ## Bucht von Sainte Luce (Manafiafy)

Ein geschichtsträchtiger Ort, da hier ja die ersten Franzosen ihre Kolonie errichten wollten. Erfolgreicher ist Monsieur de Heaulme mit seiner neuen Bungalowanlage (ca. 300-350 FF pro Bungalow) und kleinem Naturreservat am schönen Strand von Ste. Luce.

Anfahrt
etwa 50 km nordöstlich von Taolanaro. Taxi-Brousse fahren gelegentlich (ca. 2 ½ - 3 Std.).

Richtung Westen und Nordwesten

- ## Das Integrale Réservat von Andohahela (Manangotry-Regenwald)

befindet sich 60 Kilometer von Fort-Dauphin entfernt nördlich der Straße nach Tuléar. Es besteht aus drei Parzellen: Die Parzelle Nr. 2 (12.420 Hektar), wird im Moment Besuchern zugänglich gemacht und von ANGAP **als neuer Nationalpark** eingerichtet. Dieses Naturschutzgebiet ist zusammen mit dem von *Zombitsy*, *Vohibasa* und *Kirindy* der einzige Trockenwald, der gesetzlich geschützt ist. Besonderheit: *Didiereaceae* des Typs *Alluaudia procera* und *ascendens*, große Waldgebiete an laubabwerfenden Pflanzen, Baobabs.

Informationen
im **Centre d´Interpretation** *30 km westlich von Taolanaro an der RN 13.*

• Privatreservate Berenty und Kaleta (Amboasary)

Ein Muß für jeden, der nach Herzenslust Lemuren beobachten will!

Berenty

Aktuelle regionale Reisetips (Hotels, Restaurants etc.) zu Berenty (Taolanaro) entnehmen Sie bitte den gelben Seiten 268/270

Größe: 200 Hektar, Lage: bei Amboasary am Fluß Mandrare
Gründungsjahr: 1936, für Touristen seit Anfang der 80er Jahre zugänglich

Trotz des stolzen Eintrittspreises und der vielen organisierten Gruppenreisen dorthin waren bisher alle, die wir getroffen haben, von dem Reservat begeistert.

Als M. Henri de Heaulme senior dieses Gebiet am Rande seiner Sisalplantagen kaufte und Flora und Fauna unter Schutz stellte, dachte er vielleicht noch gar nicht an die touristische Bedeutung, die Berenty heute als bestbesuchtes Reservat Madagaskars hat. Auch Wissenschaftler fanden die idealen Bedingungen vor, um u.a. Lemuren zu studieren, beispielsweise die bekannte amerikanische Primatenforscherin *Alison Jolly*, aber auch ein Team von *Jean Jacques Cousteau*. Wäre das Reservat nicht in privatem Besitz gewesen, wäre nach den regelmäßig wiederkehrenden Dürrekatastrophen wohl kaum etwas von der Vegetation übrig geblieben.

Katta (Zeichnung: Helga Schulze)

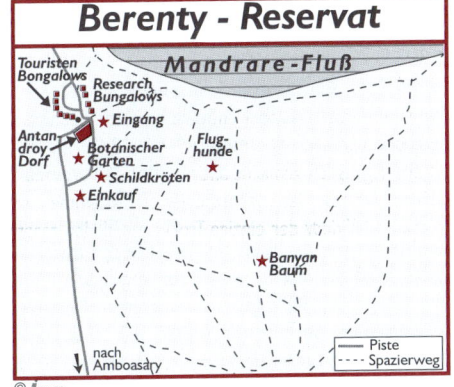

INFO   Kattas und Sifakas

Sie sind die Stars von Berenty. Fast 200 **Kattas** oder **Ringelschwanzmakis**, die Lieblinge aller Touristen, mit dem oft hoch aufgerichteten, gestreiften Schwanz leben hier. Die schönste Besuchszeit beginnt im September, wenn die Jungtiere geboren werden. Die ersten 6 Wochen klammern sie sich am Bauch der Mutter fest, danach müssen sie oben auf dem Rücken sitzen. Wer sich nicht festhält, stürzt ab – leider passieren diese Unglücke relativ häufig. Nur etwa

Tanzende Sifakas

jedes vierte Baby erreicht das Erwachsenenalter. Kattas leben in Gruppen bis zu 40 Tieren – Eindringlinge werden von den Männchen durch Geruchsmarken vertrieben.

Dazu benutzen sie ihre Schwänze, die sie mit dem Moschusduft ihrer Drüsen am After und an den Handgelenken (!) einreiben und dem Gegner durchs Gesicht wischen. Ansonsten dominieren die Weibchen. Morgens lieben es die Kattas, mit ausgebreiteten Armen die ersten Sonnenstrahlen zu begrüßen.

Sifakas sind wegen ihres flauschigen, weißen Fells die „Schönheitskönige" unter den Lemuren. Außerdem gehören sie zu den größten Sprungakrobaten, wenn sie bis zu 10 m von Baum zu Baum zu fliegen scheinen und auch auf den dornigsten Ästen sicher landen können. Ihren Schwanz benutzen sie dabei wie ein Ruder. Am Boden bewegen sie sich mit ihren relativ kurzen Armen, langen Beinen und besonders großen Füßen eher komisch und hüpfen wie Känguruhs, aber mit seitlicher Drehung, als ob sie tanzen wollten. Ihre Jungen werden meist schon im Juli geboren. Mit Bananen werden Sie bei den Sifakas kein Glück haben: Sie fressen ausschließlich Blätter (s. auch Kapitel *Lemuren* S. 64).

Neben den Kattas und Sifakas sind auch **Braune Makis**, **Rotstirnmakis**, **Mausmakis** und **Wieselmakis** hier zu Hause. In der Stille des Reservats können Sie früh morgens herrliche Wanderungen zur Vogelbeobachtung unternehmen. In Berenty leben über 80 Vogelarten – darunter Papageien, Falken und Couas –, Chamäleons, Strahlenschildkröten und eine riesige Kolonie von über 1000 **Flugfüchsen** mit Flügelspannweiten bis zu 1 m, die inzwischen besonders geschützt werden. Das gleiche gilt auch für die heimische Flora mit Resten von Dornenwald innerhalb des Parks. Mit großem Aufwand wurde ein eingeführtes Rebengewächs entfernt, das sich immer mehr ausbreitete und die ursprüngliche Vegetation zu verdrängen drohte.

Tip
*Ein Besuch lohnt sich unbedingt für 2-3 Tage! Dann haben Sie auch genug Zeit, sich die sehenswerte **Sisalfabrik** und das **Musée de l´Androy** im Park anzusehen.*

Wenn Sie übernachten, haben Sie die Chance, die Ruhe des Parks ohne Ausflugsgruppen zu genießen. Reservieren Sie im voraus eins der komfortablen, häufig ausgebuchten Bungalows ohne heißes Wasser (Reservierung im Hotel Miramar oder Le Dauphin in Taolanaro). Preis: ca. 100 DM pro Tag und Person incl. Eintritt und Essen. Tagesausflüge: organisieren dieselben Hotels (bzw. SHTM, für stolze 200

Traditioneller Heiler bei den Antandroy

DM!). Alternative auf eigene Faust: per Taxi-Brousse bis Amboasary. Erkundigen Sie sich, ob z.Z. der Eintritt in den Park ohne organisierte Gruppen möglich ist (ca. 30 DM).

Reservat Kaleta (Amboasary)

Das Nachbarreservat von Berenty, vom Konkurrenten und Betreiber des Kaleta-Hotels und Libanona-Beach eingerichtet, ist billiger und mit Campingmöglichkeit. Auch hier können Sie hervorragend Lemuren beobachten. Es wirkt noch nicht so professionell gemanagt wie Berenty, ist aber eine gute Alternative, wenn man den dortigen Eintrittspreis sparen will.

Anfahrt
Exkursionen (Tagesausflug: ca. 80 DM) und Übernachtungen in einfachen Bungalows werden von den genannten Hotels angeboten. Taxi-Brousse: bis Amboasary.

Tip für die Rückreise von Taolanaro
Denken Sie daran: Sowohl die Flugzeuge als auch Busse und Taxi-Brousses sind stark frequentiert – buchen Sie möglichst lange im voraus! Im Taxi-Brousse müssen Sie allein bis Ihosy mit 24 Stunden Fahrtzeit rechnen.

4.5 In den Norden und an die Nordostküste

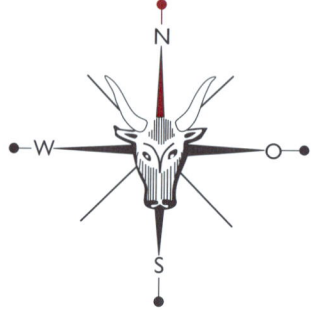

Der Norden

Der nördlichste Teil Madagaskars ist das ursprüngliche Siedlungsgebiet der **Antankarana**. Ihr Königreich, das sich einst von *Cap d'Ambre* – dem nördlichsten Punkt der Insel – bis zum Fluß *Sambirano* erstreckte, entstand nach den Eroberungsfeldzügen des **Sakalava**-Königs *Andriandahifotsy* („der mit der weißen Haut", ca. 1610-1685). Nach seinem Tode gab es Streitigkeiten zwischen seinen Nachkommen: Die aus der ersten Ehe des Königs mit seiner Gemahlin adeliger Abstammung hervorgegangen waren, die „*Zafimbolamena*" (d.h. „Kinder aus Gold"), bekämpften seine Söhne aus späteren Ehen mit nicht-adeligen Frauen, die „*Zafimbolafotsy*" („Kinder aus Silber"). Die Kinder aus Silber waren offensichtlich unterlegen, denn sie wurden von der Thronfolge ausgeschlossen, zogen nach Norden und gründeten das Königreich der *Antankarana* (s. S. 103).

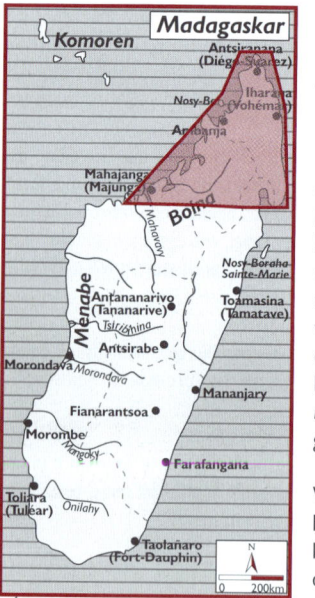

(Einer anderen Legende nach befragte König *Andriandahifotsy* vor seinem Tod die Sterne und ließ seine Söhne zwischen Gold und Silber wählen. Die adeligen Nachkommen wählten Gold, die nicht adeligen Silber. Da sagte der König den „Kindern des Goldes" ein großes Sakalavareich voraus, das jedoch bald untergehen werde. Den „Kindern aus Silber" weissagte er das kleinere, aber beständigere Königreich *Antakarana*. Demnach wären die Antankarana eine abgespaltene Gruppe der Sakalava.)

Wie in so vielen Fällen, widersprechen sich auch hier die geschichtlichen Quellen. Viele Historiker gehen davon aus, daß die Antankarana von den Sakalava unterworfen wurden, ihre eigenständige Kultur jedoch beibehalten konnten.

Hauptstadt des größeren Boina-Reiches der *Sakalava* wurde zunächst **Ambato Boini** und später, Ende des 18. Jh., die 180 km weiter nördlich gelegene **Mahajanga**. Königliche Hauptstadt der *Antankarana* ist noch heute **Ambatoaranana**, ein kleines Dorf 20 km westlich von **Ambilobe**.

Erst Anfang des 19. Jh. wurde das Antankarana-Reich von den *Merina* unter Radama I. erobert. Sie wiederum unterlagen Ende des 19. Jh. den Franzosen.

Die *Antankarana* pflegen noch heute ihren Glauben an Reinkarnation und Rituale, die eng mit der Natur verbunden sind. Wasserfälle, Kraterseen, Flüsse, Berge, Bäume und andere Pflanzen spielen bei ihren religiösen Zeremonien eine große Rolle.

Durch das schroffe **Tsaratana-na-Gebirge** ist der Norden vom Rest der Insel weitgehend isoliert. Die einzig nennenswerte, nur teilweise ausgebaute Straße verbindet die beiden großen Hafenstädte **Antsiranana** (Diego-Suarez) im Nordosten und

Blick von Nosy Be auf Madagaskar

Mahajanga im Nordwesten. Trotz der Isolation – bedingt durch natürliche Gegebenheiten, aber auch durch ein traditionelles Mißtrauen der Bevölkerung gegenüber den Hochlandbewohnern – weist die nördliche Region heute ein bemerkenswert kosmopolitisches Bevölkerungsgemisch auf: Hier siedeln Antankarana, Sakalava, Tsimihety, eine große muslimische Gemeinde, Nachkommen afrikanischer Sklaven, indischer Händler und arabischer Seefahrer, sowie Franzosen, die hier in der Fremdenlegion stationiert waren.

Klima, Vegetation und Landschaften sind ebenso vielseitig. Das schwer zugängliche **Tsaratanana**-Massiv mit Madagaskars höchstem Gipfel **Maromokotro** (2876 m) ist von wasserreichen Flüssen durchzogen und mit Regenwald bedeckt – bis 2000 m Höhe mit moos- und flechtenreichem Bergwald, darüber mit meist wolkenverhangenem Bergnebelwald. Schon vom Flugzeug aus vermittelt dieses wilde, zerklüftete Vulkangebirge mit seinen tief eingeschnittenen Tälern einen unvergeßlichen Eindruck.

Der **nordwestlichen Küstenebene** entlang des *Sambirano-Flusses* bis nach *Nosy Be* beschert das Gebirge mehr Regen als allen anderen westlichen Landesteilen. Seit der Kolonialzeit wachsen hier auf fruchtbarem Boden große Kaffee-, Kakao und Zuckerrohrplantagen. Weiter nördlich um *Ambilobe* entstanden durch intensive künstliche Bewässerung am *Delta des Mahavavy* die größten Zuckerrohrfelder der Insel.

Südlich des Gebirgsmassivs, im Land der *Tsimihety*, erstreckt sich um den Ort *Bealanana* die *Ebene von Ankaizina* mit einem endlosen Muster kleinflächiger Reisparzellen.

Der **Nordosten** um **Antsiranana** liegt dagegen im Regenschatten des Gebirges. Bis zu 8 Monate im Jahr ist es hier trocken und entsprechend karg die Vegetation: Reste von laubabwerfendem Trockenwald findet man in der „**Montagne des Français**", außerdem Grassavannen, Pachypodien und Baobabs (das größte Prachtexemplar – ein angeblich 1000 Jahre alter Baobab – steht mitten in Mahajanga an der Nordwestküste). Nur das bis zu 1475 m hohe vulkanische Bergland „**Montagne d´Ambre**" südlich von Antsiranana ist eine Art Vorposten des immerfeuchten Regenwaldes von Tsaratanana.

Noch abgeschiedener und bisher nur in der Trockenzeit über eine schlechte Piste erreichbar ist das wiederum extrem regenreiche Gebiet an der **Nordostküste**. Es ist das nördlichste Siedlungsgebiet der *Betsimisaraka*, aber auch von Einwanderern anderer madagassischer Bevölkerungsgruppen und chinesischer Händler. Mit über 200 Einwohnern pro km² ist das *Becken von Andapa* außergewöhnlich dicht besiedelt. Um **Iharana** (Vohémar), **Sambava** und **Antalaha** wachsen große Vanille-, Nelken-, Zimt-, Kaffee- und Kokosplantagen. Vom Regenwald umgeben und fast nur auf dem Luftweg und über die Häfen der drei Küstenorte erreichbar, hat der Nordosten nur wenig Kontakt zu den übrigen Landesteilen. Dennoch war er lange Zeit wichtigstes Vanilleanbaugebiet der Welt.

Die Pflanzenpracht wird immer üppiger, je weiter man nach **Süden** kommt. Auf der völlig isolierten Halbinsel **Masoala** wächst Madagaskars undurchdringlichster und am wenigsten erforschter Regenwald.

Im Gegensatz zu Antsiranana und der abgelegenen Nordostküste war die zweite große Stadt im Norden, **Mahajanga**, schon früh ein bedeutender Handelsplatz an der Nordwestküste zwischen Afrika, Arabien und Indien und im 18. Jh. Mittelpunkt des Sakalava-Reiches *Boina* (s. S. 321). Heute erstreckt sich im riesigen *Flußdelta des Betsiboka* eines der ältesten und wichtigsten Reisanbauzentren ganz Madagaskars.

Reisealternativen

*Die RN 4 zwischen **Antananarivo** und **Mahajanga** ist nur teilweise gut ausgebaut und streckenweise in sehr schlechtem Zustand. Das gleiche gilt für die RN 6 weiter über Boriziny (Port Bergé), Antsohihy, Ambanja (von dort Fähren nach Nosy Be) und Ambilobe nach **Antsiranana**. Die Fahrt Tana-Antsiranana (1080 km) kann im Taxi-Brousse bis zu einer Woche dauern, im Taxi-Be zwei Tage. Bequemer als die Taxi-Brousses sind die großen Überlandbusse (s. regionale Reisetips).*

*Nosy Be ist per Flugzeug (Air Madagascar, TAM), aber wie Nosy Komba auch bequem mit Fähren und kleineren Motorbooten von Ankify bei **Ambanja** und weniger bequem von Mahajanga aus erreichbar. Zu den kleineren vorgelagerten Inseln kommt man am besten per Boot von Nosy Be.*

*Wenn Sie nach Nosy Be fliegen und von dort die Nordroute starten, gibt es gute Neuigkeiten: Die Strecke **Ambanja – Antsiranana** ist seit 1996 neu ausgebaut. Eine Art Härtetest bleibt je nach Witterung die Piste zwischen **Ambilobe und Iharana** an der Nordostküste; sie soll jedoch bald asphaltiert werden. Die drei Städte an der Ostküste, **Iharana – Sambava – Antalaha**, sind untereinander gut zu erreichen. Südlich von Antalaha geht es über die Halbinsel **Masoala** zur nächsten Stadt **Maroantsetra** an der Küste nur noch zu Fuß weiter – oder mit dem Flugzeug. Dort können Sie die Ostroute mit Badeurlaub auf **Nosy Boraha** (Sainte Marie) in umgekehrter Reihenfolge anschließen oder nach **Mahajanga** fliegen.*

Unser Tip

*Flug von Tana bis Nosy Be; einige Tage zum Baden, Entdecken und Akklimatisieren. Anschließend **Flug** von Nosy Be nach Antsiranana und von dort Ausflüge per Taxi, Geländewagen oder Taxi-Brousse (Alternative: **Fähre** nach Ankify und **Taxi-Brousse** nach Antsiranana). Vorteil des Fluges: Antsiranana ist strategisch bester Aus-*

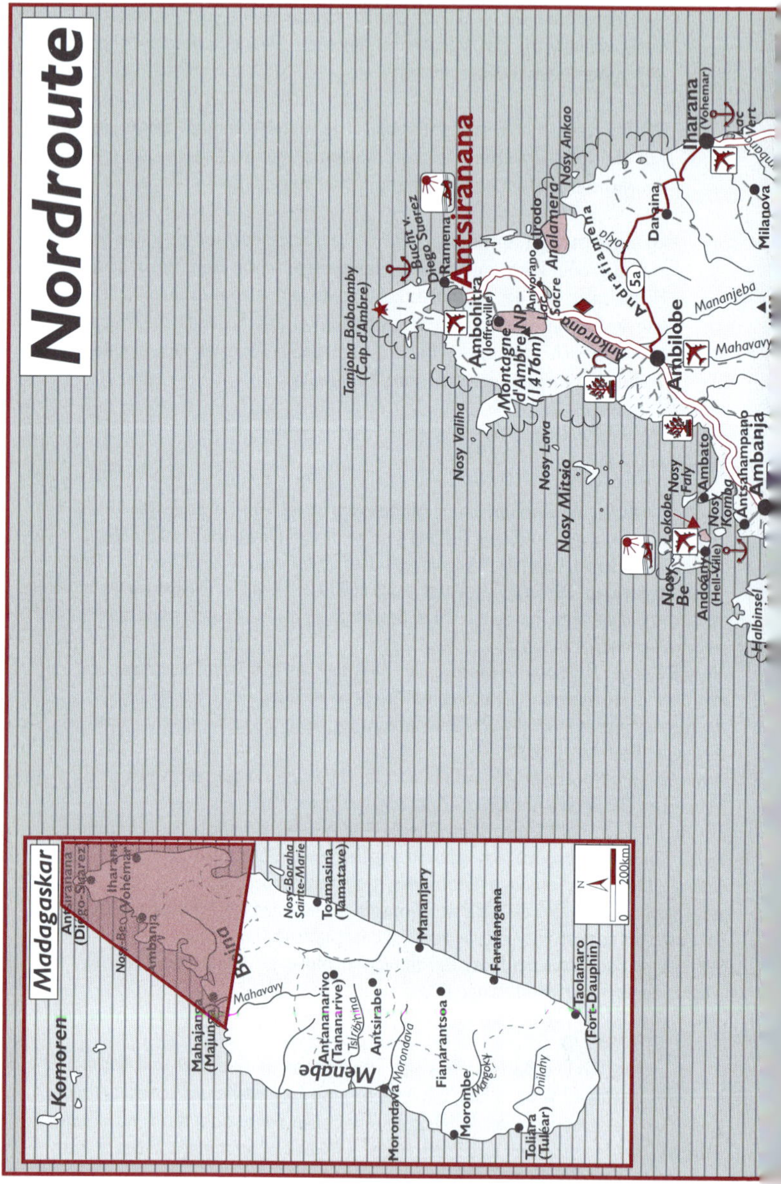

Nordroute

Antsiranana

Bucht v. Diego Suarez
Ramena

Tanjona Bobaoomby
(Cap d'Ambre)

Ambohitra
(Joffreville)

Montagne
d'Ambre NP
(1476m)

Ankorao
Sakalava
Sacre
Analamera

Nosy Ankao

Nosy Valiha

Nosy Lava

Nosy Mitsio

Iharana
(Vohemar)

Daraina

Milanova

Lac
Vert

Mananjeba

Mahavavy

Ambilobe

Ambato

Ambanja

Mahavavy

Nosy Faly

Komba

Halbinsel

Nosy Be

Antsahampano

Andoany
(Hell-Ville)

Nosy
Lokobe

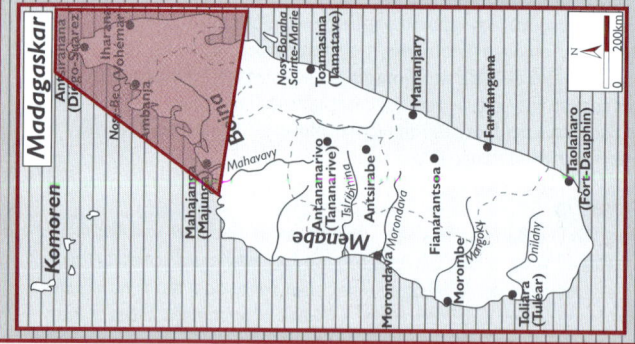

Madagaskar

Komoren

Antsiranana
(Diego-Suárez)

Iharana
Vohémar

Nosy-Bé
Ambanja

Nosy-Boraha
Sainte-Marie

Toamasina
(Tamatave)

Mananjary

Farafangana

Mahajanga
(Majunga)

Mahavavy

Antananarivo
(Tananarive)

Antsirabe

Taolañaro
(Fort-Dauphin)

Menabe

Morondava

Morombe

Fianarantsoa

Toliara
(Tuléar)

Tsiribihina

Mangoky

Onilahy

Betsiboka

N
0   200km

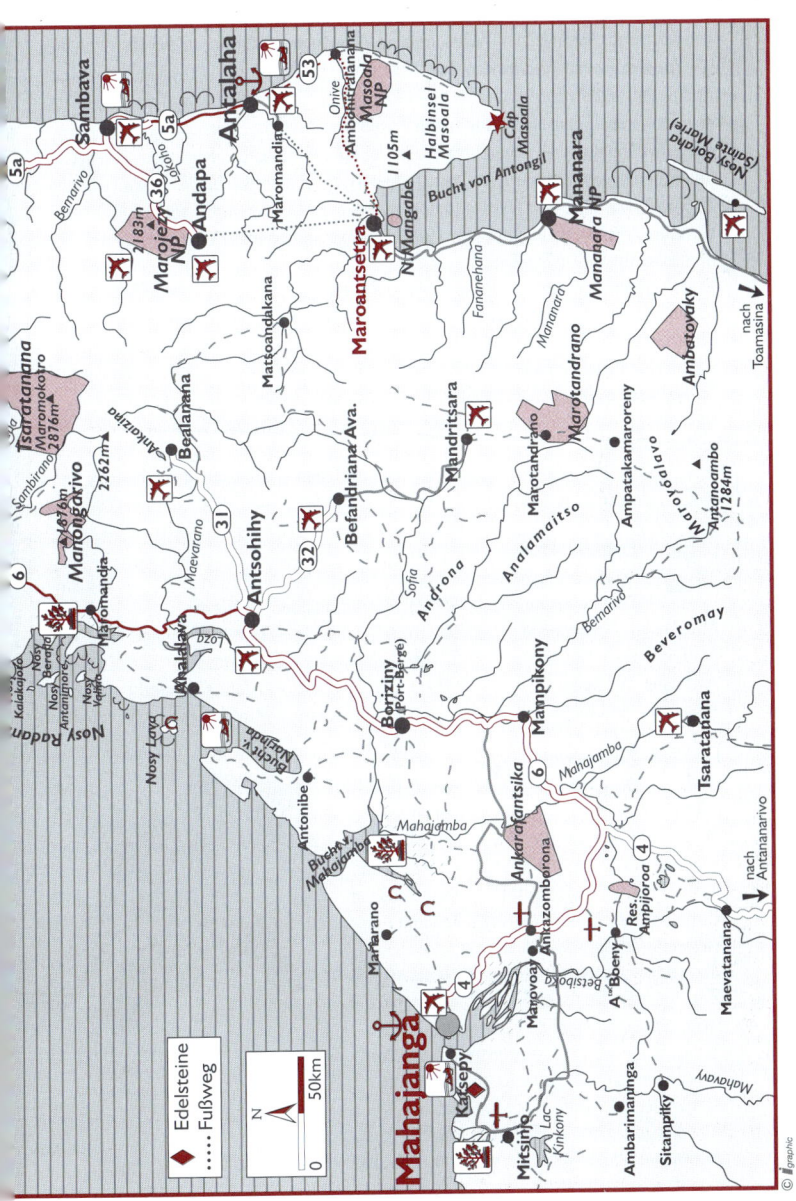

Edelsteine

...... Fußweg

N

0   50km

gangspunkt für Ausflüge zum **Nationalpark Montagne d´Ambre** und in die Reservate von **Ankarana** und **Analamera**. Die Stadt bietet gute Hotels und die größte Auswahl an Reiseveranstaltern, Guides und anderen Reisenden, mit denen man ggf. die Kosten für eine Tour teilen kann. Nach **Ankarana** kommt man aber auch genauso gut auf eigene Faust von Ambilobe; die Unterkünfte lassen jedoch zu wünschen übrig, und Fahrzeuge in das Reservat sind schwieriger (und oft teurer) zu beschaffen. In die spektakulärsten Gegenden von Ankarana (Tsingy) gelangt man nur im Geländewagen oder zu Fuß. Zwischen Antsiranana und der **Nordostküste** (Iharana/Vohémar) verkehren über Ambilobe regelmäßig Taxi-Brousses.

Dauer: oft weit mehr als 12 Stunden. Wenn Sie weniger Zeit haben, können Sie nach Vohémar oder Sambava in kleinen Propellermaschinen fliegen (reservieren Sie rechtzeitig!). Die landschaftlich besonders reizvollen Strecken zwischen Sambava und Antalaha und von Sambava nach Andapa durch die Berge sind gut mit dem Taxi oder Taxi-Brousse zu bereisen. Rückflug von Antalaha (oder Sambava oder Vohémar) nach Antsiranana, Nosy Be, Mahajanga oder weiter nach Toamasina und Tana (und vielen anderen Orten).

In Andapa oder wahlweise Antalaha beginnen die Trekkingtouren durch die fantastische Halbinsel Masoala (s. S. 534).

Entfernungen

Tana – Mahajanga	570 km	Ambilobe – Antsiranana	138 km
Tana – Antsiranana	1080 km	Antsiranana – Joffreville	25 km
Mahajanga – Antsiranana	708 km	Ambilobe – Iharana (Vohémar)	171 km
Mahajanga – Antsohihy	430 km	Iharana – Sambava	146 km
Antsohihy – Ambanja	200 km	Sambava – Andapa (Marojezy)	95 km
Ambanja – Ambilobe	100 km	Sambava – Antalaha	90 km

Zeitangabe

Die Entfernungen sind nicht so groß wie im Süden, deshalb reichen für Diego und Umgebung 2-3 Wochen als Minimum, einschließlich Montagne d´Ambre, Ankarana und ein Flug an die Nordostküste. Für etwas Muße in Diego, Trekking in den Reservaten Ankarana, im (schwerer zugänglichen) Analamera oder Marojezy-Nationalpark bei Andapa brauchen Sie Zeit! Rechnen Sie für einen Trekk in Masoala 3-5 weitere Tage. Auf Nosy Be verbringen manche Touristen nur wenige Tage, andere drei Wochen – je nachdem, ob man gerne taucht, schwimmt, schnorchelt oder einfach nur faulenzt. Für Mahajanga reichen 1-2 Tage. Die Umgebung ist

Typisch geschnitzter Holzstuhl der Sakalava: Beispiel für die islamisch beeinflußte Küstenkultur

reizvoll, wartet aber noch darauf, touristisch „entdeckt" und erschlossen zu werden.

Nosy Be (= „Große Insel")

Etwa 50.000 Einwohner. 325 km² Fläche, ca. 30 km von Süd nach Nord und 20 km von West nach Ost; 8 Seemeilen vom madagassischen Festland

Aktuelle regionale Reisetips (Hotels, Restaurants etc.) zu Nosy Be
entnehmen Sie bitte den gelben Seiten 253

Geschichte

Die ersten Bewohner auf Nosy Be waren vermutlich indische und afrikanische Händler. Im 16. Jh. landeten portugiesische Kriegsschiffe in einer seiner Buchten; zusammen mit Sansibar entwickelte sich Nosy Be zum „Hauptumschlagplatz" für exzessiven Sklavenhandel und zum Schlupfloch für Piraten. Im 17. Jh. schickte England seinen Kommandanten Hunt. Er hielt die Insel für den besten Ort der Welt – „zum Vergnügen und zur Errichtung von Plantagen" –, scheiterte aber an Krankheiten und den Feindseligkeiten der Einheimischen.

In den europäischen Geschichtsbüchern taucht Nosy Be ausführlicher nach den Eroberungsfeldzügen von Radama I. gegen das Sakalava-Königreich *Boina* auf. Die **Sakalava**-Könige flohen vor den *Merina* auf die vorgelagerten Inseln, sogar bis auf die Komoren, und baten den Sultan von Sansibar um Schutz, der ihnen aber 1838 mit der Entsendung eines Kriegsschiffs nur vorübergehend helfen konnte. 1840 nutzte die regierende Sakalava-Königin *Tsiomieko* die Gelegenheit, den Kommandanten eines vorbeisegelnden französischen Kriegsschiffes, *Admiral Passot*, um Hilfe zu ersuchen. Der willigte erfreut ein. Mit Hilfe von *Admiral Hell*, Gouverneur von Bourbon Island (heute Réunion), wurden Nosy Be und Nosy Komba unter den „Schutz" der französischen Regierung gestellt. So ergaben sich die Sakalava lieber fremden Mächten aus Europa als unter die Knute der verhaßten Merina. Damit wurde Nosy Be schon 1841 – lange vor der Eroberung Madagaskars – kampflos für mehr als 100 Jahre französisches Protektorat, mit „Hell-Ville"

Redaktions-Tips

· Die Strände von **Madirokely** und **Andilana** (S. 473/478)
· **Rum** und **Parfum**: Besuch in den Destillerien (S. 477/479)
· Schwimmen, Schnorcheln, Tauchen: Bootsfahrten zu den vorgelagerten **Trauminseln** (S. 481ff)
· Kraterseen und Krokodile: Ausflug zum **Mont Passot** (S. 478)
· Der letzte Regenwald: Naturschutzgebiet **Lokobe** (S. 481)
· **Nosy Komba**: die Insel der Lemuren (S. 482)
· Ein Freitagabend im „**Vieux Port**", Nosy Bes heißester Disco (S. 470)

Nosy Be

Cap Ampilahoa
Navetsy
Amporaha
Plage
Amporaha
Antsatrabevoa
Antazohalava
214m
Ambalafaho
Nosy Antsaibory
Andilana Beach
Andilana
Cap
Sarodrano
Halbinsel
d'Antanimalandy
Anjiamarango
Befotaka
Mangirankirana
Bucht
von
Mahazandry
Nosy
Ambariotrandraka
Bucht
von
Befotaka
Andriana
Antsakolany
Nosy
Ratsy
Maraindava
Nosy
Sakatia
Lac
Anjavibe
Orangea
Lac
Amparihikola
Fascène
Ampasy
Ambohibe
137m
Lac
Maintimasoa
Aéroport
International
de Fascène
Marokindro
Befefika
Mont
Passot
329m
Lac
Amparihibe
Lac
Antsidihy
Lac
Antsahamanavaka
Halbinsel
Andrafia   von
Andimakabo
Ambalamanga
Befefika
Belle-Vue
86m
Andranogoaika
Djamandjary
Andranobe
Sirama
Zuckerfabrik&
Rumfabrik
Bevoay
Bucht von
d'Ambatozavavy
Cocotiers
Plage
Tanambao
Ambatozavavy
Amporahja
Belle-Vue
La Petite
Cascade
Ampasimenabe
Ampasipohy
Nosy Tanga
Mont
Diégo-Kely
59m
Naturreservat
Lokobe
Ambondrona
Palm Beach
118m
Lac
Djabla
1
Madirokely
Ambatoloaka
Lac Ampombilava
Lokobe
420m
Tafondro
Port du
Cratère
Andoany
(Hell-Ville)
2
3
Ambatoloaka
Krater
Ampasindava
Mahatsinjo
Nosy Vorona
Nosy
Ambariotelo
Cap de
Lokobe
Nosy Amtamotamo
Ampangorina
Andrekareka
Mahabo
Bemangoaka
Ampasibe
Nosy Komba
(Ambariovato)
Ambatomitsangana
Antaninaomby
622m
Anjiabe
Nosy
Tany Kely
Fähren nach
Ankify &
Antsahampano
Antrema

Sehenswürdigkeiten

1 Ylang-Ylang-Destillerie
2 Ozeanographisches Institut
3 Ruinen

Naturreservat
Ylang-Ylang Anbau
Felder für Zuckerrohr,
Pfeffer, Kaffee, Reis

N

0   5km

© graphic

als neuer Hauptstadt. Erst am 30. März 1957 stimmte die Bevölkerung in einem Referendum ab: Nosy Be sollte wieder zur Republik Madagaskar gehören. Einige umliegende Inseln blieben weiterhin bei Frankreich.

Nachdem die Franzosen den Regenwald gerodet und Kaffee, Vanille, Gewürznelken, Pfeffer, Ylang-Ylang und Zuckerrohr anbaut hatten, wurde die Insel wie der Landstrich an der Nordwestküste schon frühzeitig eines der wichtigsten Plantagenanbaugebiete Madagaskars. Arbeiter aus allen Teilen des Landes wanderten zu, auch *Antandroy* und *Mahafaly* aus dem Süden sowie *Komorer* und indische wie chinesische Händler. Da Nosy Be heute noch für den Export produziert, muß Reis von der Hauptinsel – teuer – eingeführt werden. Als Anfang der 90er Jahre der Preis für das Grundnahrungsmittel Reis drastisch anstieg, traf das die Bevölkerung hart, die politischen Spannungen nahmen zu.

Im Hafen von Andoany (Hell Ville) –
im Hintergrund Nosy Komba

Überblick

Nosy Be ist ein kleines Paradies. Auch klimatisch: Man kann die Insel das ganze Jahr lang bereisen, nur die Monate Dezember bis Februar sind regenreich und extrem schwül. Im Dezember beschränken sich die Niederschläge oft auf abendliche und nächtliche Schauer. Besonders schön ist die Zeit der Zuckerrohrblüte im Mai/Juni. Im November/Dezember haben Sie dagegen die größte Auswahl an reifen Mangos, Papayas, Lychees und Ananas. Kein klimatischer, aber kultureller Höhepunkt ist das größte Musikfestival des Indischen Ozeans **Donia**, das jährlich im Frühjahr, meist Ende Mai stattfindet.

Die hügelige Vulkanlandschaft mit den beiden höchsten „Bergen", **Mont Passot** (329 m) und **Lokobe** (450 m), gehört zu den schönsten Madagaskars. Vielleicht liegt es ja am Licht. Schon beim Landeanflug sieht man auf ein funkelndes Farbenmeer: das Blau, Türkis, Smaragdgrün der umliegenden Korallenriffe, das Weiß und Goldgelb der Strände, das tiefe Blauschwarz der sieben Vulkanseen und als Kontrast das saftige Grün der üppigen Vegetation auf der Insel. Nach der Landung auf dem kleinen **Flughafen Fascène** liegt ein süßlicher, aromatischer Duft in der warmen tropischen Luft. Die Fahrt zur 10 km entfernten Hauptstadt **Andoany** (Hell Ville) führt durch ausgedehnte Ylang-Ylang-Plantagen. Nicht umsonst wird Nosy Be auch *Nosy Mani-*

tra genannt wird, „*die Insel der Düfte*". Die Essenz der gelben Ylang-Blüten wird als Rohstoff weltweit fast allen hochwertigen Parfums beigemischt. Hinzu kommt der herbe Geruch von schwarzem Pfeffer, Vanille, Zimt, Gewürznelken und Kaffee.

Im November und Dezember sind die Straßen mit reifen Mangos gepflastert. Sie wachsen in einer solchen Fülle, daß niemand sich mehr die Mühe macht, sie alle aufzusammeln. Wenn im Mai/Juni die weißen Federbüschel der Zuckerrohrpflanzen blühen, wirkt die Insel wie in Watte getaucht. Beobach-

tet man dann noch an einem lauen Sommerabend vom Mont Passot aus den Sonnenuntergang vor der Kulisse des madagassischen Festlands, spürt man die tiefe Ruhe, die – immer noch – das Leben auf dieser Insel ausmacht.

An der Hauptstraße von Hell Ville

Was die einen als Paradies bezeichnen, nennen andere abfällig „das Mallorca Madagaskars". Der zunehmende Tourismus zeigt hier am deutlichsten sein Janusgesicht: Dem steigenden Lebensstandard vieler Einwohner stehen die negativen Folgen gegenüber – dramatisch steigendes Preisniveau, überzogene Taxi- und Hotelpreise (gemessen am Standard), drastisch zunehmender Verkehr, Bauboom an den Stränden, Bettelei, Prostitution. Vor allem die Jugendlichen sehen auf Nosy Be keine Perspektiven und träumen vom Luxus ferner Länder. Ein Flugticket werden sich die meisten von ihnen niemals leisten können. Kein Wunder, daß viele junge Frauen die einzige Chance darin sehen, mit einem reichen „Vazaha" nach Europa zu kommen, und andere das schnelle Geschäft machen wollen.

Trotzdem ist das Leben noch beschaulich, wenn auch längst nicht mehr so wie auf Nosy Bes kleiner Schwester an der Ostküste, der Insel Sainte Marie. Die Touristenzahlen halten sich mit etwa 15.000 Gästen pro Jahr trotz allem in Grenzen. Immer noch sind die meisten Strände menschenleer, die Hotels der Landschaft angepaßt und die meisten Einwohner ausgesprochen gastfreundlich. Madagaskarreisende, die vom „Festland" kommen, halten die Preise für unverschämt; im Vergleich zu Mauritius und Réunion sind sie „Peanuts". Allerdings kommt auch der Standard nicht annähernd an die Nachbarinseln heran, nicht einmal in den international geführten „Tophotels".

Fazit: Nosy Be bietet für madagassische Verhältnisse die beste touristische Infrastruktur und eine wunderbare Dolce-far-niente-Atmosphäre. Wenn man sich einige Tage Zeit nimmt, kann man sich hier herrlich erholen und entdeckt, daß die Insel einen ganz eigenen Charme entfaltet.

Tip

Am besten kann man die Insel mit dem Motorrad erkunden: von Hell Ville bis zum Mont Passot nach Andilana oder von Hell Ville über Fascène nach Nordosten – dort wird die Straße irgendwann zur unbefahrbaren Piste. Schwieriger als an ein Motorrad kommt man allerdings an einen Helm. Kein Mensch benutzt sie hier, aber wenn Sie in eine der häufigen Polizeikontrollen geraten, kann es vorkommen, daß Sie ein Bußgeld zahlen müssen.

Hell Ville (Andoany)

Etwa 8 km südlich des Flughafens

Hell Ville ist das gemeinsame Verwaltungszentrum von Nosy Be, Nosy Komba, Nosy Sakatia, Nosy Tanikely und den umliegenden kleineren Inseln. Der Name ist zwar von Admiral de Hell abgeleitet, sagt aber auch etwas über den Zustand der Stadt. Die einstigen Prachtvillen der französischen Zuckerbarone mit ihren geschnitzten Veranden zerfallen genauso wie der Straßenasphalt.

Orientierung

In ein bis zwei Stunden zu Fuß hat man das Wichtigste von Hell Ville gesehen. Am Ortsausgang Richtung Ambatoloaka befinden sich das Büro von Air Madagascar (immer Rückflüge bestätigen!) und der Eingang zum christlichen, russisch-orthodoxen und indisch-moslemischen *Friedhof*.

Vom **Place de l'Indépendance** (an der Tankstelle am Ortsausgang) geht man den **Boulevard de Gaulle** hinunter, vorbei am *Maison d'Artisanat*, kleinen Läden, Motorrad- und Fahrradverleih, Frisörbüdchen und zahllosen indischen Stoffgeschäften, in denen man die buntesten *Lamba oanys* als Strandkleidersatz kaufen kann.

Markt in Hell Ville

Links davon liegen kleine Gäßchen und einige einfache Hotels.

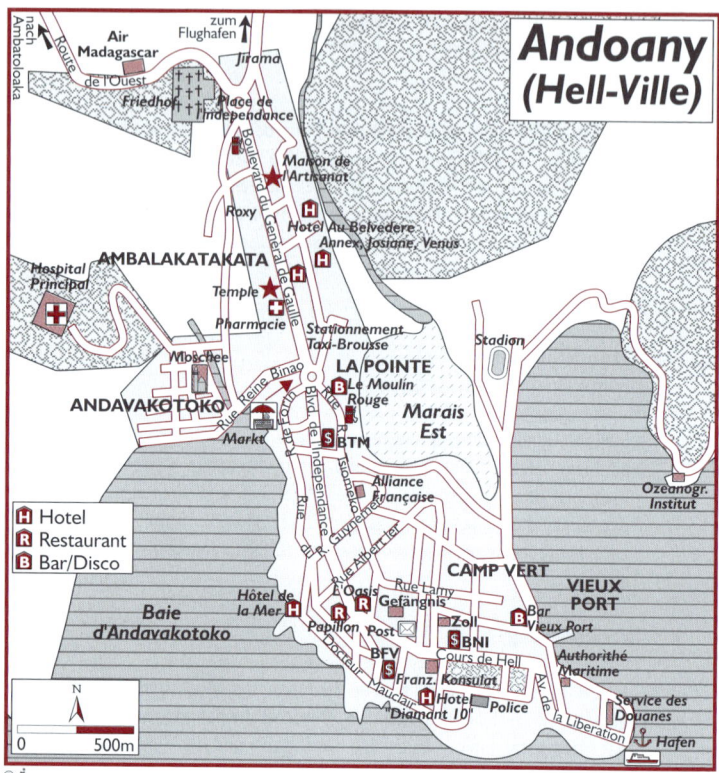

© i graphic

Am nächsten größeren Platz nach etwa einem Kilometer warten immer genügend Taxis, die man einzeln als „Taxi special" mieten kann oder als „taxi collectif": Man fragt nach dem Fahrtziel (z.B. Ambatoloaka), setzt sich rein und wartet, bis es voll ist. Was *voll* bedeutet, entscheidet der Taxifahrer: 9 Personen in einem R4 sind keine Seltenheit. Der Fahrpreis beträgt dann ca. 30 Pfennig, einen Bruchteil des Einzeltaxis.

In der **Markthalle** dem Taxistand schräg gegenüber gibt es alles – vom lebenden Huhn bis zu Vanille, Zimt, Pfeffer, Muskatnüssen, Kokosnüssen, Gemüse und Früchten. Im Kino „Roxy" gleich nebenan werden zweimal täglich Videofilme gezeigt. Das Sträßchen dahinter dient als täglicher Kleidungsmarkt. Von hier aus führen steile Stufen in das Armenviertel von Hell Ville, in dem die Wege zwischen den Hütten als Kanalisation benutzt werden und

INFO **Der Lamba –
das traditionelle Kleidungsstück**

Madagassinnen trifft man sowohl im schicksten Chanel-Kostüm als auch im Minirock. Der französische Einfluß ist auch in der Mode unverkenn-

*Benutzt im „Doppelpack" als Rock und Schultertuch:
der traditionelle* Lamba oany

gewebt ist. Es wird als Rock um die Hüften getragen; hinzu kommt ein identisches Pendant, das als Umhang um Kopf und Schultern geschlungen wird. Es kann aber auch als Einkaufstasche oder Tragetuch für die Kinder benutzt werden.

Vor allem die *Sakalava* und *Vezo* an den Küsten haben sich ihre traditionelle Tracht erhalten. Auch die Männer tragen den Lamba oany bei der Arbeit. *Betsileo* und *Merina* verwenden Lambas aus Wolle oder Baumwolle fast nur als Umhang und Schultertuch.

bar. Genauso häufig sieht man jedoch junge Sakalava-Frauen im traditionellen *Lamba oany*, den sie noch genauso wie ihre Großmütter tragen: ein buntes, etwa 1,20 x 1,60 m großes Baumwolltuch, bedruckt mit Szenen aus dem Alltag und, ganz wichtig: einem Glücksspruch oder Lebensmotto, das am unteren Rand ein-

Wie wichtig den Madagassen ihr *Lamba* ist, zeigt die Tatsache, daß sie auch die Toten in kostbare rote Tücher einwickeln, die *Lamba mena*.

die Bucht als öffentliches WC. Die vornehmen Viertel der Reichen liegen dagegen auf den Hügeln außerhalb der Stadt.

Zurück zur Markthalle: Her wird die Hauptstraße zum schmaleren „**Boulevard de l'Indépendance**", wo Bankfilialen, Fotoshops, einige Bars und Boutiquen zu finden sind, und einen Kilometer weiter wieder zur breiten einstigen Prachtstraße „**Cours de Hell**". Heute macht sie einen eher verwaisten Eindruck, aber immerhin befinden sich hier die Hauptbanken von BTM und BNI, das Postamt, ein italienisches Gourmet-Restaurant und das alte Gefängnis. Im Eckcafé *L'Oasis* kann man wunderbar frühstücken. Auf dem mittleren Grünstreifen verkaufen Frauen unter schattenspendenden Mangobäumen ihre kunstvoll bestickten Tischdecken und Vorhänge, die auch am Strand oder, in besonders schöner Qualität, auf Nosy Komba angeboten werden.

In einer parallel verlaufenden Gasse hat man von der Terrasse des *Hôtel de mer* einen traumhaften Blick auf die Bucht. Ansonsten wird das früher auch gerne als Stundenhotel genutzte Etablissement auch *Hôtel de la merde* genannt, wegen des Krachs des Nachtclubs *Number One* (am Wochenende!) und des Zustandes der Zimmer. Die Besitzer haben Besserung gelobt. Nicht weit davon entfernt gibt es seit 1998 einige neue Hotels.

Am südlichen Ende des Boulevards erinnern Eisenkanonen aus dem 18. und 19. Jh. an längst vergessene Schlachten und ein russisches Soldatendenkmal

an die armen Kerle, die ausgerechnet hier sterben mußten und auf dem Friedhof am Ortseingang begraben sind.

Vom Denkmal aus hat man einen schönen Blick auf den darunterliegenden **Hafen** und die Insel **Nosy Komba**. An der Hafenmole können Sie sich nach Bootsfahrten zu den nächsten Inseln erkundigen (*s. regionale Reisetips*). In der Bucht ankern abenteuerliche Fähren, die völlig überladen nach Mahajanga schippern, neben gepflegten Segelyachten aus Südafrika und kleinen Piro-

Sakalava-Frauen verkaufen in Hell Ville und Nosy Komba bestickte Decken

gen. Etwas weiter draußen vor der Küste dümpeln verrostete Fischkutter neben noblen Luxuslinern, die immer häufiger für ein bis zwei Tage ihre Kreuzfahrt vor Nosy Be unterbrechen. Die Passagiere haben in ein paar Stunden an Land Gelegenheit, sich ein recht bruchstückhaftes Bild von „Madagaskar" zu verschaffen.

Wie es sich für einen Hafen gehört, findet man hier auch die heißeste Anmach-Disco **„Vieux Port"**. Freitags-

Discothek Au Vieux Port

abends drängeln sich schon vor der Eingangstür lange Menschentrauben, drinnen wird trotz der Fülle und saunaartiger Hitze begeistert *Salegy* und *kwassa-kwassa* getanzt. Die Stimmung ist wirklich sehenswert!

Abgesehen von den Discos und Bars lohnt es sich, abends in Hell Ville durch die Straßen zu schlendern und sich an den köstlichen gebratenene Zebu-Brochettes satt zu essen, Spießchen mit Zebufleisch, die in kleinen mobilen Straßenrestaurants (d.h. einer Grillstelle und einer Holzbank) angeboten werden.

INFO   ## Wir lagen vor Madagaskar ...

Fast jeder kennt dieses Lied; woher es kommt, weiß fast niemand. Eine Version gilt inzwischen als die wahrscheinlichste: Text und Musik stammen von einem russischen Soldatenlied aus dem russisch-japanischen Krieg von 1904/05, das deutsche Matrosen mit nach Europa brachten – ausgerechnet aus Madagaskar. Das Szenario hat sich nach historischen Quellen etwa so abgespielt:

Indischer Ozean, im Jahre 1904. Acht Schiffe der baltischen Kriegsflotte treiben vor der Nordwestküste Madagaskars – geschützt in einer versteckten Bucht, 400 km entfernt vom afrikanischen Festland. Ein idealer Schlupfwinkel für Piraten und: der letzte russische Stützpunkt vor der

Russische Gräber auf dem Friedhof in Hell Ville

Weiterfahrt in den Krieg mit Japan. Die Flotte wartet auf riesige Kohle-Versorgungsschiffe der deutschen Hamburg-Amerika-Linie. Sie sorgt für Nachschub, obwohl Deutschland in diesem Krieg offiziell neutral bleibt. Außerdem soll den Japanern der Zugang zum Kanal von Mosambik verwehrt werden.

In dieser Zeit gehen über 100 russische Soldaten elend an einer geheimnisvollen Seuche zugrunde. Madagaskar ist berüchtigt: Nicht umsonst fürchten Seeleute seinen Ruf als „Grab des weißen Mannes". Später stellt sich heraus: Todesursache war Typhus, nicht die Pest, wie es in dem Lied heißt. Beide Krankheiten wüten noch heute unter den Einheimischen.

Nur noch die Dorfältesten und wenige Fremdenlegionäre erinnern sich an die russischen Opfer: Einige der Schiffe, erzählen sie, sollen später in der „*Baie des russes*" mit einem Schatz des Zaren an Bord gesunken sein.

Die russischen Soldatengräber gibt es heute noch, fast 100 Jahre danach, auf dem Friedhof von Hell Ville und auf dem Gipfel von Nosy Komba, wo früher ein Sanatorium stand.

Bei unserem Besuch bei glühender Mittagshitze und dem Kreischen der Zikaden findet der Friedhofswächter die Gräber sofort. Überwuchert von dichtem Gestrüpp, die russisch-orthodoxen Eisenkreuze merkwürdig abgehoben von den indischen, französischen und madagassischen Gräbern ringsum. „Vor wenigen Jahren kam eine russische Delegation hierher und hat die Gräber hergerichtet", berichtet er. „Das ganze Material haben die Russen aus ihrem Land mitgebracht. Von uns wollten sie nur das Wasser für den Sand und Zement. Und dann haben sie ein Zebu getötet und ein großes Fest gemacht, zusammen mit dem russischen Botschafter."

Fast alle Leute, die diese Geschichte kannten, sind tot. Nur der Name ist geblieben: „*La Baie des russes*" – die Bucht der Russen – gegenüber von Nosy Be an der Küste des madagassischen Festlands. Die Fischer erzählen, daß irgendwo hier gesunkene Schiffe liegen, manchmal fänden sie russische Rubel aus Gold.

Weder ein Schiff noch ein Schatz wurden bisher gefunden. Doch die Legenden bleiben, genau wie das Lied. Zuerst mündlich überliefert, später schriftlich festgehalten vom deutschen Volksliedhelden Just Scheu und im 2. Weltkrieg dann *der* Hit der deutschen Nation. Das Lied wurde so populär wie für kurze Zeit die Kolonie Madagaskar als potentielles Deportationsziel für alle europäischen Juden (s. INFO S. 30).

An den „Madagaskar-Plan" der Nationalsozialisten erinnern sich heute genauso wenige wie an die russischen Matrosen. Nur die Fischer suchen vielleicht noch nach Goldrubeln, wenn der madagassische Dschungel auch die letzten Gräber längst überwuchert hat.

Die Strände

 Zu Hotels und Restaurants s. jeweils die regionalen Reisetips

Hell Ville ist gut für einen ausgedehnten Marktbummel und abendlichen Discobesuch. Eine Bleibe sucht man sich besser an einem der Traumstrände an der Westküste, wenn man zum Beispiel den Sonnenuntergang mit einem

„Punch Coco" im Liegestuhl genießen und die Füße ins warme Wasser des Indischen Ozeans halten will. Die Strände liegen an Nosy Bes Westküste wie Perlen auf eine Schnur gereiht hintereinander. Erreichbar sind sie per *Taxi special* (teuer) oder *Taxi collectif* über eine gute Straße durch Zuckerrohr- und Ylang-Ylang-Plantagen.

Parallel verläuft die *Bahnlinie*. Sie wird für den Transport von Zuckerrohr immer noch zur Erntezeit im Juni-August von uralten Dieselloks bis zur Zuckerfabrik in **Djamandjary** genutzt und erregt bei den einheimischen Kindern immer viel Aufsehen.

Nach etwa 8 km zweigt von der Hauptstraße links ein Weg ab zum Meer und führt durch die Zuckerrohrfelder zum Dorf Ambatoloaka.

Ambatoloaka und Madirokely

Aus dem idyllischen Fischerdorf **Ambatoloaka** ist *der* touristische Ort Nosy Bes geworden. Schuld daran ist sein langer, weißer Sandstrand. Aus der sanft geschwungenen Bucht, die von zwei Vulkan-kegeln begrenzt wird, hat man einen fantastischen Blick auf zahlreiche Inselchen und „La Haute Terre", wie Madagaskar hier mit Ehrfurcht ge-nannt wird. Kokospalmen wachsen bis dicht ans Meer. Da selbst Gauguin die Szenerie nicht schö-ner hätte malen können, haben sich einige Va-zaha und Inder direkt am Strand ihre Traumvillen gebaut. Bisher gehört jedoch das Land (und der Strand) den Madagassen, die Vazaha durften nur pachten.

Kirche in Ambatoloaka

Zwischen den Fischerhütten entstehen in schwin-delerregendem Tempo unzählige kleine und grö-ßere Hotels. Während die meisten Sterne-Ho-tels anderswo von jeglichem Dorfleben abge-schirmt und einsam liegen, sind die meisten Un-terkünfte in Ambatoloaka vollkommen in das Dorf integriert. Ende 1998 wurde allerdings ein italienisches Luxushotel eröffnet, das den Charakter des Dorfes noch mehr verändern wird.

Entlang der „Hauptstraße" findet man inzwischen einige Tauchschulen sowie Fahrrad- und Mopedvermietungen. Restaurants gibt es in allen Variationen, vom vornehmen *Résidence d'Ambatoloaka* bis zum kleinen Strandbüdchen

INFO ## Tromba, der heilige Baum und der Kontakt zu übernatürlichen Welten

Überall auf Madagaskar gelten bestimmte Bäume, Wasserfälle, Seen oder Berge als heilig.

Auf Nosy Be verehren die Einheimischen besonders einen uralten **Banyan-Baum** unweit der Straße zwischen Hell Ville und Ambatoloaka. Aber auch in Ambatoloaka wächst auf dem Platz neben dem Hotel „Résidence" ein heiliger **Mangobaum**, der von einer weiß getünchten Steinmauer und Mangrovenstöcken umgeben und meist mit weißen Fahnen behängt ist. Dieser Baum ist *fady*, der Zutritt für Vazaha tabu.

Als wir eine Nacht in den gegenüberliegenden Bungalows des Hotels verbrachten, sahen wir eine alte Frau vor dem Baum am Strand sitzen. Zusammen mit ihrem Sohn, anderen Familienangehörigen und einem Zebu war sie von einem weit entfernten Dorf hierher gewandert. Die ganze Nacht hörten wir Trommeln und Gesang. Es floß viel Rum, und immer wieder wurden die Ahnen angerufen. Erst nachdem am nächsten Morgen das Zebu von einem Familienmitglied mit scharfem Messer zu einem versteckten Opferplatz geführt worden war, machte sich die Familie zu Fuß auf den Heimweg.

Bei Krankheit oder anderen Schicksalsschlägen ist es üblich, auf diese Weise in Kontakt zu den Ahnen zu

treten. Die Tradition ist auch auf Nosy Be trotz Einzug der Moderne allgegenwärtig.

Nicht öffentlich und daher vor den Augen von Fremden versteckt werden auf Nosy Be, wie überall bei den Sakalava, häufig **Tromba** abgehalten und die Ahnen mittels eines Mediums in Trance angerufen. Das Wort *Tromba*, möglicherweise vom Swahili-Wort „Zumba" abgeleitet, bezeichnet sowohl den gerufenen Geist als auch das Medium und die Zeremonie selbst. *Tromba* können sehr unterschiedlich ausfallen. Meistens treten Frauen als Medien auf. Angerufen werden oft ehemalige Könige, deren Geist sich im „besessenen" Medium offenbart, aber auch Geister der Erde *(njary nintsy)*, Wassergeister *(lolo rano)* oder satanische böse Geister. Als Hilfsmittel bei den Séancen dienen Gesang, Trommeln und viel Rum, manchmal auch Hühner(blut), mit Silberstücken veredeltes Wasser, Kleidungsstücke eines Kranken und andere Utensilien. Nicht selten dauern sie eine ganze Nacht lang (s. S. 111).

  Lesetip
Wer sich für die geheimnisvolle Welt der Tromba und madagassischen Schamanismus interessiert, hat in Robert Jaovelo-Dzaos Buch „Mythes, Rites et transes à Madagascar – Angano, Joro et Tromba Sakalava" eine faszinie-

rende Lektüre. Der in Nosy Be gebürtige Autor beschreibt, daß diese „Religion in der Religion" zwar bei den meisten madagassischen Volksgruppen praktiziert wird (im Grand Sud z.B. abgewandelt als „bilo"), aber wahrscheinlich bei den Sakalava ihren Ausgang nahm.
Das Buch ist in Tana erhältlich.

mit Holzbänken im Sand, aber frischestem Fisch, Garnelen, Hummer, Zebusteaks, Früchten ... Abends sind die kleinen Marktstände entlang der schmalen, sandigen Straße mit Petroleumfunzeln beleuchtet, und bei wichtigen Anlässen wie der Fußballweltmeisterschaft 1998 werden die 3-4 Fernseher des Ortes einfach öffentlich auf den Marktplatz gestellt.

Einigen Reisenden und vielen Einheimischen wird der Rummel in Ambatoloaka inzwischen zu viel. Vor allem am Wochenende dröhnen die Lautsprecher der Discos derart laut, daß man in manchen Hotels bis zum frühen Morgen kein Auge zumacht. Auch der Abwasserkanal, der sich früher automatisch durch Ebbe und Flut von selbst „reinigte", verkraftet die neuen Touristenzahlen nicht mehr. Kläranlagen gibt es nicht. Zum Schwimmen sollte man deshalb besser in Richtung **Madirokely** wandern. Dieses Dorf am anderen Ende des Strandes ist weniger frequentiert und das Wasser wesentlich sauberer.

Am Strand von Madirokely

Auch hier gibt es einige kleine Hotels sowie den *Marlin Club* in der gehobenen Preisklasse unter italienischer Leitung.

Achtung
Der Unterschied zwischen den Gezeiten verbreitert den Strand an flachen Stellen bis zu 10 Meter – bei Flut ist das Meer herrlich, bei Ebbe ist Schwimmen so gut wie unmöglich.

Am nördlichen Ende des Strandes bei Madirokely können Sie entweder über die Straße oder über den Pfad am Rande des kleinen Vulkanhügels den nächsten Strand, *Palmbeach*, erreichen.

Folgt man dagegen in Ambatoloaka der Straße noch ein Stück bergauf bis zum südlichen Ende, gelang man zum **Port du Cratère**, einem kleinen Hafen am Fuße eines kreisrunden, erloschenen Vulkankegels. Hier angesiedelt sind ein mit Hilfe der deutschen GTZ betriebenes Fischereiprojekt und eine inzwischen einträgliche Zucht von Langusten und Garnelen, die auch nach Europa exportiert werden. Als vor ein paar Jahren in einigen Langusten Salmonellen entdeckt und der Import der EU gestoppt wurde, bedeutete das für Nosy Bes Fischer eine Katastrophe. Mittlerweile ist der Importstopp wieder aufgehoben und die Qualität der Schalentiere erstklassig!

INFO   Prostitution

Nosy Be scheint sich in den letzten Jahren zu einer neuen Hochburg für Sextourismus zu entwickeln. Seit Kenia und Thailand wegen der Ausbreitung von Aids nicht mehr in dem Maße frequentiert werden wie noch

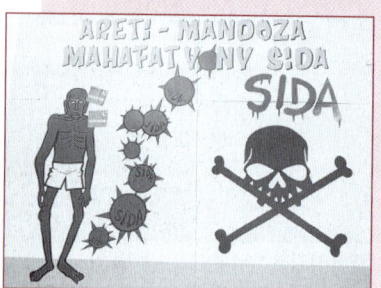

Aufklärungskampagne gegen Aids

vor wenigen Jahren, sind die Freier auf der Suche nach „sichereren" Ländern. *Noch* hat man in Madagaskar relativ wenige Aidsfälle registriert. Aber „Mama Lou", Nachtclubbetreiberin im Hôtel de la Mer in Hell

Ville, weiß: Die ersten Fälle nicht nur in Tana, Toamasina, Ste. Marie und auf Nosy Be sind da, und sie breiten sich rapide aus. Mama Lou beteiligt sich deshalb bei Aufklärungskampagnen, verteilt bei den Mädchen Kondome und redet mit den Prostituierten.

Ein besonders düsteres Kapitel ist die Kinderprostitution. Laut Vorschrift müßte in jedem Hotelzimmer auf Nosy Be der Hinweis angebracht sein: Auf Sex mit Minderjährigen unter 14 stehen Gefängnisstrafen bis zu 2 Jahren. Aber häufig fehlen die Hinweise, viele Hotels verdienen recht gut daran.

Man kann nur hoffen, daß die Behörden, die bisher nur selten eingreifen, rechtzeitig die Notbremse ziehen, bevor Nosy Be zum neuen Phuket Madagaskars avanciert.

Nordwestliche Strände

Die nächstgelegenen Strände, **Palm Beach/Ambondrona** und **Cocotiers Plage/Belle Vue,** erreicht man über die einzige Straße entlang der Westküste nach Norden. (Unterwegs liegt versteckt, aber nahe der Straße ein kleiner Wasserfall *(Petite Cascade)* – fragen Sie die Einheimischen!) Um jedes der wenigen hier gelegenen Tophotels ranken sich eigene Geschichten – und Gerüchte. Das ehemalige Luxushotel *Palm Beach* unter der Leitung eines Deutschen wurde eines Tages aus mysteriösen Gründen dicht gemacht und blieb so lange geschlossen, bis alles verrottete und nur noch Ruinen übrig blieben. Ganz in der Nähe hat der Berliner Hans Schnöckel die hübsche Bungalowanlage *Sunset Beach* aufgebaut. Am anderen Ende des Strandes beim Dorf Ambondrona liegt das 4-Sterne-Hotel *Villa Blanche*. Es gehört dem heutigen Tourismusbeauftragten von Nosy Be und einstigen Innenminister, Monsieur Portos.

Meist menschenleer wie Palm Beach ist auch der daran anschließende lange, weiße Sandstrand von **Cocotiers** – trotz des Tophotels *Belle Plage* und einiger einfacher Unterkünfte.

Über die Hauptstraße weiter nach Norden erreichen Sie nach wenigen Kilometern **Djamanjary** (gesprochen Dsamandsar), außer Hell Ville der einzige größere Ort der Insel. Er wurde für die Arbeiter der **Zuckerfabrik** und **Rumdestillerie** angelegt. Beide können Sie besichtigen; wer eine leere Flasche mitbringt, bekommt für ein paar Mark erstklassigen Rum abgefüllt. Wenn Sie in Djamandjary eigentümliche, runde Iglus aus Beton entdecken, handelt es sich um das Werk eines ausländischen Hilfsprojektes. Sie wurden für die Familien der Arbeiter zum Schutz gegen Zyklone gebaut

„Iglus" in Djamanjary

und auch so lange gerne genutzt, bis bei einigen die Betondecke über den Bewohnern zusammenbrach. Das am Strand gelegene Hotel eines Schweizers ist ebenfalls geschlossen. Fragen Sie nach den Gründen – dann werden Sie wahrscheinlich eine der vielen Geschichten über Zauber, Gift und Verwünschungen hören, die sich die Madagassen und Vazaha hier so gerne erzählen. (Wir kennen keinen Vazaha, der lange im Land gelebt hat und nicht zum Schluß selber daran glaubte oder wenigstens vorsichtig ist ...).

Djamadjary ist von Hell Ville gut im *Taxi collectif* zu erreichen. Wollen Sie weiter nach Norden, müssen Sie hier umsteigen. Man fährt an der für Taucher attraktiven Insel **Nosy Sakatia** und der mit vielen Fadys belegten Toteninsel **Nosy Ratsy** vorbei, bis die Straße ca. 27 km von Hell Ville entfernt am nördlichsten und abgelegensten Strand **Andilana** endet. Der Strand ist flach, aber einer der schönsten von Nosy Be, mit glasklarem, türkisfarbenen Wasser und intakten Korallenriffen. Einziges Manko: Legen Sie sich nie in den Sand, wo Sie von winzigen Strandflöhen gebissen werden. Diese *Moka fohy* (sprich: Muckafui) sind harmlos, aber berüchtigt, weil ihre Bisse noch tagelang furchtbar jucken. Auch an anderen Stränden war dieser Plage bisher trotz chemischer Keulen nicht beizukommen. Angeblich müßten die Strände regelmäßig geharkt werden, um ihnen den Garaus zu machen.

In der Abgeschiedenheit von Andilana haben sich einige kleine Hotels angesiedelt; auf den Ruinen des ehemaligen *Holiday Inn* entsteht in bester Lage ein italienisches Luxushotel mit Tauchbasis, Tennisplatz, Swimmingpool und allem Komfort. Für das Jahr 2000 ist außerdem die Eröffnung eines *Club Mediterrané* geplant.

Tip
Genießen Sie den wunderbaren Rundblick über die Bucht vom Restaurant Belvedere oberhalb des Strandes. Loulou, der Besitzer, vermietet auch Bungalows. Sonntags teurer, aber guter Brunch mit frischen Fischgerichten.

Wem Andilana noch nicht abgelegen genug ist, kann über eine Piste bis **Vorondrano** weiterfahren. Hier hat ein Franzose in einer malerischen kleinen Bucht eine traumhafte Bungalowanlage errichtet. Fragen Sie nach „Pompom". Nichts für Alleinreisende, eher etwas für eine Hochzeitsreise (s. *regionale Reisetips*).

Ausflüge auf Nosy Be

• Zwischen Djamandjary und Andilana führt ein anfangs asphaltierter Abzweig zum 329 m hohen Gipfel des **Mont Passot**. (Man kann auch von Djamanjary aus einen ca. 7 km langen Fußweg benutzen – ca. 1 ½ Std.). Am Weg liegen die **sieben heiligen Vulkanseen**, deren Farben sich stark unterscheiden, je nach Tiefe und Konsistenz des Wassers. Sie sind *fady* – Baden ist verboten. Angeblich leben in ihnen noch Krokodile, die als Verkörperung der Ahnen verehrt werden.
Oben auf der Bergkuppe gibt es eine kleine, nach undurchschaubaren Regeln geöffnete oder geschlossene Erfrischungsbar mit kalten Getränken. Der Blick ist grandios, vor allem im goldenen Abendlicht.

• Wer vom touristisch bisher unerschlossenen **nordöstlichen Teil der Insel** etwas sehen will, kann die Straße von Hell Ville zum Flughafen nehmen

Blick vom Mont Passot

und zwischendurch Abstecher in die abgelegeneren Dörfer machen. Überall werden Sie freundlichen Menschen und lachenden Kindergesichtern begegnen. Einen schönen Strand finden Sie beim Dorf *Ambatozavavy* an der Ostküste. Die Straße führt durch eine malerische Hügellandschaft, Ylang-Ylang- und Pfeffer-Plantagen und noch einige Kilometer über den Flughafen von **Fascène** hinaus, dann wird sie unbefahrbare Piste. Der Ausbau der Straße und der Bau weiterer Hotels an bisher nur per Boot erreichbaren Traumbuchten ist bereits geplant.

• Ein lohnender, 7 km langer Halbtagesausflug führt den Weg vom Hafen in **südöstlicher Richtung** nach **Ampasindava**, dem letzten Dorf vor dem unzugänglichen „Dschungel" von Lokobe. Man umrundet die große, mangrovenbestandene *Bucht von Andoany*, bis rechter Hand auf einer kleinen Halbinsel das **Ozeanographische Institut** auftaucht. Das 1953 gegründete meeresbiologische Museum, einst bekannt für seine wissenschaftlichen Forschungen, bis es von einem Zyklon niedergemacht wurde, ist immer noch sehenswert – vor allem die abenteuerliche Art der Präparierung einiger

Ozeanographisches Institut mit Meeresmuseum

Meerestiere in viel zu engen Reaganzgläsern. Am Strand etwas lieblos aufbewahrt die kümmerlichen Boots-Überreste der *Sarimanok-Expedition* (s. Kap. Geschichte).

Kurz vorher zweigt eine schmale Piste linker Hand Richtung Osten zu einer der ältesten **Ylang-Ylang-Destillerien** ab, deren mittelalterlich anmutende Arbeitsbedingungen man heute noch besichtigen kann. Auch der Parfumextrakt wird dort verkauft. Hinter der Destillerie ist ein kleiner Botanischer Garten angelegt.

Wenige Kilometer weiter trifft man auf die düsteren **Ruinen von Marodoka**, eine Siedlung indischer Seefahrer, die vermutlich im 17. oder 18. Jh.

INFO Ylang-Ylang – das „euphorisierende Aphrodisiakum"

Es gibt kaum einen intensiveren Duft als den Blütenduft von Ylang-Ylang, der „Blume der Blumen". Er gilt als sinnlich und erotisch. Wann immer ein Frauenparfum als blumig anregend und süßlich frisch eingestuft wird, enthält es die Essenz von Ylang-Ylang. Den Durchbruch schaffte der Duft 1878 auf der Weltausstellung in Paris und ist seitdem ein unentbehrlicher Grundstoff für die französische Parfumindustrie.

Heute wird die Pflanze auf den Komoren, auf Madagaskar in *Nosy Be* und am Fluß *Sambirano*, auf Haiti und La Réunion kultiviert. Wild kommt sie nur noch in Südostasien vor.

Ylang-Ylang-Blüten

Nosy Be ist voll von Ylang-Ylang-Plantagen. Die knorrigen, verschlungenen Äste des ursprünglich auf den Philippinen beheimateten Baumes können 8-12 Meter hoch wachsen, werden aber als Duftlieferant auf etwa 1 Meter Höhe zurückgeschnitten. So wachsen die gelben, sternförmigen Blüten noch üppiger. Frauen ernten die Blütenblätter bei Sonnenaufgang das ganze Jahr über; die Männer destillieren sie anschließend in großen Destillierkolben und gewinnen auf diese Weise das bernsteinfarbene, ätherische Ylang-Öl. Wie die Blüten verströmt es oft seinen warmen, aromatischen Duft über der ganzen Insel.

Bei den Ölen unterscheidet man vier Qualitätsabstufungen: *Ylang-Ylang I, II, III* und *Ylang-Ylang extra*. Die Sorten entstehen durch unterschiedlich lange Destillationszeiten und weisen Unterschiede in Zusammensetzung und Duft auf. Destilliert man die Blüten 24 Stunden lang, erhält man *Ylang-Ylang complet*, das alle Inhaltsstoffe der Pflanze enthält. Es duftet typisch blumig-süß, jedoch milder und im Fachjargon weniger „spitz" als die anderen Sorten.

Madagassinnen verwenden Ylang-Ylang für Haaröl, bei der Zubereitung von Getränken und für die Parfumierung von frisch gewaschener Wäsche. Außerdem werden die Blüten bei der Behandlung von Rheumatismus eingesetzt.

Hauptabnehmer im Ausland sind Frankreich und die USA. In Europa werden einige Produkte speziell als Ylang-Ylang-Duft verkauft, zum Beispiel Badezusätze von *Yves Rocher*.

Schiffbruch erlitten und sich hier angesiedelt haben. Über die inzwischen verfallenen Mauerreste wuchern Würgefeigen, Banyan- und Flammenbäume, und sicher ist dieser bizarre Ort voller *Lolo* und Geister ...

In **Ampasindava** sind Sie am Ende der Welt angekommen. Zwischen den Felsblöcken am völlig einsamen Strand und dem dichten, undurchdringlichen Regenwald von Lokobe fühlt man sich wie Robinson Crusoe in einem anderen Jahrhundert. Vielleicht haben Sie Glück und begegnen einer Boa oder wilden Lemuren.
Kaum vorstellbar, daß Anfang des Jahrhunderts hier eine deutsche Textilfirma indische Arbeiter beschäftigt haben soll.

• Die 740 Hektar große, 1923 zum **Schutzgebiet** erklärte Halbinsel **Lokobe** mit dem 450 m hohen gleichnamigen Vulkankegel ist von hier aus nicht zugänglich. Es ist eines der letzten Gebiete mit intaktem Primärwald. Bis zur Ankunft der Franzosen waren weite Bereiche Nosy Bes mit diesem Wald bedeckt, bis vor wenigen Jahren auch unsere kleine Lieblingsinsel Nosy Komba. Aber auch er fiel den Flammen zum Opfer. **Lokobe** soll inzwischen mit aller Konsequenz geschützt werden, geplant ist die Einrichtung eines Nationalparks. Zusammen mit Nosy Komba, wo ein örtliches Fady die Lemuren schützt, ist Lokobe das letzte Refugium der braunen und schwarzen **Mohrenmakis** (*Eulemur macaco macaco*, s. S. 67). 1991 hat die amerikanische Doktorandin Josephine Andrews mit Unterstützung der Washington University ein Schutzprojekt für diese extrem bedrohte Lemurenart ins Leben gerufen. Wenn Sie an ihren Führungen teilnehmen wollen, fragen Sie die Einheimischen nach ihr oder ihrem madagassischen Ehemann Mohammed Jules.
Bisher kann man eine Wanderung in Lokobe nur mit Hilfe von einheimischen Führern unternehmen. Ausgangspunkt dafür ist meist das nördlich gelegene Dorf *Ambatozavavy* in der Nähe des Flughafens. Mit einer Piroge paddelt man von dort aus zum **Jungle Village Ampasipohy** und geht nach einem ausgiebigen Picknick auf die Suche nach Wieselmakis, Mohrenmakis, Boa und Chamäleons (*s. regionale Reisetips*). Ein Tagesausflug, den Sie auf keinen Fall versäumen sollten.

• Zu den schönsten Ausflügen gehören die Bootsfahrten zu den **vorgelagerten Inseln**. Auch wenn Sie nicht tauchen – suchen Sie sich ein Boot, das Sie dorthin mitnimmt. Sie können sich auch einer Tauchergruppe anschließen (zum Beispiel von *Daniel*, s. reg. Reisetips) und nur am Picknick teilnehmen oder schnorcheln. Während der Bootstour kommen oft neugierige Delphine zu Besuch, Schildkröten schwimmen vorbei, oder riesige Mantas springen in die Luft.

Nosy Tanikely

Nosy Tanikely

(= „Insel kleines Land")

ist *das* Schnorchel- und Taucherparadies. Leute, die noch nie geschnorchelt haben oder getaucht sind, werden hier zu *aficionados*, wie Hemingway sagen würde. Auf der Insel wacht besorgt ein leider verlassener Leuchtturm über das winzige, zum Meeresschutzgebiet erklärte Eiland und seine Korallenriffe, vor denen immer mehr Touristenboote ankern ... *Noch* lebt hier eine Kolonie Hunderter von Flughunden mit beachtlicher Flügelspannweite, die bei Sonnenuntergang ein furchtbares Geschrei machen.

Nosy Komba

*(= „Lemureninsel", auch: **Nosy Ambariovato**)*

Aktuelle regionale Reisetips (Hotels, Restaurants etc.) zu Nosy Komba
entnehmen Sie bitte den gelben Seiten 260

Dieses spärlich besiedelte Inselchen zwischen Nosy Be und „La Haute Terre" haben wir zu unserem persönlichen kleinen Paradies erklärt, seitdem wir 1994 eine Wanderung durch dichten Palisanderwald zum Gipfel der Vulkaninsel gemacht haben.

Der Geruch und die Stimmen des Waldes, die Aussicht vom Gipfel, die Lemuren und die Ruhe kamen unserer Vorstellung des Gartens Eden sehr nahe. Inzwischen sind die letzten Reste des Waldes gerodet. Fast täglich werden im Dorf **Ampangorina** für zwei Stunden große Passagierladungen der Luxusliner abgeladen, die hier zu Mittag essen und mit Dollarpreisen richtig abgezockt werden. Die Dorfbewohner haben sich darauf eingestellt, daß die Fremden sich das Leben auf Madagaskar durchschnittlich vier Stunden lang ansehen, bevor ihr Schiff wieder Kurs auf Kapstadt nimmt.

Trotzdem: Die Mohrenmakis sind noch da, die pechschwarzen Männchen und die fuchsbraunen Weibchen mit den weißen Ohrbüscheln. Einige 100 Meter vom Dorf entfernt kann man sie in einem kleinen abgezäunten Areal, wo Einheimische sie mit Bananen angelockt haben, gegen ein geringes „Eintrittsgeld" hautnah erleben. Da sie wissen, daß sie dort gefüttert werden und es für die Bewohner *fady* ist, sie zu jagen, sind sie besonders zutraulich.

Wenn die Kreuzfahrer verschwunden sind, kehrt auch wieder himmlische Ruhe ein. Es gibt mittlerweile einige schöne einfache Unterkünfte, darunter das *Lemuriens* unter deutsch-madagassischer Leitung, liebevoll von der aus Eltern, fünf Kindern, Hund, Hühnern und Papagei bestehenden Familie eingerichtet.

Auch eine Wanderung zum 620 m hohen Vulkangipfel und den anderen verstreuten Dörfern lohnt sich. **Anjiabe** an der Südwestküste hat ebenfalls einen schönen Sandstrand.

Tip
Fährt man von Nosy Be mit dem Boot an Nosy Komba vorbei zum madagassischen Festland, taucht

Mohrenmaki auf Nosy Komba

am paradiesischen, völlig einsamen **Strand von Ampasindava** *wie eine Fata Morgana das französische Bungalowhotel* Heremitage Plage *auf, ein herrlicher Fleck zur Entspannung abseits des „Rummels" von Ambatoloaka. Sie können sich mit einem Boot hinbringen und ein paar Tage später wieder abholen lassen. Ein anderes beliebtes Strandhotel auf dem Festland ist das* Baobab *nahe Ankify. Beide sind mit dem Taxi auch von Ambanja erreichbar (s. regionale Reisetips).*

Nosy Iranja
(= Insel der Schildkröten)

Etwa 2-3 Stunden mit einem Motorboot (4-6 Std. mit dem Segelboot) von Nosy Be entfernt, nicht weit vom Eingang der *Baie des Russes*. Ein weiteres Paradies, das aus zwei Inseln besteht, verbunden durch eine 1 km lange, schneeweiße Sandbank und das türkisgrüne Meer. Schon einige Touristen sind bei Ebbe zum Dorf auf dem größeren, bewohnten Inselteil gelaufen und haben bei beginnender Flut versucht zurückzukommen. Das ist gefährlich! Die zusammenfließenden Strömungen sind so stark, daß hier schon einige Unfälle passiert sind. Vom Leuchtturm hat man einen fantastischen Blick auf die Sandbank. Auf dem unbewohnten Teil kann man unter Casuarinenbäumen und Kokospalmen campen. Vorsicht auch beim Schwimmen: starke Strömungen!

Dieser Sandstrand hat neben seiner natürlichen Schönheit auch noch eine wichtige Funktion als Eiablageplatz der großen Meeresschildkröten (s. Foto im Farbteil).

Nosy Mitsio
(= „Unbekannte Insel")

Aktuelle regionale Reisetips (Hotels, Restaurants etc.) zu Nosy Mitsio
entnehmen Sie bitte den gelben Seiten 260

1998 wurde auf diesem kleinen Archipel ca. 55 km nordöstlich von Nosy Be die südafrikanische Luxus-Bungalowanlage und Tauchbasis *Tsara Banjini* eröffnet. Bis dahin gab es nur drei kleine Dörfer. Von Nosy Be sind die Inseln per Schnellboot oder Wasserflugzeug zu erreichen. Neben begeisterten Tauchern gibt es viele kritische Stimmen, die beklagen, daß dieses Hotel das ökologische Gleichgewicht stört – vor allem die Brutplätze der bedrohten Meeresschildkröten.

Tip
*Nach **Nosy Komba** verkehren Fähren vom Hafen in Hell Ville mindestens ein- bis zweimal täglich (und zurück). Einheimische und französische Organisatoren bieten Bootsfahrten nach Nosy Komba und **Tanikely** an, inclusive Picknick und Tauchgang. Nach **Nosy Iranja** und zu den entfernteren Inseln **Nosy Mitsio** und **Nosy Radama** (ca. 60 km südlich von Nosy Iranja) werden in der Regel mehrtägige Segeltörns mit Katamaranen organisiert. Neuerdings auch Trips mit Ultraleichtflugzeugen (s. regionale Reisetips). **Nosy Lava** sollten Sie nicht ohne weiteres ansteuern: Es gibt mehrere Inseln dieses Namens; eine davon ist als Gefangeneninsel berühmt-berüchtigt.*

 ## Tauchen
von Ralph Braun

· Das Tauchzentrum Madagaskars liegt im Umkreis der Insel **Nosy Be.** Hier lassen die Wassertemperaturen auf einem ca. 15-40 m tiefen Riffplateau üppiges Korallenwachstum entstehen. Von Buckelwalen, Delphinen, Walhaien, Mantas bis zur kleinen Geistermuränen kann einem fast alles in diesen Gewässern begegnen. Die **Sichtweiten** schwanken je nach Wetter und Jahreszeit, und vor allem im feucht-heißen Südsommer (Februar/März) ist mit viel Plankton zu rechnen. Dafür hat man dann aber nahezu Manta-Garantie.

Weitere Tauchmöglichkeiten gibt es an einem langen Saumriff im Südwesten von Madagaskar (Region **Tuléar**) und auf der kleinen Insel **Ste. Marie** im Osten von Tamatave. Hier können in der Zeit von Juli bis September regelmäßig Buckelwale mit ihren Jungen beobachtet werden!

Aufgrund der oft schwierigen **Versorgungslage** bei technischem Gerät sollte man bei keiner Tauchbasis perfekten europäischen oder amerikanischen Standard erwarten. Dafür kann man normalerweise individuelles Tauchen in kleineren Gruppen voraussetzen. Entsprechend der Armut des Landes sieht die technische und medikamentöse Ausstattung aus. In Madagaskar gibt es bisher noch **keine Dekompressionskammer**. Die nächste Behandlungsmög-

lichkeiten gibt es in Mauritius oder Südafrika. Die Tauchgänge sollten daher immer mit den entsprechenden Sicherheitsdekos abgeschlossen werden. Madagaskar ist nicht Mitglied der CMAS.

· **Saison**: Beste Tauchzeit auf Nosy Be: April-Juli und September-November. Durchschnittliche Tagestemperaturen: 25 - 32 °C, Wassertemperaturen 25 - 28 °C. In der Zeit von Januar bis März können heftige Zyklone die Insel heimsuchen.

· **Ausrüstung:** kann man leihen. Wer seine eigene mitbringen will,

sollte das vorher bei der Fluggesellschaft anmelden.

Wer es als **Ausgangsbasis** ruhiger und abgeschiedener als auf Nosy Be haben möchte, ist auf der benachbarten Orchideeninsel **Nosy Sakatia** und

> *Tauchen auf Nosy Be:*
> *Großfische: 40 %*
> *Wracks: —*
> *Steilwand: 20 %*
> *Strömung: 40 %*
> *Sicht: 40 %*
> *Deutschspr. Basis: 1 (Nosy Sakatia)*
> *Dekokammer: —*

dem dortigen *„Sakatia Dive Inn"* genau richtig. Ein Schweizer hat hier mit seinem Team in den letzten Jahren mehrere Bungalows um die Tauchbasis und ein Freiluftrestaurant gebaut. Die Unterkünfte sind sehr einfach, der Strom kommt in den Abendstunden von einem Generator, und es gibt noch keinen direkten Telefonanschluß, aber dafür findet man hier eine gemütliche Inselidylle mit familiärer Atmosphäre.

Einen Großteil der Tauchplätze erreicht man mit einem großen Schlauchboot (2 x 50 PS) und einem Aluminiumboot in 5-15 Minuten. Gleich in der Nachbarbucht findet man in einer Tiefe von max. 12 Metern einen märchenhaft schönen Korallengarten mit Steinkorallen aller Art, große Anemonenfelder und eine große Schildkröte, die man hier fast regelmäßig antrifft.

Ein gutes Stück weiter entfernt liegt der wohl bekannteste Tauchplatz Madagaskars: **Nosy Tanikely**. Hier wurde bereits vor einigen Jahren ein Meeresschutzpark eingerichtet, und es bleibt zu hoffen, daß dadurch der fortschreitenden Zerstörung der Unterwasserwelt Einhalt geboten wird. Das sanft abfallende Riff rund um die kleine Leuchtturminsel beherbergt eine enorme Artenvielfalt: Schnapperschwärme, Barrakudas, Zackenbarsche, Gitarrenrochen, gro-

Walhaie, die Goliaths unter den Fischen. Vor Nosy Be stehen die Chancen dafür gut! Walhaie werden bis zu 18 m lang und 20 Tonnen schwer – das entspricht einem Gewicht von fünf Elefanten! Es verursacht schon Herzflimmern, wenn solch ein Riese direkt auf einen zuschwimmt, sein Maul könnte ohne weiteres einen Menschen verschlucken. Walhaie sind jedoch absolut harmlos – sie ernähren sich ausschließlich von Plankton.

Walhai

Bei den Tauchzielen der Mehrtagestouren bieten sich vor allem zwei Inselgruppen an, die 70-150 km von Nosy Bé entfernt liegen. Im Norden befindet sich das **Mitsio-Archipel** mit Tauchspots der besonderen Art: Vier große Felskegel bilden ein Quadrat, das sich **Les quatres frères** (die vier Brüder) nennt. Hier ist zwar fast immer mit Strömung zu rechnen, aber dafür werden auch fast immer Großfische wie Haie, Mantas und größere Fischschwärme gesichtet. Seit 1998 existiert in dieser Gegend auf einem winzigen Inselchen ein kleines Resort für Luxus-Robinsons.

ße Anemonenfelder, schöne Gorgonien und Peitschenkorallen, Nacktschnecken, Langusten. Schildkröten sind auf Nosy Tanikely fast mit Garantie anzutreffen. Bei sehr vorsichtiger Annäherung sind sie außergewöhnlich zutraulich und lassen sich vielleicht sogar einmal am Hals kraulen! Die Zeit vergeht dabei wie im Fluge, aber dank der Tauchtiefe von max. 20 Metern sind Tauchgänge von 80-90 Minuten hier keine Seltenheit.

Die Fahrt in den Süden führt üblicherweise zu den **Radama-Inseln** und dem dortigen Außenriff. Hier finden auch verwöhnte Taucher einen Spot der Superlative! **Greg's Wall** – benannt nach einem südafrikanischen Skipper, der den Platz vor mehreren Jahren per Zufall entdeckte (er lebt in Cocotiers Plage) – ist eine senkrecht abfallende Wand des Außenriffs, die auf einer Breite von

Tip
Zu den seltensten Begegnungen im Taucherleben zählen die

ca. 200 m mit Gorgonien völlig überwuchert ist. Die großen Gorgonien bilden in 15-40 m Tiefe einen regelrechten Wald, an dem man fasziniert entlangschweben kann.

Als wäre das noch nicht genug, findet man dort auch noch eine lange Grotte und einen freistehenden Korallenturm mit einem ebenso üppigen Bewuchs.

Tip
Kurse für PADI, CMAS, ETDS und NAUI-Tauchscheine werden auf Englisch oder Französisch angeboten, einige wenige Tauchlehrer sprechen auch Italienisch oder Deutsch (Adressen s. regionale Reisetips bei Nosy Be, Stichwort Tauchen).

Ralph Braun ist passionierter Madagaskarreisender und Taucher. Er arbeitet u.a. als freier Journalist.

Weiterfahrt

Von Nosy Be bestehen häufige Flugverbindungen mit *Air Madagascar* und *TAM* von und nach Antsiranana, Mahajanga und zu allen größeren Orten. Tana wird täglich mindestens einmal mit der Boeing 737 angeflogen.

Fähren und Frachtschiffe fahren von Hell Ville aus mehrmals wöchentlich nach **Mahajanga** und umgekehrt. Mehrmals täglich gibt es Fähr- oder Vedetteverbindungen (kleine Motorboote) von und nach **Ankify** oder **Antsahampano**, beides winzige Häfen auf einer Landzunge nahe **Ambanja** auf dem Festland, das man via Nosy Komba nach 1-2 Std. erreicht. Die Abfahrzeiten richten sich u.a. nach Ebbe und Flut, die Fahrzeiten nach dem Boot.

Am Ankunftshafen quetschen Sie sich am besten sofort in eins der wartenden *Taxis collectifs* nach Ambanja. Von dort fahren regelmäßig Taxi-Brousses nach **Ambilobe** und weiter am Ankarana-Massiv vorbei nach **Antsiranana**.

Tip
Seit kurzem betreibt ein pakistanischer Geschäftsmann ein besonders bequemes und schnelles Transportunternehmen nach Antsiranana (s. regionale Reisetips). Da die RN 6 zwischen Ambanja und Antsiranana 1996 neu asphaltiert wurde, ist die Weiterfahrt problemlos und dauert je nach Auto 4-6 Stunden (Entfernung Ambanja–Ambilobe ca. 100 km, Ambilobe–Antsiranana 138 km).

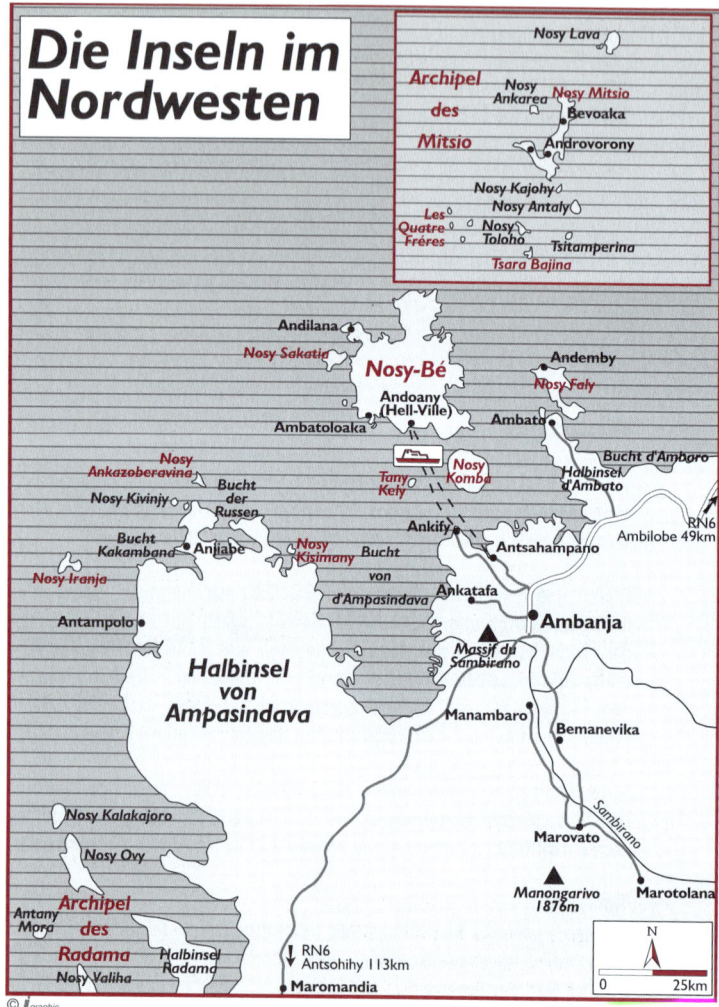

Die Inseln im Nordwesten

Archipel des Mitsio

Nosy Lava

Nosy Ankarea

Nosy Mitsio
Bevoaka

Androvorony

Nosy Kajohy
Nosy Antaly

Les Quatre Frères

Nosy Toloho

Tsitamperina

Tsara Bajina

Andilana

Nosy Sakatia

Nosy-Bé

Andoany (Hell-Ville)

Ambatoloaka

Andemby

Nosy Faly

Ambato

Bucht d'Amboro

Halbinsel d'Ambato

Nosy Ankazoberavina

Bucht der Russen

Nosy Kivinjy

Bucht Kakamband

Anjiabe

Nosy Iranja

Antampolo

Halbinsel von Ampasindava

Tany Kely

Nosy Komba

Ankify

Antsahampano

Ankatafa

Nosy Kisimany

Bucht von d'Ampasindava

Ambanja

Massif du Sambirano

Manambaro

Bemanevika

RN6 Ambilobe 49km

Nosy Kalakajoro

Nosy Ovy

Archipel des Radama

Antany Mora

Halbinsel Radama

Nosy Valiha

Sambirano

Marovato

Manongarivo 1876m

Marotolana

↓ RN6 Antsohihy 113km

↓ RN6 Antsohihy 113km

Maromandia

N

0   25km

© graphic

Antsiranana

*(= „großer Hafen", auch: **Diego-Suarez**)*
Einwohner von Diego: ca. 80.000-100.000 (1960: 38.000); Diego und Umgebung:
geschätzt auf 285.000

Aktuelle regionale Reisetips (Hotels, Restaurants etc.) zu Antsiranana
entnehmen Sie bitte den gelben Seiten 229

Geschichte

Am 10. August 1500 setzte erstmals ein berühmter Europäer seinen Fuß auf madagassischen Boden. Sein Name: Diego Diaz, portugiesischer Seefahrer. Nach ihm und seinem Landsmann Fernando Suarez, der 1543 hier landete, wurde der Ort wenig nachtragend **Diego-Suarez** genannt, obwohl beide unter der hier ansässigen Bevölkerung grausame Massaker verübt haben sollen.

Später wurde die Stadt in **Antsiranana** (auch Antseranana) umbenannt, „großer Hafen". Die meisten Einheimischen nennen ihre Stadt aber nach wie vor einfach Diego.

Schon früh erkannten sowohl Piraten als auch die europäischen Seemächte den strategischen Wert der riesigen Bucht von Antsiranana. 1885 errichteten die Franzosen einen Flottenstützpunkt zur Überwachung des Indischen Ozeans, der – mehrfach Schauplatz heftiger Seeschlachten – erst 1973 mit Abzug der Fremdenlegion nach Mayotte aufgegeben wurde.

Internationale Bedeutung erlangte die Bucht auch während des 2. Weltkrieges. Am 5. Mai 1942 eroberten britische und „freie" französische Truppen Diego-Suarez, vor allem um eine Besetzung durch die Japaner zu verhindern. Die Militärbasis unterstand damals der Kontrolle der französischen Vichy-Regierung. Noch heute zeugen die

Redaktions-Tips

· Ausblick auf eine der **größten Buchten der Welt** (S. 491)
· „**Libertalia**": auf den Spuren der Piraten (S. 494/496)
· Zum heiligen „Zuckerhut" und rostigen Wracks: **Bootsfahrt** durch die Bucht (S. 500)
· Ein Wochenende in **Diegos Discos** (S. 232)
· Pretiosen aus Wasser und Stein: zum **Smaragdmeer** und zum **Dorf der Saphire** (S. 502/512)
· Von Trockenwäldern zum Regenwald: **Montagne des Français** und **Montagne d´Ambre** (S. 500/506)
· Natur pur: **Analamerana** und die Tsingys von **Ankarana** (S. 510/513)

Wappen von Diego

bei Ebbe schwarz und bedrohlich aufragenden Wracks von der Schlacht zwischen Briten und afrikanischen Söldnern auf der einen und Franzosen und madagassischen Söldnern auf der anderen Seite. An einem einzigen Tag wurden ein britischer Minensucher und fünf Bomber versenkt; das gleiche Schicksal ereilte Ende Mai 1942 zwei japanische U-Boote.

Nachlesen kann man dieses düstere, zwei Jahre dauernde Kapitel der Geschichte auf dem **britischen Militärfriedhof** am Ortsausgang Richtung Ramena. Auch bei größter Trockenheit sorgt hier die Kriegsgräberfürsorge für den berühmten grünen englischen Rasen, genauso einwandfrei gepflegt wie die Gräber mit Aufschriften wie „Kamau Mwangi – East African Army Service Corps, † 12.2.1944" oder „Nansala Tebulu – Northern Rhodesia Regiment, † 13.10.43".

Die Gräber der Kämpfer auf französischer Seite findet man auf der **„Montagne des Français"**.

Aus dem kleinen Garnisonsort entwickelte sich trotz seiner isolierten Lage eine der bedeutendsten Hafenstädte Madagaskars. Das Stadtzentrum geht auf den französischen **Colonel Joffre** zurück, dessen Namen man in Diego und Umgebung häufig begegnet. Er ließ um 1900 Befestigungsanlagen errichten und plante das schachbrettförmige Straßennetz der Stadt. In den 60er Jahren pulsierte das Leben nicht zuletzt wegen der beiden hier stationierten Regimenter der französischen Fremdenlegion. Die Goldminen in der Umgebung waren noch nicht erschöpft und verhalfen vielen zu großem Reichtum. Die Vazaha lebten in Saus und Braus, offensichtlich etwas zu arrogant und dekadent, denn auch sie wurden von revoltierenden Studenten und den neuen politischen Eliten nach dem Sturz der Regierung Tsiranana aus dem Land gejagt.

Diego war aber nicht nur Flottenstützpunkt, sondern zog auch als Hafenstadt mit eigener Werft, Industriezentrum und Verwaltungsstadt immer mehr Einwanderer aus allen Teilen des Landes an. Heute macht das kosmopolitische Flair den größten Reiz der Stadt aus, obwohl die Bevölkerungsgruppen sich immer noch stark voneinander abgrenzen. Den Hauptteil stellen *An-*

tankarana und *Sakalava*; in der Verwaltung sind vorwiegend *Merina, Betsimisaraka* und *Betsileo* beschäftigt, im unteren Dienstleistungsbereich *Komorer* und *Kreolen*. Immigranten aus dem Süden verdienen ihr Geld oft als einfache Arbeiter, *Inder* und *Chinesen* beherrschen den Handel. Diego ist außerdem Zentrum einer großen muslimischen Gemeinde. Moscheen, Tempel und Kirchen findet man in direkter Nachbarschaft nebeneinander.

INFO   Karana und Banians

In Antsiranana lebt eine der größten indischen Gemeinden des Landes. Beide großen indischen Gruppen, *Karana* (sunnitische und schiitische Moslems) und *Banians* (Hinduisten aus dem Gujarat), kamen in mehreren Einwanderungswellen nach Madagaskar, anfangs als Sklaven, die von den Kolonialmächten an den Küsten Südindiens und Goas „rekrutiert" wurden, später als Seefahrer und Händler v.a. aus dem Gujarat. Die Hindus arbeiten vor allem als Schneider und Schmuckhändler, die Karana als Lebensmittel-, Stoffhändler u.a. Als Geschäftsleute sind sie überall anerkannt. Da die meisten Inder jedoch Wert auf Endogamie legen, d.h. Ehen nur innerhalb ihrer Volksgruppe schließen und sich kaum mit den Madagassen vermischen, gelten sie oft als arrogant und rassistisch. Immer wieder mußten deshalb Inder wie auch die Komorer bei sozialen und ökonomischen Schwierigkeiten als Sündenböcke herhalten (s.S. 107/426).

Die älteste indische Moschee steht heute in der Nähe der Fischfabrik am Hafen, gebaut von einem indischen Muslim, der zuvor Anfang des 20. Jh. auf Nosy Be in einer deutschen Textilfabrik gearbeitet hatte!

Überblick

Das größte Pfund, mit dem Diego wuchern kann, ist seine Lage. Mit 156 km Umfang und einer Oberfläche von 250 km² gehört die Bucht von Diego-Suarez zu den größten der Welt. Vergleiche mit Rio sind natürlich maßlos übertrieben, aber immerhin hat die Stadt ihren eigenen Zuckerhut („Pain du sucre"). Schon der Landeanflug von Norden bietet mit Blick auf den Bergkegel, große Salinen und die gezackten Umrisse der Bucht ein fantastisches Panorama.

Viele, die dann vom 9 km außerhalb gelegenen Flughafen zum erstenmal ins Zentrum kommen, sind erst einmal enttäuscht. Die für Diego charakteristischen Kolonialbauten mit ihren Balkonen, Terrassen und Arkaden sind vom

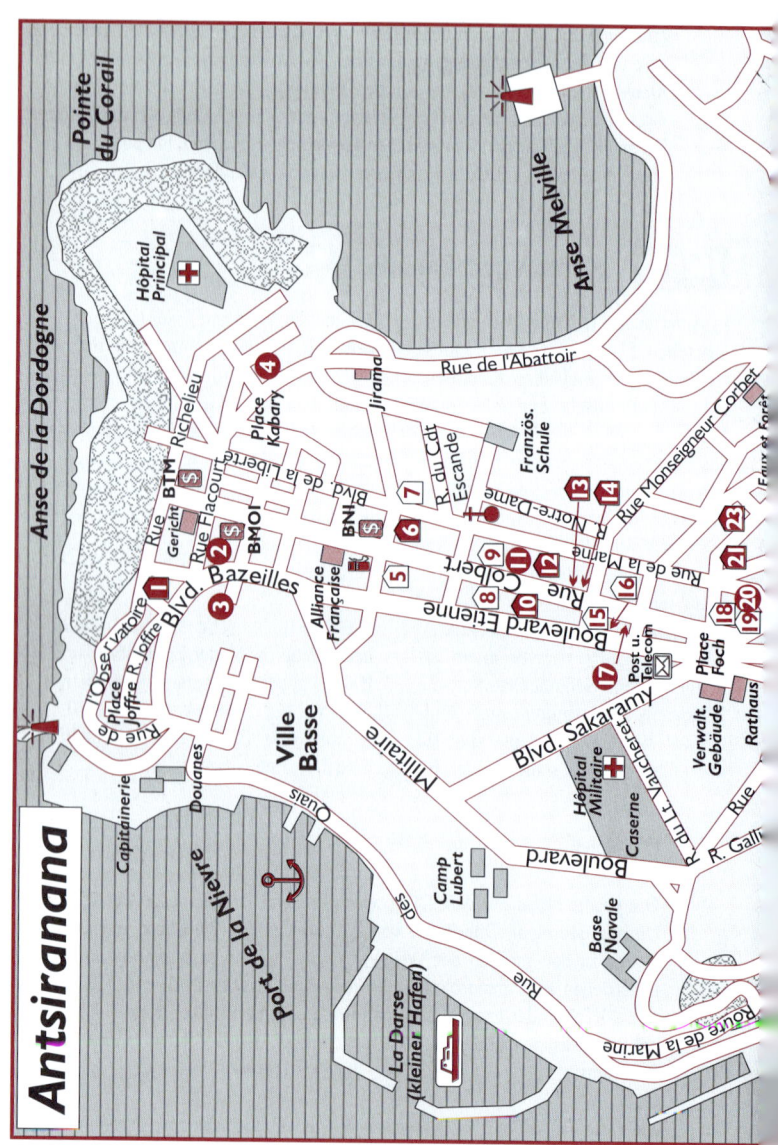

Antsiranana

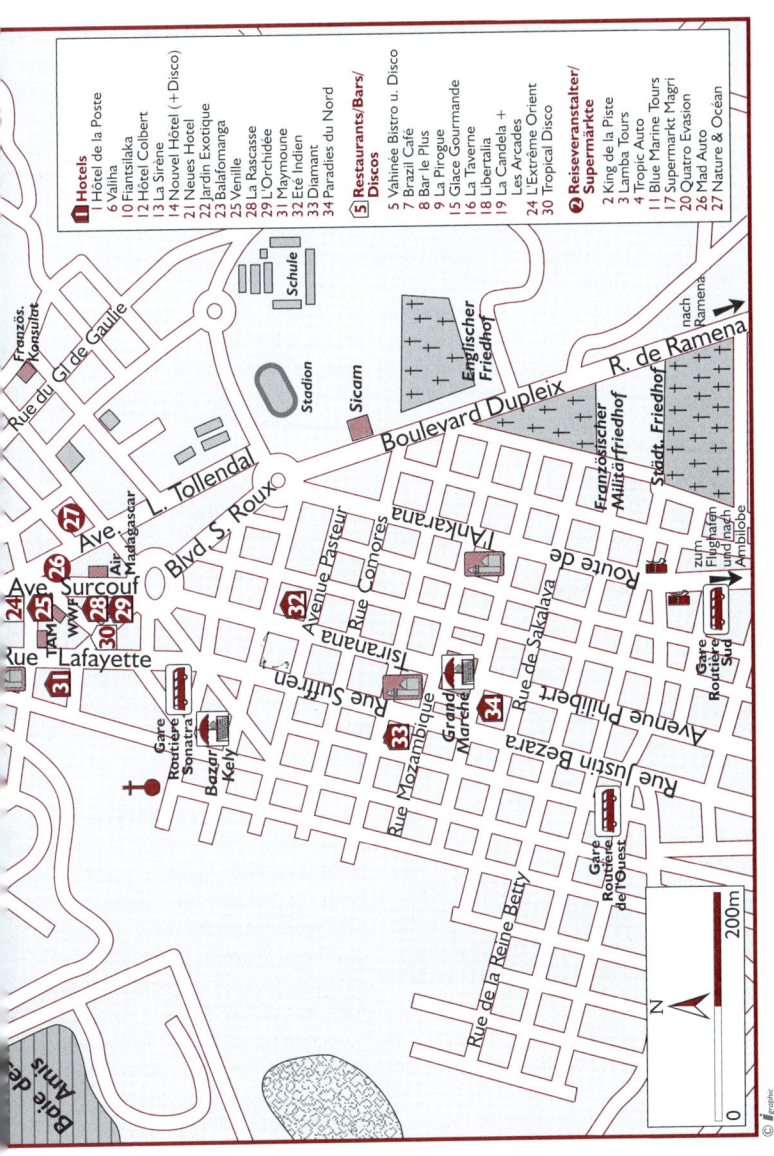

Hotels
1 Hôtel de la Poste
6 Valiha
10 Fiantsilaka
12 Hôtel Colbert
13 La Sirène
14 Nouvel Hôtel (+ Disco)
21 Neues Hotel
22 Jardin Exotique
23 Balafomanga
25 Venille
28 La Rascasse
29 L'Orchidée
31 Maymoune
32 Diamant
33 Paradies du Nord

Restaurants/Bars/Discos
5 Vahinée Bistro u. Disco
7 Brazil Café
8 Bar le Plus
9 La Pirogue
15 Glace Gourmande
16 La Taverne
18 Libertalia
19 La Candela +
   Les Arcades
24 L'Extrême Orient
30 Tropical Disco

Reiseveranstalter/Supermärkte
2 King de la Piste
3 Lamba Tours
4 Tropic Auto
11 Blue Marine Tours
17 Supermarkt Magri
20 Quatro Evasion
26 Mad Auto
27 Nature & Ocean

Verfall gezeichnet und ihre Farben längst verblaßt. Trotzdem hat die Stadt ihren ganz eigenen Charme. Dazu trägt nicht nur die Hafenatmosphäre bei. Am Place Foch mitten im Zentrum sitzen abends Sakalava-Frauen in bunten *Lamba Oanys* zusammen und halten ein Schwätzchen. Komorer in langen Dschellabas, Babouches und mit dem Fez auf dem Kopf sind auf dem Weg zur Moschee. In den Cafés treffen sich die Saphirhändler, um ihre neuesten Funde auszutauschen.

Die Menschen im Norden gelten als außergewöhnlich freundlich. Vielleicht deshalb, weil sie als Ausgleich zu ihrem Mißtrauen gegen die Zentralmacht im Hochland schon immer fremden Völkern gegenüber offen waren; vielleicht auch deshalb, weil der Tourismus erst in den Anfängen steckt. Noch ist die Auswahl an passablen Hotels dürftig. In den letzten Jahren hat jedoch ein wahrer Bauboom eingesetzt. Nach Nosy Be werden die Preise bisher wieder deutlich moderater.

Zeitplan

Das Stadtzentrum ist klein und in einem Tag zu besichtigen. Für die Umgebung sollte man mehrere Tage einplanen.

Orientierung

Gehen Sie im frühen Morgenlicht oder am späten Nachmittag durch Diegos Straßen. Mittags ist die Stadt wie ausgestorben und oft sehr heiß, trotz des beständigen Windes. Die durchschnittlichen Temperaturen liegen zwischen 20 und 34 °C.

Place Foch mit Blick auf das „Libertalia"

Nördlicher Stadtteil und Hafen: Guter Ausgangspunkt für einen Rundgang ist der etwas überdimensional angelegte **Place Foch** mit dem pompösen Rathaus, Hauptpost, Verwaltungsgebäuden und den Arkaden des *„Libertalia"*, dem nettesten Restaurant und beliebter Informationsbörse. Alles, was sich an Autos in der Stadt bewegt, scheint am Nachmittag infolge einer bizarren Verkehrsführung um den Place Foch herumzufahren, und man hat Mühe, den Platz zu überqueren.

Gehen Sie einen der drei parallel verlaufenden Boulevards hinunter in Richtung Meer, am besten die **Rue Colbert**. Sie kommen an einem Supermarkt vorbei, an Schmuckläden, Reisebüros, BNI-Bank, zahlreichen kleineren und neuerdings auch besseren Hotels wie dem *Hôtel Colbert*, Restaurants und Discotheken. In einem besonders schönen Gebäude linker Hand, das früher als Markthalle diente, ist heute die *Alliance Française* untergebracht. Am Ende der Rue Colbert liegen das Gericht sowie andere Verwaltungs- und Bankgebäude (BMOI und BTM).

Wenn Sie dort links und am Ende wieder rechts abbiegen, gelangen Sie auf der **Rue Richelieu** zum Hafen. Achten Sie vorher rechter Hand auf ein Gebäude wie aus einem Märchen aus 1001 Nacht, in neomaurischem Baustil mit Patio, Rundbögen, Fresken und Säulen und zwei großen Palmen vor dem Eingangsportal. Leider ist es so verfallen, daß Einsturzgefahr besteht. Dieses ehemalige „*Hôtel des Mines*" wurde Ende des 19. Jh. von dem Goldsucher Alphonse Mortage gebaut. Als Spekulant verdiente er ein Vermögen und endete ohne einen Sou. Später nutzten französische Marineoffiziere das

Rue Colbert

in „*Hôtel de la Marine*" umbenannte Luxushotel. Angeblich soll das Gebäude jetzt von einer indischen Hotelkette wieder hergerichtet werden. Wünschenswert, aber bei dem jetzigen Zustand kaum vorstellbar.

Wenige Meter weiter der *Musikpavillon*, wo sich die französischen Marineoffiziere durch Platzkonzerte unterhalten ließen. Wenn Sie eine Erfrischung brauchen, machen Sie im *Hôtel de la Poste* linker Hand eine Pause und spazieren dann zum **Place Joffre**. Von der Statue zu Ehren von Maréchal Joffre hat man den besten Blick über die Bucht. Eine Treppe führt von hier aus hinunter zu den Hafendocks, Thunfischfabriken und Schiffswerften.

Südlicher Stadtteil: Sie können sich mit dem Taxi zum Place Foch zurückbringen lassen (oder den weniger interessanten Bld. Etienne zurücklaufen) und von dort aus das südliche Stadtviertel erkunden. Zwischen Place Foch und **Place du 14 Octobre** finden Sie zahlreiche weitere Reiseagenturen, die Büros des WWF, von *Air Madagascar* und *Madagascar Airtours* und einige gute Restaurants, darunter das *La Venille*. Vom *Hôtel Rascasse* aus starten Kleinbusse nach Nosy Be (s. *regionale Reisetips*).

Entlang der **Rue Lafayette** haben sich die indischen Händler angesiedelt. Hier finden Sie Stoffläden, Buchhandlungen, Fotokopiergeschäfte, Lebensmittel. So gemächlich es im Hafenviertel zugeht, so quirlig ist es im Viertel **Tanambao** mit seinen engen, aber sehr belebten Straßen und den zwei Märkten am **Bazary Kely** und weiter südlich am **Grand Marché**. Hier liegen auch die wichtigsten Taxi-Brousse-Stationen.

Neben Antsirabe ist Diego *die* Stadt der Edelsteine, vor allem der **Saphire**. Roh oder geschliffen werden sie in zahlreichen Schmuckgeschäften verkauft, aber auch in dunklen Kneipen und Hinterhöfen, die regelmäßig von Polizeirazzien „heimgesucht" werden. Durch Zufall wurden vor einigen Jahren in der Nähe von *Ambondromifehy* 80 km südlich von Diego Saphire gefunden. Seitdem ist hier ein wahrer Goldrausch ausgebrochen. Im „Libertalia" trifft man häufig auf junge Edelsteinsucher, bekleidet mit Westernstiefeln, Cowboyhut und Goldkettchen, die nicht verhehlen, daß sie offenbar das große Los gezogen haben (s.S. 512).

Wenn man abends unterwegs ist, begegnet man in Diego den unterschiedlichsten Gestalten. Bisher ist es völlig unproblematisch, in der völlig unbeleuchteten Dunkelheit durch die Straßen zu wandern. Im Vergleich zu anderen Städten gibt es auffallend wenige Bettler, weniger Kriminalität und viel weniger aufdringliche Sex-Anmache als zum Beispiel in Toamasina. In Bars, Restaurants und den zahlreichen Diskotheken herrscht eine heitere, lebensfrohe, ausgelassene Stimmung.

 ## Die Piratenrepublik „Libertalia"
von Franz Stadelmann

Von der sagenhaften Republik „Libertalia" ist zum erstenmal in einem historisches Werk von 1726 die Rede, das vom „Leben und Werk berühmter Räuber und Piraten" erzählt. Sein Herausgeber: Daniel Defoe.

Ob die Geschichte einer ersten Republik, die auf Freiheit und Gleichheit aller Menschen baut, genauso erfunden ist wie sein berühmter Roman „Robinson Crusoe" oder teilweise auf Fakten beruht, ist nach wie vor umstritten.

In Madagaskar begann die hohe Zeit der Piraterie um 1685, als das Freibeutertum in Europa und vor den Antillen gerade zu Ende ging (s. S. 583). Viele der früheren Piraten ließen sich als Siedler nieder, andere suchten sich neue Meere und noch unbekannte Verstecke, darunter so berühmte Seefahrer und spätere Piraten wie Kapitän **John Avery** oder skurrile Gestalten wie **Misson** und **Caraccioli**.

Die unglaubliche Geschichte dieses ungleichen Paares ist durch mehrere

Indizien belegt und in ihren Grundzügen wohl wahr, obwohl sie Ideen von Freiheit und Gleichheit, Internationalismus und Antisklaverei predigten, längst bevor diese Elemente in Europa auch nur diskutiert wurden.

der und Piraten zu jagen. Bei einem Kampf gegen ein englisches Schiff kamen Kapitän und etliche Offiziere zu Tode, ebenso wie ein Großteil der Mannschaft. Sofort riß der tatkräftige Misson das Kommando an sich, während Caraccioli die spirituelle Führung übernahm und die Matrosen wortreich überzeugte, mit ihm ein Leben in Gott und Freiheit zu führen.

So arbeitete sich die Besatzung von Amerika ostwärts Richtung Afrika und kaperte unterwegs, was ihr vor den Bug lief – so auch ein holländisches Sklavenschiff, dessen Sklaven befreit wurden und fortan als gleichberechtigte Matrosen mitmachten. Mit jeder erfolgreichen Beute wuchs die Mannschaft auf eine internationale Equipe an: Franzosen, Engländer, Afrikaner,

Erstaunlich genaue Piratenkarte aus dem 18. Jh.

Misson wurde in der französischen Provence geboren und durchlief eine gute Bildung. Um die Luft der weiten Welt zu schnuppern, schiffte er sich auf dem Segler *'Victoire'* ein. In Rom lernte er den Dominikanerpater **Caraccioli** kennen, der mit Sehnsucht der muffigen Papstwelt entfliehen wollte. Zusammen machten sie sich 1690 nach Amerika auf, um Englän-

Holländer, Portugiesen. Nach einem Zwischenhalt auf den Komoren begaben sie sich erneut auf die Suche nach einem Siedlungsplatz und entdeckten den engen Eingang zur Bucht von Diego-Suarez. Damit hatten sie ein ideales Versteck vor feindlichen Schiffen und endlich ein geeignetes Gebiet zur Errichtung ihrer Republik **Libertalia** gefunden.

Die schmale Einfahrt wurde mit 40 Kanonen gesichert. Die Mannschaft baute Landestege und Holzhäuser, Lagerhallen und Vorratsschuppen. Schon bald war ein schmuckes Städtchen in der Bucht von Diego-Suarez entstanden, dazu eine Werft, in der Schiffe gebaut und überholt wurden. Mit den Bewohnern der Umgebung entwickelte sich nach anfänglichem Zögern ein intensiver Tauschhandel. Und immer wieder ging man auf Fahrt und kaperte ein paar Schiffe vor Moçambique oder weit im Norden im Golf von Aden. Auf einer dieser Fahrten traf Misson auf den bekannten Freibeuter **Tom Tew** und lud ihn nach Libertalia ein. Fortan herrschten drei Chefs über den Stadtstaat, doch sie regierten nicht uneingeschränkt, denn ein Parlament mit demokratisch gewählten Abgeordneten übte die politische Kontrolle über den Ort aus. Die erlassenen Gesetze wurden auf einer eigenen Druckerpresse gedruckt. Die Einwohner von Libertalia verständigten sich in einem bunten Kauderwelsch, das die Idee des Esperanto vorwegnahm.

Trotz hehrer Ideale litt die Stadtrepublik unter Nachwuchssorgen. Also machte sich Tom Tew auf, um seine an der madagassischen Küste lebenden Kumpane zu überzeugen, sich in Libertalia niederzulassen. Erfolglos segelte Tom Tew von Piratennest zu Piratennest, ohne daß es ihm gelang, die lustlosen Freibeuter von dort wegzulocken. Zu seinem Verdruß blieb er selbst in einer Bucht hängen, als ein Zyklon die *Victoire* an Land schleuderte und zermalmte. Eines Tages erblickte er hocherfreut zwei der Libertalia-Schiffe. Misson brachte jedoch schlechte Nachrichten. Madagassische Krieger hatten Libertalia gestürmt, Caraccioli war im Kampf umgekommen, nur 45 Männer hatten sich auf zwei Schiffe retten können. Tom Tew erhielt eines von ihnen zur gemeinsamen Reise nach Amerika. Im Konvoi umsegelten sie das Kap der Guten Hoffnung, doch an der westafrikanischen Küste erlitt Misson Schiffbruch und ertrank. Tom Tew setzte sich eine Zeitlang auf Rhode-Island zur Ruhe, nahm aber bald wieder das wilde Leben der Piraterie auf und starb im Kugelhagel der Schiffsbesatzung eines indischen Großmoguls, das er mit seiner Mannschaft hatte stürmen wollen (s. S. 583).

Ausflüge in die Umgebung

Die Ausflugsmöglichkeiten von Diego aus sind überaus vielfältig, sowohl für mehrere Tage als auch mit Diego als nächtlichem „Basiscamp". Vergleichen Sie die Angebote der Reiseagenturen sorgfältig. Die meisten sind extrem teuer (z.B. mit Madagascar Airtours: 1 Tag nach Windsor Castle ca. 100 DM, 2 Tage Ankarana ca. 250 DM, 1 Tag Montagne d´Ambre ca. 70 DM + Parkein-

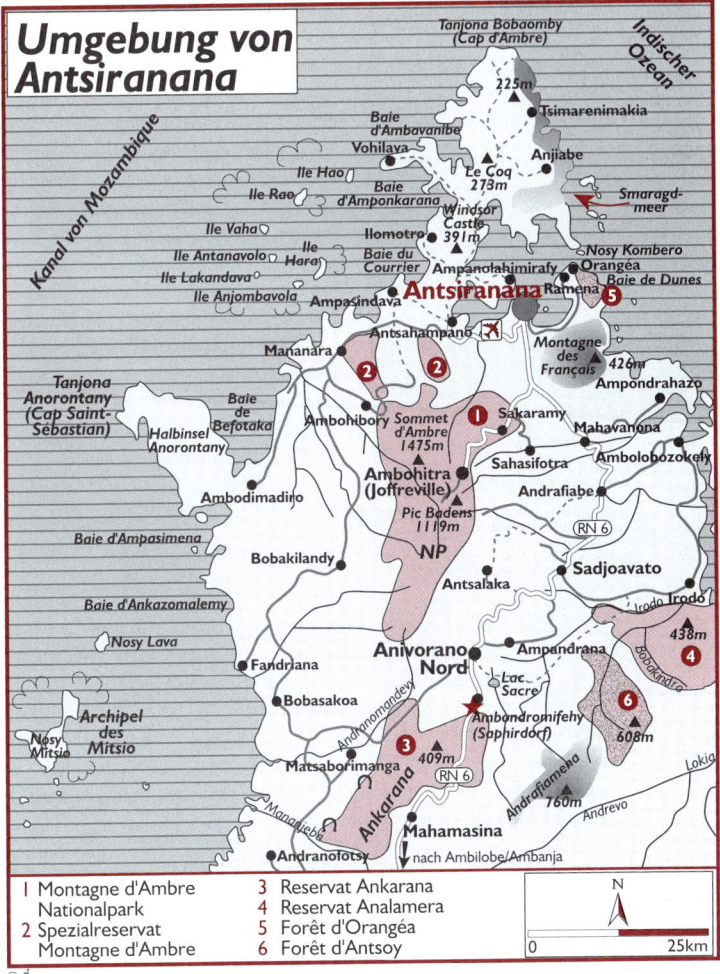

Umgebung von Antsiranana

Tanjona Bobaomby
(Cap d'Ambre)

Indischer Ozean

Kanal von Mozambique

225m

Tsimarenimakia

Baie
d'Ambavanibe

Vohilava

Anjiabe

Ile Hao

Le Coq
273m

Smaragd-
meer

Ile Rao

Baie
d'Amponkarana

Ile Vaha

Windsor
Castle
391m

Ile
Hara

Ilomotro

Nosy Kombero

Ile Antanavolo

Baie du
Courrier

Ile Lakandava

Ampanolahimirafy

Orangéa
Baie de Dunes

Ile Anjombavola

Ampasindava

Antsiranana

Ramena   **5**

Antsahampano   ✈   🗶

Mananara

Montagne
des
Français   426m

2   **2**

Ampondrahazo

*Tanjona
Anorontany
(Cap Saint-
Sebastian)*

Baie
de
Befotaka

Am004hibory

Sommet
d'Ambre
1475m

Sakaramy   **1**

Mahavanona

Halbinsel
Anorontany

Ambohitra
(Joffreville)

Sahasifotra

Ambolobozokely

Ambodimadiro

Pic Bedens
1119m

Andrafiabe

RN 6

Baie d'Ampasimena

NP

Bobakilandy

Antsalaka

Sadjoavato

Baie d'Ankazomalemy

Irodo   Irodo

Nosy Lava

438m

Fandriana

Anivorano
Nord

Ampandrana   **4**

*Archipel
des
Mitsio*

Bobasakoa

Lac
Sacre

Nosy
Mitsio

Ambondromifehy
(Saphirdorf)   **6**
608m

3   409m

Matsaborimanga   RN 6

Andrafiomena
760m   Andrevo

Mahamasina

↓ nach Ambilobe/Ambanja

Andranofotsy

1 Montagne d'Ambre Nationalpark	**3** Reservat Ankarana
2 Spezialreservat Montagne d'Ambre	**4** Reservat Analamera
	5 Forêt d'Orangéa
	6 Forêt d'Antsoy

N

0   25km

© *i graphic*

tritt; andere Agenturen sind teilweise noch teurer). Einige Ausflüge können
Sie wesentlich billiger im *Taxi Special* machen oder mit privaten Guides,
wenn sie vorher gewährleisten, daß Sie an die wirklich interessanten Orte
gebracht werden (s. *regionale Reisetips*).

Bootsfahrt innerhalb der Bucht („Baie de Diego-Suarez")

„Zuckerhut" in der Bucht von Diego

Die riesige Bucht von Antsiranana hat die Form eines vierblättrigen Klee-blattes und besteht aus mindestens vier kleineren Buchten. Diego liegt auf einer Landzunge im Süden zwischen dem westlichen Buchteinschnitt *Cul du Sac* (Sackgasse), wo auf großen Salinenfel-dern Salz für ganz Madagaskar gewonnen wird, und der östlich gelegenen *Baie des Français*. Nördlich davon liegen die Buch-ten *Baie des Cailloux Blancs* (Bucht der wei-ßen Steine) und *Baie du Tonnerre* (Donner-bucht). Alle vier sind durch die Meerenge („La Passe") vom Indischen Ozean getrennt. In den Hotels, am Hafen oder bei den Fi-schern in Ramena können Sie sich nach Bootsfahrten erkundigen. Bei Ebbe ist es möglich, dicht an einige versenkte Schiffs-wracks heranzufahren – wie viele es sind, wissen die Fischer nicht so genau, die Angaben schwanken zwischen 40 und 100.

Richtung Osten:

Diegos beliebtester Badestrand **Ramena** liegt 18 km östlich der Stadt. Sie fahren am englischen Militärfriedhof und am madagassischen Friedhof vor-bei, kommen dann am Ortsausgang auf eine kleine Piste und haben nach der nächsten Kurve den ersten erhabenen Ausblick auf Diegos Zuckerhut **Pain du Sucre**. Die Straße verläuft durch trockene Savannenlandschaft direkt an der Küste entlang und war noch in gutem Zustand, als Präsident Ratsiraka regelmäßig sein Wochenendhaus in Ramena besuchte. Vielleicht wird sie jetzt nach seiner Wiederwahl wieder geteert ...

Auf halber Strecke: das 1998 eröffnete Hotel *Kings Lodge* unter deutsch-madagassischer Leitung direkt am Fuße der **Montagne des Français** (Berg der Franzosen). Der Besitzer der King's Lodge berät Sie gerne, wie Sie von dort durch Höhlen und Grotten zum 426 m hohen Gipfel gelangen. Die Wanderung dauert nicht länger als eine gute Stunde und führt durch inter-essante Trockenwald-Vegetation (Baobabs, Aloen, Dornbusch). Belohnt wird man mit einer großartigen Aussicht auf die Bucht. Achtung: Zahlreiche *Fadys*, u.a. wegen der vielen Kriegsgräber, die man hier findet, aber angeblich auch wegen großer Quecksilberfunde. Ein Franzose, so erzählt eine Legende, habe sie ausbeuten wollen, sei aber von einer Schlange – der Hüterin der Erde – davon abgehalten worden. Am meisten erfahren Sie, wenn Sie einen Führer mitnehmen.

INFO Nosy Lonja – „Pain du Sucre"

Die Franzosen tauften den spitzen Vulkankegel, der aussieht wie eine Miniatur von Rios Zuckerhut, prosaisch „Pain du Sucre". Nosy Lonja heißt die Insel bei den Einheimischen, wird als heilig verehrt und ist für Fremde *fady*. Nach mündlicher Überlieferung flohen die *Könige der Sakalava* bei Ankunft der feindlichen Merina an diesen Ort. Als sie sahen, daß die Lage aussichtslos war, sollen sie sich kollektiv ins Meer gestürzt haben. Jedes Jahr erinnern heilige Zeremonien und Reliquienverehrungen an dieses Ereignis.

Nach weiteren 10 Kilometern erreichen Sie schließlich den endlosen, weißen, palmengesäumten Sandstrand von **Ramena** (= „rote Prinzessin"). Am Wochenende herrscht Hochbetrieb. Auch die Einheimischen erholen sich hier von der Arbeit. Oberhalb des Strandes: einige kleine Hotels; weitere Bungalowanlagen sind in Bau. Die Piste endet nach einer Linkskurve im gleichnamigen Fischerdorf Ramena, das mit seinen verrosteten Wellblechdächern und der Ruine einer ehemaligen Legionärskneipe Wildwest-Atmosphäre vermittelt, trotz seiner idyllischen Lage. Viele Dorfbewohner erinnern sich noch an die Zeit der Fremdenlegion und haben interessante Geschichten zu erzählen.

Fischerdorf und Strand von Ramena

Im Ort finden Sie einen kleinen Laden, in dem Sie eine kleine Auswahl an Lebensmitteln und sogar Batterien kaufen können.

Tip
Etwa 1 km vor dem Dorf liegt das kleine Hotel „Badamera". Terrasse, Garten, Restaurant mit Tageskarte, vier liebevoll eingerichtete Zimmer mit Moskitonetz und Kinderbett. Swani aus Deutschland und ihr Mann Mamy sorgen für eine ausgesprochen angenehme Atmosphäre und helfen gerne, Bootsfahrten und Ausflüge zu organisieren.
Taxis von Diego nach Ramena kosten ca. 8-9 DM; Hin- und Rückfahrt ca. 17 DM, zum Montagne des Français die Hälfte (s. regionale Reisetips).

Wanderung zum Cap Miné
Von Ramena aus können Sie am Strand eine kleine Wanderung bis zum **Cap Miné** *oder einen geschichtsträchtigen und schönen Rundweg machen (3-4 Std.*

*Fußweg): vorbei an madagassischen Wochenendhäusern, verfallenen Militäranlagen der französischen Fremdenlegion bei **Orangéa** bis zum Leuchtturm und zum Cap Miné (= „vermintes Kap"). Dort am Ausgang der Bucht erkennt man bei gutem Wetter die leuchtenden Farben des „Smaragdmeeres". Weiter geht es entlang der **Baie des Dunes** (am Ufer der Trockenwald von Forêt d´Orangéa), **Baie des Pigeons** (Bucht der Wildtauben, früher ein beliebter Jagdplatz der Franzosen) bis zur **Baie des Sakalavas**, wo Sie sich im Restaurant „Le Club" erfrischen können. Von dort führt eine Piste zurück zum Dorf Ankorikakely an der Hauptstraße. Fragen Sie Ihre Hotelbesitzer, ob sie Sie von dort aus abholen, dann sparen Sie sich diesen staubigen Weg zurück.*

Für den gleichen Ausflug stehen auch Pferde zur Verfügung; bei unserem letzten Besuch war allerdings der Reitstall eines in Ramena ansässigen Franzosen geschlossen, da die meisten Pferde das Klima nicht vertragen.

Bootsfahrt zum Mer d´Éméraude (Smaragdmeer)

*Ein halber Tagesausflug – jeweils 1-2 Stunden mit dem Motorboot hin und zurück mit Picknick auf den Inseln. Von Ramena aus fährt man ein Stück an der Küste entlang Richtung Cap Miné und überquert dann **La Passe**, die Meerenge, die die Bucht vom Indischen Ozean trennt. Je nach Strömung passieren die Fischer „La petite passe" vor der kleinen Insel **Nosy Kombero** oder „La grande passe" hinter der Insel, d.h. außerhalb der Bucht. Im Südsommer ein wunderbarer Ausflug. Im Südwinter herrschen hier starke Strömungen; bei Flut drückt das Wasser mit ganzer Macht vom offenen Ozean in die Bucht, bei Ebbe umgekehrt. Wir haben die Bootsfahrt gegen den Rat von Swani trotzdem gemacht und wurden von den Wellen heftig durchgeschaukelt. Ungefährlich ist das Ganze auch nicht: Die meisten Fischer überqueren die Meerenge deshalb mit zwei Booten, um sich im Falle eines Motorschadens gegenseitig helfen zu können.*

Das „Smaragdmeer" umgibt eine Gruppe von fünf unberührten kleinen Inseln außerhalb der Bucht im Indischen Ozean. Wegen des schneeweißen Sandes schillert hier wirklich das Wasser in allen Türkis- und Smaragdtönen. Beim Schnorcheln begegnete uns sofort eine große Wasserschildkröte. Sowohl von den Inseln als auch von der Unterwasserwelt sollte man jedoch (v.a. im Südwinter) nicht allzu viel erwarten; trotzdem ist es ein schöner Picknickausflug. Nehmen Sie ausreichend Trinkwasser, Proviant und Sonnenschutz mit!

Tip: Diese Tour wird von allen Reiseagenturen in Diego angeboten; billiger gelangen Sie mit Fischern aus Ramena dorthin (Swani und Mamy helfen Ihnen). Die Preise variieren pro Boot (i.d.R. für 6 Personen) zwischen 80 und 130 DM! Weil einige Fischer so sehr auf das Geld angewiesen sind, daß sie mit abenteuerlichen Booten bei gefährlichem Wetter diese Fahrt durchgeführt haben, gibt es Bestrebungen, die Preise zu vereinheitlichen und nur noch bestimmte Bootsführer zuzulassen.

Richtung Norden:

Von Diego führt eine gute Asphaltstraße in westliche Richtung bis zu den **Salinen**, die einen großen Teil des Salzbedarfs Madagaskars decken, und zum Dorf *Antsahampano*. Bis hierher können Sie für ein paar Mark ein Taxi anheuern. Danach: Weiter Richtung Norden gibt´s nur noch Piste! Für die 50 km zu Madagaskars nördlichstem Punkt **Cap d'Ambre** (= „Tanjona Bobaomby", nicht zu verwechseln mit der Montagne d´Ambre) brauchen Sie gute Nerven, einen Jeep oder, aus madagassischer Sicht etwas für Verrückte, ein Mountainbike. Wer einsame wilde Landschaften sucht, ist hier richtig. Die meisten Reiseagenturen bieten wegen der abenteuerlichen Piste diesen nicht billigen Ausflug entweder per Boot oder, auf dem Landweg, nur mit Übernachtung an, im Zelt, unter Baobabs und den Sternen ... Proviant, Wasser und was Sie sonst brauchen, müssen Sie von Diego mitbringen.

Nicht ganz so weit und in der Trockenzeit notfalls mit einem R4 zu erreichen ist **Windsor Castle** (ca. 30 km von Diego). Dieser eindrucksvolle, massige 391 m hohe Felsblock diente erst den Franzosen, nach Deutschlands Sieg über Frankreich den Vertretern des Vichy-Regimes und 1942 den Briten als strategisch wichtiger Aussichtspunkt. Heute ist es ein friedlicher und verlassener Ort. Nachdem man die steile Treppe nach oben hinaufgeklettert ist, eröffnet sich ein großartiger Ausblick auf die **Baie des Courriers** an Madagaskars Westküste (die Piste endet dort beim Dorf *Ampasindava*). Früher war diese „Bucht der Kuriere" ein beliebter Badeplatz der Franzosen; heute werden Sie dort wahrscheinlich der einzige Badegast sein (von Diego ca. 2 Std.).

Ausflüge in die Naturschutzgebiete „Montagne d'Ambre", „Ankarana" (mit Lac Sacré und Saphirdorf „Ambondromifehy") und „Analamera"

Nationalpark Montagne d'Ambre und Ambohitra (Joffreville)
Entfernung: Diego – Joffreville: 28 km (ca. 1 Stunde)
Joffreville – Parkeingang Montagne d´Ambre: ca. 6 km
Anfahrt: von Diego die RN 6 nach Süden Richtung Ambilobe, nach 10 km Abzweig nach rechts Richtung Joffreville (ca. 20 km)
Beste Jahreszeit: Juni - Dezember
ANGAP-Büros: in Diego, Joffreville und am Parkeingang

Montagne d'Ambre ist das meistbesuchte und am leichtesten zugängliche Naturschutzgebiet im Norden. Mit 5000 ausländischen und 2000 madagassi-

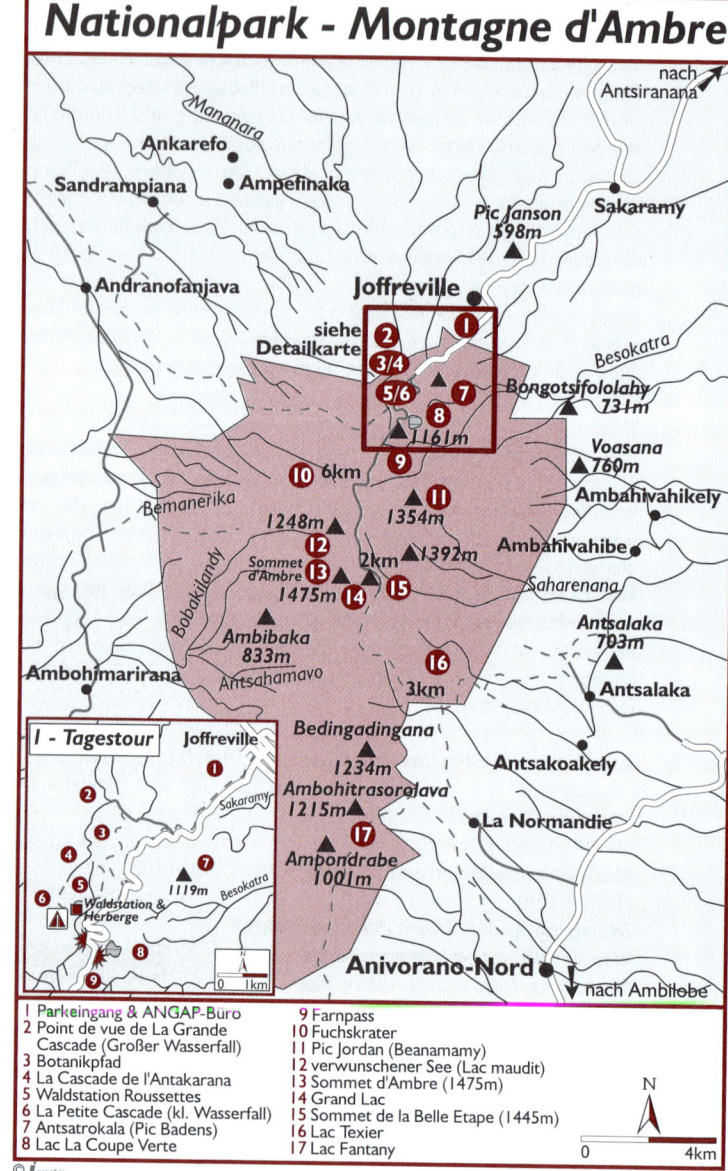

Nationalpark - Montagne d'Ambre

nach Antsiranana

Ankarefo
Sandrampiana
Ampefinaka
Andranofanjava

Mananara

Pic Janson 598m
Sakaramy

Joffreville

siehe Detailkarte

Besokatra

Bongotsifololahy 731m

Voasana 760m

Ambahivahikely

Bemanerika

6km

1248m

1354m

Ambahivahibe

Saharenana

Bobakilandy

Sommet d'Ambre

1392m

2km

1475m

1161m

Antsalaka 793m

Ambibaka 833m

Ambohimarirana

Antsahamavo

3km

Antsalaka

Bedingadingana

1234m

Antsakoakely

Ambohitrasorolava 1215m

La Normandie

Ampondrabe 1001m

Anivorano-Nord

nach Ambilobe

1 - Tagestour

Joffreville

Sakaramy

1119m

Besokatra

Waldstation & Herberge

0   1km

---

1 Parkeingang & ANGAP-Büro
2 Point de vue de La Grande Cascade (Großer Wasserfall)
3 Botanikpfad
4 La Cascade de l'Antakarana
5 Waldstation Roussettes
6 La Petite Cascade (kl. Wasserfall)
7 Antsatrokala (Pic Badens)
8 Lac La Coupe Verte

9 Farnpass
10 Fuchskrater
11 Pic Jordan (Beanamamy)
12 verwunschener See (Lac maudit)
13 Sommet d'Ambre (1475m)
14 Grand Lac
15 Sommet de la Belle Etape (1445m)
16 Lac Texier
17 Lac Fantany

N

0   4km

© i graphic

schen Touristen im Jahr 1997 ist es noch alles andere als überlaufen; aber die Zahl der Besucher steigt. Am einfachsten gelangen Sie mit einem Taxi dorthin (Tagespreis aushandeln); oder Sie fahren mit dem Taxi-Brousse nach Joffreville (Taxi-Brousse-Station Richtung Ambilobe). Dort können Sie in einfachen Unterkünften übernachten; mit Voranmeldung im ANGAP-Büro auch im simplen Gästehaus im Park oder campen.

Tip
Wenn Sie früh in Diego aufbrechen, reicht eine Tagestour, es sei denn, Sie möchten zelten und den Gipfel besteigen.

Schon die etwa einstündige Fahrt von Diego nach Joffreville ist einen Ausflug wert. Nachdem Sie an der Kreuzung von der RN 6 abgebogen sind, kommen Sie an kleinen Öl- und Seifenfabriken vorbei; danach geht es immer bergauf durch hügelige, trockene Landschaft mit pittoresken Ausblicken auf die Bucht von Diego. Wenn Sie noch Proviant brauchen: Je nach Jahreszeit werden am Straßenrand frische Mangos, Litschis und Papayas verkauft. Die Plantagen rund um Diego sind bekannt für die besten Mangos ganz Madagaskars. 1998 hatten die Bauern große Probleme, als sogar zur Regenzeit der Regen ausblieb. Die Gegend ist so trocken, daß man sich kaum vorstellen kann, wenige Kilometer weiter eines der regen-reichsten Waldgebiete des Landes vorzufinden.

Joffreville

10 km hinter der Kreuzung kommen Sie durch das ehemals koloniale Plantagen-Dorf **Sakaramy** mit kleinem Hotely Gasy und erreichen nach weiteren 10 km Joffreville.

Ambohitra (Joffreville)

Aktuelle regionale Reisetips (Hotels, Restaurants etc.) zu Ambohitra
entnehmen Sie bitte den gelben Seiten 210

1895, als die spätere Kolonialmacht noch nicht die ganze Insel unterworfen hatte, lebten hier in völliger Wildnis schon zwei französische Abenteurer. Damals reichte der Regenwald noch bis in den heutigen Ort. Für die Madagassen war dieses nebelverhangene Waldgebiet *fady*, die Franzosen genossen den Platz wegen seiner angenehm kühlen Luft und seines Wasserreichtums. 1902 errichtete **General Joffre** ein Camp für 2500 Soldaten; später wurde „Joffreville" zur Wochenend-Sommerfrische der in Diego stationierten Fremdenlegionäre. Statt der immer noch mißtrauischen Madagassen siedelten sich um die französische Enklave Händler und Plantagenarbeiter aus Réunion und den Komoren an.

Heute wirkt der kleine, an den Berg gebaute einsame Ort gleichzeitig gespenstisch und idyllisch: Die Fensterläden der hübschen kreolischen Holzhäuser mit ihren typisch geschnitzten Verzierungen und Terrassen klappern im Wind. Verlassen ist auch der gigantische Betonklotz oberhalb der Stadt – früher Sanatorium, heute teilweise zum Schulgebäude umfunktioniert. Allerdings findet man immer noch Reste der prachtvollen Blumengärten und Gemüseplantagen, die die Franzosen auf fruchtbarem Boden angelegt haben. Bei gutem Wetter hat man vom nahegelegenen Gipfel **Pic Badens** ein grandioses Panorama über die Bucht von Diego bis zum Cap d´Ambre. Im Ort gibt es eine Handvoll Fremdenzimmer, mehrere Hotely Gasy und ein winziges Geschäft, wo man sich mit Wasser, Cola und Keksen eindecken kann.

Die „Hauptstraße" bergauf, am Rathaus und dem für die ganze Region zuständigen ANGAP-Büro vorbei verwandelt sich die Straße nach einem Linksknick zur Piste, die während der Regenzeit nur noch schwer passierbar ist. Nach etwa 5 km erreicht man den Schlagbaum des Parkeingangs. Eintrittsgenehmigung und Führer in einem weiteren, nur für den Park zuständigen ANGAP-Büro an der Schranke. Sind Sie mit eigenem Auto oder Taxi special hier, steigt ein Guide mit ein. Im Gebäude hängt eine Schautafel, die Sie über die Sehenswürdigkeiten und Entfernungen im Nationalpark informiert.

Parc National „Montagne d'Ambre"
Größe: *18.500 ha* • **Höhe:** *850 - 1475 m*
Gründungsjahr: 1958

Aktuelle regionale Reisetips (Hotels, Restaurants etc.)
zum Nationalpark Montagne d´Ambre (Ambohitra)
entnehmen Sie bitte den gelben Seiten 210

Das Naturschutzgebiet von Montagne d'Ambre besteht aus streng geschützten *Spezialreservaten* im Norden und dem weiter südlich gelegenen *Nationalpark*. Nur ein kleiner Teil davon ist Touristen zugänglich. Seit ANGAP die Regie vom WWF übernommen hat, sollen der Park weiter für Besucher und Fahrzeuge ausgebaut und möglicherweise ein zweiter Eingang im Süden eingerichtet werden.

Sobald man den Schlagbaum passiert hat, formen gigantische Baumriesen über der Piste ein dichtes Blätterdach. Licht dringt nur noch spärlich von

*Botanischer Pfad: Pandanus (*Pandanaceae*)*

oben herab. Man findet sich plötzlich inmitten meterhoher Baumfarne, Trompetenbäume, Orchideen und wildem Pfeffer wieder, atmet frische Waldluft, hört einen Chor von Vogelstimmen und die Rufe der Lemuren, besonders am frühen Morgen und bei Dämmerung. Pelzige Moose und Flechten, Lianen und Schlingpflanzen bilden in exotischer Gemeinschaft mit ihren knorrigen, bis zu 40 m hohen Wirten den geheimnisvollen Bergnebelwald. 1020 verschiedene Baumarten sind registriert, darunter wertvolle Edelhölzer. Wenn Sie mit einem Führer unterwegs sind, wird er Ihnen Chamäleons, Schlangen und seltene Vögel wie Paradiesschnäpper, Gabeldrongos oder scheue Malachit-Eisvögel zeigen. Alleine würde man sie nie entdecken. 7 Lemurenarten sind hier zu Hause, darunter die tagaktiven **Braunen Sandford-Makis** und **Kronenmakis,** aber auch die kleinsten Lemuren, **Mausmakis,** und der **Aye-aye.** (Die braunen Maki-Männchen erkennen Sie an ihren schwarzen Gesichtern und weiß-beigen Ohrbüscheln und Backenbärten – die Weibchen haben ein graues Gesicht und keinen Bart. Kronenmaki-Männchen fallen durch das weiße Dreieck auf dem Kopf auf, Gesicht und Bauch sind weiß, das übrige Fell rötlich-braun, s. Lemurenlexikon S. 64).

Lange Zeit blieb der mit zahlreichen *Fadys* belegte Bergnebel-

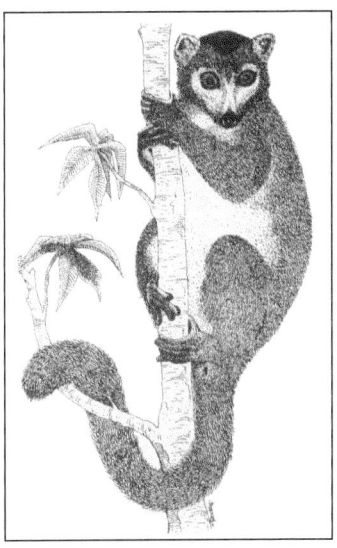

Kronenmaki

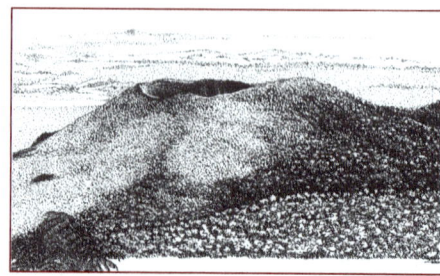

Krater „Renard"

wald – von den Einheimischen unangetastet – eine eigene, geheimnisvolle Welt inmitten der umliegenden Trockengebiete. Das Naturschutzgebiet ist vulkanischen Ursprungs und umfaßt zahlreiche Kraterseen mit so schönen Namen wie **Lac de la Coup Verte** („See des grünen Kelches"), **Lac Maudit** („verwunschener See"), **Large Lac**, **Lac Texier** und **Lac Fantany**. Auch der 1475 m hohe **Pic d´Ambre** ist ein erloschener Krater.

Über 30 Quellen aller großen Flüsse der Region entspringen hier. Als Regenscheide beschert das Gebirge dem Park sein eigenes Mikroklima: Diego bekommt nur 900 mm Niederschlag im Jahr ab (verteilt auf 6 Monate), Montagne d´Ambre dagegen durchschnittlich 3585 mm, verteilt auf das ganze Jahr. Juni/Juli gelten als die kühlsten Monate, in denen das Thermometer auf dem Gipfel schon mal bis auf den Gefrierpunkt fallen kann.

Von den ausgebauten 30 km Wanderwegen sind heute noch etwa 20 km während der Trockenzeit passierbar. Der Rest ist durch heftige Zyklone in Mitleidenschaft gezogen worden, die die Region regelmäßig heimsuchen. Die schlimmsten tobten 1937, 1973 und 1984. Ein Augenzeuge berichtete 1937: *„Der Zyklon wütete 69 Stunden lang. Es begann um 9 Uhr mit einem plötzlichen Temperatursturz von 28 auf 12 °C. Jede Luftbewegung kam zum Stillstand, kein*

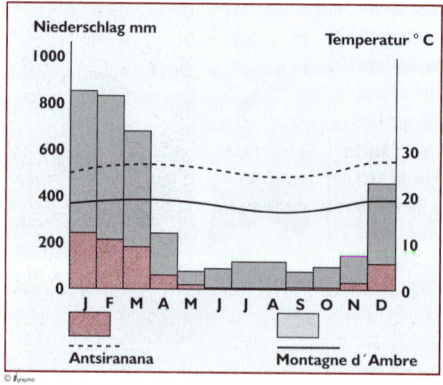

Niederschlagsmengen im Vergleich: Diego und Montagne d'Ambre

Windhauch bewegte die Blätter an den Bäumen, und die Tiere im Camp zeigten panische Angst. Dieser Zustand dauerte 2 Stunden. Um die Mittagszeit krachte plötzlich ein furchtbarer Donnerschlag, und sofort danach fielen die ersten Regentropfen. Dann begann es immer heftiger zu regnen, bis es gegen 4 Uhr nachmittags sintflutartig vom Himmel schüttete. Am nächsten Tag erhob sich der Wirbelsturm erneut über unserer Station, das Dach wurde aufge-

hoben, 1200 Meter weit fortgerissen und mehrere Baumriesen entwurzelt. In der Waldstation von Roussette wurden Niederschläge von 537 mm innerhalb von 24 Stunden gemessen. Diese Werte übertraf nur noch ein ähnlicher Sturm auf Réunion, wo innerhalb eines Tages 1853 mm Wasser vom Himmel stürzten." (nachzulesen in einem Faltblatt des WWF, das bei ANGAP erhältlich ist).

Viele Besucher fahren mit dem Auto durch den Park, mit der Konsequenz, daß sie natürlich kaum Tiere zu sehen bekommen. Wenn Sie die fast mystische Atmosphäre des Waldes erleben möchten, gehen Sie zu Fuß. Im ANGAP-Büro am Parkeingang können Sie mit Ihrem Führer vereinbaren, welchen Weg Sie nehmen. Besuchen Sie auf jeden Fall einen der drei Wasserfälle.

Die attraktivsten Ziele:
· **Grande Cascade**: schöner, relativ weiter Spazierweg. Schon von oben sieht man den 80 m in die Tiefe stürzenden „Großen Wasserfall"; wirklich eindrucksvoll wirkt er erst von unten! Vorsicht, das letzte Stück des Abstiegs ist rutschig und steil.
· **Jardin et Sentier Botanique**: interessanter botanischer Lehrpfad
· **Petite Cascade**: Der „Kleine Wasserfall" mündet in eine idyllische, farnbewachsene Grotte, die von den Einheimischen mit zahlreichen Fadys belegt ist. Baden ist verboten, im Gegensatz zum See unter der Grande Cascade. Rechts unterhalb der hölzernen Aussichtsplattform an der Petite Cascade liegt ein kleiner Opferplatz. Der Weg dorthin führt am alten Aufseherhaus und der alten **Waldstation „Roussettes"** vorbei. Im gegenüber liegenden bescheidenen Gästehaus kann man auf Anfrage übernachten. Mehrere Campingmöglichkeiten.

· **Lac de la Coup Verte (Petit Lac).** Hübscher Picknickplatz nicht weit von der Petite Cascade, steiler Abstieg.
· Längere Fußwege führen zu den entfernteren Kraterseen, u.a. dem **Lac Maudit**. Über ihm soll ein Fluch liegen, seitdem in seinem Sumpf französische Soldaten samt ihren Pferden steckengeblieben und versunken sind ...
· In einer 2-3-Tage-Tour können Sie im dichten Regenwald zum Kraterrand des **Sommet d'Ambre (1475 m)** klettern, ein anstrengendes, aber unvergeßliches Erlebnis. Direkt am Fuße des Gipfels Campingplätze.

Petite Cascade

Tip
Bei längeren Wanderungen vor allem bei Regen Vorsicht vor Blutegeln! Tragen Sie hohe, feste Schuhe und lange Hosen. Nehmen Sie immer einen Pullover und ein Regencape mit.

Reservat von Analamerana

Entfernung *von Diego: 60 km*
Größe*: 42.000 Hektar •* **Höhe***: bis zu 646 m*
Gründungsjahr*: 1956, seit 1997 für Touristen zugänglich*

Aktuelle regionale Reisetips (Hotels, Restaurants etc.) zu Analamerana entnehmen Sie bitte den gelben Seiten 213

Im Gegensatz zu Montagne d'Ambre ist Analamera, das größte Reservat im Norden, nur im Geländewagen und nur in der Trockenzeit erreichbar.

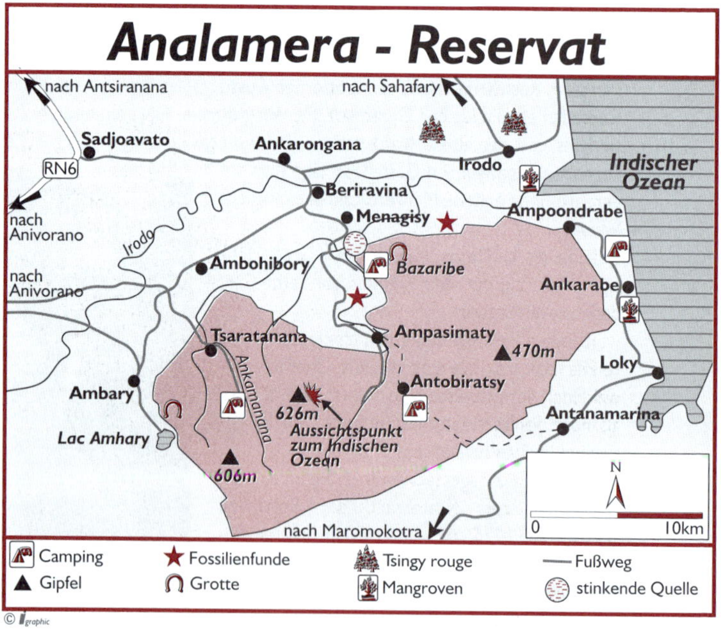

Analamera - Reservat

nach Antsiranana
nach Sahafary

Sadjoavato
Ankarongana
RN6
Irodo
Indischer Ozean
nach Anivorano
Beriravina
Menagisy ★
Ampoondrabe
Irodo
nach Anivorano
Ambohibory
Bazaribe
Ankarabe
★
Tsaratanana
Ampasimaty
▲470m
Ankaranana
Antobiratsy
Loky
Ambary
626m
Aussichtspunkt zum Indischen Ozean
Antanamarina
Lac Amhary
▲606m
nach Maromokotra

N
0   10km

🏕 Camping	★ Fossilienfunde	🌲 Tsingy rouge	— Fußweg
▲ Gipfel	⌂ Grotte	Mangroven	stinkende Quelle

© graphic

Anfahrt: die RN 6 etwa 50 km von Diego nach Süden bis zum Dorf *Sadjoavato*, dort auf die Piste Richtung Ostküste. Von *Ankarongana* oder *Irodo* geht man am besten zu Fuß bis zum Plateau von Analamera. Wer auf eigene Faust hierher fährt, besorgt sich am besten beim ANGAP-Büro in Diego oder **Anivorano Nord** eine Besuchserlaubnis und nimmt einen Guide mit.

Noch wird dieses Schutzgebiet selten besucht und ist nicht leicht zugänglich. Die Mitarbeiter des ANGAP-Büros in Diego bemühen sich sehr, ihr unbekanntestes Reservat, das zum „Schutzprojekt der Region Montagne d´Ambre" gehört, publik zu machen und sind gerne bei der Organisation eines Besuches behilflich. Immer mehr Reiseagenturen in Diego bieten Ausflüge nach Analamera an. Erkundigen Sie sich, ob sich die Veranstalter dort wirklich auskennen. Auch dabei helfen ANGAP oder der WWF. Im Park gibt es Campingmöglichkeit ohne jede Infrastruktur – Proviant und Wasser mitbringen, Müll wieder beseitigen!

Zeitplan
Von Diego aus mindestens eine Tagestour, besser: mit Übernachtung im Zelt.

Eingerichtet wurde das Reservat vor allem zum Schutz der **schwarzen Sifakas** *(Propithecus diadema perrieri*, s. S. 68). Man schätzt, daß nur noch 2000 Exemplare dieser seltenen Lemurenart ausschließlich in diesem Gebiet leben. 6 weitere Lemurenarten sind hier zu Hause, außerdem Plattschwanzgeckos, Adler und andere extrem seltene Tiere. Auch die Vegetation von Analamera ist höchst ungewöhnlich: Aufgrund der Höhenlage direkt am Indischen Ozean findet man in feuchten Flußtälern sowohl Palmen, Mangroven und andere Pflanzenarten, die für die Regenwälder an der Ostküste typisch sind, als auch Pachypodien und vier Arten von Baobabs, die sonst nur in Trockengebieten vorkommen. Sie wachsen auf den höheren und kargen Plateaus.

Schwarzer Sifaka

Die **Sehenswürdigkeiten** müssen erst noch erschlossen werden, sind aber mit guten Guides erreichbar: Grotten, Fossilienfundorte, „rote Tsingys" sowie eine „stinkende Quelle" (Source puante).

Von Antsiranana nach Ankárana

Zurück zur RN 6 und weiter Richtung Süden. 75 km südlich von Diego stößt man unweit der Hauptstraße RN 6 beim Dorf **Anivorano**-Nord auf den unscheinbaren **Lac Sacré (Lac Antanavo)**. Der wenige Kilometer nördlich des Ankarana-Reservats gelegene See spielt im Glauben der *Antanka-*

Adler (Haliaetus vociferides)

rana eine große Rolle. Der Legende nach existierte an dieser Stelle ein Dorf, in dem eines Tages ein fremder Wanderer – königlicher Abstammung – um ein Glas Wasser bat. Weil große Wasserknappheit herrschte, verwehrten ihm die Bewohner die Bitte, bis auf eine alte Frau. Überrascht von dieser großzügigen Geste, warnte er sie und ihre Familie, bevor kurze Zeit später das Dorf in einer großen Flut unterging. Heute noch werden die im See lebenden Krokodile als Reinkarnationen der Dorfbewohner verehrt und regelmäßig durch Zebuopfer besänftigt.

Vom Dorf Anivorano zum Seeufer geht man etwa ½ Stunde (4 km) zu Fuß.

INFO **Ambondromifehy – ein Dorf im Saphirrausch**

Etwa 80 km südlich von Diego Richtung Ambilobe, nahe des Ankarana-Reservats, reiht sich entlang der RN 6 kilometerweit ein provisorisch gezimmerter Bretterverschlag an den anderen. Inzwischen dürften es Tausende sein. Ein Dorf in Wildwestmanier, ohne Infrastruktur, wild gewachsen und in aller Eile zusammengeschustert. Ein bißchen herrscht Jahrmarktatmosphäre: Radios plärren, Kinder spielen, Männer sitzen mit Goldwaagen an der Straße und verhandeln über ihre neuesten Funde.

Gerüchten zufolge waren hier schon Anfang der 80er Jahre wertvolle Edelsteine aufgetaucht. Der Ansturm erfolgte aber erst 1995, als sich herumsprach, daß ein Bauer auf seinem Feld einen gigantischen blauen Saphir entdeckt hatte. Anfangs glaubte man an wertlose „Saphirs d'eau" – einfache „Wassersaphire". Niemand kannte sich aus: 3 Gramm schwere Stücke wurden für 10.000 FMG verkauft, die gut zwei Millionen wert waren. Zwischenhändler machten den großen Reibach. Schnell wurden die

Funde trotz aller Geheimhaltung publik. Anfangs kamen 50 „Goldgräber", bald waren es 15.000. Man hört Dialekte aus allen Teilen des Landes. Zwei kanadische Firmen erwarben Rechte zur Ausbeutung. Aber jeder Privatmann kann kommen, um sich eine kleine Parzelle Land zuweisen zu lassen.

Die Preise richten sich nach der Reinheit der Steine, aber auch nach den Notlagen der oft mittellosen Verkäufer. Ist einer gerade klamm, wechselt ein Saphir auch schon mal für ein paar Mark den Besitzer. Die Großhändler aus Tana, Senegal, Nigeria, Ghana und Übersee freuen sich in Diego auf die immer noch billigen Zwischenhändler.

Die ersten Saphire konnte man noch direkt vom Boden aufsammeln – präsentiert wie auf dem Silbertablett. Jetzt muß man tiefer graben: Die Erde ist in weitem Umkreis wie von Maulwurfhügeln übersät. Längst frißt sich der Strom der Schatzsucher mit Schaufeln und Sieb immer tiefer in das Land hinein – mit Argwohn beobachtet von den *Antankarana*, die ihre heiligen Flüsse und Berge bedroht sehen. Auch das Schutzgebiet von Ankarana ist vor dem Saphirfieber nicht mehr sicher.

Als 1998 ein Feuer ausbrach und einen großen Teil des Dorfes vernichtete, besannen sich die Behörden und erließen strenge Auflagen: Jeder müsse sich registrieren lassen und einen Ausweis vorweisen können (den in Madagaskar lange nicht alle Einheimischen haben), die Hütten müßten einen Sicherheitsabstand von 15 Metern zur Straße aufweisen, alle anderen würden abgerissen. Für kurze Zeit waren die Schatzsucher verunsichert. Aber sie wissen: Am nächsten Tag sind die Gendarmen verschwunden, und alles kommt wieder in Ordnung, das heißt zurück zum altbekannten Chaos, das vermutlich erst dann endet, wenn alle Saphirvorkommen erschöpft sind wie die Goldminen einige Jahrzehnte zuvor.

Reservat von Ankárana (= „spitzer Stein")

Entfernung: *Diego – Mahamasina 90 km, ca. 3-4 Stunden Fahrt*
Größe: *18.220 Hektar* • **Höhe:** *bis 300 m*
Gründungsjahr *als Spezialreservat: 1956*

 Aktuelle regionale Reisetips (Hotels, Restaurants etc.) zu Ankárana entnehmen Sie bitte den gelben Seiten 233

Anfahrt: RN 6 Richtung *Ambilobe*. Alle Taxifahrer in Diego werden sich darum reißen, Sie für etwa 100 DM hierher zu fahren. Schon die Fahrt nach Mahamasina entlang der östlich gelegenen Ausläufer der Gebirgskette von

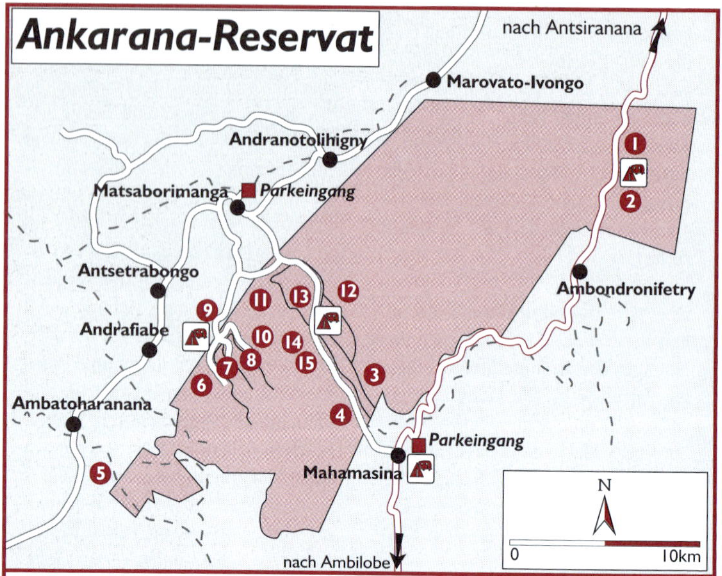

Ankarana-Reservat

nach Antsiranana

Marovato-Ivongo

Andranotolihigny

Matsaborimanga ■ Parkeingang

Antsetrabongo

Andrafiabe

Ambatoharanana

Ambondronifetry

Mahamasina

Parkeingang

nach Ambilobe

N

0   10km

1 Sentiers d'Analamahitsy
2 Sentier botanique des Princes
3 Perte d' eau
  (verschwundenes Wasser)
4 Grotte des chauve-souris
  (Grotte der Fledermäuse)

5 Grotte des crocodiles
  (Grotte der Krokodile)
6 Grotte de Milanintety
7 Canyon d'Andohalambo
8 Grotte d'Andrafiabe
9 Campement d'Andrafiabe

10 Rivière verte (Grüner Fluß)
11 Grotte d'Antsatrabonko
12 Grotte Primagoshe
13 Lac vert (Grüner See & Tsingy)
14 Campement Aniotra
15 Campement d'Amposatelo

© i graphic

Andrafiamena ist auch vom Taxi-Brousse sehenswert. Die spektakulären *Tsingys* innerhalb des Reservats erreicht man jedoch nur im Geländewagen

oder zu Fuß. Mehrtägige Ausflüge bieten alle Reiseagenturen in Diego an, oft inclusive Übernachtung im Zelt. Wenn Sie die schwer zugänglichen Höhlen und *Tsingys* besuchen wollen, ist es oft sinnvoll, sich einer Gruppe mit erfahrenem Guide anzuschließen. Sie können jedoch auch auf eigene Faust mit dem Taxi-Brousse bis **Mahamasina** fahren. Campingmöglichkeiten im Park.

Parkeingänge: Haupteingang und ANGAP-Büro bei Mahamasina, zwei weitere an der Westseite, die aber schwerer und nur im Südwinter zugänglich sind.

Das touristisch noch wenig erschlossene **Reservat von Ankárana** erstreckt sich zwischen der nördlich gelegenen *Montagne d'Ambre* und dem südlicheren großen *Tsaratanana*-Gebirgsmassiv.

Die *Tsingys du Nord* hat die UNESCO noch nicht – wie die Tsingy du Bemaraha – auf die Liste des Weltkulturerbes der Menschheit gesetzt. Trotzdem stellen auch sie ein einzigartiges Naturphänomen dar, bestehend aus meterhohen, rasierklingenscharf erodierten Kalksteinnadeln, tiefen Schluchten und Canyons und einem weitverzweigten unterirdischen Höhlen- und Flußsystem von mehr als 120 km Länge. Nur ein kleiner Teil dieses Höhlensystems wurde bisher erforscht. Obwohl nicht weit von den regenreichen *Montagnes d'Ambre* und nur etwa 50 km von der Ostküste entfernt, gleicht die Vegetation den Trockenwaldgebieten im Süden mit Baobabs, Pachypodien und Schraubenpalmen. Daneben weist es aber auch viele andere endemische Pflanzen und Tiere auf, die sich ausschließlich in dieser abgelegenen ökologischen Nische entwickeln konnten.

Für das **Volk der Antankarana** ist das unbewohnte Natur-Labyrinth heilig. Das gilt besonders für die Grotten: Bestattungsort ihrer Könige sowie Heimat der Ahnen und Totengeister, die nur wenige Einheimische und wenn, dann erst nach langen Zeremonien betreten.

*Tsingys d'Ankarana
(Tsingy du Nord)*

Dem Antankarana-König *Tsimiharo* (1810-1828) und seinem Gefolge dienten die Tsingys als Versteck vor den *Merina*, bis ihm die Flucht auf die Mitsio-Inseln gelang. Noch heute finden zu Ehren der Ahnen sogenannte **Tsangantsaigny**-Zeremonien statt, im Gedenken an die Flucht werden Pilgerfahrten nach Mitsio unternommen.

Im Ankarana-Gebiet gelten außergewöhnlich viele *Fadys*. Vielleicht ist das der Grund, warum die britische Forscherin *Jane Wilson* weder in Tana noch in Diego Auskünfte über die Tsingys erhielt, als sie Ende der 80er Jahre eine Expedition dorthin leitete. Sie nahm schließlich an, kaum ein Madagasse wisse überhaupt von der Existenz der sagenhaften Tsingys.

Lesetip
Jane Wilson: Lemurs of the lost world. Exploring the forests and crocodile caves of Madagascar. London 1990.

Seitdem sich WWF und ANGAP um das Reservat kümmern, haben auch die Reste des Trockenwaldes eine Überlebenschance, die inzwischen durch Brandrodung extrem bedroht sind. Auch die in Höhlen lebenden, von den An-

INFO   Tsangan tsaigny

Obwohl königliche Zeremonien zur Zeit des Sozialismus nicht gerne gesehen waren, pflegen die *Antankarana* wie vor Jahrhunderten ihre alten Traditionen. Ihr derzeitiger König, *Tsimiharo* III., hat seit 1982 den Thron inne.

Alle fünf Jahre feiern die Antankarana die heilige **Tsangantsainy**-Zeremonie: die Errichtung eines könig-

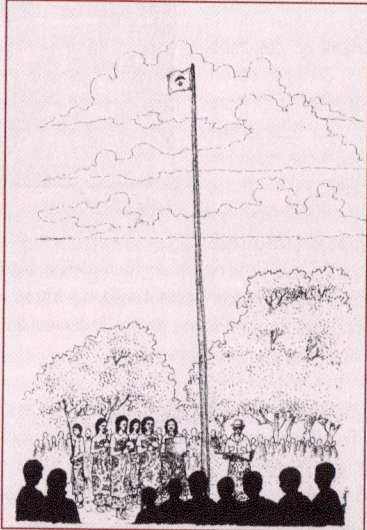

Tsangantsainy-Zeremonie mit dem Mât, dem königlichen Pfahl

"männlicher" und ein "weiblicher", werden mit *Lamba oanys* zusammengebunden und als Fahnenstange der königlichen Flagge in die Erde gestemmt. Verwittert der Baum, wird er durch einen neuen ersetzt. Dieses Ritual, das den Fortbestand der Dynastie versinnbildlicht, wird alle fünf Jahre nahe des Königshauses in **Ambatoaranana** praktiziert, der Hauptstadt des Antankarana-Reiches. Sie liegt etwa 20 km westlich von Ambilobe.

Das letzte Fest fand am 14. November 1997 statt – ein Freitag, denn nur an diesem Wochentag darf die heilige Zeremonie abgehalten werden. Was niemand erwartet hatte: Es kamen Zehntausende, einschließlich des Vizepremierministers und des Kultusministers. Auch die ranghohen Besucher aus Tana mußten sich an die strikten Gebote halten: Als Kleidungsstück waren nur *Lamba oanys* erlaubt, und niemand durfte Schuhe oder einen Hut tragen, aus Respekt vor den Ahnen.

lichen Pfahlmonuments, Symbol für die Vermählung zwischen der Königsdynastie mit der heiligen Erde des Antankarana-Reiches. Zwei Stämme des *Hazoambo*-Baumes, ein

Die Renaissance der Königsverehrung überraschte damals viele – nur nicht die Antankarana selbst. Man ist heute schon gespannt, wie viele Besucher beim nächsten Fest im Jahre 2002 teilnehmen werden.

tankarana als heilig verehrten Krokodile sind vom Aussterben bedroht. Den bis zu 6 Meter langen Echsen galt das besondere Interesse der britischen Expedition von Jane Wilson.

In den bewaldeten Schluchten tummeln sich 10 Arten von Lemuren: u.a. **Kronenmakis**, **Brauner Sanford-Maki**, **Wieselmakis**, **Diadem-Sifakas** und **Aye-Aye**. Sie sind scheu, aber mit Hilfe eines Führers haben Sie gute Chancen, einige Familien zu Gesicht zu bekommen. Im Ankarana-Reservat sind mindestens 13 Fledermausarten und 92 verschiedene Vogelarten beheimatet, darunter der pastellfarbene *Helm-Coua*. In den Höhlen wurden augenlose Fische entdeckt. Auch die anderen Besonderheiten des Reservates, den **botanischen Pfad**, **La Perte d'eau** ("verschwundenes Wasser"), **La Grotte des chauves-souris** (Grotte der Fledermäuse), **Krokodilgrotte**, den **Grünen See** (**Lac Vert**) und die Tsingys werden Sie nur mit einem guten Führer finden. Viele von ihnen weigern sich allerdings, die Höhlen zu betreten. Die größte von ihnen ist die 11 km lange **Grotte d'Andrafibe**, zu der Sie am besten vom gleichnamigen Dorf aus gelangen.

Weiterfahrt nach Süden Richtung Mahajanga
(s. Karte S. 460)

Wenn Sie Ihr nächtliches „Basiscamp" noch in Diego haben oder von dort mit einer organisierten Gruppe hier sind, werden Sie keine Zeit haben, weiter nach Süden zu fahren. Sie können nach Diego zurück und von dort aus die fantastische „Gewürzroute" im Nordosten anschließen, die sich vor allem zur Erntezeit der Vanille von Juni-November lohnt (s. S. 519).

Sind Sie jedoch alleine unterwegs und scheuen keinen mühseligen Landweg in die heiße Nordwestregion um Mahajanga, können Sie zunächst bequem im Taxi-Brousse von **Mahamasina** bis *Ambilobe* und von dort noch 100 km nach *Ambanja* weiterreisen. **Ambilobe** liegt mitten im größten Anbaugebiet von Zuckerrohr, nahe des fruchtbaren Mündungsdeltas des *Mahavavy*. Wenn Sie die Zuckerfabrik in Nosy Be verpaßt haben: Ein kurzer Ausflug im Taxi bringt Sie zur Zuckerfabrik SIRAMA samt einer ganzen Siedlung, die in den 50er Jahren nur für die Arbeiter aus dem Boden gestampft wurde.

Ambilobe ist kulturelles Zentrum der *Antankarana*, wo schon in längst vergangenen Zeiten bedeutende Schlachten zwischen den dominanten Merina und den Küstenbewohnern geschlagen wurden. Die Bewohner waren deshalb besonders stolz, als der hier gebürtige Ex-Präsident Albert Zafy Anfang der 90er Jahre wenigstens eine Wahlschlacht gegen die Merina gewann – wenn auch nur vorübergehend.

Bis **Ambanja** ist die RN 6 in hervorragendem Zustand. Wollen Sie von hier aus nach Nosy Be oder Nosy Komba, steigen Sie in Ambanja in ein Taxi um und lassen sich zu den Anlegestellen der Fähren bringen. Sie liegen wenige Kilometer nördlich beim Dorf **Antsahampano** und bei **Ankify**, wo auch einige idyllische Strandhotels zu finden sind (s. *regionale Reisetips*).

Aktuelle regionale Reisetips (Hotels, Restaurants etc.) zu Ambanja, Ankify und Ambilobe
entnehmen Sie bitte den gelben Seiten 207 u. 209

In der Umgebung von Ambanja lohnen sich Ausflüge zur tropisch bewachsenen *Halbinsel Ambaro* und der als heilig verehrten *Nosy Faly* mit Königsgräbern der Sakalava. Am Fluß *Sambirano* wachsen große Ylang-Ylang- und Kaffeeplantagen. In der Nordspitze der größeren, weiter südlich gelegenen *Halbinsel von Ampasindava* liegt die legendäre „Baie des russes", in der Anfang des Jh. russische Kriegsschiffe vor Anker lagen (s. S. 471).

Von Ambanja Richtung Südosten führt eine 60 km lange Piste zum Rand des streng geschützten, imposanten **Tsaratanana-Massivs** mit Madagaskars höch-

stem Berg, dem **Maromokotro** (2876 m). Das Naturschutzgebiet weist wegen seiner Höhenunterschiede von 200 bis knapp 3000 Metern eine extreme Artenvielfalt an Flora und Fauna auf.

Südlich von Ambanja ist die RN 6 keine Straße, sondern eine Katastrophe. Die Piste ist so schlecht, daß man die schöne Landschaft um den Ort **Maromandia** auf halber Strecke kaum genießen kann. Die-

Mercedes-Benz "en panne"

ses marode Verbindungsstück der RN 6 soll demnächst ausgebaut werden, bisher fehlte jedoch das Geld dazu. Erst nach ca. 190 km, kurz vor **Antsohihy**, erreicht man wieder die gut befahrbare Asphaltstraße nach Mahajanga. Von hier aus sind es noch 120 km (2 Std.) bis **Port Bergé** (Boriziny), wo die deutsche GTZ seit 1983 und voraussichtlich bis zum Jahre 2001 ein Entwicklungsprojekt betreibt, und weitere 310 km bis **Mahajanga**, der nordwestlichen großen Hafenstadt am großen Delta des *Betsiboka* (s. S. 539 und jeweils die *regionalen Reisetips*).

Aktuelle regionale Reisetips (Hotels, Restaurants etc.) zu Antsohihy, Port Bergé und Mahajanga
entnehmen Sie bitte den gelben Seiten 233, 262 u. 242

Die Vanilleroute –
von Antsiranana an die Nordostküste
über Ihárana (Vohémar), Sambava, Andapa und Antalaha zur Halbinsel Masoala

Entfernungen
Antsiranana - Ambilobe 138 km (2 ½ -3 Std.)
Ambilobe – Iharana (Vohémar) 171 km (6-8 Std. im Pick Up, 10-16 Std. im Taxi-Brousse, manchmal auch mehrere Tage!)
Iharana – Sambava 146 km (ca. 4 Std.)
Sambava – Andapa (Marojezy) 95 km (ca. 3 Std.)
Sambava – Antalaha 90 km (3-3 ½ Std. im Taxi, 4-5 Std. im Taxi-Brousse)

Verkehrsverbindungen
s. regionale Reisetips

Straßenverhältnisse
Die 1996 neu asphaltierte RN 6 von **Diego nach Ambilobe** fahren Taxi-Brousses in 2-3 Stunden. Die RN 5a genannte Piste weiter von **Ambilobe nach Iharana** ist bisher in der Regenzeit so gut wie unpassierbar. Erkundigen Sie sich, ob sie inzwischen geteert wurde. Bis dahin müssen Sie in der Trockenzeit für die Fahrt von Diego nach Iharana mindestens einen Tag einplanen. Von Oktober bis April kann die Strecke zu einer Art Überlebenstraining werden – manche Reisende haben fünf Tage gebraucht.
Zwischen den Städten an der Nordostküste sind die Verbindungen aus Transportgründen gut. Nach einem Zyklon wurde die Straße **Iharana – Sambava** 1996 neu gemacht; die schmale Piste **Sambava – Antalaha** ist bei Trockenheit gut befahrbar.
Unser Tip, solange die Piste nach Iharana nicht asphaltiert ist: Fliegen Sie entweder nach Sambava oder Iharana und fahren Richtung Süden bis Antalaha oder umgekehrt. So sparen Sie viel Zeit. Die Piste nach Iharana führt zwar durch abwechslungsreiches, aber weitgehend trockenes Gebiet; der interessanteste Teil beginnt weiter südlich.

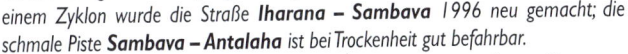

Vanille

Tip
Achten Sie darauf, daß Sie nicht nur ein Wochenende einplanen – die meisten Vanille- und Kokosplantagen haben dann geschlossen.

Nordosten-Vanilleroute

Ankarana Reservat
Reservat Analamera
Ambanifilao
758m Andre Fiamena
Betsiaka
Ambilobe
Daraina
Nosibe
Ampisikinana
Mahesoa
Iharana (Vohemar)
Milanoa
Fanambana
Andrafainkona
Antalovana
Amboriala
Manakana
Ampanefena
Bemarivo
Anjialava
Tanamboa-Daoud
Amboahangibe
Bemanevika
Doany
Andatsakala
Sambava
2133m
Nationalpark Marojezy
Farahalana
Belaoka
Lokoho
Andapa
Amboditetezana-Sahana
Ampahana
Antsambalahy
Antsabanoro
Maromandia
Antalaha
Anjanazana
Ankavanana
Antsirabato
Ambohitralanana
Onive
Maroantsetra
Cap Est
Nosy Mangabe
Nationalpark Masoala
1105m
Bucht von Antongil
Halbinsel Masoala
Ampanavo
Vinanivao

0   50km

© i graphic

Überblick

Die Region an der Nordost-küste zählt zu den interessan-testen, abwechslungsreichsten und gleichzeitig abgelegensten Gebieten Madagaskars und ist dennoch touristisches Brach-land.

Eine Enklave für sich: Von Antsiranana im Norden und den mittleren Landesteilen ist sie durch hohe Gebirge ge-trennt, von den anderen Kü-stenstädten an der südlichen Ostküste durch den undurch-dringlichen Regenwald der Halbinsel Masoala.

Schon vom Flugzeug aus er-kennt man die Schönheit die-ser Landschaft: Zerklüftete, rotbraun erodierte Gebirge wechseln sich ab mit grünen Waldgebieten, abgeholzten Tä-lern und Savannen. Dazwischen das helle Grün der Reisfelder und das Dunkelgrün der kilo-meterlang in Reih und Glied stehenden Kokospalmen auf riesigen Plantagen. Zahllose In-seln und die Mündungen gro-ßer Flüsse unterbrechen die Küstenlinie, wo der Indische Ozean – wie überall an der Ostküste – wild und stürmisch an die unberührten, weißen Strände rollt.

Fliegt man in einer kleinen Propellermaschine weiter südlich über die Halbinsel Masoala, fühlt man sich weit ab von jeder Zivilisation wie über dem gigantischen Urwaldgebiet des Amazonas.

Klimatisch hat hier jedes Gebiet sein eigenes Mikroklima – generell wird jedoch die gesamte Region von so reichhaltigen Niederschlägen bedacht, daß die Bedingungen für den Anbau von Vanille, Kaffee, Gewürznelken, Zimt, Pfeffer, Früchten und Gemüse extrem günstig sind. Das **Becken um Andapa** ist eines der größten Reisanbaugebiete Madagaskars. Im **Nationalpark von Marojezy** fällt mit 3000 mm Niederschlag pro Jahr und in **Masoala** mit 4000 mm der meiste Regen auf der ganzen Insel. Selbst in der Trockenzeit regnet es auch an der Küste fast jeden Tag.

Dank der klimatischen Bedingungen und fruchtbaren Böden stellt heute der Nordosten auch wirtschaftlich eine Besonderheit dar. Im 19. Jh. war das noch anders: Viele Landstriche waren kaum besiedelte Sumpfgebiete und

Gewürznelken

wurden erst durch einwandernde *Tsimihety* und andere Volksgruppen aus dem Hochland und Südosten erschlossen. Eine kleine, weiße Orchidee verhalf dann der Region zu ungeahntem Reichtum. Pflanzer aus La Réunion führten Anfang des 20. Jh. die **Vanille** ein, weil ihre alten Plantagen den steigenden Weltmarktbedarf nicht mehr decken konnten. Viele „Vanille-Barone", wie die chinesischen Familien *Lopat* und *Lohman*, haben sich seither eine goldene Nase verdient – ihre Villen stehen vor allem in den Hafenstädten Sambava und Antalaha.

In der 24.000 km² großen Region **SAVA** – benannt nach den vier Kleinstädten **Sambava, Antalaha, Vohémar** und **Andapa** – wurden lange Zeit 80 % des Weltbedarfs an Vanille produziert. Synthetische Ersatzstoffe und andere Billiganbieter machen Madagaskar allerdings zunehmend Konkurrenz (s. Kapitel *Wirtschaft*).

Sambava, früher wichtigste Handels- und Hafenstadt der Region, hat diesen Rang inzwischen an Iharana und Antalaha abgegeben; Antalaha ist außerdem Sitz der Präfektur und Verwaltungszentrum. Von hier aus werden auch die anderen Exportgüter verschifft: Kaffee, Kokosöl, Nelken, Reis.

Neben den hier ansässigen *Betsimisaraka* und eingewanderten *Tsimihety* ist die SAVA-Region ein Siedlungsschwerpunkt der *Chinesen*, deren Vorfahren zwischen 1900 und 1920 u.a. für den Bau der Eisenbahn nach Madagaskar kamen. Ihnen untersteht heute ein großer Teil der Plantagen und des Handels.

Ihàrana

*(gebräuchlicher: **Vohémar**, von Vohitsa Maro = „wo es viele Dörfer gibt")*

Aktuelle regionale Reisetips (Hotels, Restaurants etc.) zu Ihàrana
entnehmen Sie bitte den gelben Seiten 238

Der erste größere Ort an der RN 5a hinter Ambilobe. Auch entlang der Küste zwischen Antsiranana und Ihàrana existieren keinerlei größere Siedlungen. Vohémar, ein unscheinbarer und wenig aufregender Ort mit neu ausgebautem **Hafen**, liegt an einer durch Korallenriffe geschützten Bucht mit schönen Stränden. Häufiger als Touristen kommen Geschäftsleute aus der Region, die sich um die Verschiffung von Gewürzen, Reis aus Andapa und Rindern aus den trockeneren nördlichen Gebieten kümmern.

Die Umgebung von Vohémar ist Siedlungsgebiet der *Sakalava*, *Tsimihety* und *Betsimisaraka*.

Ausflüge

· In der Umgebung von Vohémar findet man noch heute Grabstätten islamischer Einwanderer, die im 9. Jh. hier gelandet sein sollen. Archäologen haben außerdem chinesische Kunstgegenstände aus dem 12. Jh. entdeckt.

· **Lac Andranotsara** (Lac Vert)
7 km südlich von Vohémar. Ähnlich wie im *Lac Sacré* nahe des Ankarana-Reservats wimmelt es auch in diesem See angeblich von Krokodilen, die als Verkörperung der Ahnen verehrt und durch regelmäßige Zebuopfer gnädig gestimmt werden. Auch hier soll einst ein Dorf gestanden haben. Nach der Ankunft eines siebenköpfigen, tonnenschweren Ungeheuers, das hier ein Schläfchen halten wollte, wurde es jedoch in den Boden gedrückt und von nachfließendem Wasser überschwemmt. Die Bewohner sollen auch hier als Krokodile weiterleben ... Achtung: Baden ist wegen der Krokodile und *Fadys* verboten.

Von Ihàrana nach Sambava
Entfernung: 146 km (ca. 4 Std.)

Die Gegend südlich von Ihàrana ist zuerst noch trocken, man fährt durch savannenartige Grasflächen, später durch Reisfelder, Plantagen und überquert immer wieder wasserreiche Flüsse. Schon weit vor Sambava beginnen die endlosen Kokosplantagen, die sich entlang der Strände kilometerweit in den Süden ziehen.

Sambava

(von Sahambavany, was angeblich so viel heißt wie „da, wo sich die Flüsse ins Meer werfen, nachdem sie zusammengekommen sind")
ca. 20.000 Einwohner

Aktuelle regionale Reisetips (Hotels, Restaurants etc.) zu Sambava
entnehmen Sie bitte den gelben Seiten 266

Taxi-Brousse-Station in Sambava

Sambava, neben Antalaha Hauptstadt der Vanille, ist ein lebhaftes kleines Städtchen, wenn man nicht gerade mittags oder am Wochenende ankommt. Schon die Lage ist hitverdächtig: direkt am Meer, an der Mündung des gleichnamigen Flusses und zwischen den Mündungen des großen *Bemarivo* im Norden und *Lokoho* im Süden, mit Blick auf das **Marojezy-Massiv** im Westen. Sambava war schon zu Kolonialzeiten wegen seiner traumhaften Strände ein beliebter Badeort. Man kann herrlich am Meer spazierengehen, ab und zu begegnet einem ein Zebu oder ein Hund. Angeblich kann man auch haifischsicher schwimmen – fragen Sie vorsichtshalber die Einheimischen, je nach Strandabschnitt. Für ein paar Tage gibt es hier genug zu entdecken. Junge Madagassen, die man am

Redaktions-Tips

· **Strände** ohne Ende (S. 523/529)
· Per Piroge flußaufwärts: **Flußfahrten** auf dem *Sambava, Lokoho, Bemarivo* (S. 528)
· Aromatische Düfte: Besuch der **Vanille-, Nelken-, Peffer-, Kaffee- und Kakaoplantagen** (S. 524/525)
· Palmen über Palmen: Besuch der **Kokosplantage Soavoanio** (S. 524)

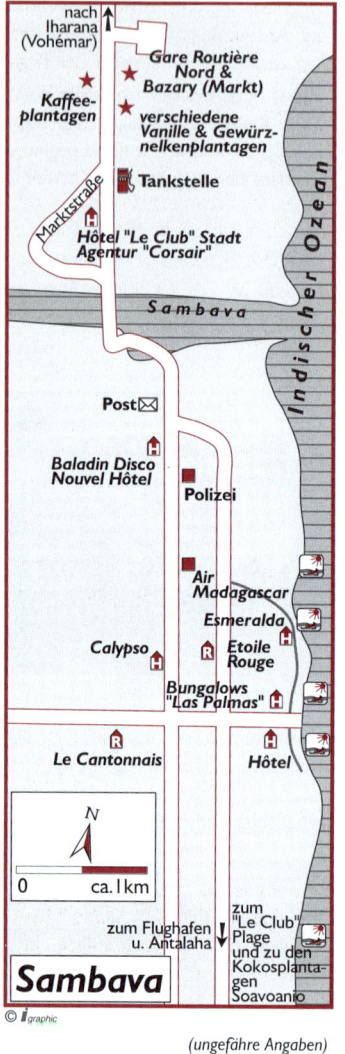

Sambava

© *i graphic*

(ungefähre Angaben)

Wochenende in den Discos trifft, klagen dagegen, daß sie vor Langeweile sterben. Das ist wahrscheinlich nicht anders als auf dem Dorf bei uns.

Der Ort besteht im wesentlichen aus zwei parallel zum Meer verlaufenden Straßen. An der **Flußmündung** „parken" Pirogen, laden Lebensmittel ein und aus oder paddeln gemächlich den ruhigen Strom entlang. Fischer nehmen Sie gerne mit zu einem Ausflug. Im kleinen **Ortszentrum** an der Flußbrücke sind Banken, Post und Polizeistation angesiedelt, eine Tankstelle, einfache Hotels, ein paar Reisebüros, Lebensmittelläden, Discos und am „Straßenknick" kurz hinter der Brücke sogar eine Marktstraße für Textilien.

Nördlich der Brücke liegt vom Zentrum aus rechter Hand die *Taxi-Brousse-Station*, die die nördlichen Ziele wie Andapa und Vohémar bedient und gleichzeitig als großer *Marktplatz* fungiert. In diesem Teil der Stadt haben sich auch die meisten Vanille-, Nelken- und Kaffeehändler niedergelassen.

Zum Büro von *Air Madagascar* geht man vom Fluß aus etwa einen Kilometer die Hauptstraße entlang in südliche Richtung. Nicht weit entfernt am Meer die „besseren" Hotels und Bungalowanlagen, darunter das „*Las Palmas*". Am südlichen Ortsende liegt der zweite *Busbahnhof*. Etwa 1½ Kilometer außerhalb der winzige *Flughafen* und, fast gegenüber, der Eingang **zur Kokosplantage Soavoanio**.

Flächenmäßig ist diese knapp 5000 Hektar große Plantage eine der größten der Welt. Sie erstreckt sich nördlich und südlich von Sambava über ein Küstengebiet von 60 km Länge. Zu 78 % in staatlichem und 22 % in privatem Besitz, werden hier jährlich 30 Millionen

Kokosplantage von Soavoanio

Kokosnüsse zu 3500 Tonnen Kopra, Industrieöl, Seife, Bratfett, Tierfutter und Kosmetikprodukten verarbeitet. Soavoanio beschäftigt als größter Arbeitgeber der Region 1200 Arbeitskräfte, dazu kommen zur Haupterntezeit von Juni-November 200 Saisonarbeiter.

Seit Oktober 1997 praktiziert man biologisch kontrollierten Anbau ohne den Einsatz von Pestiziden. Ob man so dem Nashornkäfer, dem Palmenschädling Nummer 1, beikommen kann, muß abgewartet werden.

Plantage, Ölfabrik und Zuchtanlagen kann man besichtigen (wochentags von 7-14 Uhr, samstags von 7-10 Uhr). Lassen Sie sich die verschiedenen Palmenarten zeigen: Es gibt afrikanische und Goa-Zuchtpalmen, Mischlinge und sogar kastrierte Kokospalmen! Tröstlich bei der Besichtigung: Es sind nur wenige Todesfälle pro Jahr durch herunterfallende Kokosnüsse zu beklagen. Die Wahrscheinlichkeit, selbst getroffen zu werden, ist dabei nicht sehr hoch.

Auch südlich von Sambava finden Sie kleinere Vanilleplantagen und -betriebe. Die meisten Plantagen stehen Besuchern zu unterschiedlichen Zeiten offen.

INFO   **Vanille – das schwarze Gold**

Auch in anderen Teilen Madagaskars werden Gewürze angebaut, aber nirgendwo in solchen Mengen wie hier. Die Region SAVA gehört zu den größten Vanilleanbaugebieten der Welt. Sie deckt heute über die Hälfte des weltweiten Bedarfs. Die Hauptproduzenten, Madagaskar, die Komoren und Réunion (früher Bourbon), haben sich 1964 zur *„Alliance de la Vanille"* zusammengeschlossen – das dort exportierte, qualitativ hochwertige Produkt der echten Vanille, der **Vanilla planifolia Andrews Orchidaceae**, wird unter dem Handelsnamen *„Bourbon-Vanille"* verkauft. Seitdem dieses Kartell nicht mehr existiert, verfallen die Preise auf dem Weltmarkt immer mehr.

Nahe der Kokosplantage Soavoanio kann man das **Projekt „Stabex"** besichtigen. Eine Versuchsanlage, in der getestet wird, auf welchen Wirtspflanzen und welchen Böden die „Schmarotzerpflanze" Vanille am besten gedeiht, ohne daß die Wirte absterben. Aufgrund der großen Konkurrenz auf den Weltmärkten setzt Madagaskar darauf, die jetzt schon erstklassige Qualität noch weiter zu optimieren. Durch ihr überragendes Aroma hat sich die natürliche Vanille in den letzten Jahren wieder einen guten Markt zurückerobert, nachdem *synthetisches Vanillin* jahrelang die Produktion des natürlichen stark gefährdet hatte. Nach Safran zählt Vanille zu den teuersten Gewürzen der Welt und bringt Madagaskar 30 % seiner Deviseneinnahmen. Ein Kilo Vanilleschoten erzielte 1994 einen Großhandelspreis von rund 31 DM, Extrakt aus Naturvanille kostet heute etwa 150 DM pro Kilo.

Die Vanille stammt aus der Fruchtkapsel einer ursprünglich

Kletterpflanze Vanilla planifolia

aus *Mexiko* kommenden Kletterorchidee. Da außerhalb ihrer Heimat die zur Bestäubung nötigen stachellosen Bienen und Kolibris fehlen, muß jede Blüte, innen gelb, außen zartrosa, vorsichtig per Hand bestäubt werden.

Dieses Verfahren wurde erst 1836 von dem Forscher **Charles Morren** in Liège entdeckt. Andere Quellen von 1841 nennen als Entdecker den Sklaven **Edmond Albis** auf Réunion. Schon lange hatten die Europäer versucht, Vanille zu züchten – ohne Erfolg. Die ersten Früchte kamen um

1520 nach Europa, als spanische Eroberer aus der Neuen Welt nicht nur Gold mitbrachten, sondern auch zwei exotische Pflanzen: Kakao und ein unbekanntes Gewürz, das sie „*vanilla*" nannten, zu deutsch: kleine Hülse. Ihr einzigartiger Geschmack machte sie bald in allen europäischen Herrscherhäusern zur beliebten Kostbarkeit.

Erst nach der Entdeckung von Morren bzw. Albis stand einem kommerziellen Anbau nichts mehr im Wege. 1846 brach Frankreich das Vanillemonopol Mexikos. Die französischen Kolonien Madagaskar, Réunion und Komoren avancierten bald zu den wichtigsten Produzenten.

Botaniker unterscheiden rund *60 Arten* der Vanille. Allein 5 Arten kommen auf Madagaskar vor, nur drei davon sind Kulturpflanzen, und nur die eine, *Vanilla planifolia*, gilt als die „echte" Vanille. Je nach Region und Mikroklima liegt die *Zeit der Vanilleblüte* zwischen August und November bzw. Oktober bis Dezember – geerntet wird 6-9 Monate später. Tausende von Saisonarbeitern pflücken dann die noch grünen 10-15 cm langen und 5-15 mm dicken Fruchtkapseln, die alle bereits den eingravierten Stempel mit den Initialen des Besitzers tragen – zum Schutz gegen Diebstahl! Vanille ist „schwarzes Gold" und so kostbar, daß die Anbaugebiete durch Absperrungen mit Schlagbäumen geschützt sind. Auf Vanilleschmuggel stehen hohe Gefängnisstrafen.

Sowohl die Zeit der Blüte als auch die Erntezeit haben ihren eigenen Reiz. Zur **Erntezeit** in *Sambava* im Juni-Sept./Okt., in *Andapa* etwas später, ist die Luft erfüllt vom unverwechselbaren, aromatischen Duft der Vanille. In jedem Dorf, an fast jeder Straße liegen die langen, braunen „Schoten" zum Trocknen in der Sonne ausgebreitet, auf einfachen Strohmatten oder extra angefertigten langen Holzvorrichtungen auf Pfählen, die eine gute Belüftung von unten ermöglichen. Auch Kleinbauern bauen heute Vanille an und verkaufen sie an die großen Genossenschaften.

In den Dörfern liegen Vanilleschoten zum Trocknen aus

Lange Zeit wurde das von den Kolonialherren praktizierte Vermarktungs- und *Handelsmonopol* von einheimi-schen Großgrundbesitzern aufrechterhalten. Nach der teilweisen Privatisierung des Monopols haben vor allem eingewanderte Chinesen, Inder und Pakistani das Exportgeschäft übernommen. Die Kleinerzeuger sind zu wenig organisiert und haben kaum Lagermöglichkeit, um in dem gewinnträchtigen Zwischen- und Exporthandel ihre eigenen Interessen zu vertreten und einen angemessenen Preis auszuhandeln.

Ob die Vanille später zum erstklassigen Spitzenprodukt oder nur als drittklassiger Extrakt genutzt wird, hängt vor allem vom komplizierten *Trocknungs- und Fermentationsverfahren* ab. Es erfordert Erfahrung, Fingerspitzengefühl und enorm viel Handarbeit: Zuerst werden die Schoten 1-3 Minuten lang mit 60-70° heißem, nicht kochendem Wasser behandelt (wie lange, hängt von den Schoten ab), danach täglich etwa 3 Stunden in der Sonne getrocknet, nachts zum „Ausschwitzen" in Tuch verpackt und dabei streng bewacht, um eine unbeabsichtigte Fermentierung zu verhindern. Jede Schote wird einzeln von Hand geprüft! Da es in der Region häufig regnet und überraschender Regen die gesamte Ernte verderben kann (die Vanille fermentiert dann und verschimmelt), müssen zur Ferienzeit auch schon mal Schulräume als Trockenraum herhalten. Ein weißer Belag muß aber nicht Schimmel sein: Oft handelt es sich um eine wertvolle Ansammlung feiner Vanillinkristalle.

Die Spitzenqualität, „Nr. 14", zeichnet sich durch besondere Größe, Dikke und Farbe aus sowie natürlich durch die optimale Trockenheit – wie bei einer Zigarre darf sie nicht zu feucht sein und schon gar nicht ausgedorrt. Je nach Güte kann sie bis zu 2 Jahren lagern.

Vanille ist ein reines *Exportprodukt*. Es gibt kaum ein madagassisches Rezept, in dem sie benutzt wird, und wenn, dann für die „Veredelung" von Rum. Hauptabnehmer der weltweit gehandelten 2000 Tonnen Vanille sind amerikanische Hersteller von Cola-Getränken und Speiseeis, aber auch Parfum- und Schokoladenproduzenten. In Europa ist Deutschland der größte Vanilleimporteur, gefolgt von Frankreich, Holland und der Schweiz. Seitdem die staatliche Preisbindung für Vanille 1996 in Madagaskar aufgehoben wurde, herrscht ein starker Konkurrenzkampf auch der Genossenschaften untereinander.

Tip
Wenn Sie die Betriebe besichtigen wollen, fragen Sie nach den jeweils unterschiedlichen Öffnungszeiten. Besichtigungen mit sachkundiger Führung werden auch von den Reisebüros in Sambava angeboten.

Ausflüge

Außer einem Besuch auf den Vanille-, Pfeffer-, Nelken-, Kakao- oder Kaffeeplantagen bieten sich Ausflüge in die Umgebung an.

• Fragen Sie in Ihrem Hotel, in einem örtlichen Reisebüro oder bei den Fischern nach **Pirogenfahrten** auf den „**Fjorden**" des *Sambava*-Flusses oder zu einem der zahlreichen **Seen** (z.B. *Lac Andamoty, Lac Antahomaro, Lac Ankihidy*).

• Der relativ große **Lac Antahomaro** (auch Andohabe) ca. 9 km südlich von Sambava gilt als heilig, zu beachten sind zahlreiche Fadys. Angeblich leben im See sowohl Meeresfische als auch Krokodile – beim Baden ist also Vorsicht geboten! Das Gewässer liegt in schöner Umgebung, besonders hübsch ist das gleichnamige Dorf, in dem kunstvolle Matten und Flechtarbeiten aus Seegras hergestellt werden. Die Dorfbewohner sind freundlich und zeigen gerne ihre Kunstwerke.

• Bei **Flußfahrten** den *Lokoho* hinunter haben Sie gute Chancen, Krokodile, Lemuren, Wildenten, Echsen und Chamäleons zu entdecken. Die meisten organisierten Ausflüge bringen Sie im Auto ein Stück den Fluß hinauf, mit der Piroge paddeln Sie zurück in Richtung Mündung.

• Pflanzenliebhaber kommen in dem kleinen **Reservat von Manantenina** auf ihre Kosten. Hier wachsen die Orchideenarten *Angraecum, jumellea, lissochillus* u.a.

Tips

· *Ein paar wunderbare Tage zur Entspannung, verbunden mit interessanten Ausflügen, kann man im preiswerten 3-Sterne-Hotel* **„Le Club Plage"** *verbringen. Es liegt südlich des Ortsausgangs in der Nähe des Flughafens, direkt am Meer, in einem blühenden Garten mit hohen, schattenspendenden Bäumen, Krokodilgehege (!) und freilaufenden Schildkröten. Man wohnt in gepflegten, idyllischen Holzbungalows rund um den Swimmingpool und ein in jeder Hinsicht geschmackvolles Restaurant. Einziger Nachteil: abends nur mit dem Taxi erreichbar. Der französische Patron, Monsieur Dubois, und das liebenswürdige Personal holen ihre Gäste aber nach Absprache ab und helfen bei der Planung von Ausflügen (zum Hotel gehören das Reisebüro* **„Le Corsaire"** *und das einfache Stadthotel* **„Le Club"** *im Zentrum).*

„Le Club Plage"

· *Etwas teurer sind die gemütlichen Holz-Bungalows im 3-Sterne-Hotel* **„Las Palmas"**, *mit Klimaanlage und Warmwasser, ebenfalls direkt am Meer, aber etwas „zentraler". Die Anlage ist schön, das Personal, freundlich ausgedrückt, „gelangweilt", aber vielleicht war das nur außerhalb der Saison so wie bei unserem letzten Besuch. Auch die sonst äußerst beliebte Strand- und Snackbar war damals geschlossen.*

· *Gourmet-Restaurants wird man in Sambava vergeblich suchen – einigermaßen gut und vor allem spottbillig essen kann man in den chinesischen Restaurants* **„Etoile Rouge"** *oder* **„Le Cantonnais"**.

(s. regionale Reisetips)

Abstecher nach Andapa und zum Marojezy-Nationalpark
Entfernung: 95 km (ca. 3-5 Std.)

Aktuelle regionale Reisetips (Hotels, Restaurants etc.) zu Andapa und zum Marojezy-Nationalpark
entnehmen Sie bitte den gelben Seiten 213

Von der Taxi-Brousse-Station Nord in Sambava starten Taxi-Bes und gelegentlich auch Busse Richtung *Andapa.*

Dieser Ausflug lohnt sich schon wegen der knapp 100 km langen Fahrt durch eine herrlich grüne Gebirgslandschaft, auch wenn durch Brandrodung immer mehr Wald verschwindet. Taxifahrer verlangen für die Strecke oft mehr als für die fast gleich lange Fahrt nach Antalaha, weil sie auf der Straße nach Andapa mehr Sprit verbrauchen: Sie führt Richtung Südwesten fast ständig bergauf, über zahlreiche Pässe und über weite Strecken entlang der Grenze des neu eingerichteten *Nationalparks von Marojezy* durch dichten, undurchdringlichen Regenwald. Wenn Sie nicht mit dem Taxi-Brousse unterwegs sind, werden Sie wahrscheinlich oft anhalten, um die spektakulären Ausblicke zu fotografieren.

Andapa selbst hat wenig zu bieten, außer seiner traumhaften Lage am südlichen Zipfel des Nationalparks und am östlichen Rand der *Hochebene von Ankaibe*. Das fruchtbare Tal ist nach der Region um den Lac Alaotra die zweitgrößte Reiskammer Madagaskars, umgeben von dichtem Regenwald. Im Norden ragen die Berge des bis zu 2133 m hohen Marojezy-Massivs empor. Unerschrockene Abenteurer starten in Andapa einen etwa 200 km langen Fußmarsch durch die **Halbinsel Masoala** bis zur Küstenstadt Maroantsetra. Wer vor einem solchen Trekk nicht zurückschreckt, kann es sich aber wenigstens etwas einfacher machen und von Antalaha aus loswandern (s.S. 534).

Das 600 km² große Naturreservat von **Marojezy** ist zwar 1998 zum **Nationalpark** deklariert worden, die Erschließung einer touristischen Infrastruktur steht jedoch noch ganz am Anfang. Der Park beherbergt je nach Höhenlage verschiedenste Vegetationsformen, von dichtem Regenwald über Bergnebelwald bis zu Gebirgsvegetation über 2000 m, und zählt zu den artenreichsten Biotopen der Erde.

Außer zahlreichen endemischen Arten von Vögeln, Chamäleons, Insekten und Amphibien sind in Marojezy verschiedenen Lemurenarten wie *Bambuslemuren*, *Mausmakis* und *Braune Lemuren* zu Hause.

Tip

Erkundigen Sie sich bei den Reiseagenturen in Sambava nach dem aktuellen Stand, welches WWF- oder ANGAP-Büro derzeit für Marojezy zuständig ist. Bis Anfang 1999 war es das WWF-Büro in Andapa. Das dem Park am nächsten gelegene Dorf ist Manantenina auf dem Weg nach Andapa. Übernachtung in Andapa oder Sambava, Campingmöglichkeit im Park.

Von Sambava nach Antalaha
Entfernung: 90 km (ca. 3-4 Std.)

Diese kleine Pistenstraße, die zeitweise am Meer entlang führt, zeitweise auch etwa 4 km parallel im Landesinnern verläuft, gehört zu den landschaftlich reizvollsten und abwechslungsreichsten Strecken der ganzen SAVA-Region. In der Trockenzeit ist die Piste kein Problem. Bei Regen kann der rote Laterit unpassierbar rutschig werden. Etwa 10 km südlich von Sambava sollten Sie einen kurzen Abstecher zum **Lac Antahomaro** machen (s.S. 528). Sie fahren durch idyllische kleine Dörfer, überqueren fast 30 Brücken und Flüsse, kommen an Mango-, Lychee-, Pfeffer-, Kaffee- und Kakaoplantagen und wilden Vanillepflanzen vorbei. Es riecht nach Nelken, Zimt und geröstetem Kaffee. Im Juli/August liegt in fast jedem Dorf, an fast jeder Straße Vanille zum Trocknen aus. Später passiert man Reisfelder, die aufgrund der reichhaltigen Niederschläge 2-3 Ernten pro Jahr bringen. Dann wechseln sich Palmen mit Resten von Primärwald, ganzen Ravenala-Wäldern und Kokosplantagen ab. In einer Märchenlandschaft begegnen Sie Schmetterlingen, Chamäleons und, wenn Sie sehr viel Glück haben, auch *Kokotelys*, „petits monsieurs" oder „kleine Menschen". So nennen die Einheimischen eine hier lebende Maki-Art.

Kaffeeblüten und -beeren

Donnerstags ist Markt im Dorf **Farahalana**. In **Maheva**, einem malerischen Dorf am Fluß *Lokoho*, können Sie in Pirogen den Fluß hinunterfahren. Für eine Rast bietet sich etwa auf halber Strecke **Ambodiposahana** an, wo man sich mit Kokosnüssen, gebratenen Bananen, gekochten Eiern und Samosas stärken kann.

Wenige Kilometer vor Andapa verläuft die Straße wieder am Meer entlang. Man passiert den obligatorischen Schlagbaum, der sicherstellen soll, daß Sie nicht illegal große Vanillekisten aus dem Land transportieren.

Antalaha
(= „wo es viel Wasser gibt")

Aktuelle regionale Reisetips (Hotels, Restaurants etc.) zu Antalaha
entnehmen Sie bitte den gelben Seiten 215

Antalaha – der letzte Ort fast am südlichen Ende der RN 5a, der noch einigermaßen bequem mit dem Auto erreichbar ist, besteht nur aus wenigen Straßen. Bank, Postamt, Handelskammer, WWF-Büro, das Büro von *Air Madagascar* sowie die meisten der einfachen Hotels finden Sie in der Nähe des Hafens. Die Strände sind traumhaft – werden aber touristisch kaum genutzt. Im höher gelegenen Stadtteil befinden sich Marktviertel und kleine *Hotely Gasy*. In einer guten Stunde hat man Antalaha abgeklappert, einschließlich einiger schummeriger Musikkneipen (in Form von Hinterzimmern mit laut wummernden Ghettoblustern) und einem kleinen meereskundlichen Museum in Hafennähe. Sonntags sorgt inbrünstiger Gesang aus zahlreichen Kirchen für etwas mehr Leben im Ort.

Was man auf den ersten Blick nicht sieht: Dieses kleine Nest mit Wildwestatmosphäre war bis vor kurzem Zentrum des größ-

Antalaha

tes Vanilleanbaugebietes der Welt. Jahrzehntelang wurden hier über 80 % des Weltbedarfs produziert, nachdem Pflanzer aus Réunion um 1905 die ersten Vanillepflanzen nach Antalaha gebracht hatten. Inzwischen sinkt der Absatz, aber immer noch sind sowohl die Plantagen sehenswert als auch die großen Hallen, in denen die Schoten zu Bündeln sortiert und verpackt werden. Fast die ganze Region lebt von Vanille, einschließlich Hunderter von Saisonarbeitern. Hinzu kommen Plantagen von Gewürznelken, Kaffee und Kakao. Viele von ihnen kann man besichtigen. Am besten fragen Sie in Ihrem Hotel.

Antalaha ist aber nicht nur Welthauptstadt der Vanille, sondern auch wichtiges Zentrum für traditionellen Schiffsbau. Die Fertigstellung eines Holzschiffes aus Edelholz dauert oft Jahre.
Besuchen Sie die kleinen, lokalen Schiffswerften.

Tip
Versuchen Sie, nicht erst am späten Abend in Antalaha anzukommen. Es gibt bisher nur wenige passable Unterkünfte, häufig sind sie ausgebucht. Und: Verges-

sen Sie nicht Ihr Regenzeug. Sie sind in einem der regenreichsten Orte Madagaskars.

Der kleine **Flughafen** liegt 12 km südlich der Stadt. Er ist zwar winzig, trotzdem bestehen gute Verbindungen zurück nach Diego oder weiter südlich nach Maroantsetra, nach Tana, Mahajanga etc. Man muß nur rechtzeitig reservieren.

Folgt man dort der extrem schlechten Piste etwa 50 weitere Kilometer entlang der Küste, gelangt man zum **Cap Est**, dem östlichsten Punkt Madagaskars, und zu einem der wohl abgelegensten Hotels *La Résidence du Cap*, etwa 1 km südlich des Dorfes **Ambohitralanana** (nur zu Fuß in ca. 8 Std., per Mountainbike – ca. 3-4 Std., Geländewagen, Motorboot oder per Piroge erreichbar, s. *regionale Reisetips*). Hervorragende Tauchmöglichkeiten entlang des Korallenriffs, das zu den schönsten Madagaskars gehört und unter Schutz steht.

Ambohitralanana an der Mündung des *Onive* ist Ausgangs- und Endpunkt für einen Trekk von 4-5 Tagen durch die **Halbinsel Masoala,** teilweise zu Fuß, teils per Piroge. (Andere starten in Maromandia, 23 km südwestlich von Antalaha). Ein Teil von Masoala wurde 1997 zum Nationalpark erklärt, seine Nordwestgrenze verläuft entlang des Onive. Ein großer Teil des Pfades führt aber nicht durch Primärwald, sondern auch durch ausgedehnte Reisfelder. Die meisten beginnen den über 110 km langen Weg in umgekehrter Richtung von **Maroantsetra** aus am südwestlichen Ende von Masoala, da man dann den Onive flußabwärts befahren kann, außerdem gibt es in Maroantsetra mehr Guides und ein besser organisiertes ANGAP-Büro. Aber der umgekehrte Weg von hier aus ist auch möglich.

Das neu eröffnete ANGAP- und CARE-Büro in Antalaha in der Nähe des Hotels Cocotiers hilft bei Routen und Guides. Unternehmen Sie eine Tour durch Masoala nie ohne ortskundigen Führer! Sie müssen alles an Proviant, Schutz gegen Regen und Blutegel etc. selbst mitnehmen. Der Trekk ist kein Spaziergang!

Aktuelle regionale Reisetips (Hotels, Restaurants etc.) zu Maroantsetra

entnehmen Sie bitte den gelben Seiten 247; vgl. Ostroute

Masoala: Die Halbinsel voller Geheimnisse

von Franz Stadelmann

Die Halbinsel Masoala im Nordosten Madagaskars ist tropisch, waldbedeckt und reich an Flora und Fauna. Die schwer zugängliche Region beherbergt einen Nationalpark, dessen größter Schatz womöglich noch gar nicht bekannt ist. Denn noch immer werden unbekannte Tiere und Pflanzen entdeckt.

Fischer mit Piroge

Tief und fast lautlos sticht das Ruderblatt ins schwarze Wasser. Wir sind im Unterlauf des **Onive-Flusses** unterwegs nach Westen. Die grob geschnitzte Piroge, ein acht Meter langer Einbaum, gleitet ruhig voran und zieht ein geripptes Dreieck hinter sich her. Links und rechts rufen uns Kinder zu und winken. Der Onive bildet kurz vor dem Einfluß ins Meer einen seichten See. Das Ufer ist bestanden mit hellgrünem *Aronstab* (*typhonodorum lindleyanum*), der aussieht wie Bananenstauden. Auf den Steinen im Fluß sonnen sich ein paar Krokodile.

Es ist früh am Morgen. In den Ästen der Bäume zwitschern die Vögel. Aus den lichten Waldungen steigt senkrecht der bläuliche Rauch der Kochstellen hoch. Vom Ufer blicken Frauen zu uns herüber. Sie waschen Kleider und Geschirr im Fluß. Ohne ihre Arbeit zu unterbrechen, fragen sie den Pirogier nach Neuigkeiten. Die Leute am Fluß kennen sich. Sie wissen, wer wohin unterwegs ist und zu welchem Zweck. Der Fluß ist Straße, Telefon und Briefkasten. Und er ist der Highway hinein in die Hügelwelt des Masoala.

Die Region weist eine beträchtliche biologische Variation auf: Küstenregenwald, aber auch Bergregenwald, Mangroven, Riffe und Lagunen. Da in dieser feuchtheißen Region eine äußerst seltene Flora und Fauna vorherrschen, war schon seit Jahren geplant, diese einmalige Biodiversität zum Schutzgebiet zu erklären. Alle Vorbereitungen sind gemacht, die Grenzen markiert, das Parkmanagement ausgearbeitet. Der *Parc National de Masoala* nimmt zusehends Formen an.

Diese 5200 km² große Region war schon einmal ein Schutzgebiet. 1927 hatte die französische Kolonialverwaltung Masoala zum zweiten Reservat des Landes deklariert und 27.682 ha unter Schutz gestellt. Das erschien eigentlich unnötig, denn damals standen noch fast 5 Millionen Hektar Wald. 1957 waren es noch immer 4990 km². Doch nach der Unabhängigkeit Madagaskars wurden immer mehr Abholzungsbewilligungen vergeben. Zudem entstand eine Palmölplantage. Der Bevölkerungsdruck – vor allem entlang der Nordgebiete des Parks – ließ die Suche nach Ackerland und Brennholz immer schwieriger werden. 1991 waren nur noch 3660 km² Wald übrig, der Verlust beträgt über 6 % pro Jahr.

Die Vegetation entlang des Flusses ist abwechslungsreich und hängt auch von der Bevölkerungsdichte ab. In Dorfnähe finden sich Pfefferplantagen, aber auch Litschibäume, die sich im November unter den tiefroten Früchten krümmen. Die Zuckerrohrfelder liegen etwas weiter von den Dörfern entfernt. Und immer wieder die idyllischen Flußbiegungen, wo sich die Bäume in den Fluß hinein neigen. Dort wachsen gelbe Bambushaine wie Fontänen aus dem Grün heraus. Aus den Kronen der Bäume zirpen und singen Grillen und Heuschrecken. Aber auch Vögel: der blauschimmernde Eisvogel, von den Madagassen *Vintsy* genannt und als putziger Vogel geschätzt. Greifvögel kreisen entlang der Uferzone. 85 Vogelarten wurden bei einem kürzlichen Inventar gezählt. Darunter wurde auch, erstmals seit vielen Jahren, der berühmte *Schlangenadler* (*eutriorchis astur*) gesichtet, der schon als ausgerottet galt. Nur wenig ist über diese bis 66 cm großen Vögel bekannt. Es wird vermutet, daß sie nur in wirklich unberührten Regenwaldgegenden leben. Dies trifft auch auf eine andere Vogelart zu. In Masoala gehen die letzten Exemplare der endemischen *roten Madagassischen Eule* (*tyto soumagnei*) auf die Jagd. Auch über diese scheuen, vom Aussterben bedrohten Nachttiere ist kaum etwas bekannt.

Weiter oben wird der Fluß zu einem breiten Bergbach, durchsetzt von Steinen, Inselchen und kleinen Stromschnellen. Ein Stück gehen wir zu Fuß. Sobald wir in ein Dorf gelangen, grüßen wir mit: '*mbola tsara*' (Es geht gut). '*Kabarée*', antworten die Leute und fordern uns somit auf, ihnen die Neuigkeiten von unterwegs zu erzählen. Die Frauen sitzen vor ihren Häusern, verlesen Nelken oder flechten Matten. Manchmal helfen ihnen Männer. Immer sind Kinder in größerer Anzahl dabei.

Stunden später haben wir *Sahafary* erreicht. Der Ort befindet sich an der östlichen Randzone des Nationalparks. Sahafary liegt auf einem Hügelsporn über dem Fluß. Es ist Sonntag. Die jungen Mädchen haben sich hübsch gemacht und ihre Haare kunstvoll geflochten, die Jungs spielen Fußball auf dem unebenen Gelände zwischen Fluß und Dorf. Ein Dutzend Häuser bilden das Unterdorf, etwa gleichviel das durch einen Fußpfad getrennte Oberdorf. Alle Häuser sind auf kniehohen Stelzen erbaut. Als Baumaterial dienen das Holz und die Blätter des *Ravenala*, des Baums der Reisenden (*ravenala madagascariensis*). Auf den Dächern sind seine Blätter wie Ziegel übereinandergelegt. In Sahafary gibt es kein Wellblech, also ist das Dorf nicht reich. Jedes Haus hat nur ein Zimmer von 3x4 Metern. Der Ortsname Sahafary bedeutet 'das Bächlein beim Zuckerrohr'. Das Dorf wurde erst vor einer Generation gegründet. Damals kamen die ersten zwei Familien in diese Wildnis, um in der Talebene Naßreis anzupflanzen. Weitere Siedler folgten, und nun leben um die achtzig Leute im Dorf und etwa zweihundert in Weilern der Umgebung. Sie brachten ein paar Zeburinder mit, die für die Arbeit auf den Reisfeldern gebraucht werden. Die Reisernte dient dem Eigenverbrauch.

Um ein bißchen Geld zu verdienen, unterhalten die Familien ein paar Vanilleplantagen, pflanzen Pfeffer und Kaffee. Reich ist niemand geworden. Sahafary ist ein Dorf mit vier Radios. Es gibt keine Straße hierher, keinen Ochsenkarren, kein Rad. Die nächste Krankenstation liegt etliche Stunden mit der Piroge flußabwärts.

Westlich des Dorfes erhebt sich der Berg *Ambato*, was 'beim Stein' heißt. Der Weg dorthin führt erst mit dem Einbaum noch tiefer ins Landesinnere hinein, dann auf einem schulterbreiten Fußpfad über mehrere Hügelkuppen zum 398 m hohen Felsenkegel. Als wir durch die bambusbestandene Zone gehen, schrecken die madagassischen Begleiter zurück: Sie haben ein *Chamäleon* gesehen. Diese Tiere, egal welcher Größe, jagen den Madagassen panische Angst ein. Trotzdem sind sie in ein madagassisches Sprichwort eingegangen. 'Sei wie ein Chamäleon: Schaue nach hinten und nach vorn', sagen die Madagassen. Die Weisheit der Alten hindert die kleinen Jungs nicht, diese ungeliebten Tiere an Stöcken herumzutragen und langsam zu Tode zu quälen. Dieses Schicksal bleibt den flinken *Lemuren* erspart. Immer wieder dringen ihre Warnrufe durch das Gehölz: eine Mischung aus Schnarchen und Hundegebell. Die Tiere hüpfen in langen Sprüngen von Baum zu Baum und bringen sich in Sicherheit. Neun Lemurenarten leben auf der Halbinsel: tagaktive Arten und auch nachtaktive wie die rabenschwarzen Aye-Aye. Auf unseren Wanderungen entdecken wir ab und zu eine schlafende Lemuren-Familie, weit oben eingenistet in einer Astgabel.

Vom Gipfel des *Ambato* aus reicht der Blick nach Osten bis zum Meer, wo Indischer Ozean und Himmel im gleichen Blaugrau ineinander verschmelzen. Gegen Westen verlaufen die Hügel des Masoala als langgestreckte Rücken von Nord nach Süd. Dort liegt mit 1105 m die höchste Erhebung der Region. Eine grüne Dekke überzieht die Hügel. Doch sie hat Löcher und streckenweise wirkt sie wie ein Flickenteppich: Abholzungen, Pflanzungen der Bauern, wieder zugewachsene Felder.

Dahinter aber, dort wo selbst die topographischen Karten ungenau werden, dort leben keine Menschen, dafür aber Tierarten, die noch immer 'unentdeckt sind'. Dieses Gebiet wurde zum *größten Park Madagaskars* erklärt: ein **Schutzgebiet von 210.209 Hektar** bei einem Umfang von 495 Kilometern. Für Forschungszwecke sind 3580 Hektar mit einer großen Biodiversität reserviert. Der mehrheitlich von natürlichen Grenzen umgebene Park enthält zudem eine Pufferzone. Dort ist es der Bevölkerung erlaubt, den Wald zu nutzen. Entlang der Uferzone verlaufen Meeres-Reservate, um die Riffe, Korallen und Fischbestände zu schützen. Nicht nur die Meeresbiologie ist erhaltenswert, auch die Flüsse und kleinen Seen des Binnenlandes hegen Kostbarkeiten. 15 Arten von Süßwasserfischen kommen vor. Alle sind endemisch, nur der Speisefisch *Tilapia* wurde eingeführt.

Weiter westlich des Ambato-Berges sind die Hügel dicht bewachsen. Es führen kaum Pfade durch das Dschungelgewirr. Würgelianen wachsen wie Schlangen an den Wirtsbäumen empor und erdrücken sie im Laufe der Jahre. Nur ein paar Sekunden lang sehen wir eine *Schleichkatze* (*cryptoprocta ferox*). Ihre hellbraune Flanke schimmert wie ein Kaninchenfell, als das rund einen Meter lange pumaartige Raubtier lautlos verschwindet. Durch die Bäume vibriert ein 'elektronisches' Geräusch: Es ist der schwarzköpfige und weißbrüstige *Vanga* (*xenopirostris polleni*). Der Vogel spult sein durchdringendes pip-pip alle paar Minuten ab und sorgt dafür, daß die undurchsichtige Front aus Holz und Blättern auch an Tiefe gewinnt.

Wenn es regnet, kriechen die Blutegel am Boden herum und suchen einen Gastgeber. Sie klettern dabei auch auf Äste und lassen sich auf Warmblüter fallen. Daher sind Wanderungen bei Regen begleitet von einem ständigen Kampf gegen die zündholzlangen, dunkelvioletten Blutsauger. Die *Schmetterlinge* hingegen hellen den schattigdunklen Raum mit ihren Farben auf. 128 Schmetterlingsarten kommen in Masoala vor, 66 % davon sind endemisch.

Im Wald beträgt die Sicht etwa zehn Meter. Dann taucht der Blick ein in ein Wirrwarr aus Grün, das senkrecht durchzogen ist von braunen Linien der Jungstämmchen und Lianen auf der Suche nach Licht. Alle drei bis vier Meter steht ein dicker Stamm von dreißig und mehr Zentimetern Durchmesser. Bäume, Gerten und Lianen, die quer stehen, sind tot. Dies ist ein Wald, wie er wohl vor Jahrtausenden schon existiert hat.

Der Mensch greift immer tiefer in die verbliebenen Waldstücke ein. Zum Glück ist der Zugang extrem schwierig. Auf der ganzen Halbinsel verkehrt kein einziges Auto. Daher stehen die Ebenhölzer, die Palisander und Rosenhölzer noch in relativer Sicherheit. Doch vor der Suche nach Holz sind auch sie nicht gefeit. Die Holzfäller erhalten für einen Palisanderstamm, gesägt und an die Küste transportiert, rund 70 DM. Das ist viel Geld, mehr als der Monatslohn eines Lehrers. Noch weiter in den Dschungel schlagen sich die Männer durch, die auf der Suche nach *Bilahy* sind. Die Rinde dieses weißlichen Baumes wird gebraucht, um des Saft des Zuckerrohrs zu gären. Das daraus entstehende, stark alkoholische Getränk namens *Betsabetsa* ist äußerst beliebt – sowohl bei den Männern als auch bei den Frauen jeglichen Alters.

Masoala ist auch eine riesige *Naturapotheke*. Die Anwohner kennen zahlreiche Kräuter und Blüten, um Schmerzen und Wunden zu heilen. Ein wissenschaftliches Inventar der benutzten Heilkräuter wurde noch nicht angefertigt. Auch für diese Pflanzen trifft zu, was generell für die Flora und Fauna gilt: Sie werden nur überleben, wenn das heikle Gleichgewicht erhalten bleibt.

Doch der Park muß irgendwie finanziert werden. Der madagassische Staat hat kein Geld dazu. Die internationalen Geldgeber, UN-Organisationen und bilaterale Agenturen wie USAID, sind sehr wohl bereit, Finanzierungen vorzunehmen – doch mit einem klaren Zeithorizont. Daher muß der Park Wege finden, eigene Einnahmequellen zu erschließen, z.B. durch Tourismus. Die zum Park gehörende Insel **Nosy Mangabe** wird schon heute von jährlich 200 Touristen besucht. Die Parkleitung will Ökotouren organisieren. „Sanfte" Touristen sollen die Schönheiten der Region erwandern und bewundern, ohne Touristenmüll zurückzulassen. Ein Vorhaben, das erst in der Entwicklungsphase steckt. Bislang sind Touristen in der Masoala-Region noch selten, sehr selten. Die Dorfbewohner erinnern sich sogar noch an die Namen der einzelnen Besucher. Und auch das ist einer der erhaltenswerten Schätze der Region: Gastfreundschaft.

*Der Ethnologe **Franz Stadelmann** ging 1988 als Entwicklungshelfer nach Madagaskar. Heute leitet er das Unternehmen PRIORI in der Hauptstadt Antananarivo und arbeitet auch als Berater für Entwicklungsorganisationen.*

Exkurs: Mahajanga und Umgebung

Aktuelle regionale Reisetips (Hotels, Restaurants etc.) zu Mahajanga
entnehmen Sie bitte den gelben Seiten 242

Mahajanga liegt abseits der hier beschriebenen Reiserouten, trotzdem soll die zweitgrößte Hafenstadt Madagaskars kurz erwähnt werden. Von der Nordostküste ist sie am besten mit dem Flugzeug zu erreichen, von Nosy Be aus mit dem Boot und von Antsiranana über eine streckenweise extrem schlechte Piste (s.S. 517f).

Vorbei sind die Zeiten, als die großen Dampfer aus Übersee hier anlegten und Reisende in – damals noch: Majunga – madagassischen Boden betraten. Heute nehmen nur wenige Reiseveranstalter die Stadt in ihr Programm auf. Manche schreckt das heiße, trockene Westküstenklima mit Temperaturen bis 40 °C, andere die sich regelmäßig wiederholenden Meldungen vom Ausbruch von Epidemien, wie im April 1999 der Cholera. Nicht umsonst unterhält die deutsche GTZ hier ihr Schwerpunktprogramm für die madagassische Gesundheitsversorgung.

Vielversprechend ist das Umland von Mahajanga. Endlose Strände (die meisten allerdings nicht haisicher und mit trübem Wasser), aber auch Baobabwälder, Reservate, Grotten, heilige Seen und Tsingys bieten interessante Ausflugsziele, sind aber noch wenig erschlossen.

Geschichte

Der Name Mahajanga geht entweder auf das arabische Wort „mji angaia" (Stadt der Blumen) oder auf das Sakalava-Wort „Maha Janga" zurück, „das, was gesund macht". Der Sakalavakönig *Andriamandisoarivo* soll hier von mysteriösen Krankheiten geheilt worden sein. Mitte des 18. Jh. hatte er die Hauptstadt des **Boina-Reiches** von Marovoay bzw. Ambato-Boeny nach Mahajanga verlegt, um von seiner günstigen Lage für den Handel zu profitieren und die arabischstämmige Bevölkerungsgruppe der *Antalaotra* hier

Redaktions-Tips

- Biblisches Alter: der **tausendjährige Baobab** (S. 544)
- Arabische Vergangenheit und Gegenwart: die engen Gassen der **Altstadt** (S. 541)
- Gigantisches Delta: Bootsfahrt durch die **Bucht von Bombetoka** (S. 546)
- **Strände, Tsingys, Reservate, Grotten**: Ausflüge ins Umland (S. 547ff)

anzusiedeln. Schon seit langem diente der einst kleine Fischerhafen indischen und arabischen Kaufleuten als reges Handelszentrum. Exportiert und importiert wurden Gewürze, Reis, Edelsteine und kostbare Stoffe, Waffen und Sklaven. *Ravahiny* war von 1780-1808 die letzte große Sakalava-Monarchin, die Mahajanga zu großer wirtschaftlicher Blüte verhalf. Doch nach ihrem Tod zerfiel das Boina-Reich. Kurze Zeit später übernahm *Merina*-König *Radama* I. die Macht, bis auch er wieder durch eine blutige Revolte im Jahre 1825 vertrieben wurde. 1883 bombardierten die Franzosen die Stadt und begannen 1895 von hier aus ihren Eroberungsfeldzug über die ganze Insel.

Auch während der Kolonialzeit entwickelte sich Mahajanga zu einer der wichtigsten Wirtschaftszentren des Landes. In der fruchtbaren **Mündungsebene des Betsiboka** entstanden neben einem der größten Reisanbaugebiete Madagaskars ausgedehnte Baumwoll-, Tabak-, Mais- und Zuckerrohrplantagen. Erst nach dem Bau der Eisenbahn von der Ostküste nach Antananarivo wurde Mahajanga von Tamatave als wichtigster Hafenstadt abgelöst.

Immer mehr *Inder* und *Komorer* siedelten sich in Mahajanga an. Noch heute lebt hier die größte komorische Gemeinde des Landes, obwohl 1976 bei gewalttätigen Ausschreitungen der wirtschaftlich benachteiligten madagassischen Bevölkerung gegen die Komorer mehr als 1000 von ihnen ums Leben kamen (s. S. 107). Tausende von Flüchtlingen verließen vorübergehend fluchtartig das Land.

Überblick

Die Angaben für die Einwohnerzahl Mahajangas schwanken zwischen 100.000 und 150.000. Die Stadt ist vielleicht noch kosmopolitischer als Antsiranana: Mittags rufen die Minaretts *Komorer* und *indische* Moslems zum Gebet. Europäer besuchen chinesische Restaurants. *Merina* und *Tsimihety* haben sich neben ihren *Sakalava*-Nachbarn niedergelassen. Auch heute noch verkehren Handelsschiffe zwischen Mahajanga und Afrika, Europa, dem Nahen Osten und Asien. Allerdings ist die Zukunft des Hafens durch die riesigen Anschwemmungen des Betsiboka ernstlich bedroht, und man hat in Erwägung gezogen, ihn in eine nördlichere Bucht zu verlegen.

Delta des Betsiboka

Der Sklavenhandel
von Birger Gesthuisen

Mehr als 1000 Jahre war der Sklavenhandel ein einträgliches Geschäft. In *Zentralafrika* handelten zunächst Araber mit schwarzen Afrikanern. An der *Ostküste Madagaskars* unterhielten arabische Seefahrer seit dem 11. Jh. Handelsniederlassungen. Wichtiger waren jedoch ihre Kontore auf den Inseln Ostafrikas – besonders auf den *Komoren* und *Sansibar*.

Dann machten die Portugiesen den Arabern ihre Vorherrschaft im Sklavenhandel streitig. Auf Madagaskar zerstörten sie 1506 die arabischen Faktoreien. Diego Diaz und Hernando Fernandez exportierten madagassische Sklaven bis nach Indien. Doch der Sklavenhandel ging in *beide* Richtungen: von und nach Madagaskar. Schon im 16. Jh. wurden Madagassen nach *Réunion* und *Mauritius* verkauft – bis nach Süd- und Nordamerika. 200 Jahre später war der Verkauf von Sklaven zu einem bedeutenden Wirtschaftsgut geworden.

Für die *Merina* wurden sie – nach Rindern und Reis – zur wichtigsten Exporteinnahme, und auch die *Sakalava* profitierten vom Sklavenhandel, an dem sie rege beteiligt waren. Schätzungen aus dem Jahre 1667 beziffern jährlich mehr als 1000 Sklaven, überwiegend Kinder. Noch 160 Jahre später lebten auf Réunion 14.000 madagassische Leibeigene.

Im Vergleich zum amerikanischen Sklavensystem war ihr sozialer Status relativ „human": Eigener Besitz war ihnen erlaubt, und sie konnten sich sogar freikaufen.

Die Sklaverei wurde endgültig von den Franzosen abgeschafft, die ihre Invasion im Nordwesten begannen: am 15.1.1895 besetzten sie **Mahajanga**. 1896 ließen sie sämtliche Sklaven frei. Zu diesem Zeitpunkt soll es auf Madagaskar noch eine halbe Million Sklaven gegeben haben.

Mahajanga gliedert sich in den Bereich der **Altstadt** in der Nähe des Hafens und den rechtwinklig angelegten **neueren Stadtteil** südlich der großen Kathedrale. Achten Sie in den engen Altstadtgassen, die früher ausschließlich von Indern bewohnt war, vor allem auf die in Handarbeit geschnitzten Holztüren und die alte, *indische Moschee*. In der Nähe sind auch die meisten Hotels und Restaurants angesiedelt. Vor allem im Rechteck zwischen dem *Boulevard Poincarré, Quai Orsini, Rue Maréchal Joffre* und *Avenue de la France* zeugen noch viele Gebäude von arabischen Einflüssen im 18. Jh. Das lethargische Leben am *Hafen*, im Schatten kauernde Pousse-pousse-Fahrer, tabakkauende Hafenarbeiter verfallen augenblicklich in quirlige Geschäftigkeit, sobald eines der buntbemalten Frachtboote anlegt und die Waren

Mahajanga

Plateau
des
Tombe

Mangarivotra

Ave. du Re

Centre Technique
Radio P.T.T.

Boulevard

Rue Marius Barriquand

Marcoz

Hospital
Principal

Rova

Hotels und Restaurants
1 Hôtel Les Roches Rouges
2 Kanto
3 Hôtel de France
4 Vietnamien
5 Ravinala
6 Kismat
7 Nouvelle Hotel
8 Madame Chabaud
9 Rahate
10 Nassib
11 Boiha

Avenue du Rova

Rue Pasteur

BFV
$

Baobab

Avenue de France

4

Avenu

Bank
$

Alliance
Française

Air
Madagascar

Ave. Gillon

Boulevard Poincaré

Rue Maréchal Joffre

Rue Hubert

Rue
Georges V

3

9

10
11

BTM $

Place de
la Liberté

Avenue de la République

Baze
(Ma

Consulat
Français

Ave. Jules Aubourg

Quai Orsini

Eaux et Forêts

5

Quai Vuilemin

B

Hafen

Kanal von
Mozambique

N

0   500m

© graphic

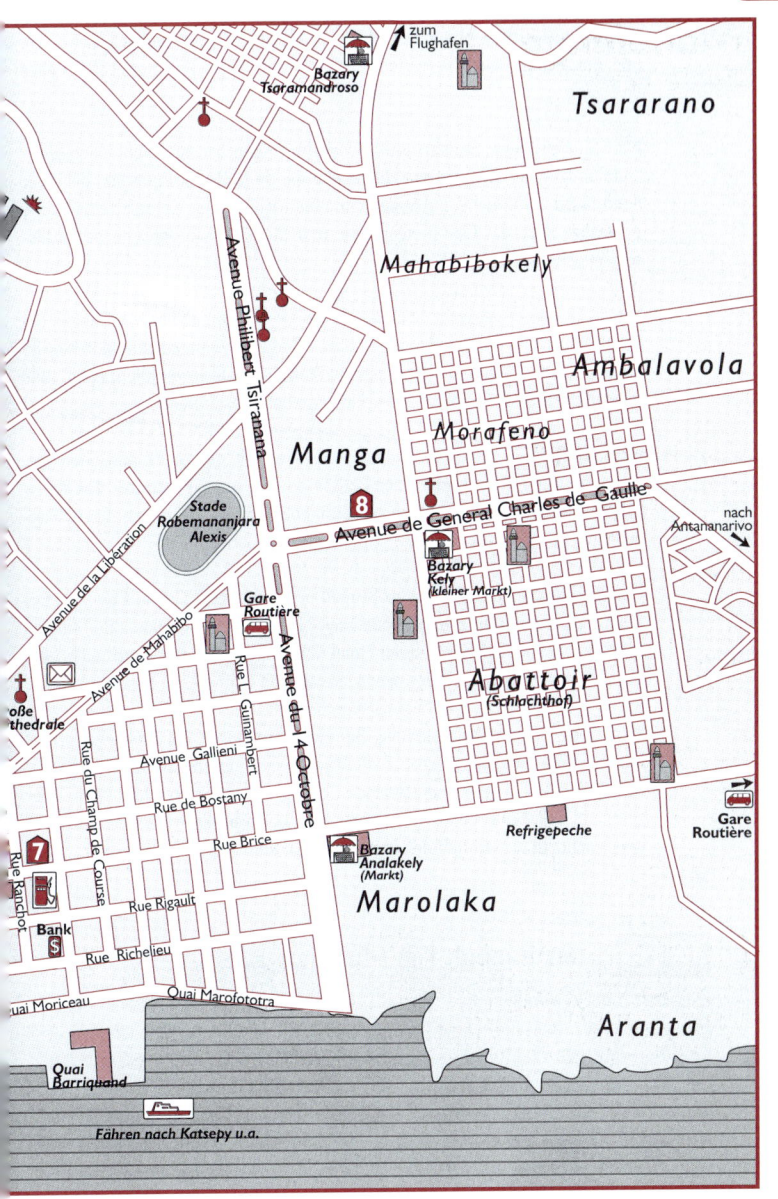

zum Flughafen

Bazary Tsaramandroso

Tsararano

Mahabibokely

Ambalavola

Avenue Philibert Tsiranana

Morafeno

Manga

Stade Rabemananjara Alexis

Avenue de la Libération

8

Avenue de General Charles de Gaulle

nach Antananarivo

Bazary Kely (kleiner Markt)

Avenue de Mahabibo

Gare Routière

Abattoir (Schlachthof)

Avenue du 4-Octobre

Rue L. Guinambert

oße thedrale

Avenue Gallieni

Rue de Bostany

Rue du Champ de Course

Rue Brice

Refrigepeche

Gare Routière

7

Bazary Analakely (Markt)

Rue Ranchot

Rue Rigault

Bank

Marolaka

Rue Richelieu

Quai Moriceau

Quai Marofototra

Aranta

Quai Barriquand

Fähren nach Katsepy u.a.

ausgeladen werden. Abends eröffnen im Handumdrehen kleine Garküchen, und der Hafengeruch vermischt sich mit dem Duft gebratener *brochettes* und *samosas*.

Märkte, Moscheen, Banken und Geschäfte finden Sie im eigentlichen Zentrum entlang der **Avenue de France**, **Avenue de la République** und der **Ave. Mahabibo**. Zahlreiche Gebäude stammen noch aus der Kolonialzeit, wie die ehemalige Post, das Gerichtsgebäude oder die für madagassische Verhältnisse pompöse Kathedrale.

Wenn Sie von der *Avenue de France* in die *Ave. du Rova* abbiegen, gelangen Sie bergauf zum ehemaligen **Rova**, wo schon *Radama* I. eine Festung der Merina errichten ließ. Leider ist die gesamte Anlage ziemlich verfallen, wird aber teilweise mit ausländischen Entwicklungsgeldern restauriert.

Einen anderen schönen Aussichtspunkt oberhalb der Stadt erreichen Sie, wenn Sie sich mit dem Taxi oder Pousse-pousse zum **„Plateaux des tombes"** bringen lassen. Vor allem bei Sonnenuntergang lohnt sich dieses Panorama!

Nördlich des Altstadtviertels stößt man noch auf viele Villen aus der Kolonialzeit. Folgt man dem **Bld. Marcoz** nach Norden, erreicht man außer einigen weiteren Aussichtspunkten beim *Hotel Kanto* und, noch weiter nördlich, dem *Hotel Roches Rouges* auch den wenig attraktiven öffentlichen Strand.

Mahajanga ist extrem weitläufig. Bummeln Sie durch die Altstadt zu Fuß, benutzen Sie für die größeren Entfernungen ein Pousse-pousse und überlassen sich einfach dem gemächlichen Tempo dieser Stadt. Nur nachts, vor allem am Wochenende, erwacht das Leben und verfällt in die heißen Disco- und Nachtclub-Rhythmen des *kwassa kwassa* und *salegy*.

INFO Der Baobab von Mahajanga

Zwischen dem nördlichen Ende des *Bld. Poincarré*, dem südlichen Anfang des *Bld. Marcoz* und am Anfang der *Avenue de la France* steht majestätisch die eigentliche Attraktion von Mahajanga: ein uralter, heiliger Affenbrotbaum mit einem Durchmesser von mindestens 8 Metern. Botaniker streiten sich, ob er 1000 oder sogar schon 5000 Jahre auf seinem knorrigem Buckel hat. Unter seinen Wurzeln sollen Schätze der Sakalava-Könige vergraben sein. Auch dieser Baum ist – natürlich – *fady*! Dennoch mißbrauchten ihn die Franzosen als Hinrichtungsstelle.

Zur Ehrerbietung für die Ahnen, heißt es, sollte man ihn gleich nach der Ankunft sieben Mal im Uhrzeigersinn umrunden.

Vielleicht tat das auch der Schriftsteller Friedrich Schnack, der nach der Schiffspassage von Marseille nach Mahajanga seine Begegnung mit dem ehrfurchteinflößenden Baobab 1931 so beschreibt:

„Selbst in diesem Land, wo die Pflanzenwelt reich ist an Merkwürdigkeiten, gilt dieser Baobab als Naturdenkmal, wie bei uns die tausendjährige Eiche im Spessart oder der alte Rosenstock zu Hildesheim. Als ich an Land war und meine Koffer im Hotel standen, machte ich mich auf den Weg zum Wunderbaum, der einzig nennenswerten Sehenswürdigkeit von Majunga. Ich brauchte nicht weit zu gehen. Auf der weißblendenden Straße, die um die blaue Bucht herumführt, hatte er seinen geräumigen Platz, mitten im Schnittpunkt einer Kreuzung. Bei seinem Anblick, wie er da mit ungeheurer Breite und Schwere wuchtete und durchblitzt war von der scharfen Nachwintersonne, überkam mich die Vision eines Baumtiers, das schwarz aus dem Licht herauszutreten schien. Einen flüchtigen Augenblick wähnte ich, als ob mich dieser Riese anspreche, denn auch die Bäume haben ihre Stimmen, mag sie auch nicht jedes Ohr vernehmen. Was für ein Baum! Ich betastete den Stamm mit den Händen. Die Rinde war fest, ruhig, gekerbt und leider durch den eingeschnittenen Namen eines Dummkopfs aus Grenoble verunziert. Nicht nur dies. Auch die Ortsbehörde von Majunga hatte sich vergangen: in die Seite des Riesen hatte sie ein rotes Emailleschild gespießt, eine Fahrvorschrift für Kraftfahrer. Amtsblech.

Langsam umging ich den Stamm. Es war ein Gang um ein Gebäude, um ein wahres Baumhaus von machtvoll gefügter Form. Als ich beim Ausgangspunkt angelangt war, hatte ich 34 Schritte zurückgelegt. Wie klein und gering stand ich da! Er mochte seine 5000 Jahre alt sein, wenn man den Angaben eines alten Afrikaforschers glauben darf, der das Alter solcher Baum-Methusaleme berechnet hat."

Lesetip
Friedrich Schnack: Auf ferner Insel. Berlin 1931

Ausflüge

Da die Infrastruktur im Umkreis von Mahajanga noch zu wünschen übrig läßt, ist es am einfachsten, sich bei den örtlichen Reiseveranstaltern in Mahajanga oder Antananarivo nach Exkursionen zu erkundigen (z.B. *Madagascar Airtours*). Das gilt auch für die umliegenden Nationalparks und Reservate.

Nur wenn man viel Zeit hat, lohnt es sich, die Umgebung auf eigene Faust zu entdecken.

Bucht von Bombetoka und Flußfahrt auf dem Betsiboka

Eine Bootsfahrt durch das Flußlabyrinth des riesigen Betsiboka-Deltas sollte man sich nicht entgehen lassen. Zu den „Klassikern" gehört eine Flußfahrt den *Betsiboka* hinauf bis **Marovoay** oder noch weiter südlich. Informationen

Umgebung von Mahajanga

bei den Reiseveranstaltern, in den größeren Hotels und bei: *Societé d´Armament Touristique*. Mindestens zweimal täglich (in der Regel früh morgens gegen 7.30 Uhr und am frühen Nachmittag, ca. 15.30 Uhr) verkehren Fähren zum Westufer des Betsiboka und zum Strand beim Fischerdorf **Katsepy**. Zurück jeweils eine Stunde später.

Die Bootsfahrt und Katsepy lohnen einen Tagesausflug oder sogar eine Übernachtung in der kleinen Bungalowanlage am Strand (Infos im Hotel *Chez Chabaud* in Mahajanga).

Aktuelle regionale Reisetips (Hotels, Restaurants etc.) zu Katsepy
entnehmen Sie bitte den gelben Seiten 240

Nach Norden

• Die Strände

Obwohl zahlreiche Wochenendausflügler sogar aus Tana zum Baden kommen, sind nur die wenigsten Strände dafür geeignet. An den meisten ist entweder das Wasser durch den mitgebrachten Schlamm des *Betsiboka* rot-

braun gefärbt, oder Strömung und Haie machen das Schwimmen unmöglich. Das *Village Touristique* am nächstgelegenen Strand wurde vom Zyklon *Kamisi* völlig zerstört.

Der schönste Strand, benannt nach dem heute verlassenen Grand Hotel *Grand Gavois*, befindet sich bei **Amborovy** 10 km nördlich von Mahajanga. Fast unberührter Sand-

Wohnhaus an der Küste bei Mahajanga

strand, klares Wasser, umgeben von kleinen versteckten Dörfern. Schattenspendende Bäume sucht man allerdings vergebens. Erkundigen Sie sich auch hier bei den Fischern nach Haien. *Anfahrt*: über die Straße zum Flughafen, nach weiteren 1,5 km Abzweig in eine Piste nach links.

Ein weiterer schöner Strand liegt noch weiter nördlich beim Dorf **Ampazony** (12 km von Mahajanga).

• Königsgräber der Sakalava („Doany")

Bevor Sie zum Strand fahren, machen Sie einer Piste 2 km nach rechts folgend einen Abstecher zum Grab des Sakalava-Königs *Andriamisara*. Lassen Sie sich von einem Einheimischen begleiten, um die *Fadys* nicht zu verletzten. **Doany** sind heilige Königsgräber, in denen Reliquien wie Fingernägel, Haare und Zähne aufbewahrt und als religiöse Kultobjekte verehrt werden. Die Einheimischen kommen meist montags und freitags zu den Gräbern, die anderen Tage sind *fady*. Jedes Jahr im Juli finden große königliche Reliquien-Feste statt. Weitere Gräber befinden sich im Ort **Tsaramandroso** an der RN 4 südlich von Mahajanga.

• Le Cirque Rouge

Folgen Sie der Straße hinter der Kreuzung zum Flughafen noch 3 km nach Norden und Sie finden sich plötzlich in einer außergewöhnlichen Mondlandschaft wieder: Wind und Wetter haben eine Art Canyon von bizarrer Farbgebung geschaffen, verwitterte Kalk- und Sandsteine leuchten in Korallrot, Purpur, Rosa, Bordeaux. Vor allem bei Sonnenuntergang entfaltet sich ein eindrucksvolles Farbspiel. Am Fluß entlang führt ein schöner Spaziergang bis zum Meer.

Anfahrt
per Bus bis zur Straßenkreuzung, dann zu Fuß; oder per Fahrrad oder Taxi.

• Lac Mangatza

Heiliger See mit kristallklarem Wasser. Die Einheimischen kommen hierher, um sich etwas zu wünschen, und werfen Geldstücke in den See. Man kann nicht nur die Münzen klar erkennen, sondern auch dicke Karpfen und Muränen.

Anfahrt
Am Anfang der Straße zum Flughafen folgen, dann Piste nach rechts. Ganzjährig befahrbar. 18 km von Mahajanga.

Nach Nordosten

• Grottes d'Anjohibe

Dieses Höhlensystem, das teilweise als militärischer Stützpunkt diente, besteht aus mehreren großen unterirdischen „Sälen" mit Stalagtiten und Stalagmiten, mysteriösen Versteinerungen und unterirdischen Flußläufen, die angeblich Höhlenforscher aus aller Welt anlocken. Denken Sie daran, eine große Taschenlampe mitzunehmen! Über die Anfahrt schreibt der bekannte Madagaskar-Autor und -Liebhaber Udo Heß, der sich unbesehen einen Geländewagen gemietet hatte:

„Zu meiner Überraschung stand am nächsten Morgen ein Oldtimer mit einem Führer und fünf Begleitpersonen vor dem Hotel. Auf meine Frage bezüglich der vielen Personen erfuhr ich, daß das Personal nur zur Sicherheit mitfährt, falls das Fahrzeug steckenbleiben sollte. Auf der Fahrt zur Grotte hatten wir dann tatsächlich eine Reifenpanne und hingen in einem Schlammloch fest. Bereits hierbei bewährte sich die große Mannschaft, denn es gab keinen Wagenheber. Bei der Befreiungsaktion aus dem Schlammloch wollten die Madagassen mit abgeschnittenem Buschwerk und Steinen die durchdrehenden Reifen abfangen. Es gelang jedoch nicht, weil jeder das Problem für sich lösen wollte und der Fahrer immer zuviel Gas gab. Nachdem ich mir das Spiel eine Zeitlang angeschaut hatte, packte ich mit an; dies jedoch war ein Fehler, denn sofort schauten mir sechs Personen zu. Aufgrund dieser Erkenntnis gab ich daraufhin nur noch Anweisungen, denn ein „Vazaha", der körperlich arbeitet, gilt auf Madagaskar wenig."

Lesetip
Udo Heß, Madagaskar. 1991

Im Umkreis "überirdisch": Die **Wasserfälle von Mahafanina**, Flüsse und Schluchten, die bis zu den Mangrovenwäldern an der riesigen **Bucht von Mahajamba** reichen, auf Krebse spezialisierte Fischerdörfer. Die Fischer nehmen Sie gerne zu einer Pirogenfahrt mit.

Anfahrt
Von Mahajanga etwa 20 km Richtung Antananarivo, dann der Piste nach links zur Bucht von Mahajamba folgen. Nur mit Geländewagen bei Trockenheit befahrbar. 80 km von Mahajanga.

Nach Westen

Nur mit Mühen zu erreichen sind die interessanten Naturschutzgebiete westlich von Katsepy:
*   das Naturschutzgebiet am **Lac Kinkony**, dem zweitgrößten See Madagaskars, u.a. Heimat von Flamingos, Adlern und zahlreichen endemischen Vogelarten (ca. 100 Pistenkilometer von Katsepy). Bester Ausgangsort: das Dörfchen **Mitsinjo** am **Fluß Mahavavy**.
*   Der neue Nationalpark an der **Baie de Baly** (weitere 50-60 km auf schlechter Piste). Phantastische Bucht mit herrlichen Stränden, dem kleinen

Ort **Soalala**, Resten alter Moscheen komorischer Einwanderer und, seit neustem, ein zum Nationalpark erklärtes Schutzgebiet für die hier ansässige Flora und Fauna.

- **Tsingy de Namoroka**, ca. 40 schlechte Pisten-km südlich von Soalala. Auch diese Tsingys bestehen aus bis zu 30 m hohen, spektakulären Kalksteinnadeln, ähnlich wie die unter UNESCO-Schutz stehenden *Tsingy du Bemaraha* bei Morondava und die *Tsingy d'Ankarana* im Norden. Das integrale Schutzgebiet der Tsingy de Namoroka ist noch abgelegener und schwerer erreichbar als die beiden anderen, aber nicht weniger interessant.

Da die Anfahrtswege schwer zu finden und die Pisten in schlechtem Zustand sind, sollten Sie diese Naturschutzgebiete mit Reiseveranstaltern von Mahajanga aus besuchen. Es gibt (bisher) weder Versorgungseinrichtungen noch Campingplätze. Mit genügend Zeit können Sie sich natürlich mit Taxi-Brousse zu den nächstgelegenen Dörfern durchschlagen. Aber auch dann ist der Zugang zu den Schutzgebieten äußerst mühselig.

Nach Süden

80 km südlich von Mahajanga, nördlich der RN 6 Richtung Antsiranana, liegt das **integrale Naturschutzgebiet Ankarafantsika** mit dichtem Trockenwald, berühmt vor allem für **Schnabelbrustschildkröten**, den **roten Sifaka** (*Propithecus verreauxi coquereli*), aber auch für andere Lemurenarten. Reiseveranstalter bieten Ausflüge mit Übernachtung im Zelt an.

Einfacher erreichbar ist das **Reservat von Ampijoroa** (154 km östlich von Mahajanga), das als Teil des Schutzgebietes von Ankarafantsika für Touristen zugänglich gemacht wurde und am Parkeingang sogar über einen kleinen Zeltplatz verfügt. Obwohl in einer Tagesfahrt über das riesige Plateau von **Boina** von Mahajanga erreichbar, sollten Sie eine Übernachtung einplanen, um von den hier lebenden 7 Lemurenarten, Reptilien und seltenen Vogelarten etwas mitzubekommen. Bekannt ist das Reservat vor allem für die extrem seltenen, vom Aussterben bedrohten Schildkrötenarten wie *Pyxis planicauda* und *Geochelone yniphora*.

Anfahrt

Ca. 115 km südöstlich von Mahajanga über die RN 4, etwa 5 km vom Dorf Andranofasika.

4.6 Durch das Hochland an die mittlere Ostküste

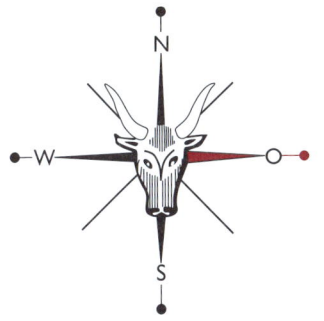

Der Osten

Dichtes, wildes, tropisches Grün: Königreich von Lemuren und Orchideen, exotischer Schmetterlinge, Vögel, Frösche, Chamäleons. Undurchdringliche Primärwälder, schwül, heiß und regenreich. Stets bedroht von *tavy*, der allgegenwärtigen Brandrodung, an einigen Stellen durch Reservate und Nationalparks streng geschützt. Was anderen Landesteilen an Wasser fehlt: Hier, auf der Luvseite des Südostpassates, geht es nieder, im Schnitt mit 2000 mm, regional über 4000 mm **Niederschlag** pro Jahr, bei durchschnittlichen und wenig schwankenden Temperaturen um 25 °C im Norden und 23 °C im Süden. Die „Trockenzeit" von April bis Oktober zeichnet sich dadurch aus, daß keine Zyklone zu befürchten sind wie im Januar, Februar und März – aber Regen gibt es en masse, sogar im August.

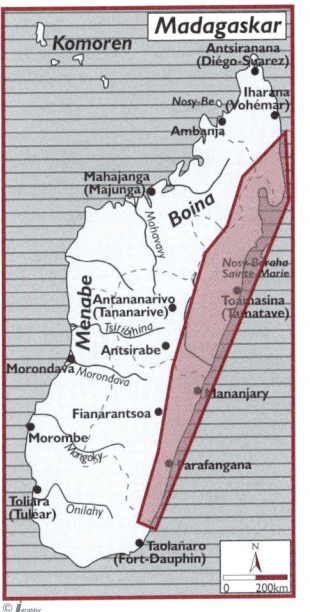

Die Monate Juni-November gelten als die „trockensten". Manche Reisende, dazu gehören auch wir, lieben geradezu die prasselnden heftigen Regenschauer, die in tropischen Gefilden extrem sind, aber von kurzer Dauer. Einziger Nachteil: Was einmal naß ist, trocknet kaum wieder, und die Luft ist schwer und schwül ... In der wirklichen Regenzeit aber geht nichts mehr. Sie sollten diese Region in den Monaten Januar bis März möglichst meiden. Man kommt nicht vom Fleck, ein Besuch in den meisten Regenwaldgebieten ist undenkbar, eine Bootsfahrt auf dem Kanal des Pangalanes auch.

Das immergrüne Band der restlichen **Regenwälder** zieht sich über 1200 km Länge von **Andapa/Sambava** im Nordosten bis nach **Taolanaro** (Fort Dauphin) im Süden, entlang der steilen Ostabhänge des Hochlandes. Aber das

Band zeigt Lücken: Auf dem manchmal 20, oft 50 bis 100 km breiten Küstenstreifen werden Bananen angebaut, Kokosnüsse, Reis, Maniok, Kaffee, Vanille, Gewürznelken. Das Urwaldmeer reicht nur noch selten bis an die heftige Brandung des Indischen Ozeans.

Die schnurgerade, östliche Küstenlinie wird nur unterbrochen durch die **Bucht von Antongil** südlich der **Halbinsel von Masoala**, die aussieht wie eine gigantische Häkelnadel, und die bizarre, spitze Ausbuchtung der **Pointe à Larrée** (Cap Antsiraka) gegenüber der Insel **Sainte Marie**. Flußmündungen wechseln sich mit Mangrovenwäldern und kilometerlangen Traumstränden ab – allerdings mit Wermutstropfen: Auch die Haie lieben die Küstengebiete!

Lange Zeit lebten hier zahlreiche Clans als Waldbauern noch unabhängig voneinander in weit verzweigten, getrennten Lebensräumen, als andere Volksgruppen auf Madagaskar längst mächtige Dynastien gegründet hatten. Erst Anfang des 18. Jh. vereinigte **Ratsimilaho** – Sohn eines englischen Piraten und einer madagassischen Prinzessin – die im mittleren Osten siedelnden Splittergruppen zum Königreich der **Betsimisaraka**. Es ist die jüngste und zweitgrößte der 18 madagassischen Ethnien (*Betsimisaraka*, gesprochen: Betsimisár = „die vielen, die sich nicht trennen lassen"). Schon früh unterhielten sie gute Kontakte zu europäischen Kaufleuten.

Orchidee (Angraecum Sesquipedale)

Als Ratsimilaho im Jahre 1750 starb, zerfiel sein Reich wieder; der vom König unterdrückte Sklavenhandel und die – madagassische! – Piraterie nahmen zu. Angeblich sollen fast 20.000 *Betsimisaraka*-Krieger über die Komoren und ostafrikanische Küstenorte hergefallen sein.

Andererseits hatten die *Betsimisaraka* gegen Expansionsgelüste der *Sakalava* zu kämpfen, die in Eroberungsfeldzügen von der Westküste kamen. Noch schlimmer erging es ihnen Anfang des 19. Jh. angesichts der *Merina*-Armeen von Radama I. Sie unterwarfen nach und nach alle kleineren Königreiche

und schließlich auch die Hafenstadt **Toamasina** (Tamatave).

Die Ostküste mit ihren Buchten, Flußmündungen und kleinen Hafenstädten lockte aber auch andere Interessenten: Piraten, Sklavenjäger, europäische Handelsschiffe. Schon vor der Kolonialzeit entstanden europäische Handelsorte und Pflanzungen für Exportkulturen wie Kaffee und Nelken. 1845 wurde Toamasina von französischen und britischen Kriegsschiffen bombardiert. Die größte Hafenstadt im Osten entwickelte sich zum begehrten strategischen Stützpunkt. Frankreich startete 1883, als „Auftakt" seiner Kolonisierung, von hier aus seine militärischen Angriffe gegen den langen, letztlich aber erfolglosen Widerstand der *Merina*. Da die Franzosen nach der Eroberung viele *Betsimisaraka* zu Frondiensten zwangen, unter anderem für den Bau der Eisenbahn, tat sich diese Volksgruppe beim Aufstand von 1947 gegen die Kolonialherren besonders hervor. Auch der als Nationalheld gefeierte Schriftsteller **Jacques Rabemananjara** stammt aus dem Gebiet der *Betsimisaraka*, ebenso wie Präsident **Didier Ratsiraka** (s. S. 103).

Heute erstreckt sich ihr Siedlungsgebiet von **Masoala** im Norden bis **Mananjary** im Süden. Sie bauen überwiegend Reis an und arbeiten auf Kaffee-, Nelken- und Vanilleplantagen. Im Gegensatz zum Westen und Süden ist der Osten relativ dicht besiedelt; dank der guten Anbaumöglichkeiten von Exportprodukten gelten die *Betsimisaraka* als ausgesprochen seßhaft. In engen Familienverbänden pflegen sie ihre Traditionen, Ahnenverehrung und den Glauben an ihre eigenen Geister und Götter.

Im benachbarten Binnenland siedeln die *Bezanozano*, am **Lac Alaotra** die *Sihanaka*, südlich von Mananjary die arabisch beeinflußten *Antaimoro*, *Antamboaka*, *Antaifasy*, *Antaisaka* und *Antanosy* sowie im südlichen Hinterland die *Tanala*. Auf der Insel **Sainte Marie** (Nosy Boraha) lebt eine eigenständige Bevölkerungsgruppe indonesischer Herkunft, jedoch mit arabischen Einflüssen, *St. Mariens* genannt. Im Zwischenhandel beim Vanille- und Nelkenexport spielen *Chinesen* eine große Rolle.

Regenzeit in Toamasina

Die Dörfer sind auf die Täler und Flußläufe konzentriert, auf den Hügeln liegen verstreute Weiler. Anstelle der Lehm- und Backsteinbauten des Hochlandes findet man, wie an anderen Küsten auch, eine einfache Bauweise klimaangepaßter Pfahlhütten.

Nur wenige Hafenstädte an der Ostküste sind über den Landweg miteinander verbunden. Genauso wenig wie an der Westküste können Sie ohne weiteres an der Ostküste entlang reisen: Straßen, die noch auf französischen Landkarten der 60er Jahre verzeichnet sind, wurden von den jährlichen Zyklonen einfach weggespült. Die meisten Orte sind bequem nur auf dem Luftweg erreichbar. Als „Hauptverkehrsader" dient der 600 km lange **Canal des Pangalanes**. Aber auch er wird überwiegend von kleinen Pirogen zur Schiffahrt genutzt. Größere Frachter verkehren auf dem Seeweg zwischen *Vohémar*, *Maroantsetra*, *Toamasina*, *Mananjary* und *Taolanaro*. Natürliche Barrieren bilden die Halbinsel Masoala im Norden sowie das Regenwaldgebiet zwischen *Farafangana* und *Taolanaro* (Fort Dauphin) im Süden. Die nördlich der Halbinsel Masoala gelegenen Küstenstädtchen *Vohémar*, *Sambava* und *Antalaha* erreicht man auf dem Landweg am besten von Antsiranana aus (s. Nordroute); *Manakara*, *Mananjary* und *Taolanaro* am besten über die RN 7 (s. Südroute). Nur **Toamasina** ist der einzige größere Ostküsten-Hafen mit guter Verkehrsanbindung zur Hauptstadt, sowohl über die mit Schweizer Entwicklungsgeldern hervorragend ausgebaute RN 2 als auch mit dem Zug und dem Flugzeug (s.S. 51 und Routenüberblick S. 282).

Reise-Varianten

*Planen Sie im voraus, welcher Teil der Ostküste Sie am meisten interessiert. Die östlichen Regenwaldausläufer beim Nationalpark **Ranomafana** und nördlich von **Taolanaro** (Fort Dauphin) finden Sie entsprechend der Erreichbarkeit im Kapitel **Südroute**, die Halbinsel **Masoala** und die nördlicheren Gebiete mit dem **Marojezy**-Nationalpark unter der **Nordroute**.*
*Der hier beschriebene mittlere Teil umfaßt die relativ bequeme Fahrt von **Antananarivo** durch den Alaotra-Graben nach **Toamasina** und die holprige Weiterreise bis nach **Maroantsetra** am südlichen Ende der Masoala-Halbinsel. Nach Toamasina verkehren Flüge, Taxi-Brousses und Busse regelmäßig und häufig. Wenn ein Zug verkehrt, sollte man sich eine Bahnfahrt auf keinen Fall entgehen lassen! Entlang der Ostroute liegen*

zahlreiche Naturschutzgebiete. Absolutes Muß: das **Reservat von Analamazaotra** bei **Andasibe** (Périnet) und der **Nationalpark Mantadia**. Beide sind leicht erreichbar und touristisch gut erschlossen.

Auch einen Abstecher zum **Lac Alaotra** können Sie bequem mit dem Zug bewältigen. Für Bootsfahrten bieten sich, am besten von Toamasina aus, der **Canal des Pangalanes** oder eine Überfahrt nach **Ste. Marie** an. Weiter nach Norden gelangen Sie per Taxi-Brousse, allerdings etwa ab Soanierana-Ivongo über eine extrem schlechte Piste (s. regionale Reisetips).

• **Zugverbindungen**: Nicht so spektakulär wie die Zugfahrt von Fianarantsoa nach Manakara, aber auf jeden Fall ein Erlebnis. Die kleine, alte Schmalspurbahn bietet eine abenteuerliche Reise den ganzen Tag über durch die Hochlandgebiete bei Tana, steile Serpentinen herab durch Restregenwälder in ca. 900 m Höhe bis **Andasibe** und von dort weiter bis nach **Toamasina**. Allerdings sind die Fahrzeiten sehr ungenau, oder die Fahrt kann auch ganz ausfallen. Normalerweise startet dreimal wöchentlich um 6 Uhr morgens in Tana ein Zug vom Hauptbahnhof in Richtung Toamasina und umgekehrt, wenn nicht gerade Loks, Schienen oder Waggons repariert werden müssen. Zwischenstation nach **Ambatondrazaka** am Lac Alaotra ist **Moramanga**. Die Fahrt nach Toamasina dauert in der Regel 12 Stunden. Fahrtzeit von Moramanga zum Lac Alaotra: 3-4 Stunden. Wenn Sie zum **Reservat Analamazaotra** (Andasibe/Périnet) wollen, müssen Sie in Andasibe aussteigen. Alternative: der „Zug auf Gummirädern", La Micheline, den Sie mieten können (s. S. 161, 270).

• **Taxi-Brousses/Taxi-Be**: Abfahrt: Taxi-Brousse-Station im Nordwesten von Antananarivo. Stündliche Abfahrt nach Toamasina, Fahrtzeit ca. 6-8 Stunden. Regelmäßiger Minibusverkehr nach Moramanga, dort Anschlüsse nach Andasibe/Périnet. Frühmorgens: Minibusse nach Soanierana-Ivongo (Fähre nach Ste. Marie). Nur 2-3 mal wöchentlich langwierige Verbindungen nach Mananara und Maroantsetra.

• **Busse**: mit zunehmender Beliebtheit der Ostregion sprießen auch die Reiseangebote mit klimatisierten Bussen wie Pilze aus dem Boden: neueste Informationen und Adressen hat das Maison du Tourisme in Tana.

• **Flug**: Air Madagascar und TAM fliegen täglich nach Toamasina und Ste. Marie. Für Gruppen sind private Flugdienste nicht viel teurer (s. auch allgemeine Reisehinweise, Stichwort Fluggesellschaften).

Unser Tip
Kombination **Bahn-Flug-Boot-Straße**:
Bahnfahrt von Tana nach Toamasina, Unterbrechung in Andasibe/Périnet; Besuch der Naturschutzgebiete (eventuell, mit viel Zeit, vorher Abstecher zum Lac Alaotra). Von Toamasina aus Bootsfahrt auf dem Canal des Pangalanes – wenn das Wetter es

zuläßt. Flug nach Ste. Marie. Im Südwinter, wenn die Wale kommen, auch eine Pirogenfahrt. Wenn Sie noch Zeit haben: Rückflug oder Bootsfahrt nach Toamasina und zeitauf-
wendige Weiterfahrt über Mananara nach Maroantsetra zur Lemureninsel Nosy Mangabe. Ideal für Trekking-Abenteurer: Masoala. Von Toamasina, aber auch von Maroantsetra und Ste. Marie, können Sie Flüge buchen zu allen möglichen anderen Orten des
Landes. Vergessen Sie nie, bei allen Flügen an die Ostküste, vor allem von und nach Ste.
Marie: rechtzeitig buchen und bestätigen, die Plätze sind begrenzt. Denken Sie auch
daran, vor allem nördlich von Fenoarivo: Kilometerangaben besagen gar nichts – was
zählt, sind die Fahrstunden. Oft kommt ein Taxi-Brousse aufgrund der Straßenverhältnisse nur mit 10 Stundenkilometern voran.

Straßenverhältnisse

s. regionale Reisetips zu den einzelnen Orten.

Zeitangabe

Rechnen Sie mit den „Muß-Stationen" Andasibe (Périnet), Toamasina (mit
Canal des Pangalanes) und Ste. Marie mindestens 8-10 Tage. Alle zusätzli-
chen Ausflüge brauchen Zeit! Auch Ste. Marie lohnt einen längeren Aufenthalt.

Entfernungen

(in km)**:**

Antananarivo – Toamasina 365

Antananarivo – Maroantsetra 770

Antananarivo – Moramanga 115

Moramanga – Ambatondrazaka (Lac Alaotra) 150

Moramanga – Andasibe/Périnet 30

Andasibe – Brickaville 120

Brickaville – Toamasina 100

Toamasina – Fenoarivo 105

Fenoarivo – Soanierana-Ivongo 60

S.-I. – Manompana 45

Manompana – Mananara 85

Mananara – Maroantsetra 110

Von Antananarivo nach Toamasina

Wie für die anderen Routen gilt auch für die Fahrt in den mittleren Osten:
Sie ist so abwechslungsreich, daß man das Gefühl hat, man würde innerhalb
kurzer Zeit durch viele verschiedene Länder reisen. Über weite Strecken
verlaufen die Route Nationale No. 2 und die Eisenbahnschienen fast parallel.

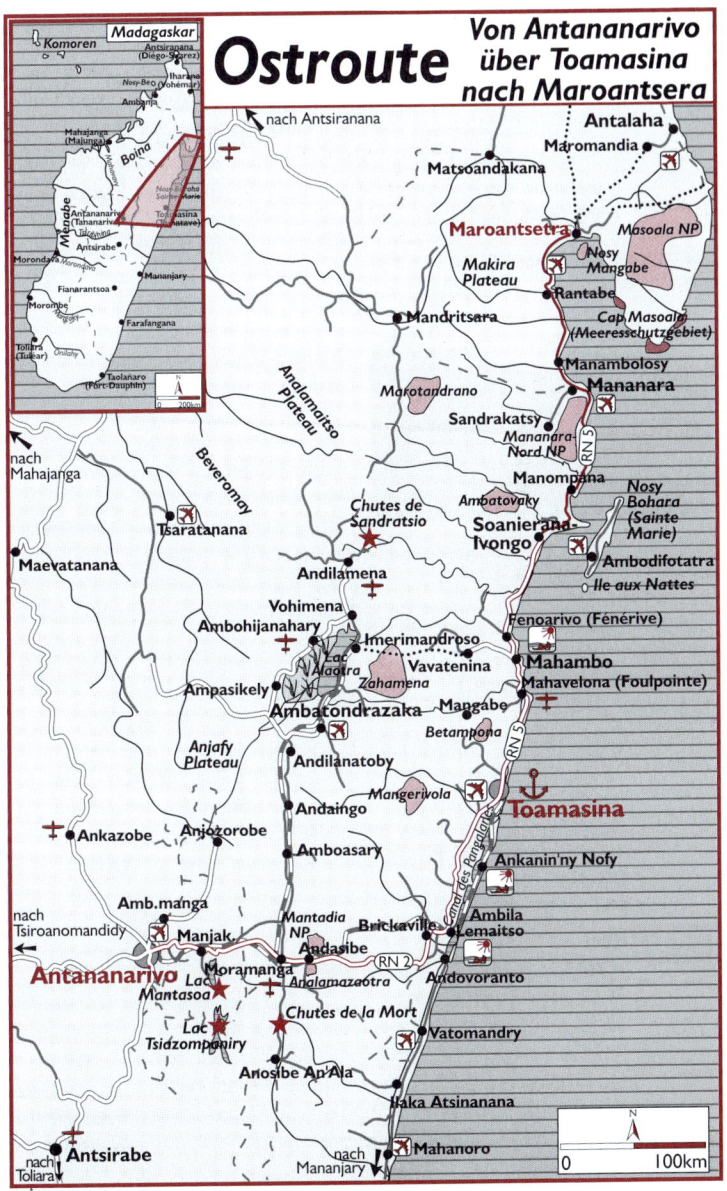

Ostroute

Von Antananarivo über Toamasina nach Maroantsera

nach Antsiranana

Madagaskar

Komoren

Antsiranana (Diégo-Sarez)

Iharana

Nosy-Beo (Vohémar)

Ambanja

Mahajanga (Majunga)

Boina

Nosy Boraha Sainte Marie

Antananarivo (Tahananarivo) Tikanambo

Antsirabe

Toamasina (Tamatave)

Menabe

Morondava Morombe

Mananjary

Fianarantsoa

Morombe

Farafangana

Tuléar (Tulear)

Taolañaro (Fort-Dauphin)

Onilahy

Antalaha

Maromandia

Matsoandakana

Maroantsetra

Masoala NP

Makira Plateau

Nosy Mangabe

Rantabe

Mandritsara

Cap Masoala (Meeresschutzgebiet)

Manambolosy

Mananara

Morotandrano

Andilamaitso Plateau

Sandrakatsy

Mananara Nord NP

nach Mahajanga

Beveromay

Chutes de Sandratsio

Manompana

Nosy Bohara (Sainte Marie)

Ambatovaky

Soanierana-Ivongo

Tsaratanana

Andilamena

Ambodifotatra

Ile aux Nattes

Maevatanana

Vohimena

Ambohijanahary

Imerimandroso

Fenoarivo (Fénérive)

Lac Alaotra

Vavatenina

Mahambo

Ampasikely

Zahamena

Mangabe

Mahavelona (Foulpointe)

Ambatondrazaka

Betampona

Anjafy Plateau

Andilanatoby

Mangerivola

Toamasina

Andaingo

Ankazobe

Anjozorobe

Amboasary

Ankanin'ny Nofy

nach Tsiroanomandidy

Amb.manga

Mantadia NP

Brickaville

Ambila Lemaitso

Manjak

Andasibe

Canal des Pangalanes

Antananarivo

Moramanga

Analamazaotra

Andovoranto

Lac Mantasoa

Chutes de la Mort

Lac Tsidzompaniry

Vatomandry

Anosibe An'Ala

Maka Atsinanana

nach Toliara

Antsirabe

nach Mananjary

Mahanoro

0   100km

© ifgraphic

RN 5

RN 2

Beide führen, sobald sie Antananarivo verlassen haben, durch ausgedehnte Reisfelder, auf denen die Bauern mit ihren Zebus sogar sonntags ihre Knochenarbeit verrichten. Die Lehm- und Steinhäuser der Merina leuchten rot in der Morgensonne. Durch schattige Eukalyptuswälder schlängelt sich die Straße kurvenreich erst bergab, dann ab **Manjakandriana** mühsam bergauf zum **Angavo-Massiv**. Beim Dorf Anjiro fährt die Bahn sogar eine 360°-Schleife, um den Höhenunterschied zu bewältigen. Danach beginnt der allmähliche Abstieg vom Hochland und der Abschied vom *Land der Merina* –

nicht ganz so steil und dramatisch wie auf der Fahrt von Fianarantsoa nach Manakara, aber landschaftlich großartig: über weite Ebenen und durch den tief abfallenden **Alaotra-Graben**, den man auf dem Weg nach Toamasina durchquert.

Die Temperaturen steigen merklich, die Hochlandvegetation wird abgelöst von immer dichter werdendem Regenwald. Durch rollende Hügellandschaften und *Ravenala*-Wälder, die „Bäume der Reisenden" (s.S. 87), erreichen Sie schließlich die lagunendurchzogene Küstenlandschaft und fahren entlang des Canal des Pangalanes bis Toamasina. Vor allem die Bahnfahrt ist so schön, daß es schade wäre, nach Toamasina zu fliegen.

Manjakandriana

Dieses Marktfleckchen 48 km östlich von Tana ist eines der ersten Stationen an der RN 2 Richtung Osten. Von dort führt eine Piste nach Süden zum beliebten Wochenendresort am Stausee **Lac Mantasoa** und, ein eher „aufrüttelndes" Erlebnis – was die Straßenverhältnisse betrifft –, noch weiter nach Süden zum **Lac Tsiazompaniry** in wilder, abwechslungsreicher Landschaft (s. S. 311/325).

Tip

Weiterfahrt auf der RN 2: In der Nähe von **Mandraka** *und des gleichnamigen Flusses liegt im Dörfchen Marozevo das kleine, aber feine* **Reservat von Peyrieras**, *ähnlich liebevoll von einem französischen Privatmann eingerichtet wie das Arboretum in Toliara. Gruppenreisen auf dem Weg nach Toamasina legen hier oft eine Mittagspause ein, um sich von Monsieur André Peyrieras die endemische Fauna und Flora, vor allem Schlangen, Krokodile und Schmetterlinge, zeigen zu lassen. Wenn Sie mit dem Zug kommen: vom Bahnhof von Mandraka aus eine Stunde Fußweg bis zum Reservat.*

Moramanga

Aktuelle regionale Reisetips (Hotels, Restaurants etc.)
zu Moramanga
entnehmen Sie bitte den gelben Seiten 249

Nach 4 Zugstunden oder 115 Straßenkilometern ist man bereits in Moramanga. Kein besonders aufregender Ort, aber vielleicht kam gerade deshalb jemand auf die Idee, hier das Polizeimuseum „**Musée de la Gendarmerie nationale**" zu eröffnen. Dort erfährt man alles über organisierten Rinderdiebstahl und sonstige Gaunereien. Ein Chinesen-Denkmal im Ort erinnert an die Arbeiter, die Anfang des Jahrhunderts die Bahnlinie verlegt haben. Interessant ist auch ein Projekt des „**Madagassischen Instituts für angewandte Forschung**" unter der Leitung von Professor *Ratsimamanga*, der mit europäischen Pharma- und Kosmetikfirmen wie Yves Rocher zusammenarbeitet: Viele Bauern in der Region bauen sogenannte *Centella*-Pflanzen an, die nach Europa exportiert und zu einem bekannten Medikament mit narbenrückbildender Heilwirkung verarbeitet werden.

Außerdem ist Moramanga Ausgangspunkt für verschiedene Ausflüge:
• nach Süden zu den **Niagarakely** („Kleine Niagarafälle", ca. 30 km) und den **Chutes de la mort** („Wasserfälle des Todes", ca. 50 km) am Fluß Manambolo in der Nähe von **Anosibe An'Ala**. Hier, nach etwa 70 extremen Pistenkilometern (nur in der Trockenzeit!!), befindet man sich im Herzen des tropischen Regenwaldes und fühlt sich wie in Joseph Conrads „Heart of Darkness". Seltene Taxi-Brousse-Verbindung.
• Nach Norden führen von Moramanga sowohl die RN 44 als auch eine Bahnlinie zum **Lac Alaotra**.

 INFO Geschichte der Eisenbahn

Joseph Simon Gallieni war von 1896 bis 1905 der erste französische Generalgouverneur in Madagaskar. Als Musterbeispiel für den Aufbauwillen, der von Gallieni einem im Grunde unwilligen Land aufgenötigt wurde, kann die Errichtung *der ersten Bahnlinie von der Ostküste ins* *Hochland* gelten. Nach den 1897 begonnenen Erkundungsarbeiten wurde diese technische Herausforderung (auf 270 Kilometer Strecke 1200 Meter Höhendifferenz von der Küste bis zur Hauptstadt und zusätzliche 1400 Meter wegen der Talfahrt durch das Mangorobecken) von 1900-1913 mit aller Härte durchgefochten. Für den Bahnbau bewilligte Paris immerhin 48 Mio. Francs.

Der Bau begann 1901, zunächst mit 3000 vom Generalgouverneur Indochinas entsandten **chinesischen Arbeitern**. Madagassische Männer mußten ebenfalls eine Art „Arbeitssteuer", im Klartext: Zwangsarbeit, entrichten. Zeitweise waren mehr als 20.000 Arbeiter gleichzeitig auf der Strecke. Im Verlauf der 13 Baujahre kamen Zehntausende ums Leben, wahrscheinlich durch Krankheiten und schlechte Versorgung.

Die insgesamt *890 Schienenkilometer* (von *Tana zum Lac Alaotra* und Tamatave sowie von *Fianarantsoa nach Manakara*) sind aus vielfältigen Gründen fast immer unbenutz-

bar. Vordergründig geht es vor allem um die Verwüstungen, die alljährlich durch Unwetter verursacht werden. Offenbar spielt aber auch der innermadagassische Widerstand gegen diese aufgezwungene technische Neuerung weiterhin eine große Rolle. Letzlich steht zu vermuten, daß die stark zentralisierte Buschtaxi-Lobby Mittel und Wege findet, den – im Prinzip kostengünstigeren – Verkehr auf den Bahnstrecken lahmzulegen (s. auch Zugfahrt nach Manakara, S. 393).

Lesetip
Andreas Osterhaus: Madagaskar. Becksche Reihe Länder. München 1997. Der Autor ist Korrespondent der französischen Nachrichtenagentur Agence France Press, afp.

Lac Alaotra

Aktuelle regionale Reisetips (Hotels, Restaurants etc.) zum Lac Alaotra
entnehmen Sie bitte den gelben Seiten 240

Grundsätzlich, wenn nicht *en panne*, fährt ein Zug dreimal wöchentlich von Antananarivo bis Moramanga und von hier aus über eine breite Hochebene nach Norden bis **Ambatondrazaka**. Dieser größte Ort am Lac Alaotra liegt nahe dem Endpunkt der Bahnlinie. Fahrtzeit von Moramanga: 3-4 Stunden, Verspätungen sind die Regel. Ähnlich lange brauchen die Taxi-Brousses für die 160 km von Moramanga nach Ambatondrazaka bzw. 280 km nach Andilamena. Hier endet die Straße, die vornehmlich zum Abtransport von Holz, Reis und Chromerz gebaut wurde.

Erste Haltestelle hinter Moramanga ist **Marovoay** (= „viele Krokodile"), benannt nach einer hier angesiedelten kommerziellen Krokodilfarm.

Der **Lac Alaotra** ist ein Ort der Superlative: größter See Madagaskars, gelegen in einer der breitesten Senken, dem 700-800m hohen tektonischen *Alaotra-Graben*. Hier findet man eines der abgeschiedensten Vogelparadiese und mit 80.000 Hektar das bedeutendste *Reisanbaugebiet* des Landes – aber auch eines seiner größten Umweltdesaster. Nicht nur wegen der eingesetzten Pestizide, die den Vögeln zu schaffen machen. Das 22.000 Hektar große Gewässer ist auf ein Drittel seiner einstigen Größe zusammengeschrumpft und „verlandet" immer mehr. Ursache: die Abholzung der umliegenden dichten Regenwälder, Erosion, Wegschwemmen des Bodens von den Bergen in den See. Während die traditionell hier lebenden *Bezanozano* und *Sihanaka* die riesige Senke des Alaotra-Grabens in natürlich verträglichem Maße für Sumpfreisanbau, Viehhaltung und Fischfang nutzten, führten die französischen Kolonialherren den Naßreisanbau ein und begannen etwa um 1922 mit der extensiven Kultivierung. Auch Tabak, Maniok und Erdnüsse werden angebaut. Nur ein aufwendiges Bewässerungssystem, das noch aus der Kolonialzeit stammt, sorgt für eine konstante Wassertiefe von etwa 2 Metern.

Ambatondrazaka – Verwaltungszentrum und wichtigster Marktort am Lac Alaotra – lag früher am Ufer des Sees, heute aber wie viele andere Dörfer auch über 20 km von ihm entfernt. Selbst für die Kornkammer Madagaskars gilt: Aufgrund des hohen Bevölkerungszuwachses verringern sich die Überschüsse beim Reisanbau trotz hoher Ernteerträge. Die Reisfelder liegen vor allem an der Westseite des Sees. An seiner Ostseite beginnen direkt hinter einer fast 1500 m hohen Gebirgskette der Regenwald und das Schutzgebiet von **Zahamena**.

„Rundfahrten" um den See sind per Taxi-Brousse möglich, ein Abstecher nach **Andilamena**, dem nördlichsten „Endpunkt" der Straße, auch. Die Straße entlang der Westseite bietet schöne Ausblicke, da die Orte oft in Hügellage gebaut sind. Nur wenn Sie längere Zeit hier bleiben, werden Sie etwas von den *Fadys* und Zauberern der *Sihanaka* mitbekommen, die auch in ihrem Alltagsleben eine außerordentlich große Rolle spielen. Die *Sakalava* haben sich inzwischen wieder aus diesem Landstrich zurückgezogen. Im 18. Jh. hatten sie ihr Königreich Boina bis in das hiesige Siedlungsgebiet der Sihanaka ausgedehnt, bis sie im 19. Jh. von den *Merina* unterworfen wurden.

Ende des letzten Jahrhunderts sah die Gegend um den Lac Alaotra noch anders aus, als Schmuggler von der 50 km entfernten Küste ihre Schmuggel-waren aus Réunion und Mauritius durch den Regenwald brachten. Noch heute können ganz Hartgesottene die **Route des Contrabandiers** vom Lac Alaotra bis zur Küste in fünf Tagen bewältigen. Ausgangspunkt ist *Imeri-mandroso*, wo eine heilige Insel noch an den Widerstand der Sihanaka gegen die siegreichen Merina erinnert, Endpunkt das Dorf *Vavatenina* in Höhe von Mahambo an der Küste. Hotels und Taxi-Brousse-Fahrer wissen, wo Sie starten müssen, und sind bei der Suche nach Guides behilflich.

Kaum weniger abenteuerlich und in keiner Weise organisiert ist bisher der Besuch des über 70.000 Hektar großen **Schutzgebietes von Zahamena**. Es wartet darauf, auch für Touristen erschlossen zu werden.

Weiterfahrt von Moramanga Richtung Toamasina

Andasibe (französisch: Périnet)
mit Reservat Analamazaotra und Nationalpark Mantadia

 Aktuelle regionale Reisetips (Hotels, Restaurants etc.) zu Andasibe entnehmen Sie bitte den gelben Seiten 214

Reservat Analamazaotra	*Nationalpark Mantadia*
= „Indri-Reservat von Périnet"	
Größe: 810 Hektar	*Größe: 12.000 Hektar*
Gründungsjahr: 1908/1970	*Gründungsjahr: 1989*
Höhe: 900-1000 m	
Geplantes Verbundbiotop: **Andriandavibe**	

Wenn Sie von Moramanga Ihre Reise Richtung Toamasina fortsetzen, errei-chen Sie nach einer halben Stunde (bzw. in 2 ½ - 3 Std. bequemer Fahrt von Antananarivo) einen der Höhepunkte der Ostroute. Der Name **Andasibe** ist bei Naturliebhabern in aller Munde, nicht des Ortes wegen, sondern aufgrund des von hier aus leicht erreichbaren **Reservats Analamazaotra** und des nur vier Kilometer entfernten neuen **Nationalparks Mantadia**.

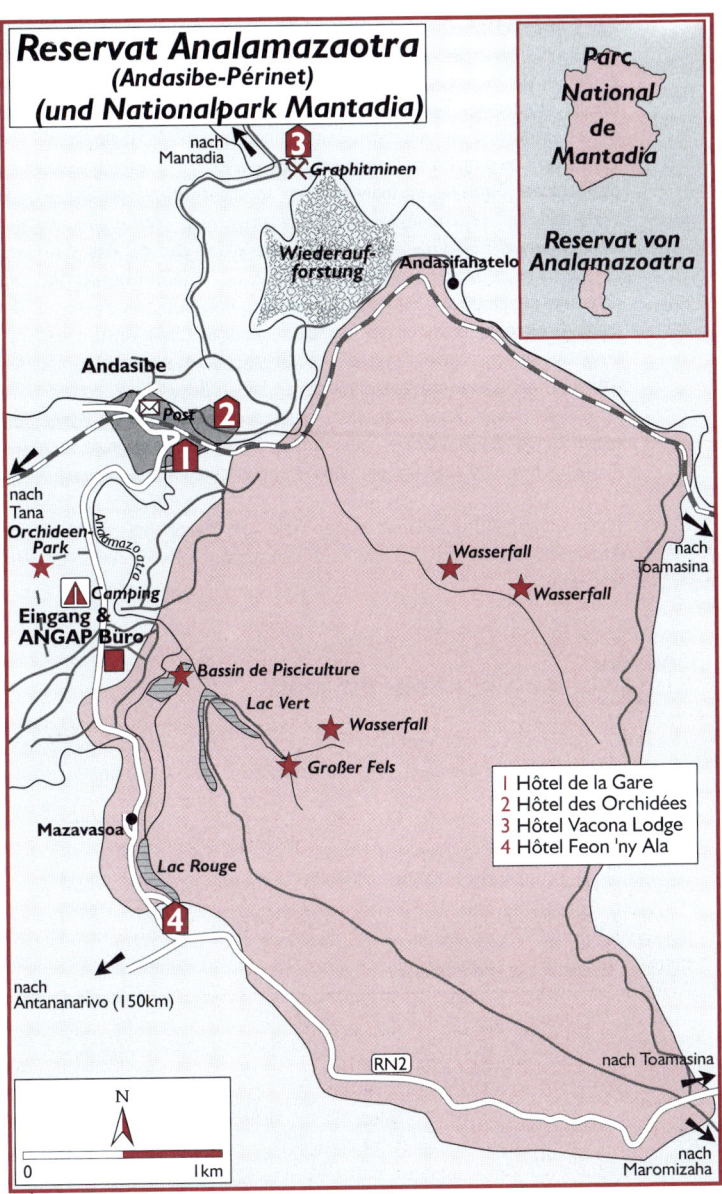

Reservat Analamazaotra
(Andasibe-Périnet)
(und Nationalpark Mantadia)

Parc National de Mantadia

Reservat von Analamazaotra

nach Mantadia

3 ✕ Graphitminen

Wiederaufforstung

Andasifahatelo

Andasibe

✉ Post 2

1

nach Tana

Orchideen-Park ★

Andasibe Analamazaotra

▲ Camping

Eingang & ANGAP Büro

★ Wasserfall

★ Wasserfall

nach Toamasina

★ Bassin de Pisciculture

Lac Vert

★ Wasserfall

★ Großer Fels

Mazavasoa

Lac Rouge

4

1	Hôtel de la Gare
2	Hôtel des Orchidées
3	Hôtel Vacona Lodge
4	Hôtel Feon 'ny Ala

nach Antananarivo (150km)

RN2

nach Toamasina

N

0 — 1 km

nach Maromizaha

© **i** graphic

Beide sind als Heimat der Indris berühmt. Die auf 900-1000 Meter Höhe in einem Bergmassiv gelegenen Schutzgebiete weisen aber auch andere Vorzüge auf: tropische Ostküstenvegetation, feuchte Bergnebelwälder, ein artenreiches Moorgebiet. Dazu sind sie leicht erreichbar. Die Wege sind eben und ohne Anstrengung zu bewältigen. Seitdem die Unterkunftsmöglichkeiten von einfachem Camping bis zu Hotels mit höherem Komfort ausbaut wurden, ist die Zahl der Besucher im Indri-Reservat sprunghaft gestiegen. Das gilt vor allem seit der Errichtung der Bungalowanlage *Feon Ny Ala* (Stimme des Waldes), neuer Bungalows im *Hôtel Buffet de la Gare* und der fast luxuriösen *Vakona-Lodge* im sehenswerten, 7 km entfernten **Privatreservat Vakona** nahe der Graphitminen und dem Parkeingang von Mantadia. Nicht nur die *Indris* (die größte Lemurenart) und die *Mausmakis* (die kleinste) reagieren bisweilen verschreckt auf solchen Andrang, sondern auch die 10 anderen hier lebenden Lemurenarten, die winzigen bis größten Chamäleons, *Brookesia* und *Brevicornis*, Boas, Vögel oder Goldfröschchen. Trotzdem können Sie einem *Grauen Bambuslemuren* oder *Großen Katzenmaki* begegnen; auch *Aye-Aye* leben hier, sind aber extrem selten zu beobachten.

Noch weitgehend unbekannt ist der Wald von **Maromiza** südöstlich von Analamazaotra, der möglicherweise in den gesamten Parkbereich integriert werden soll.

INFO   ## Die Singschreie der Indris

Die **Indris** sind eindeutig die prominentesten Stars der Naturschutzgebiete von Andasibe.

Für die Lemurenforscher *Uta und Götz Ruempler* vom Kölner Zoo gehört ihre Begegnung mit den 75-90 cm großen und 7 kg schweren Lemuren – die einzigen, die einen nur 3 cm langen Stummelschwanz haben – zu den herausragenden Erlebnissen in Madagaskar, nicht nur wegen ihres schwarzweißen Plüschfells und dem breiten Kopf mit großen Ohren, der eher an ein kleines Bärchen als an einen Affen erinnert:

„Ungemein eindrucksvoll waren ihre morgendlichen Konzerte, die sie bevorzugt bei schönem Wetter von sich gaben. Aus der Entfernung klangen die Rufe, die 1-3 km durch den Urwald hallten, sehr melodiös. Die Indris mit ihren festgelegten Revieren benutzen ihre gewaltigen Stimmen zur Territoriumsmarkierung, aber auch zur Kommunikation. Wie die Wollmakis und Sifakas bewegen sie sich in vertikaler Körperhaltung. Sie springen elegant, in weiten Sätzen ausschließlich an senkrechte Baumstämme und benutzen beim Springen nur die langen Hinterbeine, die Hän-

de dienen zum Abfedern. Indris werden von den dominanten Weibchen angeführt, die sich auch die besten Ruheplätze und Futterstellen aussuchen. Wiederholt haben wir Familiengruppen von 2-5 Tieren beobachtet. Ein erwachsenes Paar betrieb intensive Morgentoilette; beim Putzen rieselten Haarflocken herunter; man kratzte sich und beknabberte die Zehen. Das Jungtier machte kleine Ausflüge in die Umgebung, sprang aber bei Beunruhigung sofort wieder auf den mütterlichen Körper. Schon gegen 16 Uhr zogen sich die Tiere zur Nachtruhe hoch in die Bäume zurück."

„Babakoto" –
Indris, die größte Lemurenart

Fossilienfunde beweisen, daß Indris früher auch in anderen Teilen des Landes beheimatet waren. Heute kommen sie nur noch in den **östlichen Regenwäldern** vor, vor allem in und um Andasibe. Nur noch hier finden sie ihre bevorzugte Nahrung. Eine Nachzucht ist auch im Zoo extrem schwierig; Weibchen bekommen nur alle 2-3 Jahre Junge, außerdem sterben die meisten Tiere in Gefangenschaft.

Madagassen nennen die Indris liebevoll *Babakoto*, „Vater von Koto". *Angano, angano* – Geschichten, Geschichten erzählen, daß eines Tages weder der junge Dorfbewohner Koto noch sein Vater vom Honigsammeln zurückkehrten. Bei der Suche nach ihnen stießen die anderen Dorfbewohner nur auf zwei Indris – einen alten und einen jungen, die neugierig von einer Baumgabel auf sie herabblickten. Die beiden Honigsammler hatten sich ganz offensichtlich in Indris verwandelt. Seither dürfen sie weder getötet noch gegessen werden. Obwohl Indris für Madagassen glücklicherweise *fady* sind, werden sie außerhalb der Schutzgebiete besonders von Chinesen gejagt und landen häufig im Kochtopf!
(s. Lemurenlexikon S. 69)

Das Indri-Reservat **Analamazaotra** ist das kleinste Naturschutzgebiet Madagaskars, aber aus gutem Grund auch eines der beliebtesten – für Besucher wie für Wissenschaftler. Ihr Herz an Flora und Fauna verloren auch die Lemurenforscherin *Prof. Dr. Elke Zimmermann* von der Tierärztlichen Fakultät der Universität Hannover sowie *Helmut Zimmermann*, Präsident der deutschen **Stiftung Natur- und Artenschutz in den Tropen NAT**. Seit Ende der 80er Jahre widmen sie sich mit dem „Projekt Regenwald 2000" der Wieder-

Goldfröschchen (Mantella aurantiaca)

aufforstung in Andasibe, dem Schutz des Regenwaldgebietes und des Moores, das ursprünglich für weitere Reisfelder trokkengelegt werden sollte (s. INFO).

Helmut Zimmermann ist es zu verdanken, daß auch ein anderer Bewohner Andasibes bekannt wurde: das nur 20 mm große, farbenprächtige **Goldfröschchen** Mantella aurantiaca, das eigentlich wegen seiner knallbunten Lack-Färbung besser „Orangefröschchen" heißen müßte. Es weist ähnliche Hautgifte auf wie die Baumsteigerfröschchen Südamerikas (Dendrobatidae), „Lieferanten" der berühmt-berüchtigten Pfeilgifte. Zimmermann konnte die verantwortlichen Behörden überzeugen, daß eine Drainage des Moores für das Goldfröschchen, das hier mit 100 weiteren Froscharten zusammenlebt, eine Katastrophe bedeuten würde. Es ist jedoch nicht nur durch die Naturzerstörung bedroht, sondern auch durch ein systematisches „Absammeln" für den Terrarienhandel und biomedizinische Zwecke.

Lesetip
Zimmermann u.a. (s. Literaturliste).

Einziger „Nachteil" des unschätzbaren Naturparadieses von Andasibe: Es regnet und regnet. Die beste Reisezeit, in der Sie halbwegs trocken davon kommen können, sind die Monate Juni/Juli und September/Oktober.

Zeitplan
Das **Indri-Reservat** können Sie in einem halben Tag besichtigen. Die schönste Zeit für ausgiebige Tierbeobachtungen sind allerdings die frühen Morgenstunden. Nachts erklingen dank der 100 Froscharten konzertante Mondscheinserenaden, nur unterbrochen von den markerschütternden Schreien der Indris. Weitere Sehenswürdigkeiten in Analamazaotra: der Orchideen-Park, der grüne und der rote See und die Fischfarm. Infos bei ANGAP am Parkeingang.
Exkursionen, die von ANGAP im **Mantadia-Nationalpark** angeboten werden, reichen von 2 Stunden bis zu mehreren Tagen mit Campingmöglichkeit.

Tips für die Anfahrt
Mit einem Einzeltaxi kosten die ca. 150 km von Antananarivo 100-150 DM, mit dem Taxi-Brousse oder Zug nur einen Bruchteil. Der Zug hält für Durchreisende oft in Andasibe so lange, daß genug Zeit für ein kurzes Mittagessen im Hôtel Buffet de la Gare bleibt. Vom Bahnhof aus sind es 1,5 km bis zum Parkeingang

INFO

Andasibe – Projekt Regenwald 2000
von Helmut Zimmermann

Als eines der ersten Schutzgebiete Madagaskars wurde wegen der seltenen und artenreichen Regenwaldfauna und -flora bereits 1908 die „réserve forestière" in Andasibe gegründet. 1970 konnte dann eine Fläche von 810 Hektar als *réserve spéciale d'Anamalazaotra* (Indri-Reservat) ausgewiesen werden. Dieses kleine Reservat hat zusammen mit dem 1989 gegründeten **Nationalpark Mantadia** die größte Besucherzahl an Ökotouristen von Madagaskar zu verzeichnen. Nach einem Bericht von 1995 des hoch engagierten *Nationalparkdirektors Herijaona Randriamanantenasoa* haben 7.193 ausländische Ökotouristen dieses Gebiet besucht, mehr als 1/3 aller Parkbesucher Madagaskars. Doch wie überall, so sind auch im Umkreis von Andasibe um das Reservat große Flächen durch Brandrodungen entwaldet, mit weitreichenden ökologischen und finanziellen Folgen wie genetische Isolate von Pflanzen- und Tierarten oder die riesige, bis zu 12 Meter hohe (!) Überschwemmung Andasibes durch den Zyklon Geralda im Jahr 1994. Diese erste große

Im Reservat Analamazaotra

Katastrophe für die einheimische Bevölkerung hat letzten Endes den Ausschlag gegeben, die Pläne für die Zukunft Andasibes, insbesondere ihrer forst- und landwirtschaftlichen Entwicklung, den Tourismus und den Schutz der natürlichen Ressourcen, der letzten Regenwälder, neu zu überdenken.

Wegen dieser vorwiegend vom Menschen verursachten Zerstörungen wurden nunmehr die begonnenen Naturschutzarbeiten der deutschen Nicht-Regierungs-Organisation (NRO) „*Natur- und Artenschutz in den Tropen*" (NAT) in Andasibe intensiviert und kompetente einheimische Kenner der Regenwaldfauna und -flora des Ortes mit in die Untersuchungen einbezogen.

Das berühmte madagassische **Goldfröschchen** *Mantella aurantiaca*, dessen einziger Lebensraum in der Welt das Feuchtgebiet am **Tororofotsy-Moor** bei Andasibe ist, wurde aufgrund der gemeinsamen Untersuchungen und auf Antrag der deutschen und madagassischen Regierungen auf der *Washingtoner Ar-*

tenschutzkonferenz 1994 unter Schutz (WA II) gestellt. Die Fauna und Flora des Moorgebiets und des anschließenden Regenwaldes wurden untersucht und ein Naturschutzverfahren für das Gebiet eingeleitet. Doch erst die jetzt begonnene 2. Phase der vorbereiteten Schutz- und Entwicklungsprojekte könnte eine für Madagaskar einmalige Chance für Mensch und Natur bringen, das (nach einem heiligen Berg benannte) **Regenwald-Biotopverbundsystem Andriandavibe** bei Andasibe: eine Verbindung des nördlichen mit dem südlichen Regenwald durch die Ausweisung von zwei neuen Schutzgebieten **Torotorofotsy** und **Ambato**, ihre Vernetzung mit den bestehenden beiden Schutzgebieten, dem Indri-Reservat und dem Nationalpark Mantadia, die beiden ökologischen Korridore zwischen Ambato und dem Indri-Reservat mit Anschluß an die südlichen Primärwälder **Maromiza** und **Vohidrazana**.

Zusammen mit dem Nationaldirektor der Schutzgebiete haben die lokalen Behörden und die Bewohner des Ortes bereits jetzt den Plänen begeistert zugestimmt. Sie haben in der Zwischenzeit den Wert ihrer natürlichen Ressourcen erkannt in dem Bewußtsein, daß die deutsche Naturschutzorganisation „Natur- und Artenschutz in den Tropen" ihnen nicht nur bei Überschwemmungskatastrophen Soforthilfe leistet, sondern auch bei der Arbeitsbeschaffung durch nachhaltig-naturverträgliche Entwicklungsprojekte. Dazu gehört auch ein erweiterter **Ökotourismus**, ein „sanfter Tourismus", der ihnen bessere Lebensbedingungen bieten kann als Brandrodungen und Abholzungen der Wälder und sie somit nicht mehr der Gefahr von Überschwemmungen ausgesetzt sind.

Welch ein hoher Wert diesem „Finanzfaktor Natur" in den letzten 10 Jahren beigemessen wird, zeigt sich in der Besetzung der ANGAP-Station in Andasibe von früher 4-5 auf den heutigen Stand von rund 50 Mitarbeitern sowie der jetzt über 30 gut ausgebildeten Tourenführer. Dabei sind attraktive Wanderwege und interessante Besichtigungen auf genau definierten, kleineren und größeren Wegstrecken im Regenwald ausgewiesen, während für andere Wald- und Moorgebiete ein strikter Naturschutz gilt (bzw. bald gelten wird). In diesem Gebiet konnten vorwiegend Wissenschaftler aus Deutschland wie *Frank Glaw* (Zoologische Staatssammlung München) und *Miguel Vences* (ZFMK Bonn) neue Reptilien- und Amphibienarten erforschen und beschreiben. Der Primatenforscherin *Prof. Dr. Elke Zimmermann*, ihrem Doktoranden *Nasolo Rakotoarison* und mir gelang bei unseren nächtlichen Expeditionen sogar eine kleine Sensation: In Baumhöhlen abgestorbener Bäume des dichten tropischen Hochlandregenwaldes entdeckten wir eine als ausgestorben betrachtete Lemurenart, den kleinen **Büschelohrmaki** *Allo-*

cebus trichotis. Zuvor hatte ihn **Bernhard Meier** in Zahamena entdeckt, danach galt er aber wieder als ausgestorben. Zwei Exemplare wurden dem Tsimbazaza-Zoo in der Hauptstadt Tana für eine Erhaltungszucht übergeben, die anderen 6 Tiere nach biometrischen Vermessungen, akustischen Untersuchungen und Video- und Fotodokumentationen wieder in ihrem Lebensraum freigelassen. Der Büschelohrmaki gilt als die seltenste lebende Affenart Madagaskars, seltener noch als das Fingertier Aye-aye.

Genau so sensationell ist auch die in den letzten Jahren hier erforschte **Artenvielfalt**. Trotz der Regenwaldfragmentierung konnten bis heute in einem Gebiet von nicht einmal der Größe Stuttgarts folgende meist endemische Arten nachgewiesen werden: 12 Arten **Lemuren** (bis 1970: 11 Arten), 60 Arten **Reptilien** (bis 1970: 24 Arten), etwa 100 Arten **Amphibien** (bis 1970: 24 Arten), ca. 180 **Tagfalter-** und ca. 150 **Orchideenarten**.

Diese selten hohe Biodiversität auf kleinster Fläche dürfte nicht nur in Madagaskar, sondern auch in anderen Regenwäldern der Erde einmalig sein. Ein Grund mehr, diese Artenvielfalt in den Wäldern und Moorgebieten von Andasibe durch einen sanften Tourismus wenigstens zum Teil kennenzulernen und finanziell zu unterstützen, damit durch die vorgesehenen Maßnahmen auch der Nach-

welt in Madagaskar ein **„Regenwald 2000"** erhalten werden kann.

Der Autor ist Präsident der gemeinnützigen **Stiftung Natur- und Artenschutz in den Tropen (NAT)**, *Präsidiumsmitglied der Deutsch-mada-*

Büschelohrmaki

gassischen Gesellschaft (DMG), Mitglied von drei IUCN-Kommissionen und mehrerer wissenschaftlicher Gesellschaften und Naturschutzorganisationen. Seit 1965 führte er im Mittelmeerraum und in den Tropen (Südamerika und Afrika) herpetologische und naturschutzrelevante Studien durch. In über 120 Publikationen hat er über seine Forschungen berichtet, die seit 1988 fast ausschließlich auf Madagaskars Fauna und Flora – insbesondere auf das Naturschutzprojekt Andasibe – konzentriert wurden.

ℹ Informationen

Naturschutzorganisation „Natur- und Artenschutz in den Tropen" (NAT): Abraham-Wolf-Straße 39, D-70597 Stuttgart. E-mail: „info@nat-fund.de" Internet: http://www.nat-fund.de.

des Indri-Reservats. Die Straße nach Mantadia ist wegen Unstimmigkeiten zwischen den Betreibern der Graphitmine und Umweltschützern noch nicht fertiggestellt, Zufahrt per Piste.

Weiterfahrt nach Toamasina

Die nächsten 90 Kilometer bis zur Küste winden sich wieder kurvenreich durch den Regenwald, der aber allmählich von ausgedehnten Zuckerrohr-, Kaffee-, Bananen- und Mangoplantagen abgelöst wird. Seit Andasibe haben sich Straße und Bahnlinie getrennt und kreuzen sich nur noch einmal in **Ampasimanolotra**, früher **Brickaville**. Wer die RN 2 benutzt, passiert kurz vorher das Örtchen **Ranomafana** – nicht zu verwechseln mit dem weiter südlich bei Fianarantsoa gelegenen gleichnamigen Ort und Nationalpark.

Aktuelle regionale Reisetips (Hotels, Restaurants etc.)
zu Ampasimanolotra
entnehmen Sie bitte den gelben Seiten 212

Canal des Pangalanes

Aktuelle regionale Reisetips (Hotels, Restaurants etc.)
zum Canal des Pangalanes
entnehmen Sie bitte den gelben Seiten 235

Kurz hinter Brickaville bietet die Zugfahrt noch einmal spektakuläre Ausblikke ganz anderer Art als die im Regenwald: Sie verläuft auf einem Damm zwischen den **Lagunen des Canal des Pangalanes** linker Hand und den Inselchen, Sandbänken und Buchten des **Indischen Ozeans** rechter Hand.

Der Pangalanes-Kanal fließt 600 km von **Toamasina** im Norden bis **Farafangana** im Süden parallel zum Meer, oft nur durch eine 50 Meter breite Sandbank vom Indischen Ozean getrennt. Auf ihr haben sich zahllose Fischerdörfchen angesiedelt. Ende der 40er Jahre halfen die französischen Kolonialherren dem natürlichen Kanal mit seinen idyllischen Seen und Lagunen etwas nach und machten ihn fast in seiner gesamten Länge schiffbar. Er gehört damit tatsächlich zu den längsten Wasserstraßen der Welt. Teils verläuft er durch völlig einsame und abgeschiedene Regionen, in denen man in einem Teppich von *Wasserhyazinthen* und Aronstabgewächsen nur Krokodilen begegnet. Teils wird er als quirlig befahrener Transportweg von Fischern mit ihren hochbeladenen Pirogen genutzt, die Bambus, Baumaterial, Lebensmittel und andere Marktgüter von Ort zu Ort bringen. Leider dient er auch immer noch *illegalen Edelholztransporteuren* – ein Jahrhunderte alter Palisanderbaum wird für ein paar tausend FMG verscherbelt – oder dem Schmuggel vorwiegend europäischer Händler mit lebenden Schätzen des Regenwaldes, wie Schlangen, Lemuren oder seltenen Echsen und Amphibien. Gejagt werden auch Vögel; der einst große Reichtum an Vogelarten hat sich drastisch verringert.

Canal des Pangalanes

Abgesehen von den letzten 10 Kilometern vor Toamasina wird der Kanal wegen seiner natürlichen Schönheit immer häufiger auch von organisierten Reisegruppen ins Programm genommen. Besucht werden die zum Schwimmen und Wassersport geeigneten Seen **Lac Rasoamasay, Lac Rasobe** oder **Lac Irangy**. Am Nordufer des inzwischen wohl „bekanntesten" Sees Lac Farihy **Ampitabe**, der schon zur Kolonialzeit ein beliebter Badeplatz war, liegt das Dorf mit dem berechtigten Namen **Ankanin'ny Nofy**, „Nest der Träume", mit mehreren kleinen Unterkünften, u.a. dem *Hôtel Pangalanes*. Auch das fast schon berühmte „*Buschhaus*" unter deutscher Leitung findet man hier. Fragen Sie nach dem liebevoll angelegten **Privatreservat Antsirikahalota**, mit Tier- und Pflanzenfarm, Orchideengärten, Kannengießerpflanzen, Zwergpapageien und Varis. Auch im Ort **Ambila-Lemaitso** in der Nähe von Brickaville gibt es einige einfache Bungalow-Hotels. Ab **Vatomandry** (= „schlafende Felsen") 150 km südlich von Toamasina, im 18. Jh. wichtiger Handelsstützpunkt der Franzosen und zur Kolonialzeit von vielen Badegästen frequentiert, wird die Flußlandschaft immer ursprünglicher (Unterkünfte und Anreise s. *regionale Reisetips, Canal de Pangalanes*.

Noch ist dieses Naturparadies ein Ort beschaulicher Ruhe, wo man tagelang Ausflüge in die Regenwälder unternehmen kann und nachts die Stimmung noch ähnlich ist, wie 1931 von Friedrich Schnack in seinem Buch „Auf ferner Insel" pathetisch beschrieben:

„Die Mondsichel hat sich auf den Rücken gelegt, wie eine Barke zieht sie durch den Sternenhimmel. Das Bungalow glimmt vom Widerschein des Mondlichts wie ein Märchenhaus von wunderbaren Hölzern. Es ist aber bloß aus Bambus, Palmrippen und Palisander errichtet, roh gezimmert und wettergrau. Feuerumsprüht steht es in der Finsternis. Über ihm leuchtet ein langer Blitz, das Sternbild des Skorpions, und das südliche Kreuz, ein silbernes Gebälk. Das Zuckerrohr am Hang

und die Bananen sind in Südsee-Träumerei versunken. Alle Gegenstände sind wie von einem fremden Hauch belebt und sehen überwirklich aus, wie in Gesichten erschaut. Unmögliche Dinge könnten geschehen. Heere von Leuchtkäfern durchschwimmen die Dunkelheit. Sie wetteifern mit den himmlischen Leuchtkäfern, den Sternen.

Der Tau fällt. Vom vorspringenden Dach rinnen die Tropfen, als ob es leis und fein regnete. Aber die Nacht ist mondhell. In den nassen Gräsern schelten, zirpen, feilen die Insekten: Zikaden, Grillen, unheimliche Heimchen. Millionen Geheimnisse werden durch die Nacht gemorst, gefunkt, gewispert, gezirpt."

Trotz aller Poesie: Vergessen Sie nicht Ihr Moskitonetz und Mückenschutzmittel. In den „Regenmonaten" ist ein Besuch fast unmöglich.

Tips zur Anreise

Wenn Sie mit dem Zug kommen, steigen Sie an der Haltestelle des Dörfchens **Andranokoditra** aus und lassen sich per Piroge zu einem der kleinen Hotels, z.B. zum „Buschhaus", bringen. Von der Straße aus ist der Kanal, wenn Sie mit dem Taxi-Brousse kommen, über eine etwa 10 km lange Piste nach Manambato oder nach Ankanin´ny Nofy oft nur per Anhalter erreichbar. Der einfachste Anreiseweg ist der von Toamasina, per Boot oder 1 ½ Std. zurück mit dem Zug. Vorteil: Viele Reiseagenturen bieten eine günstige Verbindung an, zudem können Sie im voraus ein Zimmer in den oft ausgebuchten Unterkünften reservieren. Fahrten auf dem Kanal organisieren auch fast alle Reiseagenturen in Antananarivo; die Agentur PRIORI auf Wunsch per Fahrrad mit Besuchen von örtlichen Gesundheitsstationen oder kleinen Handwerksbetrieben (s. Stichwort Reiseagenturen).

Toamasina (französisch: Tamatave)

Einwohner: etwa 285.000

Aktuelle regionale Reisetips (Hotels, Restaurants etc.) zu Toamasina

entnehmen Sie bitte den gelben Seiten 270

Geschichte

„Tamatave gleicht einem ärmlichen, aber sehr großen Dorf mit etwa 4000-5000 Seelen. Der Bazar liegt mitten im Dorf auf einem unebenen, abscheulichen Platz und zeichnet sich außer durch seine Armut auch noch durch seine Unsauberkeit aus", schrieb die österreichische Weltreisende Ida Pfeiffer im Jahre 1857. Sie konnte kaum ahnen, daß 100 Jahre später ein französischer Reiseführer die gleiche Stadt als „eine der schönsten und modernsten Städte Madagaskars" bezeichnen würde. Grund für diesen Aufschwung war vor allem die ideale Hafenlage an der von Handelsschiffen frequentierten Ostküste, natürlich geschützt hinter einem Korallenriff, und die Nähe zur Hauptstadt Antananarivo.

Schon Piraten und portugiesische Seefahrer nutzten den Ort als **Handelsstützpunkt** und nannten ihn *San-Thomas*. Toamasina könnte somit eine Verballhornung des portugiesischen Namens sein. Andere behaupten, die Stadt sei nach **Radama I.** benannt, der nach seinen Eroberungszügen hier zum erstenmal das Meer sah und nach einem Schluck Wasser nicht gerade begeistert aufgerufen haben soll: „toa masina" – das ist aber salzig! Die meisten Madagassen benutzen nach wie vor den französischen Namen Tamatave.

Der Beiname „Mörderin" und „Grab der Europäer", der lange durch französische Geschichtsbücher geisterte, zeigt, wie malariaverseucht die Stadt einmal war.

Avenue de l'Indépendance, Tamatave

Im 17. Jh. hatten Kaufleute der **Ostindischen Kompanie** Stützpunkte in der Bucht von Antongil, auf Sainte Marie und im nördlich gelegenen Foulpointe errichtet. 1804 wurde das Handelszentrum von Foulpointe nach Tamatave verlegt, mit *Sylvain Roux* als oberstem Vertreter Napoleons in der Region. Sein Grab befindet sich noch heute auf der Insel Sainte Marie. Neben dem Sklavenhandel blühte zu dieser Zeit schon der Handel mit wertvollen Gewürzen. 1811 bemächtigten sich die auf Mauritius stationierten Engländer des Ortes, angeblich mit dem Ziel, den ausufernden *Sklavenhandel* zu unterbinden, nachdem das britische Parlament einen Vertrag zur Abschaffung der Sklaverei unterzeichnet hatte. Schon fünf Jahre später wurden sie wieder von den Franzosen vertrieben. 1822 kam es zu besagtem Ausspruch von Radama I., der die ansässigen *Betsimisaraka* besiegte und Tamatave mit einer Truppe von 2000 *Merina*-Soldaten einnahm. Damit hatte er endlich die „Merina-Grenzen bis zum Meer" ausgedehnt (s. Kapitel *Geschichte*). 1845 ärgerte seine Nachfolgerin, Königin **Ranavalona I.**, die Europäer mit drastischen Handelsbeschränkungen. Zweimal, 1845 und 1883, bombardierten dann auch englische und französische Kriegsschiffe die Stadt, wurden jedoch beide Male abgewehrt. Erst 1893 kapitulierten die Merina-Truppen endgültig. Damit stand Madagaskars Tor zur Welt offen für die Kolonisierung durch die Franzosen.

Auch in diesem Jahrhundert brachten die 90er Jahre politische Unruhen mit sich, allerdings nicht aufgrund von Bedrohung von außen, sondern durch neue politische Konstellationen in Antananarivo. Wie in Toliara und anderen großen Städten fern der Hauptstadt kämpften sogenannte **Föderalisten** um eigene souveräne Provinzen. In Toamasina waren außerdem die Ausschreitungen besonders heftig, als Präsident *Didier Ratsiraka,* selbst ein *Betsimisaraka,* abgewählt worden war. Sie gipfelten in Anschlägen auf die Bahnlinie und die 1985 fertiggestellte RN 2 – als Symbole der offensichtlichen Verbindung zu verhaßten politischen Kräften in der Hauptstadt.

Überblick

Heute ist Toamasina **größter Hafen** und nach Tana zweitgrößte Stadt des Landes. Den einst wichtigsten Hafen Mahajanga hat es in seiner Bedeutung längst überholt. Hier werden nicht nur die meisten Exportgüter wie Kaffee, Vanille, Gewürznelken, Lychees nach Europa, Rußland, Japan und in die USA verschifft, sondern es kommen auch die wichtigsten Importgüter ins Land, die dann auf Bahn und Straße ins Hochland gelangen. Die einzige *Raffinerie* Madagaskars verarbeitet importiertes Rohöl zu Heizöl, Diesel und Benzin und versorgt damit die ganze Insel.

Toamasina ist ökonomisches, administratives und universitäres Zentrum der gleichnamigen Provinz. *Betsimisaraka, Merina, Sakalava, Europäer* und *chinesische* Händler leben heute wieder relativ friedlich miteinander, die größte Kathedrale steht direkt neben der größten Moschee.

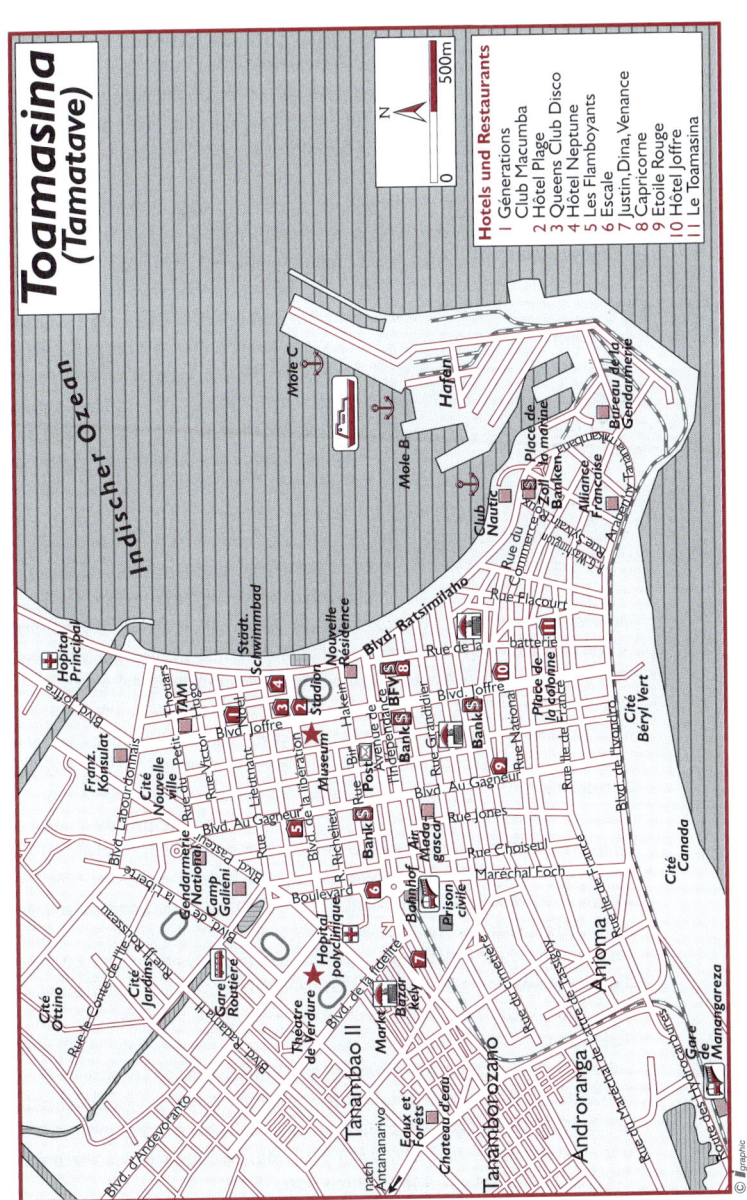

Toamasina (Tamatave)

Hotels und Restaurants

1 Generations
Club Macumba
2 Hôtel Plage
3 Queens Club Disco
4 Hôtel Neptune
5 Les Flamboyants
6 Escale
7 Justin, Dina, Venance
8 Capricorne
9 Etoile Rouge
10 Hôtel Joffre
11 Le Toamasina

Das Stadtbild prägt das breite Gitternetz der von französischen Kolonialarchitekten geplanten Boulevards. Was die einen Besucher als einfallslos und austauschbar bezeichnen, finden andere gerade anziehend, besonders die ursprünglich mit prachtvollen Kokospalmen gesäumte **Hafenpromenade (Boulevard Ratsimilaho)** entlang des kilometerlangen Sandstrandes.

Der natürliche Hafen wird begrenzt von den beiden Landzungen *Pointe Tanio* und *Pointe Hastie*. Im *Club Nautique* können Sie sich ein Three-Horses-Beer bestellen, petit oder grand modèle, und den Ausblick auf die Frachter und Containerschiffe in der Bucht von Toamasina genießen. Sie sollten aber nicht auf die Idee kommen, hier zu baden: Die Haie gelten im Hafenbecken wie auch an der gesamten Ostküste als besonders aggressiv, die Warnschilder am Strand sind eindeutig! Toamasinas Badestrände liegen weiter nördlich bei Mahavelona und Mahambo.

Vorsicht Haie!

Im November und Dezember schmücken feuerrot blühende Flammenbäume (*Flamboyants*) und violettblaue *Jakarandas* die Alleen. Die ehemals prachtvollen Villen sind allerdings stark vom Verfall gezeichnet, das tropisch-feuchte Klima läßt alle Bauten in einem geradezu beängstigendem Tempo verwittern.

Ob Sie eine grüne und halbwegs attraktive Stadt vorfinden oder einen grauen, tristen Trümmerhaufen mit abgeknickten Bäumen, schlaglöcherigen Straßen und zerstörten Häusern, hängt vom Wetter und vor allem davon ab, wann der letzte **Zyklon** gewütet hat. 1927 überschwemmte eine meterhohe Flutwelle Tamatave und spülte die Schiffe aus dem Hafenbecken auf die Uferpromenade. 1986 verwüstete der Zyklon *Bonita* zwei Drittel der Gebäude, 1996 wurden fast alle Palmen und die Hafenpromenade wieder stark in Mitleidenschaft gezogen.

Orientierung

Toamasina ist wie Antsirabe eine Stadt der Pousse-Pousses (s. S. 332). Lassen Sie sich spazierenfahren, die **Avenue de l'Indépendance** (Araben'ny Fahaleovantena) vom Bahnhof hinunter bis zum Meer. An dieser größten Straße der Stadt liegen außer der Hauptpost zahlreiche Verwaltungsgebäude und das Büro von *Air Madagascar*. In der Nähe des Rathauses finden regelmäßig Theater- und Hira-Gasy-Aufführungen statt.

Der betriebsame **Boulevard Joffre** bildet die Hauptschlagader des pulsierenden Stadtlebens mit Cafés, Bars, Hotels, Banken, Reisebüros, TAM-Büro, Auto- und Motorradvermietungen, Geschäften, Buchläden und Bäckereien. Auf dem quirligen **Bazary Be** nahe dem Boulevard Joffre mit seiner Fülle an exotischen Früchten, tauschen die Marktfrauen laut lachend die neuesten Geschichten aus, Verkäufer machen sich über die Vazaha lustig, Musiker spielen ein Ständchen. Ein anderer großer Markt, unberechtigterweise **Bazary Kely** (kleiner Bazar) genannt, liegt direkt hinter dem Bahnhof.

Tip
Korbwaren können Sie zwar auch auf dem Markt kaufen, die besten bekommen Sie jedoch im „Stella Maris" hinter dem Hotel Neptun (Poussepousse-Fahrer kennen den Ort). Sie tun damit noch etwas für einen guten Zweck. Hier haben sich Seemanns- und Fischerfrauen zur **Vereinigung FIVATAMA** *zusammengeschlossen und verkaufen kunstvoll gefertigte Körbe und Taschen, inzwischen sogar mit Exportlizenz ins Ausland. Die meisten von ihnen können nur so ihre Familie und Kinder ernähren – der Verdienst ihrer Männer reicht in der Regel nicht aus. Viele mußten den unrentablen Fischfang mit der eigenen Piroge aufgeben und in der Hochseefischerei anheuern. Da sie oft monatelang unterwegs sind, bleiben die Frauen mit der Verantwortung für die Kinder alleine und sind überdies, ohne jegliche Kranken- und Sozialversicherung, vom Versicherungsschutz der Matrosen ausgenommen. Die 1984 gegründete Kooperative sichert den Frauen ein regelmäßiges Einkommen. Im Stella Maris kann man nicht nur Korbwaren kaufen, sondern trifft abends an der Bar auch Seeleute aus aller Herren Länder.*

Je nach Jahreszeit sind an der **Rue de Commerce** am Hafen die Lagerhäuser mit Vanille und Gewürznelken (ab Juli/August) oder mit den für die europäischen Märkte bestimmten Lychees gefüllt (November/Dezember). Glücklicherweise sind die Zeiten vorbei, als – wie Anfang der 90er Jahre – wegen Mißwirtschaft hier noch Hunderte von Tonnen frisch geernteter Lychees verrotteten.

Wie es sich für eine Hafenstadt gehört, ist Toamasina für sein „heißes" **Nachtleben** berühmt. Es gibt eine Reihe von Discotheken und Nachtclubs, wie das alteingesessene *Neptune*, das *Macumba, Queens, Rive Droite* ... Ab 23 Uhr geht hier richtig die Post ab, mit fantastischer Musik, *kwassa-kwassa,*

Schwester der Höllenkinder – im Gefängnis von Toamasina
von Veronika Buter

Am Telefon klingt ihre Stimme rauh und energisch wie die eines Mannes. Hinter dem
Holztor, dann die Blechtür, schließlich im Hof der „größten Fabrik" Tamataves, wie das
Staatsgefängnis auch genannt wird, begrüßt uns jedoch eine zierliche Frau mit
ausgebreiteten Armen, die von allen, auch den hartgesottensten Kerlen, einfach „Mama"
gerufen wird. Tamatave ist eine rauhe Hafenstadt. 700 Gefangene birgt dieser Ort, den
Abschaum der Gesellschaft. Klein- und Großkriminelle, Mörder, Vergewaltiger, Drogen-
händler. Zu 150 zusammengepfercht in Baracken, teilen sie sich zu zweit eine Pritsche.
Und vegetieren dahin. Die Wände sind fleckig von zerdrückten Wanzen, die sich nachts
auf die Häftlinge stürzen. „Wir haben DDT gespritzt", sagt Mama **Ernestine Sanvino**

und zeigt stolz auf die Pritsche, die sie erneuert hat. Auf dem
grasbewachsenen Hof findet die Essensverteilung statt. Es
gibt immer das Gleiche, gekochten Maniok, zweimal am Tag.
Das Brennholz dürfen ausgewählte Häftlinge in der Stadt
sammeln. Dann wird auf offenem Feuer in einem Kessel
gekocht. Die einzigen Vitamine stammen aus dem Gemüse-
garten. Gedüngt wird mit den Exkrementen der Häftlinge.
Apathisch nehmen die ausgemergelten Gestalten ihre Ration
zu sich.

Nach vielen Jahren der Arbeit denkt Ernestine ans Aufhören.
Aber da ist niemand, der ihren Job in dieser Enge, dem
Gestank und dem aggressiven Klima übernehmen will.
Niemand in der Stadt, weder die Stadtverwaltung, noch der
Bischof oder irgendeine Pfarrei, käme auf die Idee, etwas für
die Gefangenen zu tun. Inzwischen hat Ernestine mit Hilfe
von **missio** in Deutschland eine Krankenstation und ein

Gott-sei-dank Vergangenheit:
Eisenringe für Gefangene unter
französischer Kolonialherrschaft

Zimmer für Tuberkulosekranke eingerichtet. Sie legte eine
Wasserleitung, ließ Duschen und Waschbecken installieren.
Sie baute eine Schule für die Minderjährigen ein, Kinder, die
als Kriminelle angeliefert werden, ihre Strafe absitzen, nachts von den Erwachsenen
mißbraucht werden. In der kleinen Kapelle, die Schwester Ernestine gebaut hat, nehmen
alle Gefangenen an der Katechese teil, die sie anbietet. „Wenn es hier keine religiöse
und menschliche Präsenz gibt, ist dieser Ort die Hölle".
„Hey, was machen Sie denn da?" ruft ein Mann aus einer schattigen Ecke herüber. „Ah,
ein Wärter, die gibt es hier vereinzelt auch." Wildes Gestikulieren, ein kurzes Wortge-
fecht. „Der soll sich bloß nicht so aufblasen", winkt Schwester Ernestine ab und
begleitet uns zum Ausgang. Wer ist hier eigentlich der Boß?

Veronika Buter ist Mitarbeiterin der katholischen Hilfsorganisation **„missio"**
in Aachen, die auch in Madagaskar zahlreiche Entwicklungsprojekte unterhält.

salegy ... Schüchterne Männer, denen die „Anmache" auf die Nerven geht, sollten lieber nicht allein hier auftauchen. Denken Sie daran: Madagassische Mädchen gehen nur in Begleitung ihrer Brüder oder Schwestern aus. Alleinstehende Mädchen wollen sicher nicht nur eine nette Unterhaltung. Aids ist auch hier auf dem Vormarsch.

Unternehmungen

Palais des Enfants, in der Nähe der Taxi-Brousse-Station. Theateraufführungen und traditionelle Betsimisaraka-Tänze. Aktuelles Programm am Eingang.

Musée de l'Université, ggü. dem Hôtel de la Plage. Interessante Ausstellung über regionale Kultur der *Betsimisaraka*, Fotoausstellung über Tamatave um die Jahrhundertwende; Eelsteinexposition. Geöffnet von 8.30-17.30 Uhr.

Ausflüge

Canal des Pangalanes
Wenn es nicht wie aus Eimern schüttet, sollten Sie sich eine romantische Bootsfahrt auf dem Kanal nicht entgehen lassen. Exkursionen s. S. 570 und *regionale Reisetips*, Stichwort *Canal des Pangalanes* und *Toamasina*.

Ivondro und Farafaty
7 km südlich von Toamasina. Einige Reisebüros bieten Ausflüge zum ehemaligen **Piratenhafen Ivondro** aus dem 17. Jh. an. Hier soll auch die erste Schule Madagaskars gebaut worden sein. In **Farafaty** stehen die Ruinen der größten *Merina*-Festung der Region in reizvoller, von Sümpfen umgebener Hügellandschaft.

Îlot Prune (Île aux Prunes – Nosy Alanana)
Kleine, dicht bewaldete Insel etwa eine Bootsstunde nordöstlich von Toamasina; von schützenden Korallenriffen umgeben und daher ideal zum Baden und Schnorcheln. Möglichkeit zur Wanderung zum kleinen Leuchtturm. Wird von den meisten Reiseagenturen als Halbtages- oder Tagesausflug angeboten.

Nosy Boraha (Île Sainte Marie)
Wenn Sie dorthin fliegen möchten, reservieren Sie sich rechtzeitig die oft ausgebuchten Plätze. Von Toamasina aus existieren jedoch auch gute Taxi-Brousse-Verbindungen Richtung Norden nach **Soanierana-Ivongo** bzw. **Ma-**

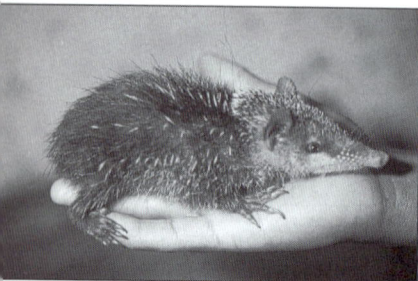

Tanrek

nompana mit direkten Fähranschlüssen (s. *regionale Reisetips* bei den jeweiligen Orten und unter *Nosy Boraha*).

Botanischer Garten Ivoloina

Liebevoll angelegter zoologischer und botanischer Garten 11 km nördlich, in einer Biegung des gleichnamigen Flusses gelegen, mit Campingplatz. Der Park wurde schon Ende des 19. Jh. eingerichtet und kürzlich vom WWF mit Hilfe amerikanischer Forschungsmittel wieder instandgesetzt. Sehenswerte Flora und Fauna aus Ostmadagaskar, fast zahme Lemuren, Zuchtprogramme für bedrohte Tiere, Hilfsprojekte für von Schmugglern verletzte Tiere, die später wieder in freier Wildbahn ausgesetzt werden.

Anfahrt: im Taxi-Brousse zum Dorf Ivoloina und etwa 3 km zu Fuß zum Park; im *Taxi special* für etwa 8-10 DM hin und zurück, Eintritt: ca. 3 DM, geöffnet: täglich 9-17 Uhr.

Reservat von Betampona

Das theoretisch streng geschützte Reservat beim Dorf **Ambadiriana** 40 km nordwestlich von Toamasina, das wir persönlich noch nicht bereist haben, beschreibt die Lemurenforscherin *Ute Ruempler* nach ihrem Besuch wie folgt:

„Die letzten 30 km Straße sind so schlecht, daß die Fahrt mit dem Pkw ein Wagnis ist, von dem man nie weiß, wie es endet. Schlammlöcher bis 30 cm Tiefe und Brücken, deren fortgeschwemmte Brückenköpfe erst mit Holzbohlen „befahrbar" gemacht werden mußten, ließen uns oft zweifeln, ob wir auf dieser Piste abends wieder zurückfahren konnten. Betampona ist ein „Reserve Intégrale", d.h. ohne offizielle Autorisation, die in der Hauptstadt mit Angaben von Gründen beantragt werden muß, ist der Zutritt verboten – jedenfalls für europäische Zoologen, während die Madagassen mit ihren Viehherden überall in die Reservate eindringen, ohne daran gehindert zu werden. Nach langem Palaver und Zahlung eines Schmiergeldes führte uns der Chief persönlich in das Reservat.

Das **Reserve Naturelle de Betampona** liegt in Höhen zwischen 275 und 550 m und umfaßt eine Fläche von 2228 Hektar. Es besteht aus steilhügeligen Bergrücken, die vorwiegend aus **immergrünem Sekundärwald** und nur **geringen Primärwaldresten** bestehen. Wie eine Insel ist das Reservat ringsum von landwirtschaftlichen Flächen eingeschlossen. Es beherbergt 10 oder 11 Lemurenarten, u.a. Varis, Indris, Weißkopfmakis, Graue Halbmakis, Avahis, Wieselmakis und das seltene Fingertier (Aye-Aye). Die Fossa (Cryptoprocta ferox) soll laut unserem Chief der

Hauptfeind der Lemuren sein, tatsächlich dürften diese Rolle für Fossa und große Lemuren, insbesondere die „schmackhaften" Varis, aber die Menschen einnehmen."

Noch wartet das Reservat auf seine Erschließung für sanften Ökotourismus.

Von Toamasina nach Maroantsetra

Die RN 5 von Toamasina bis Maroantsetra befindet sich – zur Zeit – bis Soanierana-Ivongo in passablem Zustand, d.h. der Asphalt ist noch nicht von einem Zyklon wieder weggespült. Weiter nördlich werden sowohl die Straße zur Katastrophe als auch der Zustand vieler Brücken und Fähren, mit denen man die Flußmündungen überqueren muß. Gerade hier gilt: Kilometerangaben sagen nichts aus, Zeitangaben alles. Mananara liegt etwa auf halber Strecke. Falls Sie überhaupt auf dem Landweg durchkommen (nur in der Trockenzeit möglich), rechnen Sie für die Fahrt bis Maroantsetra mindestens 4-5 Tage.

Badestrände Mahavelona und Mahambo

Aktuelle regionale Reisetips (Hotels, Restaurants etc.)
zu Mahavelona
entnehmen Sie bitte den gelben Seiten 243

Mahavelona (franz.: **Foulpointe.** Mahavelona = wo man neu geboren wird, nach einer alten Legende, nach der ein Toter in einem Gewässer des Dorfes wieder zum Leben erweckt wurde).

Die 58 km lassen sich bequem in 1- 1 ½ Stunden mit dem Minibus oder Taxi-Brousse fahren. Wie schon zur Kolonialzeit verbringen viele wohlhabende Stadtbewohner aus Toamasina und Antananarivo hier das Wochenende. Grund ist der lange, weiße Sandstrand mit vorgelagertem Korallenriff, das die Haie abhält und ruhiges, herrlich klares Wasser zum Schnorcheln garantiert. Im Dorf stehen einige Villen neben den traditionellen Holzhütten mit dem typischen Dach aus Ravenala-Blättern, gleich dahinter beginnt der Wald mit Orchideen und Lemuren.

½ Kilometer entfernt können Sie die meterdicken Mauerruinen eines Armee-Forts der *Merina* besichtigen. Sie stammen noch aus der Zeit von Radama I., der den Ort offensichtlich ebenso attraktiv fand wie schon Jahrhunderte vor ihm europäische Piraten. Das Hotelangebot reicht von einfachen Unterkünften entlang der Hauptstraße bis zu luxuriösen Strandbungalows.

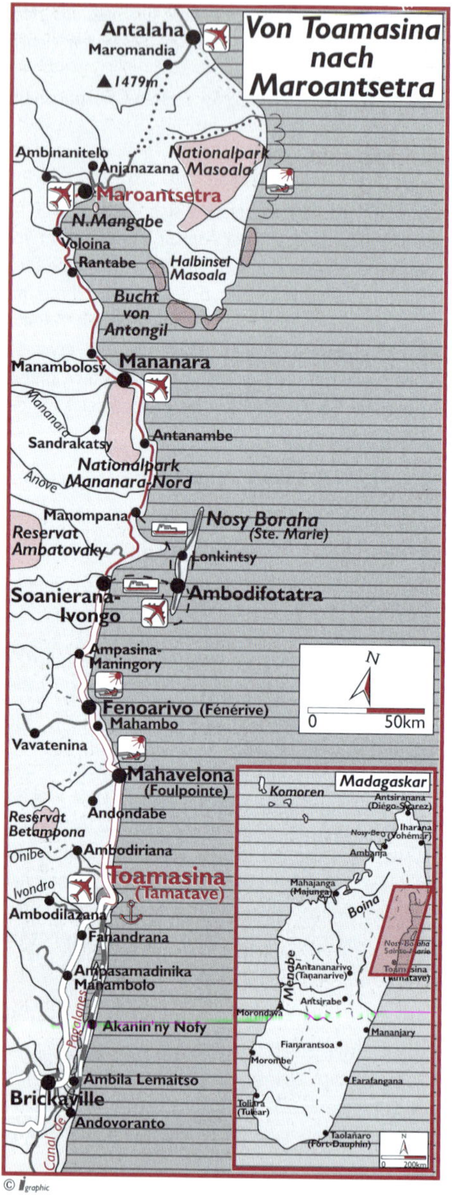

Von Toamasina nach Maroantsetra

Mahambo

Aktuelle regionale Reisetips (Hotels, Restaurants etc.) zu Mahambo

entnehmen Sie bitte den gelben Seiten 243

Weitere 35 km nach Norden. Mahambo genießt den Ruf, einer der schönsten Orte an der Ostküste zu sein, noch ursprünglicher, mit noch feinerem Sand und noch dichterer Vegetation, obwohl auch hier der letzte Zyklon furchtbar zugeschlagen hat. Auch dieser Strand wird von einem intakten Korallenriff geschützt. Die Piste ins Landesinnere von Mahambo zum Dorf *Vavatenina* bringt Sie, falls Sie sich wirklich abseits aller Touristenpfade bewegen möchten, zum Anfang des alten Schmugglerpfades zum **Lac Alaotra** (s. S. 562).

Tip
Außer mit dem Taxi-Brousse können Sie sich bei „Jo" nach einer Transfermöglichkeit zwischen Toamasina und Mahambo erkundigen. Er ist der Besitzer des Restaurants „Jo" in Toamasina und des „Le Mahambo" im gleichnamigen Ort.

Nach wenigen Kilometern durch Vanille-, Kaffee- und Pfefferplantagen erreicht man **Fenoarivo** (= „wo es 1000 Krie-

ger gibt"; franz.: Fénérive), ehemals Hauptstadt der *Betsimisaraka*. Außer den Überresten der 3 km südlich gelegenen Piratenburg **Vohimasina**, heiligen Gräbern auf der vorgelagerten Insel Nosy Kely und dem **Forst Ambatomalama**, in dem die hier lebenden Varis, Weißkopfmakis und andere Lemurenarten längst verschwunden sind, gibt es wenig zu sehen.

Aktuelle regionale Reisetips (Hotels, Restaurants etc.) zu Fenoarivo
entnehmen Sie bitte den gelben Seiten 236

INFO ## Madagaskars Ostküste – Hauptquartier weltweiter Piraterie
von Franz Stadelmann

Im Indischen Ozean existierte die Piraterie seit Jahrhunderten, seit die chinesischen Dschunken nach Indien und Ostafrika kamen, moslemische Kapitäne zwischen Aden, Sansibar und Indien verkehrten und indische Schiffe mit dem Monsun nach Westen segelten. Als **Bartolomeo Diaz 1488** das Kap der Guten Hoffnung umfuhr und damit die „Gewürzroute" öffnete, begann die Hochphase des Freibeutertums an der Ostküste Madagaskars. Zahlreiche Buchten und Flußmündungen bildeten gute Verstecke entlang der viel befahrenen Handelsrouten. Die Insel bot genügend Nahrung, Wasser und Holz zur Reparatur der Schiffe. *Tamatave* war den Piraten früh bekannt, dann auch *Fénérive*, *Foulpointe* und *Tintingue*. In *Ste. Marie* existiert noch heute eine „Baie des Forbans". Auch weiter nördlich in An-

talaha und *Vohémar* fanden sich Piratennester. Die Westküste wurde nur von ihren „legalen" Schiffen zu Handelszwecken (Vieh und Sklaven) angelaufen, doch die Präsenz der portugiesischen Flotten im Kanal von Mosambik machte dort den Aufenthalt für Piraten außer in Mahajanga und Maintirano sehr ungemütlich.

Vor allem französische Piraten verkehrten bis Mitte des 17. Jahrhunderts im Indischen Ozean. Aber auch **John Avery**, von Daniel Defoe zum „König der Piraten" stilisiert, floh mit erbeuteten Schätzen in die *Bucht von Antongil* und ließ sich auf der Insel *Nosy Mangabe* nieder. Ein ähnlich berüchtigter Haudegen, der ungarische Sklavenhändler Maurice August Comte de **Benyowski**, residierte als selbsternannter Herrscher über die Kommune *Louisville*, ebenfalls in der

Bucht von Antongil. 1730 war in Frankreich vorgeschlagen worden, die Freibeuter zur Eroberung Madagaskars zu benutzen. Die riesige Piratenflotte genüge, so schätzte man, um sämtliche Hafenorte auf einen Schlag zu besetzen.

Doch viele Piraten hatten sich als kleine Lokalherrscher entlang der Ostküste niedergelassen, mit ihren Frauen Nachkommen gezeugt (die „Zana-Malata") und lebten von Landwirtschaft, Handel und Ausbeutung der Nachbardörfer. Bei der Lokalbevölkerung waren sie nicht immer beliebt. Immer mal wieder wurden Piratenfriedhöfe geschändet und die Bewohner massakriert, wie in *Antongil* und auf *Ste. Marie*.

Zeitweise trieben die Piraten ihr Unwesen auf den Meeren so dreist, daß zu ihrer Bekämpfung die Briten mit den Merina ins Geschäft kamen. Die Briten schickten Waffen, die Merina ihre Armee und gingen so nach und nach gegen die Piratennester an der Ostküste vor. Sie militärisch zu besiegen, gelang jedoch weder den Franzosen noch den Briten, zumal auch die Gouverneure von Bourbon und Mauritius ungeniert mit den Piraten zusammenarbeiteten. Erst als die hohe Zeit des Freibeutertums auf den Weltmeeren zu Ende ging und Bourbon den Piraten Amnestie versprach, ließen sich viele von ihnen, mehr oder weniger reich geworden, als einfache Siedler nieder (s. Piratenrepublik Libertalia S. 496).

Soanierana-Ivongo/Manompana

Aktuelle regionale Reisetips (Hotels, Restaurants etc.) zu Soanierana-Ivongo/Manompana
entnehmen Sie bitte den gelben Seiten 268/246

Die meisten Reisenden fahren die nächsten 58 km bis **Soanierana-Ivongo** und nehmen die tägliche Mittagsfähre nach **Sainte Marie**. Die Fahrtzeit nach *Ambodifotatra* dauert etwa drei Stunden. In umgekehrter Richtung von Sainte Marie starten die Boote früh morgens gegen 7 Uhr; Anschlußbusse nach Toamasina warten in der Regel in Soanierana-Ivongo. Unregelmäßig verkehren auch Fähren vom 45 km weiter nördlich gelegenen Dorf **Manompana**. Auch diesem Dorf an der **Bucht von Tintingue**, neben Antongil der einzig sicheren natürlichen Bucht an der Ostküste, sieht man seine Geschichte als berühmtes Piratenversteck nicht an.

Wer von hier aus weiter in den Norden will, muß meistens in Soanierana-Ivongo in ein anderes Taxi-Brousse umsteigen. Ab hier beginnt die Abenteuerpiste – als „Straße" kann man den weiteren Weg Richtung Mananara und

Maroantsetra kaum noch bezeichnen. Machen Sie diese Reise nur, wenn Sie wirklich genügend Zeit haben.

Mananara

Aktuelle regionale Reisetips (Hotels, Restaurants etc.) zu Mananara

entnehmen Sie bitte den gelben Seiten 245

Wale in der Bucht von Antongil

Gut drei Stunden braucht ein Taxi-Brousse von Soanierana nach Manompana, gut 4-5 weitere Stunden für die kurvenreichen 85 km von Manompana nach **Mananara**, dem kleinen Ort am südlichen Ende der **Bucht von Antongil** an der Mündung des gleichnamigen Flusses Mananara. Die Zeitangaben gelten nur, wenn alles glatt läuft, Fähren über die Flüsse zur Verfügung stehen und man weder durch einen Platten oder Motorschaden aufgehalten wird. Entschädigt wird man durch eine wilde, spektakuläre Landschaft am Fuße grüner Berge, die fast bis ins Meer reichen. Alternative: per Twin Otter von Toamasina, Maroantsetra oder Sainte Marie. Die Plätze sind allerdings lange im voraus ausgebucht, so daß man, wenn man Pech hat, hier einige Tage hängen bleibt. In Mananara stehen inzwischen außer dem lange Zeit einzigen Hotel *Chez Rogers* ein paar kleine Unterkünfte bereit (s. *regionale Reisetips*). Dort kann man sich am langen, einsamen Sandstrand erholen, Gewürznelkenplantagen besuchen und sich Geschichten über die einst hier siedelnden Piraten erzählen lassen, bevor man die nächsten Ausflüge zum **Mananara-Nationalpark**, zur **Aye-Aye-Insel**, dem Wasserfall von **Daravangy** oder zur 17 km entfernten **Grotte von Andavahandreny** in Angriff nimmt (Infos in den Hotels).

 **INFO** ## Mananara-Nationalpark
von Uta und Götz Ruempler

Der Mananara-Nationalpark umfaßte ursprünglich 23.000 Hektar Regenwald und wurde unterdessen mit einem riesigen Gebiet (140.000 Hektar) durch die UNESCO zum internationalen „Biosphärenreservat Mananara-Nord" erweitert. Das Reservat erstreckt sich südlich vom Ort Mananara 70 km an der Küste entlang und reicht bis 40 km ins Landesinnere.

In seinem Kerngebiet sind 9 Lemurenarten nachgewiesen, darunter das *Fingertier (Aye-aye)*, der *Indri, Diadem-Sifaka, Weißkopfmaki, Große Katzenmaki* und der *Büschelohrmaki*, der hier 1989 durch Bernhard Meier wiederentdeckt wurde, nachdem er seit dem letzten Fund durch André Peyrieras 1965 als ausgestorben galt. Daß der Nationalpark noch keine Attraktion für Naturfreunde ist, liegt am Fehlen jeglicher Infrastruktur. Trotz der Genehmigung durch ANGAP und der damit verbundenen Eintrittsgelder mußten wir noch eine zusätzliche Genehmigung einholen! Wir hörten, daß wir zu zweit bei unserem Besuch im September die *dritte* „Gruppe" des ganzen Jahres waren, die nur durch penetrantes Insistieren überhaupt den Weg in den Nationalpark schafften. Aber auch nach dem Betreten erweist sich der Park als menschenfeindlich und unerschlossen: Steile, widrige Pisten, die durch Schlamm und Bäche führen, stehen der Such- und Beobachtungstour abweisend entgegen. Als unser gut informierter Gardien uns dann noch gestand, daß regelmäßig Rinder in den Nationalpark getrieben, Lemuren gejagt und Vögel geschossen werden, war es mit unserer Begeisterung vollends vorbei.

Uta Ruempler ist Leiterin des Lemurenhauses im Kölner Zoo, Dr. Götz Ruempler Zoodirektor i.R.

Zum Glück tut sich in den letzten Jahren viel in Sachen Naturschutz in Madagaskar. Man kann davon ausgehen, daß sich die Organisation der Besuchsmöglichkeiten entscheidend verbessern wird, das zeigen die Erfahrungen in anderen Nationalparks. Weitere Informationen erhalten Sie im UNESCO-Büro in Mananara. Zum Parkeingang nehmen Sie am besten ein Taxi-Brousse nach *Sandrakatsy*, dann geht es bisher nur noch zu Fuß weiter.

Das seltene Fingertier Aye-Aye

Das UNESCO-Büro berät Sie auch, wie Sie zur zweiten Attraktion von Mananara gelangen: zur **Aye-Aye-Insel** in der Flußmündung des Mananara (auch Rogers Island genannt, da früher die Exkursionen nur vom Hotel *Chez Roger* organisiert wurden). Das Hotel *Chez Rogers* ist auch heute noch bei Ausflügen behilflich, aber nicht mehr ausschließlich für Gäste. Auf der Aye-Aye-Insel haben Sie außer auf Nosy Mangabe die einmalige Gelegenheit, das scheue, nachtaktive Fingertier mit seinen großen Fledermausohren, kaninchenartigen Zähnen und merkwürdigen Händen in freier

Wildbahn zu Gesicht zu bekommen. Außerhalb der Insel sind die Tiere als große Schädlinge verhaßt. Es heißt, sie stehlen aus Gärten und Plantagen pro Nacht und Tier bis zu 7 Kokosnüsse – ihre Lieblingsspeise neben Mangos, Litchis, Bambustrieben und Insektenlarven. Tiere, die erwischt werden, tötet man sofort. Nach dem Glauben der Madagassen verbreiten Aye-Ayes Krankheit, Unheil und Tod, daher werden sie überall getötet. Die aufgespießten Leiber trägt man vom Dorf weg, um so das Unheil abzuwenden (s. Lemurenlexikon S. 65).

Lesetips
Gerald Malcolm Durell: The Aye-Aye and I – A Rescue Mission in Madagascar, 1993; und: Frans Lanting u.a.: Madagascar, A World Out of Time, 1990. In diesem fantastischen Bildband hat der weltweit bekannte Tierfotograf auch einige Fingertiere verewigt (erschien beim Verlag 2001 unter dem Titel: Aus der Zeit gefallen, 1992).

Maroantsetra

Aktuelle regionale Reisetips (Hotels, Restaurants etc.) zu Maroantsetra
entnehmen Sie bitte den gelben Seiten 247

Im verträumten Flußhafenstädtchen Maroantsetra 112 km nördlich von Mananara endet die abenteuerliche Piste nach Norden. Auf dem Weg dorthin sind von Mananara aus fünf Flüsse zu überqueren, einer davon der große *Rantabe*. Erkundigen Sie sich, ob die Straße überhaupt noch bis hierhin befahrbar ist – in den letzten Jahren war wegen der defekten Brücken kaum ein Durchkommen möglich. Über die Halbinsel Masoala nach Norden kommen Sie auf dem Landweg nur zu Fuß weiter.

Maroantsetra (bei den Einheimischen klingt der Namen etwa wie Marunschet) liegt am Fluß *Antainambalana* am nördlichen Ende der gigantischen **Bucht von Antongil** und ist mit bis zu 4 Meter (!) Niederschlag pro Jahr einer der regenreichsten Orte Madagaskars. Nur von September bis November können Sie Glück haben und Ihre Regenjacke im Gepäck lassen, dafür wird es heiß. Im Februar und März wüten oft die Zyklone, von April bis August und im Dezember/Januar schüttet es häufig wie aus Eimern.

Trotzdem ist Maroantsetra für Naturfreunde ein Begriff, weil man von hier aus **Nosy Mangabe** und die Halbinsel **Masoala** erreichen kann. Natürlich trifft man auch hier auf eine endemische Flora und Fauna, z.B. auf den knallroten Tomatenfrosch (*Dyscophus antongili*). Von Juli bis Mitte Oktober halten sich außerdem in der Bucht von Antongil die **Dugongs** (Seekühe) und riesige **Buckelwale** auf, die zur Paarung und zur Geburt ihrer Jungen aus der kalten Antarktis bis hierher schwimmen. In den letzten Jahren bieten zunehmend Hotels und Reiseveranstalter „whale-watching"-Exkursionen an. Es ist schon faszinierend, in einer winzigen Piroge in der Nähe

Gewürznelkenernte

dieser bis zu 15 Meter langen und 40 Tonnen schweren freundlichen Ozeanriesen herumzupaddeln (s. S. 80)!

Im Umkreis des Ortes werden Reis, Vanille, Pfeffer, Obst und Gemüse angebaut, aber nur noch in geringen Mengen auf dem täglichen Markt verkauft. Das Leben verläuft ganz *mora mora*. Nur noch wenige verfallene Häuser erinnern daran, daß Maroantsetra in Kolonialzeiten eine der bedeutenden madagassischen Hauptstädte des **Kaffee-, Nelken- und Vanillehandels** war. In der Nähe des Marktplatzes im Ortszentrum gibt es einige einfache Unterkünfte, etwas außerhalb die von einem Kokoshain umgebene, recht komfortable Bungalow-Anlage *Coco-Beach* am Flußufer und die hervorragende, 1997 eröffnete *Relais du Masoala* direkt an der Bucht. Besitzer ist der Lemurenspezialist André Peyrieras, der auch ein Privat-Reservat bei Mandraka unterhält (s. S. 558).

Tip
Fischer bieten Pirogenfahrten den Fluß hinauf zum Dorf Andranofotsy *an. Bei Tagesausflügen, zum Beispiel zum Strand von* **Navana***, können Sie sich einen ersten Eindruck von der Halbinsel Masoala verschaffen.*

Nosy Mangabe
Größe: 520 Hektar
Spezialreservat (nur mit Genehmigung zugänglich), gehört neuerdings zum Nationalpark Masoala

Aktuelle regionale Reisetips (Hotels, Restaurants etc.) zu Nosy Mangabe (Maroantsetra)
entnehmen Sie bitte den gelben Seiten 247

Für viele Reisende gehört der Besuch dieser kleinen, unbewohnten Felsen-Insel 6 km östlich von Maroantsetra zu den Höhepunkten ihrer Reise. Sie ragt bis zu 330 m steil aus dem Meer heraus und ist mit dichtem, scheinbar unberührtem Regenwald überwuchert. Eingerichtet wurde das Reservat als

Überlebens-Refugium für die **Aye-aye**, die 1966 und 1967 von André Peyrieras hier ausgesetzt wurden. Bei ihrem letzten Besuch fand die Lemurenforscherin Uta Ruempler nur noch ein Exemplar. Berühmt ist die Insel aber auch für seine anderen Bewohner: schwarzweiße *Varis* (ausgesetzt 1930!) und drei andere Lemurenarten, leuchtend pinkfarbene Chamäleons, das streichholzgroße *brookesia peyrerasis*, eins der kleinsten Chamäleons der Welt, fast 100 teils endemische Froscharten und ungiftige Schlangen. Ohne kundigen Führer werden Sie den bizarren, nachtaktiven, bis zu 25 cm großen Blattschwanzgecko (*Uroplatus fimbriatus*) mit dem dreiecki-

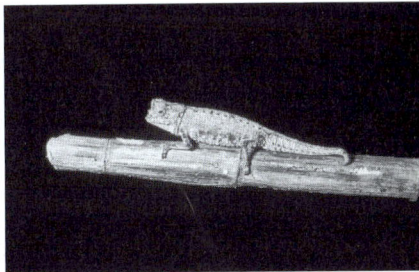

Kleinstes Chamäleon der Welt: Brookesia

gen Kopf und riesengroßen, hervorstehenden Augen wohl nie entdecken, weil er sich als perfekter Verwandlungskünstler den Baumstämmen, auf denen er tags kopfunter döst, mit seinem platten Körper in optimaler „Mimikry" anpaßt.

Von der sandigen Bucht, an der das Boot anlegen kann, steigt ein Pfad fast senkrecht an den glitschigen Felsklippen hoch – eine beschwerliche Kletterpartie, die aber mit einem großartigen Naturerlebnis belohnt wird.

Ausflüge organisieren fast alle Hotels. Informationen auch beim ANGAP-Büro am Marktplatz. Einfache Übernachtungsmöglichkeit und Zeltplatz auf der Insel, aber ohne Infrastruktur. Proviant und alles, was Sie brauchen, müssen Sie selbst mitbringen.

Halbinsel und Nationalpark Masoala

(gesprochen: Maschual)
Nationalpark: seit 1998
Größe: 210.000 Hektar (2100 km², das entspricht etwa einer Fläche von 2/3 Mallorcas)
(Zum Masoala-Trekk aus nördlicher Richtung von Ambohitralanana s. Nordroute S. 534).

Aktuelle regionale Reisetips (Hotels, Restaurants etc.)
zum Nationalpark Masoala (Maroantsetra)
entnehmen Sie bitte den gelben Seiten 248

In Masoala wächst, von drei Seiten vom Meer, goldenen Stränden und Korallenriffen umgeben, der größte, wildeste und noch weitgehend unberührte Urwald Madagaskars. Ein immenses Regenwaldmassiv bis zu 1000 Meter Höhe, das an der Westseite zur Bucht von Antongil steil ins Meer abfällt. Die vereinzelten, kleinen Dörfer entlang der Küste sind nur mit Pirogen erreichbar. Wissenschaftler aus den unterschiedlichsten Ländern führen hier diverse Forschungs- und Wiederaufforstungsprojekte durch. Bedroht sind nicht nur die **Roten Varis** *(Varecia v. rubra)*, die ausschließlich in Masoala leben. Vor einigen Jahren entdeckte der Ornithologe *Russell Thorstrom*, der für den amerikanischen *Peregrine Fund* arbeitet, in Masoala den **Madagaskar-Schlan-**

genadler *(Eutriorchis astur)*, neben dem philippinischen Affenadler der seltenste Greifvogel der Welt. Er galt seit 1930 als ausgestorben (nähere Infos per E-Mail unter tfp@peregrinefund.org).

1998 wurde als Gemeinschaftsprojekt von ANGAP, USAID und CARE ein 210.000 Hektar großer Teil dieses tropischen Paradieses zum größten Nationalpark Madagaskars erklärt.

Allmählich entwickelt sich ein zaghafter „Ökotourismus" für Leute mit guter Kondition, die tagelang auf jeglichen Komfort verzichten können und keine Anstrengung scheuen. Das eigentliche Regenwaldgebiet mit 30 Meter hohen Baumriesen und zahlreichen wilden Wasserfällen erreicht man erst nach drei Tageswanderungen von Maroantsetra, die zunächst durch *Savoka*, die typische Sekundärwaldvegetation rings um die Dörfer führen. Verschiedene „Masoala-Trekks" verlaufen von Maroantsetra bzw. vom Ausgangsdörfchen *Mahavelona* nach *Ambohitralanana* südlich von **Antalaha** (ca. 110 km), nach *Maromandia* südwestlich von Antalaha oder, ein noch weiterer Weg (ca. 180 km), nach **Andapa**. Erst dort stoßen Sie wieder auf größere Dörfer, Geschäfte, Hotels und eine befahrbare Straße. Sie sollten diese Trekks unbedingt in Begleitung eines Führers machen, sonst könnten Sie unfreiwillig in diesem undurchdringlichen Dschungel verschwinden.
Informationen bei ANGAP in Maroantsetra.

Wenn Sie ohne dieses Abenteuer weiter in den Norden nach Antalaha wollen, müssen Sie entweder fliegen oder auf dem Landweg rund 2000 km über Tana zurückgelegen!

Nosy Boraha (Île Sainte Marie)

16.000 Einwohner. 200 km² Fläche, 53 km lang und 1-6 km breit; Entfernung vom Festland: 8 km Luftlinie vom Cap Antsiraka (Pointe à Larrée), zwischen Manompana und Ambatoroa: 26 km.

Aktuelle regionale Reisetips (Hotels, Restaurants etc.)
zu Nosy Boraha
entnehmen Sie bitte den gelben Seiten 261

Geschichte

Die beiden Inselnamen verweisen auf die unterschiedlichen Bewohner: „**Nosy Boraha**" soll von Nosy Ibrahim bzw. Abraham abstammen und auf erste arabische oder jüdische Seefahrer hinweisen. Sie kamen möglicherweise Ende des 16. Jh. vom Roten Meer und siedelten, wie jüngste archäologische Funde vermuten lassen, zunächst an der Ostküste beim Ort *Ankobahoba*, bevor sie sich im höher gelegenen Inland bei *Ambohitra* niederließen. Das „Erbe der Ohren" erzählt von dem Mann Boraha, der einst von einem Wal aufs offene Meer getrieben wurde. In dieser lokalen Version des alttestamentarischen Mythos von Jonas und dem Wal verhalf ihm jedoch ein Delphin wieder an die rettende Küste.

Wenn Sie versuchen, Nosy Boraha richtig auszusprechen (etwa: Nusch Buráh), wird man Sie wahrscheinlich verständnislos anstarren und fragen, ob Sie wohl „**Sainte Marie**" meinen. Diesen Namen, der auf die Bezeichnung portugiesischer Seefahrer „Santa Maria" zurückgeht, verwenden auch die Einheimischen. Die ersten europäischen Siedler waren Anfang des 18. Jh. **Piraten** aus Portugal, Holland, England, Amerika, Frankreich. Bis zu 1000 Seeräuber sollen sich in den paradiesischen, versteckten Buchten der Insel aufgehalten und von hier aus in aller Ruhe die vorbeisegelnden Handelsschiffe überfallen haben, unter ihnen promi-

Redaktions-Tips

- **Pflanzenparadies**: tropischer Garten Eden für Orchideen und Regenwald (S. 594)
- **Gewürzparadies**: Nelken, Pfeffer, Vanille (S. 594)
- **Meeresparadies**: Korallenriffe, Traumstrände und Wale (S. 599)
- **Geschichtsparadies**: die „Baie des Forbans" – auf den Spuren arabischer Seefahrer und europäischer Piraten (S. 591/598)
- **Schön gestrandet**: La Crique, Cocoteraie, Île aux Nattes (S. 596/599)
- Eldorado der **Gastfreundschaft**: die Sainte Mariens und Sainte Mariennes

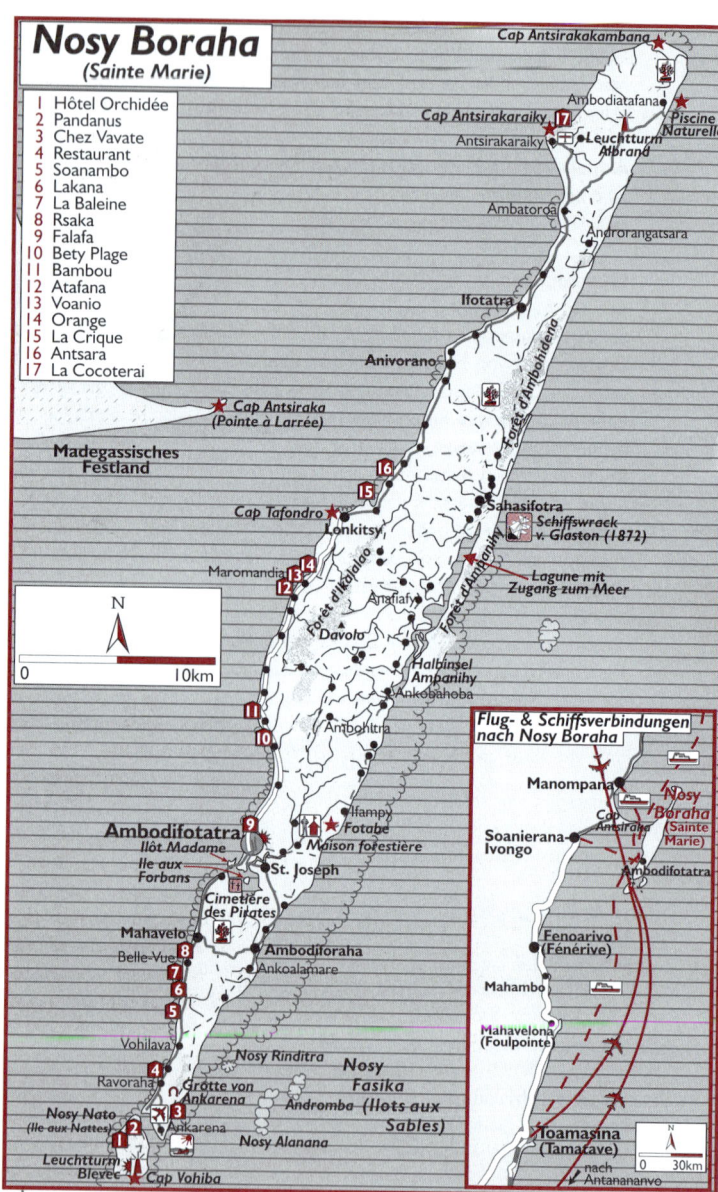

Nosy Boraha
(Sainte Marie)

1 Hôtel Orchidée
2 Pandanus
3 Chez Vavate
4 Restaurant
5 Soanambo
6 Lakana
7 La Baleine
8 Rsaka
9 Falafa
10 Bety Plage
11 Bambou
12 Atafana
13 Voanio
14 Orange
15 La Crique
16 Antsara
17 La Cocoterai

Cap Antsirakakambang
Ambodiatafana
Cap Antsirakaraiky
Leuchtturm Albrand
Piscine Naturelle
Antsirakaraiky
Ambatoroa
Androrangatsara
Ifotatra
Anivorano
Cap Antsiraka
(Pointe à Larrée)

Madegassisches Festland

Cap Tafondro
Lonkitsy
Sahasifotra
Schiffswrack v. Glaston (1872)
Maromandia
Forêt d'Ikolaiao
Lagune mit Zugang zum Meer
Anafiafy
Davolo
Halbinsel Ampanihy
Ankobahoba
Forêt d'Ambahidena
Forêt d'Ahambanihy
Ambohitra

N
0   10km

Flug- & Schiffsverbindungen nach Nosy Boraha

Manompana
Nosy Boraha (Sainte Marie)
Cap Antsiraka
Ambodifotatra
Soanierana Ivongo
Fenoarivo (Fénérive)
Mahambo
Mahavelona (Foulpointe)

N
0   30km

Ambodifotatra
Ilôt Madame
Ile aux Forbans
Ilfampy
Fotabe
Maison forestière
St. Joseph
Cimetière des Pirates
Mahavelo
Belle-Vue
Ambodiforaha
Ankoalamare
Vohilava
Nosy Rinditra
Nosy Fasika
Grotte von Ankarena
Andromba (Ilots aux Sables)
Ravoraha
Nosy Nato (Ile aux Nattes)
Ankarena
Nosy Alanana
Leuchtturm Blevec
Cap Vohiba
Toamasina (Tamatave)
nach Antananarivo

© igraphic

nente Abenteurer wie William Kidd („der Einäugige"), Thomas Tew, Nathaniel North („der Gute"), John Avery („der Wilde"), Thomas White. Einige ihrer Gräber findet man auf dem verwunschenen Piratenfriedhof nahe der Inselhauptstadt **Ambodifotatra**. Bei der Bevölkerung, die sie weder unterdrückt noch sich von ihnen abgeschottet haben sollen, waren sie nicht unbeliebt. Noch heute sieht man den Einheimischen an, daß sie von einem bunten Völkergemisch abstammen.

Nach der Vereinigung der *Betsimisaraka* schenkte König **Ratsimilaho** die Insel seiner Tochter **Betia**, die nach seinem Tod Königin des Betsimisaraka-Reiches an der Ostküste wurde. Noch heute ist nach ihr der Strand **Bety Plage** benannt ist. Sie verliebte sich in den französischen Freibeuter Jean Onésine Fîlet („La Bigorne") und vermachte Sainte Marie am 30. Juli 1750 der französischen Regierung, setzte sich damit aber bei ihren Untertanen in die Nesseln. Sie wollten weder französische Verwalter noch Steuereintreiber, und als die Franzosen vier Jahre später das dumme Sa-

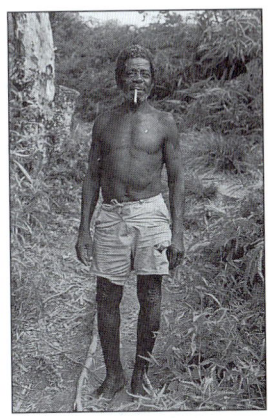

Einheimischer Fischer

krileg begingen, das Grab von König Ratsimilaho zu schänden, wurden sie während einer Revolte massakriert. Sainte Marie unterstand wieder der Herrschaft der *Betsimisaraka*, Königin Bety mußte ins Exil nach Mauritius.

Erst 1818 landete wieder ein Franzose, *Sylvain Roux*, mit 200 Leuten auf der Insel und ließ sich auf der **Îlot Madame** nieder. Die Hälfte von ihnen starb an Malaria. Dennoch gelang es diesen offiziellen Abgesandten Frankreichs, die Piraten zu vertreiben und Sainte Marie durch den Anbau von Plantagen „nutzbar" zu machen. Von 1901 bis 1957 diente die Insel der französischen Kolonialverwaltung als Sträflingsinsel. Landepiste und Straße wurden in Zwangsarbeit von den Häftlingen gebaut.
Als Madagaskar 1960 unabhängig wurde, konnten die Bewohner von Sainte Marie dank der eigentümlichen Schenkung von Königin Bety wählen, ob sie die madagassische oder französische Staatsangehörigkeit annehmen wollten. Die Mehrheit stimmte für Madagaskar; viele Ste. Mariens tragen jedoch französische Namen.

Überblick

Erst in den 70er Jahren wurde dieses kleine Inselparadies von Touristen „entdeckt". Da die zweitgrößte Insel vor Madagaskar lange Zeit dank mangelnder Infrastruktur und dem regenreichen Klima neben Nosy Be ein touristisches Schattendasein führte, scheint die Zeit hier immer noch stehen geblieben zu sein. Noch ist Sainte Marie ursprünglicher, die Einheimischen gastfreundlicher, die Strände unberührter und die Preise niedriger als in anderen Ferienzielen Madagaskars.

Man braucht nicht viel Phantasie, um sich in die Zeiten von „Robinson Crusoe" oder der „Schatzinsel" zurückzuversetzen. Blaugrünes Meer, türkisfarbene Lagunen, eingefaßt von Korallenriffen fast rings um die Insel, weiße Sandbuchten, in denen die Palmwedel bis ins Meer reichen. Dazu eine sanfte, grüne Hügellandschaft mit üppiger Vegetation, durchzogen von kristallklaren Bächen. Exotische Blüten, Früchte und Gewürze wachsen im Überfluß. Reisfelder und duftende Nelkenplantagen wechseln sich mit kleinen Waldinseln ab, die Abholzung und Brandrodung bisher noch überlebt haben. Hier findet

man den „Stern von Madagaskar", eine cremeweiße **Orchideenschönheit**. Auf der winzigen **Île aux Nattes** an der Südspitze von Ste. Marie blüht im September/Oktober die endemische Rarität **Eulophiella roempleriana**, eine Orchideenart mit lilafarbenen Blüten. Lemuren werden Sie nicht antreffen, dafür Chamäleons, Vögel und harmlose Schlangen.

Die lila Orchidee Eulophiella roempleriana kommt ausschließlich auf der Île aux Nattes vor

Seine Pflanzenpracht verdankt Ste. Marie dem Ostküstenklima mit seinen reichlichen Niederschlägen – über 3,5 Meter im Jahr. Die trockensten Monate sind Oktober bis Dezember. Ein naß gewordenes T-Shirt kann, sobald sich die Sonne nach kurzen Regenschauern wieder zeigt, bei milden Durchschnittstemperaturen von 20 °C schnell wieder trocknen. Es *kann* allerdings auch tagelang regnen, wie bei unserem letzten Besuch sogar im November...

Das Leben ist beschaulich auf Ste. Marie. Wenn Sie die Insel zu Fuß oder auf dem Fahrrad erkunden, kommen Sie automatisch mitten durch die kleinen Dörfchen. Vor bananenblattbedachten Pfahlhütten stampfen die Frauen Reis oder Maniok, die Alten tauschen auf Strohmatten sitzend Neuigkeiten aus, während die Hühner Körner picken und Hunde nach Eßbarem schnüffeln. Die Kinder führen am Stock Gummireifen und Ringe spazieren. Nachts träumen sie davon, einmal mit einem richtigen Fußball zu spielen. „Salut Vazaha", rufen sie freundlich und winken. Die Männer machen sich mit Speeren und Netzen auf, um im Meer dicht am Ufer das Abendessen zu fangen. Bei Sonnenauf- und -untergang herrscht fast geschäftiges Treiben. Um die Mittagszeit sind dagegen nur die bösen Geister unterwegs, alles andere hält ein Schläfchen. Abends sitzt man bei Kerzenschein zusammen, für Strom sorgen nur stundenweise die Generatoren der Hotels.

Sie brauchen nur Augen und Ohren aufzuhalten, dann erleben Sie, welchen wichtigen Stellenwert *Fadys*, rituelle Gesänge und Totenfeiern im Alltagsleben der Einheimischen einnehmen. In der Trockenzeit werden Totenumbettungen abgehalten, die hier nicht *Famadihana*, sondern *Mampandrimandry* heißen. Die St. Mariens pflegen ihre ganz eigenen, geheimnisvollen Riten. Manche ähneln denen der Sakalava an der Westküste, andere denen der Hochlandbewohner.

So langsam sich Ste. Marie in den letzten Jahrzehnten in einer Art Dornröschenschlaf bewegte, so schnell scheint jetzt der Tourismus über die Insel hereinzubrechen. Ein kleiner Bauboom an Hotels hat schon eingesetzt, vor allem, seitdem der bisher kioskgroße Flughafen und die abenteuerliche Landepiste direkt am Meer ausgebaut wurden. Erkundigen Sie sich am besten im *Maison du Tourisme* in Tana, welche Hotels gerade neu aufgemacht haben.

Orientierung

Auf Ste. Marie ist es noch einfacher, sich zurecht zu finden, als auf Nosy Be. Eine einzige Piste führt von Nord nach Süd und reicht fast vom nördliche **Cap Albrand** (Antsirakakambana) bis zum südlichen Ende. Nur ein Taxi, ein uralter Peugeot, verkehrte vor einigen Jahren auf dem kurzen asphaltierten Teil der Straße. Inzwischen dürften es ein paar mehr sein. Seit neuestem unterhält ein findiger Franzose eine Taxi-Brousse-Verbindung zwischen der Anlagestelle nach **Île aux Nattes** und **Lonkitsy**. Zur vorgelagerten Île aux Nattes gelangt man nur per Piroge, zum südlichsten Punkt, **Cap Blevec** (Vohibato), zu Fuß.

Auch der **Flughafen** liegt am Südzipfel von Ste. Marie. Wenn eine Maschine aus Tana oder den anderen Orten vom Festland landet, stehen die meist einzigen kleinen Transportfahrzeuge der Hotels in mehr oder weniger klapperigem Zustand bereit, ihre potentiellen Gäste abzuholen. Mit den Tarifen sind sie nicht gerade zimperlich. In der Hauptsaison sollten Sie versuchen, von Tana aus zu reservieren – fast alles ist ausgebucht! Lassen Sie sich deshalb am Schwarzen Brett am Flughafen, wo die Hotels aufgeführt sind, nicht zu viel Zeit. Nur wenige Hotels befinden sich südlich des Flughafens und auf dem idyllischen Inselchen Île aux Nattes. Die schönsten haben sich

Bucht von La Crique

nördlich von Ambodifotatra in kleinen Buchten direkt am Strand angesiedelt, darunter das *La Crique* und, 35 km nördlich von Ambodifotatra ganz im Norden, das *La Cocoteraie*. Auf den Speisekarten der offenen Terrassenrestaurants stehen frische Garnelen, Hummer, Fisch mit Reis, Mangos, Papayas und Ananas, Punch Coco und – natürlich auch hier – Three Horses Beer.

Am schönsten sind die **Wanderungen** über die Insel. Die meisten Hotels vermieten aber auch Fahrräder und Mopeds. In Ambodifotatra gibt es sogar Mietwagen und Motorräder.

Ambodifotatra

(= „am Fuße des Baumes, den man Fotatra nennt")
ca. 2500 Einwohner

Die „Inselhauptstadt" **Ambodifotatra** liegt 12 km nördlich des Flughafens. Im kleinen Hafen ankern ab und zu Frachter und Fähren vom Festland. In der Nähe finden Sie Bank, Hospital, ein paar Geschäfte, Unterkünfte und Restaurants sowie die Vertretung von *Air Madagascar* und TAM. „Banken" gibt es außerdem auch in La Crique und Soanambo – bei unserem Besuch noch in Person eines Beamten, der einmal wöchentlich nach La Crique kam und sich einige Stunden in ein eigens dafür geschaffenes Schalterhäuschen setzte.

Sehenswert ist der zweimal wöchentlich stattfindende Markt. Bei einem kurzen Spaziergang können Sie sich die wenigen Sehenswürdigkeiten der Stadt ansehen: den *Leuchtturm* und das *Grab von Albrand* am nördlichen Ortsausgang, im Süden das *Grab von Sylvain Roux* (François Albrand war ein französischer Kommandant, der 1826 im Alter von 31 Jahren starb, Sylvain Roux Frankreichs erster Handelsvertreter an der Ostküste). Auf einem Hügelchen thront die fälschlicherweise als ältestes Gotteshaus Madagaskars bezeichnete kleine *Kirche von 1857*. Das 1753 von der Ostindische Kompanie erbaute *Fort* wird jetzt vom Militär genutzt, diente aber von 1901-1957 als Lager für Strafgefangene.

Eine Brücke über die **Baie des Forbans** verbindet Ambodifotatra mit der winzigen Insel **Îlot Madame,** die genau vor dem Eingang der „Bucht der Freibeuter" liegt. Früher war hier die Ostindien-Kompanie angesiedelt, heute sind es madagassische Verwaltungsgebäude und ein kleines Meeresmuseum.

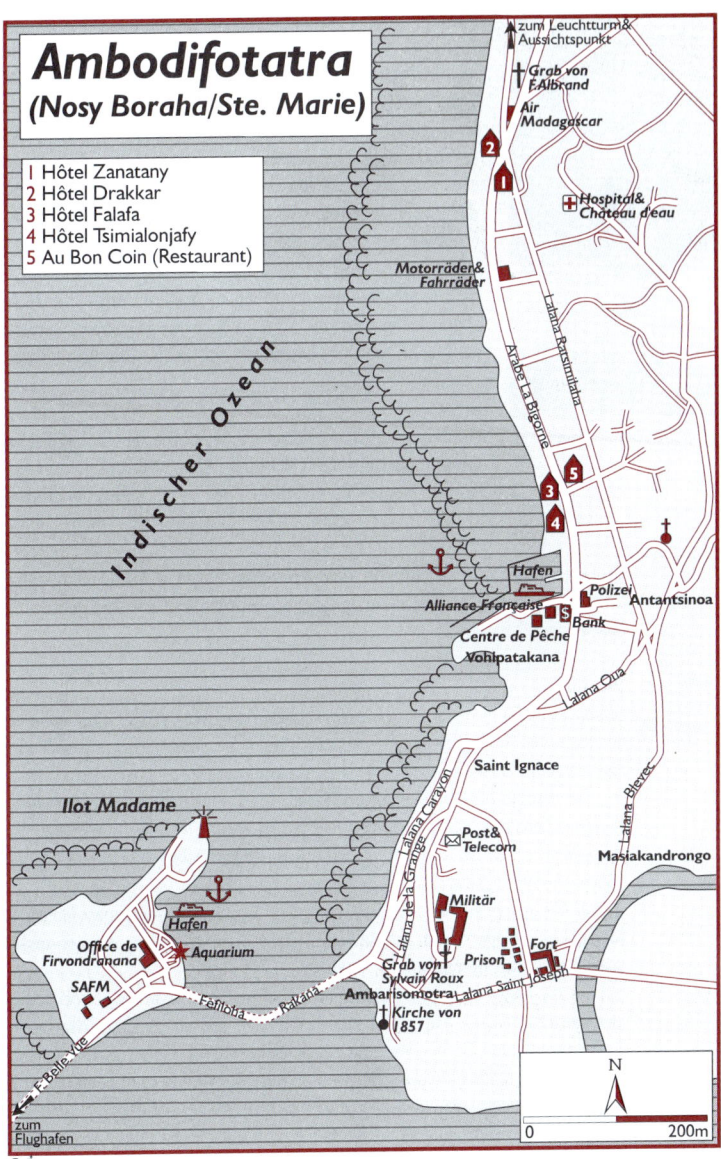

Ambodifotatra
(Nosy Boraha/Ste. Marie)

1 Hôtel Zanatany
2 Hôtel Drakkar
3 Hôtel Falafa
4 Hôtel Tsimialonjafy
5 Au Bon Coin (Restaurant)

Indischer Ozean

zum Leuchtturm &
Aussichtspunkt

Grab von
F. Albrand

Air
Madagascar

Hospital &
Château d'eau

Motorräder &
Fahrräder

Arabe La Bigorne

Lalana Ratsimilaho

Hafen

Alliance Française

Polizei

Antantsinoa

Bank

Centre de Pêche
Vohipatakana

Lalana Onta

Saint Ignace

Lalana Blévec

Ilot Madame

Hafen

Lalana de la Grange Caravon

Post &
Telecom

Masiakandrongo

Office de
Firvondranana

Aquarium

Militär

SAFM

Prison

Fort

Lalana Saint Joseph

Grab von
Sylvain Roux
Ambarisomotra

Fêfilotra Rafana

F. Belle-Vue

Kirche von
1857

zum
Flughafen

N

0   200m

© Irgraphic

Zum Piratenfriedhof

Vom Südende der Brücke aus erreichen Sie den **Piraten-friedhof** *(Cimetière aux Forbans)*, die wahre Attraktion des kleinen historischen Rundgangs. Allerdings kann er nur bei Ebbe betreten werden und wenn Sie sich nicht scheuen, über glitschige Baumstämme zu balancieren. Madagassen kommen ungern hierher: Der Ort ist *fady*, und sicher schwirren noch die unseligen Geister verstorbener Piraten über den mit Totenköpfen verzierten Grabsteinen. Als wir den Friedhof bei strömendem Regen und modrigem Geruch besuchten, wären wir beinahe samt Kamera von den als Brücke dienenden Holzplanken ins düstere Wasser der Bucht abgerutscht. Auch die Stimmung bei den Gräbern war gruselig, aber vielleicht hatten wir vorher nur zu viele Piratengeschichten gelesen.

Achten Sie auch sonst auf die Friedhöfe der Einheimischen auf der ganzen Insel: Oft stehen kleine Steinsärge „unbeerdigt" unter wenig Laub versteckt nebeneinander – die seltsamen Bestattungsriten der St. Mariens.

Auf dem kleinen Inselchen **Île aux Forbans** mitten in der Bucht stehen noch Überreste alter Gemäuer, möglicherweise ein früherer Aussichtspunkt der Piraten.

Ausflüge

Wenn es Ihnen nicht reicht, sich einfach treiben zu lassen, gibt es eine Reihe von interessanten Ausflugszielen. Die meisten werden Sie automatisch auf einer Ihrer Spaziergänge entdecken.

• Die **Piscine Naturelle d'Ambodiatafana** im abgelegenen Nordosten: ein natürliches Schwimmbad in mehreren Felslöchern. Vorsicht – manche sind fady. Auf dem Weg dorthin: der Leuchtturm und Aussichtspunkt Fahilo **Albrand.** Bei gutem Wetter reicht die Sicht bis Maroantsetra auf dem Festland.
Wenn Sie schon einmal hier sind, besuchen Sie die nahegelegenen Hotels La Cocoteraie Robert und La Nouvelle Cocoteraie an einem der **schönsten Strände** von Ste. Marie.
• Da die meisten Hotels (außer dem hübschen Chez Vavate im Südosten) an der Westküste liegen, bieten sich schöne Wanderungen an die **Ostküste** an. Am einfachsten finden Sie den Weg mit einem einheimischen Guide, den jedes Hotel vermittelt. Ein landschaftlich ausgesprochen reizvoller Weg beginnt nördlich von La Crique mit einem steilen Anstieg durch dichten Wald, verläuft dann über eine weitgehend gerodete Hügelkette, bevor Sie nach etwa einer Stunde kleine Dörfer und eine große Lagune erreichen. Fischer bringen Sie in ihrer Piroge ans andere

Ufer zum **Forêt d´Ampanihy**, *einem Wald u.a. aus lichten Filaos. Dort erstreckt sich ein unberührter, kilometerlanger weißer Sandstrand. Baden ist wegen des vorgelagerten Riffs ungefährlich. Absolut nervtötend können nur die Mokafoy genannten Sandfliegen sein.*

• *Im Südosten bietet die heute nur noch von Flughunden bewohnte* **Grotte von Ankarena** *Stoff für abenteuerliche Piratenlegenden. Zahlreiche Schätze sollen im Umkreis vergraben sein. Dem Strand von Ankarena vorgelagert ist eine malerische Inselgruppe. Bei Tauchern besonders beliebt: „l´îlot aux sables".*

• *Île aux Nattes: wenn man nicht dort wohnt, sollte man sie wenigstens besuchen: die verträumte Badeinsel* **Nosy Nato**. *Einziges Manko: die unsäglichen Mokafoy! Idyllische Wanderung durch Reisfelder zum Leuchtturm.*

• *Tauchen und* **Walbeobachtung** *gehören zu den Höhepunkten, die Ste. Marie zu bieten hat. Über 500 Wale hat man schon zwischen Juli und August zwischen Ste. Marie und dem madagassischen Festland gezählt.* **Bootsfahrten** *bieten die besseren Hotels an (s. regionale Reisetips).*

****

Sainte Marie ist herrlich, um ein paar Tage auszuspannen. Manche Traveller bleiben gleich ein paar Monate. Sie können Ihre Madagaskar-Reise auf Sainte Marie beginnen und sich hier in aller Ruhe auf anstrengendere Fahrten einstellen. Oder Sie können sich am Ende von ihnen erholen. Trösten Sie sich, wenn Sie nur einen Teil der gesamten Insel Madagaskar gesehen haben. „Wer einmal hier war", heißt es in einem Reisebericht, den packt irgendwann wieder das Fieber der Sehnsucht – nach all dem, was unentdeckt bleiben mußte. Denn die Vielfalt der Insel läßt es nicht zu, all die verschiedenen Gesichter auf einer einzigen Reise kennenzulernen." Deshalb verabschieden sich die Madagassen mit dem Gruß **„Veloma"**, was so viel heißt wie: Auf Wiedersehen, komm wieder.

Adressentausch

5. Kleiner Sprachführer für den Anfang

Madagaskars Sprache ist voller Bilder. Das „Auge des Himmels" ist die Sonne, die Heimat „das Land der Ahnen". Nicht nur deshalb macht es Spaß, Madagassisch zu lernen – und es ist gar nicht so schwer, wie man am Anfang glaubt. Im Buchhandel erhältlich sind einige Wörterbücher und der hilfreiche kleine Band von Helena Ravoson Voahanginirina: *Madagassisch für Globetrotter.* Er enthält die wichtigsten Aussprache- und Grammatikregeln, nach Sachgebieten geordnete Redewendungen und ein kleines deutsch-madagassisches Wörterbuch im Anhang. Dazu gibt es eine madagassisch besprochene Begleitkassette.

Aussprache: „o" wird wie „u" gesprochen, „e" auch ohne Akzent immer stark betont (z.B. Diego), „h" wird nicht gesprochen, „j" wie ein weiches „ds" (Djamanjary), die Schlußvokale a,o,u,y,i am Wortende werden kaum gesprochen. Wortungetüme wie *mitataovovonana* (Mittag) oder *mitsangatsangana* (spazierengehen) verlieren ihren Schrecken, wenn man weiß, daß viele Silben beim Sprechen wegfallen.

Z.B.:

mitsangatsangana	wird zu	(mzângzâng)
Antananarivo	wird zu	(ntânrîw)

Die wichtigsten ersten Wörter:

azafady	Entschuldigung!	(asafâdy)
mbola tsara	Guten Tag!	
manao ahoana	Wie geht's? Guten Tag!	
manahoana?	Wie geht's?	
manahoana!/ Tsara!/ Salama!	es geht gut	
kabare	es geht gut	
misy	es gibt	(mîsy)
tsy misy	es gibt nicht	
tsy misy vola	ich habe kein Geld	
mora	billig	(mûra)
mora mora	immer mit der Ruhe	
misaotra betsaka	Vielen Dank!	(mßôth bêzak)
tsara	gut, schön	(tzâra)
tsara tsara	sehr schön	
ratsy	schlecht	(râtzy)

tonga soa	willkommen!	
tsara mandry	schlaf gut!	
soava dia	gute Reise!	
mandrampihaona	auf Wiedersehen!	(mândhapjôhn)
veloma	tschüß, leb wohl!	(welûm)

Einige Grundzahlen:

0	aotra	(oth)
1	iray/ iraika	(rei/reik)
2	roa	(ruh)
3	telo	(têlu)
4	efatra	(evâth)
5	dimy	(dîm)
6	enina	(ênna)
7	fito	(vîtu)
8	valo	(wâlu)
9	sivy	(ßîw)
10	folo	(vûlu)
100	zato	(sâtu)
101	iraika amby zato	
1000	arivo	(arîwu)

6. Literatur/Medien zu Madagaskar

Sachliteratur

Bittner, Alfred (Hrsg.): Madagaskar. Mensch und Natur im Konflikt. Birkhäuser-Vlg., Basel 1992. Sehr informative und engagierte Aufsätze namhafter Wissenschaftler und Landeskenner über Menschen und Natur, leider vergriffen und nur noch über ein Antiquariat in der Schweiz zu beziehen, beim Verlag zu erfragen. Ein zweiter Band mit einer neuen Aufsatzsammlung ist in Bearbeitung.

Brechtken, Magnus: Madagaskar für die Juden. Antisemitische Idee und politische Praxis 1885-1945. Oldenbourg Vlg., München 1997. Eine umfangreiche Doktorarbeit über die Anfänge des „Endlösungs"-wahnsinns.

Deutsches Weltgebetstagskomitee, Ulrike Bechmann (Hrsg.): Madagaskar., Stein 1998. Sammlung aller möglichen Artikel zu Land und Leuten, die anläßlich des „Weltgebetstages" im März 1998 erschienen ist.

Flacourt, Etienne de: Histoire de la Grande Isle de Madagascar. Karthala 1995 (Original 1658), 660 Seiten.

Glaw, Frank & Miguel Vences: Amphibians and Reptiles of Madagascar. Vences & Glaw Vlg., Bonn 1994 (nur im Eigenverlag erhältlich). *Das* Werk für alle Amphibienliebhaber!

Henkel, Friedrich-Wilhelm & Wolfgang Schmidt: Amphibien und Reptilien Madagaskars, der Maskarenen, Seychellen und Komoren. Ulmer-Verlag, Stuttgart 1995. Alles Wissenswerte über dieses Thema mit schönen Fotos und Abbildungen.

Heß, Udo: Madagaskar. Landschaften, Tiere, Pflanzen. Landbuch Vlg. 1991. Liebevoll geschriebenes kleines Büchlein über die verschiedenen Regionen.

Jantschke, Fritz: Flora und Fauna Madagaskars. In: Dt. Weltgebetstagskomitee, s.o.

Jaovelo-Dzao, Robert: Mythes, rites et transes à Madagascar. Angano, joro et tromba sakalava. (Hrsg.: Missio Aachen). Editions Ambozontany-Antananarivo/ Karthala Editions-Paris 1996. Nicht einfach zu lesen, aber hochinteressante Arbeit des madagassischen Ethnologen über die Ursprünge von Tromba, Fadys und Ahnenverehrung.

Jolly, Alison: Madagascar's Lemurs On the edge of survival. In: National Geographic, August 1988; und: A World Apart. In: National Geographic, Febr. 1987. Hochkarätige Artikel der berühmten amerikanischen Lemurenforscherin, z.T. mit Fotos von Frans Lanting.

Jolly, Alison: A World like our Own. Yale University Press, London 1980.

Langrand, Oliver: Guide to the Birds of Madagascar. Yale University Press, New Haven & London 1990.

Mahefa, Andri: Ethnologische Ursachen der Naturzerstörung. In: Bittner, s.o.

Mahefa, Andri: Madagaskar. In: Nohlen, D./ Nuscheler, F. (Hrsg.): Handbuch der 3. Welt, Bd. 5, Bonn 1993.

Mittermeier, Russel A.u.a.: Lemurs of Madagascar. Conservation International, Washington 1994. Hervorragendes Werk über alle Arten von Lemuren.

Neubert, Sabine: Die Stellung des Rindes in der Kultur und Ökonomie der madagassischen Gesellschaft. Omimee-Verlag, Köln 1995. Interessante Doktorarbeit über die Mythologie des Zebus, aber auch Fadys

Osterhaus, Andreas: Madagaskar. Beck'sche Reihe Länder. Beck Vlg., München 1997. Sehr ausführliche und gut verständliche Darstellung der komplizierten geschichtlichen Zusammenhänge und Hintergründe.

Rauh, Werner: Die großartige Welt der Sukkulenten. Blackwell Wissenschaftsverlag, 1979. Leider vergriffen. - Sein Werk „Succulents & Xerophytic Plants of Madagascar", das er in Zusammenarbeit mit Hermann Petignat erstellt hat, ist bei Strawberry Press, California/Akademie der Wissenschaften, Mainz 1995, erschienen.

Roth, Rolf B.: Madagaskar. Land zwischen den Kontinenten. Hervorragender Katalog des Linden-Museums Stuttgart zur gleichnamigen, vor allem kulturell ausgerichteten Ausstellung 1994-95; noch zu beziehen über das Museum, Hegelplatz 1, 70174 Stuttgart.

Ruempler, Uta und Götz: Im Lande der Lemuren und Chamäleons. In: Zeitschrift des Kölner Zoos, H 2 1995, H 3 1996.

Sick, Wolf-Dieter: Madagaskar, tropisches Entwicklungsland zwischen den Kontinenten. Wissenschaftliche Buchgesellschaft Darmstadt 1979. Trotz seines Alters immer noch ein Standardwerk.

Zimmermann, Helmut: Projektiertes Regenwald-Verbundsystem Andriandavibe – Madagaskar. Mitteilungen Zoologische Gesellschaft für Arten- und Biotopschutz, München 1996.

Zimmermann, Helmut: Schutz und Erhaltung der madagassischen Farbgiftfrösche und ihrer Lebensräume. Reptilia, Natur und Tier Verlag, München 1999.

Bildbände

Barbieri, Gian Paolo: Madagascar. Harvill Press, London 1995. In Deutschland erschienen beim Taschen Verlag, Köln. Erstklassige Schwarzweiß-Fotos des weltberühmten Fotografen, die allerdings ausschließlich den Eindruck des „Edlen Wilden" vermitteln

Georges, Eliane & Christian Vaisse: Indischer Ozean. Madagaskar, Reunion, Mauritius, Seychellen. Taschen Verlag, Köln 1998.

Greune, Jan & Franz Stadelmann: Madagaskar. Stürtz Vlg., Würzburg 1998. Informativer Bildband, schöne erste Einstimmung auf eine Reise.

HB Bildatlas Special: Madagaskar. 1999.

Heß, Udo: Naturparadies im Süden. Reich Verlag terra magica, Luzern 1991.

Herzog, Sara und Michael & Volkmar Baumgärtner: Madagaskar sehen & erleben. Südwest-Vlg. München 1994.

Kouwenhoven, Arlette: Madagascar – The Red Island. WINCO Piblications, Weiden, Holland, 1996. Mit Fotos des bekannten madagassischen Fotografen Toussaint.

Lanting, Frans (mit Alison Jolly, Gerald Durell): Madagascar, A World Out of Time, 1990. Der Holländer Frans Lanting gehört zu den besten Tierfotografen unserer Zeit und hat in Madagaskar u.a. die Aye-Aye fotografiert. Zu bestellen im Internet, wie viele englische und amerikanische Titel, unter www.amazon.com bzw. www.amazon.de.

Preston-Mafham: Madagascar – A Natural History. Facts on File, 1991. 300 Farbfotos des renommierten Autors und Fotografen, mit einem Vorwort von David Attenborough (im Internet s.o.).

Romane/Prosa

Angebauer, Wolf: Die Grenze meines Reisefeldes ist das Meer. Verlag Books on African Studies, Heidelberg 1998. Historischer Roman, der die Intrigen des Hofes in Antananarivo zur Zeit Jean Labordes beschreibt.

Burroughs, William S.: Ghost of Chance. Serpents Tail 1995. Eine typische Burroughs-Abenteuergeschichte des bekannten amerikanischen Schriftstellers, die im Regenwald Madagaskars spielt. Von ihm selbst illustriert.

Cerny, Christine: Ferne Insel Madagaskar. Wo Vanille und Pfeffer wächst. München 1990. Leider, leider vergriffen.

Dünkelsbühler, Gaspard: Madegassische Schattenspiele. Ein Bilderbogen aus der Frühzeit der Entwicklungshilfe. Vlg. Otto Lembeck , Frankf./M.1986 (wieder erhältlich!). Ein zwar vor fast 30 Jahren spielender Roman mit autobiografischem Hintergrund, aber nach wie vor aktuell, amüsant und sehr aufschlußreich!

Durrell, Gerald Malcolm: The Aye-Aye and I – A Rescue Mission in Madagascar. Arcade Publishing, New York 1992. Die richtige Lektüre im Regenwald!

Murphy, Dervla: Muddling through in Madagascar, London 1985. Einer der schönsten Reiseberichte über das Land.

Pfeiffer, Ida: Verschwörung im Regenwald. Ida Pfeiffers Reise nach Madagaskar im Jahre 1857. Neu aufgelegt im Schönbach-Verlag, Basel 1991. Roman. Etwas gruselige und angestaubte, aber gut lesbare und geschichtlich aufschlußreiche Urlaubslektüre.

Raharimanana, Jean-Luc: Haut der Nacht. Horlemann Vlg., Bad Honnef 1997. Erster madagassischer Prosa-Band junger madagassischer Autoren in deutscher Sprache. Sehr unheilvolle, drastisch geschriebene Kurzgeschichten, die eine Mischung aus madagassischen Mythen, Traumwelten und reellen sozialen Problemen des Landes widerspiegeln. Jean-Luc Raharimanana hat verschiedene Literaturpreise u.a. bei Radio France International gewonnen.

Rakotoson, Michèle: Dadabe. Erzählungen aus Madagaskar. Lamuv Verlag 1998.

Razafindramiandra, Moks Nasoloarisoa: Märchen aus Madagaskar. Eugen Diederichs Vlg., München 1988. Leider (!!!) vergriffen, soll laut Auskunft des Verlages auch nicht neu aufgelegt werden. Schade, schade!!

Schnack, Friedrich: Auf ferner Insel. Glückliche Zeit in Madagaskar. Vlg. Dietrich Reimer, Berlin 1931. Euphorische Reisebeschreibung im etwas pathetischen Schreibstil der 30er Jahre, leider vergriffen.

Wilson, Jane: Lemurs of the lost world. Exploring the forests and crocodile caves of Madagascar. London 1990. Faszinierendes Reisetagebuch der britischen Expedition u.a. in die Tsingys von Ankárana.

Turrini, Peter: Die Liebe in Madagaskar. Ein Theaterstück. Luchterhand Literaturvlg., München 1998. Madagaskar taucht nur im Titel auf und ab und zu als Sinnbild für die Sehnsucht nach unerreichbarer Liebe und Abenteuern...

Reiseführer (Auswahl)

Bradt, Hilary: Guide to Madagascar. Bradt Publications, London. Neueste Auflage: 1997.

Därr, Wolfgang: Madagaskar und Komoren. DuMont Vlg, Köln 1997

Därr, Wolfgang u. Maisie: Madagaskar, Komoren, Seychellen, Mauritius & La Réunion. Reise Know How Verlag Därr GmbH, Hohentann 1998.

Greenaway, Paul u. Deanney Swaney: Madagascar & Comoros. Lonely Planet Public. Australien/London 1997.

Marco Polo: Madagaskar. Mair 1997.

Mauro, Didier – Emeline Raholiarisoa et al.: Le Guide de Madagascar. Nouvelle Édition de l´Université, Paris 1997.

Schneider, Claudia: Madagaskar selbst entdecken. Regenbogen Vlg. 1996.

Sprachführer

Voahanginirina, Helena Ravoson: Kauderwelsch – Madagassisch für Globetrotter. Peter Rump Vlg., Bielefeld 1989. Kleiner, übersichtlicher Sprachführer für den Anfang!

Zeitschriften

Bienvenue à Madagascar. Deutsch-madagassisches Touristik- und Wirtschaftsjournal, zu beziehen durch l´Agence Madagascar, Haunspergerstraße 70, A-5020 Salzburg.

Die Sukkulentenwelt. Hrsg.: Fördervereien Sukkulenten-Sammlung Zürich, PF 1105, 8600 Dübendorf, Schweiz. Hervorragende Zeitschrift, immer mal wieder mit Artikeln über Madagaskars einzigartige Pflanzenwelt im Süden und Südwesten.

Revue Noire: Madagascar. Art Contemporain Africain. Paris Sept. 1997.

Literatur zum Thema Gesundheit

Es gibt alle möglichen Gesundheitshandbücher für Fernreisen, die Sie in jeder größeren Buchhandlung bekommen. Gegen einen Verrechnungsscheck von 21,40 DM verschickt das Deutsche Grüne Kreuz (Schumarkt 4, 35037

Marburg) die Broschüre „Reisen und Gesundheit", die alle aktuellen Impfbe-stimmungen und Ratschläge der WHO veröffentlicht (Internet: www.kilian.de; E-mail: dgk@kilian.de).

Landkarten

Madagaskar. Ravenstein Vlg., Bad Soden 1998.

Die besten Land-, auch Detailkarten zu einzelnen Regionen bekommen Sie im Foiben-Institut FTM in Antananarivo: Rue Dama-Ntsoha Razafindtsalama (Route Circulaire), Stadtteil Ambanidia, Antananarivo 101, Tel. (00261)-20-22-229.35, Fax 22-252.64, E-mail: ftm@bow.dts.mg.

Detailkarten von Madagaskar sind außerdem über das IGN in Paris zu beziehen: IGN (Institut Géographique National), 107 Rue de la Boétié, F-75008 Paris.

Musik/Tonaufnahmen

„Abenteuer Regenwald – Madagaskar". Authentische Tonaufnahmen aus dem Regenwald mit vielfältigen Tierstimmen, Naturgeräuschen, Informationen, Land-karten, Bildern u. Musik. Edition Ample Musikvlg., Flurstraße 14, 82110 Ger-mering, 1994. Teilerlöse fließen direkt in das Madagaskar-Regenwald-Schutz-projekt der Stiftung „Natur- und Artenschutz in den Tropen", Stuttgart.

Gesthuisen, Birger: Malagasy Music Box. 4 CDs in einer Musikcassette: tradi-tionelle Musik aus Tana, aus dem Süden und Norden sowie auf der Valiha. Dazu gibt es jeweils ein Heftchen mit gut recherchierten Hintergrundinfor-mationen über das Land und seine Musik und Musiker. Zu bestellen bei: Birger Gesthuisen, Verlag Feuer&Eis, Fuldastr. 40, 47443 Moers, E-mail: feuer undeis@t-online.de.

Eine Auflistung aller in Europa erhältlichen CDs madagassischer Künstler wie Tarika, D'Gary, Rossy etc. findet man u.a. im Internet.

Videos

Madagaskar. Lemuren, Chamäleons & Baobabs. Faszination Wildnis, Time Life, 1998.

On Tour: Madagaskar. DuMont Vlg. 1996.

Madagaskar. (ZDF-Reihe) Komplett Media, 1999.

7.   Stichwortverzeichnis

Danksagung

Für die Unterstützung bedanken wir uns bei:

Maison du Tourisme in Antananarivo, Air Madagascar, FTM, Toussaint Raharison, Daddy Marotiana, Eckehart Olszowski, ANGAP, WWF Deutschland, Dt.-Madag.Gesellschaft, Linden-Museum Stuttgart, Misereor, Dr. Ulrike Bechstein, Dr. Alfred Bittner, Dr. Fritz Jantschke, Dr. Andreas Osterhaus, Friedrich Kramme-Stermose (FES), Uta Ruempler, Dr. Ute Quast, Günter Kulschewski, Magdalene Wiese, unserer kleinen Freundin Margane, die uns in Nosy Be jeden Morgen mit Früchten und Blumen weckte, und bei allen, die an diesem Buch mitgearbeitet haben:

Ralph Braun, Veronika Buter, Birger Gesthuisen, Hermann-M. Hahn, Bernhard Meier, Hermann Petignat, Annette Schiller, Helga Schulze, Prof. Wolf-D. Sick, Franz Stadelmann, Dr. Göde Stümpel, Wolfgang Willwerding, Dr. Helmut Zimmermann.

Fotonachweis/©

Farbteil: Toussaint Raharison (S. 1, 2 oben, 6, 10 unten, 12, S. I re.oben, Mitte re. u. li., S. II re. oben, S. IV alle außer re. unten), Bernhard Meier (S. II alle außer re.o., S. III oben, Mitte li., unten li.), Konrad Wothe (S. III re. unten). *Schwarzweiß*: Ralph Braun (S. 482, 485, 486), FTM (S. 578), Lindenmuseum Stuttgart (S. 24, 26), Daddy Marotiana (S. 290), Bernhard Meier (S. 302, 406, 538, 565, 586), Misereor/H. Heine (S.35, 119, 386, 588), Hermann Petignat (S. 86 o.), Toussaint Raharison (S. 106, 121, 293, 310, 313, 345, 347, 359, 363, 454, 455, 515, 573, 589), Helmut Zimmermann (S. 566, 567, 569), alle anderen: Jean-Luc Serph-Dumagnou und Susanne Roessler.